★ 适合10至11岁 ★

思维的火花

SIWEI DE HUOHUA

主编 孟强

编 委 会

名家寄语

广泛阅读，可以提高阅读理解力；

广泛阅读，可以丰富知识，开阔视野；

广泛阅读，可以提升思维力、鉴赏力；

广泛阅读，可以促进人的精神成长。

新编的读本，包括古诗文经典诵读、优秀作品专题阅读和整本书阅读，是落实课内外阅读一体化的优质资源。

捧起这套读本读起来，你会越来越享受阅读，你的一生一定会因为阅读而精彩！

崔峦

用阅读滋养你们心灵，
让你变得聪明善良，能够
宽容，更富想象力和创造力。

温儒敏

发现美，学会爱，表达自己，
在阅读和写作中不断进步！

王一梅

阅读是开启美好人生的钥匙

赵丽宏

庚子九月

为自己读书
为美好读书

肖复兴

庚子岁末

读经典的书
做优秀的人

陈先云

幻想，从现实起飞

刘兴诗

目录

经典诵读

专题阅读

范文阅读

组文阅读

自由阅读

整本书阅读

经典诵读

抑扬顿挫的韵律、精简凝练的语言、高雅不俗的情趣、深刻精辟的哲理——古诗彰显了中华优秀传统文化的博大精深、源远流长。

诵读经典，弘扬优秀传统文化，能净化我们的灵魂，启迪我们的心智，涵养我们的性情。与经典为友，享智慧人生！

扫码收听朗诵音频

1 八阵图[①]

［唐］杜甫

功盖三分国[②]，

名成八阵图。

江流石不转[③]，

遗恨失吞吴[④]。

注释

① 八阵图：相传为诸葛亮所布八阵图遗迹。

② 功盖三分国：诸葛亮辅佐刘备创立蜀国，与魏、吴形成三国鼎立之势，有盖世之功，所以说他“功盖三分国”。

③ 石不转：自诸葛亮布阵以来，到杜甫时已历五百年之久，八阵图的积石虽经江水冲击，却屹然不动，所以说“石不转”。

④ 遗恨失吞吴：指蜀汉吞吴失策，使诸葛亮遗憾终生。

诸葛亮辅助刘备创立蜀国，与魏、吴形成三国鼎立之势，有盖世之功。他创制的八阵图，更是名垂千古。任凭江流冲击，八阵图的积石却依然如故。蜀汉吞吴失策，这使诸葛亮遗憾终生。

扫码收听朗诵音频

② 蜀　相①

［唐］杜甫

丞相祠(cí)堂②何处寻？锦官城③外柏(bǎi)森森④。

映阶碧草⑤自春色，隔叶黄鹂空好音。

三顾⑥频烦⑦天下计⑧，两朝⑨开济⑩老臣心。

出师⑪未捷⑫身先死，长使英雄泪满襟。

注释

① 蜀相：公元 760 年，杜甫初到成都，这是他在游览武侯祠时写的一首诗。蜀相，即诸葛亮。

② 丞相祠堂：即武侯祠，在今四川省成都市。

③ 锦官城：成都的别名，三国蜀汉时管理织锦的官府驻此，因以得名。

④ 柏森森：形容柏树长得茂盛繁密的样子。

⑤ 碧草：绿草。

⑥ 三顾：指刘备三次亲自到隆中拜访诸葛亮，即“三顾茅庐”的故事。

⑦ 频烦：屡次劳烦，指多次拜访。

⑧ 天下计：筹谋天下大事。

⑨ 两朝：指蜀主刘备和刘禅父子两代。

⑩ 开济：开创基业，匡济危时。

⑪ 出师：指诸葛亮多次出兵伐魏。

⑫ 捷：胜利。

诸葛丞相的祠堂去哪里寻找？在锦官城外那柏树茂密的地方。绿草映照石阶自有一片春色，黄鹂在密叶间空有美妙的声音。当年先主刘备为筹谋天下大事三顾茅庐，屡次向他求教统一天下的大计。辅佐先主开国，扶助后主继业，可见老臣的耿耿忠心。可惜他出师征战还未取得最后的胜利就去世了，这常使后世的英雄感慨而泪湿衣襟。

扫码收听朗诵音频

③ 赤　壁[①]

［唐］杜牧

折戟[②]沉沙铁未销[③]，
自将磨洗[④]认前朝[⑤]。
东风[⑥]不与周郎[⑦]便，
铜雀[⑧]春深锁二乔[⑨]。

注释

① 赤壁：这首诗是诗人经过赤壁（今湖北省武汉市赤矶山）这个著名的古战场时，有感于三国时代的英雄成败而写下的。
② 折戟：折断的戟头。戟，古代兵器。
③ 销：销蚀。
④ 磨洗：磨光洗净。
⑤ 认前朝：认出是赤壁之战时的遗物。
⑥ 东风：指火烧赤壁的故事。
⑦ 周郎：指周瑜，字公瑾。
⑧ 铜雀：铜雀台，曹操所建的一座楼台，是曹操晚年行乐之处。
⑨ 二乔：东吴乔公的两个女儿，大乔嫁给孙策（孙权的长兄），小乔嫁给周瑜。

译文

一支折断了的铁戟沉没在水底沙中还没有销蚀掉，自己将其磨洗后发现这是当年赤壁之战的遗物。假如不是东风给周瑜以方便，结局恐怕是曹操取胜，二乔被关进铜雀台了。

扫码收听朗诵音频

④ 南乡子·登京口北固亭有怀[①]

［宋］辛弃疾

何处望神州[②]？满眼风光北固楼。千古兴亡[③]多少事，悠悠[④]，不尽长江滚滚流。　　年少[⑤]万兜鍪（dōu móu）[⑥]，坐断[⑦]东南[⑧]战未休[⑨]。**天下英雄谁敌手**[⑩]？**曹刘**[⑪]。**生子当如孙仲谋**[⑫]。

注释

① 此词约作于宋宁宗嘉泰四年（1204）或开禧元年（1205），当时辛弃疾在镇江知府任上。当他登临京口北固亭时，触景生情，不胜感慨，于是作此词。京口：今江苏省镇江市。北固亭：在镇江市的北固山上，下临长江。

② 神州：这里指沦陷的中原地区。

③ 兴亡：指国家兴衰，朝代更替。

④ 悠悠：形容漫长、久远。

⑤ 年少：年轻。指孙权十八岁继父兄之业统治江东。

⑥ 万兜鍪：犹言千军万马。兜鍪，原指古代作战时兵士所戴的头盔，这里代指士兵。

⑦ 坐断：坐镇，占据，割据。

⑧ 东南：指吴国在三国时地处东南方。

⑨ 休：停止。

⑩ 敌手：势力相当的对手。

⑪ 曹刘：曹操与刘备。

⑫ 生子当如孙仲谋：曹操率领大军南下，见孙权的军队雄壮威武，喟然长叹曰：“生子当如孙仲谋。”

从哪里可以眺望故土中原？眼前却只见北固楼一带的壮丽江山。千百年的盛衰兴亡，不知经历了多少往事，有如这浩渺江水无穷无尽，奔流不还。

当年孙权年纪轻轻就统率着万千士兵，占据着江南，百战犹酣。天下的英雄谁配做他的对手？唯有曹操和刘备。难怪人说生儿子就应当如孙权一般。

⑤ 临江仙[①]

［明］杨慎

滚滚长江东逝水，浪花淘尽[②]英雄。是非成败转头空。青山依旧在，几度夕阳红。　白发渔樵（qiáo）[③]江渚（zhǔ）[④]上，惯看秋月春风[⑤]。一壶浊酒喜相逢。古今多少事，都付笑谈中。

注释

① 杨慎经常四处游历，观察民风民情。他的足迹遍布云南，留下了大量描写云南的诗词。此词即其中一首。这是一首咏史词，借叙述历史兴亡抒发人生感慨，豪放中有含蓄，高亢中有深沉。

② 淘尽：荡涤一空。

③ 渔樵：渔夫和樵夫。

④ 渚：水中的小块陆地。

⑤ 秋月春风：指良辰美景，也指美好的岁月。

译文

长江之水滚滚东流，无休无止，多少英雄像流水般消逝于历史的烟云中，争什么是与非、功与败，到头都是一场空，只有青山依然存在，依然日升日落。

白发的渔夫和樵夫在江边捕鱼、砍柴，早已习惯于四时的变化，老朋友碰见了很高兴，痛快地饮酒，古往今来的多少历史，都在他们的笑谈中弹指而过。

扫码收听朗诵音频

6 临江仙·咏絮[1]

［清］曹雪芹

白玉堂[2]前春解（xiè）舞[3]，东风卷得均匀[4]。蜂团蝶阵乱纷纷。几曾随逝水？岂必委芳尘[5]？　万缕千丝终不改，任他随聚随分。韶华休笑本无根，**好风凭借力，送我上青云[6]！**

注释

① 此为曹雪芹《红楼梦》中的人物薛宝钗所作，为五首“咏絮”词之一。
② 白玉堂：这里是说柳絮所处之地高贵。
③ 春解舞：说柳花被春风吹散，飞扬飘舞。
④ 均匀：指舞姿柔美，缓急有度。
⑤ 委芳尘：落于泥土中。芳尘，沾有落花香气的尘土。
⑥ 青云：高天。也用以形容名位极高。

译文

白玉华堂前面，柳花被春风吹散，飞扬飘舞，舞姿柔美，缓急有度。一群群蜂儿蝶儿团团翩飞，追随着柳絮。柳絮却坦然：我们何时曾随着流水逝去？我们难道一定要落在泥土中化作香尘？

千丝万缕情意深，柳絮本性终不改，任凭东风吹拂，随时相聚或分离。春光啊，请不要嘲笑我们原来没有根基。愿借好风的力量，把我们送上高高的云天！

专题阅读

名著故事园

中国古典四大名著的语言比较接近我们现在使用的语言。当读到不懂的词语时，你可以尝试用联系上下文等方法猜测它的意思，大体明白即可，不要因一字一词而停顿不前。你还可以充分利用各种资源，比如史料、剧本、影视作品……了解故事发生的前因后果、历史背景等，以便更好地把握小说的主要内容，感受人物形象。

范文阅读

① 空城计[①]

［元末明初］罗贯中

却说孔明自令马谡(sù)等守街亭去后，犹豫不定。忽报王平使人送图本至。孔明唤入，左右呈上图本。孔明就文几上拆开视之，拍案大惊曰："马谡无知，坑陷吾军矣！"左右问曰："丞相何故失惊？"孔明曰："吾观此图本，失却要路，占山为寨。倘魏兵大至，四面围合，断汲水道路，不须二日，军自乱矣。若街亭有失，吾等安归？"长史杨仪进曰："某虽不才，愿替马幼常回。"孔明将安营之法，一一分付[②]与杨仪。——正待要行，忽报马到来，说："街亭、列

阅读时遇到不懂的词语，可以猜测一下词语的含义。这句中诸葛亮就着"文几"查看信件，可以猜测"文几"就是桌子。

① 选自《三国演义》第九十五回《马谡拒谏失街亭　武侯弹琴退仲达》，题目为后人所加。

② 分付：现在写作"吩咐"。本书文章多选自古典名著，有的用字与现在不同，除了"分付"，还有"的""那""作""他"等，遵照原文，未加改动。

柳城，尽皆失了！”孔明跌足长叹曰：“大事去矣！——此吾之过也！”急唤关兴、张苞分付曰：“汝二人各引三千精兵，投武功山小路而行。如遇魏兵，不可大击，只鼓噪呐喊，为疑兵惊之。彼当自走，亦不可追。待军退尽，便投阳平关去。”又令张翼先引军去修理剑阁，以备归路。又密传号令，教大军暗暗收拾行装，以备起程。又令马岱、姜维断后，先伏于山谷中，待诸军退尽，方始收兵。又差心腹人，分路报与天水、南安、安定三郡官吏军民，皆入汉中。又遣心腹人到冀县搬取姜维老母，送入汉中。

阅读这段文字，可以借助有关“街亭”的资料帮助理解。

孔明分拨已定，先引五千兵退去西城县搬运粮草。忽然十余次飞马报到，说：“司马懿(yì)引大军十五万，望西城蜂拥而来！”时孔明身边别无大将，只有一班文官，所引五千军，已分一半先运粮草去了，只剩二千五百军在城中。众官听得这个消息，尽皆失色。孔明登城望之，果然尘土冲天，魏兵分两路望西城县杀来。孔明传令，教“将

旌旗尽皆隐匿；诸军各守城铺①，如有妄行出入，及高言大语者，斩之！大开四门，每一门用二十军士，扮作百姓，洒扫街道。如魏兵到时，不可擅动，吾自有计”。孔明乃披鹤氅(chǎng)，戴纶巾，引二小童携琴一张，于城上敌楼前，凭栏而坐，焚(fén)香操琴。

却说司马懿前军哨到城下，见了如此模样，皆不敢进，急报与司马懿。懿笑而不信，遂止住三军，自飞马远远望之。果见孔明坐于城楼之上，笑容可掬，焚香操琴。左有一童子，手捧宝剑；右有一童子，手执麈(zhǔ)尾。城门内外，有二十余百姓，低头洒扫，傍若无人②。懿看毕大疑，便到中军，教后军作前军，前军作后军，望北山路而退。次子司马昭曰：“莫非诸葛亮无军，故作此态？父亲何故便退兵？”懿曰：“亮平生谨慎，不曾弄险。今大开城门，必有埋伏。我兵若进，中其计也。汝辈岂知？宜速退。”

这里的描写，既说明诸葛亮考虑问题周到，又说明司马懿观察仔细。

① 城铺：城上巡哨的岗棚。
② 傍若无人：现在写作“旁若无人”。

于是两路兵尽皆退去。孔明见魏军远去，抚掌而笑。众官无不骇然，乃问孔明曰："司马懿乃魏之名将，今统十五万精兵到此，见了丞相，便速退去，何也？"孔明曰："此人料吾生平谨慎，必不弄险；见如此模样，疑有伏兵，所以退去。吾非行险，盖因不得已而用之。此人必引军投山北小路去也。吾已令兴、苞二人在彼等候。"众皆惊服曰："丞相之机，神鬼莫测。若某等之见，必弃城而走矣。"孔明曰："吾兵止有二千五百，若弃城而走，必不能远遁(dùn)。得不为司马懿所擒乎？"后人有诗赞曰：

诸葛亮的深谋远虑，才使他的空城计得以成功。

瑶琴三尺胜雄师，诸葛西城退敌时。

十五万人回马处，土人指点到今疑。

言讫(qì)，拍手大笑，曰："吾若为司马懿，必不便退也。"遂下令，教西城百姓，随军入汉中；司马懿必将复来。于是孔明离西城望汉中而走。

② 借东风[①]

[元末明初] 罗贯中

草船借箭之后，诸葛亮和周瑜都想到了火攻曹营的办法，但连日来一直刮西北风，周瑜闷闷不乐，病倒在床上，诸葛亮此次便为周瑜开了个“药方”。

却说周瑜立于山顶，观望良久，忽然望后而倒，口吐鲜血，不省人事。左右救回帐中。诸将皆来动问，尽皆愕然相顾曰：“江北百万之众，虎踞鲸吞。不争[②]都督如此，倘曹兵一至，如之奈何？”慌忙差人申报吴侯，一面求医调治。

却说鲁肃见周瑜卧病，心中忧闷，来见孔明，言周瑜卒病之事。孔明曰：“公以为何如？”肃曰：“此乃曹操之福，江东之祸也。”孔明笑曰：“公瑾之病，亮亦能医。”肃曰：“诚如此，则国家万幸！”即请孔明同去看病。肃先入见周瑜。瑜以被蒙头而卧。肃曰：“都督病势若何？”

① 选自《三国演义》第四十九回《七星坛诸葛祭风　三江口周瑜纵火》，题目为后人所加。

② 不争：若果，当真。

周瑜曰：“心腹搅痛，时复昏迷。”肃曰：“曾服何药饵？”瑜曰：“心中呕逆，药不能下。”肃曰：“适来去望孔明，言能医都督之病。现在帐外，烦来医治，何如？”瑜命请入，教左右扶起，坐于床上。孔明曰：“连日不晤君颜，何期贵体不安！”瑜曰：“‘人有旦夕祸福’，岂能自保？”孔明笑曰：“‘天有不测风云’，人又岂能料乎？”瑜闻失色，乃作呻吟之声。孔明曰：“都督心中似觉烦积否？”瑜曰：“然。”孔明曰：“必须用凉药以解之。”瑜曰：“已服凉药，全然无效。”孔明曰：“须先理其气；气若顺，则呼吸之间，自然痊可。”瑜料孔明必知其意，乃以言挑之曰：“欲得顺气，当服何药？”孔明笑曰：“亮有一方，便教都督气顺。”瑜曰：“愿先生赐教。”孔明索纸笔，屏退左右，密书十六字曰：

> 欲破曹公，宜用火攻；万事俱备，只欠东风。

写毕，递与周瑜曰：“此都督病源也。”

孔明的聪明才智，可以直接通过他的神态和语言体现出来，也可以间接通过后文周瑜心想“孔明真神人也”体现出来。

瑜见了大惊，暗思：“孔明真神人也！早已知我心事！只索以实情告之。”乃笑曰：“先生已知我病源，将用何药治之？事在危急，望即赐教。”孔明曰：“亮虽不才，曾遇异人，传授奇门遁甲天书，可以呼风唤雨。都督若要东南风时，可于南屏山建一台，名曰‘七星坛’：高九尺，作三层，用一百二十人，手执旗幡围绕。亮于台上作法，借三日三夜东南大风，助都督用兵，何如？”瑜曰：“休道三日三夜，只一夜大风，大事可成矣。只是事在目前，不可迟缓。”孔明曰：“十一月二十日甲子祭风，至二十二日丙寅风息，如何？”瑜闻言大喜，矍然而起。便传令差五百精壮军士，往南屏山筑坛；拨一百二十人，执旗守坛，听候使令。

东风本自有，诸葛亮只是通晓天气的变化，在这里巧妙地加以利用。你有没有根据一些现象预测过天气的变化？

孔明辞别出帐，与鲁肃上马，来南屏山相度地势，令军士取东南方赤土筑坛。方圆二十四丈，每一层高三尺，共是九尺。下一层插二十八宿(xiù)旗：东方七面青旗，按

此段深奥难懂的词比较多，读的时候知道这里描写的是筑坛的场景即可，可以跳读、略读。

角、亢、氐、房、心、尾、箕，布苍龙之形；北方七面皂旗，按斗、牛、女、虚、危、室、壁，作玄武之势；西方七面白旗，按奎、娄、胃、昴、毕、觜、参，踞白虎之威；南方七面红旗，按井、鬼、柳、星、张、翼、轸，成朱雀之状。第二层周围黄旗六十四面，按六十四卦，分八位而立。上一层用四人，各人戴束发冠，穿皂罗袍，凤衣博带，朱履方裾。前左立一人，手执长竿，竿尖上用鸡羽为葆(bǎo)[①]，以招风信[②]；前右立一人，手执长竿，竿上系七星号带，以表风色[③]；后左立一人，捧宝剑；后右立一人，捧香炉。坛下二十四人，各持旌旗、宝盖、大戟、长戈、黄钺、白旄、朱幡、皂纛(dào)，环绕四面。孔明于十一月二十日甲子吉辰，沐浴斋戒，身披道衣，跣足散发，来到坛前。分付鲁肃曰："子敬自往军中相助公瑾调兵。倘亮所祈无应，不可有怪。"鲁肃别去。孔

① 葆：羽葆，用鸟羽扎成一丛。
② 风信：指风的动定起止。
③ 风色：指风的吹向强弱。

明嘱付[1]守坛将士："不许擅离方位。不许交头接耳。不许失口乱言。不许失惊打怪。如违令者斩！"众皆领命。孔明缓步登坛，观瞻方位已定，焚香于炉，注水于盂，仰天暗祝。下坛入帐中少歇，令军士更替吃饭。孔明一日上坛三次，下坛三次。却并不见有东南风。

且说周瑜请程普、鲁肃一班军官，在帐中伺候，只等东南风起，便调兵出；一面关报孙权接应。黄盖已自准备火船二十只，船头密布大钉；船内装载芦苇干柴，灌以鱼油，上铺硫黄、焰硝引火之物，各用青布油单遮盖；船头上插青龙牙旗，船尾各系走舸(gě)：在帐下听候，只等周瑜号令。甘宁、阚泽窝盘蔡和、蔡中在水寨中，每日饮酒，不放一卒登岸；周围尽是东吴军马，把得水泄不通：只等帐上号令下来。周瑜正在帐中坐议，探子来报："吴侯船只离寨八十五里停泊，只等都督好音。"瑜即差鲁肃遍告各部下官兵将士：

根据文章内容可以猜测"硫黄、焰硝"是用来点火的易燃物；由"走舸"中的"舸"会联想到"百舸争流"这个词，应该是小船之类。阅读时可以联系上下文、联系常用词等猜测词义。

① 嘱付：现在写作"嘱咐"。

“俱各收拾船只、军器、帆橹等物。号令一出，时刻休违。倘有违误，即按军法。”众兵将得令，一个个磨拳擦掌，准备厮杀。是日，看看近夜，天色清明，微风不动。瑜谓鲁肃曰：“孔明之言谬矣。隆冬之时，怎得东南风乎？”肃曰：“吾料孔明必不谬谈。”将近三更时分，忽听风声响，旗幡转动。瑜出帐看时，旗脚竟飘西北，霎时间东南风大起。

瑜骇然曰：“此人有夺天地造化之法、鬼神不测之术！若留此人，乃东吴祸根也。及早杀却，免生他日之忧。”急唤帐前护军校尉丁奉、徐盛二将：“各带一百人。徐盛从江内去，丁奉从旱路去，都到南屏山七星坛前，休问长短，拿住诸葛亮便行斩首，将首级来请功。”二将领命。徐盛下船，一百刀斧手荡开棹(zhào)桨；丁奉上马，一百弓弩手各跨征驹：往南屏山来。于路正迎着东南风起。后人有诗曰：

周瑜是历史上一位颇有争议的人物，可查阅资料了解更多的信息。

七星坛上卧龙登，一夜东风江水腾。
不是孔明施妙计，周郎安得逞才能？

3 智取生辰纲[①]

［元末明初］施耐庵

话说杨志带着一众人担着生辰纲来到一处松林，军士们放下担子歇息，只见对面松林里影着一个人在那里舒头探脑价望。杨志道：“俺说甚么，兀的不是歹人来了！”撇下藤条，拿了朴(pō)刀，赶入松林里来，喝一声道：“你这厮好大胆，怎敢看俺的行货！”只见松林里一字儿摆着七辆江州车儿[②]，七个人脱得赤条条的在那里乘凉。一个鬓边老大一搭朱砂记，拿着一条朴刀，望杨志跟前来。七个人齐叫一声：“呵也！”都跳起来。杨志喝道：“你等是甚么人？”那七人道：“你是甚么人？”杨志又问道：

杨志得梁中书抬举，收在门下，梁中书把押运生辰纲的任务交给他。谁知生辰纲还未启运，风声早已传出，晁盖、吴用等七人打算齐心协力夺取这批贵重的财宝，并由吴用定了一条智取之策。

---

① 选自《水浒传》第十六回《杨志押送金银担　吴用智取生辰纲》，略有删改。题目为后人所加。生辰纲是指编队运送的成批寿礼，本文中的生辰纲是指梁中书给他的岳父蔡京送的价值十万贯的寿礼。

② 江州车儿：手推的独轮小车。

“你等莫不是歹人？”那七人道：“你颠倒问，我等是小本经纪，那里有钱与你。”杨志道：“你等小本经纪人，偏俺有大本钱！”那七人问道：“你端的(dì)[①]是甚么人？”杨志道：“你等且说那里来的人？”那七人道：“我等弟兄七人是濠州人，贩枣子上东京去，路途打从这里经过。听得多人说，这里黄泥冈上时常有贼打劫客商。我等一面走，一头自说道：‘我七个只有些枣子，别无甚财赋。’只顾过冈子来。上得冈子，当不过这热，权且在这林子里歇一歇，待晚凉了行。只听得有人上冈子来，我们只怕是歹人，因此使这个兄弟出来看一看。”杨志道：“原来如此，也是一般的客人。却才见你们窥望，惟恐是歹人，因此赶来看一看。”那七个人道：“客官请几个枣子了去。”杨志道：“不必。”提了朴刀，再回担边来。

文中许多地方写到了天热，想一想，为什么？

① 端的：究竟。

老都管道："既是有贼，我们去休。"杨志说道："俺只道是歹人，原来是几个贩枣子的客人。"老都管道："似你方才说时，他们都是没命的。"杨志道："不必相闹，俺只要没事便好。你们且歇了，等凉些走。"众军汉都笑了。杨志也把朴刀插在地上，自去一边树下坐了歇凉。

没半碗饭时，只见远远地，一个汉子挑着一副担桶，唱上冈子来。唱道：

赤日炎炎似火烧，野田禾稻半枯焦。

农夫心内如汤煮，楼上王孙把扇摇。

此处又通过诗句从不同侧面渲染了天气的炎热。

那汉子口里唱着，走上冈子来，松林里头歇下担桶，坐地乘凉。众军看见了，便问那汉子道："你桶里是甚么东西？"那汉子应道："是白酒。"众军道："挑往那里去？"那汉子道："挑去村里卖。"众军道："多少钱一桶？"那汉子道："五贯足钱。"众军商量道："我们又热又渴，何不买些吃，也解暑气。"正在那里凑钱，杨志见了，喝道："你们又做甚么？"众

联系上文中杨志的提刀便打与现在众军士的态度，可见杨志的不得人心。这与生辰纲被劫有紧密的联系。

军道："买碗酒吃。"杨志调过朴刀杆便打，骂道："你们不得洒家言语，胡乱便要买酒吃，好大胆！"众军道："没事又来乱！我们自凑钱买酒吃，干你甚事？也来打人！"杨志道："你这村夫，理会得甚么！到来只顾吃嘴，全不晓得路途上的勾当艰难。多少好汉，被蒙汗药麻翻了。"那挑酒的汉子看着杨志冷笑道："你这客官好不晓事，早是我不卖与你吃，却说出这般没气力的话来。"

正在松树边闹动争说，只见对面松林里那伙贩枣子的客人都提着朴刀，走出来问道："你们做甚么闹？"那挑酒的汉子道："我自挑这酒过冈子村里卖，热了，在此歇凉。他众人要问我买些吃，我又不曾卖与他。这个客官道我酒里有甚么蒙汗药。你道好笑么？说出这般话来！"那七个客人说道："我只道有歹人出来，原来是如此。说一声也不打紧，我们倒着买一碗吃。既是他们疑心，且卖一桶与我们吃。"那挑酒的道："不卖，不卖！"这七个客人道："你

这汉子也不晓事，我们须不曾说你。你左右将到村里去卖，一般还你钱，便卖些与我们，打甚么不紧。看你不道得[1]舍施了茶汤，便又救了我们热渴。”那挑酒的汉子便道：“卖一桶与你不争，只是被他们说的不好。又没碗瓢舀吃。”那七人道：“你这汉子忒认真，便说了一声打甚么紧。我们自有椰瓢在这里。”只见两个客人去车子前取出两个椰瓢来，一个捧出一大捧枣子来。七个人立在桶边，开了桶盖，轮替换着舀那酒吃，把枣子过口。无一时，一桶酒都吃尽了。七个客人道：“正不曾问得你多少价钱？”那汉道：“我一了[2]不说价，五贯足钱一桶，十贯一担。”七个客人道：“五贯便依你五贯，只饶我们一瓢吃。”那汉道：“饶不的，做定的价钱。”一个客人把钱还他，一个客人便去揭开桶盖，兜了一瓢，拿上便吃。那汉去夺时，这客人手拿半瓢酒，

小说将“卖酒”“买酒”的细节娓娓道来，突出了吴用计策的高妙和无懈可击。

① 不道得：岂不是。

② 一了：一向，向来。

望松林里便走，那汉赶将去。只见这边一个客人从松林里走将出来，手里拿一个瓢，便来桶里舀了一瓢酒。那汉看见，抢来劈手夺住，望桶里一倾，便盖了桶盖，将瓢望地下一丢，口里说道："你这客人好不君子相！戴头识脸的[①]，也这般啰唣。"

那对过众军汉见了，心内痒起来，都待要吃。数中一个看着老都管道："老爷爷与我们说一声，那卖枣子的客人买他一桶吃了，我们胡乱也买他这桶吃，润一润喉也好。其实热渴了，没奈何，这里冈子上又没讨水吃处。老爷方便！"老都管见众军所说，自心里也要吃得些，竟来对杨志说："那贩枣子客人已买了他一桶酒吃，只有这一桶，胡乱教他们买了避暑气。冈子上端的没处讨水吃。"杨志寻思道："俺在远远处望，这厮们都买他的酒吃了，那桶里当面也见吃了半瓢，想是好的。打了他们半日，胡乱容他买碗吃罢。"杨志道：

在这个故事中，杨志留给我们的印象是做事处处小心，但对人态度粗暴蛮横。要想全面了解这个人物，还需要联系小说中对杨志的其他描写。

① 戴头识脸的：有面子的、有身份的。

“既然老都管说了，教这厮们买吃了，便起身。”众军健听了这话，凑了五贯足钱来买酒吃。那卖酒的汉子道：“不卖了，不卖了！”便道：“这酒里有蒙汗药在里头！”众军陪着笑说道：“大哥，直得便还言语！”那汉道：“不卖了，休缠！”这贩枣子的客人劝道：“你这个汉子，他也说得差了，你也忒认真，连累我们也吃你说了几声。须不关他众人之事，胡乱卖与他众人吃些。”那汉道：“没事讨别人疑心做甚么？”这贩枣子客人把那卖酒的汉子推开一边，只顾将这桶酒提与众军去吃。那军汉开了桶盖，无甚舀吃，陪个小心，问客人借这椰瓢用一用。众客人道：“就送这几个枣子与你们过酒。”众军谢道：“甚么道理。”客人道：“休要相谢，都是一般客人，何争在这百十个枣子上。”众军谢了，先兜两瓢，叫老都管吃一瓢，杨提辖吃一瓢。杨志那里肯吃。老都管自先吃了一瓢，两个虞候各吃一瓢。众军汉一发上，

此时杨志的态度由原来的“胡乱便要买酒吃，好大胆”变成现在的同意买酒吃。联系上文想一想，他态度转变的原因有哪些？

那桶酒登时吃尽了。杨志见众人吃了无事，自本不吃，一者天气甚热，二乃口渴难熬，拿起来只吃了一半，枣子分几个吃了。那卖酒的汉子说道：“这桶酒吃那客人饶两瓢吃了，少了你些酒，我今饶了你众人半贯钱罢。”众军汉把钱还他。那汉子收了钱，挑了空桶，依然唱着山歌，自下冈子去了。

只见那七个贩枣子的客人，立在松树旁边，指着这一十五人说道：“倒也，倒也！”只见这十五个人，头重脚轻，一个个面面厮觑，都软倒了。那七个客人从松树林里推出这七辆江州车儿，把车子上枣子都丢在地上，将这十一担金珠宝贝，却装在车子内，叫声：“聒噪！”一直望黄泥冈下推了去。杨志口里只是叫苦，软了身体，挣扎不起。十五人眼睁睁地看着那七个人都把这金宝装了去，只是起不来，挣不动，说不得。

读完此文，你觉得生辰纲被劫的原因有哪些？

④ 林冲棒打洪教头[1]

［元末明初］施耐庵

林冲遭到高太尉的陷害，被开封府发配至沧州，路过柴进庄上，听到店小二的话，便去投奔。柴进见到有名的八十万禁军教头林冲，心中大喜。洪教头随后赶来，对林冲态度傲慢、步步紧逼，加上柴进想看一下二人的本事，便有了两个人的比武。

三个人入酒店里来，林冲让两个公人上首坐了。董、薛二人半日方才得自在。那酒店里满厨桌酒肉，店里有三五个筛酒的酒保，都手忙脚乱，搬东搬西。林冲与两个公人坐了半个时辰，酒保并不来问。林冲等得不耐烦，把桌子敲着说道："你这店主人好欺客，见我是个犯人，便不来采[2]着，我须不白吃你的，是甚道理？"主人说道："你这人原来不知我的好意。"林冲道："不卖酒肉与我，有甚好意？"店主人道："你不知，俺这村中有个大财主，姓柴名进，此间称为柴大官人，江湖上都唤做小旋风。他是大周柴世宗嫡派子孙。

① 选自《水浒传》第九回《柴进门招天下客　林冲棒打洪教头》，略有删改。
② 采：现在写作"睬"。

读到这里，你对柴进这个人物有什么认识？

自陈桥让位有德，太祖武德皇帝敕赐与他誓书铁券在家中，谁敢欺负他？专一招接天下往来的好汉，三五十个养在家中。常常嘱付我们：‘酒店里如有流配来的犯人，可叫他投我庄上来，我自资助他。’我如今卖酒肉与你，吃得面皮红了，他道你自有盘缠，便不助你。我是好意。”林冲听了，对两个公人道：“我在东京教军时，常常听得军中人传说柴大官人名字，却原来在这里。我们何不同去投奔他？”董超、薛霸寻思道：“既然如此，有甚亏了我们处。”就便收拾包裹，和林冲问道：“酒店主人，柴大官人庄在何处？我等正要寻他。”店主人道：“只在前面，约过三二里路，大石桥边，转弯抹角那个大庄院便是。”林冲等谢了店主人，三个出门，果然三二里见座大石桥。过得桥来，一条平坦大路，早望见绿柳阴中，显出那座庄院。四下一周遭一条阔河，两岸边都是垂杨大树，树阴中一遭粉墙。转弯来到庄前看时，

好个大庄院。

三个人来到庄上，见条阔板桥上坐着四五个庄客，都在那里乘凉。三个人来到桥边，与庄客施礼罢。林冲说道："相烦大哥报与大官人知道，京师有个犯人迭配牢城姓林的求见。"庄客齐道："你没福，若是大官人在家时，有酒食钱财与你。今早出猎去了。"林冲道："不知几时回来？"庄客道："说不定，敢怕投东庄去歇也不见得。许你不得。"林冲道："如此是我没福，不得相遇。我们去罢。"别了众庄客，和两个公人再回旧路，肚里好生愁闷。

行了半里多路，只见远远的从林子深处一簇人马来。但见：

> 人人俊丽，个个英雄。数十匹骏马嘶风，两三面绣旗弄日。粉青毡笠，似倒翻荷叶高擎；绛色红缨，如烂熳莲花乱插。飞鱼袋内，高插着描金雀画细轻弓；狮子壶中，整攒着点翠雕翎端正箭。牵几只赶獐细犬，擎数对拿兔苍

此处不用逐字逐句理解，在跳读的过程中，可以感受到出场人物是一位富贵之人，很符合前文中所说的"大财主"身份。

鹰。穿云俊鹘顿绒绦，脱帽锦雕寻护指。摽枪风利，就鞍边微露寒光；画鼓团圞(luán)，向鞍上时闻响震。鞍边拴系，都缘是天外飞禽；马上擎抬，莫不是山中走兽。好似晋王临紫塞，浑如汉武到长杨。

那簇人马飞奔庄上来，中间捧着一位官人，骑一匹雪白卷毛马。马上那人生得龙眉凤目，皓齿朱唇，三牙掩口髭须，三十四五年纪，头戴一顶皂纱转角簇花巾，身穿一领紫绣团龙云肩袍，腰系一条玲珑嵌宝玉绦环，足穿一双金线抹绿皂朝靴，带一张弓，插一壶箭，引领从人，都到庄上来。林冲看了，寻思道："敢是柴大官人么？"又不敢问他，只自肚里踌躇。只见那马上年少的官人纵马前来，问道："这位带枷的是甚人？"林冲慌忙躬身答道："小人是东京禁军教头，姓林名冲，为因恶(wù)[①]了高太尉，寻事发

这段外貌描写，使柴大官人这一人物形象跃然纸上。

① 恶：得罪、冒犯。

下开封府问罪，断遣刺配此沧州。闻得前面酒店里说，这里有个招贤纳士好汉柴大官人，因此特来相投。不遇官人，当以实诉。”那官人滚鞍下马，飞近前来，说道：“柴进有失迎迓。”就草地上便拜。林冲连忙答礼。那官人携住林冲的手，同行到庄上来。那庄客们看见，大开了庄门，柴进直请到厅前。两个叙礼罢，柴进说道：“小可[①]久闻教头大名，不期今日来踏贱地，足称平生渴仰之愿。”林冲答道：“微贱林冲，闻大人贵名传播海宇，谁人不敬。不想今日因得罪犯，流配来此，得识尊颜，宿生万幸！”柴进再三谦让，林冲坐了客席，董超、薛霸也一带坐了。跟柴进的伴当各自牵了马，去后院歇息，不在话下。

柴进热情豪爽、仗义疏财，被誉为“当世孟尝君”。请在阅读中仔细品味。

柴进便唤庄客，叫将酒来。不移时，只见数个庄客托出一盘肉，一盘饼，温一壶酒；又一个盘子，托出一斗白米，米上

① 小可：自称的谦辞。

读一读柴大官人的语言，把自己体会到的人物的性格特点通过朗读表达出来。

放着十贯钱，都一发将出来。柴进见了道："村夫不知高下，教头到此，如何恁地轻意！快将进去。先把果盒酒来，随即杀羊，然后相待。快去整治！"林冲起身谢道："大官人不必多赐，只此十分勾了，感谢不当。"柴进道："休如此说。难得教头到此，岂可轻慢。"庄客不敢违命，先捧出果盒酒来。柴进起身，一面手执三杯。林冲谢了柴进，饮酒罢，两个公人一同饮了。柴进说："教头请里面少坐。"柴进随即解了弓袋、箭壶，就请两个公人一同饮酒。柴进当下坐了主席，林冲坐了客席，两个公人在林冲肩下，叙说些闲话、江湖上的勾当。

不觉红日西沉，安排得酒食果品海味，摆在桌上，抬在各人面前。柴进亲自举杯，把了三巡，坐下叫道："且将汤来吃。"吃得一道汤、五七杯酒，只见庄客来报道："教师来也。"柴进道："就请来一处坐地相会亦可。快抬一张桌来。"林冲起身看时，只见那个教师入来，歪戴着一顶头

巾，挺着脯子，来到后堂。林冲寻思道：“庄客称他做教师，必是大官人的师父。”急躬身唱喏道：“林冲谨参。”那人全不采着，也不还礼。林冲不敢抬头。柴进指着林冲对洪教头道：“这位便是东京八十万禁军枪棒教头，林武师林冲的便是，就请相见。”林冲听了，看着洪教头便拜。那洪教头说道：“休拜，起来。”却不躬身答礼。柴进看了，心中好不快意。林冲拜了两拜，起身让洪教头坐。洪教头亦不相让，便去上首便坐。柴进看了，又不喜欢。林冲只得肩下坐了，两个公人亦各坐了。

从洪教头的语言和行为中可以看出他对林冲态度傲慢。

洪教头便问道：“大官人，今日何故厚礼管待配军？”柴进道：“这位非比其他的，乃是八十万禁军教头。师父如何轻慢？”洪教头道：“大官人只因好习枪棒上头，往往流配军人都来倚草附木，皆道我是枪棒教师，来投庄上，诱些酒食钱米。大官人如何忒认真！”林冲听了，并不做声。柴进说道：“凡人不可易相，休小觑他。”

洪教头的口出狂言与林冲的默不作声形成鲜明对比，衬托出了林冲谦虚和隐忍的性格特点。

洪教头怪这柴进说“休小觑他”，便跳起身来道：“我不信他。他敢和我使一棒看，我便道他是真教头。”柴进大笑道：“也好，也好。林武师你心下如何？”林冲道：“小人却是不敢。”洪教头心中忖量道：“那人必是不会，心中先怯了。”因此越来惹林冲使棒。柴进一来要看林冲本事，二者要林冲赢他，灭那厮嘴。柴进道：“且把酒来吃着，待月上来也罢。”

当下又吃过了五七杯酒，却早月上来了，照见厅堂里面如同白日。柴进起身道：“二位教头较量一棒。”林冲自肚里寻思道：“这洪教头必是柴大官人师父，不争我一棒打翻了他，须不好看。”柴进见林冲踌躇，便道：“此位洪教头也到此不多时，此间又无对手，林武师休得要推辞。小可也正要看二位教头的本事。”柴进说这话，原来只怕林冲碍柴进的面皮，不肯使出本事来。林冲见柴进说开就里，方才放心。只见洪教头先起身道：“来，来，来！

和你使一棒看。”一齐都哄出堂后空地上。庄客拿一束杆棒来，放在地下。洪教头先脱了衣裳，拽扎起裙子，掣条棒使个旗鼓，喝道：“来，来，来！”柴进道：“林武师，请较量一棒。”林冲道：“大官人休要笑话。”就地也拿了一条棒起来道：“师父请教。”洪教头看了，恨不得一口水吞了他。林冲拿着棒，使出山东大擂，打将入来。洪教头把棒就地下鞭了一棒，来抢林冲。两个教师就明月地上交手，真个好看。怎见是山东大擂？但见：

山东大擂，河北夹枪。大擂棒是鳅鱼穴内喷来，夹枪棒是巨蟒窠中拔出。大擂棒似连根拔怪树，夹枪棒如遍地卷枯藤。两条海内抢珠龙，一对岩前争食虎。

这里是形容两个人打斗的场景，可以感受到打斗得激烈，两人不分上下。

两个教头在月明地上交手，使了四五合棒，只见林冲托地跳出圈子外来，叫一声：“少歇！”柴进道：“教头如何不使本事？”林冲道：“小人输了。”柴进道：“未见

二位较量，怎便是输了？”林冲道：“小人只多这具枷，因此权当输了。”柴进道：“是小可一时失了计较。”大笑着道：“这个容易。”便叫庄客取十两银来，当时将至。柴进对押解两个公人道：“小可大胆，相烦二位下顾，权把林教头枷开了，明日牢城营内但有事务，都在小可身上。白银十两相送。”董超、薛霸见了柴进人物轩昂，不敢违他，落得做人情，又得了十两银子，亦不怕他走了。薛霸随即把林冲护身枷开了。柴进大喜道："今番两位教师再试一棒。"

联系上下文猜一猜：柴进此举用意何在？

洪教头见他却才棒法怯了，肚里平欺他做，提起棒却待要使。柴进叫道："且住。"叫庄客取出一锭银来，重二十五两，无一时，至面前。柴进乃言：“二位教头比试，非比其他，这锭银子权为利物。若是赢的，便将此银子去。”柴进心中只要林冲把出本事来，故意将银子丢在地下。洪教头深怪林冲来，又要争这个大银子，又怕输了锐气，把棒来尽心使个旗鼓，吐个门户，

唤做把火烧天势。林冲想道：“柴大官人心里只要我赢他。”也横着棒，使个门户，吐个势，唤做拨草寻蛇势。洪教头喝一声：“来，来，来！”便使棒盖将入来。林冲望后一退，洪教头赶入一步，提起棒又复一棒下来。林冲看他步已乱了，被林冲把棒从地下一跳，洪教头措手不及，就那一跳里和身一转，那棒直扫着洪教头臁（lián）儿骨[①]上，撇了棒，扑地倒了。柴进大喜，叫快将酒来把盏。众人一齐大笑。洪教头那里挣侧起来？众庄客一头笑着扶了。洪教头羞颜满面，自投庄外去了。

从两个人比武的招式可以看出洪教头的不自量力和林冲的武艺高强、沉稳机智。

阅读链接

林冲原为东京八十万禁军教头，后遭高俅陷害而被刺配到沧州。其间，在野猪林被官差欺侮，在柴进府被洪教头轻视，在草料场险些被陆谦等人烧死。林冲被逼无奈，经柴进引荐，逼上梁山，成为梁山泊好汉中的领头人物。

---

① 臁儿骨：小腿胫骨。

⑤ 闹龙宫夺取金箍棒[1]

［明］吴承恩

却说美猴王荣归故里，自剿(jiǎo)了混世魔王，夺了一口大刀，逐日操演武艺，教小猴砍竹为标，削木为刀，治旗幡，打哨子，一进一退，安营下寨，顽耍[2]多时。忽然静坐处，思想道："我等在此，恐作耍成真，或惊动人王，或有禽王、兽王认此犯头[3]，说我们操兵造反，兴师来相杀，汝等都是竹竿木刀，如何对敌？须得锋利剑戟方可。如今奈何？"众猴闻说，个个惊恐道："大王所见甚长，只是无处可取。"正说间，转上四个老猴，两个是赤尻(kāo)马猴，两个是通背猿猴，走在面前道："大王，若要治锋利

如果不知道"思想道""汝""所见甚长"的意思，可以联系上下文，结合具体语境猜测其含义。

① 选自《西游记》第三回《四海千山皆拱伏　九幽十类尽除名》，略有删改。题目为后人所加。

② 顽耍：现在写作"玩耍"。

③ 犯头：冒犯对方的缘由。犯，触犯、冒犯。

器械，甚是容易。”悟空道：“怎见容易？”四猴道：“我们这山，向东去，有二百里水面，那厢乃傲来国界。那国界中有一王位，满城中军民无数，必有金银铜铁等匠作。大王若去那里，或买或造些兵器，教演我等，守护山场，诚所谓保泰长久之机也。”悟空闻说，满心欢喜道：“汝等在此顽耍，待我去来。”

找出故事中体现人物特点的语言，画出来，边读边体会。

好猴王，即纵筋斗云，霎时间过了二百里水面。果然那厢有座城池，六街三市，万户千门，来来往往，人都在光天化日之下。悟空心中想道：“这里定有现成的兵器，我待下去买他几件，还不如使个神通觅他几件倒好。”他就捻起诀来，念动咒语，向巽(xùn)地上吸一口气，呼的吹将去，便是一阵狂风，飞沙走石，好惊人也。

风起处，惊散了那傲来国君王，三市六街，都慌得关门闭户，无人敢走。悟空才按下云头，径闯入朝门里。直寻到兵器馆、武库中，打开门扇，看时，那里面无数器械：刀、枪、剑、戟、斧、钺、戈、镰、鞭、钯、挝、简、

弓、弩、叉、矛，件件俱备。一见甚喜道：“我一人能拿几何？还使个分身法搬将去罢。”好猴王，即拔一把毫毛，入口嚼烂，喷将出去，念动咒语，叫声“变！”变做千百个小猴，都乱搬乱抢；有力的拿五七件，力小的拿三二件，尽数搬个罄净。径踏云头，弄个摄法，唤转狂风，带领小猴，俱回本处。

孙悟空驾着筋斗云，轻松觅得数万件武器，体现出他的神通广大。

却说那花果山大小儿猴，正在那洞门外顽耍，忽听得风声响处，见半空中，丫丫叉叉、无边无岸的猴精，唬得都乱跑乱躲。少时，美猴王按落云头，收了云雾，将身一抖，收了毫毛，将兵器乱堆在山前，叫道：“小的们！都来领兵器！”众猴看时，只见悟空独立在平阳之地，俱跑来叩头问故。悟空将前使狂风、搬兵器一应事说了一遍。众猴称谢毕，都去抢刀夺剑，挝斧争枪，扯弓扳弩，吆吆喝喝，耍了一日。

次日，依旧排营。悟空会集群猴，计有四万七千余口。早惊动满山怪兽，都是些狼、虫、虎、豹、麖、麂、獐、犯、狐、

狸、獾、狢、狮、象、狻猊、猩猩、熊、鹿、野豕、山牛、羚羊、青兕、狡儿、神獒……各样妖王，共有七十二洞，都来参拜猴王为尊。每年献贡，四时点卯(mǎo)[①]。也有随班操演的，也有随节征粮的，齐齐整整，把一座花果山造得似铁桶金城。各路妖王，又有进金鼓、进彩旗、进盔甲的，纷纷攘攘，日逐家习舞兴师。

美猴王正喜间，忽对众说道："汝等弓弩熟谙，兵器精通，奈我这口刀着实榔槺[②]，不遂我意，奈何？"四老猴上前启奏道："大王乃是仙圣，凡兵是不堪用，但不知大王水里可能去得？"悟空道："我自闻道之后，有七十二般地煞变化之功；筋斗云有莫大的神通；善能隐身遁身，起法摄法；上天有路，入地有门；步日月无影，入金石无碍；水不能溺，火不能焚。那些儿去不得？"四猴道："大王既有此神通，我们这铁板桥下，水通

一个"忽"字，表现了美猴王的率性，即临时起意，不经过深思熟虑。这为他日后与师父屡次发生冲突埋下了伏笔。

① 点卯：旧时官署办公，照例从卯时开始，主管官到时点名，称为点卯。
② 榔槺：形容长大、笨重、使用不方便。

东海龙宫。大王若肯下去，寻着老龙王，问他要件甚么兵器，却不趁心[1]？”悟空闻言甚喜，道：“等我去来。”

“跳”“捻”“钻”“分开”“入”等一系列动作，生动形象地表现了美猴王身手敏捷的特点。

好猴王，跳至桥头，使一个闭水法，捻着诀，扑的钻入波中，分开水路，径入东洋海底。正行间，忽见一个巡海的夜叉，挡住问道：“那推水来的，是何神圣？说个明白，好通报迎接。”悟空道：“我乃花果山天生圣人孙悟空，是你老龙王的紧邻，为何不识？”那夜叉听说，急转水晶宫传报道：“大王，外面有个花果山天生圣人孙悟空，口称是大王紧邻，将到宫也。”东海龙王敖广即忙起身，与龙子龙孙、虾兵蟹将出宫迎道：“上仙请进，请进。”直至宫里相见，上坐献茶毕，问道：“上仙几时得道，授何仙术？”悟空道：“我自生身之后，出家修行，得一个无生无灭之体。近因教演儿孙守护山洞，奈何没件兵器。久闻贤邻享乐瑶宫贝阙，必有多余

① 趁心：现在写作“称心”。

神器，特来告求一件。”龙王见说，不好推辞，即着鳜（guì）都司取出一把大捍刀奉上。悟空道：“老孙不会使刀，乞另赐一件。”龙王又着鲌（bà）大尉，领鳝力士，抬出一捍九股叉来。悟空跳下来，接在手中，使了一路，放下道：“轻！轻！轻！又不趁手！再乞另赐一件。”龙王笑道：“上仙，你不曾看这叉，有三千六百斤重哩！”悟空道：“不趁手！不趁手！”龙王心中恐惧，又着鳊（biān）提督、鲤总兵抬出一柄画杆方天戟，那戟有七千二百斤重。悟空见了，跑近前接在手中，丢几个架子，撒两个解数，插在中间道：“也还轻！轻！轻！”老龙王一发害怕，道：“上仙，我宫中只有这根戟重，再没甚么兵器了。”悟空笑道：“古人云：‘愁海龙王没宝哩！’你再去寻寻看。若有可意的，一一奉价。”龙王道：“委的再无。”

孙悟空的语言非常有特点，多次重复，表现出了他的急不可耐。如果请你演一演孙悟空，你会怎么读他说的话？

正说处，后面闪过龙婆、龙女道：“大王，观看此圣，决非小可。我们这海藏中，那一块天河定底的神珍铁，这几日霞光艳

此处提到了"天河定底"的定子是一块神铁，可以结合"大禹治水"的故事来理解。

艳，瑞气腾腾，敢莫是该出现遇此圣也？"龙王道："那是大禹治水之时，定江海浅深的一个定子，是一块神铁，能中何用？"龙婆道："莫管他用不用，且送与他，凭他怎么改造，送出宫门便了。"老龙王依言，尽向悟空说了。悟空道："拿出来我看。"龙王摇手道："扛不动！抬不动！须上仙亲去看看。"悟空道："在何处？你引我去。"龙王果引导至海藏中间，忽见金光万道。龙王指定道："那放光的便是。"悟空撩衣上前，摸了一把，乃是一根铁柱子，约有斗来粗，二丈有余长。他尽力两手挝过，道："忒粗忒长些！再短细些方可用。"说毕，那宝贝就短了几尺，细了一围。悟空又颠一颠，道："再细些更好！"那宝贝真个又细了几分。悟空十分欢喜，拿出海藏看时，原来两头是两个金箍，中间乃一段乌铁；紧挨箍有镌(juān)成的一行字，唤做"如意金箍棒"，重一万三千五百斤。心中暗喜道："想必这宝贝如人意！"一边走，一边心思口念，

手颠着道："再短细些更妙！"拿出外面，只有二丈长短，碗口粗细。

你看他弄神通，丢开解数，打转水晶宫里，唬得老龙王胆战心惊，小龙子魂飞魄散；龟鳖鼋鼍（yuán tuó）皆缩颈，鱼虾鳌蟹尽藏头。悟空将宝贝执在手中，坐在水晶宫殿上，对龙王笑道："多谢贤邻厚意。"龙王道："不敢，不敢。"悟空道："这块铁虽然好用，还有一说。"龙王道："上仙还有甚说？"悟空道："当时若无此铁，倒也罢了；如今手中既拿着他，身上更无衣服相趁，奈何？你这里若有披挂，索性送我一副，一总奉谢。"龙王道："这个却是没有。"悟空道："'一客不犯二主。'若没有，我也定不出此门。"龙王道："烦上仙再转一海，或者有之。"悟空又道："'走三家不如坐一家。'千万告求一副。"龙王道："委的没有；如有即当奉承。"悟空道："真个没有，就和你试试此铁！"龙王慌了道："上仙，切莫动手！切莫动手！待我看舍弟处可有，当送一副。"悟空道：

此处通过老龙王、小龙子、龟鳖鼋鼍、鱼虾鳌蟹的反应，折射出当时美猴王打闹龙宫时的混乱场面。

通过孙悟空和东海龙王的对话，可以看出孙悟空还是野性难改。

“令弟何在？”龙王道：“舍弟乃南海龙王敖钦、北海龙王敖顺、西海龙王敖闰是也。”悟空道：“我老孙不去！不去！俗语谓‘赊三不敌见二’，只望你随高就低的送一副便了。”老龙道：“不须上仙去。我这里有一面铁鼓，一口金钟；凡有紧急事，擂得鼓响，撞得钟鸣，舍弟们就顷刻而至。”悟空道：“既是如此，快些去擂鼓撞钟！”真个那鼍将便去撞钟，鳖帅即来擂鼓。

少时，钟鼓响处，果然惊动那三海龙王，须臾来到，一齐在外面会着。敖钦道：“大哥，有甚紧事，擂鼓撞钟？”老龙道：“贤弟！不好说！有一个花果山甚么天生圣人，早间来认我做邻居，后要求一件兵器。献钢叉嫌小，奉画戟嫌轻，将一块天河定底神珍铁，自己拿出手，丢了些解数。如今坐在宫中，又要索甚么披挂。我处无有，故响钟鸣鼓，请贤弟来。你们可有甚么披挂，送他一副，打发出门去罢了。”敖钦闻言，大怒道：“我兄弟们点起兵，拿他不是！”

老龙道："莫说拿！莫说拿！那块铁，挽着些儿就死，磕着些儿就亡；挨挨儿皮破，擦擦儿筋伤！"西海龙王敖闰道："二哥不可与他动手；且只凑副披挂与他，打发他出了门，启表奏上上天，天自诛也。"北海龙王敖顺道："说的是。我这里有一双藕丝步云履哩。"西海龙王敖闰道："我带了一副锁子黄金甲哩。"南海龙王敖钦道："我有一顶凤翅紫金冠哩。"老龙大喜，引入水晶宫相见了，以此奉上。悟空将金冠、金甲、云履都穿戴停当，使动如意棒，一路打出去，对众龙道："聒噪！聒噪！"四海龙王甚是不平，一边商议进表上奏不题。

从老龙王的话里可以看出他对孙悟空的恐惧。再联系前文，面对孙悟空的百般刁难，老龙王都因为得罪不起而顺从。

可结合影视剧中孙悟空的造型，想象美猴王穿上这副披挂后威风凛凛的样子。

6 名注齐天[①]

［明］吴承恩

悟空被玉帝授以“弼马温”之官，他得知此官为末等官职后，生气地回到花果山，并且自立为“齐天大圣”。玉帝此番便是命众神去捉拿悟空。

却说那玉帝次日设朝，只见张天师引御马监监丞、监副在丹墀(chí)下拜奏道：“万岁，新任弼马温孙悟空，因嫌官小，昨日反下天宫去了。”正说间，又见南天门外增长天王领众天丁，亦奏道：“弼马温不知何故，走出天门去了。”玉帝闻言，即传旨：“着两路神元，各归本职，朕遣天兵，擒拿此怪。”班部中闪上托塔李天王与哪吒三太子，越班奏上道：“万岁，微臣不才，请旨降此妖怪。”玉帝大喜，即封托塔天王李靖为降魔大元帅，哪吒三太子为三坛海会大神，即刻兴师下界。

李天王与哪吒叩头谢辞，径至本宫，

① 选自《西游记》第四回《官封弼马心何足　名注齐天意未宁》，略有删改。题目为后人所加。

点起三军，帅众头目，着巨灵神为先锋，鱼肚将掠后，药叉将催兵。一霎时出南天门外，径来到花果山。选平阳处安了营寨，传令教巨灵神挑战。巨灵神得令，结束整齐，抡着宣花斧，到了水帘洞外。只见那洞门外，许多妖魔，都是些狼虫虎豹之类，丫丫叉叉，抡枪舞剑，在那里跳斗咆哮。这巨灵神喝道："那业畜！快早去报与弼马温知道，吾乃上天大将，奉玉帝旨意，到此收伏；教他早早出来受降，免致汝等皆伤残也。"那些怪，奔奔波波，传报洞中道："祸事了！祸事了！"猴王问："有甚祸事？"众妖道："门外有一员天将，口称大圣官衔，道：奉玉帝圣旨，来此收伏；教早早出去受降，免伤我等性命。"猴王听说，教："取我披挂来！"就戴上紫金冠，贯上黄金甲，登上步云鞋，手执如意金箍棒，领众出门，摆开阵势。

巨灵神是托塔李天王帐下的一员大将，使用的兵器是宣花板斧。

巨灵神厉声高叫道："那泼猴！你认得我么？"大圣听言，急问道："你是那

路毛神？老孙不曾会你，你快报名来。”巨灵神道：“我把你那欺心的猢狲！你是认不得我！我乃高上神霄托塔李天王部下先锋巨灵天将！今奉玉帝圣旨，到此收降你。你快卸了装束，归顺天恩，免得这满山诸畜遭诛；若道半个‘不’字，教你顷刻化为齑(jī)粉！”猴王听说，心中大怒，道：“泼毛神，休夸大口，少弄长舌！我本待一棒打死你，恐无人去报信；且留你性命，快早回天，对玉皇说：他甚不用贤！老孙有无穷的本事，为何教我替他养马？你看我这旌旗上字号。若依此字号升官，我就不动刀兵，自然的天地清泰；如若不依，时间就打上灵霄宝殿，教他龙床定坐不成！”这巨灵神闻此言，急睁睛迎风观看，果见门外竖一高竿，竿上有旌旗一面，上写着“齐天大圣”四大字。巨灵神冷笑三声，道：“这泼猴，这等不知人事，辄敢无状，你就要做齐天大圣！好好的吃吾一斧！”劈头就砍将去。那猴王正是会家不忙，将金箍棒

孙悟空的性格非常鲜明，他勇敢好斗、率性而为、疾恶如仇，当然他也有重视“名头”等缺点。正因如此，这一人物形象才更加饱满。

应手相迎。这一场好杀：

棒名如意，斧号宣花。他两个乍相逢，不知深浅；斧和棒，左右交加。一个暗藏神妙，一个大口称夸。使动法，喷云嗳雾；展开手，播土扬沙。天将神通就有道，猴王变化实无涯。棒举却如龙戏水，斧来犹似凤穿花。巨灵名望传天下，原来本事不如他：大圣轻轻抡铁棒，着头一下满身麻。

巨灵神抵敌他不住，被猴王劈头一棒，慌忙将斧架隔，扢扠的一声，把个斧柄打做两截，急撤身败阵逃生。猴王笑道："脓包！脓包！我已饶了你，你快去报信！快去报信！"

巨灵神回至营门，径见托塔天王，忙哈哈跪下道："弼马温果是神通广大！末将战他不得，败阵回来请罪。"李天王发怒道："这厮锉[①]吾锐气，推出斩之！"旁

巨灵神舞起宣花板斧，就像凤凰穿花，可见其武艺与法力非同一般，但最后仍然不敌孙悟空而败阵。

① 锉：现在写作"挫"。

边闪出哪吒太子，拜告：“父王息怒，且恕巨灵之罪，待孩儿出师一遭，便知深浅。”天王听谏，且教回营待罪管事。

中国古代神话传说中关于哪吒的故事有很多，可以找来读一读。

这哪吒太子，甲胄齐整，跳出营盘，撞至水帘洞外。那悟空正来收兵，见哪吒来的勇猛。

悟空迎近前来问曰：“你是谁家小哥？闯近吾门，有何事干？”哪吒喝道：“泼妖猴！岂不认得我？我乃托塔天王三太子哪吒是也。今奉玉帝钦差，至此捉你。”悟空笑道：“小太子，你的奶牙尚未退，胎毛尚未干，怎敢说这般大话？我且留你的性命，不打你。你只看我旌旗上是甚么字号，拜上玉帝：是这般官衔，再也不须动众，我自皈(guī)依；若是不遂我心，定要打上灵霄宝殿。”哪吒抬头看处，乃“齐天大圣”四字。哪吒道：“这妖猴能有多大神通，就敢称此名号！不要怕！吃吾一剑！”悟空道：“我只站下不动，任你砍几剑罢。”那哪吒奋怒，大喝一声，叫：“变！”即

变做三头六臂，恶狠狠，手持着六般兵器，乃是斩妖剑、砍妖刀、缚妖索、降妖杵、绣球儿、火轮儿，丫丫叉叉，扑面来打。悟空见了，心惊道："这小哥倒也会弄些手段！莫无礼，看我神通！"好大圣，喝声"变！"也变做三头六臂；把金箍棒幌一幌，也变作三条；六只手拿着三条棒架住。这场斗，真个是地动山摇，好杀也：

六臂哪吒太子，天生美石猴王，相逢真对手，正遇本源流。那一个蒙差来下界，这一个欺心闹斗牛。斩妖宝剑锋芒快，砍妖刀狠鬼神愁；缚妖索子如飞蟒，降妖大杵似狼头；火轮掣电烘烘艳，往往来来滚绣球。大圣三条如意棒，前遮后挡运机谋。苦争数合无高下，太子心中不肯休。把那六件兵器多教变，百千万亿照头丢。猴王不惧呵呵笑，铁棒翻腾自运筹。以一化千千化万，满空乱舞赛飞虬。唬得各洞妖王都闭户，遍山鬼怪尽藏

可以猜出这段是在讲悟空与哪吒三太子打斗的场面。

头。神兵怒气云惨惨，金箍铁棒响飕飕。那壁厢，天丁呐喊人人怕；这壁厢，猴怪摇旗个个忧。发狠两家齐斗勇，不知那个刚强那个柔。

三太子与悟空各骋神威，斗了个三十回合。那太子六般兵，变做千千万万；孙悟空金箍棒，变作万万千千。半空中似雨点流星，不分胜负。原来那悟空手疾眼快，正在那混乱之时，他拔下一根毫毛，叫声“变！”就变做他的本相，手挺着棒，演着哪吒；他的真身，却一纵，赶至哪吒脑后，着左膊上一棒打来。哪吒正使法间，听得棒头风响，急躲闪时，不能措手，被他着了一下，负痛逃走；收了法，把六件兵器，依旧归身，败阵而回。

这里的“万万千千”改为“千千万万”可不可以？说说你的理由。

那阵上李天王早已看见，急欲提兵助战。不觉太子倏至面前，战兢兢报道：“父王！弼马温真个有本事！孩儿这般法力，也战他不过，已被他打伤膊也。”天王大惊失色道：“这厮恁的神通，如何取胜？”

太子道：“他洞门外竖一竿旗，上写‘齐天大圣’四字，亲口夸称，教玉帝就封他做齐天大圣，万事俱休；若还不是此号，定要打上灵霄宝殿哩！”天王道：“既然如此，且不要与他相持，且去上界，将此言回奏，再多遣天兵，围捉这厮，未为迟也。”太子负痛，不能复战，故同天王回天启奏不题。

你看那猴王得胜归山，那七十二洞妖王与那六弟兄，俱来贺喜。在洞天福地，饮乐无比。他却对六弟兄说：“小弟既称齐天大圣，你们亦可以大圣称之。”内有牛魔王忽然高叫道：“贤弟言之有理，我即称做个平天大圣。”蛟魔王道：“我称做覆海大圣。”鹏魔王道：“我称混天大圣。”狮狔王道：“我称移山大圣。”猕猴王道：“我称通风大圣。”猬狨王道：“我称驱神大圣。”此时七大圣自作自为，自称自号，耍乐一日，各散讫。

那六弟兄是孙悟空从菩提祖师处学艺归来后结拜的。孙悟空自称“齐天大圣”时，这六弟兄纷纷响应。

却说那李天王与三太子领着众将，直

至灵霄宝殿，启奏道：“臣等奉圣旨出师下界，收伏妖仙孙悟空，不期他神通广大，不能取胜，仍望万岁添兵剿除。”玉帝道：“谅一妖猴，有多少本事，还要添兵？”太子又近前奏道：“望万岁赦臣死罪！那妖猴使一条铁棒，先败了巨灵神，又打伤臣臂膊。洞门外立一竿旗，上书‘齐天大圣’四字，道是封他这官职，即便休兵来投；若不是此官，还要打上灵霄宝殿也。”玉帝闻言，惊讶道：“这妖猴何敢这般狂妄！着众将即刻诛之。”正说间，班部中又闪出太白金星，奏道：“那妖猴只知出言，不知大小。欲加兵与他争斗，想一时不能收伏，反又劳师。不若万岁大舍恩慈，还降招安旨意，就教他做个齐天大圣。只是加他个空衔，有官无禄便了。”玉帝道：“怎么唤做‘有官无禄’？”金星道：“名是齐天大圣，只不与他事管，不与他俸禄，且养在天壤之间，收他的邪心，使不生狂妄，庶乾坤安靖，海宇得清宁也。”玉帝闻言道：

太白金星的言语，很形象地刻画出了他的性格特征：温和，虑事周全，善于调和。

“依卿所奏。”即命降了诏书，仍着金星领去。

金星复出南天门，直至花果山水帘洞外观看。这番比前不同，威风凛凛，杀气森森，各样妖精无般不有，一个个都执剑拈枪、拿刀弄杖的，在那里咆哮跳跃。一见金星，皆上前动手。金星道：“那众头目来！累你去报你大圣知之。吾乃上帝遣来天使，有圣旨在此请他。”众妖即跑入报道：“外面有一老者，他说是上界天使，有旨意请你。”悟空道：“来得好！来得好！想是前番来的那太白金星。那次请我上界，虽是官爵不堪，却也天上走了一次，认得那天门内外之路。今番又来，定有好意。”教众头目大开旗鼓，摆队迎接。大圣即带引群猴，顶冠贯甲，甲上罩了赭黄袍，足踏云履，急出洞门，躬身施礼，高叫道：“老星请进，恕我失迎之罪。”

此处是与太白金星先前封悟空为“弼马温”时受到的热情款待做对比。

金星趋步向前，径入洞内，面南立着，道：“今告大圣，前者因大圣嫌恶官小，

躲离御马监，当有本监中大小官员奏了玉帝。玉帝传旨道：‘凡授官职，皆由卑而尊，为何嫌小？’即有李天王领哪吒下界取战。不知大圣神通，故遭败北，回天奏道：‘大圣立一竿旗，要做“齐天大圣”。’众武将还要支吾，是老汉力为大圣冒罪奏闻，免兴师旅，请大王授箓。玉帝准奏，因此来请。”悟空笑道：“前番动劳，今又蒙爱，多谢！多谢！但不知上天可有此‘齐天大圣’之官衔也？”金星道：“老汉以此衔奏准，方敢领旨而来；如有不遂，只坐罪老汉便是。”

电视剧《西游记》中，太白金星须发皆白、善良敦厚，一副和气的样子。结合剧中人物形象阅读，可以帮助你把握人物的性格特点。

悟空大喜，恳留饮宴，不肯，遂与金星纵着祥云，到南天门外。那些天丁天将，都拱手相迎。径入灵霄殿下，金星拜奏道：“臣奉诏宣弼马温孙悟空已到。”玉帝道：“那孙悟空过来。今宣你做个‘齐天大圣’，官品极矣，但切不可胡为。”这猴亦只朝上唱个喏，道声谢恩。玉帝即命工干官——张、鲁二班——在蟠桃园右首，起一座齐

天大圣府，府内设个二司：一名安静司，一名宁神司。司俱有仙吏，左右扶持。又差五斗星君送悟空去到任，外赐御酒二瓶，金花十朵，着他安心定志，再勿胡为。那猴王信受奉行，即日与五斗星君到府，打开酒瓶，同众尽饮。送星官回转本宫，他才遂心满意，喜地欢天，在于天宫快乐，无挂无碍。

好言相劝，又赐了很多东西——可见对于孙悟空，连玉皇大帝都要采取安抚的措施。

阅读链接

混沌未分天地乱，茫茫渺渺无人见。
自从盘古破鸿濛，开辟从兹清浊辨。
覆载群生仰至仁，发明万物皆成善。
欲知造化会元功，须看《西游释厄传》。

——《西游记》第一回

7 香菱学诗①

［清］曹雪芹

薛蟠走后，香菱也搬到大观园和薛宝钗一起居住。香菱酷爱诗歌，借此机会便拜林黛玉为师学习作诗。

香菱的俏皮和黛玉的诙谐，通过两人的对话表现得恰到好处。

且说香菱见过众人之后，吃过晚饭，宝钗等都往贾母处去了，自己便往潇湘馆中来。此时黛玉已好了大半，见香菱也进园来住，自是欢喜。香菱因笑道："我这一进来了，也得了空儿，好歹教给我作诗，就是我的造化了。"黛玉笑道："既要作诗，你就拜我作师。我虽不通，大略也还教得起你。"香菱笑道："果然这样，我就拜你作师。你可不许腻烦的。"黛玉道："什么难事，也值得去学！不过是起承转合，当中承转是两副对子，平声对仄声，虚的对实的，实的对虚的，若是果有了奇句，连平仄虚实不对都使得的。"香菱笑

① 选自《红楼梦》第四十八回《滥情人情误思游艺　慕雅女雅集苦吟诗》，题目为后人所加。

道："怪道我常弄一本旧诗偷空儿看一两首，又有对的极工的，又有不对的，又听见说'一三五不论，二四六分明'。看古人的诗上亦有顺的，亦有二四六上错了的，所以天天疑惑。如今听你一说，原来这些格调规矩竟是末事，只要词句新奇为上。"黛玉道："正是这个道理。词句究竟还是末事，第一立意要紧。若意趣真了，连词句不用修饰，自是好的，这叫做'不以词害意'。"香菱笑道："我只爱陆放翁的诗'重帘不卷留香久，古砚微凹聚墨多'，说的真有趣！"黛玉道："断不可学这样的诗。你们因不知诗，所以见了这浅近的就爱。一入了这个格局，再学不出来的。你只听我说，你若真心要学，我这里有《王摩诘全集》，你且把他的五言律读一百首，细心揣摩透熟了，然后再读一二百首老杜的七言律，次再李青莲的七言绝句读一二百首。肚子里先有了这三个人作了底子，然后再把陶渊明、应玚、谢、

香菱学诗，拜黛玉为师是第一步。

阮、庾、鲍等人的一看。你又是一个极聪敏伶俐的人，不用一年的工夫，不愁不是诗翁了。”香菱听了，笑道：“既这样，好姑娘，你就把这书给我拿出来，我带回去，夜里念几首也是好的。”黛玉听说，便命紫鹃将王右丞的五言律拿来，递与香菱，又道：“你只看有红圈的，都是我选的，有一首念一首。不明白的问你姑娘，或者遇见我，我讲与你就是了。”香菱拿了诗，回至蘅芜苑中，诸事不顾，只向灯下一首一首的读起来。宝钗连催他数次睡觉，他也不睡。宝钗见他这般苦心，只得随他去了。

从这段语言描写中，你感受到了什么？

一日，黛玉方梳洗完了，只见香菱笑吟吟的送了书来，又要换杜律。黛玉笑道：“共记得多少首？”香菱笑道：“凡红圈选的，我尽读了。”黛玉道：“可领略了些滋味没有？”香菱笑道：“领略了些滋味，不知可是不是，说与你听听。”黛玉笑道：“正要讲究讨论，方能长进。你且说来我听。”香菱笑道：“据我看来，诗的好处，

有口里说不出来的意思，想去却是逼真的。有似乎无理的，想去竟是有理有情的。”黛玉笑道：“这话有了些意思。但不知你从何处见得？”香菱笑道：“我看他《塞上》一首，那一联云：‘大漠孤烟直，长河落日圆。’想来烟如何直？日自然是圆的。这‘直’字似无理，‘圆’字似太俗。合上书一想，倒像是见了这景的。若说再找两个字换这两个，竟再找不出两个字来。再还有‘日落江湖白，潮来天地青’，这‘白’‘青’两个字也似无理。想来，必得这两个字才形容得尽，念在嘴里倒像有几千斤重的一个橄榄。还有‘渡头余落日，墟里上孤烟’，这‘余’字和‘上’字，难为他怎么想来！我们那年上京来，那日下晚便湾住船，岸上又没有人，只有几棵树，远远的几家人家作晚饭，那个烟竟是碧青，连云直上。谁知我昨日晚上读了这两句，倒像我又到了那个地方去了。”

和同学交流一下，在这段描写中，香菱给你留下了什么样的印象？

正说着，宝玉和探春也来了，也都入坐听他讲诗。宝玉笑道：“既是这样，也

黛玉饱读诗书，从对她的描写中，我们感受到了她的博学多才。

不用看诗。会心处不在多，听你说了这两句，可知三昧[1]你已得了。”黛玉笑道：“你说他这‘上孤烟’好，你还不知他这一句还是套了前人的来。我给你这一句瞧瞧，更比这个淡而现成。”说着，便把陶渊明的“暧暧远人村，依依墟里烟”翻了出来，递与香菱。香菱瞧了，点头叹赏，笑道：“原来‘上’字是从‘依依’两个字上化出来的。”宝玉大笑道：“你已得了，不用再讲，越发倒学杂了。你就作起来，必是好的。”探春笑道：“明儿我补一个柬来，请你入社。”香菱笑道：“姑娘何苦打趣我，我不过是心里羡慕，才学着顽罢了。”探春、黛玉都笑道：“谁不是顽？难道我们是认真作诗呢！若说我们认真成了诗，出了这园子，把人的牙还笑倒了呢。”宝玉道：“这也算自暴自弃了。前日我在外头和相公们商议画儿，他们听见咱们起诗社，求我把稿

① 三昧：借指事物中蕴含的精义、奥秘。

子给他们瞧瞧，我就写了几首给他们看看，谁不真心叹服。他们都抄了刻去了。”探春、黛玉忙问道：“这是真话么？”宝玉笑道：“说谎的是那架上的鹦哥。”黛玉、探春听说，都道：“你真真胡闹！且别说那不成诗；便是成诗，我们的笔墨也不该传到外头去。”宝玉道：“这怕什么！古来闺阁中的笔墨不要传出去，如今也没有人知道了。”说着，只见惜春打发了入画来请宝玉，宝玉方去了。香菱又逼着黛玉换出杜律来。又央黛玉、探春二人：“出个题目让我诌(zhōu)[1]去，诌了来替我改正。”黛玉道：“昨夜的月最好，我正要诌一首，竟未诌成。你竟作一首来。十四寒[2]的韵，由你爱用那几个字去。”

香菱听了，喜的拿回诗来，又苦思一回，作两句诗；又舍不得杜诗，又读两首。如此茶饭无心，坐卧不定。宝钗道：“何苦

香菱学诗的第二步是一边读杜甫的诗，一边开始尝试着作诗。

① 诌：本义指信口胡说，这里是谦辞。
② 诗韵中上平声第十四部以“寒”字开头的韵目，称为“十四寒”。

自寻烦恼！都是颦儿引的你，我和他算帐[1]去。你本来呆头呆脑的，再添上这个，越发弄成个呆子了。”香菱笑道：“好姑娘，别混我。”一面说，一面作了一首，先与宝钗看。宝钗看了，笑道：“这个不好，不是这个作法。你别怕臊，只管拿了给他瞧去，看他是怎么说。”香菱听了，便拿了诗找黛玉。黛玉看时，只见写道是：

月挂中天夜色寒，清光皎皎影团团。
诗人助兴常思玩，野客添愁不忍观。
翡翠楼边悬玉镜，珍珠帘外挂冰盘。
良宵何用烧银烛，晴彩辉煌映画栏。

香菱作的第一首诗用语直露，被黛玉笑道“措词不雅”。

黛玉笑道：“意思却有，只是措词不雅。皆因你看的诗少，被他缚住了。把这首丢开，再作一首，只管放开胆子去作。”

香菱听了，默默的回来，越性连房也不入，只在池边树下，或坐在山石上出神，或蹲在地下抠土。来往的人都诧异。李纨、

① 算帐：现在写作“算账”。

宝钗、探春、宝玉等听得此信，都远远的站在山坡上瞧看他。只见他皱一回眉，又自己含笑一回。宝钗笑道："这个人定要疯了！昨夜嘟嘟哝哝，直闹到五更天才睡下，没一顿饭的工夫天就亮了。我就听见他起来了，忙忙碌碌梳了头就找颦儿去。一回来了，呆了一日，作了一首又不好，这会子自然另作呢。"宝玉笑道："这正是'地灵人杰'，老天生人，再不虚赋情性的。我们成日叹说，可惜他这么个人竟俗了，谁知到底有今日。可见天地至公。"宝钗笑道："你能够像他这苦心就好了，学什么有个不成的。"宝玉不答。

通过对香菱动作、神态的描写以及宝钗的言谈，可以看出香菱对作诗已经到了痴迷的程度。你还能从下面哪些语句感受到香菱的痴迷？

只见香菱兴兴头头的又往黛玉那边去了。探春笑道："咱们跟了去，看他有些意思没有。"说着，一齐都往潇湘馆来。只见黛玉正拿着诗和他讲究。众人因问黛玉作的如何。黛玉道："自然算难为他了，只是还不好。这一首过于穿凿了，还得另作。"众人因要诗看时，只见作道：

非银非水映窗寒，试看晴空护玉盘。

淡淡梅花香欲染，丝丝柳带露初干。

只疑残粉涂金砌，恍若轻霜抹玉栏。

梦醒西楼人迹绝，余容犹可隔帘看。

香菱自以为妙绝的第二首诗被宝钗笑道“胡说”。

宝钗笑道：“不像吟月了，月字底下添一个‘色’字倒还使得，你看句句倒是月色。这也罢了，原是诗从胡说来，再迟几天就好了。”香菱自为这首妙绝，听如此说，自己扫了兴，不肯丢开手，便要思索起来。因见他姊妹们说笑，便自己走至阶前竹下闲步，挖心搜胆，耳不旁听，目不别视。一时探春隔窗笑说道：“菱姑娘，你闲闲罢。”香菱怔怔答道：“‘闲’字是十五删的，你错了韵了。”众人听了，不觉大笑起来。宝钗道：“可真是诗魔了。都是颦儿引的他！”黛玉道：“圣人说‘诲人不倦’，他又来问我，我岂有不说之理。”李纨笑道：“咱们拉了他往四姑娘房里去，引他瞧瞧画儿，叫他醒一醒才好。”说着，真个出来拉了他过藕香榭，至暖香坞中。

惜春正乏倦，在床上歪着睡午觉，画缯立在壁间，用纱罩着。众人唤醒了惜春，揭纱看时，十停方有了三停。香菱见画上有几个美人，因指着笑道："这一个是我们姑娘，那一个是林姑娘。"探春笑道："凡会作诗的都画在上头，快学罢。"说着，顽笑了一回。

各自散后，香菱满心中还是想诗。至晚间对灯出了一回神，至三更以后上床卧下，两眼鳏鳏(guān)，直到五更方才朦胧睡去了。一时天亮，宝钗醒了，听了一听，他安稳睡了，心下想："他翻腾了一夜，不知可作成了？这会子乏了，且别叫他。"正想着，只听香菱从梦中笑道："可是有了，难道这一首还不好？"宝钗听了，又是可叹，又是可笑，连忙唤醒了他，问他："得了什么？你这诚心，都通了仙了。学不成诗，还弄出病来呢！"一面说，一面梳洗了，会同姊妹往贾母处来。原来香菱苦志学诗，精血诚聚，日间做不出，忽于梦中得了八句。梳洗已毕，便忙录出来，

从上下文猜测"鳏鳏"在这里是指因为思虑过度而睁着眼睛、不能睡觉的状态。

香菱经历了两次失败，后来终于成功。读到这里，你是否为香菱的虚心好学与刻苦勤勉而感动？

自己并不知好歹，便拿来又找黛玉。刚到沁芳亭，只见李纨与众姊妹方从王夫人处回来，宝钗正告诉他们，说他梦中作诗说梦话。众人正笑，抬头见他来了，便都争着要诗看。

阅读链接

《红楼梦》全书以贾、史、王、薛四大家族的兴衰为背景，以贾宝玉与林黛玉、薛宝钗的恋爱经历以及其他红楼女子的生活经历为中心线索，描绘了众多人物的百态人生，塑造了贾宝玉、林黛玉、王熙凤等许多具有鲜明个性的艺术形象。作品规模宏大，结构完整严密，具有高度的思想性和卓越的艺术成就，达到中国古代长篇小说中写实主义的高峰。

⑧ 藕香榭吃蟹[①]

［清］曹雪芹

话说宝钗、湘云二人计议已妥，一宿无话。湘云次日便请贾母等赏桂花。贾母等都说道："是他有兴头，须要扰他这雅兴。"至午，果然贾母带了王夫人、凤姐兼请薛姨妈等进园来。贾母因问："那一处好？"王夫人道："凭老太太爱在那一处，就在那一处。"凤姐道："藕香榭已经摆下了，那山坡下两棵桂花开的又好，河里的水又碧清，坐在河当中亭子上岂不敞亮，看着水，眼也清亮。"贾母听了，说："这话很是。"说着，就引了众人往藕香榭来。原来这藕香榭盖在池中，四面有窗，左右有曲廊可通，亦是跨水接岸，后面又有曲折竹桥暗

"藕香榭"是大观园中的一处建筑，在这里由史湘云做东，贾母、王夫人、王熙凤、宝玉、黛玉、宝钗以及众姐妹带着丫鬟齐聚藕香榭，观赏桂花，饮酒吃蟹，咏菊赋诗。

① 选自《红楼梦》第三十八回《林潇湘魁夺菊花诗　薛蘅芜讽和螃蟹咏》，略有删改。题目为后人所加。

从凤姐的言谈举止可以看出她的精明干练。

接。众人上了竹桥，凤姐忙上来搀着贾母，口里说："老祖宗只管迈大步走，不相干的，这竹子桥规矩是咯吱咯喳的。"

一时进入榭中，只见栏杆外另放着两张竹案，一个上面设着杯箸酒具，一个上头设着茶筅(xiǎn)茶盂各色茶具。那边有两三个丫头扇风炉煮茶，这一边另外几个丫头也扇风炉烫酒呢。贾母喜的忙问："这茶想的到，且是地方，东西都干净。"湘云笑道："这是宝姐姐帮着我预备的。"贾母道："我说这个孩子细致，凡事想的妥当。"一面说，一面又看见柱上挂的黑漆嵌蚌(bàng)①的对子，命人念。湘云念道：

芙蓉影破归兰桨，菱藕香深写竹桥。

贾母听了，又抬头看匾，因回头向薛姨妈道："我先小时，家里也有这么一个亭子，叫做什么'枕霞阁'。我那时也只像他们这么大年纪，同姊妹们天天顽去。

① 黑漆嵌蚌：利用蚌壳里面有光彩的部分加以雕琢，拼成图案，嵌入木器或漆器家具，作为装饰。又名"螺钿"。

那日谁知我失了脚掉下去，几乎没淹死，好容易救了上来，到底被那木钉把头碰破了。如今这鬓角上那指头顶大一块窝儿就是那残破了。众人都怕经了水，又怕冒了风，都说活不得了，谁知竟好了。”凤姐不等人说，先笑道：“那时要活不得，如今这大福可叫谁享呢！可知老祖宗从小儿的福寿就不小，神差鬼使碰出那个窝儿来，好盛福寿的。寿星老儿头上原是一个窝儿，因为万福万寿盛满了，所以倒凸高出些来了。”未及说完，贾母与众人都笑软了。贾母笑道：“这猴儿惯的了不得了，只管拿我取笑起来，恨的我撕你那油嘴。”凤姐笑道：“回来吃螃蟹，恐积了冷在心里，讨老祖宗笑一笑开开心，一高兴多吃两个就无妨了。”贾母笑道：“明儿叫你日夜跟着我，我倒常笑笑觉的开心，不许回家去。”王夫人笑道：“老太太因为喜欢他，才惯的他这样。还这样说，他明儿越发无礼了。”贾母笑道：“我喜欢他这样，况

小说第六回中，周瑞家的说王熙凤“十个会说话的男人也说他不过”，你感受到了吗？

且他又不是那不知高低的孩子。家常没人，娘儿们原该这样。横竖礼体不错就罢了，没的倒叫他从神儿似的作什么。”

这里出场的人物较多，结合这里座位的安排以及下文中王熙凤让蟹的次序，可以猜测出人物的亲疏和尊卑关系。

说着，一齐进入亭子，献过茶。凤姐忙着搭桌子，要杯箸。上面一桌，贾母、薛姨妈、宝钗、黛玉、宝玉；东边一桌，史湘云、王夫人、迎、探、惜；西边靠门一桌，李纨和凤姐的，虚设坐位，二人皆不敢坐，只在贾母、王夫人两桌上伺候。凤姐吩咐：“螃蟹不可多拿来，仍旧放在蒸笼里，拿十个来，吃了再拿。”一面又要水洗了手，站在贾母跟前剥蟹肉。头次让薛姨妈，薛姨妈道：“我自己掰着吃香甜，不用人让。”凤姐便奉与贾母。二次的便与宝玉，又说：“把酒烫的滚热的拿来。”又命小丫头们去取菊花叶儿、桂花蕊熏的绿豆面子来，预备洗手。史湘云陪着吃了一个，就下座来让人，又出至外头，令人盛两盘子与赵姨娘、周姨娘送去。又见凤姐走来道：“你不惯张罗，你吃你的去。我先替你张罗，等散了我再吃。”湘云不肯，

又令人在那边廊上摆了两桌，让鸳鸯、琥珀、彩霞、彩云、平儿去坐。鸳鸯因向凤姐笑道："二奶奶在这里伺候，我们可吃去了。"凤姐儿道："你们只管去，都交给我就是了。"说着，史湘云仍入了席。凤姐和李纨也胡乱应个景儿。

凤姐仍是下来张罗，一时出至廊上，鸳鸯等正吃的高兴，见他来了，鸳鸯等站起来道："奶奶又出来作什么？让我们也受用一会子。"凤姐笑道："鸳鸯小蹄子越发坏了，我替你当差，倒不领情，还抱怨我。还不快斟一钟酒来我喝呢。"鸳鸯笑着忙斟了一杯酒，送至凤姐唇边，凤姐一扬脖子吃了。琥珀、彩霞二人也斟上一杯，送至凤姐唇边，那凤姐也吃了。平儿早剔了一壳黄子送来，凤姐道："多倒些姜醋。"一面也吃了，笑道："你们坐着吃罢，我可去了。"鸳鸯笑道："好没脸，吃我们的东西。"凤姐儿笑道："你和我少作怪。你知道你琏二爷爱上了你……"

同是凤姐，对待不同的人，她就有不同的语言。请找出来，仔细品味。

通过众人的对话，把王熙凤的泼辣干练、鸳鸯的应对自如表现得淋漓尽致。

鸳鸯道："啐，这也是作奶奶说出来的话！我不拿腥手抹你一脸算不得。"说着赶来就要抹。凤姐央道："好姐姐，饶我这一遭儿罢。"琥珀笑道："鸳丫头要去了，平丫头还饶他？你们看看他，没有吃了两个螃蟹，倒喝了一碟子醋，他也算不会揽酸了！"平儿手里正掰了个满黄的螃蟹，听如此奚落他，便拿着螃蟹照着琥珀脸上抹来，口内笑骂："我把你这嚼舌根的小蹄子！"琥珀也笑着往旁边一躲，平儿使空了，往前一撞，正恰恰的抹在凤姐腮上。凤姐正和鸳鸯嘲笑，不防吓了一跳，"嗳哟"了一声。众人撑不住都哈哈的大笑起来。凤姐也禁不住笑骂起来。平儿忙赶过来替他擦了，亲自去端水。鸳鸯道："阿弥陀佛！这是个报应。"贾母那边听见，一叠声问："见了什么这样乐？告诉我们也笑笑。"鸳鸯等忙高声笑回道："二奶奶来抢螃蟹吃，平儿恼了，抹了他主子一脸的螃蟹黄子，主子奴才打架呢。"贾母和王夫人等

听了也笑起来。贾母笑道："你们看他可怜见的，把那小腿子脐子给他点子吃也就完了。"鸳鸯等笑着答应了，高声又说道："这满桌子的腿子，二奶奶只管吃就是了。"凤姐洗了脸走来，又伏侍[①]贾母等吃了一回。黛玉独不敢多吃，只吃了一点夹子肉就下来了。

这句细节描写侧面体现了林黛玉身体的柔弱与性格的小心谨慎。

阅读链接

咏菊（潇湘妃子）

无赖诗魔昏晓侵，绕篱欹石自沉音。
毫端蕴秀临霜写，口齿噙香对月吟。
满纸自怜题素怨，片言谁解诉秋心。
一从陶令平章后，千古高风说到今。

——《红楼梦》第三十八回

① 伏侍：现在写作"服侍"。

组文阅读

名著的每个章节基本都是一个独立的故事，阅读的时候可以通过提炼起因、经过、结果来把握故事脉络，厘清人物之间的关系，了解人物的性格特点。

1 孟德献刀[①]

［元末明初］罗贯中

越骑校尉伍孚（fú），字德瑜，见卓残暴，愤恨不平，尝于朝服内披小铠，藏短刀，欲伺便杀卓。一日，卓入朝，孚迎至阁下，拔刀直刺卓。卓气力大，两手抠住；吕布便入，揪倒伍孚。卓问曰：“谁教汝反？”孚瞪目大喝曰：“汝非吾君，吾非汝臣，何反之有？汝罪恶盈天，人人愿得而诛之！吾恨不车裂[②]汝以谢天下！”卓大怒，命牵出剖剐之。孚至死骂不绝口。后人有诗赞之曰：

---

① 选自《三国演义》第四回《废汉帝陈留践位　谋董贼孟德献刀》，题目为后人所加。

② 车裂：古代一种残酷的死刑。

汉末忠臣说伍孚，冲天豪气世间无。

朝堂杀贼名犹在，万古堪称大丈夫！

董卓自此出入常带甲士护卫。

时袁绍在渤海，闻知董卓弄权，乃差人赍(jī)密书来见王允。书略曰：

卓贼欺天废主，人不忍言；而公恣其跋扈(hù)，如不听闻，岂报国效忠之臣哉？绍今集兵练卒，欲扫清王室，未敢轻动。公若有心，当乘间(jiàn)[①]图之。如有驱使，即当奉命。

王允得书，寻思无计。一日，于侍班阁子内见旧臣俱在，允曰："今日老夫贱降[②]，晚间敢屈众位到舍小酌。"众官皆曰："必来祝寿。"当晚王允设宴后堂，公卿皆至。酒行数巡，王允忽然掩面大哭。众官惊问曰："司徒贵诞，何故发悲？"允曰："今日并非贱降，因欲与众位一叙，恐董卓见疑，故托言耳。董卓欺主弄权，社稷旦夕难保。想高皇诛秦灭楚，奄有天下；谁想传至今日，乃丧于董卓之手：此吾所以哭也。"于是众官皆哭。坐[③]中一人抚掌大

---

① 乘间：趁机会。

② 贱降：对自己生日的谦称。

③ 坐：现在写作"座"。

笑曰："满朝公卿，夜哭到明，明哭到夜，还能哭死董卓否？"允视之，乃骁骑校尉曹操也。允怒曰："汝祖宗亦食禄汉朝，今不思报国而反笑耶？"操曰："吾非笑别事，笑众位无一计杀董卓耳。操虽不才，愿即断董卓头，悬之都门，以谢天下。"允避席问曰："孟德有何高见？"操曰："近日操屈身以事卓者，实欲乘间图之耳。今卓颇信操，操因得时近卓。闻司徒有七宝刀一口，愿借与操入相府刺杀之，虽死不恨！"允曰："孟德果有是心，天下幸甚！"遂亲自酌酒奉操。操沥酒设誓，允随取宝刀与之。操藏刀，饮酒毕，即起身辞别众官而去。众官又坐了一回，亦俱散讫。

次日，曹操佩着宝刀来至相府，问："丞相何在？"从人云："在小阁中。"操径入。见董卓坐于床上，吕布侍立于侧。卓曰："孟德来何迟？"操曰："马羸(léi)行迟耳。"卓顾谓布曰："吾有西凉进来好马，奉先可亲去拣一骑赐与孟德。"布领令而出。操暗忖曰："此贼合死！"即欲拔刀刺之，惧卓力大，未敢轻动。卓胖大，不耐久坐，遂倒身而卧，转面向内。操又思曰："此贼当休矣！"急掣宝刀在手，恰待要刺，不想董卓仰面看衣镜中，照见曹操在背后拔刀，急回身问曰："孟德何为？"时吕布已牵马至阁外。操惶遽(jù)，乃持刀跪下曰："操有宝刀一

口，献上恩相。”卓接视之，见其刀长尺余，七宝嵌饰，极其锋利，果宝刀也；遂递与吕布收了。操解鞘(qiào)付布。卓引操出阁看马，操谢曰：“愿借试一骑。”卓就教与鞍辔。操牵马出相府，加鞭望东南而去。

布对卓曰：“适来曹操似有行刺之状，及被喝破，故推献刀。”卓曰：“吾亦疑之。”正说话间，适李儒至，卓以其事告之。儒曰：“操无妻小在京，只独居寓所。今差人往召，如彼无疑而便来，则是献刀；如推托不来，则必是行刺，便可擒而问也。”卓然其说，即差狱卒四人往唤操。去了良久，回报曰：“操不曾回寓，乘马飞出东门。门吏问之，操曰‘丞相差我有紧急公事’，纵马而去矣。”儒曰：“操贼心虚逃窜，行刺无疑矣。”卓大怒曰：“我如此重用，反欲害我！”儒曰：“此必有同谋者，待拿住曹操便可知矣。”卓遂令遍行文书，画影图形，捉拿曹操：擒献者，赏千金，封万户侯；窝藏者同罪。

② 杨志卖刀[①]

［元末明初］施耐庵

只说杨志出了大路，寻个庄家挑了担子，发付小喽啰自回山寨。杨志取路投东京来，路上免不得饥餐渴饮，夜住晓行，不数日，来到东京。有诗为证：

清白传家杨制使，耻将身迹履危机。

岂知奸佞残忠义，顿使功名事已非。

那杨志入得城来，寻个客店安歇下。庄客交还担儿，与了些银两，自回去了。杨志到店中放下行李，解了腰刀、朴刀，叫店小二将些碎银子买些酒肉吃了。过数日，央人来枢密院打点理会本等[②]的勾当，将出那担儿内金银财物，买上告下，再要补殿司府制使职役。把许多东西都使尽了，方才得申文书，引去见殿帅高太尉。来到厅前，那高俅把从前历事文书都看了，大怒道："既是你等十个制使去运花石纲，九个回到京师交纳了，偏你这厮把花石纲失陷了，

---

① 选自《水浒传》第十二回《梁山泊林冲落草　汴京城杨志卖刀》，略有删改。题目为后人所加。

② 本等：原来。

又不来首告，倒又在逃，许多时捉拿不着。今日再要勾当，虽经赦宥(yòu)所犯罪名，难以委用。”把文书一笔都批倒了，将杨志赶出殿司府来。

杨志闷闷不已，回到客店中，思量：“王伦劝俺，也见得是。只为洒家清白姓字，不肯将父母遗体来点污[①]了。指望把一身本事，边庭上一枪一刀，博个封妻荫子，也与祖宗争口气，不想又吃这一闪！高太尉，你忒毒害，恁地克剥[②]！”心中烦恼了一回，在客店里又住几日，盘缠都使尽了。杨志寻思道：“却是怎地好！只有祖上留下这口宝刀，从来跟着洒家，如今事急无措，只得拿去街上货卖得千百贯钱钞，好做盘缠，投往他处安身。”当日将了宝刀，插了草标儿，上市去卖。走到马行街内，立了两个时辰，并无一个人问。将立到晌午时分，转来到天汉州桥热闹处去卖。杨志立未久，只见两边的人都跑入河下巷内去躲。杨志看时，只见都乱撺，口里说道：“快躲了，大虫来也。”杨志道：“好作怪！这等一片锦城池，却那得大虫来？”当下立住脚看时，只见远远地黑凛凛一大汉，吃得半醉，一步一攧撞将来。杨志看那人时，形貌生得粗丑。

---

① 点污：现在写作“玷污”。
② 克剥：现在写作“刻薄”。

但见：

面目依稀似鬼，身材仿佛如人。杈枒怪树，变为肐膊形骸；臭秽枯桩，化作腌臜魍魉（wǎngliǎng）。浑身遍体，都生渗渗濑濑沙鱼皮；夹脑连头，尽长拳拳弯弯卷螺发。胸前一片锦顽皮，额上三条强拗皱。

原来这人是京师有名的破落户泼皮，叫做没毛大虫牛二，专在街上撒泼行凶撞闹，连为几头官司，开封府也治他不下，以此满城人见那厮来都躲了。却说牛二抢到杨志面前，就手里把那口宝刀扯将出来，问道："汉子，你这刀要卖几钱？"杨志道："祖上留下宝刀，要卖三千贯。"牛二喝道："甚么刀，要卖许多钱！我三百文买一把，也切得肉，切得豆腐。你的刀有甚好处，叫做宝刀？"杨志道："洒家的须不是店上卖的白铁刀，这是宝刀。"牛二道："怎地唤做宝刀？"杨志道："第一件砍铜剁铁，刀口不卷；第二件吹毛得过；第三件杀人刀上没血。"牛二道："你敢剁铜钱么？"杨志道："你便将来，剁与你看。"牛二便去州桥下香椒铺里，讨了二十文当三钱，一垛儿将来，放在州桥阑干①上，叫杨志道："汉子，你若剁得开时，我还你三千贯。"那时看的人虽然不敢近

① 阑干：现在写作"栏杆"。

前，向远远地围住了望[1]。杨志道：“这个直得甚么。”把衣袖卷起，拿刀在手，看的较胜，只一刀，把铜钱剁做两半。众人都喝采[2]。牛二道：“喝甚么采！你且说第二件是甚么？”杨志道：“吹毛得过。就把几根头发望刀口上只一吹，齐齐都断。”牛二道：“我不信。”自把头上拔下一把头发，递与杨志：“你且吹我看。”杨志左手接过头发，照着刀口上尽气力一吹，那头发都做两段，纷纷飘下地来。众人喝采，看的人越多了。牛二又问：“第三件是甚么？”杨志道：“杀人刀上没血。”牛二道：“怎地杀人刀上没血？”杨志道：“把人一刀砍了，并无血痕，只是个快。”牛二道：“我不信！你把刀来剁一个人我看。”杨志道：“禁城之中，如何敢杀人？你不信时，取一只狗来，杀与你看。”牛二道：“你说杀人，不曾说杀狗。”杨志道：“你不买便罢，只管缠人做甚么！”牛二道：“你将来我看。”杨志道：“你只顾没了当[3]！洒家又不是你撩拨的。”牛二道：“你敢杀我？”杨志道：“和你往日无冤，昔日无仇，一物不成，两物见在[4]，没来由杀你做甚么？”牛二紧揪住杨志说道：

---

① 了望：现在写作“瞭望”。

② 喝采：现在写作“喝彩”。

③ 没了当：没完没了，纠缠不清。

④ 一物不成，两物见在：意思是说买卖不成，但双方钱物仍在，都没有什么损失。

“我偏要买你这口刀。”杨志道：“你要买，将钱来。”牛二道：“我没钱。”杨志道：“你没钱，揪住洒家怎地？”牛二道：“我要你这口刀。”杨志道：“俺不与你。”牛二道：“你好男子，剁我一刀。”杨志大怒，把牛二推了一跤。牛二爬将起来，钻入杨志怀里。杨志叫道：“街坊邻舍都是证见。杨志无盘缠，自卖这口刀。这个泼皮强夺洒家的刀，又把俺打。”街坊人都怕这牛二，谁敢向前来劝。牛二喝道：“你说我打你，便打杀直甚么！”口里说，一面挥起右手，一拳打来。杨志霍地躲过，拿着刀枪入来，一时性起，望牛二颡（sǎng）根上搠（shuò）个着，扑地倒了。

阅读链接

杨志是北宋抗辽名将杨业之后，外号“青面兽”，在梁山好汉里排名第十七位。杨志武艺非凡，官至殿司制使官，后经历了押送花石纲在黄河里翻船而逃难、因卖刀杀了牛二被充军发配、护送生辰纲被晁盖等人用计所劫等，无奈之下与鲁智深打上二龙山，做了山寨之主。三山聚义时与众英雄共归梁山。

③ 小圣施威降大圣[①]

［明］吴承恩

却说玉帝拆开表章，见有求助之言，笑道："叵耐[②]这个猴精，能有多大手段，就敢敌过十万天兵！李天王又来求助，却将那路神兵助之？"言未毕，观音合掌启奏："陛下宽心，贫僧举一神，可擒这猴。"玉帝道："所举者何神？"菩萨道："乃陛下令甥显圣二郎真君，现居灌洲灌江口，享受下方香火。他昔日曾力诛六怪，又有梅山兄弟与帐前一千二百草头神，神通广大。奈他只是听调不听宣，陛下可降一道调兵旨意，着他助力，便可擒也。"玉帝闻言，即传调兵的旨意，就差大力鬼王赍调。

那鬼王领了旨，即驾起云，径至灌江口。不消半个时辰，直至真君之庙。早有把门的鬼判，传报至里道："外有天使，捧旨而至。"二郎即与众弟兄出门迎接旨意，焚香开读。旨意上云：

① 选自《西游记》第六回《观音赴会问原因 小圣施威降大圣》，略有删改。

② 叵耐：不可忍耐。这里有可恨的意思。

花果山妖猴齐天大圣作乱。因在宫偷桃、偷酒、偷丹，搅乱蟠桃大会，见着十万天兵，一十八架天罗地网，围山收伏，未曾得胜。今特调贤甥同义兄弟即赴花果山助力剿除。成功之后，高升重赏。

真君大喜道："天使请回，吾当就去拔刀相助也。"鬼王回奏不题。

这真君即唤梅山六兄弟——乃康、张、姚、李四太尉，郭申、直健二将军，聚集殿前道："适才玉帝调遣我等往花果山收降妖猴，同去去来。"众兄弟俱忻然愿往。即点本部神兵，驾鹰牵犬，搭弩张弓，纵狂风，霎时过了东洋大海，径至花果山。见那天罗地网，密密层层，不能前进，因叫道："把天罗地网的神将听着，吾乃二郎显圣真君，蒙玉帝调来，擒拿妖猴者，快开营门放行。"一时，各神一层层传入。四大天王与李天王俱出辕门迎接。相见毕，问及胜败之事，天王将上项事备陈一遍。真君笑道："小圣来此，必须与他斗个变化。列公将天罗地网，不要幔了顶上，只四围紧密，让我赌斗。若我输与他，不必列公相助，我自有兄弟扶持；若赢了他，也不必列公绑缚，我自有兄弟动手。只请托塔天王与我使个照妖镜，住立空中。恐他一时败阵，逃窜他方，切须与我照耀明白，勿走了他。"

天王各居四维，众天兵各挨排列阵去讫。

这真君领着四太尉、二将军，连本身七兄弟，出营挑战；分付众将紧守营盘，收全了鹰犬。众草头神得令。真君只到那水帘洞外，见那一群猴，齐齐整整，排作个蟠龙阵势；中军里，立一竿旗，上书“齐天大圣”四字。真君道：“那泼妖，怎么称得起齐天之职？”梅山六弟道：“且休赞叹，叫战去来。”那营口小猴见了真君，急走去报知。那猴王即掣金箍棒，整黄金甲，登步云履，按一按紫金冠，腾出营门，急睁睛观看，那真君的相貌，果是清奇，打扮得又秀气。真个是：

仪容清俊貌堂堂，两耳垂肩目有光。

头戴三山飞凤帽，身穿一领淡鹅黄。

缕金靴衬盘龙袜，玉带团花八宝妆。

腰挎弹弓新月样，手执三尖两刃枪。

斧劈桃山曾救母，弹打椤罗双凤凰。

力诛八怪声名远，义结梅山七圣行。

心高不认天家眷，性傲归神住灌江。

赤城昭惠英灵圣，显化无边号二郎。

大圣见了，笑嘻嘻的，将金箍棒掣起，高叫道：“你是何方小将，辄敢大胆到此挑战？”真君喝道：“你这厮

有眼无珠，认不得我么！吾乃玉帝外甥，敕封昭惠灵显王二郎是也。今蒙上命，到此擒你这反天宫的弼马温猢狲，你还不知死活！”大圣道：“我记得当年玉帝妹子思凡下界，配合杨君，生一男子，曾使斧劈桃山的，是你么？我行要骂你几声，曾奈无甚冤仇；待要打你一棒，可惜了你的性命。你这郎君小辈，可急急回去，唤你四大天王出来。”真君闻言，心中大怒，道：“泼猴！休得无礼！吃吾一刃！”大圣侧身躲过，疾举金箍棒，劈手相还。他两个这场好杀：

昭惠二郎神，齐天孙大圣，这个心高欺敌美猴王，那个面生压伏真梁栋。两个乍相逢，各人皆赌兴。从来未识浅和深，今日方知轻与重。铁棒赛飞龙，神锋如舞凤。左挡右攻，前迎后映。这阵上梅山六弟助威风，那阵上马流四将传军令。摇旗擂鼓各齐心，呐喊筛锣都助兴。两个钢刀有见机，一来一往无丝缝。金箍棒是海中珍，变化飞腾能取胜；若还身慢命该休，但要差池为蹭蹬(cèngdèng)[①]。

真君与大圣斗经三百余合，不知胜负。那真君抖擞神威，摇身一变，变得身高万丈，两只手举着三尖两刃神锋，

① 蹭蹬：遭遇挫折。

好便似华山顶上之峰，青脸獠牙，朱红头发，恶狠狠望大圣着头就砍。这大圣也使神通，变得与二郎身躯一样，嘴脸一般，举一条如意金箍棒，却就如昆仑顶上的擎天之柱，抵住二郎神：唬得那马、流元帅战兢兢，摇不得旌旗；崩、芭二将虚怯怯，使不得刀剑。这阵上，康、张、姚、李、郭申、直健传号令，撒放草头神，向他那水帘洞外，纵着鹰犬，搭弩张弓，一齐掩杀。可怜冲散妖猴四健将，捉拿灵怪二三千！那些猴，抛戈弃甲，撇剑丢枪，跑的跑，喊的喊；上山的上山，归洞的归洞：好似夜猫惊宿鸟，飞洒满天星。众兄弟得胜不题。

却说真君与大圣变做法天象地的规模，正斗时，大圣忽见本营中妖猴惊散，自觉心慌，收了法象，掣棒抽身就走。真君见他败走，大步赶上道："那里走？趁早归降，饶你性命！"大圣不恋战，只情[①]跑起。将近洞口，正撞着康、张、姚、李四太尉，郭申、直健二将军，一齐帅众挡住道："泼猴！那里走！"大圣慌了手脚，就把金箍棒捏做绣花针，藏在耳内，摇身一变，变作个麻雀儿，飞在树梢头钉住。那六兄弟，慌慌张张，前后寻觅不见，一齐吆喝道："走

① 只情：尽情。

了这猴精也！走了这猴精也！”

正嚷处，真君到了，问：“兄弟们，赶到那厢不见了？”众神道：“才在这里围住，就不见了。”二郎圆睁凤目观看，见大圣变了麻雀儿，钉在树上，就收了法象，撇了神锋，卸下弹弓，摇身一变，变作个饿鹰儿，抖开翅，飞将去扑打。大圣见了，搜[①]的一翅飞起去，变作一只大鹚老，冲天而去。二郎见了，急抖翎毛，摇身一变，变作一只大海鹤，钻上云霄来嗛。大圣又将身按下，入涧中，变作一个鱼儿，淬（cuì）[②]入水内。二郎赶至涧边，不见踪迹，心中暗想道：“这猢狲必然下水去也，定变作鱼虾之类。等我再变变拿他。”果一变变作个鱼鹰儿，飘荡在下溜头波面上，等待片时。那大圣变鱼儿，顺水正游，忽见一只飞禽，似青庄，毛片不青；似鹭鸶，顶上无缨；似老鹳，腿又不红：“想是二郎变化了等我哩……”急转头，打个花[③]就走。二郎看见道：“打花的鱼儿，似鲤鱼，尾巴不红；似鳜鱼，花鳞不见；似黑鱼，头上无星；似鲂鱼，鳃上无针。他怎么见了我就回去了？必然是那猴变的。”赶上来，刷的啄一嘴。那大

① 搜：现在写作“嗖”。
② 淬：铸刀剑烧红了放在水中叫淬。这里指氽（cuān）进水里。
③ 花：漩涡。

圣就撺[1]出水中，一变，变作一条水蛇，游近岸，钻入草中，二郎因嗛他不着。他见水响中，见一条蛇撺出去，认得是大圣，急转身，又变了一只朱绣顶的灰鹤，伸着一个长嘴，与一把尖头铁钳子相似，径来吃这水蛇。水蛇跳一跳，又变做一只花鸨(bǎo)，木木樗樗(chū)[2]的，立在蓼汀之上。二郎不去拢傍，即现原身，走将去，取过弹弓拽满，一弹子把他打个躘踵。

那大圣趁着机会，滚下山崖，伏在那里又变，变一座土地庙儿：大张着口，似个庙门；牙齿变做门扇，舌头变做菩萨，眼睛变做窗棂。只有尾巴不好收拾，竖在后面，变做一根旗杆。真君赶到崖下，不见打倒的鸨鸟，只有一间小庙；急睁凤眼，仔细看之，见旗杆立在后面，笑道："是这猢狲了！他今又在那里哄我。我也曾见庙宇，更不曾见一个旗杆竖在后面的。断是这畜生弄喧[3]！他若哄我进去，他便一口咬住。我怎肯进去？等我掣拳先捣窗棂，后踢门扇！"大圣听得，心惊道："好狠！好狠！门扇是我牙齿，窗棂是我眼睛；若打了牙，捣了眼，却怎么是好？"扑的一个虎跳，又冒在空中不见。

---

① 撺：现在写作"蹿"。
② 木木樗樗：形容痴呆、孤单的样子。
③ 弄喧：弄玄虚、耍花招。

真君前前后后乱赶，只见四太尉、二将军一齐拥至道："兄长，拿住大圣了么？"真君笑道："那猴儿才自变座庙宇哄我。我正要捣他窗棂，踢他门扇，他就纵一纵，又渺无踪迹。可怪！可怪！"众皆愕然，四望更无形影。真君道："兄弟们在此看守巡逻，等我上去寻他。"急纵身驾云，起在半空。见那李天王高擎照妖镜，与哪吒住立云端，真君道："天王，曾见那猴王么？"天王道："不曾上来。我这里照着他哩。"真君把那赌变化，弄神通，拿群猴一事说毕，却道："他变庙宇，正打处，就走了。"李天王闻言，又把照妖镜四方一照，呵呵的笑道："真君，快去！快去！那猴使了个隐身法，走出营围，往你那灌江口去也。"二郎听说，即取神锋，回灌江口来赶。

却说那大圣已至灌江口，摇身一变，变作二郎爷爷的模样，按下云头，径入庙里。鬼判不能相认，一个个磕头迎接。他坐中间，点查香火：见李虎拜还的三牲，张龙许下的保福，赵甲求子的文书，钱丙告病的良愿。正看处，有人报："又一个爷爷来了。"众鬼判急急观看，无不惊心。真君却道："有个甚么齐天大圣，才来这里否？"众鬼判道："不曾见甚么大圣，只有一个爷爷在里面查点哩。"真君撞进门，大圣见了，现出本相道："郎君不消嚷，庙宇已姓孙了。"

这真君即举三尖两刃神锋，劈脸就砍。那猴王使个身法，让过神锋，掣出那绣花针儿，幌一幌，碗来粗细，赶到前，对面相还。两个嚷嚷闹闹，打出庙门，半雾半云，且行且战，复打到花果山，慌得那四大天王等众，提防愈紧。这康、张太尉等迎着真君，合心努力，把那美猴王围绕不题。

话表大力鬼王既调了真君与六兄弟提兵擒魔去后，却上界回奏。玉帝与观音菩萨、王母并众仙卿，正在灵霄殿讲话，道："既是二郎已去赴战，这一日还不见回报。"观音合掌道："贫僧请陛下同道祖出南天门外，亲去看看虚实如何？"玉帝道："言之有理。"即摆驾，同道祖、观音、王母与众仙卿至南天门。早有些天丁、力士接着，开门遥观，只见众天丁布罗网，围住四面；李天王与哪吒擎照妖镜，立在空中；真君把大圣围绕中间，纷纷赌斗哩。菩萨开口对老君说："贫僧所举二郎神如何？果有神通，已把那大圣围困，只是未得擒拿。我如今助他一功，决拿住他也。"老君道："菩萨将甚兵器？怎么助他？"菩萨道："我将那净瓶杨柳抛下去，打那猴头；即不能打死，也打个一跌，教二郎小圣好去拿他。"老君道："你这瓶是个磁器，准打着他便好，如打不着他的头，或撞着他的铁棒，却不打碎了？你且莫动手，等我老君助他一功。"菩萨道：

“你有甚么兵器？”老君道：“有，有，有。”捋起衣袖，左膊上取下一个圈子，说道：“这件兵器，乃锟钢抟炼的，被我将还丹点成，养就一身灵气，善能变化，水火不侵，又能套诸物；一名‘金钢琢’，又名‘金钢套’。当年过函关，化胡为佛，甚是亏他。早晚最可防身。等我丢下去打他一下。”话毕，自天门上往下一掼，滴流流[①]，径落花果山营盘里，可可的着猴王头上一下。猴王只顾苦战七圣，却不知天上坠下这兵器，打中了天灵，立不稳脚，跌了一跤，爬将起来就跑，被二郎爷爷的细犬赶上，照腿肚子上一口，又扯了一跌。他睡倒在地，骂道：“这个亡人！你不去妨家长，却来咬老孙！”急翻身爬不起来，被七圣一拥按住，即将绳索捆绑，使勾刀穿了琵琶骨，再不能变化。

① 滴流流：现在写作“滴溜溜”。

阅读实践

名著中的章节往往会比较长，我们可以通过梳理故事的情节发展脉络来掌握故事的主要内容（用关键词或短语填写即可）。

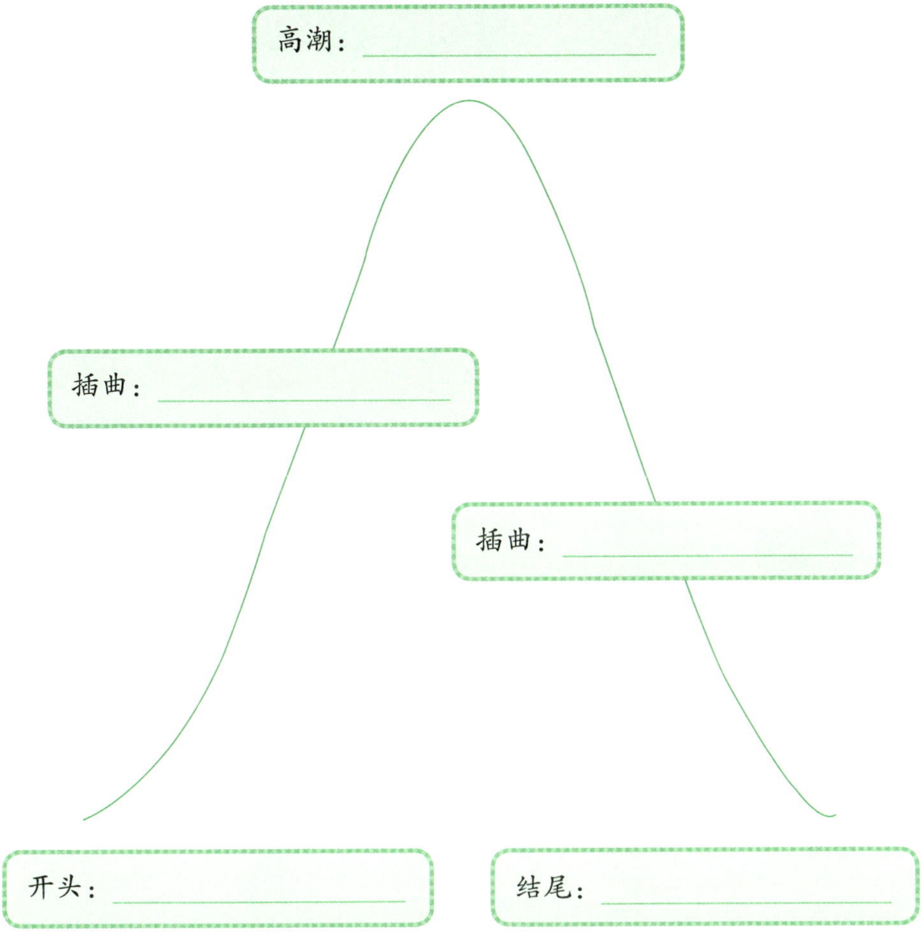

高潮：________________

插曲：________________

插曲：________________

开头：________________

结尾：________________

本组故事中的人物各有不同，或沉着机智，或宽厚忍让，或神机妙算，请你在文章中寻找“蛛丝马迹”，为出场人物制作名片，也可以结合其他内容为他们做个“速写画像”。

姓名：

身份：

技能 / 性格：

相关情节：

姓名：

身份：

技能 / 性格：

相关情节：

活动三

小组合作，开展一次小剧本表演，换一种方式读名著吧！

第一步：选择某个故事中的某个场景，如“桃园三结义”。

第二步：根据故事内容为人物设计台词、动作、表情，制作剧本，注意这些要尽量符合人物的身份和性格特征。

注意：

1. 剧本的格式为“角色（动作 / 表情）：台词”。

2. 如果有必要，可以加上旁白或者其他环境、场景的描述。

第三步：与小组成员商量角色分配，开始排练，可以制作一些简单的道具。

示例：

《桃园三结义》小场景剧本

时间：中平元年（公元 184 年）春天，上午

地点：大街

人物：刘备、张飞、关羽、群演（官兵）

道具：招兵公告，酒馆，桌椅，汉服

旁白：黄巾军接近幽州，太守刘焉招兵买马。

官兵贴出招募榜。

刘备（看着榜文，皱紧眉头，低头长叹）：唉……

张飞（站在刘备身后，声如巨雷）：大丈夫不为国家出力，何故长叹？

刘备（俯首作揖）：壮士说得极是，敢问英雄尊姓大名？

张飞：本人姓张，名飞，字翼德。家住涿郡，有些庄田，以卖酒屠猪为生，专好结交天下豪杰。刚才见你看榜而叹，所以才问你。

刘备：我乃汉室宗亲，见国家残破至此，而又无力报效，唯有长叹耳。

张飞（指向村头酒馆）：我有一些钱财，不如咱们去招兵买马，反抗黄巾军，如何？

刘备（开心）：如此甚好！

刘备与张飞一同去酒馆，坐下饮酒。关羽上场，走进酒馆。

关羽（大喊）：快斟酒来，吃完这顿酒，我就投军去了！

刘备（起身，作揖）：请问大汉尊姓大名？

关羽：我姓关，名羽，字云长，是河东解良人，听说这里招兵，特来应募为国效力。

刘备（面露激动之色）：我见二位性情豪迈，应为人中豪杰，今日有缘相识，共同从军，为以后有个照应，我们结为兄弟如何？

关羽、张飞（高兴，齐声）：好！

张飞：我庄后有一个桃园，花开正盛，不如明天我们就在桃园结拜吧！

关羽、刘备：如此甚好！

自由阅读

1 孙行者一调芭蕉扇[1]

[明]吴承恩

行者上前叫："牛大哥，开门！开门！"呀的一声，洞门开了，里边走出一个毛儿女，手中提着花篮，肩上担着锄子，真个是：

一身蓝缕无妆饰，满面精神有道心。

行者上前迎着，合掌道："女童，累你转报公主一声。我本是取经的和尚，在西方路上，难过火焰山，特来拜借芭蕉扇一用。"那毛女道："你是那寺里和尚？叫甚名字？我好与你通报。"行者道："我是东土来的，叫做孙悟空和尚。"

那毛女即便回身，转于洞内，对罗刹跪下道："奶奶，洞门外有个东土来的孙悟空和尚，要见奶奶，拜求芭蕉扇，过火焰山一用。"那罗刹听见"孙悟空"三字，便似撮(cuō)盐入火，火上浇油；骨都都红生脸上，恶狠狠怒发心头。口中骂道：

① 选自《西游记》第五十九回《唐三藏路阻火焰山 孙行者一调芭蕉扇》。

“这泼猴！今日来了！”叫：“丫鬟，取披挂，拿兵器来！”随即取了披挂，拿两口青锋宝剑，整束出来。行者在洞外闪过，偷看怎生打扮。只见他：

头裹团花手帕，身穿纳锦云袍。腰间双束虎筋绦，微露绣裙偏绡。凤嘴弓鞋三寸，龙须膝裤金销。手提宝剑怒声高，凶比月婆容貌。

那罗刹出门，高叫道：“孙悟空何在？”行者上前，躬身施礼道：“嫂嫂，老孙在此奉揖（yī）。”罗刹咄的一声道：“谁是你的嫂嫂！那个要你奉揖！”行者道：“尊府牛魔王，当初曾与老孙结义，乃七兄弟之亲。今闻公主是牛大哥令正，安得不以嫂嫂称之！”罗刹道：“你这泼猴！既有兄弟之亲，如何坑陷我子？”行者佯问道：“令郎是谁？”罗刹道：“我儿是号山枯松涧火云洞圣婴大王红孩儿，被你倾[①]了。我们正没处寻你报仇，你今上门纳命，我肯饶你！”行者满脸陪笑道：“嫂嫂原来不察理，错怪了老孙。你令郎因是捉了师父，要蒸要煮，幸亏了观音菩萨收他去，救出我师。他如今现在菩萨处做善财童子，实受了菩萨正果，不生不灭，不垢不净，与天地同寿，日月同庚。你倒不谢老孙保命之

---

① 倾：陷害。

恩，返怪老孙，是何道理！”罗刹道：“你这个巧嘴的泼猴！我那儿虽不伤命，再怎生得到我的跟前，几时能见一面？”行者笑道：“嫂嫂要见令郎，有何难处？你且把扇子借我，扇息[①]了火，送我师父过去，我就到南海菩萨处请他来见你，就送扇子还你，有何不可！那时节，你看他可曾损伤一毫。如有些须之伤，你也怪得有理；如比旧时标致，还当谢我。”罗刹道：“泼猴！少要饶舌！伸过头来，等我砍上几剑！若受得疼痛，就借扇子与你；若忍耐不得，教你早见阎君！”行者叉手向前，笑道：“嫂嫂切莫多言。老孙伸着光头，任尊意砍上多少，但没气力便罢。是必借扇子用用。”那罗刹不容分说，双手抡剑，照行者头上乒乒乓乓，砍有十数下，这行者全不认真。罗刹害怕，回头要走。行者道：“嫂嫂，那里去？快借我使使！”那罗刹道：“我的宝贝原不轻借。”行者道：“既不肯借，吃你老叔一棒！”

好猴王，一只手扯住，一只手去耳内掣出棒来，幌一幌，有碗来粗细。那罗刹挣脱手，举剑来迎。行者随又抡棒便打。两个在翠云山前，不论亲情，却只讲仇隙。这一场好杀：

裙钗本是修成怪，为子怀仇恨泼猴。行者虽然生狠

① 息：现在写作“熄”。

怒，因师路阻让娥流。先言拜借芭蕉扇，不展骁雄耐性柔。罗刹无知抡剑砍，猴王有意说亲由。女流怎与男儿斗，到底男刚压女流。这个金箍铁棒多凶猛，那个霜刃青锋甚紧稠。劈面打，照头丢，恨苦相持不罢休。左挡右遮施武艺，前迎后架骋奇谋。却才斗到沉酣处，不觉西方坠日头。罗刹忙将真扇子，一扇挥动鬼神愁！

那罗刹女与行者相持到晚，见行者棒重，却又解数周密，料斗他不过，即便取出芭蕉扇，幌一幌，一扇阴风，把行者扇得无影无形，莫想收留得住。这罗刹得胜回归。

那大圣飘飘荡荡，左沉不能落地，右坠不得存身。就如旋风翻败叶，流水淌残花。滚了一夜，直至天明，方才落在一座山上，双手抱住一块峰石。定性良久，仔细观看，却才认得是小须弥山。大圣长叹一声道：“好利害妇人！怎么就把老孙送到这里来了？我当年曾记得在此处告求灵吉菩萨降黄风怪救我师父。那黄风岭至此直南上有三千余里，今在西路转来，乃东南方隅，不知有几万里。等我下去问灵吉菩萨一个消息，好回旧路。”

正踌躇间，又听得钟声响亮，急下山坡，径至禅院。

那门前道人认得行者的形容，即入里面报道：“前年来请菩萨去降黄风怪的那个毛脸大圣又来了。”菩萨知是悟空，连忙下宝座相迎，入内施礼道：“恭喜！取经来耶？”悟空答道：“正好未到！早哩，早哩！”灵吉道：“既未曾得到雷音，何以回顾荒山？”行者道：“自上年蒙盛情降了黄风怪，一路上，不知历过多少苦楚。今到火焰山，不能前进，询问土人，说有个铁扇仙芭蕉扇，扇得火灭，老孙特去寻访。原来那仙是牛魔王的妻，红孩儿的母。他说我把他儿子做了观音菩萨的童子，不得常见，跟我为仇，不肯借扇，与我争斗。他见我的棒重难撑，遂将扇子把我一扇，扇得我悠悠荡荡，直至于此，方才落住。故此轻造禅院，问个归路。此处到火焰山，不知有多少里数？”灵吉笑道：“那妇人唤名罗刹女，又叫做铁扇公主。他的那芭蕉扇本是昆仑山后，自混沌开辟以来，天地产成的一个灵宝，乃太阴之精叶，故能灭火气。假若扇着人，要飘八万四千里，方息阴风。我这山到火焰山，只有五万余里。此还是大圣有留云之能，故止住了。若是凡人，正好不得住也。”行者道：“利害！利害！我师父却怎生得度那方？”灵吉道：“大圣放心。此一来，也是唐僧的缘法，合教大圣成功。”行者道：“怎见成功？”灵吉道：“我当年受

如来教旨，赐我一粒‘定风丹’，一柄‘飞龙杖’。飞龙杖已降了风魔。这定风丹尚未曾见用，如今送了大圣，管教那厮扇你不动，你却要了扇子，扇息火，却不就立此功也！”行者低头作礼，感谢不尽。那菩萨即于衣袖中取出一个锦袋儿，将那一粒定风丹与行者安在衣领里边，将针线紧紧缝了。送行者出门道：“不及留款。往西北上去，就是罗刹的山场也。”

行者辞了灵吉，驾筋斗云，径返翠云山，顷刻而至，使铁棒打着洞门叫道：“开门！开门！老孙来借扇子使使哩！”慌得那门里女童即忙来报：“奶奶，借扇子的又来了！”罗刹闻言，心中悚惧道：“这泼猴真有本事！我的宝贝，扇着人，要去八万四千里，方能停止；他怎么才吹去就回来也？这番等我一连扇他两三扇，教他找不着归路！”急纵身，结束整齐，双手提剑，走出门来道：“孙行者！你不怕我，又来寻死！”行者笑道：“嫂嫂勿得悭(qiān)吝，是必借我使使。保得唐僧过山，就送还你。我是个志诚有余的君子，不是那借物不还的小人。”

罗刹又骂道：“泼猢狲！好没道理，没分晓！夺子之仇，尚未报得；借扇之意，岂得如心！你不要走！吃我老娘一剑！”大圣公然不惧，使铁棒劈手相迎。他两个往往

来来，战经五七回合，罗刹女手软难抡，孙行者身强善敌。他见事势不谐，即取扇子，望行者扇了一扇，行者巍然不动。行者收了铁棒，笑吟吟的道：“这番不比那番！任你怎么扇来，老孙若动一动，就不算汉子！”那罗刹又扇两扇，果然不动。罗刹慌了，急收宝贝，转回走入洞里，将门紧紧关上。

行者见他闭了门，却就弄个手段，拆开衣领，把定风丹噙(qín)在口中，摇身一变，变作一个蟭蟟虫儿，从他门隙处钻进。只见罗刹叫道：“渴了！渴了！快拿茶来！”近侍女童即将香茶一壶，沙沙的满斟一碗，冲起茶沫漕漕。行者见了欢喜，嘤的一翅，飞在茶沫之下。那罗刹渴极，接过茶，两三气都喝了。行者已到他肚腹之内，现原身厉声高叫道：“嫂嫂，借扇子我使使！”罗刹大惊失色，叫：“小的们，关了前门否？”俱说：“关了。”他又说：“既关了门，孙行者如何在家里叫唤？”女童道：“在你身上叫哩。”罗刹道：“孙行者，你在那里弄术哩？”行者道：“老孙一生不会弄术，都是些真手段，实本事，已在尊嫂尊腹之内耍子，已见其肺肝矣。我知你也饥渴了，我先送你个坐碗儿解渴！”却就把脚往下一登。那罗刹小腹之中，疼痛难禁，坐于地下叫苦。行者道：“嫂嫂休得推辞，我再送你个点心充饥！”又把头往上一顶。

那罗刹心痛难禁，只在地上打滚，疼得他面黄唇白，只叫：“孙叔叔饶命！”

行者却才收了手脚道：“你才认得叔叔么？我看牛大哥情上，且饶你性命。快将扇子拿来我使使。”罗刹道：“叔叔，有扇！有扇！你出来拿了去！”行者道：“拿扇子我看了出来。”罗刹即叫女童拿一柄芭蕉扇，执在旁边。行者探到喉咙之上见了道：“嫂嫂，我既饶你性命，不在腰肋之下搠个窟窿出来，还自口出。你把口张三张儿。”那罗刹果张开口。行者还作个蟭蟟虫，先飞出来，叮在芭蕉扇上。那罗刹不知，连张三次，叫：“叔叔出来罢。”行者化原身，拿了扇子，叫道：“我在此间不是？谢借了！谢借了！”拽开步，往前便走。小的们连忙开了门，放他出洞。

这大圣拨转云头，径回东路。霎时按落云头，立在红砖壁下。八戒见了欢喜道：“师父，师兄来了！来了！”三藏即与本庄老者同沙僧出门接着，同至舍内。把芭蕉扇靠在旁边道：“老官儿，可是这个扇子？”老者道：“正是！正是！”唐僧喜道：“贤徒有莫大之功。求此宝贝，甚劳苦了。”行者道：“劳苦倒也不说。那铁扇仙，你道是谁？那厮原来是牛魔王的妻，红孩儿的母，名唤罗刹女，又唤

铁扇公主。我寻到洞外借扇，他就与我讲起仇隙，把我砍了几剑。是我使棒吓他，他就把扇子扇了我一下，飘飘荡荡，直刮到小须弥山。幸见灵吉菩萨，送了我一粒定风丹，指与归路，复至翠云山。又见罗刹女，罗刹女又使扇子，扇我不动，他就回洞。是老孙变作一个蟭蟟虫，飞入洞去。那厮正讨茶吃，是我又钻在茶沫之下，到他肚里，做起手脚。他疼痛难禁，不住口的叫我做叔叔饶命，情愿将扇借与我，我却饶了他，拿将扇来。待过了火焰山，仍送还他。”三藏闻言，感谢不尽。师徒们俱拜辞老者。

一路西来，约行有四十里远近，渐渐酷热蒸人。沙僧只叫：“脚底烙得慌！”八戒又道：“爪子烫得痛！”马比寻常又快。只因地热难停，十分难进。行者道：“师父且请下马。兄弟们莫走。等我扇息了火，待风雨之后，地土冷些，再过山去。”行者果举扇，径至火边，尽力一扇，那山上火光烘烘腾起；再一扇，更着百倍；又一扇，那火足有千丈之高，渐渐烧着身体。行者急回，已将两股毫毛烧净，径跑至唐僧面前叫：“快回去，快回去！火来了，火来了！”

那师父爬上马，与八戒、沙僧，复东来有二十余里，方才歇下，道：“悟空，如何了呀！”行者丢下扇子道：

"不停当！不停当！被那厮哄了！"三藏听说，愁促眉尖，闷添心上，止不住两泪交流，只道："怎生是好！"八戒道："哥哥，你急急忙忙叫回去是怎么说？"行者道："我将扇子扇了一下，火光烘烘；第二扇，火气愈盛；第三扇，火头飞有千丈之高。若是跑得不快，把毫毛都烧尽矣！"八戒笑道："你常说雷打不伤，火烧不损，如今何又怕火？"行者道："你这呆子，全不知事！那时节用心防备，故此不伤；今日只为扇息火光，不曾捻避火诀，又未使护身法，所以把两股毫毛烧了。"沙僧道："似这般火盛，无路通西，怎生是好？"八戒道："只拣无火处走便罢。"三藏道："那方无火？"八戒道："东方、南方、北方，俱无火。"又问："那方有经？"八戒道："西方有经。"三藏道："我只欲往有经处去哩！"沙僧道："有经处有火，无火处无经，诚是进退两难！"

师徒们正自胡谈乱讲，只听得有人叫道："大圣不须烦恼，且来吃些斋饭再议。"四众回看时，见一老人，身披飘风氅，头顶偃月冠，手持龙头杖，足踏铁勒靴（yào），后带着一个雕嘴鱼腮[①]鬼，鬼头上顶着一个铜盆，盆

① 腮：现在写作"鳃"。

内有些蒸饼糕糜（mí），黄粮米饭，在于西路下躬身道："我本是火焰山土地。知大圣保护圣僧，不能前进，特献一斋。"行者道："吃斋小可，这火光几时灭得，让我师父过去？"土地道："要灭火光，须求罗刹女借芭蕉扇。"行者去路旁拾起扇子道："这不是？那火光越扇越着，何也？"土地看了，笑道："此扇不是真的，被他哄了。"行者道："如何方得真的？"那土地又控背躬身，微微笑道："若还要借真蕉扇，须是寻求大力王。"

阅读链接

山以石为骨，石作土之精。烟霞含宿润，苔藓助新青。嵯峨势耸欺蓬岛，幽静花香若海瀛。几树乔松栖野鹤，数株衰柳语山莺。诚然是千年古迹，万载仙踪。碧梧鸣彩凤，活水隐苍龙。曲径荜萝垂挂，石梯藤葛攀笼。猿啸翠岩忻月上，鸟啼高树喜晴空。两林竹荫凉如雨，一径花浓没绣绒。时见白云来远岫，略无定体漫随风。

——《西游记》第五十九回

② 三顾茅庐[①]

［元末明初］罗贯中

却说玄德访孔明两次不遇，欲再往访之。关公曰：“兄长两次亲往拜谒（yè），其礼太过矣。想诸葛亮有虚名而无实学，故避而不敢见。兄何惑于斯人之甚也！”玄德曰：“不然。昔齐桓公欲见东郭野人，五反而方得一面[②]。况吾欲见大贤耶？”张飞曰：“哥哥差矣。量此村夫，何足为大贤！今番不须哥哥去，他如不来，我只用一条麻绳缚将来！”玄德叱曰：“汝岂不闻周文王谒姜子牙之事乎？文王且如此敬贤，汝何太无礼！今番汝休去，我自与云长去。”飞曰：“既两位哥哥都去，小弟如何落后！”玄德曰：“汝若同往，不可失礼。”飞应诺。

于是三人乘马引从者往隆中。离草庐半里之外，玄德便下马步行，正遇诸葛均。玄德忙施礼，问曰：“令兄在

① 选自《三国演义》第三十八回《定三分隆中决策　战长江孙氏报仇》，题目为后人所加。

② 春秋时，齐桓公亲自去拜访一位小臣，一天之内去了三次都没见着。旁人劝他不要去了，他不听，第五次去才终于得见。这里说的“东郭野人”就是指那位小臣。

庄否？”均曰：“昨暮方归。将军今日可与相见。”言罢，飘然自去。玄德曰：“今番侥幸得见先生矣！”张飞曰：“此人无礼！便引我等到庄也不妨，何故竟自去了！”玄德曰：“彼各有事，岂可相强。”三人来到庄前叩门，童子开门出问。玄德曰：“有劳仙童转报：刘备专来拜见先生。”童子曰：“今日先生虽在家，但今在草堂上昼寝未醒。”玄德曰：“既如此，且休通报。”分付关、张二人，只在门首等着。玄德徐步而入，见先生仰卧于草堂几席之上。玄德拱立阶下。半晌，先生未醒。关、张在外立久，不见动静，入见玄德犹然侍立。张飞大怒，谓云长曰：“这先生如何傲慢！见我哥哥侍立阶下，他竟高卧，推睡不起！等我去屋后放一把火，看他起不起！”云长再三劝住。玄德仍命二人出门外等候。望堂上时，见先生翻身将起，忽又朝里壁睡着。童子欲报。玄德曰：“且勿惊动。”又立了一个时辰，孔明才醒，口吟诗曰：

大梦谁先觉？平生我自知。

草堂春睡足，窗外日迟迟。

孔明吟罢，翻身问童子曰：“有俗客来否？”童子曰：“刘皇叔在此，立候多时。”孔明乃起身曰：“何不早报？尚容更衣。”遂转入后堂。又半晌，方整衣冠出

迎。玄德见孔明身长八尺，面如冠玉，头戴纶巾，身披鹤氅，飘飘然有神仙之概。玄德下拜曰：“汉室末胄、涿郡愚夫，久闻先生大名，如雷贯耳。昨两次晋谒，不得一见，已书贱名于文几，未审得入览否？”孔明曰：“南阳野人，疏懒性成，屡蒙将军枉临，不胜愧赧(nǎn)。”二人叙礼毕，分宾主而坐，童子献茶。茶罢，孔明曰：“昨观书意，足见将军忧民忧国之心。但恨亮年幼才疏，有误下问。”玄德曰：“司马德操之言，徐元直之语，岂虚谈哉？望先生不弃鄙贱，曲赐教诲。”孔明曰：“德操、元直，世之高士。亮乃一耕夫耳，安敢谈天下事？二公谬举矣。将军奈何舍美玉而求顽石乎？”玄德曰：“大丈夫抱经世奇才，岂可空老于林泉之下？愿先生以天下苍生为念，开备愚鲁而赐教。”孔明笑曰：“愿闻将军之志。”玄德屏人促席而告曰：“汉室倾颓，奸臣窃命。备不量力，欲伸大义于天下，而智术浅短，迄无所就。惟先生开其愚而拯其厄，实为万幸！”孔明曰：“自董卓造逆以来，天下豪杰并起。曹操势不及袁绍，而竟能克绍者，非惟天时，抑亦人谋也。今操已拥百万之众，挟天子以令诸侯，此诚不可与争锋。孙权据有江东，已历三世，国险而民附，此可用为援而不可图也。荆州北据汉、

miǎn
沔，利尽南海，东连吴会，西通巴、蜀，此用武之地，非其主不能守：是殆天所以资将军，将军岂有意乎？益州险塞，沃野千里，天府之国，高祖因之以成帝业；今刘璋暗弱，民殷国富，而不知存恤，智能之士，思得明君。将军既帝室之胄，信义著于四海，总揽英雄，思贤如渴，若跨有荆、益，保其岩阻，西和诸戎，南抚彝、越，外结孙权，内修政理；待天下有变，则命一上将将荆州之兵以向宛、洛，将军身率益州之众以出秦川，百姓有不箪食壶浆以迎将军者乎？诚如是，则大业可成，汉室可兴矣。此亮所以为将军谋者也。惟将军图之。”言罢，命童子取出画一轴，挂于中堂，指谓玄德曰：“此西川五十四州之图也。将军欲成霸业，北让曹操占天时，南让孙权占地利，将军可占人和。先取荆州为家，后即取西川建基业，以成鼎足之势，然后可图中原也。”玄德闻言，避席拱手谢曰：“先生之言，顿开茅塞，使备如拨云雾而睹青天。但荆州刘表、益州刘璋，皆汉室宗亲，备安忍夺之？”孔明曰：“亮夜观天象，刘表不久人世；刘璋非立业之主，久后必归将军。”玄德闻言，顿首拜谢。只这一席话，乃孔明未出茅庐，已知三分天下，真万古之人不及也！后人有诗赞曰：

“豫州”当日叹孤穷，何幸南阳有卧龙！

欲识他年分鼎处，先生笑指画图中。

玄德拜请孔明曰：“备虽名微德薄，愿先生不弃鄙贱，出山相助。备当拱听明诲。”孔明曰：“亮久乐耕锄，懒于应世，不能奉命。”玄德泣曰：“先生不出，如苍生何！”言毕，泪沾袍袖，衣襟尽湿。孔明见其意甚诚，乃曰：“将军既不相弃，愿效犬马之劳。”玄德大喜，遂命关、张入，拜献金帛礼物。孔明固辞不受。玄德曰：“此非聘大贤之礼，但表刘备寸心耳。”孔明方受。于是玄德等在庄中共宿一宵。

次日，诸葛均回，孔明嘱付曰：“吾受刘皇叔三顾之恩，不容不出。汝可躬耕于此，勿得荒芜田亩。待我功成之日，即当归隐。”

后人有诗叹曰：

身未升腾思退步，功成应忆去时言。

只因先主丁宁[1]后，星落秋风五丈原。

① 丁宁：现在写作“叮咛”。

③ 亦真亦幻的孙悟空（节选）

周先慎

跟《三国演义》和《水浒传》一样，《西游记》在中国也是一部家喻户晓的书。但它比前两本书的读者更加广泛，小孩子喜欢读，青年人喜欢读，年纪大的人也喜欢读。可以说是老少咸宜。读者的眼光也可深可浅，天真幼稚的孩子读着好玩儿，能从中得到极大的乐趣；博学深思的学者可以从中探究深层次的思想意蕴，同样会感到兴味无穷。《西游记》在群众中能产生这样广泛的影响，跟孙悟空形象塑造的成功是分不开的。凡读过《西游记》的人，没有不喜欢孙悟空的，也没有能够忘记孙悟空的。《西游记》是一部以神话为题材的浪漫主义作品，在类型上属于神魔小说，与历史演义的《三国演义》和英雄传奇的《水浒传》在题材内容和表现方法上有所不同。孙悟空是一个充满奇幻色彩的神话人物形象。我们知道，人物形象是小说艺术创造的中心，而主要人物则表现了一部小说的思想倾向和艺术特色。我们要正确认识和欣赏《西游记》，就要正确

分析和认识孙悟空的形象。

孙悟空在与妖魔的斗争中，表现出很高的斗争智慧，这种斗争智慧也是来源于生活的，其中概括了许多现实生活中人们的斗争经验。这主要有以下几个方面：

第一，在和妖魔斗争时，既要藐视妖怪，又要重视妖怪；既不要害怕，又不能掉以轻心。这是孙悟空胜过其他三人之处。第四十回，写师徒四人行到一座山岭，行者用火眼金睛看出山中有妖怪，嘱咐沙僧和猪八戒要加意保护唐僧前进。唐僧听说有妖怪，又不见妖怪出来，就很不高兴，责怪悟空说："正当有妖魔处，却说无事；似这般清平之所，却又恐吓我，不时的嚷道有甚妖精。"这里表现出唐僧与孙悟空在思想认识和斗争经验上的差距。小说实际上是从唐僧的口里道出了孙悟空的斗争经验，即：有妖时，要心中无妖，敢于斗妖；无妖时，却又要心中有妖，保持高度的警惕。

第二，同妖精的斗争，是敌我斗争，是你死我活的斗争，你不消灭他，他就要消灭你，因此要除恶务尽，不能心慈手软。这在第二十七回《尸魔三戏唐三藏　圣僧恨逐美猴王》（即著名的"孙悟空三打白骨精"）中表现得特别突出。那个白骨精妖术高超而又十分狡猾，他三次幻化为人形，

想要吃掉唐僧。第一次化为一个年轻美貌的女子，被孙悟空识破，他“掣铁棒，当头就打”，妖精留下假尸逃掉，唐僧却在猪八戒的挑唆下，说他伤了好人性命，就念紧箍儿咒来惩罚他，使得孙悟空大叫：“头疼！头疼！莫念！莫念！”唐僧以佛教的教条来教育孙悟空要慈悲为怀，不离善心，并且要将他赶走。孙悟空为了报恩不愿离开唐僧，哀求留下。唐僧答应他留下时，定下规矩：“既如此说，且饶你这一次。再休无礼。如若仍前作恶，这咒语颠倒就念二十遍！”悟空答应不再打人了，这才被留下来。可是第二次白骨精又变成一个老妇人来时，悟空一眼看出是妖精，“更不理论，举棒照头便打”，毫不犹豫，毫无顾忌，完全忘记了他给师父的保证，没有想到打了以后的严重后果，唯一想到的只是：斗妖斩怪，除恶务尽。唐僧一见地上妖怪留下的假尸，果然毫不留情，“更无二话，只是把紧箍儿咒颠倒足足念了二十遍。可怜把个行者头，勒得似个亚腰儿葫芦，十分疼痛难忍”，在地上打滚儿哀求：“师父莫念了！有甚话说了罢！”孙悟空一再说明打死的是妖精，唐僧仍然不信，还斥责悟空是一个“无心向善之辈，有意作恶之人”，再次决定要把他赶走。在悟空的一再恳求下，唐僧答应再饶他一次，孙悟空也答应再也不敢行凶

了。可是，当妖精第三次变化成一个老头儿来骗唐僧时，又被孙悟空识破，这次小说写了一段他的心理活动，担心这次会受到师父更为严厉的惩罚，再念那紧箍儿咒，但思想斗争的结果，孙悟空还是不顾个人得失，一棒打死了妖精。尽管妖精现了原形是“一堆粉骷髅”，脊梁上还有“白骨夫人”四个字，但唐僧仍然在猪八戒的挑拨下，不仅再次念起了紧箍儿咒，而且真的把孙悟空赶走了。这段故事充分说明了孙悟空与妖精作斗争时敌我分明的态度和除恶务尽的斗争精神。

第三，要知己知彼，才能取得胜利，因此在斗争中要进行深入细致的调查研究，掌握敌人的情况。如第三十二回，写四人到了平顶山，功曹报信说山里有妖怪。为了了解情况，孙悟空就特意派猪八戒去巡山，了解是什么山、什么洞，打听有多少妖怪，妖怪都有些什么本领等，以便更好地同他们作斗争。结果猪八戒偷懒、耍滑，睡了一觉以后，什么情况也没有了解到就跑回来了。又如第七十四回，写在狮驼岭斗三魔，孙悟空就亲自做调查研究。他先变为一个小苍蝇，飞到一个巡山的小妖精的帽子上，了解到一些情况。然后又变为一个小妖，谎称自己是新派遣的巡山总领，拿出巡山金牌“总钻风”，用极其巧妙的办法，了解到三个

妖精的特点：大王能一口吞下十万天兵；二大王有一只长鼻子，能将人卷走；三大王有一只阴阳二气瓶，能将人装进去化成水。孙悟空根据三大怪的情况，制定了不同的斗争策略，取得了斗争的最后胜利。第八十二回，写陷空山唐僧被妖精摄走，为了解救唐僧，孙悟空又派猪八戒去了解情况，果然了解到唐僧是被一个妖精（白毛老鼠精）摄走，要唐僧去同她成亲，这为解救唐僧创造了条件。有时候妖怪很厉害，孙悟空无法战胜，就想到妖怪常常同神佛有联系，于是上天入地，追本求源，弄清妖怪的来历，最后找到战胜妖怪的办法。如第五十二回，写同兕(sì)牛怪作斗争，孙悟空斗法斗不过时，就到李老君那里去了解情况，知道原来妖怪是李老君的青牛，逃跑了，偷了李老君的“金刚琢”，所以非常厉害。最后孙悟空请李老君收服了此妖。

第四，在具体斗争中，要根据不同的对象、不同的环境，讲究策略，抓住敌人的弱点，利用矛盾，才能战胜敌人。如第五十九回，写过火焰山，孙悟空一借芭蕉扇，因过去同牛魔王有一些交情，但大战红孩儿时又与罗刹女有仇，所以孙悟空就采取先讲理后动武的办法。而二借芭蕉扇时，就利用罗刹女因牛魔王背弃了她，被一个万年狐王的遗女玉面公主招赘为夫，罗刹女既埋怨牛魔王又想念牛

魔王的矛盾心理，变为假牛魔王，终于借到了芭蕉扇。又如第八十二回，写猪八戒去向妖精了解情况，他不讲策略和方法，见到两个女妖精在井边打水，上去就叫“妖怪”，结果只叫了一声就被打了三四杠子。猪八戒回来，孙悟空就教育他，不能这样直来直去叫妖怪，而要先叫姑娘或奶奶，并告诉他在斗争中要有刚有柔，“温柔天下去得，刚强寸步难行”。第七十四回，写孙悟空知道那些妖魔了解自己神通广大，有些恐惧心理，就利用这个弱点，故意在他们的面前宣扬孙悟空如何神通广大（说孙悟空的金箍棒一变就十数丈长，一下子可以打死十万妖精，小妖闻言吓得魂飞魄散），先从精神上瓦解小妖们的战斗意志。小说里说：“孙大圣几句铺头话，却就如楚歌声吹散了八千兵！”孙悟空在对方法力强大时，常采用变成一个小虫子或一颗鲜桃，钻进妖精肚子里捣乱的战术，使敌人无法可想，终于被制服投降。如第五十九回，过火焰山借芭蕉扇时，行者被芭蕉扇扇了一次，后来得到定风丹，可罗刹女闭门不见，他就变成一个蟭蟟虫儿，从门隙钻进去，趁罗刹女喝茶时钻进她的肚子，顶头蹬脚，弄得罗刹女小腹疼痛难忍，只得求孙叔叔饶命，第一次答应借扇子给孙悟空（这次借到的是一把假扇）。又如第七十五回，写孙悟空跟狮王怪

作斗争，这个妖怪的特点是口大，一口能吞下十万天兵，孙悟空就利用这个特点，让他一口将自己吞了进去，然后在他的肚子里捣乱,使他不得不叫“大慈大悲齐天大圣菩萨”求饶。后来孙悟空讲好条件答应钻出来，妖怪又想趁机一口将他咬死，聪明的孙悟空却先将金箍棒伸出去试一试，结果把那妖怪的牙也给迸碎了。孙悟空出来时，是用了一根四十丈长的细绳子系在妖怪的心肝上，自己带着绳头跳出来，打个活结儿，不扯不紧，越扯越紧，经过一番曲折，终于战胜了妖怪。以上描写，都表现了孙悟空在与妖魔斗争中的超人智慧。

《西游记》在人物描写上有一个突出的特点，就是将神性、人性和自然性三者很好地结合起来。这一点在孙悟空形象的塑造上最为鲜明。所谓神性，就是指形象的幻想性；所谓人性，就是指形象的社会性；所谓自然性，就是指形象所具有的动物属性。《西游记》中所写的神魔世界，既是一个幻化了的又是一个具有人类社会特征的动物世界。孙悟空本来是一只猴子，在他的性格中具有鲜明的猴子的属性，比如机敏灵活、顽皮好动等。猪八戒则是一个猪身，具有现实生活中猪的一些属性，比如好吃、偷懒、愚笨等，这跟猪八戒的呆子性格和小私有者的落后意识完全一致。

许多由动物幻化来的魔怪形象也具有这种特征，如蜘蛛精的肚脐里冒出的丝绳可以织成大丝篷罩人；金翅雕精一扇九万里，会飞起来拍人；玉兔精跑得特别快；白毛老鼠精住在三百多里深的地洞里，性格刁钻狡猾，等等。巧妙的是，形象的自然属性，也即动物性，同形象的人性，也即社会性，是融合在一起的，这就不仅使人物的性格鲜明，形象十分生动有趣，而且也使形象获得了丰富的社会内容。人物塑造上的这一特点，使得《西游记》具有童话的性质，而孙悟空就是这个童话世界的主角。《西游记》拥有广大的读者，特别是儿童读者非常喜欢读《西游记》，尤其喜欢孙悟空，跟这本书的童话性质有很大的关系。

阅读链接

《西游记》是中国文学史上一部杰出的充满奇思异想的神魔小说。作者吴承恩运用浪漫主义手法，成功地创作了一系列妙趣横生、奇异绚丽的神话故事，塑造了唐僧师徒四人以及神仙、妖魔鬼怪等众多形象，表现出超乎寻常的虚构和想象能力。

《世说新语》

[南朝宋]刘义庆

许多大师级的人物对《世说新语》都推崇备至。鲁迅称《世说新语》为“一部名士的教科书”；冯友兰也把《世说新语》当作“中国的风流宝鉴”；而翻译家傅雷对此书更是爱不释手，他在写给儿子傅聪的信里说：“你现在手头没有散文的书（指古文），《世说新语》大可一读。日本人几百年来都把它当作枕中秘宝。我常常缅怀两晋六朝的文采风流，认为是中国文化的一个高峰。”

精练、简短是这本书的语言风格，这也使它的文字具有丰富的意蕴，就像一壶老酒，让人回味无穷。

作者简介

刘义庆（403—444），字季伯，彭城（今江苏徐州）人，南朝宋宗室，南朝宋文学家。刘义庆自幼才华出众，爱好文学，撰有《世说新语》，记述汉末、魏、晋士大夫的言行。除《世说新语》外，还著有志怪小说《幽明录》等。刘义庆“为性简素，寡嗜欲，爱好文义”，招聚文学之士，远近必至。当时有名的文士如袁淑、陆展、何长瑜、鲍照等人都曾受到他的礼遇。

《世说新语》是魏晋南北朝时期“笔记小说”的代表作，是我国最早的一部文言志人小说集。

它主要记述汉末至东晋士大夫的言谈、逸事，较多地反映了当时士族的思想、生活和清谈放诞的风气。依内容可分为德行、言语、政事、文学、方正等三十六类（总体分上、中、下三卷），每类有若干则故事，全书共有一千多则，每则文字长短不一，有的数行，有的三言两语，由此可见笔记小说“随手而记”的特性。此外，《世说新语》善用对照、比喻、夸张等文学技巧，不仅使它保留下许多脍炙人口的名言佳句，更为全书增添了无限光彩。如今，《世说新语》除了文学欣赏的价值外，人物事迹、文学典故等也多为后世作者所引用，对后来的笔记类作品创作影响深远。

一

王长豫为人谨顺，事亲尽色养之孝。丞相见长豫辄喜，见敬豫辄嗔(chēn)。长豫与丞相语，恒以慎密为端。丞相还台，及行，未尝不送至车后。恒与曹夫人并当箱箧(qiè)。长豫亡后，丞相还台，登车后，哭至台门。曹夫人作簏(lù)，封而不忍开。

王长豫为人恭谨和顺，侍奉父母和颜悦色，恪尽孝道。丞相王导看见长豫就高兴，看见敬豫就生气（敬豫，王导的次子，放纵好武，不拘礼法）。长豫和父亲王导谈话，总是以谨慎细密为本。王导要去尚书省办公，临走，长豫总是送他上车。长豫常常和母亲曹夫人一起收拾大小箱子。长豫死后，王导到尚书省去，上车后，一路哭到尚书省门口。曹夫人收拾箱子时，总是把长豫收拾过的箱子封好，不忍心再打开。

赏析

德行就是指道德品行，《世说新语》中有许多篇章反映了当时的道德观念，内容十分丰富。本篇赞颂的是孝顺、谦和的品德。孝顺、敬老是中华民族的传统美德，《论语》中也说到“弟子入则孝，出则弟，谨而信，泛爱众，而亲仁”。

二

邓艾口吃，语称“艾艾”。晋文王戏之曰：“卿云‘艾艾’，定是几艾？”对曰：“‘凤兮凤兮’，故是一凤。”

邓艾说话口吃，说话的时候，自称其名为“艾艾”。有一回，晋文王司马昭和他开玩笑说：“你总是说‘艾艾’，到底有几个艾呢？”邓艾回答：“古人云‘凤兮凤兮’，本来就只有一只凤啊。”

《论语·微子》记载，楚国有个狂人，名叫接舆。他唱着歌，从孔子的马车旁走过。只听他唱道："凤兮，凤兮，何德之衰？往者不可谏，来者犹可追。已而，已而，今之从政者殆而！"孔子听到这里，急忙走下马车，想要与他交谈，可是他却匆忙离去，避而不谈。

邓艾以接舆的"凤兮凤兮"来比喻"艾艾"，不但引经据典，还把自己比喻成凤凰。对于一般人来说，可能口吃会自卑，然而邓艾积极向上、乐观的精神使他大放光彩，也由此可见邓艾心思之灵活，思维之缜密。

三

王夷甫尝属族人事，经时未行。遇于一处饮燕，因语之曰："近属尊事，那得不行？"族人大怒，便举樏掷其面。夷甫都无言，盥洗毕，牵王丞相臂，与共载去。在车中照镜，语丞相曰："汝看我眼光，乃出牛背上。"

王夷甫（王衍）曾托一位族人办事，但对方过了很久也没有办。一次，王夷甫在一个宴会上碰到了那个人，于是就对他说："之前我托您办的那件事，怎么还没办呢？"族人听完非常生气，举起手中的食盒摔在王夷甫脸上。王夷甫一句话也没有说，洗完脸，拉着丞相王导的胳膊，和他一起乘车离去。在车上，王夷甫照了照镜子，对王导说："你看我的眼光，简直高过牛背。"（注：牛背是牛通常被鞭打的地方，王夷甫的话是指自己不计较挨打受辱之类的小事。）

王夷甫的处理方式值得我们学习和借鉴，与其和愤怒的人较真，倒不如以一种幽默自嘲的方式开解。不要和愤怒的人动气，用智慧的方式战胜他们，或远离他们让其无从还击。

阅读小贴士

《世说新语》中有很多对人物的描写，或重在形貌，或重在才学，或重在心理，以此来塑造人物的独特性格，使之气韵生动，跃然纸上。

阅读此书要循序渐进，每天阅读一两则，借助注释将文意弄懂，再想一想这则小故事说明了什么道理。日有所读、所思，坚持下去，就可以打下坚实的古文基础。

活动一

为自己制订一份读书计划吧！

时间	页码	完成情况
月　日		☆☆☆
月　日		☆☆☆
月　日		☆☆☆
月　日		☆☆☆
月　日		☆☆☆
月　日		☆☆☆
月　日		☆☆☆
月　日		☆☆☆
月　日		☆☆☆
月　日		☆☆☆
月　日		☆☆☆
月　日		☆☆☆
月　日		☆☆☆

同学们，每天按时完成自己制订的阅读任务可以得两颗星，如果能在书上做批注或圈画，就可以得三颗星哟！

活动二

阅读时可以把自己喜欢的故事或者读完故事后的感受和想法记下来，在这个过程中逐渐形成一棵茂盛的“阅读树”。

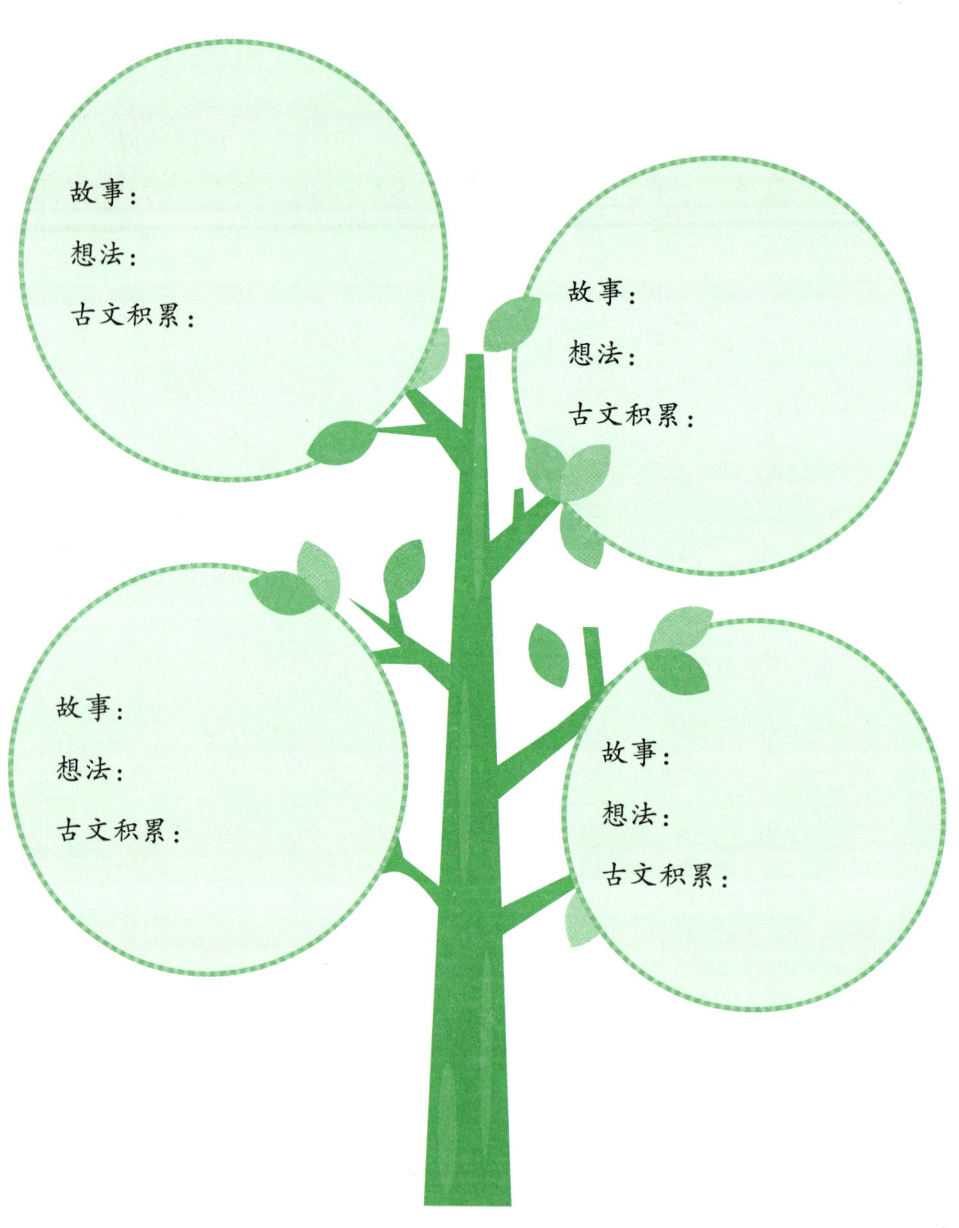

敬启

为编好这本书，我们与收入本书的作品（含图片）作者进行了广泛联系，得到了各位作者的大力支持。在此，我们表示衷心的感谢。但是，由于个别作者地址不详，虽经多方努力，仍无法取得联系。敬请各位有著作权的作者尽快与我们联系，以便我们支付稿酬，并致谢忱！

我们还要感谢使用本书的师生们。希望你们在使用本书的过程中，能够及时把意见和建议反馈给我们，对此，我们深表谢意，并将给予一定奖励。让我们携起手来，共同完成本书的建设工作。

联 系 人：梁老师　刘老师

联系电话：010-58022100-6362

联系邮箱：ztxx2008@sina.com

网　　址：http://www.ywztxx.com

地　　址：北京市海淀区知春路7号致真大厦A座18层

★ 适合10至11岁 ★

思维的火花

SIWEI DE HUOHUA

主编 孟 强

思维的火花 ❶

一 经典诵读

1.《与浩初上人同看山寄京华亲故》

（1）本诗作者柳宗元是哪个朝代的人？（　　）

A. 隋代

B. 唐代

C. 汉代

D. 清代

（2）诗句“海畔尖山似剑铓”中的“剑铓”是什么意思？（　　）

A. 剑刀

B. 宝剑

C. 剑柄

D. 剑锋

2.《渡桑干》

（1）诗句“客舍并州已十霜”中的“客舍”是什么意思？（　　）

A. 客家

B. 客人

C. 客气

D. 客居

（2）对“客舍并州已十霜”中“霜”字的妙用理解不正确的是哪一项？（　　）

A. 押韵，使整首诗节奏感强。

B. 点明了时间。

C. 没有实际意义。

D. 抒发了作者愁闷的心情。

3.《除夜作》

（1）诗句“霜鬓明朝又一年”中的“明朝”是什么意思？（　　）

A. 明年

B. 明天

C. 天明

D. 第二天的朝霞

（2）对诗人心情“转凄然”的原因理解不正确的是哪一项？（　　）

A. 除夕之夜独自一人寄居旅馆。

B. 对故乡亲人的无比思念。

C. 感慨年华易逝。

D. 吃不到年夜饭的伤心。

4.《闻雁》

（1）下列与本诗描述的季节相同的是哪一项？（　　）

A. 停车坐爱枫林晚，霜叶红于二月花。

B. 随风潜入夜，润物细无声。

C. 水晶帘动微风起，满架蔷薇一院香。

D. 翅湿沾微雨，泥香带落花。

（2）对首句“故园眇何处”理解错误的是哪一项？（　　）

A. 运用设问的手法。

B. 写家乡遥远，不知在何处。

C. 表达诗人的思乡之情。

D. 运用了拟人的修辞手法。

5.《菩萨蛮（其二）》

（1）词句“皓腕凝霜雪”中“皓”的意思是什么？（　　）

A. 浩瀚

B. 皎洁

C. 浩荡

D. 白

（2）判断：“还乡须断肠”一句表达了词人对故乡的思念之情。（　　）

6.《苏幕遮》

（1）下阕中“黯乡魂”的意思是什么？（　　）

A. 家乡灯火暗淡

B. 家乡暗淡

C. 家乡惨淡

D. 思念家乡，黯然神伤

（2）词句“芳草无情，更在斜阳外”所运用的修辞手法是什么？（　　）

A. 排比

B. 比喻

C. 拟人

D. 对比

二 童年 · 家乡 · 祖国

1.《四时田园杂兴（其二十二）》

（1）“天窗晓色半熹微”中的“熹微”在诗句中的意思是什么？（　　）

A. 天色微明

B. 天色微黄

C. 天色微暗

D. 天色微黑

（2）本诗描写的是哪个季节的景色？（　　）

A. 冬天

B. 春天

C. 夏天

D. 秋天

2.《牧竖》

（1）“牧竖”的意思是什么？（　　）

A. 牧笛

B. 牧童

C. 竹竿

D. 黄牛

（2）判断：本诗讲了牧童碰见人神气十足、放牧时吹短笛、牛耕田时田边玩耍这三件事。（　　）

3.《舟过安仁》

（1）请为下列诗句排列顺序。（　　）

A. 怪生无雨都张伞

B. 收篙停棹坐船中

C. 一叶渔船两小童

D. 不是遮头是使风

（2）“怪生无雨都张伞”中的“怪生”在诗句中的意思是什么？（　　）

A. 怪不得

B. 怪陌生

C. 怪害怕

D. 责怪他们

4.《祖父·后园·我》

（1）本篇文章选自《呼兰河传》，是哪位著名作家写的？（　　）

A. 林海音

B. 萧红

C. 巴金

D. 老舍

（2）课文中通过写“我”给祖父草帽插花这件事，充分表现了“我”和祖父之间什么样的感情？（　　）

A. 表现了“我”很调皮。

B. 表现了“我”与祖父的关系不好。

C. 表现了“我”与祖父亲密无间。

D. 表现了“我”出洋相。

5.《从百草园到三味书屋（节选）》

（1）“也许是因为拔何首乌毁了泥墙罢，也许是因为将砖头抛到间壁的梁家去了罢，也许是因为站在石井栏上跳了下来罢……”这段话运用了什么修辞手法？（　　）

A. 对比

B. 拟人

C. 比喻

D. 排比

（2）课文最后一个自然段表达了作者对百草园的什么感情？（　　）

A. 厌恶

B. 熟悉和留恋

C. 不熟悉

D. 反感

6.《月亮故乡好》

（1）作者主要描写了故乡哪个节日的故事？（　　）

A. 元宵节

B. 中秋节

C. 春节

D. 清明节

（2）本篇文章表达了作者怎样的思想感情？（　　）

A. 对自己童年幸福时光的怀念。

B. 对家乡亲人们的怀念。

C. 对故乡中秋节的怀念。

D. 对家乡月亮的怀念，更是对故乡的怀念。

7.《藕与莼菜》

（1）故乡的哪两样东西勾起了作者的回忆？（　　）

A. 藕与家乡的人们

B. 藕与莼菜

C. 藕与农民们

D. 藕与家乡的风景

（2）作者借藕和莼菜表达了自己怎样的思想感情？（　　）

A. 怀念自己的童年生活

B. 思念故乡

C. 想念家乡的美味

D. 想念家乡辛苦劳作的农民

8.《相思岬》

（1）以下书写完全正确的是哪一组？（　　）

A. 舟楫；描莫

B. 岛告；浩渺

C. 噙着；斥责

D. 海岬；秀丽闲雅

（2）为什么作者开篇就点明其他胜地都比不过鼓浪屿岛上的一条海岬呢？（　　）

A. 因为这个地方是“我”幼时与姑妈相谈的地方，对“我”来说具有特殊的意义。

B. 因为这是“我”见过最好看的地方。

C. 因为“我”从小就在这里长大。

D. 因为这个地方有相思树、三角梅，很漂亮。

9.《乡心》

（1）“我这时真想拿一根钓竿，把它们钓几尾上来。”这句话是对人物的什么描写？（　　）

A. 语言描写

B. 动作描写

C. 心理描写

D. 环境描写

（2）文中的“海上生明月，天涯共此时”出自哪位诗人的哪首古诗？（　　）

A. 贺知章《咏柳》

B. 张九龄《望月怀远》

C. 苏轼《水调歌头》

D. 李白《静夜思》

10.《童年的玩与学》

（1）以下注音正确的是哪一项？（　　）

A. 哺（bǔ）；冶（zhì）

B. 红颏（hé）儿；槐（huái）

C. 红颏（ké）儿；槐（huái）

D. 哺（fǔ）；冶（zhì）

（2）以下哪一句运用了拟人的修辞手法？（　　）

A. 但是鱼儿比鸟儿还难捉。

B. 天热得像下火。

C. 北运河从通州城北下来，九曲十环二十八道弯儿，一头撞在几大堆翠柳白沙高岗上，拐了个弓背，搂住一大片河滩。

D. 河滩方圆十几里，河汊子七出八进，一道青藤白条绿蔓儿，沿河大大小小的村落，就像满天星的早花西瓜。

11.《追“屁”》

（1）观察“天昏地暗”的构词规律，以下哪个词语符合这一构词规律？（　　）

A. 又好又快

B. 七上八下

C. 寻寻觅觅

D. 天罗地网

（2）这件童年趣事告诉“我”一个什

么道理？（　　）

A. 以后要选择一个好的嗜好。

B. 任何事情，做得过分以后，便会变得荒唐，变得令人难以忍受。

C. 没有自己做不到的事情。

D.“我”开始讨厌闻汽油味了。

12.《最美的书包》

（1）文中“最美的书包”是指什么书包？（　　）

A. 塑料书包

B. 牛皮书包

C. 花格子书包

D. 卡通书包

（2）判断：文中与“这一块块鲜艳的花方格是她一缕缕被撕裂的矜持和尊严”相照应的句子是“妈妈的脸被别人的话锋挤得通红通红”。（　　）

13.《冬阳·童年·骆驼队——〈城南旧事〉后记》

（1）文章是按照什么顺序写的？（　　）

A. 季节推移的时间顺序

B. 事情发展

C. 插叙

D. 倒叙

（2）围绕“骆驼”这一线索，作者回忆了哪些童年往事？（　　）

A. 学骆驼咀嚼、和爸爸讨论驼铃的作用、冬去春来时想帮骆驼剪驼毛、问妈妈骆驼夏天的去向

B. 学骆驼咀嚼、和爸爸讨论驼铃的作用、冬去春来时想帮骆驼剪驼毛

C. 学骆驼咀嚼、和爸爸讨论驼铃的作用

D. 学骆驼咀嚼

14.《燕九竹枝词（其七）》

（1）诗句“结伴儿童裤褶红”中的“裤褶”的意思是什么？（　　）

A. 泛指衣服

B. 衣服的褶子

C. 风筝

D. 笑声

（2）这首诗描述的是什么季节？（　　）

A. 冬天

B. 秋天

C. 夏天

D. 春天

15.《后院的绿草地》

（1）文中的“盛大的节日”是指什么？（　　）

A. 在绿草地里闻烟火气。

B. 在绿草地上玩耍。

C. 在绿草地里发现秘密。

D. 在绿草地里拾到零钱。

（2）这篇文章写作者在后院的绿草地上生活的________时光，抒发了对绿草地的________之情。（　　）

A. 平淡　喜爱

B. 痛苦　喜爱

C. 痛苦　难忘

D. 快乐　喜爱

16.《在胡同里长大》

（1）作者着重描写了哪几个季节的胡同？（　　）

A. 冬季、秋季

B. 冬季、夏季

C. 春季、夏季

D. 春季、秋季

（2）本文描写的是哪个地方的胡同？（　　）

A. 香港

B. 天津

C. 北平

D. 台湾

17.《忆儿时》

（1）本文作者回忆儿时有三件不能忘却的事，分别是什么？（　　）

A. 养蚕

B. 吃蟹

C. 吃桑葚

D. 钓鱼

（2）作者在文中回忆儿时养蚕有三大乐趣，具体是指什么？（　　）

A. 走跳板、做丝、陈设的变化

B. 走跳板、吃点心、做丝

C. 走跳板、吃点心、陈设的变化

D. 走跳板、采茧、做丝

18.《我家养鸡》

（1）从文章可以看出，“我”和“黄毛母鸡”之间是怎样的感情？（　　）

A. 互不喜欢

B. 彼此厌恶

C. 深厚的友谊

D. 互相依赖

（2）“黄毛母鸡”被杀后，“我”的反应是什么？（　　）

A. 没有反应

B. 麻木

C. 伤心地大哭起来

D. 兴奋、高兴

19.《愁乡石》

（1）作者为什么说“每次想到上海，总觉得像历史上的镐京或是洛邑那么幽渺”？（　　）

A. 意味着去一次上海不容易。

B. 意味着作者空间感强。

C. 用时间上的遥远间隔来说明心理（感觉）上的巨大距离。

D. 意味着作者已经好久没回到故乡。

（2）作者为什么把七颗石子叫作“愁乡石”呢？对此理解最恰当的是哪一项？（　　）

A. 因为这些石子让作者印象深刻。

B. 因为这些石子有着童年的回忆。

C. 因为这些石子让作者联想到故乡，联

想到童年；这些石子被来自故国的潮汐雕琢，寄托着作者的游子之思。

D. 因为这些石子代表着故乡。

20.《系在风筝线上的童年》

（1）做风筝的过程：找来竹篾—__________—糊纸涂色—__________。（　　）

A. 制作骨架

B. 求线打磨

C. 系缠放线

D. 绘图粘贴

（2）第 5、6 两个自然段已经写了放风筝时的欢快情景，为什么还要写第 7 自然段？下列哪一选项理解错误？（　　）

A. 第 7 自然段写放风筝失败的体验，与前两段写放风筝成功的快乐，都是童年生活的真实反映。

B. 使童年的生活更有情趣。

C. 作者随心而写，无具体意义。

D. 使文章内容更加丰富。

21.《咸菜慈姑汤》

（1）结合对全文的理解，说说咸菜慈姑汤和下雪天与家乡有什么关系？下列理解不正确的是哪一项？（　　）

A. 慈姑在作者心里代表着家乡，代表着浓浓的思乡之情。

B. 在作者的家乡，咸菜慈姑汤是在下雪天喝，这是家乡独有的乡情、乡物，所以最后作者说："我想念家乡的雪。"

C. 咸菜慈姑汤驱赶了冬季雪天的寒冷。

D. 下雪天的咸菜慈姑汤，承载了浓浓的思乡之情。

（2）结合对全文的理解，说说作者为什么"很想喝一碗咸菜慈姑汤"。（　　）

A. 因为喜欢慈姑的苦味。

B. 慈姑太昂贵了买不起。

C. 作者远离故土后，对故乡难舍的乡情，使得他在暮年时常怀念儿时的咸菜慈姑汤。

D. 慈姑汤是纯天然的，有很高的营养价值。

22.《八月的故乡——你好》

（1）本文主要写的是几月份的故乡？（　　）

A. 七月

B. 六月

C. 九月

D. 八月

（2）作者回忆儿时的趣事，表达了怎样的思想感情？（　　）

A. 对母亲的怀念。

B. 对童年时代美好生活的怀念。

C. 对故乡风景的怀念。

D. 对故乡的思念。

23.《乡梦不曾休》

（1）文章结尾几句话看似简单却意

味深长，下面理解错误的是哪一项？（　　）

A. 结尾写作者五十年后故地重游，走在上学石板路上回忆儿时的上学情景。

B. 此时的作者仿佛回到儿时，石板路、教室里到处充满回忆的影子。

C. 简洁而平静的陈述，没带任何感情的渲染，却如胡琴最后一声悠长的尾音，余韵不绝，勾起浓浓思乡情。

D. 作者重回学校又当了一回学生，感受到童年的快乐。

（2）判断：文章表达了作者对故乡的无限热爱及常年在外对故乡的思念之情。（　　）

24.《我的思念是圆的》

（1）“望着空中的明月，谁能把月饼咽下？”一句运用了什么修辞手法？（　　）

A. 比喻

B. 设问

C. 反问

D. 拟人

（2）中秋的月亮是最亮最圆的，在古人的诗句中把月亮比作什么？（　　）

A. 槐树

B. 银盘

C. 圆饼

D. 珍珠

25.《想北平》

（1）作者写北平和巴黎时采用了什么修辞手法？（　　）

A. 托物言志

B. 渲染

C. 对比

D. 对偶

（2）本文中作者拿“爱北平”和什么相对等？（　　）

A. 爱父母

B. 爱亲人

C. 爱父亲

D. 爱母亲

26.《乡愁》

（1）在诗中，作者把乡愁比喻成什么？（　　）

A. 邮票、船票、母亲、海峡

B. 邮票、船票、坟墓、黄河

C. 信封、船票、坟墓、海峡

D. 邮票、船票、坟墓、海峡

（2）本首诗歌是按照什么顺序展开的？（　　）

A. 插叙

B. 倒叙

C. 时间顺序

D. 空间顺序

27.《黄河颂》

（1）以下词语书写正确的是哪一组？（　　）

A. 高山之殿；惊涛澎湃

B. 气魄；屏障

C. 万丈狂澜；一谢万丈

D. 臂膀；摇蓝

（2）“啊！黄河！”在诗中反复出现，表达了诗人怎样的感情？（　　）

A. 对故乡的怀念。

B. 借歌颂黄河歌颂我们的民族，激发广大中华儿女的民族自豪感与自信心，激励中华儿女像黄河一样“伟大坚强”，以英雄的气概和坚强的决心保卫黄河，保卫中国。

C. 对黄河和中华儿女的赞叹之情。

D. 对黄河的思念。

28.《松花江上》

（1）“我的家在东北松花江上，那里有森林煤矿……我的家在东北松花江上，那里有我的同胞，还有那衰老的爹娘。”“我的家在东北松花江上”在诗中出现了两次，这里运用了什么修辞手法？（　　）

A. 夸张

B. 对比

C. 反问

D. 反复

（2）为什么“我”要抛弃“我”的家乡去流浪？（　　）

A. 九一八事变让“我”被迫离乡。

B. 因为“我”不想回到家乡。

C. 因为外面的世界更加美丽。

D. 因为“我”不喜欢“我”的家乡。

29.《当我死时》

（1）下面加点的字注音正确的是哪一项？（　　）

A. 未餍（yān）；饕餮（tié）

B. 未餍（yān）；饕餮（tiè）

C. 未餍（yǎn）；饕餮（tié）

D. 未餍（yàn）；饕餮（tiè）

（2）判断：全诗抒发了作者热爱祖国、渴望落叶归根的情感。（　　）

30.《开学的日子》

（1）本文的主人公是谁？（　　）

A. 瑞宣

B. 作者本人

C. 青年们

D. 教务主任

（2）本篇文章选自以下哪部著作？（　　）

A.《骆驼祥子》

B.《城南旧事》

C.《茶馆》

D.《四世同堂》

31.《最后一课——一个阿尔萨斯儿童的故事》

（1）小说以第几人称来叙述故事？（　　）

A. 第二人称

B. 第三人称

C. 以阿迈尔先生的口吻叙述

D. 第一人称

（2）钟声和号声对小弗朗兹来说意味着什么？（　　）

A. 普鲁士兵已经收操。

B. 最后一堂法语课结束的时间到了。

C. 从此再也见不到老师和同学们了。

D. 祈祷活动开始。

三 整本书阅读

《呼兰河传》

（1）这本书的体裁是什么？（　　）

A. 散文

B. 诗歌

C. 童话

D. 小说

（2）判断：选文讲述了“我”跟着祖父念诗的小故事，字里行间表达了“我”与祖父的深厚感情。（　　）

参考答案

一、经典诵读

1.《与浩初上人同看山寄京华亲故》

（1）B

（2）D

2.《渡桑干》

（1）D

（2）C

3.《除夜作》

（1）B

（2）D　解析：该诗表现出诗人思乡怀亲的思想感情，表达出自己孤寂的心情。诗人巧妙地从“故乡人”入手，把深挚的情思抒发得更为婉曲含蕴。

4.《闻雁》

（1）A

（2）D　解析：诗人家居长安，和滁州相隔两千余里。即使白天登楼引领遥望，也会有云山阻隔、归路迢递之感；暗夜沉沉，四望一片模糊，自然更不知其渺在何处了。一、二两句，上句以设问起，下句出以慨叹，言外自含无限低徊怅惘之情。

5.《菩萨蛮（其二）》

（1）D

（2）对　解析：词人因有家难归、思念故乡而愁肠百结，所以词中抒发的是思乡之情。

6.《苏幕遮》

（1）D

（2）C

二、童年·家乡·祖国

1.《四时田园杂兴（其二十二）》

（1）A

（2）B

2.《牧竖》

（1）B

（2）对

3.《舟过安仁》

（1）CBAD

（2）A

4.《祖父·后园·我》

（1）B

（2）C

5.《从百草园到三味书屋（节选）》

（1）D

（2）B　解析：最后一个自然段生动形象地写出了“我”对百草园的熟悉和留恋，从而说明它是“我”童年的乐园，给“我”带来了快乐。

6.《月亮故乡好》

（1）B

（2）D　解析：本文通过描绘整个村

庄过节的氛围，写出了家乡节日的热闹、欢乐，说明家乡的一切都值得怀念。

7.《藕与莼菜》

（1）B

（2）B

8.《相思岬》

（1）C

（2）A

9.《乡心》

（1）C

（2）B

10.《童年的玩与学》

（1）C

（2）C

11.《追“屁”》

（1）D

（2）B

12.《最美的书包》

（1）C

（2）对

13.《冬阳·童年·骆驼队——〈城南旧事〉后记》

（1）A

（2）A

14.《燕九竹枝词（其七）》

（1）A

（2）D

15.《后院的绿草地》

（1）D

（2）D

16.《在胡同里长大》

（1）B

（2）C

17.《忆儿时》

（1）ABD

（2）C

18.《我家养鸡》

（1）C

（2）C

19.《愁乡石》

（1）C

（2）C

20.《系在风筝线上的童年》

（1）AC

（2）C

21.《咸菜慈姑汤》

（1）C

（2）C　解析：这一碗咸菜慈姑汤，承载了作者浓浓的思乡之情。

22.《八月的故乡——你好》

（1）D

（2）D　解析：本文主要通过对故乡的回忆来表达作者对故乡的眷恋。

23.《乡梦不曾休》

（1）D

（2）对　解析：本文表达了作者对故乡的热爱和思念之情。

24.《我的思念是圆的》

（1）C

（2）B

25.《想北平》

（1）C

（2）D

26.《乡愁》

（1）D

（2）C

27.《黄河颂》

（1）B

（2）B

28.《松花江上》

（1）D

（2）A

29.《当我死时》

（1）D

（2）对　解析：全诗抒发了作者作为游子的悲凉情思，表达了对祖国的热爱之情。

30.《开学的日子》

（1）A

（2）D

31.《最后一课——一个阿尔萨斯儿童的故事》

（1）D

（2）B

三、整本书阅读

《呼兰河传》

（1）D

（2）对

思维的火花 ❷

一 经典诵读

1.《八阵图》

（1）八阵图相传是谁所创？（　　）

A. 诸葛亮

B. 杜甫

C. 周瑜

D. 曹操

（2）三国是指蜀国、魏国、______。（　　）

A. 秦国

B. 吴国

C. 齐国

D. 楚国

2.《蜀相》

（1）蜀相指的是谁？（　　）

A. 诸葛亮

B. 曹操

C. 周瑜

D. 刘备

（2）“出师未捷身先死”中“捷”是什么意思？（　　）

A. 快

B. 胜利

C. 战胜所获

D. 捷径

3.《赤壁》

（1）判断：诗中的“周郎”是泛指姓周的男子。（　　）

（2）“折戟沉沙铁未销”中“戟”字的正确读音是哪一个？（　　）

A.jī

B.jǐ

C.gē

D.gé

4.《南乡子·登京口北固亭有怀》

（1）判断：《南乡子·登京口北固亭有怀》是一首词。（　　）

（2）“天下英雄谁敌手？曹刘。”中的“曹”“刘”分别是指_____和_____。（　　）

A. 曹操

B. 刘备

C. 刘表

D. 曹冲

5.《临江仙》

（1）填空：滚滚长江________，浪花淘尽________。（　　）

A. 东逝水

B. 向东流

C. 天下事

D. 英雄

（2）判断：“是非成败转头空”，这

句说明作者看透了世间事，表达了他对世事变幻的淡定态度。（　　）

6.《临江仙·咏絮》

（1）判断：《临江仙·咏絮》中的“絮”指的是柳絮。（　　）

（2）给下列诗句排序。（　　）

A. 白玉堂前春解舞，东风卷得均匀

B. 几曾随逝水

C. 岂必委芳尘

D. 蜂团蝶阵乱纷纷

二 名著故事园

1.《空城计》

（1）《空城计》选自我国四大名著中的哪一部？（　　）

A.《红楼梦》

B.《三国演义》

C.《西游记》

D.《水浒传》

（2）《空城计》的主人公是________和________。（　　）

A. 诸葛亮

B. 刘备

C. 司马懿

D. 司马昭

2.《借东风》

（1）“万事俱备”的下一句是什么？（　　）

A. 只欠东风

B. 只欠北风

C. 只欠西风

D. 只欠南风

（2）判断：诸葛亮能求来风是因为他真的会法术。（　　）

3.《智取生辰纲》

（1）对“生辰纲”一词理解正确的是哪一项？（　　）

A. 一件寿礼

B. 一种钢铁

C. 编队运送的成批寿礼

D. 一种兵器

（2）判断：松林里的七个人其实就是劫走生辰纲的人。（　　）

4.《林冲棒打洪教头》

（1）本文中林冲投奔的人是谁？（　　）

A. 柴进

B. 洪教头

C. 高太尉

D. 亲戚

（2）洪教头的口出狂言与林冲的沉默不语形成鲜明对比，这样写的用意何在？（　　）

A. 突出林冲的谦虚和隐忍。

B. 突出林冲的技不如人。

C. 突出洪教头的武艺高强。

D. 突出林冲的不爱说话。

5.《闹龙宫夺取金箍棒》

（1）《闹龙宫夺取金箍棒》这个故事的主要人物是谁？（　　）

A. 孙悟空

B. 猪八戒

C. 沙和尚

D. 白龙马

（2）孙悟空向东海龙王寻一副披挂，北海龙王送他________，西海龙王送他________，南海龙王送他________。（　　）

A. 一副锁子黄金甲

B. 一双藕丝步云履

C. 一顶凤翅紫金冠

D. 金箍棒

6.《名注齐天》

（1）一开始孙悟空在天宫被玉帝封的官职是什么？（　　）

A. 武曲星君

B. 卷帘大将

C. 弼马温

D. 太白金星

（2）玉帝后来同意孙悟空做什么？（　　）

A. 平天大圣

B. 齐天大圣

C. 覆海大圣

D. 驱神大圣

7.《香菱学诗》

（1）香菱请谁教她作诗？（　　）

A. 贾宝玉

B. 林黛玉

C. 王熙凤

D. 史湘云

（2）从文中可以看出香菱是个怎样的人？（　　）

A. 勤学好问

B. 班门弄斧

C. 假装文雅

D. 故作高深

8.《藕香榭吃蟹》

（1）对“藕香榭”理解正确的是哪一项？（　　）

A. 一个城市的名字

B. 一个池塘的名字

C. 大观园中的一处临水建筑

D. 一个人的名字

（2）这个故事中描写得最多的人物是谁？（　　）

A. 史湘云

B. 凤姐

C. 鸳鸯

D. 黛玉

9.《孟德献刀》

（1）判断：孟德是指董卓。（　　）

（2）“贱降”的意思是什么？（　　）

A. 下贱

B. 下降

C. 卑贱的出身

D. 对自己生日的谦称

10.《杨志卖刀》

（1）杨志卖刀的原因是什么？（　　）

A. 他不喜欢这把刀了

B. 他想换一把刀

C. 他没有了盘缠

D. 带着刀危险

（2）判断：牛二是真的想要买杨志的刀。（　　）

11.《小圣施威降大圣》

（1）这个故事中观音菩萨推荐哪位神仙去降孙悟空？（　　）

A. 太上老君

B. 二郎神

C. 梅山七兄弟

D. 大力鬼王

（2）孙悟空逃走时先后变作什么？（　　）

A. 麻雀、水蛇、鱼儿、土地庙儿

B. 鱼儿、麻雀、水蛇、土地庙儿

C. 麻雀儿、大鹚老、鱼儿、水蛇、花鸨、土地庙儿

D. 土地庙儿、麻雀、水蛇、鱼儿

12.《孙行者一调芭蕉扇》

（1）文中的“罗刹”是牛魔王的______，是红孩儿的________。（　　）

A. 丫鬟

B. 妻子

C. 师父

D. 母亲

（2）罗刹不肯借芭蕉扇给孙悟空是什么原因？（　　）

A. 牛魔王不在，不敢借。

B. 不认识孙悟空不想借。

C. 怪孙悟空害得她与红孩儿母子不得相见。

D. 她要用，不方便借。

13.《三顾茅庐》

（1）故事中刘备是第几次去拜访孔明？（　　）

A. 一

B. 二

C. 三

D. 五

（2）刘备去请诸葛亮，作者却几次写了张飞与刘备的对话，你认为有必要吗？为什么？（　　）

A. 有必要。表现了刘备的礼贤下士。

B. 没必要。只是突出张飞的鲁莽。

C. 没必要。表现了诸葛亮的清高。

D. 有必要。表现了诸葛亮的清高。

14.《亦真亦幻的孙悟空（节选）》

（1）《西游记》属于什么类型的小说？（　　）

A. 神魔

B. 武侠

C. 历史

D. 言情

（2）什么是小说艺术创造的中心？（　　）

A. 情节

B. 道理

C. 人物形象

D. 描写语言

三 整本书阅读

《世说新语》

（1）判断：《世说新语》是魏晋南北朝时期“志怪小说”的代表作。（　　）

（2）“精彩片段”中的第一篇赞颂的是王长豫________、________的品德。（　　）

A. 孝顺

B. 胆小

C. 谦和

D. 懦弱

参考答案

一、经典诵读

1.《八阵图》

（1）A

（2）B

2.《蜀相》

（1）A

（2）B

3.《赤壁》

（1）错　解析：诗中的“周郎”特指周瑜。

（2）B

4.《南乡子·登京口北固亭有怀》

（1）对

（2）AB

5.《临江仙》

（1）AD

（2）对　解析：“是非成败转头空”，意思是：争什么是与非、成与败，到头来都是一场空。

6.《临江仙·咏絮》

（1）对

（2）ADBC

二、名著故事园

1.《空城计》

（1）B

（2）AC

2.《借东风》

（1）A

（2）错　解析：诸葛亮能求来风是因为他懂得天文知识。

3.《智取生辰纲》

（1）C

（2）对

4.《林冲棒打洪教头》

（1）A

（2）A　解析：林冲正在被流放，且不知洪教头到底有多厉害，不想炫耀自己曾是禁军教头。

5.《闹龙宫夺取金箍棒》

（1）A

（2）BAC

6.《名注齐天》

（1）C

（2）B

7.《香菱学诗》

（1）B

（2）A

8.《藕香榭吃蟹》

（1）C

（2）B

9.《孟德献刀》

（1）错　解析：孟德是指曹操。曹操，

字孟德。

（2）D

10.《杨志卖刀》

（1）C

（2）错　解析：牛二对杨志的所有纠缠都是耍无赖。

11.《小圣施威降大圣》

（1）B

（2）C

12.《孙行者一调芭蕉扇》

（1）BD

（2）C

13.《三顾茅庐》

（1）C

（2）A　解析：刘备与张飞的几次对话都表明了他特别希望得到诸葛亮这个人才。

14.《亦真亦幻的孙悟空（节选）》

（1）A

（2）C

三、整本书阅读

《世说新语》

（1）错　解析：《世说新语》是魏晋南北朝时期“笔记小说”的代表作。

（2）AC

思维的火花 ❸

一 经典诵读

1.《碛中作》

（1）诗题中的“碛”是什么意思？（　　）

A. 沙石

B. 沙堆

C. 沙漠

D. 沙滩

（2）“走马西来欲到天”历来为诗家所称赞，“走马”显示出______，“西来”点明了______，“欲到天”既写出了______，又展现了______。（　　）

A. 边塞离家之远

B. 旅途紧张

C. 行进方向

D. 西北高原野旷天低的气势

2.《前出塞九首（其六）》

（1）杜甫，字子美，自号少陵野老，唐代伟大的______主义诗人，被后人称为“______”。（　　）

A. 浪漫

B. 现实

C. 诗圣

D. 诗佛

（2）诗句“挽弓当挽强，用箭当用长”中的“长”指什么？（　　）

A. 擅长

B. 长箭

C. 增加

D. 长期

3.《十一月四日风雨大作二首(其二)》

（1）“铁马冰河入梦来”的前一句是什么？（　　）

A. 僵卧孤村不自哀

B. 尚思为国戍轮台

C. 夜阑卧听风吹雨

D. 醉卧沙场君莫笑

（2）“尚思为国戍轮台”中的“戍”如何理解？（　　）

A. 守卫，防守

B. 遏止

C. 士兵

D. 边防驻军的城堡、营垒

4.《子夜吴歌·秋歌》

（1）李白，字太白，号青莲居士，唐代伟大的浪漫主义诗人。人们送他什么美誉？（　　）

A. 诗圣

B. 诗神

C. 诗魔

D. 诗仙

（2）“何日平胡虏，良人罢远征”中的“良人”是什么意思？（　　）

A. 乡大夫

B. 古代妻子对丈夫的称呼

C. 美人

D. 善良的人

5.《调笑令·边草》

（1）“明月，明月，胡笳一声愁绝”中“笳”的读音是什么？（　　）

A.jiā

B.qié

C.kā

D.jià

（2）“千里万里月明”前一句是什么？（　　）

A. 山南山北雪晴

B. 天南天北雪晴

C. 南山北山雪晴

D. 南疆北疆雪晴

6.《山坡羊·潼关怀古》

（1）“峰峦如聚，波涛如怒。”一句运用了什么修辞手法？（　　）

A. 拟人

B. 比喻

C. 对比

D. 夸张

（2）对这首散曲理解不恰当的是哪一项？（　　）

A.《山坡羊·潼关怀古》是一首元代散曲，“山坡羊”是曲牌名，“潼关怀古”是标题。

B.“山河表里潼关路”写出潼关外连黄河，内接华山，山河雄伟，地势险要的特点。

C.“峰峦如聚，波涛如怒”中的“聚”字赋予静止的峰峦以动感，“怒”字则生动地表现出波涛汹涌澎湃的情态。

D. 作者在散曲中表达出深深的伤感、悲愤之情，他伤感悲愤的最主要原因是“宫阙万间都做了土”。

二 我爱你，汉字

1.《有趣的汉字对话》

（1）汉字是由_____、_____、_____、_____、点等基本笔画组成的。（　　）

A. 横

B. 竖

C. 撇

D. 捺

（2）“大”对______说：“就四道题，你怎么全错了？”（　　）

A. 太

B. 天

C. 夫

D. 爽

2.《宝塔诗（节选）》

（1）“此时此夜难为情”的前一句诗是什么？（　　）

A. 相知相见思何日

B. 相思相见知何日

C. 相见相思知何日

D. 相遇相知思何日

（2）判断：宝塔诗就是写在宝塔里的诗歌。（　　）

3.《颠倒歌》

（1）“有悖常情”一词中“悖”字读什么？（　　）

A.bié

B.bó

C.bèi

D.bō

（2）下列哪一个词语与“大同小异”的结构不一样？（　　）

A. 出生入死

B. 头重脚轻

C. 古往今来

D. 异口同声

4.《牙牌令》

（1）牙牌也称_______、_______，古代______用具。（　　）

A. 茶具

B. 骨牌

C. 游戏

D. 牌九

（2）“酒令大如军令。不论尊卑，惟我是主。”这句话是谁说的？（　　）

A. 凤姐儿

B. 鸳鸯

C. 湘云

D. 宝钗

5.《苏小妹三难新郎（节选）》

（1）对文中的“佛印”理解正确的是哪一项？（　　）

A. 人名

B. 印章

C. 书名

D. 地名

（2）判断：“小妹先少游而卒”中“卒”的意思是“死亡”。（　　）

6.《龙虎斗智》

（1）判断：文中提到的江东美女二乔就是周瑜的夫人大乔和孙策的夫人小乔。（　　）

（2）下列人物中，哪个不是出自《三国演义》？（　　）

A. 诸葛亮

B. 林冲

C. 司马懿

D. 吕蒙

7.《汉字的魅力》

（1）判断：“娴熟深谙”一词中，“谙”的读音是“ān”。（　　）

（2）根据内容填空：_____是汉语拼音，可以作为学习汉语的辅助工具，_____绝不可能代替汉语本身，_____它没有_____可能具有那种魅力。（　　）

A. 即使

B. 也不

C. 因为

D. 但是

8.《我爱你，中国的汉字》

（1）“______”字使人有飘浮感，“_____”字一望而沉坠。“______”字令人欢快，“______”字一看就像流泪。（　　）

A. 笑

B. 哭

C. 轻

D. 重

（2）“真的，它们可不是僵硬的符号，而是有着独特性格的精灵”，这句话使用了什么修辞手法？（　　）

A. 对比

B. 比喻

C. 拟人

D. 夸张

9.《我家的对联》

（1）“耳濡目染”中“濡”的读音是什么？（　　）

A.dú

B.rǔ

C.rú

D.xū

（2）“知足知不足，有为有弗为”，充分描绘出“我”的祖父恬淡而清高的性格，写这一副对联的目的是什么？（　　）

A. 劝诫

B. 互勉

C. 自勉

D. 批评

10.《不用文字的书和信》

（1）判断：按照中国古文字学家的意见，金文是我国目前所能看到的最早的而又比较完备的文字。（　　）

（2）下列四种古文字的演变顺序是什么？（　　）

A. 隶书

B. 甲骨文

C. 小篆

D. 金文

三 我爱你，中国

1.《从军行》

（1）本文从________和________两方面描绘了激烈的战争场面。（　　）

A. 味觉

B. 视觉

C. 听觉

D. 嗅觉

（2）这首诗从内容上看，属于什么诗？（　　）

A. 咏史诗

B. 送别诗

C. 边塞诗

D. 写景诗

2.《书愤》

（1）《出师表》出自谁人之手？（　　）

A. 诸葛亮

B. 司马懿

C. 周瑜

D. 曹操

（2）给下列诗句排序。（　　）

A. 楼船夜雪瓜洲渡，铁马秋风大散关。

B.《出师》一表真名世，千载谁堪伯仲间？

C. 早岁那知世事艰，中原北望气如山。

D. 塞上长城空自许，镜中衰鬓已先斑。

3.《秦州杂诗二十首（其一）》

（1）判断：“迟回度陇怯”中“迟回”的意思是迟到。（　　）

（2）给下列诗句排序。（　　）

A. 满目悲生事，因人作远游。

B. 水落鱼龙夜，山空鸟鼠秋。

C. 迟回度陇怯，浩荡及关愁。

D. 西征问烽火，心折此淹留。

4.《记梁任公先生的一次演讲》

（1）“叱咤风云”一词中“咤”的读音是哪一项？（　　）

A.zhà

B.zhái

C.chà

D.zhǎi

（2）“先生的讲演，到紧张处，便成为表演。他真是手之舞之足之蹈之，有时掩面，有时顿足，有时狂笑，有时叹息。”这段话运用了什么修辞手法？（　　）

A. 比喻

B. 拟人

C. 排比

D. 夸张

5.《说和做——记闻一多先生言行片段》

（1）“在情况紧急的生死关头，他走到游行示威队伍的前头，昂首挺胸，长须飘飘。”这句话通过________和________描写，体现了闻一多先生大无畏的斗争精神。（　　）

A. 动作

B. 语言

C. 外貌

D. 心理

（2）“我们要准备像李先生一样，前脚跨出大门，后脚就不准备再跨进大门。”这句中的李先生指谁？（　　）

A. 李家钰

B. 李公朴

C. 李大钊

D. 李达

6.《铁骑兵》

（1）将下列选项按文中事情的发展顺序排列。（　　）

A. 游击

B. 脱离

C. 转移

D. 归队

（2）重阳节指的是农历几月几日？（　　）

A. 九月九日

B. 七月七日

C. 五月五日

D. 八月十五日

7.《芦花荡——白洋淀纪事之二》

（1）本文主要写了什么事？（　　）

A. 老头子不小心让两个女孩受伤的事。

B. 老头子机智送人、送物的事。

C. 老头子诱敌、杀敌的事。

D. 老头子英勇就义的事。

（2）判断："鬼子们拍打着水追过去，老头子张皇失措，船却走不动，鬼子紧紧追上了他"，这句中"张皇失措"一词充分表现了老头子紧张、恐惧的心理。（　　）

8.《三人行》

（1）小周和王吉文口中的"营养"指的是什么？（　　）

A. 窝窝头

B. 炒面

C. 白菜叶

D. 车前菜叶

（2）"一趟，两趟，三趟……"文段此处省略号的作用是什么？（　　）

A. 语言中断

B. 含糊其词

C. 数字延续

D. 说话断断续续

9.《可爱的中国》

（1）"可憎"中"憎"的读音是什么？（　　）

A.zēn

B.zēng

C.zèn

D.zèng

（2）欲求中华民族的独立解放，＿＿＿哀告、跪求、哭泣所能济事，＿＿＿唤起全国民众起来斗争。（　　）

A. 绝不是……而是……

B. 尽管……还……

C. 即使……也……

D. 与其……不如……

10.《白洋淀边一次小斗争》

（1）与"手榴弹就摔在他的头顶上，他还不死？"这句话意思一样的句子是哪一句？（　　）

A. 手榴弹就摔在他的头顶上，他没死。

B. 手榴弹就摔在他的头顶上，他不可能不死。

C. 手榴弹就摔在他的头顶上，他不能死。

D. 手榴弹就摔在他的头顶上，他死不了。

（2）按文章内容给下列句子排序。（　　）

A. 本想欺负姑娘，却被姑娘的手榴弹给炸死了。

B. 鬼子进村，什么也没找到。

C. 鬼子们都来增援，但是姑娘们早已躲到白洋淀里了。

D. 追赶大公鸡，发现了穿红衣服的姑娘。

11.《光荣之死（节选）》

（1）文中提到了几个与刘胡兰有关系的人，他们分别是妹妹__________，继母____________，父亲___________，大爷____________。（　　）

A. 刘广谦

B. 胡文秀

C. 刘景谦

D. 爱兰

（2）刘胡兰牺牲在敌人的什么刑具之下？（　　）

A. 铡刀

B. 机枪

C. 刺刀

D. 手枪

12.《“同志……”》

（1）“胡子”在本文中指谁？（　　）

A. 贺龙

B. 张云逸

C. 孙毅

D. 袁也烈

（2）“绾了一个扣子”中“绾”的读音是什么？（　　）

A.guǎn

B.guān

C.wǎn

D.jiān

13.《战地佳话》

（1）“连长像没有了魂一样地往院外跑去”，根本原因是什么？（　　）

A. 半截蜡烛在窗台上没有熄灭

B. 土墙上挂着枪械和饭包

C. 地上只有一堆稻草

D. 茅屋里一个官兵也没有

（2）快到拂晓的时候，警戒兵发现的奇迹实际上是什么？（　　）

A. 神兵

B. 浑身是雪的士兵

C. 浑身是霜的士兵

D. 浑身是水的士兵

14.《忆达夫先生（节选）》

（1）文中的达夫先生是个_________、_________、_________的人。（　　）

A. 纯真　坦白

B. 矜持　含蓄

C. 正直　认真

D. 谦逊　慷慨

（2）从下列哪两项可以看出郁达夫先生做事很认真？（　　）

A. 上课之前，花费很多力气搜寻参考书备课。

B. 特别喜欢买英德文本的小说。

C. 对弱小者怀有深切的同情。

D. 就算写一个短篇，往往也要酝酿很久才动笔。

15.《把牢底坐穿》

（1）“为了免除下一代的苦难，我们愿——愿把这牢底坐穿！”这句话在文中两次出现，这样的修辞手法叫什么？（　　）

A. 重复

B. 反复

C. 排比

D. 夸张

（2）和“坐牢又有什么稀罕？”意思一样的是哪两项？（　　）

A. 坐牢没有什么稀罕的。

B. 坐牢很稀罕。

C. 坐牢怎么不稀罕呢？

D. 坐牢不稀罕。

16.《黄浦江口》

（1）“我倚着船栏远望”中“倚”的读音是哪一项？（　　）

A.yī

B.yǐ

C.qí

D.jì

（2）填空：平和之乡哟！我的父母之邦！岸草那么__________！流水这般_________！（　　）

A. 翠绿　清澈

B. 嫩绿　澄澈

C. 青翠　嫩黄

D. 苍翠　清凉

17.《田间诗两首》

（1）“忿恨”“侮辱”的正确读音分别是什么？（　　）

A.fèn hèn

B.fēn hèn

C.wǔ rǔ

D.wū rǔ

（2）判断：题目《田间诗两首》的意思是两首描写田间地头的诗歌。（　　）

四 整本书阅读

《闪闪的红星》

（1）《闪闪的红星》写的是哪一个少年英雄成长的故事？（　　）

A. 小嘎子

B. 小萝卜头

C. 小胖墩

D. 潘冬子

（2）“我昂着头看着大爹，见他那古铜色的脸上布满深深的皱纹，刚毅的眼睛里闪动着坚定的目光，他多么像那高山上的青松呀！”这句话是对大爹的什么描写？（　　）

A. 外貌、心理

B. 外貌、神态

C. 动作、神态

D. 神态、心理

参考答案

一、经典诵读

1.《碛中作》

（1）C

（2）BCAD　解析："走马西来欲到天"从空间着笔，气象壮阔。"走马"显示出旅途紧张，"西来"点明了行进方向，"欲到天"既写出了边塞离家之远，又展现了西北高原野旷天低的气势。本句为全诗奠定了雄浑的基调。

2.《前出塞九首（其六）》

（1）BC

（2）B

3.《十一月四日风雨大作二首（其二）》

（1）C

（2）A

4.《子夜吴歌·秋歌》

（1）D

（2）B

5.《调笑令·边草》

（1）A

（2）A

6.《山坡羊·潼关怀古》

（1）B

（2）D

二、我爱你，汉字

1.《有趣的汉字对话》

（1）ABCD

（2）D

2.《宝塔诗（节选）》

（1）B

（2）错　解析：宝塔诗，原称"一字至七字诗"。从一字句到七字句逐句成韵，或叠两句为一韵。后来又增加到一字至十字，甚至十五字，每句或每两句依次递增。以每句正中上下对齐排列，成等腰三角形，形如上尖下宽的宝塔，故叫宝塔诗。并非写在宝塔里的诗。

3.《颠倒歌》

（1）C

（2）D　解析：反义词的类型有时还会细分为一二反义、一三反义、二四反义、三四反义……这里罗列的四个词语中，除了D选项是一三反义外，其余三个选项均为一三、二四互为反义，与"大同小异"同属一种类型。

4.《牙牌令》

（1）BDC

（2）B

5.《苏小妹三难新郎（节选）》

（1）A

（2）对

6.《龙虎斗智》

（1）错　解析：孙策的夫人是大乔，周瑜的夫人是小乔。

（2）B　解析：林冲是《水浒传》中的人物。

7.《汉字的魅力》

（1）对

（2）ADCB

8.《我爱你，中国的汉字》

（1）CDAB

（2）B

9.《我家的对联》

（1）C

（2）C

10.《不用文字的书和信》

（1）错　解析：按中国古文字学家的意见，甲骨文是我国目前所能看到的最早的而又比较完备的文字。

（2）BDCA

三、我爱你，中国

1.《从军行》

（1）BC

（2）C

2.《书愤》

（1）A

（2）CADB

3.《秦州杂诗二十首（其一）》

（1）错　解析：“迟回”的意思是“徘徊”，不是“迟到”。

（2）ACBD

4.《记梁任公先生的一次演讲》

（1）A

（2）C

5.《说和做——记闻一多先生言行片段》

（1）AC

（2）B　解析：李公朴是我国伟大的爱国主义者，坚定的民主战士，于1946年7月被国民党特务杀害。闻一多先生在李公朴的追悼会上发表了著名的《最后一次讲演》，抗议暗杀李公朴。文中提到的“李先生”即是李公朴。

6.《铁骑兵》

（1）CBAD

（2）A

7.《芦花荡——白洋淀纪事之二》

（1）C

（2）错　解析：表面上看，“张皇失措”一词的确有紧张、恐惧的意思，但是联系上下文认真读一读，就会发现，原来这里的“张皇失措”，其实是老头子诱敌的一种计谋，充分表现了老头子智勇双全的一面。

8.《三人行》

（1）D

（2）C　解析：联系上下文，可以知道此处省略号省略的是王吉文轮流背小周和黄元庆的次数。

9.《可爱的中国》

（1）B

（2）A

10.《白洋淀边一次小斗争》

（1）B

（2）BDAC

11.《光荣之死（节选）》

（1）DBCA

（2）A

12.《“同志……”》

（1）A

（2）C

13.《战地佳话》

（1）D

（2）C

14.《忆达夫先生（节选）》

（1）ACD

（2）AD　解析：从文中可以看出，不管是教课、翻译，还是写文章，郁达夫都要准备很长时间，非常认真。

15.《把牢底坐穿》

（1）B

（2）AD　解析：原句的意思为坐牢不稀罕。B、C 两个选项的意思则是坐牢很稀罕。

16.《黄浦江口》

（1）B

（2）C

17.《田间诗两首》

（1）AC

（2）错　解析：题目指的是诗人田间写的两首诗。

四、整本书阅读

《闪闪的红星》

（1）D

（2）B

思维的火花 4

一 经典诵读

1.《硕人（节选）》

（1）判断："硕人"指学识渊博的人。（　　）

（2）《硕人》抒发了作者怎样的情感？（　　）

A. 对美好生活的向往

B. 对大好河山的喜爱

C. 对庄姜美貌的赞美

D. 对家人的思念

2.《桃夭》

（1）判断："之子于归"中的"归"是归来的意思。（　　）

（2）《桃夭》一诗中有桃树的______、______、______三变。（　　）

A. 花

B. 根

C. 果

D. 叶

3.《蚕妇》

（1）《蚕妇》的作者是__________朝诗人__________。（　　）

A. 唐

B. 宋

C. 杜甫

D. 杜荀鹤

（2）《蚕妇》抒发了作者什么样的情感？（　　）

A. 热爱劳动

B. 对劳动人民的同情

C. 珍惜粮食

D. 热爱自然

4.《清平调词三首（其一）》

（1）《清平调词三首（其一）》的作者是__________朝诗人__________。（　　）

A. 明

B. 唐

C. 李白

D. 龚自珍

（2）《清平调词三首（其一）》描写的是哪一位美女？（　　）

A. 杨贵妃

B. 王昭君

C. 李清照

D. 西施

5.《卖炭翁》

（1）"卖炭得钱何所营？身上衣裳口中食"，刻画了卖炭翁怎样的人物形象？（　　）

A. 朴素

B. 爱劳动

C. 讲文明

D. 贫困

（2）《卖炭翁》抒发了作者什么样的情感？（　　）

A. 对劳动者的赞美

B. 对卖炭翁的喜爱

C. 对卖炭翁的怜悯

D. 讴歌艰苦朴素

6.《胯下之辱》

（1）《胯下之辱》讲的是谁的故事？（　　）

A. 项羽

B. 刘邦

C. 韩良

D. 韩信

（2）读了《胯下之辱》，你觉得主人公是一个什么样的人？（　　）

A. 能屈能伸

B. 胆小懦弱

C. 畏惧强权

D. 慷慨无私

二 读人论世

1.《顶碗少年》

（1）文章的构篇方式是什么？（　　）

A. 并列

B. 总分总

C. 分总

D. 总分

（2）顶碗少年的哪种精神值得我们学习？（　　）

A. 不向困难低头，敢于拼搏

B. 不怕丢人

C. 无私，敢于奉献

D. 为了梦想，快乐向前

2.《剃头匠》

（1）判断：文章通过对剃头匠剃头过程的描写，表现了剃头匠的手艺高超。（　　）

（2）下列哪几个字将剃头匠按摩动作描绘得如行云流水？（　　）

A. 响、说、拽、拉

B. 拉、拽、屈、捏

C. 捶、捏、蹲、坐

D. 扯、提、屈、拉

3.《范进中举》

（1）范进中举前，乡邻们对他漠不关心；中举后，乡邻们对他前呼后拥。你认为这是什么原因？（　　）

A. 范进性格软弱。

B. 邻居不知范进以前的处境。

C. 世态炎凉，社会风气阴暗。

D. 范进平时比较高傲，不和邻居来往。

（2）根据文意，分析范进为什么要去集上卖鸡。（　　）

A. 家道贫寒，母亲饿得两眼都看不见了。

B. 没有中举，靠卖鸡为生。

C. 对生活没有了信心。

D. 范进是商人。

4.《苏七块》

（1）苏大夫为什么被别人叫作“苏七块”？（   ）

A. 苏大夫只认钱。

B. 病人看病，必须拿七块银圆码在台子上。

C. 能耐值七块。

D. 苏大夫的名字叫“苏七块”。

（2）对“苏七块”这一人物形象特点的分析理解有误的是哪一项？（   ）

A. 医术精湛

B. 行医规矩奇特

C. 性格倔强但不失善良

D. 墨守成规

5.《酒婆》

（1）下列对酒婆人物形象的分析说法有误的是哪一项？（   ）

A. 好吃懒做

B. 生活穷困

C. 地位卑微

D. 可怜可悲

（2）“衣衫破烂，赛叫花子；头发乱，脸色黯，没人说得清她吗长相。”这句话是对酒婆的______描写。“她一进门，照例打怀里掏出个四四方方小布包，……碗底一翻，酒便直落肚中，好赛倒进酒桶。”这段话属于______描写。（   ）

A. 外貌

B. 神态

C. 动作

D. 场面

6.《阿长与〈山海经〉》

（1）鲁迅对阿长的敬意是因______和______这两件事而产生的。（   ）

A. 阿长给他懂得好多规矩

B. 阿长给他买《山海经》

C. 阿长给他讲“长毛”的故事

D. 阿长教给鲁迅好多道理

（2）阿长是文中的中心人物，作者对阿长的刻画没有运用的描写方法是哪一项？（   ）

A. 肖像描写

B. 语言描写

C. 心理描写

D. 动作描写

7.《木匠老陈》

（1）“木匠老陈那时不过四十岁光景，脸长得像驴子脸，左眼下面有块伤疤，嘴唇上略有几根胡须。”这句话运用了什么描写方法？（   ）

A. 外貌

B. 语言

C. 动作

D. 心理

（2）木匠老陈是怎么去世的？（   ）

A. 得重病去世。

B. 从楼上跌下来摔死。

C. 打仗牺牲。

D. 年龄大了，自然老去。

8.《骆驼祥子（节选）》

（1）“老车夫的头慢慢地往下低，低着低着，全身都出溜下去”中的“出溜”是什么意思？（　　）

A. 歪

B. 斜

C. 滑

D. 靠着

（2）根据文章内容填空：惨白的_____在一顶破小帽下杂乱地髭髭着；_____，_____，都挂着些冰珠。（　　）

A. 眉上

B. 头发

C. 下巴上

D. 短须上

9.《吝啬鬼（节选）》

（1）阿尔巴贡把一万艾居放在了什么地方？（　　）

A. 床底下

B. 埋在花园里

C. 衣柜里

D. 房顶上

（2）从文中可以看出阿尔巴贡的主要性格特点是什么？（　　）

A. 温柔

B. 善良

C. 吝啬

D. 大方

10.《翠翠》

（1）下列对文中翠翠爷爷形象的理解有误的是哪一项？（　　）

A. 忠厚老实，一副热心肠。

B. 几十年如一日地守着渡船，不计报酬，不贪图便宜。

C. 以给人方便为乐。

D. 爷爷很不喜欢摆渡。

（2）《翠翠》选自沈从文的哪篇小说？（　　）

A.《边城》

B.《长河》

C.《石子船》

D.《八骏图》

11.《妞儿》

（1）判断：“我”的好朋友妞儿在家里备受父母的宠爱。（　　）

（2）“‘怎么生的呀，嗯——’妈想了想笑了，胳膊抬起来，指着胳肢窝说：‘从这里掉出来的。’”这段话中破折号的作用是什么？（　　）

A. 表示内容的省略

B. 对前文的说明或解释

C. 表示声音的中断或停顿

D. 表示意思转折

12.《顽童上学》

（1）王安为什么被王贵打得头上鲜血直流？（　　）

A. 因王安的母亲特别护犊子。

B. 因为下棋的事意见不合。

C. 因府里的人都特别纵容王安。

D. 因为王贵做了错事。

（2）文章内容依次写的是什么？（　　）

A. 周侗老相公教育三个顽童。

B. 顽童王贵下棋不顾规则打破王安的头。

C. 汤怀吃汤圆，惹是生非。

D. 张显骑马到处惹事。

13.《上学（节选）》

（1）下列哪件事没有表现出小铁头特别想上学？（　　）

A. 路过学堂门口时，抱住姐姐的腰，眼睛眨巴眨巴的，半晌不说一句话。

B. 每天翻来覆去地数鸡蛋。

C. 看到鸡蛋被“二阎王”拿走，不顾一切地冲上去。

D. “二阎王”带人来家里征收粮食。

（2）文章中的小铁头特别想______，姐姐告诉他攒够一百个鸡蛋就送他去。可是当他攒够的时候，“二阎王”来______，把鸡蛋给收走了，小铁头上学的梦破碎了。（　　）

A. 上学

B. 征收粮食

C. 和姐姐去上学

D. 放火烧房屋

14.《万卡》

（1）文章最后一段以万卡的梦的形式结尾，暗示了什么？（　　）

A. 万卡美梦成真。

B. 爷爷收不到信。

C. 万卡的悲惨生活即将结束。

D. 万卡马上要见到爷爷了。

（2）文章借______的形式，通篇运用小主人公万卡______的方式，细腻地刻画了人物的外貌、动作，充分展示了万卡万分孤独、凄苦的内心世界。（　　）

A. 书信

B. 记叙

C. 心理独白

D. 自述

15.《欧也妮·葛朗台（节选）》

（1）欧也妮那口精美的梳妆匣是怎么得来的？（　　）

A. 查理送的

B. 葛朗台送的

C. 母亲送的

D. 自己攒钱买的

（2）“老头儿身子一纵，扑上梳妆匣，好似一头老虎扑上一个睡着的婴儿。”这句话表现了葛朗台什么样的性格特点？（　　）

A. 急性子

B. 贪婪

C. 活泼

D. 执着

16.《泼留希金》

（1）泼留希金的装束非男非女，留着像“刷马的铁丝刷”的胡子；他走过的“道路就用不着打扫”。运用了什么修辞手法来突出人物的形象？（　　）

A. 衬托

B. 渲染

C. 烘托

D. 夸张

（2）泼留希金实为富豪却形似乞丐，虽家财万贯，但对自己特别______。他已经不大明白自己有些什么了，然而他还每天______。（　　）

A. 吝啬

B. 关心

C. 聚敛财富

D. 四处借钱

17.《张大力》

（1）张大力是一个什么样的人？（　　）

A. 有力气，胸襟豁达

B. 浑身有一股子蛮劲

C. 喜欢挑战自我

D. 喜好表现自己

（2）判断：张大力没有得到钱也哈哈大笑，是因为人家早知道唯有他能举起这青石大锁，那行字也说明人家佩服他，夸赞他的表现。（　　）

18.《侯银匠（节选）》

（1）判断：侯银匠心里“有点甜”是因为女儿终于长大，有了好归宿，可以为女儿打首饰了。“又有点苦”是因为女儿出嫁后自己很孤独，而且女儿出嫁自己只能给这点首饰。（　　）

（2）文章写了侯菊与花轿的三件事：向父亲______；______表现了她心灵手巧；______表现了她善于经营。（　　）

A. 要花轿

B. 改装花轿

C. 出租花轿

D. 选花轿

19.《老哥哥（节选）》

（1）文章运用了什么写作手法？（　　）

A. 首尾呼应

B. 托物言志

C. 欲扬先抑

D. 借景抒情

（2）下列对老哥哥这一人物形象的理解中有误的是哪一项？（　　）

A. 老哥哥不为自己辩解，是因为早想离开这个家了。

B. 对“我”特别关心爱护。

C. 勤劳能干。年轻时一个人干很多活，并且活干得很漂亮。

D. 善良朴实。不给别人添麻烦，不愿留宿。被主人辞退不辩解。

20.《郭木匠》

（1）判断：斧子艺成之后，因为草鞋生意不好而转投杨木匠学艺。（　　）

（2）文章为何开头用了大量篇幅描写“斧子拜五爷为师”的故事？（　　）

A. 先让读者了解斧子这个人。

B. 引出下文。

C. 为表现斧子的性格特征，同时也为下文斧子拜师做铺垫。

D. 斧子拜五爷为师是文章的重点。

21.《胖子和瘦子》

（1）两个小时候的朋友、中学同班同学见面，瘦子向胖子依次介绍了自己的哪些情况？（　　）

A. 升职情况

B. 妻子和孩子的情况

C. 工作之余赚钱的情况

D. 官位和薪金的情况

（2）瘦子和胖子两个人从见面时的拥抱到告别时握三个手指头的变化，说明了什么？（　　）

A. 瘦子是一个趋炎附势的人。

B. 二人都非常有礼貌。

C. 好久不见，生疏了。

D. 胖子嫌弃瘦子官小。

22.《母亲的儿歌》

（1）弟弟小时候淘气地哭鼻子时，妈妈用哪句儿歌逗他？（　　）

A. 大懒使小懒，小懒使扁担。

B. 一会儿哭，一会儿笑，鼻子冒大泡。

C. 南边来了一群鹅，扑通扑通跳下河。

D. 早上烧霞，晌午沤麻。

（2）判断：文章通过对母亲语言、动作的描写，表达了“我”对母亲的赞美和敬佩。（　　）

23.《我心中最美的老师》

（1）“我”心中最美的老师是哪一科的老师？（　　）

A. 数学

B. 语文

C. 英语

D. 科学

（2）诗句“横眉冷对千夫指，俯首甘为孺子牛”的作者是谁？（　　）

A. 林海音

B. 巴金

C. 冰心

D. 鲁迅

24.《我身边的普通人》

（1）时大爷为了表示感激之情，经常给我家送什么？（　　）

A. 小麦

B. 苞米

C. 矿泉水

D. 蜂蜜

（2）判断：文章多次描写时大爷的笑

容，意在突出时大爷乐观向上的生活态度。（　　）

三 整本书阅读

《骆驼祥子》

（1）《骆驼祥子》中的“骆驼祥子”的外号是在什么时候起的？（　　）

A. 偷骆驼之前。

B. 祥子卖了骆驼之后。

C. 进城拉洋车之后。

D. 买了第一辆车之后。

（2）根据“精彩片段”中的叙述，给以下选项排序。（　　）

A. 花了点钱，打扮了下自己就进城了。

B. 找到了刘四爷，在刘四爷那儿住下，开始拉车。

C. 吃了碗老豆腐，瞬间觉得自己又像个人了。

D. 生病了，心中迷迷糊糊的。

参考答案

一、经典诵读

1.《硕人（节选）》

（1）错　解析：“硕人”指的是高大貌美的人。

（2）C　解析：这首诗写了庄姜高贵的装扮、显赫的出身以及倾国倾城的美貌，表达了作者对她的赞美之情。

2.《桃夭》

（1）错　解析：“之子于归”中的“归”指出嫁。

（2）ACD　解析：这首诗采用了句段重复的写作手法，但也有巧妙的变化。“桃之夭夭，灼灼其华”“桃之夭夭，有蕡其实”“桃之夭夭，其叶蓁蓁”三句话分别写了花、果实和叶子。

3.《蚕妇》

（1）AD

（2）B　解析：这首诗表达了作者对底层劳动人民的同情。

4.《清平调词三首（其一）》

（1）BC

（2）A　解析：本诗描绘了古代美女杨贵妃的美貌，李白借助瑶台仙女来形容她的美。

5.《卖炭翁》

（1）D

（2）C

6.《胯下之辱》

（1）D

（2）A　解析：韩信虽然从屠夫的胯下钻了过去，但这恰恰说明了他能屈能伸，所以才有了后来的成就。

二、读人论世

1.《顶碗少年》

（1）B

（2）A

2.《剃头匠》

（1）对

（2）B

3.《范进中举》

（1）C

（2）A

4.《苏七块》

（1）B

（2）D

5.《酒婆》

（1）A

（2）AC

6.《阿长与〈山海经〉》

（1）BC

（2）C

7.《木匠老陈》

（1）A

（2）B

8.《骆驼祥子（节选）》

（1）C

（2）BAD

9.《吝啬鬼（节选）》

（1）B

（2）C

10.《翠翠》

（1）D

（2）A

11.《妞儿》

（1）错

（2）C

12.《顽童上学》

（1）B

（2）BDCA

13.《上学（节选）》

（1）D

（2）AB

14.《万卡》

（1）B

（2）AC

15.《欧也妮·葛朗台（节选）》

（1）A

（2）B

16.《泼留希金》

（1）D

（2）AC

17.《张大力》

（1）A

（2）对

18.《侯银匠（节选）》

（1）对

（2）ABC

19.《老哥哥（节选）》

（1）A

（2）A

20.《郭木匠》

（1）错　解析：“因为草鞋生意不好”在原文中缺少依据。

（2）C

21.《胖子和瘦子》

（1）BDCA

（2）A

22.《母亲的儿歌》

（1）B

（2）对

23.《我心中最美的老师》

（1）B

（2）D

24.《我身边的普通人》

（1）B

（2）对

三、整本书阅读

《骆驼祥子》

（1）B

（2）DACB

思维的火花 5

一 经典诵读

1.《蓝桥驿见元九诗》

（1）此诗是白居易被贬江州途中因见到哪位好友的题诗而作？（　　）

A. 李白

B. 王维

C. 王昌龄

D. 元稹

（2）诗的最后一句，先后运用了哪三个动词，描绘出诗人在本来不大的驿亭里转来转去，摩挲拂拭，仔细辨认的动人情景？（　　）

A. 循

B. 绕

C. 觅

D. 听

2.《问刘十九》

（1）白居易的诗歌题材广泛，形式多样，语言平易通俗，有__________和__________之称。（　　）

A. 诗仙　诗王

B. 诗圣　诗仙

C. 诗圣　诗魔

D. 诗魔　诗王

（2）诗的一、二两句以________字渲染新酒的清醇，以_________字描摹火炉的质地。这样写的好处是________。（　　）

A. 绿

B. 红

C. 体现了诗人与友人之间温馨炽热的情谊

D. 让读者知道此时靠火可以温酒

3.《观猎》

（1）请选择三个能形容诗中塑造的将军形象的词语。（　　）

A. 英姿飒爽

B. 豪放潇洒

C. 武艺不凡

D. 无心打仗

（2）下列对这首诗的理解和赏析，不正确的是哪一项？（　　）

A. 首联写太守骑马驰骋，渲染出紧张肃杀的气氛。

B. 诗歌后两联既生动地描写了猎骑情景，又真切地表现了主人公紧张沉重的心情。

C. 全诗首尾呼应，前四句写射猎的过程，后四句写将军傍晚收猎回营的情景。

D. 诗中写的虽然是日常的狩猎活动，但却栩栩如生地刻画出将军的骁勇英姿，表达出诗人渴望驰骋疆场，

建功立业的强烈愿望。

4.《别滁》

（1）欧阳修是______朝人，字______，是________。（ ）

A. 唐

B. 宋

C. 永叔

D. 唐宋八大家之一

（2）下列对这首诗的理解和赏析，不正确的是哪一项？（ ）

A. 故意让管弦奏出令人伤感的乐曲，以此表达作者借酒消愁、不忍离别的情绪。

B. 诗的前两句以绚烂的春光衬托热烈的送别场面。

C. 诗的后两句抒情，表达诗人强自排遣离愁、不忍离别的情怀。

D. 首句写景，点明别滁的时间是在光景融和的春天。

5.《石壕吏》

（1）“逾”字在诗中的意思是什么？（ ）

A. 赶超

B. 翻越

C. 老妪

D. 边界

（2）判断：诗歌通过描写“有吏夜捉人”的场景，揭露了官吏的横暴，反映了人民的苦难，表达了诗人对下层劳动人民深刻的同情。（ ）

6.《李广射虎》

（1）判断：“中石没镞”中“没”的意思是“没有”。（ ）

（2）读了这个故事，李广给你留下了怎样的印象？（ ）

A. 武艺高超

B. 有勇无谋

C. 胆小懦弱

D. 眼神很好

二 思维的火花

1.《执竿入城》

（1）“鲁有执长竿入城门者”中“鲁”是古国名，指现在的哪个省南部一带？（ ）

A. 山东

B. 河南

C. 河北

D. 山西

（2）下列词语解释有误的是哪一项？（ ）

A. 俄：一会儿。

B. 老父：老父亲。

C. 吾：我。

D. 中截：从中间截断。

2.《郑人买履》

（1）文中“郑人”是带着什么去买鞋的？（　　）

A. 量好鞋子的尺码

B. 合脚的鞋子

C. 大一点的鞋子

D. 钱

（2）读了本篇小古文，你得到了什么启示？（　　）

A. 测量好的尺码不能随意更改。

B. 忘记带东西一定要回家取回来。

C. 做事情一定要坚持自己的原则。

D. 遇到事情要随机应变。

3.《田忌赛马》

（1）田忌赛马的成绩是什么？（　　）

A. 一负二胜

B. 三胜

C. 一胜二负

D. 平局

（2）田忌用上等马对________，中等马对________，下等马对________，赢得了齐王的千金赌注。（　　）

A. 上等马

B. 中等马

C. 下等马

D. 相等马

4.《围魏救赵》

（1）春秋时期，晋国分裂为韩、赵、魏三国，其中实力最强的是哪个国家？（　　）

A. 魏国

B. 晋国

C. 韩国

D. 赵国

（2）文中孙膑给你留下了怎样的印象？（　　）

A. 奸诈狡猾

B. 足智多谋

C. 大公无私

D. 舍己为人

5.《鲨鱼》

（1）《鲨鱼》一文是按什么顺序记叙的？（　　）

A. 空间顺序

B. 事情发展顺序

C. 时间顺序

D. 逻辑顺序

（2）《鲨鱼》这个故事给我们什么启示？（　　）

A. 要掌握自救的知识。

B. 遇事不要慌张，想解决的办法最重要。

C. 人多力量大。

D. 遇到事情要多听取别人的建议。

6.《李牧大败匈奴》

（1）判断：李牧守边境却不敢出兵，只是收缩防御，是因为他很胆小。（　　）

（2）以下哪三项是李牧来到雁门关采

取的措施？（　　）

A. 鼓励贸易往来。

B. 宰杀牛羊，款待士兵。

C. 练习骑马射箭，增强战斗力。

D. 遇到敌人侵犯，出兵追捕。

7.《郾城大战》

（1）指挥郾城大战的抗金名将是谁？（　　）

A. 兀术

B. 岳飞

C. 岳云

D. 寇准

（2）由岳云率领向敌军发起进攻的是什么部队？（　　）

A. 铁浮图

B. 郾城大军

C. 背嵬军

D. 岳云军

8.《赵奢用兵》

（1）赵奢是哪国的大将？（　　）

A. 秦国

B. 韩国

C. 赵国

D. 魏国

（2）赵奢赞同许历的看法给了你什么启示？（　　）

A. 要人云亦云。

B. 适当的时候，我们要听取他人的意见。

C. 我们不能听取他人的意见。

D. 近朱者赤，近墨者黑。

9.《田单守城》

（1）乐毅是哪国的大将？（　　）

A. 燕国

B. 齐国

C. 秦国

D. 韩国

（2）以下哪项不是田单采取的手段？（　　）

A. 巧用反间计，除去乐毅。

B. 装神弄鬼，聚拢民心。

C. 激发军民的作战意志。

D. 用人代替牛进行攻击，借力打力。

10.《刻舟求剑》

（1）“楚人有涉江者”中“涉”的意思是什么？（　　）

A. 渡水

B. 涉及

C. 干涉

D. 涉足

（2）你认为“楚人”的剑找不到的原因是什么？（　　）

A. 他的剑掉到了很深的水里。

B. 他忘记了自己的剑掉下水的地方。

C. 虽然他刻了记号，但是船走剑不随船走。

D. 他的剑掉下水后，他及时下去找却没有找到。

11.《智子疑邻》

（1）富人家的墙损坏的原因是什么？（　　）

A. 被人推倒

B. 被雨淋坏

C. 被风吹坏

D. 被邻居家的老人破坏

（2）判断："暮而果大亡其财"中"亡"的意思是"死亡"。（　　）

12.《医扁鹊见秦武王》

（1）文章给了我们什么启发？（　　）

A. 做事要全面听取他人的意见。

B. 做事要听取专业人士的意见。

C. 做事要听取任何人的意见。

D. 做事不能听取他人的意见。

（2）扁鹊知道武王与不懂医术的群臣讨论治疗方案后是什么反应？（　　）

A. 愤怒

B. 高兴

C. 失望

D. 伤心

13.《钟氏之子（一）》

（1）钟会的脸上为什么没有汗？（　　）

A. 因为恐惧战栗，汗不敢出。

B. 因为比较冷。

C. 因为他对什么事都很得心应手。

D. 因为他很少出汗。

（2）钟毓的脸上为什么有汗？（　　）

A. 因为太热了。

B. 因为穿得比较多。

C. 因为高兴。

D. 因为恐惧惊慌。

14.《钟氏之子（二）》

（1）钟毓偷酒喝前做了什么？（　　）

A. 行礼。

B. 什么也没做。

C. 张望四周看看有没有人。

D. 把酒藏了起来。

（2）读了《钟氏之子（二）》，钟毓、钟会给你留下了怎样的印象？（　　）

A. 胆小懦弱

B. 机智灵敏

C. 不知变通

D. 顽劣不堪

15.《祁黄羊举贤》

（1）下列对加括号字词翻译不正确的是哪一项？（　　）

A. 南阳无（令）：命令。

B. 解狐非子之（仇）邪：仇敌。

C.（遂）用之：于是。

D.（居有间）：过了一段时间。

（2）祁黄羊是个什么样的人？（　　）

A. 自私自利

B. 虚伪

C. 公私分明

D. 幽默风趣

16.《塞翁失马》

（1）“人皆吊之”中“吊”的意思是什么？（　　）

A. 上吊

B. 吊着

C. 慰问

D. 吊板

（2）《塞翁失马》给了我们怎样的启示？（　　）

A. 是福不是祸，是祸躲不过。

B. 要全面看待问题，积极应对。

C. 要抓住机会。

D. 要学会迎福驱祸。

17.《火烧新野》

（1）火烧新野是谁的计谋？（　　）

A. 诸葛亮

B. 曹操

C. 刘备

D. 赵云

（2）《火烧新野》一文没有体现诸葛亮的哪一个特点？（　　）

A. 上知天文

B. 下知地理

C. 识人心

D. 赏罚分明

18.《县官巧断银》

（1）判断：最后银子归了围观者。（　　）

（2）《县官巧断银》的结局给了我们什么样的启示？（　　）

A. 捡到东西要自己留着，不需要还给别人。

B. 见到路上别人丢的东西不要捡，不然会被欺负。

C. 不要相信别人说的话。

D. 做人要诚实，不能贪婪。

19.《安恩和奶牛》

（1）《安恩和奶牛》这个故事的起因、经过和结果分别是什么？（　　）

A. 因为有人前来询问牛的价格，而老妇人却声称牛是不卖的，引起了大家对她的说长道短。

B. 在牲口交易场上，站着一位老妇人和她的奶牛。

C. 老妇人说只是想让奶牛跟同类聚聚，散散心。

D. 老妇人在等待给更高价格的买主。

（2）从安恩身上，你读懂了什么？（　　）

A. 尊重生命　善待动物

B. 尊重他人　尊重自己

C. 溺爱动物　不爱财

D. 喜欢游逛　喜欢看热闹

20.《海下》

（1）主人公们在行进过程中用到了________、________、________等工具。（　　）

A. 罗盘

B. 计时器

C. 气压表

D. 望远镜

（2）《海下》的主人公们具有什么样的特点？（　　）

A. 善良

B. 大方

C. 勇敢

D. 上进

21.《我们给吉姆打气》

（1）汤姆猜想吉姆在什么地方？（　　）

A. 在院子里。

B. 在浸灰桶旁边的小屋子里。

C. 在垃圾桶旁边的小房子里。

D. 在滑梯边上的小花园里。

（2）汤姆具有________和________的特点。（　　）

A. 思维缜密

B. 不够聪明

C. 喜欢装神弄鬼

D. 喜欢冒险

22.《神秘岛（节选）》

（1）是什么把水手的牙崩掉了？（　　）

A. 石头

B. 铅弹

C. 肉

D. 沙粒

（2）水手造船用的是什么树的树皮？（　　）

A. 杨树

B. 梧桐树

C. 冷杉树

D. 桦树

23.《棍棒与犬牙法则》

（1）判断：比勒和乔虽然是同母所生的雄狗，但性格却截然不同。（　　）

（2）“它终于想到一个主意：回去看看其他的伙伴们是如何办的”，这句中冒号的作用是什么？（　　）

A. 用在称呼语的后面，表示提起下文。

B. 用在需要解释的词语后面，表示引出解释或说明。

C. 用在总括性话语的前面，表示总结上文。

D. 用在总结性话语的后面，表示引起下文的分说。

24.《鲁滨逊漂流记（节选）》

（1）文章节选了________、________、________三个片段。（　　）

A. 造船

B. 回国

C. 制陶

D. 星期五

（2）小说赞扬了鲁滨逊身上所表现出的什么样的品质？（　　）

A. 智慧、勇敢

B. 懦弱、胆小

C. 快乐、随性

D. 谦虚、谨慎

25.《变色龙》

（1）“我要拿点颜色出来”中“颜色”的意思是什么？（　　）

A. 显示给人看的厉害的脸色或行动。

B. 各种颜料。

C. 各种各样的色彩。

D. 各式各样的水彩颜色。

（2）契诃夫以“变色龙”作为小说题目的深层用意是什么？（　　）

A. 指警官奥楚美洛夫像变色龙一样，一会儿脱下大衣，一会儿又穿上大衣。

B. 讽刺沙皇制度下，统治阶级的走狗奥楚美洛夫趋炎附势、狡诈多变的性格。

C. 讽刺奥楚美洛夫一会儿怕狗的主人，一会儿又不怕狗的主人的多变性格。

D. 说明当时的社会制度迫使人们不得不经常改变自己的态度。

26.《魔盒》

（1）贝格斯太太的盒子是谁送给她的？（　　）

A. 她的妈妈

B. 她的爸爸

C. 她的奶奶

D. 她的邻居

（2）《魔盒》一文中“我”的心情是由______到______的变化。（　　）

A. 忧愁

B. 更加忧郁

C. 忧郁大多已经消失

D. 激动得开心

三 整本书阅读

《八十天环游地球记》

（1）书中主人公福格的特点是_______和_______。（　　）

A. 镇定自若

B. 易冲动

C. 勤奋上进

D. 勇敢机智

（2）是谁把年轻女子从死神手中夺了回来？（　　）

A. 老土王

B. 福格

C. “万事达”

D. 苦行僧

参考答案

一、经典诵读

1.《蓝桥驿见元九诗》

（1）D

（2）ABC

2.《问刘十九》

（1）D

（2）ABC　解析：诗的前两句分别用“绿”字渲染新酒的清醇，以“红”字描摹火炉的质地。这样写的好处是体现了诗人与友人之间温馨炽热的情谊，而非仅仅让读者知道此时靠火可以温酒。

3.《观猎》

（1）ABC

（2）B　解析：“表现了主人公紧张沉重的心情”解读错误。诗歌后两联既生动地描写了猎骑情景，又真切地表现了主人公的轻快感受和喜悦心情。

4.《别滁》

（1）BCD

（2）A

5.《石壕吏》

（1）B

（2）对

6.《李广射虎》

（1）错

（2）A

二、思维的火花

1.《执竿入城》

（1）A

（2）B

2.《郑人买履》

（1）A

（2）D　解析：这则寓言讽刺了因循守旧、固执己见、不知变通、不懂得根据客观实际采取灵活对策的人。

3.《田忌赛马》

（1）A

（2）BCA

4.《围魏救赵》

（1）A

（2）B　解析：孙膑是一个足智多谋的人。他用一部分兵力迷惑庞涓，让庞涓误以为齐军不是魏军的对手。

5.《鲨鱼》

（1）B

（2）B　解析：这个故事告诉我们在碰到挫折、困难时，不要慌张，要冷静地去思考问题，努力去想解决的办法。

6.《李牧大败匈奴》

（1）错　解析：李牧表现软弱，是为

了麻痹敌人，他清楚硬碰硬是莽夫的行为。他在等待时机，一举击破才能彻底解决问题，并非因为胆小。

（2）ABC

7.《郾城大战》

（1）B

（2）C

8.《赵奢用兵》

（1）C

（2）B　解析：之前赵奢不允许任何人谈战事，违者斩首，但关键时刻，他却能听取他人的意见。

9.《田单守城》

（1）A

（2）D　解析：田单采取的手段有巧用反间计除去乐毅，装神弄鬼、聚拢民心，激发军民的作战意志。

10.《刻舟求剑》

（1）A

（2）C

11.《智子疑邻》

（1）B

（2）错　解析："暮而果大亡其财"中"亡"的意思是"丢失"。

12.《医扁鹊见秦武王》

（1）B

（2）A　解析：扁鹊知道武王与不懂医术的群臣讨论治疗方案后是十分愤怒的，从"怒而投其石"可知。

13.《钟氏之子（一）》

（1）A

（2）D

14.《钟氏之子（二）》

（1）A

（2）B　解析：二人虽然观点不同，但都能自圆其说，应对自如，体现了他们机智灵敏的特点。

15.《祁黄羊举贤》

（1）A

（2）C　解析：祁黄羊外举不避仇，内举不避子，这种公私分明的风格令人敬佩。

16.《塞翁失马》

（1）C

（2）B　解析：事情是不断发展变化的，要全面看待问题，积极应对。

17.《火烧新野》

（1）A

（2）D　解析：诸葛亮上知天文，下知地理，他还有一个很特别的地方，就是能识人心。"赏罚分明"在文中没有体现。

18.《县官巧断银》

（1）错　解析：银子最后归了金孝。

（2）D　解析：《县官巧断银》一文通过县官判定银钱归属拾钱的金孝这件事，告诫人们不要做贪婪的人，否则最终什么都得不到。

19.《安恩和奶牛》

（1）BAC

（2）A 解析：很多人来询问牛的价格，安恩却不卖，只是带它和同伴待一会儿，由此可以看出安恩是一个尊重生命、善待动物的人。

20.《海下》

（1）ABC

（2）C 解析：《海下》的主人公们敢于去探索地心，具有勇敢的特点。

21.《我们给吉姆打气》

（1）B

（2）AD 解析：汤姆根据实际情况，推测出被关着的是吉姆，可以看出他的思维过程是十分缜密的。另外，他明明可以从后门进去，却非要顺着避雷针爬上去，可以看出他喜欢冒险。

22.《神秘岛（节选）》

（1）B

（2）C

23.《棍棒与犬牙法则》

（1）对

（2）B

24.《鲁滨逊漂流记（节选）》

（1）ACD

（2）A 解析：鲁滨逊在荒岛上生存以及救下仆人“星期五”，都是凭借他的智慧和勇敢做到的。

25.《变色龙》

（1）A

（2）B

26.《魔盒》

（1）A

（2）AC

三、整本书阅读

《八十天环游地球记》

（1）AD

（2）C

思维的火花 6

一 经典诵读

1.《题破山寺后禅院》

（1）诗的颔联表现了破山寺后禅院的什么环境特点？（　　）

A. 干净

B. 幽静

C. 优美

D. 整洁

（2）诗的尾联表现了诗人什么样的心境？（　　）

A. 喜悦

B. 悲伤

C. 纯净

D. 害怕

2.《辛夷坞》

（1）“木末”在文中指什么？（　　）

A. 树梢

B. 枝条

C. 树干

D. 柳叶

（2）本诗的诗眼是哪个字？（　　）

A. 落

B. 花

C. 人

D. 寂

3.《楚江怀古（其一）》

（1）《楚江怀古（其一）》是哪位诗人的作品？（　　）

A. 王维

B. 马戴

C. 李白

D. 孟浩然

（2）诗中“竟夕”是什么意思？（　　）

A. 竟然

B. 夕阳

C. 终夜

D. 竟自

4.《绝句》

（1）这首诗写的是哪个季节？（　　）

A. 夏季

B. 春季

C. 冬季

D. 秋季

（2）“杖藜扶我过桥东”一句使用了什么修辞手法？（　　）

A. 拟人

B. 比喻

C. 夸张

D. 对偶

5.《卜算子·黄州定慧院寓居作》

（1）“有恨无人省”中“省”是什么意思？（　　）

A. 节约，减免

B. 反省

C. 知晓

D. 省亲

（2）判断：《卜算子·黄州定慧院寓居作》表达了词人孤高自许、蔑视流俗的心境。（　　）

6.《望海潮》

（1）《望海潮》描写的是哪个地方的富庶与美丽？（　　）

A. 杭州

B. 苏州

C. 成都

D. 洛阳

（2）“凤池”是什么意思？（　　）

A. 凤凰

B. 代指朝廷

C. 凤凰树

D. 美丽的池塘

二 各地风情

1.《威尼斯（节选）》

（1）《夜歌与晨歌》中描写的是哪个季节的威尼斯？（　　）

A. 春天

B. 夏天

C. 秋天

D. 冬天

（2）作者写威尼斯黎明时的美采用了什么写作手法？（　　）

A. 托物言志

B. 想象

C. 对比

D. 动静结合

2.《瑞士》

（1）文中的第 2 自然段是围绕哪句话来写的？（　　）

A. 山上不但可以看山，还可以看谷。

B. 逛山的味道实在比游湖好。

C. 坐火车逛山便是这个办法。

D. 瑞士的湖水一例是淡蓝的，真正平得像镜子一样。

（2）瑞士有“欧洲的公园”之称的原因是什么？（　　）

A. 无处不是好风景。

B. 大半由于天然，小半由于人工。

C. 瑞士是山国。

D. 瑞士的湖水淡蓝。

3.《荷兰散记》

（1）下列哪个词适合用“潋滟的”来修饰？（　　）

A. 波光

B. 小屋

C. 阳光

D. 春天

（2）“啊，美丽而令人心醉的荷兰！”一句在文中有什么作用？（　　）

A. 点出了荷兰的美丽。

B. 写出了荷兰的标志美。

C. 体现了荷兰的迷人之处。

D. 抒发了作者对荷兰的喜爱之情。

4.《与象共舞》

（1）通过对大象的动作描写，我们看到了大象_______和_______的形象。（　　）

A. 狂躁野蛮

B. 温文尔雅

C. 不失可爱

D. 笨重不堪

（2）课文记叙了多件事来表现“象是一种聪明而有灵气的动物”，下列选项中，文中没提到的是哪一项？（　　）

A. 用可笑的姿态行礼谢幕

B. 倒立

C. 为人做按摩

D. 打篮球

5.《金字塔夜月》

（1）作者对月下金字塔静态的描写，突出了金字塔的什么特点？（　　）

A. 美丽妖艳

B. 破败不堪

C. 美妙神奇

D. 古老陈旧

（2）文章介绍的是金字塔，赞叹的是埃及人民的______和______。（　　）

A. 乐观

B. 勤劳

C. 勇敢

D. 智慧

6.《迷人的诗魂——绿岛赋（节选）》

（1）判断：日光岩的水天相衔和“白马潮”的磅礴气势，一静一动，形成鲜明的对比，让读者如临其境。（　　）

（2）开篇作者连用四个比喻句，把厦门比作________、_______、________、______，形象地写出了厦门的迷人风光。（　　）

A. 水仙

B. 睡莲

C. 白鹭

D. 楼船

7.《维也纳森林的故事》

（1）维也纳人很喜欢什么颜色？（　　）

A. 红色

B. 绿色

C. 粉色

D. 黄色

（2）文中提到创作名曲《维也纳森林的故事》的音乐家被称为“圆舞曲之王”，他是哪位音乐家？（　　）

A. 贝多芬

B. 莫扎特

C. 施特劳斯

D. 舒伯特

8.《一曲清清塞纳河（节选）》

（1）“在巴黎，我最爱的是塞纳河。”这句话在文中的作用是什么？（　　）

A. 承上启下

B. 铺垫

C. 首尾呼应

D. 总起全文

（2）判断：作者认为巴黎是在塞纳河的浇灌下诞生的。（　　）

9.《自然与人生（节选）》

（1）《此刻的富士的黎明》这部分先写______，再写______。（　　）

A. 沉睡的富士

B. 苏醒的富士

C. 美丽的富士

D. 活跃的富士

（2）《大海日出》这部分是按照什么写作顺序写的？（　　）

A. 事情发展的顺序

B. 地点变换的顺序

C. 总分总的顺序

D. 时间的先后顺序

10.《登庐山》

（1）选字填空：____ ____人口。（　　）

A. 脍

B. 炙

C. 快

D. 致

（2）作者对黄山的印象是______，对泰山的印象是______。（　　）

A. 优美

B. 陡峭

C. 诡奇

D. 雄伟

11.《荷兰风车》

（1）荷兰风车最重要的用途是什么？（　　）

A. 磨面

B. 旅游

C. 灌溉

D. 围海造陆

（2）荷兰最有名的莫过于哪几样特产？（　　）

A. 风车

B. 木鞋

C. 奶酪

D. 郁金香

12.《金字塔的来历》

（1）文章主要采用什么说明方法介绍了胡夫金字塔建造的时间长、工程浩大？（　　）

A. 作比较

B. 打比方

C. 列数字

D. 举例子

（2）每一个埃及法老死后，都要把奥

西里斯的故事表演一次。根据文章内容，对表演顺序进行正确排序。（　　）

A. 举行洁身仪式

B. 诵念咒语

C. 举行寻尸仪式

D. 安葬仪式

13.《奈良的味道》

（1）“我喜欢奈良，________它像中国的过去，也不是由于它那尊的确博大恢宏、光芒四射的大佛，______因为它整座城市都有一种浩然之气，一种旷古的时代感，一种略带荒凉的野味，一种被人遗忘了的气息。”请选择恰当的关联词填在空格处。（　　）

A. 如果……就……

B. 因为……所以……

C. 并非……而是……

D. 不但……而且……

（2）“歇憩”的意思是下列哪一项？（　　）

A. 躺下

B. 驻留

C. 休息

D. 安静

14.《苏兹达利的木屋》

（1）民居选择了三种：一种是______，一种是_____，一种是_____。（　　）

A. 富人的

B. 农人的

C. 商人的

D. 贫苦人的

（2）苏兹达利的古建主要是从_____和_____两个地区收集与选择来的。（　　）

A. 奥胡斯

B. 克罗地亚

C. 苏兹达利

D. 弗拉基米尔

15.《观秦兵马俑》

（1）“不叫它是宇宙间一大奇迹又叫它什么呢？”如果给句子换一种说法，下列哪一项最合适？（　　）

A. 这不是宇宙间的一大奇迹。

B. 这是宇宙间的一大奇迹。

C. 这是宇宙间的一大奇迹吗？

D. 这是不是宇宙间的一大奇迹？

（2）判断：文章的景物描写为全文定下了伤悲、痛苦不堪的情感基调。（　　）

16.《泼水节印象》

（1）描写“嘎漾”舞步运用的是什么描写？（　　）

A. 神态描写

B. 动作描写

C. 语言描写

D. 心理描写

（2）文中的______、______、______给作者留下了深刻的印象。（　　）

A. 泼水节的仪式

B. “嘎漾”舞

C. 晚宴

D. 少女的笑声

17.《忆日内瓦（节选）》

（1）“______是阳朔，______富春；______是峨眉，______雁荡，莫不皆然。”填上合适的关联词。（　　）

A. 不管……还是；不管……还是

B. 不管……还是；无论……都

C. 既……又；既……又

D. 不是……也不是；不是……也不是

（2）下列哪一项不是描写“青山”“绿水”的古诗词？（　　）

A. 青山绿水，白草红叶黄花。

B. 客路青山外，行舟绿水前。

C. 两岸青山相对出，孤帆一片日边来。

D. 云想衣裳花想容，春风拂槛露华浓。

18.《西班牙广场，罗马最酷的地方》

（1）比利时作家居尔韦尔说“在罗马，什么都得从远处看”的两个原因是什么？（　　）

A. 如果走近仔细看，整个罗马不过是断垣残壁，废墟一堆。

B. 只有站在远处，才能感到这座历史古城的苍茫意味。

C. 远处看得清楚。

D. 古建筑高大，近处看视觉不好。

（2）西班牙广场，就是罗马的华丽转身，是罗马最酷的地方，理由有哪些？（　　）

A. 广场的台阶上门庭若市，热闹而富有情调。

B. 广场四周的街区有着全罗马最豪华的贵族旅馆，那里是艺术家的殿堂。

C. 广场的孔多蒂街是罗马最有名的精品街，是时尚品牌崇拜者的乐园。

D. 那里有著名的“希腊咖啡馆”，展示出历史的悠久与无与伦比的身份。

19.《最爱“喝”点什么的国家》

（1）最爱喝啤酒的国家是______，最爱喝红茶的国家是______，最爱喝咖啡的国家是______。（　　）

A. 德国

B. 英国

C. 芬兰

D. 美国

（2）判断：慕尼黑啤酒节是西班牙盛大的节日之一。（　　）

20.《梦里星洲》

（1）下面与“朦朦胧胧”构词结构相同的是哪一项？（　　）

A. 星星点点

B. 念念不忘

C. 冷言冷语

D. 整理整理

（2）判断：“星洲”是新加坡的旧称。（　　）

21.《纸莎草和最古老的纸画》

（1）“它______给埃及人带来果腹的食粮和遮体的衣棉，______滋养出这种使埃及文明大放异彩的纸莎草。”请选择恰当的关联词。（　　）

A. 不仅……还……

B. 因为……所以……

C. 如果……就……

D. 只有……才……

（2）古埃及绘画的特点有哪些？（　　）

A. 简洁

B. 凝重

C. 古朴

D. 艳丽

三 整本书阅读

《边城》

（1）短文提到了茶峒人端午日______、______、______的习俗。（　　）

A. 跳舞

B. 用雄黄蘸酒在额角上画“王”字

C. 可以吃鱼吃肉

D. 划船竞渡

（2）下列属于侧面描写的是哪一句？（　　）

A. 桨手每人持一支短桨，随了鼓声缓促为节拍，把船向前划去。

B. 船只的形式，和平常木船大不相同，形体一律又长又狭，两头高高翘起，船身绘着朱红颜色长线。

C. 擂鼓打锣的，多坐在船只的中部，船一划动便即刻蓬蓬铛铛把锣鼓很单纯地敲打起来，为划桨水手调理下桨节拍。

D. 鼓声如雷鸣，加上两岸人呐喊助威，便使人想起小说故事上梁红玉老鹳河时水战擂鼓种种情形。

参考答案

一、经典诵读

1.《题破山寺后禅院》

（1）B

（2）C

2.《辛夷坞》

（1）A

（2）D　解析：山中的红萼点缀着寂寞的涧户，随着时间的推移，纷纷扬扬地向人间撒落下片片落英，结束了它一年的花期。一个“寂”字写出了辛夷花在无人的山涧自开自落的情形，所以“寂”字是全诗的诗眼。

3.《楚江怀古（其一）》

（1）B

（2）C

4.《绝句》

（1）B

（2）A　解析：这句话将杖藜人格化了，仿佛它是一位可以依赖的游伴，默默无言地扶人前行，给人以亲切感。

5.《卜算子·黄州定慧院寓居作》

（1）C

（2）对　解析：由词的上片“独往来”等可以看出词人的清高，由词的下片“拣尽寒枝不肯栖”可以看出词人的蔑视流俗。

6.《望海潮》

（1）A

（2）B

二、各地风情

1.《威尼斯（节选）》

（1）B

（2）D　解析：“天空和海面都是葡萄灰色，宽阔海街对面，另一岛屿上，还亮着几点残灯，不久也消失了。”这是威尼斯黎明前的静态描写。“一只、两只海鸥静静地飞过去，船儿也开始活动起来……从船上飘来一阵晨歌。”这是威尼斯黎明时的动态描写。作者运用动静结合的写作手法表现威尼斯黎明时的美。

2.《瑞士》

（1）B

（2）A

3.《荷兰散记》

（1）A

（2）D

4.《与象共舞》

（1）BC

（2）D

5.《金字塔夜月》

（1）C

（2）BD

6.《迷人的诗魂——绿岛赋（节选）》

（1）对

（2）ABCD

7.《维也纳森林的故事》

（1）B

（2）C

8.《一曲清清塞纳河（节选）》

（1）D

（2）对

9.《自然与人生（节选）》

（1）AB

（2）D

10.《登庐山》

（1）AB

（2）CD

11.《荷兰风车》

（1）D

（2）ABCD

12.《金字塔的来历》

（1）C

（2）CABD

13.《奈良的味道》

（1）C

（2）C

14.《苏兹达利的木屋》

（1）ABC

（2）CD

15.《观秦兵马俑》

（1）B

（2）错　解析：文章的景物描写为全文定下了充满活力、兴奋昂扬的情感基调。

16.《泼水节印象》

（1）B

（2）ABC　解析：作者用很长的篇幅把泼水节的仪式写得很清楚。泼水时跳“嘎漾”舞的热闹场景深深地感染了所有人，晚宴的敬酒场景也满是激情，使我们感受到傣族人民的热情好客。

17.《忆日内瓦（节选）》

（1）A

（2）D

18.《西班牙广场，罗马最酷的地方》

（1）AB

（2）ABCD

19.《最爱“喝”点什么的国家》

（1）ABC

（2）错　解析：慕尼黑啤酒节是德国盛大的节日之一。

20.《梦里星洲》

（1）A

（2）对

21.《纸莎草和最古老的纸画》

（1）A

（2）ABC

三、整本书阅读

《边城》

（1）BCD

（2）D　解析：A、B、C 三项都是从正面描写了桨手的表现及船只的样子，D 项从两岸人的表现侧面描写了龙舟竞渡的激烈场面。

思维的火花 7

一 经典诵读

1.《泾溪》

（1）泾溪石险人______，______不闻倾覆人。（　　）

A. 谨慎

B. 兢慎

C. 终岁

D. 终年

（2）“倾覆”的近义词是下面哪一项？（　　）

A. 倾泻

B. 覆盖

C. 沉沦

D. 倾斜

2.《答章孝标》

（1）《答章孝标》的作者是______朝诗人______。（　　）

A. 唐

B. 李白

C. 宋

D. 李绅

（2）“高心”的意思是什么？（　　）

A. 高傲的心

B. 费尽心机

C. 看不起别人

D. 不知深浅

3.《放言五首（其一）》

（1）草萤有耀______，荷露虽团______。（　　）

A. 终非火

B. 终无火

C. 岂是珠

D. 不是珠

（2）判断：这首诗通篇议论说理，读来叫人感到乏味。（　　）

4.《酬乐天扬州初逢席上见赠》

（1）题目中的“乐天”指的是谁？（　　）

A. 乐天派

B. 白居易

C. 元稹

D. 李贺

（2）怀旧空吟______，到乡翻似______。（　　）

A. 闻敌赋

B. 闻笛赋

C. 烂客人

D. 烂柯人

5.《望梅止渴》

（1）判断：“前有 / 大梅林，饶子，甘酸 / 可以解渴”的朗读节奏是对的。（　　）

（2）“魏武”指的是______，他是三

国时期著名的______。（　　）

A. 曹操

B. 曹植

C. 政治家、军事家、文学家

D. 政治家、军事家、画家

6.《十年树木，百年树人》

（1）“一年之计，莫如树谷”中的“树”是什么意思？（　　）

A. 大树

B. 树木

C. 种植

D. 树立

（2）出自这篇文章的一个成语是_____，它的意思是______。（　　）

A. 十年树木

B. 栽树不易，要保护树木。

C. 十年树木，百年树人

D. 比喻培养人才是长久之计，也形容培养人才很不容易。

二 幽默与风趣

1.《小时了了，大未必佳》

（1）“仲尼”指的是______，“伯阳”指的是______。（　　）

A. 孔子

B. 庄子

C. 老子

D. 荀子

（2）对孔文举的评价不正确的是哪一项？（　　）

A. 聪明机智

B. 能言善辩

C. 思维敏捷

D. 固执己见

2.《晏子使楚》

（1）“以晏子短”中的“短”的意思是什么？（　　）

A. 短处

B. 缺少

C. 身材矮小

D. 长短

（2）晏子出使楚国时，采用了______和______的方法，维护了自己和国家的尊严。（　　）

A. 类比推理

B. 破口大骂

C. 贬低自己

D. 耍横抵赖

3.《旁若无人》

（1）文章开头，作者为何要细致地描绘看电影时“不愉快的经验”？（　　）

A. 作者特别愿意和别人分享他的经验。

B. 为了把文章写长些。

C. 为了说明他对抖腿先生的观察很细致。

D. 用生动形象的描写指出什么叫“旁若无人”，引起读者共鸣，吸引读者阅读的兴趣；引出本文话题“旁若无人”。

（2）文章表达了作者的什么观点？（　　）

A. 人与人之间要有一定的距离。

B. 希望大家不要旁若无人，要多为他人着想。

C. 人要注意个人隐私。

D. 逃避不是办法。

4.《四位先生（节选）》

（1）以下哪三项是马宗融先生的特点？（　　）

A. 没有时间观念。

B. 很喜欢和人交谈。

C. 喜欢参与到各种事情中。

D. 喜欢显摆自己。

（2）“有人随便哼了一句二黄，他立刻请教给他；有人刚买一条绳子，他马上拿过来练习跳绳——五十岁了啊！”句中的破折号是什么用法？（　　）

A. 表示解释说明。

B. 表示意思的递进。

C. 表示意思的转换、跳跃或转折。

D. 表示声音的延长。

5.《寻找幸运花瓣儿》

（1）下面选项中哪一个词的意思与“我怔在那儿”中的“怔”的意思差异较大？（　　）

A. 愣

B. 呆

C. 懵

D. 站

（2）判断：结尾说“我是一个幸运的人”是因为丁香花代表幸运，“我”找到了丁香花，它就能带给“我”幸运。（　　）

6.《华瞻的日记》

（1）“我”看到的奇怪现状其实是爸爸在理发，但“我”却认为是麻子在______、______和______。（　　）

A. 割爸爸的项颈

B. 割爸爸的耳朵

C. 用拳头打爸爸

D. 和爸爸做游戏

（2）“我”最喜欢郑德菱的原因是什么？（　　）

A. 郑德菱长得漂亮。

B. 郑德菱是个女孩。

C. 郑德菱听我的话。

D. 郑德菱和“我”心情志趣完全投合。

7.《晏子善辩》

（1）“坐盗”和“善盗”的意思分别是什么？（　　）

A. 犯了盗窃的罪

B. 做了小偷

C. 善于偷盗

D. 很想偷盗

（2）“吏二缚一人诣王”的目的是什么？（　　）

A. 官吏急于报告楚王抓到了小偷。

B. 楚王想羞辱晏子，从而想羞辱整个齐国。

C. 为了表明楚国的官吏办事能力强。

D. 为了让小偷知道齐国派使臣来到了楚国。

8.《好嘴杨巴》

（1）小说的题目是“好嘴杨巴”，但开头却用大量的文字来描述杨七，而描写杨巴时，却用了很少的篇幅，作者这样写的目的是下列哪两项？（　　）

A. 能突出杨七和杨巴是好哥俩。

B. 没有杨七的手艺，杨巴的才能就派不上用场。

C. 描述杨七的手艺是为了衬托杨巴的才能。

D. 这是作者在情节上的有意安排：详写杨七，而有意把杨巴放在千钧一发之际的风口浪尖上去表现，起到了以简驭繁、以少胜多的效果。这样写详略得当，增强了作品的感染力。

（2）“中堂大人息怒！小人不知道中堂大人不爱吃压碎的芝麻粒，惹恼了大人。大人不记小人过，饶了小人这次，今后一定痛改前非！”杨巴在文中说的话，充分表现了他“好嘴”的本领。具体“好”在哪三个方面？（　　）

A. 实话实说。

B. 说得及时：这句话是在中堂大怒，官员吓懵的千钧一发之际说出的，而且是赶在中堂说话之前说出的，说迟了就要掉脑袋。

C. 说得巧妙：一是明确告诉李中堂这是“压碎的芝麻粒”，不是脏东西；二是给李中堂留足了面子。

D. 收到了意想不到的效果：这句话不但使所有人转危为安，而且李中堂对杨巴“心生喜欢”“赏银百两”，从而使杨巴在天津城“威名大振”。

9.《幽默风趣的马克·吐温》

（1）判断：“那没关系，你也可以像我一样，说假话就行了。”从这句话中可以看出马克·吐温非常机智、幽默。（　　）

（2）马克·吐温找不到车票很着急，他着急的真实原因是什么？（　　）

A. 上不了车。

B. 怕别人笑话。

C. 忘了自己要到哪儿去。

D. 对不起列车员。

10.《李三老》

（1）从“曷不坐中央？”“缰绳长耳。”这组对话中可以看出李三老是个怎样的人？（　　）

A. 聪明的人

B. 诚实的人

C. 愚蠢的人

D. 搬弄是非的人

（2）与“踌躇”意思相近的是下面哪

一个词语？（　　）

A. 犹豫

B. 思考

C. 无奈

D. 坚决

11.《少管闲事》

（1）父亲与儿子的对话发生在什么地方？（　　）

A. 站台

B. 公交车上

C. 医院

D. 火车站

（2）判断：这个漫画告诉人们不是自己的事不要管，发生在自己身上的事才需要管。（　　）

12.《管教晚矣》

（1）根据漫画内容排序。（　　）

A. 父亲生气地皱起了眉头，但还是没有打骂他的儿子。这时，父亲也突然摔了一跤。

B. 父亲低头查看，原来也是香蕉皮搞的鬼。气急败坏的父亲揪起儿子给了他一顿教训。

C. 父亲和儿子在店铺里买了香蕉，儿子边走边吃，并随手把香蕉皮扔在了地上。

D. 父亲觉察到了这种做法不对，但也没有说什么。这时一个路人刚巧踩在香蕉皮上，摔了一跤。

（2）这组漫画告诉我们哪两个道理？（　　）

A. 管教孩子，越早越好，且人人有责。

B. 孩子没有犯大错时不用管教。

C. 管教孩子，从小事抓起。

D. 对自己有利的时候不用管教孩子。

13.《顺利地解决》

（1）从漫画中可看出他们顺利解决的问题是什么？（　　）

A. 父亲不开心。

B. 儿子不开心。

C. 路人不开心。

D. 父亲与儿子成功避雨。

（2）根据漫画内容排序。（　　）

A. 雨越下越大，路人把伞打得越来越低，父子俩没法在路人伞下避雨。

B. 下雨了，没带伞的父亲和儿子走在路上，看见前面的路人打着一把伞。

C. 父亲干脆把打着伞的路人架到脖子上，大家就都能避雨了。

D. 父亲和儿子想到路人的伞下避雨。

14.《吸引人的书》

（1）第一幅图主要讲了什么内容？（　　）

A. 父子俩到书店买书。

B. 父子俩到书店还书。

C. 店员让父亲不要抽烟。

D. 父亲和店员争吵。

（2）第四幅图中，父亲把水倒进了哪

里？（　　）

A. 盆里

B. 茶杯里

C. 帽子里

D. 桌子上

15.《当幽默变成油抹》

（1）“爸念了，一边念一边嘻嘻，眼睛有时候像要落泪，有时候一句还没念完，嘴里便哈哈哈。”这句话通过对爸爸______和______的描写，体现出爸爸读到幽默内容时的______。（　　）

A. 心理

B. 动作

C. 神态

D. 由衷畅快

（2）判断：“小三愿事先问好，以免咬了小二的耳朵而去告诉妈妈。”“小三向小二咬耳朵：‘爸是假装油抹，咱们才是真油抹呢！’”这两句话中的“咬耳朵”的意思是一样的。（　　）

16.《从孩子得到的启示》

（1）判断：“狡猾、阴险、虚伪、热情”这几个词语都是贬义词。（　　）

（2）华瞻理解的“逃难”是什么意思？（　　）

A. 逃离苦难

B. 和家里人一块出去游玩

C. 躲避灾害

D. 和家人团聚

17.《我和儿子下棋》

（1）儿子五六岁时，父亲陪他下______；上小学之后，父亲又陪他下______。（　　）

A. 围棋

B. 国际象棋

C. 斗兽棋、飞行棋、五子棋

D. 跳棋、军棋、象棋

（2）有人曾总结过，说儿子对爸爸的态度是分阶段的。把这些态度按年龄从小到大的顺序排列。（　　）

A. 认为爸爸不过如此。

B. 认为爸爸是英雄。

C. 认为爸爸了不起。

D. 认为爸爸缺点甚多。

18.《下棋》

（1）下面哪一个词语中“车”的读音与其他三个词语不同？（　　）

A. 车轮

B. 纺车

C. 一车砂石

D. 丢车保帅

（2）“我曾见过二人手谈”中“手谈”的意思是什么？（　　）

A. 用手语谈话

B. 下围棋

C. 亲密地谈话

D. 过招

19.《吃食和文学（节选）》

（1）文中为什么说“这位做母亲的用

心良苦”？（　　）

A. 这位母亲买有营养的牛肉给孩子吃。

B. 这位母亲为了让孩子适应外地生活，买家里平时不吃的牛肉做给孩子吃。

C. 这位母亲专门找人学做牛肉。

D. 这位母亲非常辛劳。

（2）“辣子毛补，两头秀腐”是什么意思？（　　）

A. 辣椒长毛了，腐烂了。

B. 辣椒没有得到充分的补充，腐烂了。

C. 辣椒没有营养，吃下去两头受苦。

D. 辣椒不如补品，吃下去要受苦。

20.《带点笑容》

（1）“缘木求鱼”的“缘木”的正确解释是______，这个成语比喻______。（　　）

A. 树木的缘故

B. 爬树

C. 思维创新，另辟蹊径。

D. 行事的方向或办法不对，必将劳而无功。

（2）“但是这幕滑稽剧的演出，其原因不仅在于美术与非美术的冲突上，还有更深的原因隐伏在X君的胸中。” 联系上下文，可以看出X君是一个______、______的人。（　　）

A. 不爱照相

B. 真实自然

C. 心胸狭窄

D. 不善逢迎

21.《养鸭》

（1）作者花了大量笔墨写猫和狗，用意有哪些？（　　）

A. 猫和狗也有各自的特点。

B. 主要是和鸭子形成对比，用狗好像赶公事和猫好像干暗杀的走路姿态衬托鸭子走路的天真自然。

C. 用猫狗的贪食丑态衬托鸭子不贪食、知廉耻的形象。

D. 作者写猫和狗其实也是在写人，以动物性观照人性。表达了作者对如猫狗般不知廉耻之人的鄙视，以及对鸭子般质朴、知廉耻之人的赞赏。

（2）文章倒数第2自然段的结尾部分说“这不是最可爱的动物吗”，联系全文，能读出鸭子可爱之处的有哪些？（　　）

A. 鸭子也是含识的、有情的众生。

B. 鸭子天真自然。

C. 鸭子知“廉耻”，且自得其乐。

D. 鸭子好养，不费事。

22.《马裤先生》

（1）马裤先生的性格特点有哪些？（　　）

A. 颐指气使，目中无人，缺乏公德。

B. 斤斤计较，爱占小便宜。

C. 不讲卫生，不顾他人感受，趣味低下。

D. 热心助人。

（2）小说开头第 1 自然段就描写马裤先生的衣着言行，这样写的意图有哪些？（　　）

A. 告诉读者这是写人的文章。

B. 勾画一个衣着言行与众不同、令人发笑的人物形象。

C. 为后文即将发生的幽默、可笑的故事作铺垫。

D. 引发读者的阅读兴趣。

23.《到了济南（节选）》

（1）坐济南的洋车的味道确实与众不同的原因是什么？（　　）

A. 车夫的技术差。

B. 洋车的构造不良。

C. 道路是坎坷不平的石头路。

D. 洋车的卫生差。

（2）“假如你是个地质学家，你不难想到：这些石是否古代地层变动之时，整批地由地下翻上来，直至今日，始终原封没动。”这句话说明了什么？（　　）

A. 石块多。

B. 石块大。

C. 石块很不平整。

D. 石块是历史文物。

24.《楚归知罃于晋》

（1）在楚王释放知罃时，知罃对待楚王的态度是什么？（　　）

A. 怨恨

B. 不卑不亢

C. 感激

D. 报答

（2）在楚王释放知罃时，楚王的情感变化是怎样的？（　　）

A. 尴尬

B. 感叹

C. 生气

D. 不甘心

三 中国精神

1.《我骄傲，我是一棵树》

（1）诗中“我能讲许多许多的故事，我能唱许多许多支歌”说明了什么？（　　）

A. 说明“我”是一棵快乐的树。

B. 说明“我”是有着丰富阅历的一棵大树。

C. 说明“我”是一棵有才华的树。

D. 说明“我”是一棵有良心的树。

（2）关于诗中塑造的“树”的形象特点，下面哪个说法不正确？（　　）

A. 凋零枯萎

B. 坚强不仆

C. 渴望和平

D. 无私奉献

2.《“有事找我”（节选）》

（1）文章的主人公是谁？（　　）

A. 宗昊

B. 王晓龙

C. 丁新民

D. 患者

（2）丁新民是一个______、______、______的人。（　　）

A. 有责任敢担当

B. 爱护医护人员

C. 关爱患者

D. 争强好胜

3.《雷锋日记（节选）》

（1）雷锋曾说："我要把______的生命，投入______的为人民服务之中去。"（　　）

A. 有限

B. 美好

C. 无限

D. 光荣

（2）一位科学家告诫青年人不要骄傲，原因有哪些？（　　）

A. 一骄傲就会固执起来。

B. 一骄傲就会拒绝别人的忠告和友谊的帮助。

C. 一骄傲就会没有人喜欢你。

D. 一骄傲就会丧失客观方面的准绳。

4.《从"红领巾"到数学家》

（1）本文讲了杨乐和哪位数学家从"红领巾"到数学家的故事？（　　）

A. 陈景润

B. 张衡

C. 张广厚

D. 华罗庚

（2）对于两位数学家身上具有的科学研究精神，下列说法不正确的是哪一项？（　　）

A. 勤奋刻苦

B. 坚持不懈

C. 不畏艰辛

D. 日理万机

5.《贵在独创》

（1）北京的刘超收集邮票时，他的关注点在哪里？（　　）

A. 邮票上的帽子

B. 邮票上的孩子

C. 邮票上的鸟类

D. 邮票上的花朵

（2）下面对文章题目理解不正确的是哪一项？（　　）

A. 善于思考，善于创新，善于想出不同于众的新点子。

B. 踩着别人的脚印走。

C. 既不重复别人，也不重复自己。

D. 自成一家，各树一帜。

四 整本书阅读

《缘缘堂随笔》

（1）在作者看来，下面哪项不能体现出孩子的纯洁、率真？（　　）

A. 不管正不正确，能不能做，什么事

情都拼尽全部精力去对付。

B. 不受大自然的支配、不受人类社会的束缚去创造。

C. 孩子们抱怨父母的时候。

D. 孩子们听话懂事的时候。

（2）作者认为孩子的黄金时代有限，“孩子的黄金时代”指的是什么？（　　）

A. 老年时代

B. 婴儿时代

C. 童年时代

D. 青年时代

参考答案

一、经典诵读

1.《泾溪》

（1）BC

（2）C

2.《答章孝标》

（1）AD

（2）B

3.《放言五首（其一）》

（1）AC

（2）错　解析：诗人借助形象，运用比喻阐明哲理，把抽象的议论表现为具体的艺术形象，让读者觉得很有意思，不会感到乏味。

4.《酬乐天扬州初逢席上见赠》

（1）B

（2）BD

5.《望梅止渴》

（1）对

（2）AC

6.《十年树木，百年树人》

（1）C

（2）CD　解析：文章主要用“树谷、树木”来与“树人”进行对比，突出培养人才是长久之计，是一项非常不易的工程。

二、幽默与风趣

1.《小时了了，大未必佳》

（1）AC

（2）D　解析：孔文举以子之矛攻子之盾，逆向反推，假定对方的命题成立而且肯定我方的命题正确：从陈韪现在“不佳”，反推出他“小时了了”。由此可以看出孔文举是个聪明机智、能言善辩、思维敏捷的人，与固执己见并无关联。

2.《晏子使楚》

（1）C

（2）AC　解析：晏子采用了类比推理的方法，让故意刁难他的楚国人明白：他如果从狗洞入，那楚国就是狗国。得体的语言表现了晏子的智慧。晏子通过贬低自己——“婴最不肖”，达到了贬低楚国的目的。

3.《旁若无人》

（1）D

（2）B

4.《四位先生（节选）》

（1）ABC

（2）C

5.《寻找幸运花瓣儿》

（1）D

（2）错　解析：是因为“我”心中萌发了寻找五瓣儿丁香的希望的同时，又有了一种实现这一希望的力量，继而把希望变成了现实，“我”体验到了从未有过的经过自己努力获得成功的快乐。

6.《华瞻的日记》

（1）ABC

（2）D

7.《晏子善辩》

（1）AC

（2）B　解析：楚王想让晏子看到齐国人来到楚国成了小偷，以此证明齐国人很糟糕，从而达到羞辱齐国的目的。

8.《好嘴杨巴》

（1）CD

（2）BCD

9.《幽默风趣的马克·吐温》

（1）对

（2）C

10.《李三老》

（1）C

（2）A　解析：结合上下文理解“正踌躇间”的意思是正在犹豫不决的时候，所以“踌躇”应该是“犹豫”的意思。

11.《少管闲事》

（1）B

（2）错　解析：这幅漫画告诉人们，每个人都是社会的一分子，都必须为社会伸张正义、主持正义。如果人们都采取事不关己的处事态度，就助长了歪风邪气。

12.《管教晚矣》

（1）CDAB

（2）AC

13.《顺利地解决》

（1）D

（2）BDAC

14.《吸引人的书》

（1）A

（2）C

15.《当幽默变成油抹》

（1）BCD

（2）错　解析：意思不一样。第一句话中的“咬耳朵”意思是玩游戏时的一种惩罚手段——轻咬对方的耳朵。第二句话中的“咬耳朵”意思是说悄悄话。

16.《从孩子得到的启示》

（1）错

（2）B

17.《我和儿子下棋》

（1）CD

（2）BADC

18.《下棋》

（1）D

（2）B

19.《吃食和文学（节选）》

（1）B

（2）C

20.《带点笑容》

（1）BD

（2）BD 解析：爱好美术的X君，追求自然真实的美，他的审美也影响了他的处事观——要实实在在，不愿意做一切违背衷心的非义的言行。

21.《养鸭》

（1）BCD

（2）ABC 解析：雄鸭被害后，雌鸭痛楚不安的表现以及和新买来的雄鸭好似旧相识的默契都表明鸭也是含识的、有情的众生；鸭子走路摇摇摆摆，天真自然，有一种“滑稽美”；鸭子知“廉耻”，虽吃了人的饭，但有“履霜坚冰”之操，“不食嗟来”之志，即使人们忘了喂食，仍摇摇摆摆自得其乐。

22.《马裤先生》

（1）ABC

（2）BCD

23.《到了济南（节选）》

（1）C

（2）C

24.《楚归知罃于晋》

（1）B

（2）DAB

三、中国精神

1.《我骄傲，我是一棵树》

（1）B

（2）A 解析：诗人运用拟人的手法把“树”塑造成为一个无私为人类献身的艺术形象。这棵树扎根于土地，枝叶舒展，渴望和平并乐于终生奉献。

2.《“有事找我”（节选）》

（1）C

（2）ABC

3.《雷锋日记（节选）》

（1）AC

（2）ABD

4.《从“红领巾”到数学家》

（1）C

（2）D

5.《贵在独创》

（1）A

（2）B 解析：作者运用大量的事实来说明自己的观点，即独创可贵，贵在创新。

四、整本书阅读

《缘缘堂随笔》

（1）D

（2）C

图书在版编目（CIP）数据

思维的火花 / 孟强主编. — 上海：上海教育出版社, 2021.12

ISBN 978-7-5720-0812-2

Ⅰ. ①思… Ⅱ. ①孟… Ⅲ. ①阅读课—小学—教学参考资料 Ⅳ. ①G624.233

中国版本图书馆CIP数据核字（2021）第260857号

责任编辑　高立群
封面设计　陈丽娟　王艺霖
著作权人　北京华樾教育科技有限公司

思维的火花

孟强　主编

出版发行　上海教育出版社有限公司
官　　网　www.seph.com.cn
地　　址　上海市闵行区号景路159弄C座
邮　　编　201101
印　　刷　肥城新华印刷有限公司
开　　本　720×1010　1/16　印张 63
字　　数　700千字
版　　次　2021年12月第1版
印　　次　2021年12月第1次印刷
书　　号　ISBN 978-7-5720-0812-2/G·0628
定　　价　268.00元（全七册）

如发现质量问题，请向本社调换　021-64373213

编 委 会

广泛阅读，可以提高阅读理解力；

广泛阅读，可以丰富知识，开阔视野；

广泛阅读，可以提升思维力、鉴赏力；

广泛阅读，可以促进人的精神成长。

新编的读本，包括古诗文经典诵读、优秀作品专题阅读和整本书阅读，是落实课内外阅读一体化的优质资源。

捧起这套读本读起来，你会越来越享受阅读，你的一生一定会因为阅读而精彩！

崔峦

用阅读涵养你们心灵，
让你变得聪明善良，胸怀宽广，更富想象力和创造力。

[签名]

发现美，学会爱，表达自己，
在阅读和写作中不断进步！

王一梅

閱讀是開啟美好人生的鑰匙

趙麗宏

庚子九月

为自己读书
为美好读书

肖复兴

庚子岁末

读经典的书
做优秀的人

[签名]

幻想，从现实起飞

刘兴诗

目录

经典诵读

专题阅读一

组文阅读

自由阅读

整本书阅读

经典诵读

西北荒漠，异域风光映眼中；金戈铁马，思乡戍卒愁断肠。当年万里觅封侯，是对保家卫国的一片赤诚；多少英雄只废丘，是对残酷战争的深刻反思。

诵读本组古诗词，可以借助注释和译文，理解诗句的意思；可以联系古诗词创作的背景，走近作者的内心，体会他们的情感。

1 碛(qì)[1]中作

［唐］岑参

走马[2]西来欲到天，

辞家[3]见月两回圆。

今夜不知何处宿，

平沙万里绝人烟。[4]

注释

① 碛：沙漠。此当指新疆吐鲁番西的银山碛。
② 走马：骑着马飞快地跑。
③ 辞家：告别家乡，离开家园。
④ “平沙”句：一作“平沙莽莽绝人烟”。平沙，平远广阔的沙漠。

一路西行，似乎要走到天边了。从离开家到现在，算起来有两个月时间了。今天夜里也不知道在何处可以住宿，远远看去，平远广阔的沙漠一望无边，万里荒原不见人烟。

扫码收听朗诵音频

② 前出塞九首（其六）

［唐］杜甫

挽弓当挽强，用箭当用长。

射人先射马，擒贼先擒王。

杀人亦有限，列国自有疆[①]。

苟能制侵陵，岂在多杀伤？

注释

① 自有疆：总归要有个疆界。《前出塞九首》作于唐玄宗天宝年间，这时唐玄宗不断在西北边疆用兵，开边黩武，令百姓深受其苦。

译文

拉弓要拉强弓，用箭要用长箭。要想射中敌人，先射中他胯下的战马；要想捉住敌人，先捉住他们的首领。可是，究竟杀多少敌人，要有个限度；疆土究竟扩张到何处，也总要有个界限。只要能抵抗住外来的侵略者，又何必多杀人、伤人呢？

扫码收听朗诵音频

③ 十一月四日风雨大作二首（其二）

［宋］陆游

僵卧[1]孤村不自哀[2]，

尚思为国戍轮台[3]。

夜阑(lán)[4]卧听风吹雨，

铁马[5]冰河入梦来。

注释

①僵卧：指卧病在床。

②不自哀：不为自己感到哀伤。

③戍轮台：在轮台守卫。轮台，在今新疆境内，这里借指宋代北方边疆。

④夜阑：夜深。

⑤铁马：披着铁甲的战马。

译文

我卧病在孤寂荒凉的村子里，却并没有为自己感到悲伤，心里还在想着为国家守卫边疆。夜深了，我躺在床上听着外面的风雨声，梦见自己骑着披着铁甲的战马，征战在北方疆场。

扫码收听朗诵音频

④ 子夜吴歌[①]·秋歌

［唐］李白

长安一片月[②]，万户捣衣[③]声。
秋风吹不尽，总是玉关[④]情。
何日平胡虏[⑤]，良人[⑥]罢远征？

注释

① 子夜吴歌：一作《子夜四时歌》。《子夜四时歌》为乐府古曲，因属吴声曲，所以又名《子夜吴歌》。李白的《子夜吴歌》共有四首，分别为春歌、夏歌、秋歌、冬歌。

② 一片月：一片皎洁的月光。

③ 捣衣：把衣服放在石头上用棒槌敲打，使衣料绵软以便裁缝。也指将脏衣服放在石头上敲打，去除污渍。此处是指为出征将士赶制征衣。

④ 玉关：指玉门关，故址在今甘肃省敦煌市境内。古诗中的“玉门关”常代指边疆将士们的戍守之地。

⑤ 平胡虏：平定侵扰边境的敌人。

⑥ 良人：古代妻子对丈夫的称呼。

译文

月光轻轻地笼罩着长安城，千家万户中，传来阵阵捣衣之声。秋风吹不走的，是妻子对守卫边疆的丈夫的思念之情。什么时候才能够平定侵扰边境的敌人？这样，我们的丈夫就不用再去远征了。

扫码收听朗诵音频

5 调笑令[1]·边草[2]

［唐］戴叔伦

边草，边草，边草尽来兵老。山南山北雪晴，千里万里月明。**明月，明月，胡笳（jiā）[3]一声愁绝。**

注释

① 调笑令：词牌名，源于中唐，有多种格式。
② 边草：生长在边疆的草。
③ 胡笳：一种流行于古代北方游牧民族中的管乐器。

译文

边疆的野草啊，边疆的野草！野草枯黄了，戍守边疆的战士们也都老了。雪后天晴了，山南山北到处一片皎洁的月光。明月啊，明月！远处传来一阵胡笳声，真是让人悲愁欲绝！

扫码收听朗诵音频

6 山坡羊·潼关[①]怀古

［元］张养浩

峰峦如聚[②]，波涛如怒。山河表里潼关路。望西都[③]，意踌躇（chóu chú）[④]。伤心秦汉经行处，宫阙万间都做了土。**兴，百姓苦；亡，百姓苦。**

注释

① 潼关：古关名，在今陕西省渭南市潼关县，历代为军事要地。潼关外有黄河，内有华山，形势险要，故云“山河表里”。

② 峰峦如聚：言重峦叠嶂，群山攒立。

③ 西都：指古都长安。

④ 意踌躇：原指犹豫不决，徘徊不前。这里指思潮起伏，感慨万千。

译文

陡峭的山峰重峦叠嶂，攒立在一起，波涛像发怒的雄狮，浩浩荡荡地奔涌而来。潼关古道内接华山，外连黄河。回首遥望长安，我思潮起伏，感慨万千。经过秦、汉的故地，荒凉的景象引起我无穷的伤感，在无数的战乱中，宫殿都已化作焦土。一个朝代兴盛，百姓受苦；一个朝代消亡，百姓依然受苦。

我爱你，汉字

拥有数千年历史的汉字，随着时代的发展，与时俱进，不断革新，焕发出巨大的生命力。

汉字之间的细微差异，或许蕴含着一个有趣的故事；汉字之间的灵活组合，或许能衍生出一个新的含义。阅读本专题中的文章，了解汉字的文化，感受汉字的魅力与神奇。

◉ 阅读材料一　汉字真有趣

汉字自诞生以来，经历了漫长的演变过程，形成了独具一格的书写体系。阅读本组材料，你发现了汉字哪些有趣的故事？

① 有趣的汉字对话

最初的汉字，是依着事物的外形画出来的，一个字，就像一幅画，我们把它叫作象形字。随着时代的变化，汉字中象形的意味越来越淡，弯的笔画被拉直，圆的转角成直角，最后就演变成我们现代的汉字。

因为汉字是由横、竖、撇、捺、点等基本笔画组成的，所以有许多汉字“长”得很像，如“日”和“曰”，“大”和“犬”，“末”和“未”……小朋友们一不留神就会弄错。有人就利用两个形体相近的汉字，编了一些有趣的对话：

“日”对“曰”说：“兄弟，少吃两口，你该减减肥了！”

“未”对“末”说：“头比我大也没见你跑多快，还是落到了最后。”

“勿”对“匆”说：“扎了头发，你就跑得更快了！”

“巾”对“币”说：“戴上了一顶帽子，你就成有钱人了！”

“丘”对“兵”说：“当兵的就得有两条腿，这样在战场上跑得快。”

“代”对“伐”说：“你带把刀出来吓唬谁啊？”

“办”对“为”说：“年轻人，要搞点平衡，你看你左右不对称的。”

“叉”对“又”说：“啥时整的容？脸上的黑痣都整没了。”

“哭”对“器”说：“我哪说得过你？你上面两张嘴，下面还有两张嘴呢！”

“从”对“丛”说：“谈恋爱的那两个人，别践踏草坪！”

“熊”对“能”说：“兄弟，最近手头紧？四只熊掌都舔没了？”

……

当然，“曰”听了“日”的话，也说：“我就是因为

嘴巴大，吃得多，所以才长得胖了点。”

“末”也对“未”说：“削尖了脑袋，也没见你爬上去。”

“匆”也对“勿”说：“没那把刀，你啥都不对了。”

“币”也对“巾”说：“唉，少了顶帽子，就只能擦桌子了。”

……

汉字的结构复杂，有时一撇一捺都很难记，如果用这样有趣的对话方式，我们就能在快乐中了解、认识更多的汉字，从而让我们的学习也变得有趣起来。

（蔡淳之　改写）

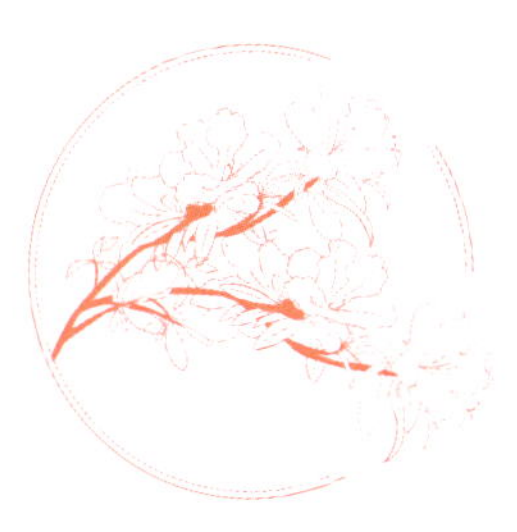

② 宝塔诗（节选）

罗维扬

宝塔诗，原称“一字至七字诗”。宝塔词则称“一七令”。从一字句到七字句逐句成韵，或叠两句为一韵。后来又增加到一字至十字，甚至十五字，每句或每两句依次递增。以每句正中上下对齐排列，成等腰三角形，形如上尖下宽的宝塔，故叫宝塔诗。如李白的《三五七言诗》[①]：

秋风清，秋月明。

落叶聚还散，寒鸦栖复惊。

相思相见知何日，此时此夜难为情。

唐朝诗人写宝塔诗的不少，以张南史咏雪、竹、泉、月、花、草的六首咏物诗为最著名。其咏雪诗是：

雪。

雪，雪。

花片，玉屑。

---

① 此诗又名《秋风清》。

结阴风，凝暮节。

高岭虚晶，平原广洁。

初从云外飘，还向空中噎。

千门万户皆静，兽炭皮裘自热。

此时双舞洛阳人，谁悟郢(yǐng)中歌断绝？

唐朝的王起有一首写花的宝塔诗：

花。

点缀，分葩。

露初裛(yì)①，月未斜。

一枝曲水，千树山家。

戏蝶未成梦，娇莺语更夸。

既见东园成径，何殊西子同车。

渐觉风飘轻似雪，能令醉者乱如麻。

这首诗构思巧妙，写了各式各样的花：沾着露水的花，月光下的花，曲水旁一枝独秀的花，山村边的千树繁花，还写了蛱蝶戏花、花间莺语、园花满径、美女簪花、落叶缤纷等美好的景象。

著名诗人元稹咏茶的宝塔诗是：

---

① 裛：通“浥”，沾湿。

茶。

香叶，嫩芽。

慕诗客，爱僧家。

碾雕白玉，罗织红纱。

铫（diào）①煎黄蕊色，碗转曲尘花。

夜后邀陪明月，晨前命对朝霞。

洗尽古今人不倦，将至醉后岂堪夸。

这首诗通俗平易，写了碾、罗、铫、碗等茶具的精美，写了烹茶、泡茶时茶色的美好，赞美了饮茶既可解乏又可醒酒的作用。唐代大诗人白居易，也用宝塔诗的形式咏过“诗”：

诗，

绮美，瑰奇。

明月夜，落花时。

能助欢笑，亦伤别离。

调清金石怨，吟苦鬼神悲。

天下只应我爱，世间唯有君知。

自从都尉别苏句，便到司空送白辞。

---

① 铫：煎药或烧水用的器具，形状像比较高的壶，用沙土或金属制成。

③ 颠倒歌

罗维扬

颠倒歌是颠倒事物的客观顺序或因果关系，老百姓叫作“说反话”。不正着说，偏反着说，倒过来说，造成出人意料的效果，以寻找乐趣。各地的颠倒歌不一样，但有的“版本”大同小异。

请看以下几首：

石榴树，结樱桃，杨柳树，结辣椒，
吹的鼓，打的号，抬的大车拉的轿。
木头沉了底，石头水上漂，
小鸡叼来秃头鹰，老鼠捉来大咪猫。
你说好笑不好笑？

唱倒歌，唱倒歌，鸽子进了燕子窝，
鸡蛋砸破石头角，老鼠咬了猫儿脚。
板凳爬上坡，石滚飞过河。
先生我，后生哥，妹妹先把十岁过，

接我的妈，我打锣；生我的爹，我抬盒，
我往姥姥门前过，看见舅舅摇外婆。

以上两首颠倒歌深受小孩子喜欢，他们高兴时忘乎所以，喜欢毫无忌讳地“瞎说”，这种颠倒歌正是顺应了这种心理。

好笑好笑真好笑，花椒树上结辣椒，
李子树上结樱桃，兔子下山把人咬，
羊儿吓死金钱豹，灯草打破锣，
板凳满地跑，人向老鼠把米讨，
喜鹊哭来猫头鹰笑。

太阳落坡往下梭[1]，正好唱起颠倒歌，
枫树颠上鱼扳子[2]，急水滩上鸟做窝。
半夜三更兔咬狗，鸡公拖起野猫走。
箪篓撅起锄头把，背起牯（gǔ）牛赶起耙。
脚踩高跷跳过墙，锥过刺儿丈把长。
脚板锥刺肩膀上挑，看你颠倒不颠倒。

颠倒歌一反常态，打破常规，违背常识，有悖常情，

---

① 梭：四川方言，这里指落。

② 鱼扳子：湖北方言，指鱼产卵。

有违常理，荒诞不经，刺激人的想象力，给人带来审美愉悦。如：

太阳出西落在了东，
胡萝卜发芽长了一根葱，
天上无云下大雨，树梢不动刮大风。
滚油锅里鱼打滚，高山顶上把船撑，
东洋大海失了火，烧毁了龙王的水晶宫。
一只蚂蚁咬死驴，小麻雀一嘴叨死鹰。
阳关道上有人骑着大刀扛着马，
又来了个口袋驮驴一溜风。
半空中有个兔子咬死狗，
院子里老鼠拉猫钻窟窿。
一个小鸡下了蛋，蛋中长根骨头硬如钉。
小鸡吃了个黄鼠狼，青蛙吃了个长蛇精。
老太太见了心害怕，胡子吓得直扑棱。

4 牙牌令[①]

［清］曹雪芹

读了贾母等人行酒令的经过，就明白牙牌令这种酒令是怎么回事了。

大家坐定，贾母先笑道："咱们先吃两杯，今日也行一令才有意思。"薛姨妈等笑道："老太太自然有好酒令，我们如何会呢，安心要我们醉了。我们都多吃两杯就有了。"贾母笑道："姨太太今儿也过谦起来，想是厌我老了。"薛姨妈笑道："不是谦，只怕行不上来倒是笑话了。"王夫人忙笑道："便说不上来，就便多吃一杯酒，醉了睡觉去，还有谁笑话咱们不成。"薛姨妈点头笑道："依令。老太太到底吃一杯令酒才是。"贾母笑道："这个自然。"说着便吃了一杯。

凤姐儿忙走至当地，笑道："既行令，还叫鸳鸯姐姐

① 本文选自清代曹雪芹的《红楼梦》第四十回《史太君两宴大观园　金鸳鸯三宣牙牌令》，题目为编者所加。牙牌，也称骨牌、牌九，古代游戏用具。牙牌令是用牙牌作为酒令。本文有的用字与现在不同，遵照原文，未加改动。

来行更好。”众人都知贾母所行之令必得鸳鸯提着，故听了这话，都说“很是”。凤姐便拉了鸳鸯过来。王夫人笑道：“既在令内，没有站着的理。”回头命小丫头子：“端一张椅子，放在你二位奶奶的席上。”鸳鸯也半推半就，谢了坐，便坐下，也吃了一钟酒，笑道：“酒令大如军令。不论尊卑，惟我是主。违了我的话，是要受罚的。”王夫人等都笑道：“一定如此，快些说来。”鸳鸯未开口，刘姥姥便下了席，摆手道：“别这样捉弄人家，我家去了。”众人都笑道：“这却使不得。”鸳鸯喝令小丫头子们：“拉上席去！”小丫头子们也笑着，果然拉入席中。刘姥姥只叫：“饶了我罢！”鸳鸯道：“再多言的罚一壶。”刘姥姥方住了声。

鸳鸯道：“如今我说骨牌副儿[①]，从老太太起，顺领说下去，至刘姥姥止。比如我说一副儿，将这三张牌拆开，先说头一张，次说第二张，再说第三张，说完了，合成这一副儿的名字。无论诗词歌赋，成语俗话，比上一句，都要叶(xié)韵。错了的罚一杯。”众人笑道：“这个令好，就说出来。”

---

① 骨牌副儿：用两张以上骨牌的色点配成一套，叫作“一副儿”。这里是三张牌为一副儿。

鸳鸯道："有了一副了。左边是张'天'。"贾母道："头上有青天。"众人道好。鸳鸯道："当中是个'五与六'。"贾母道："六桥梅花香彻骨。"鸳鸯道："剩得一张'六与幺'。"贾母道："一轮红日出云霄。"鸳鸯道："凑成便是个'蓬头鬼'。"贾母道："这鬼抱住钟馗腿。"说完，大家笑说："极妙。"贾母饮了一杯。

鸳鸯又道："有了一副。左边是个'大长五'。"薛姨妈道："梅花朵朵风前舞。"鸳鸯道："右边还是个'大五长'。"薛姨妈道："十月梅花岭上香。"鸳鸯道："当中'二五'是杂七。"薛姨妈道："织女牛郎会七夕。"鸳鸯道："凑成'二郎游五岳'。"薛姨妈道："世人不及神仙乐。"说完，大家称赏，饮了酒。

贾母、薛姨妈行酒令，用的是大白话，押韵即可。湘云、宝钗、黛玉三位小姐在酒令中，显示的却是非凡的文学功底，几乎每句话都有出处。

鸳鸯又道："有了一副。左边'长幺'两点明。"湘云道："双悬日月照乾坤。"鸳鸯道："右边'长幺'两点明。"湘云道："闲花落地听无声[①]。"鸳鸯道："中

① 闲花落地听无声：出自唐代刘长卿的《别严士元》。

间还得‘幺四’来。”湘云道：“日边红杏倚云栽[1]。”鸳鸯道：“凑成‘樱桃是九熟’。”湘云道：“御园却被鸟衔出。”说完饮了一杯。

鸳鸯道：“有了一副。左边是‘长三’。”宝钗道：“双双燕子语梁间。”鸳鸯道：“右边是‘三长’。”宝钗道：“水荇(xìng)牵风翠带长[2]。”鸳鸯道：“当中‘三六’九点在。”宝钗道：“三山半落青天外[3]。”鸳鸯道：“凑成‘铁锁练孤舟’。”宝钗道：“处处风波处处愁。”说完饮毕。

鸳鸯又道：“左边一个‘天’。”黛玉道：“良辰美景奈何天[4]。”宝钗听了，回头看着他，黛玉只顾怕罚，也不理论。鸳鸯道：“中间‘锦屏’颜色俏。”黛玉道：“纱窗也没有红娘报[5]。”鸳鸯道：“剩了‘二六’八点齐。”黛玉道：“双瞻玉座引朝仪。”鸳鸯道：“凑成‘篮子’好采花。”黛玉道：“仙杖香挑芍药花。”说完，饮了一口。

鸳鸯道：“左边‘四五’成花九。”迎春道：“桃花

---

① 日边红杏倚云栽：出自唐代高蟾的《下第后上永崇高侍郎》。

② 水荇牵风翠带长：出自唐代杜甫的《曲江对雨》。荇，多年生草本植物，叶子略呈圆形，浮在水面，根生在水底，花黄色，蒴果椭圆形。

③ 三山半落青天外：出自唐代李白的《登金陵凤凰台》。

④ 良辰美景奈何天：出自明代汤显祖的《牡丹亭》。

⑤ 纱窗也没有红娘报：改元代王实甫的《西厢记》中张生的唱词“纱窗外定有红娘报”而成。

带雨浓。”众人道：“该罚！错了韵，而且又不像。”迎春笑着饮了一口。原是凤姐儿和鸳鸯都要听刘姥姥的笑话，故意都令说错，都罚了。至王夫人，鸳鸯代说了个，下便该刘姥姥。

刘姥姥道：“我们庄家人[①]闲了，也常会几个人弄这个，但不如说的这么好听。少不得我也试一试。”众人都笑道：“容易说的。你只管说，不相干。”鸳鸯笑道：“左边‘四四’是个人。”刘姥姥听了，想了半日，说道：“是个庄家人罢。”众人哄堂笑了。贾母笑道：“说的好，就是这样说。”刘姥姥也笑道：“我们庄家人，不过是现成的本色，众位别笑。”鸳鸯道：“中间‘三四’绿配红。”刘姥姥道：“大火烧了毛毛虫。”众人笑道：“这是有的，还说你的本色。”鸳鸯道：“右边‘幺四’真好看。”刘姥姥道：“一个萝蔔[②]一头蒜。”众人又笑了。鸳鸯笑道：“凑成便是一枝花。”刘姥姥两只手比着，说道：“花儿落了结个大倭瓜。”众人大笑起来。

---

①庄家人：现在写作“庄稼人”。

②萝蔔：现在写作“萝卜”。

⑤ 苏小妹三难新郎[1]（节选）

［明］冯梦龙

后少游[2]宦(huàn)游[3]浙中，东坡学士在京，小妹思想哥哥，到京省(xǐng)视[4]。东坡有个禅友，叫作佛印禅师，尝劝东坡急流勇退。一日寄长歌一篇，东坡看时，却也写得怪异，每二字一连，共一百三十对字。你道写的是甚字？

野野　鸟鸟　啼啼　时时　有有　思思

春春　气气　桃桃　花花　发发　满满

枝枝　莺莺　雀雀　相相　呼呼　唤唤

岩岩　畔畔　花花　红红　似似　锦锦

屏屏　堪堪　看看　山山　秀秀　丽丽

山山　前前　烟烟　雾雾　起起　清清

---

① 本文选自明代冯梦龙的《醒世恒言》第十一卷。本文有的用字与现在不同，遵照原文，未加改动。

② 少游：即秦观，少游是他的字，北宋文学家，江苏高邮人，为“苏门四学士”之一。在本故事中，秦观为苏小妹的丈夫，苏轼的妹夫。

③ 宦游：为求官、做官而在外奔走。宦，做官。

④ 省视：探望。

浮浮　浪浪　促促　潺潺　湲湲[1]　水水
景景　幽幽　深深　处处　好好　追追
游游　傍傍　水水　花花　似似　雪雪
梨梨　花花　光光　皎皎　洁洁　玲玲
珑珑　似似　坠坠　银银　花花　折折
最最　好好　柔柔　茸茸　溪溪　畔畔
草草　青青　双双　蝴蝴　蝶蝶　飞飞
来来　到到　落落　花花　林林　里里
鸟鸟　啼啼　叫叫　不不　休休　为为
忆忆　春春　光光　好好　杨杨　柳柳
枝枝　头头　春春　色色　秀秀　时时
常常　共共　饮饮　春春　浓浓　酒酒
似似　醉醉　闲闲　行行　春春　色色
里里　相相　逢逢　竞竞　忆忆　游游
山山　水水　心心　息息　悠悠　归归
去去　来来　休休　役役

东坡看了两三遍，一时念将不出，只是沉吟。

小妹取过，一览了然，便道："哥哥，此歌有何难解！待妹子念与你听。"即时朗诵云：

---

① 湲湲：水流动的样子。

野鸟啼，野鸟啼时时有思。

有思春气桃花发，春气桃花发满枝。

满枝莺雀相呼唤，莺雀相呼唤岩畔。

岩畔花红似锦屏，花红似锦屏堪看。

堪看山，山秀丽，秀丽山前烟雾起。

山前烟雾起清浮，清浮浪促潺湲水。

浪促潺湲水景幽，景幽深处好，深处好追游。

追游傍水花，傍水花似雪。似雪梨花光皎洁。

梨花光皎洁玲珑，玲珑似坠银花折。

似坠银花折最好，最好柔茸溪畔草。

柔茸溪畔草青青，双双蝴蝶飞来到。

蝴蝶飞来到落花，落花林里鸟啼叫。

林里鸟啼叫不休，不休为忆春光好。

为忆春光好杨柳，杨柳枝头春色秀。

枝头春色秀时常共饮，时常共饮春浓酒。

春浓酒似醉，似醉闲行春色里。

闲行春色里相逢，相逢竞忆游山水。

竞忆游山水心息，心息悠悠归去来，归去来休休役役。

东坡听念，大惊道：“吾妹敏悟，吾所不及！若为男子，

正因为汉字可以自由组合，所以佛印与苏小妹才“玩”得出这样有趣的文字游戏。

官位必远胜于我矣！”遂将佛印原写长歌，并小妹所定句读，都写出来，做一封儿寄与少游。因述自己再读不解，小妹一览而知之故。

少游初看佛印所书，亦不能解。后读小妹之句，如梦初觉，深加愧叹。答以短歌云：

未及梵(fàn)僧歌，词重而意复。

字字如联珠，行行如贯玉。

想汝惟一览，顾我劳三复。

裁诗思远寄，因以真类触。

汝其审思之，可表予心曲。

短歌后制成叠字诗一首，却又写得古怪：

别离时闻漏转

忆　　　　　　静

期归阻久伊思

少游书信到时，正值东坡与小妹在湖上看采莲。东坡先拆书看了，递与小妹，问道：“汝能解否？”小妹道：“此诗乃仿佛印禅师之体也。”即念云：

静思伊久阻归期，久阻归期忆别离。

忆别离时闻漏转，时闻漏转静思伊。

东坡叹道：“吾妹真绝世聪明人也！今日采莲胜会，可即事各和(hè)①一首，寄与少游，使知你我今日之游。”东坡诗成，小妹亦就。小妹诗云：

阕(què)新歌声嗽玉

一　　　　　　　　采

津杨绿在人莲

东坡诗云：

力微醒时已暮

酒　　　　　　　　赏

飞如马去归花

照少游诗念出，小妹叠字诗，道是：

采莲人在绿杨津，在绿杨津一阕新。

一阕新歌声嗽玉，歌声嗽玉采莲人。

东坡叠字诗，道是：

赏花归去马如飞，去马如飞酒力微。

酒力微醒时已暮，醒时已暮赏花归。

二诗寄去，少游读罢，叹赏不已。其夫妇酬和之诗甚多，

---

①和：依照别人诗词的题材、体裁、韵脚作诗词。

不能详述。后来少游以才名被征为翰林学士，与二苏同官。一时郎舅三人，并居史职，古所希有[1]。于是宣仁太后亦闻苏小妹之才，每每遣内官赐以绢帛或饮馔(zhuàn)[2]之类，索他题咏。每得一篇，宫中传诵，声播京都。其后小妹先少游而卒，少游思念不置，终身不复娶云。

阅读链接

苏小妹，多认为是苏轼的妹妹，正史未载其名，野史称其名为“轸”。苏小妹在当时颇具才名，民间盛传她是秦观的妻子，有诸多传奇故事传世。

有人整理了苏轼平生与朋友的通信，希望能够找到苏小妹存在的实证。但可惜的是，苏轼的信件以及辞赋中从未提起过这个妹妹。但单凭这点就说苏小妹是人们虚构出来的，失之武断，我们尚需查证更多的资料。

---

① 希有：现在写作“稀有”。

② 馔：饭食。

⑥ 龙虎斗智

周瑜嫉妒诸葛亮的才干，一心想要除掉他。赤壁之战前，他想出了一个计谋要置诸葛亮于死地。

这一天，周瑜派鲁肃去请诸葛亮来中军帐赴宴。周瑜看宾客都已坐定，就对诸葛亮说道："先生，我们以往饮酒，都谈兵论战，无以取乐，今日不如换个方式。"诸葛亮知晓周瑜的为人，说道："以往吟诗答对，以罚酒为主，今日，我仍想吟诗作对，不过，以杀头为赌注，你看如何？"周瑜一听，正合己意，暗自得意。鲁肃急得冷汗直淌，一旁的诸葛亮却坦然自若，招手邀请鲁肃同桌共饮，兼做保人。

三人举杯共饮，开始吟诗作对。

周瑜先吟一诗："有水也是溪，无水也是奚，去掉溪边水，加鸟变成鸡[①]，得力猫儿强如虎，无毛凤凰不如鸡。"

诸葛亮听出周瑜这是讥讽自己才能低下，便随口吟了

①"鸡"字的繁体字为"鷄"，因此"奚"加上"鸟"字是鸡。

一诗:“有木也是棋,无木也是其,去掉棋边木,加欠变成欺,龙搁浅水遭虾戏,虎落平阳被犬欺。”

鲁肃在一旁看二人针锋相对,赶紧出来打圆场:“有水也是湘,无水也是相,去掉湘边水,加雨变成霜,各扫自家门前雪,休管他家瓦上霜。”

周瑜一看没有难住诸葛亮,又吟诗一首:“有目也是相[①],无目也是丑,去掉相边目,加女变成妞,隆中女子生得丑,百里难挑一个妞。”

诸葛亮见周瑜奚落自己的夫人长得丑,也毫不客气,反唇相讥道:“有木也是桥,无木也是乔,去掉桥边木,加女变成娇,江东美女数二乔,难护铜雀不锁娇。”

诸葛亮这是讥讽孙策的夫人大乔和周瑜的夫人小乔要被曹操捉去,激得周瑜火冒三丈,马上就要发作。诸葛亮却心平气和,稳如泰山。

鲁肃一见,连忙上前,吟诗一首劝道:“有木也是槽,无木也是曹,去掉槽边木,加米变成糟,盼求计谋同抗曹,二虎相争事更糟。”

周瑜一听,觉得鲁肃言之有理,心想:等打完这一仗,

---

①“相”是“瞅”的异体字。

再置诸葛亮于死地也不迟，当下还是应以大局为重。于是这场龙虎斗智就此结束。

（丁素娜　改写）

阅读链接

历史上的周瑜是江东有名的青年才俊，不仅身材魁伟，容貌俊美，而且精通音律，即使是在醉酒时，他也能听出抚琴的人弹错了哪一个音。唐诗《听筝》：“鸣筝金粟柱，素手玉房前。欲得周郎顾，时时误拂弦。”就是化用了这个典故。

阅读实践

"兄弟"说说话

"长"得很像的汉字有好多，你能尝试着让下面的汉字"兄弟"说说话吗？

"臣"对"巨"说：

"月"对"朋"说：

"____"对"____"说：

"____"对"____"说：

汉字溯源记

有些同学会写错别字，主要原因是不知道这个字为什么要这么写。如果我们查阅资料，了解了它的演变过程，就会发现：其实，每个汉字都是有故事的。

例如："悬"字，本字是"县"，金文里左边是一棵树的形状，右边

看上去像一根绳索吊着人的脑袋，表示倒挂着的意思。小篆中将人首倒置于左，悬绳置于右。在隶书和楷书中，它的形体变化不大。后来“縣”用为郡县义，在它下面加“心”表悬挂义，写作“懸”。今“縣”简化为“县”，“懸”简化为“悬”。

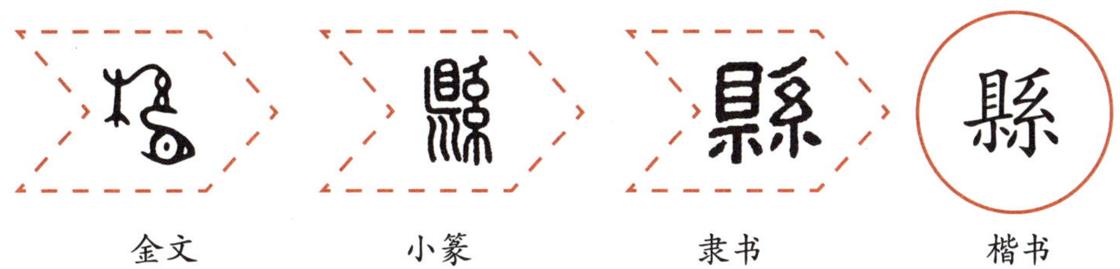

找出两三个你经常写错的字，研究一下它们的字体演变过程，能够帮助你提升识字准确率哟！

汉字字体的演变

找找错别字

无论是城市还是乡村，无论是大街还是小巷，到处都有各种招牌、广告张贴……走近细看，你可能会找到一些错别字。有些字，是由于书写人不小心多写了一点，或少写了一画，或把偏旁写错了位置，我们称它们为“错字”；有些字，本该是用这个字，却被写成了另一个同音或音形相近的字，我们称它们为“别字”。

在你的生活圈里找找看，你能发现哪些错字或别字？

错字		别字	
看到的错误	改正	看到的错误	改正
烤地瓜	烤、瓜	此处禁止吊头	调

◉ 阅读材料二 汉字有魅力

观察汉字，脑海中会联想到一幅幅图画；诵读对联，会感受到汉语音韵的和谐；对比不同的字体，能探究到汉字演变的规律……

阅读本组材料，找找作者喜爱汉字的原因。边读边想：你喜爱汉字的理由是什么？

❶ 汉字的魅力

袁 鹰

一个只有三岁多的孩子，看到一个汉字“明”字，就懂得“是太阳公公和月亮婆婆在一起”；看到“雷”“雪”“霜”这些字，就问：“为什么这些字都有雨呢？”读到这儿，不由得笑出声来。你看他小小年纪，又是生活在讲日语的环境里，却能对中国语文（汉字）有这样清楚的反应和感受，真叫人高兴。恐怕中国以外任何一个国家的孩子，都是不可能从他本民

汉字的魅力首先在于字形的表意功能，它能激发人们的想象。

族母语中的“明”字（光明、明亮的意思）里引发出“太阳公公和月亮婆婆在一起”这样美妙而大胆的联想的。

这就是我们中国汉字的魅力，几乎是独一无二的魅力。

这个生动的例子，不是可以给那些带着孩子在国外又常常担心他们忘了中文的年轻父母们以启迪和借鉴吗？你们开始教孩子学方块字时，可能会让他们感到枯燥无味，感到头疼，又不容易记。但是，如果你们能够耐心地、细心地一个字一个字教下去，慢慢地培养起他们类似“太阳公公和月亮婆婆在一起”那样的兴趣，引起“为什么这些字都有雨”或者“为什么这些字都有水，都有草，都有山，都有……”这类追问，到那时，不管你们自己是否意识到，实际上你们已经带着孩子走进一个奇妙绚丽的大花园。尽管仅仅才跨进园门第一步，但是里面的天地大得很，简直无边无涯,他从此必定会一步步欢笑着、跳跃着奔向前去了。

从这儿迈开第一步，以后由幼年到少年，到青年、壮年直到老年，他的一生都将同充满魅力的汉字做伴，依靠它浮游生活的海洋、知识的海洋和科学的海洋，依靠它去扬起人生和理想的风帆，走过几十年岁月的每一段征程。随着学业增长，他当然可能再去学会一门或两门外国语以

适应新时代的需要，如同许多在海外长大的孩子那样。但不论走到哪里，也不论将来攻读什么学科，钻研什么专业，他无论如何一定不会忘记而且越来越娴熟深谙(ān)自己的母语——汉字，那是毫无疑问的。毕竟，他的血管里流的是中国人的血啊！

中国汉字，是我们中华民族几千年文化的瑰宝，也是我们终身的良师益友、每个人的精神家园。人生几十年，一切身外之物，衣服、房屋、书籍、用具、庭院，都将发生许多次变异。新陈代谢，过时的淘汰了，破损的废弃了，家用电器、电脑不多久就要换代，人们都习以为常，毫不奇怪。天地万物，只有语言文字是永远不变的。我们的汉字，集形象、声音和词义三者于一体的特性，它作为语言的独特魅力，是永远不可能改变也是无可替代的。即使是汉语拼音，可以作为学习汉语的辅助工具，但是绝不可能代替汉语本身，因为它没有也不可能具有那种魅力。看到一个“ming”字，怎么会想到它是“太阳公公和月亮婆婆在一起”呢？

听到不少旅居海外的同胞谈过，走到某个偏僻的小城市，人地生疏，举目无亲，当一种异乡漂泊的失落感和孤寂感袭来时，突然看到一块小饭馆的中文店牌，那几个汉字，

汉字的魅力还在于它能凝聚一个民族的心灵。

立刻就会像一团火，像一盏灯，像一声乡音，将你带到父母面前，使你抛却一切疲惫、孤独以至恐惧。我没有这种经历体会，但我想不会是过分的夸张。

俄国大文豪屠格涅夫晚年侨居法国时写过一篇脍炙人口的散文诗《俄罗斯语言》。全文不长，译成中文也仅有一百零几个字：

在疑惑不安的日子里，在痛苦地思念着我祖国命运的日子里，给我鼓舞和支持的，只有你啊，伟大的、有力的、真挚的、自由的俄罗斯语言！要是没有你——谁能看见故乡的一切，谁不悲痛欲绝呢？然而，这样一种语言如果不是属于一个伟大的民族，是不可置信的啊！

我想：倘若借用这篇名文，只将“俄罗斯语言”一词改为“汉字”二字，应该不会是对伟大作家的一种亵渎吧？

② 我爱你，中国的汉字

刘湛秋

我写着写着，常常为我面前这一个个方块字而动情。它们像一群活泼可爱的孩子在纸上玩笑嬉戏，像一朵朵美丽多姿的鲜花愉悦你的眼睛。这时我真不忍将它们框在方格里，真想叫它们离开格子去舒展，去不受拘束地享受自己的欢乐。

真的，它们可不是僵硬的符号，而是有着独特性格的精灵。你看吧，每个字都有不同的风韵。“太阳”这个词，使你感触到热和力，而“月亮”却又闪着清丽的光辉。“轻”字使人有飘浮感，“重”字一望而沉坠。“笑”字令人欢快，“哭”字一看就像流泪。“冷霜”好像散发出一种寒气，“幽深”两个字一出现，你就像进入了森林或宁静的院落。当你落笔写下“人”这个字，不禁肃然起敬，并为“天”和“地”的创造赞叹不已。这些有影无形的图画，这些横竖勾勒的奇妙组合，同人的气质多么相近。它们在瞬间走进想象，然后又从想象流出，只在记忆中留下无穷的回味。

这是一些多么可爱的小精灵啊！而在书法家的笔下，它们更能生发出无穷无尽的变化，或挺拔如峰，或清亮如溪，或浩瀚如海，或凝滑如脂。它们自身就有一种智慧的力量，一个想象的天地，任你尽情飞翔与驰骋。在人类古老的长河中，有哪一个民族能像中华民族一样拥有这么丰富的书法瑰宝？

汉字的形体美，是作者爱它的原因之一。

为什么说中华民族是诗的民族呢？这些美丽而富有魅力的文字，生来就给使用它的人带来了诗的灵性。看着这些单个的有色彩、有声音、有气味的词，怎能不诱发你调动这些语言的情绪啊！西方现在有少数诗人在追求“玩文字”，但他们怎么能从26个字母的组合中去找到“玩文字”的魅力呢！只有中国的汉字，几万个不同的字形，几十万、几百万种奇妙的组合，足以产生遣使文字的快乐，甚至能在语义以外，寻求那种人类思维和感官的想象力！中国的汉字是高强度悟性的结晶，必能训练出人的悟性。

汉字的可组合性，是作者爱它的原因之二。

也许，这又多少还有一些悲哀，据说那种偏重对悟性的训练是会影响科学和理性的。那么，是不是因为中国汉

字没有时间的变化就影响了人们对时间的概念呢？是不是因为汉字创造了那么多血缘不同的称谓而使得中国有无穷的繁文缛(rù)节呢？多么奇妙啊，这些方块字竟和一个民族的习性相关联！

在世界的文字之林中，中国的汉字确乎是异乎寻常的。它的创造契机显示出中国人与世不同的文明传统和感知世界的方式。但它是强有力的、自成系统的，它用一个个方块字培育了五千年古老的文化，维系了一个统一的大国的存在，不管这块东方的土地上有多少种不同的语言，讲着多少种互相听不懂的方言，但这汉字的魅力却成了交响乐队的总指挥！

汉字凝聚起了中华民族，是作者爱它的原因之三。

曾经面对着科学的飞跃，人们在慨叹中国技术的落后，想在困惑中寻求摆脱这种象形文字带来的同世界的阻隔，因而发出了实行汉字拼音化的震撼灵魂的呐喊。是的，这种呼唤曾经搅动得人们热血沸腾，但却有点堂吉诃德攻打风车的憨态。中国的汉字以其瑰丽雄健的生命力证明了自己的存在价值。是电脑接受了汉字，而不是电脑改变了汉字。在科学攀向高峰所出现的复杂思维状态中，倒是那种拼音字需要不断地再造，以致到了不堪忍受的烦琐程度，唯中

汉字在未来有无限的发展可能，是作者爱它的原因之四。

国的汉字却反而焕发出青春，轻而易举地用原有的词汇构成了新的概念和术语。真的，中国的方块字能消化各种外来的新创造，因为它拥有一个单字的海洋。在人们熟悉这种文字后，可寻求的新的组合和创造的天地是那样的宽广而简便。

我是中华儿女，是喝长江水长大的，也许，和别的民族一样喜欢夸耀自己的东西。俄国的罗蒙诺索夫不是用诗的语言赞美过俄罗斯语言吗？但我不是传统的、盲目的维护者，我只崇尚人类文明的创造。在我粗通一些西方文学后，我是越来越惊叹中国汉字的无与伦比的创造了。

啊！像徜徉在夏天夜晚的星空下，为那壮丽的景色而迷醉，我真的是无限钟情我赖以思维和交往的中国汉字，并震惊于它的再生活力和奇特魅力。我想，在人类历史的长河中，这种文字将越来越被世人所珍惜和喜爱。

我的使用汉字的同胞们、朋友们，请去发展它、丰富它吧！历史和文明正向我们投来新的目光！

③ 我家的对联

冰　心

我对人家墙壁上挂的字画都有兴趣，尤其是对联，这兴趣是从小就养成的。我在一九七九年写的那篇《我的童年》里曾经提到，我的第一篇课文就是一副对联：

此地有崇山峻岭茂林修竹

是能读三坟五典八索九丘

但从这一副对联里还看不出屋主人的身世和襟怀、爱好和性格。在我十一岁那年回到老家福州去，看见在后厅墙上我的曾祖父画像的两旁，有我的祖父写的一副对联：

谁道五丝能续命

每逢佳节倍思亲

原来我的曾祖父是在农历五月五日端阳节那天逝世的。我国习俗在端阳节那天都给小孩子的手腕上缠上五色丝线，叫作续命丝，祝他长命百岁。所以每到端阳节我的祖父看到孩子们手腕上的五色丝，就会想到他的父亲，而对“五丝”能否“续命”，起了悲哀的疑问。

此后，我就注意我们老家的厅堂客室里的每一副对联，其中有许多是我的祖父自己写的，如：

知足知不足

有为有弗为

这是一对自勉的句子，就充分地描绘出我的祖父的恬淡而清高的性格。

再大一点，在北京剪子巷父亲的客室里，看到一副前清御史江春霖老先生送给父亲的对联：

庠舍争归胡教授

楼船犹见汉将军

在上联旁边还有小字，说他“自京南下，阻雪难行”，在芝罘(fú)会见了我的父亲，很喜欢他的“裘带歌壶，翩翩儒将”的风度，就写这一联相赠。父亲对我解释这对联的时候，也说他和江春霖只是初交，当时江春霖因为弹劾(hé)了庆亲王而被罢官，他也很佩服江春霖不畏权贵的风骨，因此才把这位“交浅言深”的朋友的赠品，张挂起来的。

二十世纪三十年代初期，父亲的客室里又添上一副萨镇冰老先生送的对联：

穷达尽为身外事

升沉不改故人情

说的是他们两位老人家几十年金坚玉洁的友情。四十年代初父亲逝世时，我不在北京，这些可贵的遗物，都不知哪里去了！

长大以后，到了美国和欧洲，在外国朋友家里当然看不见对联，有的只是画框和祖先的相片。在日本，旧式的屋子，周围几乎都是纸门，只有“床之间”那一扇墙上可挂字画，但也不是对联，而是一幅很雅淡的字或画，再供上一瓶一枝花朵，倒也雅洁可喜。日本的亭园，和中国的相似，有山有水，也许还更古雅一些，但是楹上柱上都没有对联。欧美的林园更不必说了！

我这一辈子，在师友家里或在国内的风景区，到处都可看到很好的对联。文好，字也好，看了是个享受。我以为我们中国人应该把我们特有的美好传统继续下去，让我们的孩子们从小起耳濡目染，给他们一个优美的艺术的气氛！

4 不用文字的书和信

叶圣陶

人类在创造文字之前，常常用一些奇妙的方法来帮助记忆。我国古代就有“结绳记事”的方法。发生了一件事儿，就在绳子上打一个结。各个结大小不同，形式也各别，表示那些事儿重要不重要，属于什么种类。往后看了这些绳结，就记起以前经历的许多事儿。

现在世界上还有一些民族没有文字，他们还用“结绳记事”的方法。还有一些民族用贝壳来代替绳结。贝壳大小不一，颜色形状也有许多种，比绳结容易分辨。一条穿着好些贝壳的带子，在他们就是一本书，读了这本书，他们可以知道本民族的许多故事。

不但如此，在创造文字之前，有些民族已经有了通信的方法，跟记事用绳结或贝壳一个样，也用一些东西来表示意思。譬如这一族送给那一族一根枪或者一支箭，这就是一封宣战书。那一族收到了，就拿起武器来，准备战斗，绝不会误会成别的意思。

从前有一个民族送给相邻的民族一封信。这封信一共四样东西：一只死鸟，一只死老鼠，一只死青蛙，还有五支箭。这些东西包含着什么意思呢？就是说："你们能像鸟儿一样在天空中飞，像老鼠一样在地底下藏，像青蛙一样在湖面上跳跃吗？如果不能，休想跟我们打仗。什么时候你们的脚踏上我们的土地，我们就用乱箭来对付你们！"

古人的通信方式真是让人大开眼界！

如果有一天，我们从邮差手里收到一个包裹，解开一看，没有别的，只是死鸟、死老鼠这些东西，我们唯有连声叫怪，猜想是哪一个淘气的朋友寄来开玩笑的。谁知道在古代，这样一包东西却是一封严厉的信。

阅读链接

关于汉字的起源，中国古代文献上有种种说法，如"结绳""八卦""图画""书契"等，古书上还普遍记载有黄帝史官仓颉造字的传说。现代学者认为，系统的文字工具不可能完全由一个人创造出来，仓颉如果确有其人，也应该是文字创造者之一。按中国古文字学家的意见，甲骨文是我国目前所能看到的最早的而又比较完备的文字。

阅读实践

寻找爱的理由

汉字不光有趣，还在漫长的历史长河中传播着中华文明，影响着周边国家的文化……读了本组文章，想想不同的作者喜爱汉字的原因有哪些。

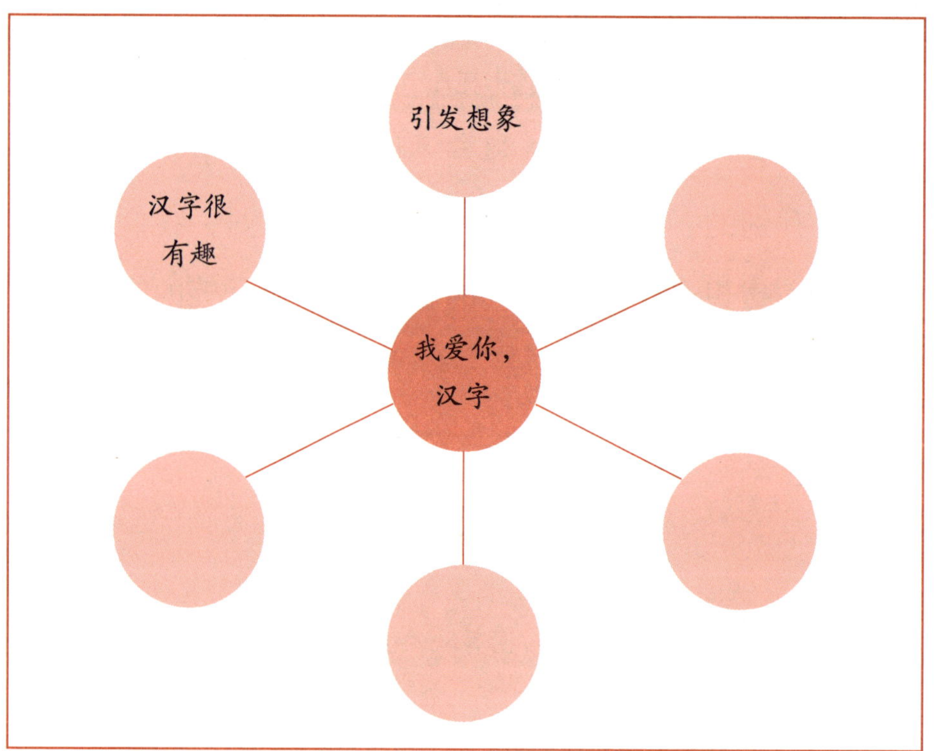

我来赏书法

不同的书法有着不同的特点，请将下面图中的书法作品与相应的字体一一对应起来。

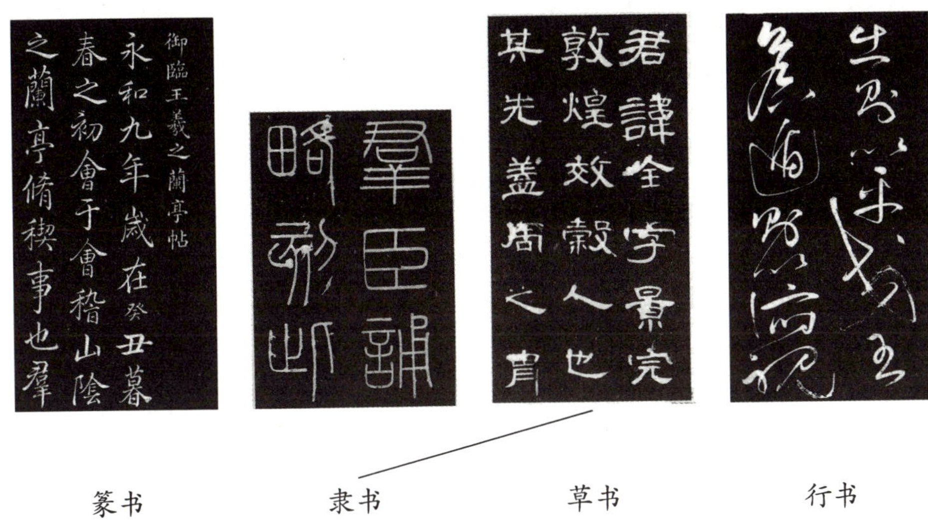

活动三

做个小研究

汉字拆开可以编字谜，利用谐音可以编歇后语，词义颠倒（或相对）可以对对联……根据阅读材料，选择你感兴趣的一种文字游戏，搜集一些资料，编写一份小报。

我爱你，中国

“先天下之忧而忧，后天下之乐而乐”“国家兴亡，匹夫有责”，中国人历来都把国家的兴亡与自身的荣辱结合在一起，愿意并勇于为国家奉献自己的一生。

读本专题中的文章，要通过文中对人物的语言、动作、神态等的描写，体会人物的内心。这样，你才能感受到中华儿女为国家奉献的一片丹心！

范文阅读

1 从军行

［唐］杨炯

烽火照西京[①]，心中自不平。
牙璋（zhāng）[②]辞凤阙[③]，铁骑绕龙城[④]。
雪暗凋旗画[⑤]，风多杂鼓声。
宁为百夫长[⑥]，胜作一书生。

从视觉、听觉两方面描绘了激烈的战争场面。

注释

① 烽火照西京：边塞的报警烽火传到了京城长安。烽火，古代边防告急的烟火。
② 牙璋：古代发兵时所用的兵符，分为两块，嵌合处呈牙状。
③ 凤阙：阙名，在汉代建章宫外，上有金凤。这里泛指皇宫。
④ 龙城：这里指塞外敌方据点。
⑤ 雪暗凋旗画：意思是大雪弥漫，天色昏暗，使军旗上的图案颜色变得暗淡了。
⑥ 百夫长：统领一百个士兵的军官，泛指下级军官。

译文

边塞的报警烽火传到了京城长安，壮士的心情无法平静。朝廷的将帅领了兵符奉命出征，统率强悍的骑兵包围了龙城。纷纷大雪让军旗看起来褪去了色彩，狂风呼啸着，里面夹杂着战鼓声。我宁愿当一名下级军官为国冲锋陷阵，也比做一个书生强。

② 书　愤[1]

［宋］陆游

陆游一生为国奋斗，却丝毫等不到收复中原的消息。诗人为国家沦丧、壮志未酬、时光虚掷而忧愤。

早岁那知世事艰，中原北望气如山。
楼船[2]夜雪瓜洲渡，铁马秋风大散关[3]。
塞上长城空自许[4]，镜中衰鬓已先斑。
《出师》一表[5]真名世[6]，千载谁堪伯仲间？

注　释

① 书愤：写出心中的愤慨。
② 楼船：高大的战船。
③ 大散关：在今陕西省境内，是南宋的边防重镇。
④ 自许：自己称许自己。
⑤《出师》一表：一篇《出师表》。三国时，蜀相诸葛亮在出兵伐魏前，写《出师表》给蜀汉后主刘禅，表明自己复兴汉室的决心。
⑥ 名世：闻名后世。

年轻的时候哪里知道世事的艰难，北望中原，抗金的意志如山一般坚定。那大雪纷飞的冬夜用高大的战船在瓜洲打败了金人的偷渡，在秋风萧瑟的日子里指挥铁骑把敌人赶出了大散关。年轻时白白地自比为“塞上长城”，现在镜中看到自己鬓发已经斑白。自古以来，谁能比得上写出著名的《出师表》、坚持北伐的诸葛亮呢？

阅读链接

陆游（1125—1210），字务观，号放翁，越州山阴（今浙江绍兴）人，南宋诗人。陆游生逢北宋灭亡之际，少年时即深受家中爱国思想的熏陶，民族的矛盾、国家的不幸、个人的颠沛流离，给他幼小的心灵带来了不可磨灭的印记。他年轻时就以慷慨报国为己任，把消灭入侵的敌人、收复沦陷的国土当作人生第一要义。陆游的诗歌，对后代的影响也是深远的。特别是清末以来，每当国势倾危时，人们往往怀念陆游的爱国主义精神，并将之作为反抗外来侵略者的精神支柱之一。

③ 秦州[①]杂诗二十首（其一）

［唐］杜甫

因生活所迫，诗人只得投奔远方的亲人，这一“怯”一“愁”中，把背井离乡的动荡不安和对前路的迷茫担忧表现得淋漓尽致。

满目悲生事[②]，因人作远游。
迟回[③]度陇[④]怯，浩荡及关[⑤]愁。
水落鱼龙[⑥]夜，山空鸟鼠[⑦]秋。
西征[⑧]问烽火[⑨]，心折[⑩]此淹留[⑪]。

注 释

① 秦州：州名，当时的治所在今甘肃省天水市。
② 生事：世事、人事。
③ 迟回：徘徊。
④ 陇：陇山。绵延于今陕西、甘肃边境。
⑤ 关：陇关。在今陕西省境内。
⑥ 鱼龙：川名。在秦州附近。
⑦ 鸟鼠：山名。在秦州附近。
⑧ 西征：即诗人此次西行入秦州。
⑨ 问烽火：询问有无战事。
⑩ 心折：心惊。
⑪ 淹留：久留。

满目疮痍，令人悲伤，我投奔他人而远游异乡。怀着胆怯的心情翻越盘曲的陇山，携着无尽的愁思抵达陇关。夜晚的鱼龙川河水枯竭，秋天的鸟鼠山空荡冷寂。西行途中我不断询问前方有无战事，想想要久留于此种境况便觉心惊。

阅读链接

《秦州杂诗二十首》是杜甫到达作为边关重镇的秦州后所作的组诗。诗作从诗人西入秦州开始，写到打算离开秦州结束，生动地描绘了秦州的山川城郭、自然风光，抒发了诗人感时悲世之情。二十首诗或记秦州风物，或叙游踪观感，或写边塞战事，或述客居苦情，或发忧国议论，多方面地反映了秦州的景物与人物的特征和当时社会动荡不安的生活。

4 记梁任公[①]先生的一次演讲

梁实秋

梁任公先生晚年不谈政治，专心学术。大约在一九二一年，清华学校请他做第一次的演讲，题目是《中国韵文里表现的情感》。我很幸运地有机会听到这一篇动人的演讲。那时候的青年学子，对梁任公先生怀着无限的景仰，倒不是因为他是“戊戌变法”的主角，也不是因为他是云南起义的策划者，实在是因为他的学术文章对于青年确有启迪领导的作用。过去也有不少显宦以及叱咤(chì zhà)风云的人物莅(lì)校讲话，但是他们没有能留下深刻的印象。

“戊戌变法”是中国近代史上一次重要的政治改革，也是一次思想启蒙运动。

任公先生的这一篇讲演稿，后来收在《饮冰室文集》里。他的讲演稿是预先写

① 梁任公：梁启超（1873—1929），字卓如，任公是他的号，广东新会人，中国近代思想家、政治家、教育家、史学家、文学家，中国近代维新派领袖。

好的，整整齐齐地写在宽大的宣纸制的稿纸上面。他的书法很是秀丽，用浓墨写在宣纸上，十分美观。但是读他这篇文章和听他这篇讲演，那趣味相差很多，犹之乎读剧本与看戏之迥乎不同。

我记得清清楚楚，在一个风和日丽的下午，高等科楼上大教堂里坐满了听众，随后走进了一位短小精悍秃头顶宽下巴的人物，穿着肥大的长袍，步履稳健，风神潇洒，左右顾盼，光芒四射，这就是梁任公先生。

他走上讲台，打开他的讲稿，眼光向下面一扫，然后是他的极简短的开场白，一共只有两句，头一句是："启超没有什么学问——"眼睛向上一翻，轻轻点一下头："可是也有一点喽！"这样谦逊同时又这样自负的话是很难得听到的。他的广东官话是很够标准的，距离国语[①]甚远，但是他的声音沉着而有力，有时又是洪亮而激昂，

从梁先生的动作、神态、语言中，能感觉到他的自谦与自信。

① 国语：汉语普通话的旧称。

所以我们还是能听懂他的每一字，我们甚至想，如果他说标准国语，其效果可能反要差一些。

我记得他开头讲一首古诗《箜篌引》(kōng hóu)：

公无渡河，公竟渡河！

堕河而死，其奈公何！

十六字的《箜篌引》，经梁先生一解释顿时生动起来。足见他学术造诣的深厚。

这四句十六字，经他一朗诵，再经他一解释，活画出一出悲剧，其中有起承转合，有情节，有背景，有人物，有情感。我在听先生这篇讲演后二十余年，偶然获得机缘在茅津渡候船渡河，但见黄沙弥漫，黄流滚滚，景象苍茫，不禁哀从中来，顿时忆起先生讲的这首古诗。

先生博闻强记，在笔写的讲稿之外，随时引证许多作品，大部分他都背诵得出。有时候，他背诵到酣畅处，忽然记不起下文，便用手指敲打他的秃头，敲几下之后，记忆力便又畅通，成本大套地背诵下去了。他敲头的时候，我们屏息以待，他记起来的时候，我们也跟着他欢喜。

先生的讲演，到紧张处，便成为表演。他真是手之舞之足之蹈之，有时掩面，有时顿足，有时狂笑，有时叹息。听他讲到他最喜爱的《桃花扇》，讲到“高皇帝，在九天，不管……”那一段，他悲从中来，竟痛哭流涕而不能自已。他掏出手巾拭泪，听讲的人不知有几多也泪下沾巾了！又听他讲杜氏讲到“剑外忽传收蓟北，初闻涕泪满衣裳……”，先生又真是于涕泗交流之中张口大笑了。

此处再次描写了梁先生的动作、神态，能让人感觉到其人的真性情。

这一篇讲演分三次讲完，每次讲过，先生大汗淋漓，状极愉快。听过这讲演的人，除了当时所受的感动之外，不少人从此对于中国文学发生了强烈的爱好。先生尝自谓“笔锋常带情感”，其实先生在言谈讲演之中所带的情感不知要更强烈多少倍！

有学问、有文采、有热心肠的学者，求之当世能有几人？于是我想起了从前的一段经历，笔而记之。

⑤ 说和做

——记闻一多先生言行片段

臧克家

“人家说了再做，我是做了再说。”

“人家说了也不一定做，我是做了也不一定说。”

作为学者和诗人的闻一多先生，在30年代国立青岛大学的两年时间，我对他是有着深刻印象的。那时候，他已经诗兴不作而研究志趣正浓。他正向古代典籍钻探，有如向地壳寻求宝藏。仰之弥高，越高，攀得越起劲；钻之弥坚，越坚，钻得越锲而不舍。他想吃尽、消化尽我们中华民族几千年来的文化史，炯炯目光，一直远射到有史以前。他要给我们衰微的民族开一剂救济的文化药方。1930年到1932年，“望闻问切”也还只是在“望”的初级阶段。他从唐诗下手，目不窥园，足不下楼，兀兀穷年，沥尽心血。

从“目不窥园，足不下楼”等词句，可以感受到闻一多先生做学问的认真。本段还有许多词句，也能展现出闻先生做学问的态度，请找出来。

杜甫晚年，疏懒得“一月不梳头”。闻先生也总是头发凌乱，他是无暇及此。闻先生的书桌，凌乱不堪，众物腾怨，闻先生心不在焉，抱歉地道一声：“秩序不在我的范围以内。”饭，几乎忘记了吃，他贪的是精神食粮；夜间睡得很少，为了研究，他惜寸阴、分阴。深宵灯火是他的伴侣，因它大开光明之路，“漂白了四壁”。

不动不响，无声无闻。一个又一个大的四方竹纸本子，写满了密密麻麻的小楷，如群蚁排衙。几年辛苦，凝结而成《唐诗杂论》的硕果。

他并没有先“说”，但他“做”了，做出了卓越的成绩。

“做”了，他自己也没有“说”。他又由唐诗转到楚辞。十年艰辛，一部《校补》赫然而出。别人在赞美，在惊叹，而闻一多先生个人呢，也没有“说”。他又向《古典新义》迈进了。他潜心贯注，心会神凝，成了“何妨一下楼”的主人。

要想在学问上取得成就，光靠说是不够的，得像闻先生一样沉浸在学问的海洋里。

做了再说，做了不说，这仅是闻一多先生的一个方面，——作为学者的方面。

闻一多先生还有另外一个方面，——作为革命家的方面。

这个方面，情况就迥乎不同，而且一反既往了。

作为争取民主的战士，青年运动的领导人，闻一多先生“说”了。起先，小声说，只有昆明的青年听得到；后来，声音越来越大，他向全国人民呼喊，叫人民起来，反对独裁，争取民主！

读读画线的句子，仔细体会闻一多先生的内心。

他在给我的信上说：“此身别无长处，既然有一颗心，有一张嘴，讲话定要讲个痛快！”

他“说”了，跟着的是“做”。这不再是“做了再说”或“做了也不一定说”了。现在，他“说”了就“做”。言论与行动完全一致，这是人格的写照，而且是以生命作为代价的。

1944年10月12日，他给了我一封信，

最后一行说：“另函寄上油印物二张，代表我最近的工作之一，请传观。”

这是为争取民主，反对独裁，他起稿的一张政治传单！

在李公朴同志被害之后，警报迭起，形势紧张，明知凶多吉少，而闻先生大无畏地在群众大会上，大骂特务，慷慨淋漓，并指着这群败类说：“你们站出来！你们站出来！”

他“说”了。说得真痛快，动人心，鼓壮志，气冲斗牛，声震天地！

闻一多先生明知凶多吉少，为什么还是站起来说了呢？

他“说”了：“我们要准备像李先生一样，前脚跨出大门，后脚就不准备再跨进大门。”

他“做”了，在情况紧急的生死关头，他走到游行示威队伍的前头，昂首挺胸，长须飘飘。他终于以宝贵的生命，实证了他的“言”和“行”。

闻一多先生，是卓越的学者，热情澎湃的优秀诗人，大勇的革命烈士。

他，是口的巨人。他，是行的高标。

言行一致，造就了闻一多先生伟大的人格。

⑥ 铁骑兵

杨 朔

一

文章的开头紧紧抓住了你的心，吸引你看下去，这种写法就是设置悬念。文章还有些地方采用了这种写法，找一找，并与同学交流。

一过雁门关，气候显然不同了，重阳前后，天就飘起大雪来。就在一个落雪的夜晚，活动在左云附近的八路军骑兵一个连冒着风雪，朝南转移，想转到比较安定的地区休息些时候。通过一条公路时，不想日本兵得到汉奸的报告，忽然开来几辆装甲车，把队伍切断，打起机关枪来。

隔断在公路北的只有一班人。他们想冲过来，可是敌人火力太紧，只好像一群脱离轨道的流星，离开大队，单独活动去了。

二

星群脱离轨道，一定要陨落，八路军掉队了，却能主动地打游击。班长是个矮

汉子，左脸腮有一条刀伤，弯弯的，像是月牙。他带着这一班人怪巧妙地甩开了追击的敌人，东冲西撞，想再追上大队。不巧敌人这时开始了秋季“扫荡”，到处出动，他们只好朝北开去，接连十几天，走的全是不熟悉的地方。

这天晚上，他们跑到二更天，跳出敌人的合击圈，正想寻个宿营地睡觉，班长忽然听见远远的有一片哗哗声，再仔细一听，才辨出是河水的声音。

从文中找出对班长动作的描写，仔细体会人物的内心。

他们来到河边，星光底下，看见河面不过半里来宽，隔河有几点火光，像是村落。班长毫不迟疑，第一个鞭着马走下河去，其余的骑兵也跟下去。夜不十分冷，河水没冻，可是很急，而且越走越深，最后没到马肚子。

班长心里想：“这是什么河？好深！”就勒转马头，退到岸上，沿着河朝上走，要找个浅些的地方过河。上流的水更急，总过不去。他们便顺着另一条路，跑到半夜，

不见人家，最后爬上一个山头。在山顶上，他们全都惊住了。原来山下模模糊糊地显出一座城，到处亮着电灯，好像星星。

从班长的神态和语言描写中，可以感觉到他心情的郁闷。

班长的脸颊抽动着，月牙形的刀伤也像活了似的动起来，嘴里骂道：“该死！咱们闯到什么地方了？”总是敌人的地方。他灵机一动，吩咐骑兵朝着城里放了一排马枪。这一下子不要紧，竟惹起城里的骚乱，步枪、机关枪、掷弹筒、过山炮，一时从城里响起来，乱放一气。骑兵们却悄悄地退下山头，朝着另一个方向跑去。

鸡叫时，他们终于来到一个村子，敲开庄户人家的门，不弄饭吃，也不要睡觉，开口先问：“老乡，你们这里是什么地界？”

老乡热情地招呼他们说：“这是包头啊。围城就在那边山脚下……听听，炮响呢，不知日本鬼子又捣什么鬼。”

骑兵们都不觉“呀”了一声，紧接着又问：“那么前边是什么河？”老乡说：“是黄河，水才急呢，一根鹅毛掉下去，也会旋

到水底下去。”

骑兵们一齐惊得瞪着眼，随后不觉大笑起来。

三

第二天，包头的百姓纷纷传说八路军有一团人来攻城，差一点把城攻破。城里的日本兵大半调到雁北进行“扫荡”去了，竟以为八路军转到外线，要捣毁他们的老巢，吓得急忙退回包头，“扫荡”便停止了。十天以后，那班骑兵也平平安安地转回根据地，寻到大队。

八路军把日本鬼子给吓住了，一招调虎离山计，赢得金蝉脱壳归。

1943 年

7 芦花荡

——白洋淀纪事之二

孙　犁

开头的环境描写，渲染了一种悲凉肃杀的气氛。

夜晚，敌人从炮楼的小窗子里，呆望着这阴森黑暗的大苇塘。天空的星星也像浸在水里，而且要滴落下来的样子。到这样的深夜，苇塘里才有水鸟飞动和唱歌的声音，白天它们是紧紧藏到窠里躲避炮火去了。苇子还是那么狠狠地往上钻，目标好像就是天上。

敌人监视着苇塘。他们提防有人给苇塘里的人送来柴米，也提防里面的队伍跑了出去。我们的队伍还没有退却的意思。可是假如是月明风清的夜晚，人们的眼再尖利一些，就可以看见有一只小船从苇塘里撑出来，在淀里，像一片苇叶，奔着东南去了。半夜以后，小船又漂回来，船舱里装满了柴米油盐，有时还带来一两个从

远方赶来的干部。

撑船的是一个将近六十岁的老头子，船是一只尖尖的小船。老头子只穿一件蓝色的破旧短裤，站在船尾巴上，手里拿着一根竹篙。

老头子浑身没有多少肉，干瘦得像老了的鱼鹰。可是那晒得干黑的脸，短短的花白胡子却特别精神，那一对深陷的眼睛却特别明亮。很少见到这样尖利明亮的眼睛，除非是在白洋淀上。

老头子每天夜里在水淀出入，他的工作范围广得很：里外交通，运输粮草，护送干部；而且不带一支枪。他对苇塘里的负责同志说：你什么也靠给我，我什么也靠给水上的能耐，一切保险。

老头子过于自信和自尊。每天夜里，在敌人紧紧封锁的水面上，就像一个没事人，他按照早出晚归捕鱼撒网那股悠闲的心情撑着船，编算着使自己高兴也使别人高兴的事情。

老头子的“自信和自尊”表现在哪里？联系全文，与同学交流一下。

因为他，敌人的目的就没有达到。

每到傍晚，苇塘里的歌声还是那么响，不像是饿肚子的人唱的；稻米和肥鱼的香味，还是从苇塘里飘出来。敌人发了愁。

一天夜里，老头子从东边很远的地方回来。弯弯下垂的月亮，浮在水一样的天上。老头子载了两个女孩子回来。孩子们在炮火里滚了一个多月，都发着疟(yào)子，昨天跑到这里来找队伍，想在苇塘里休息休息，打打针。

老头子很喜欢这两个孩子：大的叫大菱，小的叫二菱。把她们接上船，老头子就叫她们睡一觉，他说："什么事也没有了，安心睡一觉吧。到苇塘里，咱们还有大米和鱼吃。"

从这句话中可以体会到老头子内心的自信与乐观。

孩子们在炮火里一直没安静过，神经紧张得很，一点轻微的声音，闭上的眼就又睁开了。现在又是到了这么一个新鲜的地方，有水有船，荡悠悠的，夜晚的风吹得长期发烧的脸也清爽多了，就更睡不着。

眼前的环境好像是一个梦。在敌人的炮火里滚打，在高粱地里淋着雨过夜，一晚上不知道要过几条汽车路，爬几道沟。发高烧和打寒噤的时候，孩子们也没停下来。一心想：找队伍去呀，找到队伍就好了！

环境的恶劣，更能锤炼人们的意志，促使人们向往光明。

这是冀中区的女孩子，大的不过十五，小的才十三。她俩在家乡的道路上行军，眼望着天边的北斗。她俩看着初夏的小麦黄梢，看着中秋的高粱晒米。雁在她们的头顶往南飞去，不久又向北飞来。她们长大成人了。

小女孩子趴在船边，用两只小手淘着水玩。发烧的手浸在清凉的水里很舒服，她随手就舀了一把泼在脸上，那脸涂着厚厚的泥和汗。她痛痛快快地洗起来，连那短短的头发。大些的轻声吆喝她："看你，这时洗脸干什么？什么时候啊，还这么爱干净！"

小女孩子抬起头来，望一望老头子，笑着说："洗一洗就精神了！"

老头子说：“不怕，洗一洗吧，多么俊的一个孩子呀！”

远远有一片阴惨的黄色的光，突然一转就转到她们的船上来。女孩子正在拧着水淋淋的头发，叫了一声。老头子说：“不怕，小火轮上的探照灯，它照不见我们。”

他蹲下去，撑着船往北绕了一绕。黄色的光仍然向四下里探照，一下照在水面上，一下又照到远处的树林里去了。

老头子小声说：“不要说话，要过封锁线了！”

从老头子的语言、动作中，能感受到他时刻关注着两个孩子的安危。

小船无声地，但是飞快地前进。当小船和那黑乎乎的小火轮站到一条横线上的时候，探照灯突然照向她们，不动了。两个女孩子的脸照得雪白，紧接着就扫射过一梭机枪。

老头子叫了一声“趴下”，一抽身就跳进水里去，踏着水用两手推着小船前进。大女孩子把小女孩子抱在怀里，倒在船底上，用身子遮盖了她。

子弹吱吱地在她们的船边钻到水里去，有的一见水就爆炸了。

大女孩子负了伤，虽说她没有叫一声也没有哼一声，可是胳膊没有了力量，再也搂不住那个小的，她翻了下去。那小的觉得有一股热热的东西流到自己脸上来，连忙爬起来，把大的抱在自己怀里，带着哭声向老头子喊：“她挂花了！”

“带着哭声向老头子喊”，描写了人物的心情，体现出小女孩对大女孩的牵挂与担忧。

老头子没听见，拚命地往前推着船，还是柔和地说：“不怕，他打不着我们！”

“她挂了花！”

“谁？”老头子的身体往上蹿了一蹿，随着，那小船很厉害地仄歪了一下。老头子觉得自己的手脚顿时失去了力量，他用手扒着船尾，跟着浮了几步，才又拚命地往前推了一把。

她们已经离苇塘很近。老头子爬到船上去，他觉得两只老眼有些昏花。可是他到底用篙拨开外面一层芦苇，找到了那窄窄的入口。

一钻进苇塘，他就放下篙，扶起那大女孩子的头。

大女孩子微微睁了一下眼，吃力地说：“我不要紧，快把我们送进苇塘里去吧！”

从老头子的动作、语言和神态中可以体会到他内心所受到的打击。

老头子无力地坐下来，船停在那里。月亮落了，半夜以后的苇塘，有些飒飒的风响。老头子叹了一口气，停了半天才说：“我不能送你们进去了。”

小女孩子睁大眼睛问：“为什么呀？”

老头子直直地望着前面说：“我没脸见人。”

小女孩子有些发急。在路上也遇见过这样的带路人，带到半路上就不愿带了，叫人为难。她像央告那老头子：“老同志，你快把我们送进去吧，你看她流了这么多血，我们要找医生给她裹伤呀！”

老头子站起来，拾起篙，撑了一下。那小船转弯抹角钻入了苇塘的深处。

这时，那受伤的才痛苦地哼哼起来。小女孩子安慰她，又好像是抱怨：“一路

上多么紧张，也没怎么样，谁知到了这里，反倒……”一声一声像连珠箭，射穿老头子的心。他没法解释：大江大海过了多少，为什么这一次的任务偏偏没有完成？自己没儿没女，这两个孩子多么叫人喜爱！自己平日夸下口，这一次带着挂花的人进去，怎么张嘴说话？这老脸呀！他叫着大菱说：“他们打伤了你，流了这么多血，等明天我叫他们十个人流血！”

两个孩子全没有答言，老头子觉得受了轻视。他说：“你们不信我的话，我也不和你们说。谁叫我丢人现眼，打牙跌嘴呢！可是，等到天明，你们看吧！”

关注此处人物的神态、动作、语言的描写，能读懂老头子自责、不甘的心理。

小女孩子说：“你这么大年纪了，还能打仗？”

老头子狠狠地说：“为什么不能？我打他们不用枪，那不是我的本事。愿意看，明天来看吧！二菱，明天你跟我来看吧，有热闹哩！”

第二天，中午的时候，非常闷热。一

轮红日当天，水面上浮着一层烟气。小火轮开得离苇塘远一些，鬼子们又偷偷地爬下来洗澡了。十几个鬼子在水里泅(qiú)着，日本人的水式真不错。水淀里没有一个人影，有只一团白绸子样的水鸟，也躲开鬼子往北飞去，落到大荷叶下面歇凉去了。从荷花淀里却撑出一只小船来。一个干瘦的老头子，只穿一条破短裤，站在船尾巴上，有一篙没一篙地撑着，两只手却忙着剥那又肥又大的莲蓬，一个一个投进嘴里去。

从表面上看，老头子气定神闲，其实他早已想好了为负伤女孩复仇的计划。

他的船头上放着那样大的一捆莲蓬，是刚从荷花淀里摘下来的。不到白洋淀，哪里去吃这样新鲜的东西？来到白洋淀上几天了，鬼子们也还是望着荷花淀瞪眼。他们冲着那小船吆喝，叫他过来。

老头子向他们看了一眼，就又低下头去，还是有一篙没一篙地撑着船，剥着莲蓬。船却慢慢地冲着这里来了。

小船离鬼子还有一箭之地，好像老头子才看出洗澡的是鬼子，只一篙，小船溜

溜转了一个圆圈，又回去了。鬼子们拍打着水追过去，老头子张皇失措，船却走不动，鬼子紧紧追上了他。

“张皇失措”的本义是什么？这时老头子为什么张皇失措？

眼前是几根埋在水里的枯木桩子，日久天长，也许人们忘记这是为什么埋的了。这里的水却是镜一样平，蓝天一般清，拉长的水草在水底轻轻地浮动。鬼子们追上来，看看就扒上了船。老头子又是一篙，小船旋风一样绕着鬼子们转，莲蓬的清香，在他们的鼻子尖上扫过。鬼子们像是玩着捉迷藏，乱转着身子，抓上抓下。

一个鬼子尖叫了一声，就蹲到水里去。他被什么东西狠狠咬了一口，是一只锋利的钩子穿透了他的大腿。别的鬼子吃惊地往四下里一散，每个人的腿肚子也就挂上了钩。他们挣扎着，想摆脱那毒蛇一样的钩子。那替女孩子报仇的钩子却全找到腿上来，有的两个，有的三个。鬼子们痛得鬼叫，可是再也不敢动弹了。

老头子把船一撑来到他们的身边，举

起篙来砸着鬼子们的脑袋，像敲打顽固的老玉米一样。

读了全文，老头子给你留下了什么印象？结合你印象最深的一处细节描写谈一谈。

他狠狠地敲打，向着苇塘望了一眼。在那里，鲜嫩的芦花，一片展开的紫色的丝绒，正在迎风飘洒。

在那苇塘的边缘，芦花下面，有一个女孩子，她用密密的苇叶遮掩着身子，看着这场英雄的行为。

8 三人行[①]

王愿坚

“一定要走到那棵小树跟前再休息！”指导员王吉文望着前面四五百米处的一棵小树，又暗暗地下了一次决心。那棵小树的叶子早被前面的部队摘下来吃掉了，只剩下些光秃秃的枝丫，挑着几个干巴叶片。因此，在王吉文看来，它似乎比实际距离要远一些。

几天来，他一直用这个办法来给自己打气，这办法却渐渐失去了效用。他确定的目标越来越近，也更常常怀疑起自己的眼睛：该不是眼睛有什么毛病吧，为什么看来很近，走起来却这么远？

指导员王吉文的体力已透支，所以下一个目标的距离对他而言，便格外遥远。

这次又是这样，他没有走到既定距离的一半，就有些支持不住了。头开始有些

① 选入本书时略有删改。

一系列的神态、动作的细节描写，让一位伤势严重、生命垂危，但依然忍着剧痛、坚强前行的革命战士形象跃然纸上，读来让人担忧。

发晕，腿也软绵绵的，脖子因为用力往前探着，扯得脖筋暴跳作痛，真担心再一用力就会嘎嘣挣断。特别是胸前的伤口，随着他急促的呼吸，里面那条纱布捻子像一把小锉在来回拉动，痛得他艰难地一步一挨地向前走着。一星期前，他带着他的连队踏进这茫茫的草地，这草地是多么平坦啊！可是眼前这路却变得坑坑洼洼；水草那么滑，简直站不稳脚；草根太多了，稍不留神就会摔倒……

通信员小周伏在指导员的身上，觉得身体晃动得厉害。凭经验，他看出指导员又撑不住了。他说："指导员，快休息一下吧！"

"不！"王吉文故意把声音提得很高。他知道第一次休息了，就还会有第二次，第三次……为了不让小周那双溃烂了的脚落到泥水里，他把小周的屁股用力往上托了托，说："不要紧，只要你再给我增加点'营养'就行。"

小周腾出一只手，把怀里的车前菜叶子翻了翻，拣了两片嫩叶，摸索着填进指导员的嘴里。他们已经断粮两天了，就靠这东西塞肚子。两个人把吃这叫作“增加营养”。

好容易走到那棵树底下，王吉文拣块干地方把小周放下来。刚弯下身，忽然听见小周喊了声：“喂，同志，哪个单位的？”

王吉文这才发现树底下还躺着一个同志。那同志见有人来，慌忙抹了抹眼睛，却没有说什么。

王吉文连忙凑近去，亲切地问：“怎么，也掉队了？”

“不……不行啦！”那同志伸手揭开盖在身上的那块油布，指着小腿肚上一处被水浸坏了的伤口，有气无力地说。

“别泄气嘛，同志，我们来想办法走吧！”王吉文安慰他说。

“不，自己的伤自己明白……”那同志指指身旁那支步枪，接着说，“同志，

从王吉文“亲切”“安慰”的语气中，可以感受到他对同志的关怀。

请你把这支枪带着，替我上缴吧。我是十三团二连的，我叫黄元庆……”说到这里，他喘了口气，从挎包里掏出了一副绑腿，扔给小周，深情地说：“给你，小同志。你好好地活着出去，继续革命！”

一阵风吹过，树上那几片孤零零的叶子沙沙地响了几声。小周便哽咽着接过了绑腿。

王吉文也觉得心里一阵酸楚。凭他做了两年指导员的经验，他知道，有的战士在战斗中视死如归，但是在极端艰苦的环境面前，特别是看来陷入绝境的时候，容易莽撞地选择一种最简单的对待自己的办法。他像是自言自语地说：“同志，你为什么这样想……”他本来还想再说些什么，可是没说出口。他只顾发愁：这两个不能行动的同志，可怎么带他们走？

王吉文知道自己帮不了别人，但也不忍心丢下战友，心里很是矛盾。

他正在想着，忽然看见远处出现了一簇人影。人影走近了，还有一匹马。他心里顿时高兴起来。但是这伙人走到跟前，

他却失望了。马上坐着两个人，牵马的那个人肩上背着两支步枪，一手牵着缰绳，一手搀着一个病号。王吉文仔细一看，原来是师长。

师长向他们三个人看了看，默默地从枪筒上解下已经空了半截的米袋子，抓了一把炒面给王吉文，然后严肃地问："为什么不走？"

"这个同志伤很重……"王吉文指着黄元庆回答。他知道师长是个严厉的人，不由得有些心慌。

"背上他走！"

"我，我已经背了一个……"

"同——志……"师长向前跨了一步，直看着王吉文的脸，话说得又低又慢，声音还有些沙哑。王吉文看见师长的眼睛里闪过一种焦灼、痛苦的神情。师长没有把话说下去，突然提高了声音说："背上他！"

师长焦灼、痛苦的神情告诉我们：他不愿意任何一个同志掉队、牺牲。

说完，师长扭转身，挽起缰绳，扶着伤员，又蹒跚地向前走了。

一个人背两个人，王吉文思索着这个似乎不近情理的命令，不禁有些茫然了。但是他面前很快又闪现出师长那焦灼、痛苦的眼神。这，仿佛是对这个命令的补充说明。

“对，背上他！”想着师长的话，他忽然想出了办法。他兴冲冲地抓起小洋瓷碗，从水洼里舀了半碗凉水，拌上一点炒面，给黄元庆吃了下去。接着又弄了一份，放在小周面前。然后抓起黄元庆的一只手，背向着他蹲下来，果断地说：“黄元庆同志，我以指导员的身份命令你，走！”

他背起黄元庆，对小周说：“你在这里等着，我一会儿回来接你！”说完便大步向前走去。

当他到了一个新的目标，觉得体力有些不支的时候，就把黄元庆放下来，然后走一段回头路，再背上小周继续赶上去。

一趟，两趟，三趟……

我们常说文字背后隐含着深意，其实标点符号也有深意。你从这个省略号中体会到了什么？

目标一个个留在身后了。王吉文觉得实在惊奇：哪里来的力量又走了这么远？

可是他也发现，自己是渐渐不能支持了，特别是这一次，似乎黄元庆的体重忽然增加了许多，脚下的泥水也好像更软了。眼前的景物渐渐变成了两个，身子晃荡得厉害。“已经走了几个来回了？十七次，还是十八次？”他正想着，突然脚下一滑，身子一扭，他连忙挣扎了一下，总算没有摔倒，可是胸前的伤口却剧痛起来，痛得他忍不住叫了一声：“哎——哟！”

此时王吉文已身心俱疲，无力支撑，这里的心理描写确切地说明了这一点。

“指导员，你怎么啦？”黄元庆问。

“没有什么。”王吉文回答，慌忙放下捂着伤口的手，扭头望了黄元庆一眼。

黄元庆却看见了，立刻惊叫起来：“指导员，放下我！你……”

“别说话！”王吉文大声说。就在这时，他觉得眼前一阵昏黑，一口带点腥味的东西涌到了嘴边，他慢慢地歪倒了。

王吉文醒来的时候，他发现自己仰面躺着，身子却在缓缓地移动。“这是怎么啦……刚才伤口……”他往伤处摸了一把，

一条绑腿已经把它包扎得好好的了。他惊奇地扭头看去，只见自己正躺在油布上，油布旁边的水草里，两条糊满泥巴的腿在往前移动，一条小腿上正流着血水。再往前看，黄元庆和小周并排匍匐在草地上，每人肩上挂着半截绑腿，拉住了油布的两个角，正在吃力地拖着往前爬。油布沿着光滑的水草往前移去。他们俩一边爬，一边说着话："……一个人该有多大的劲啊！他负了伤，还背我们走了那么远。"这是黄元庆的声音。

"人就是有那么股子劲，有时自己也摸不透。你刚才还说，自己的伤自己明白，可是……"

王吉文看着，听着，他心里顿时激动起来。他仰起脸，望着天空轻轻地吁了口气。天无边无垠的，好像为了衬托那令人目眩的蓝色，几朵绒毛似的白云轻轻地掠过去。在那白云下面，一长串大雁正排成"人"字形的队伍，轻盈地向南飞去。它们靠得那么紧，排得那么整齐。

大雁飞行，团结地排成"人"字；红军长征，也是靠着同志们的互相帮助，战胜了一切困难！

⑨ 可爱的中国[1]

方志敏

朋友！中国是生育我们的母亲。你们觉得这位母亲可爱吗？我想你们是和我一样的见解，都觉得这位母亲是蛮可爱蛮可爱的。

…………

听着！朋友！母亲躲到一边去哭泣了，哭得伤心得很呀！她似乎在骂着：“难道我四万万的孩子都是白生了吗？难道他们真像着了魔的狮子，一天到晚地睡着不醒吗？难道他们不知道用自己伟大的团结力量，去与残害母亲、剥削母亲的敌人斗争吗？难道他们不想将母亲从敌人手里救出来，把母亲也装饰起来，成为世界上一个最出色、最美丽、最令人尊敬的母亲吗？”

1935年，方志敏被国民党逮捕入狱。面对敌人的严刑拷打、威逼利诱，他坚贞不屈，拒不投降。他利用敌人让他写“供词”的纸笔，写下了《可爱的中国》等作品，表达了对祖国的热爱之情。

---

① 选入本书时略有删改。

中国"目前"的状况令方志敏心痛。他迫切地希望全国民众团结起来斗争，赶走帝国主义。

朋友，听到母亲哀痛的哭骂了吗？是的，是的，母亲骂得对，十分对！我们不能怪母亲好哭，只怪得我们之中出了败类，自己压抑自己，眼睁睁地望着我们这位慈祥美丽的母亲，受着许多无谓的屈辱和残暴的蹂躏！这真是我们做孩子们的不是了，连一位母亲都爱护不住了！

…………

朋友，从崩溃毁灭中，救出中国来，从帝国主义恶魔生吞活剥下，救出我们垂死的母亲来，这是刻不容缓的了。但是，到底怎样去救呢？

…………

我想，欲求中华民族的独立解放，绝不是哀告、跪求、哭泣所能济事，而是唤起全国民众起来斗争，都手执武器，去与帝国主义进行神圣的民族革命战争，将他们打出中国去，这才是中国唯一的出路，也是我们救母亲的唯一方法。朋友，你们说对不对呢？

…………

不错，目前的中国，固然是江山破碎，国敝民穷，但谁能断言，中国没有一个光明的前途呢？不，绝不会的，我们相信，中国一定有一个可赞美的光明前途。中华民族在很早以前，就造起了一座万里长城和开凿了几千里的运河，这就证明中华民族伟大无比的创造力！中国在战斗之中一旦斩去了帝国主义的锁链，肃清自己阵线内的汉奸卖国贼，得到了自由与解放，这种创造力将会无限地发挥出来。到那时，中国的面貌将会被我们改造一新。所有贫穷和灾荒，混乱和仇杀，饥饿和寒冷，疾病和瘟疫，迷信和愚昧，以及那慢性的杀灭中华民族的鸦片毒物，这些都是帝国主义带给我们的可憎的赠品，将来也要随着帝国主义被赶走而离去中国了。朋友，我相信，到那时，到处都是活跃的创造，到处都是日新月异的进步，欢歌将代替了悲叹，笑脸将代替了哭脸，富裕将代替了贫穷，

作者在这里运用对比的手法，描绘了祖国的现在和未来，表达了对祖国美好未来的无限憧憬和坚定信心。

康健将代替了疾苦，智慧将代替了愚昧，友爱将代替了仇杀，生之快乐将代替了死之悲哀，明媚的花园将代替了凄凉的荒地！这时，我们民族就可以无愧色地立在人类的面前，而生育我们的母亲，也会最美丽地装饰起来，与世界上各位母亲平等地携手了。

同学们，看看我们如今的生活，是方志敏当年梦想的生活吗？和大家交流交流吧。

这么光荣的一天，绝不在辽远的将来，而在很近的将来，我们可以这样自信，朋友！

阅读链接

寒冬腊月的一天，方志敏穿着一件薄薄的破棉袄，去参加贵溪苏维埃代表大会。一些身穿新棉袄的代表要给他换件新的，但他不同意。后来，一位代表将新棉袄送来，方志敏就反复给来人讲要节省、要减轻群众负担的道理，执意不收。一旁的警卫员实在看不过去了，流着眼泪感慨："方主席，您是只顾革命不顾自己啊！"

组文阅读

无论是古代，还是当今，无论在战争年代，还是和平时期，每个人都可以用自己独特的方式诠释对国家的热爱。

一言一语，表现的是人物内心；一颦一笑，反映的是人物情感。读本组文章，试着关注那些细微的语言、动作、神态，并仔细体会。

① 白洋淀边一次小斗争

孙　犁

有一天，我送一封信到同口镇去，把信揣(chuāi)在怀里，脱了鞋，卷起裤腿，在那漫天漫地的芦苇里穿过。芦苇正好一人多高，还没有秀穗[①]，我用两手拨开一条小道，脚下的水也有半尺深。

走了半天，才到了淀边，拨开芦苇向水淀里一望，太阳照在水面上，白茫茫一片，一个船影儿也没有。我吹起暗号，吹过之后，西边芦苇里就哗啦啦响着，钻出一只游击小船来，撑船的还是那个爱说爱笑的老头儿。他一见是我，

① 秀穗：植物从叶鞘中长出穗。

忙把船靠拢了岸。我跳上去，他说：“今天早啊。”

我说：“道远。”

他使竹篙用力一顶，小船箭出弦一般，蹿到淀里。四外没有一只船，只有我们这只小船，像大海上漂着一片竹叶，目标很小。我们就又拉起闲话来。

老头儿爱交朋友，干抗日的活儿很有瘾，充满胜利情绪。他好打比方，证明我们一定胜利，他常说：“别看那些大事，就只是看这些小事，前几年是怎样，这两年又是怎么样啊！”

过去，他是放鱼鹰捉鱼的。他只养了两只鱼鹰，和他那个干瘦得像柴火棍一样的儿子，每天从早到晚在淀里捉鱼。刚一听这个职业，好像很有趣味，叫他一说却是很苦的事。那风吹雨打不用说了，每天从早到晚在那船上号叫，敲打鱼鹰下船就是一种苦事。而且父子两个是全凭那两只鱼鹰来养活的，那是心爱的东西，可是为了多打鱼多卖钱，就得用一种东西紧紧地卡住鱼鹰的嗓子，使它吞不下它费劲捉到的鱼去，这更是使人心酸可又没有办法的事。老头儿是最心疼那两只鱼鹰的，他说，别人就是拿二十只也换不去。他又说：“那一对水鹰才合作哩，只要一个在水里一露头，叫一声，在船上的一个，立刻就跳进水里，帮它一手，两个抬出一条大鱼来。”

老头儿说，这两只鱼鹰，每年要给他抬上一千斤鱼。鬼子第一次进攻水淀，在淀里抢走了他那两只鱼鹰，带到端村，放在火堆上烧着吃了。于是，儿子去参加了水上游击队，老头儿把小船修理好，做交通员。

老头儿乐观，好说话，可是总好扯到他那两只鱼鹰上，这在老年人，也难怪他。这一天，又扯到这上面，他说："要是这两年就好了，要在这个时候，我那两只水鹰一定钻到水里逃走了，不会叫他们捉活的去。"

可是这一回他一扯就又扯到鸡上去，他说："你知道前几年，鬼子进村，常常在半夜里，人也不知道起床，鸡也不知道撒窠，叫鬼子捉了去杀了吃了。这两年就不同了，人不在家里睡觉，鸡也不在窠里宿。有一天，在我们镇上，鬼子一清早就进村了，一个人也不见，一只鸡也不见，鬼子和伪军们在街上，东走走西走走，一点食也找不到。后来有一个鬼子在一株槐树上发现一只大红公鸡，他高兴极了，就举枪瞄准。公鸡见他一举枪，就哇的一声飞起来，跳墙过院，一直飞到那村外。那鬼子不死心，一直跟着追，一直追到苇垛场里，那只鸡就钻进了一个大苇垛里。"

没到过水淀的人，不知道那苇垛有多么大，有多么高。一到秋后霜降，几百顷的芦苇收割了，捆成捆，用船运到

码头旁边的大场上，垛起来，就像有多少高大的楼房一样，白茫茫一片。这些芦苇在以前运到南方北方，全国的凉棚上的，炕上的，包裹货物的席子，都是这里出产的。

老头儿说："那公鸡一跳进苇垛里，那鬼子也跟上去，攀登上去。他忽然跳下来，大声叫着，笑着，往村里跑。一时他的伙伴们从街上跑过来，问他什么事。他叫着，笑着，说他追鸡，追到一个苇垛里，上去一看，里面藏着一个女的，长得很美丽，衣服是红色的——这样鬼子们就高兴了，他们想这个好欺侮，一下就到手了。五六个鬼子饿了半夜找不到个人，找不到东西吃，早就气坏了，他们正要撒撒气，现在又找到了这样一个好欺侮的对象，他们向前跃进，又嚷又笑，跑到那个苇垛跟前。追鸡的那个鬼子先爬了上去，爬到苇垛顶上，刚要直起身来喊叫，那姑娘一伸手就把他推下来。鬼子仰面朝天从三丈高的苇垛上摔下来，别的鬼子还以为他失了脚，上前去救护他。这个时候，那姑娘从苇垛里钻出来，咬紧牙向下面投了一个头号手榴弹，火光起处，炸死了三个鬼子。人们看见那姑娘直直地立在苇垛上，她才十六七岁，穿一件褪色的红布褂，长头发上挂着很多芦花。"

我问："那个追鸡的鬼子炸死了没有？"

老头儿说："手榴弹就摔在他的头顶上，他还不死？

剩下来没有死的两三个鬼子爬起来就往回跑。街上的鬼子全开来了，他们冲着苇垛架起了机关枪，扫射，扫射……苇垛着了火，一个连一个，漫天的浓烟，漫天的大火，烧起来了。火从早晨一直烧到天黑，照得远近十几里地方都像白天一般。”

从水面上远远望过去，同口镇的码头就在前面，广场上已经看不见一堆苇垛，风在那里吹起来，卷着柴灰，凄凉得很。我想，这样大火，那姑娘一定牺牲了。

老头儿又扯到那只鸡上，他说：“你看怪不怪，那样大火，那只大公鸡一看势头不好，它从苇子里钻出来，三飞两飞就飞到远处的苇地里去了。”

我追问：“那么那个姑娘呢，她死了吗？”

老人说：“她更没事。她们有三个女人躲在苇垛里，三个鬼子往回跑的时候，她们就从上面跳下来，穿过苇垛向淀里去了。到同口，你愿意认识认识她，我可以给你介绍，她会说得更仔细，我老了，舌头不灵了。”

最后老头说：“同志，咱这里的人不能叫人欺侮，尤其是女人家。可是以前没有经验，前几年有多少年轻女人忍着痛投井上吊！这两年就不同了啊！要不我说，假如是在这两年，我那两只水鹰也不会叫鬼崽(zǎi)子们捉了活的去！”

1945 年

② 光荣之死[1]（节选）

马　烽

这些普通的老百姓，这些勤劳勇敢的中国农民，在日寇进攻时期，在阎锡山逃到晋南地区以后，在那些最艰苦的年代里，他们在共产党领导下，曾经拿起武器和日本帝国主义英勇地战斗过；曾经冒着性命危险掩护过抗日干部；曾经风里来雨里去送过公粮，抬过担架，传递过情报……他们是中华民族的优秀儿女，是中国人民的有功之臣。可是如今一个个被阎锡山的队伍残杀了。勾子军[2]把他们铡死在自己的家门口，铡死在亲属和全村人的面前。六个烈士的鲜血染红了铡刀，染红了枯草，染红了土地。

在场的群众都悲愤地失声痛哭了，哭声惊天动地。人们早就不忍心看下去了，纷纷向四外跑开；可是一次又一次被勾子军堵了回来。勾子军们叫骂着，挥舞着皮带，端着上了刺刀的枪，把这些手无寸铁的男女老少赶回原地，

---

① 本文选自马烽的《刘胡兰传》，略有删改。

② 勾子军：中华人民共和国成立前山西一带群众对蒋阎十九军的一种蔑称。

强迫他们继续看这一场惨无人道的屠杀！

现在被捕的人当中，只留下胡兰和金香两个了。胡兰像一尊钢铁的巨人，纹丝不动地站在原地方，站在大胡子和两个勾子军的中间，态度显得很从容。她默默地望着场子里的人群，好像是在和家人们告别，和云周西的乡亲们告别！

这时大胡子猛然推了胡兰一把，说道：

“现在轮到你了！你是要死还是要活？两条路子由你挑！”

胡兰没有理睬他，仍然望着群众，好像在说：“乡亲们，永别了！”

大胡子接着又用央求的口气，小声说道：

“只要你向民众们说一句话，就说：‘我从今以后，再不当共产党了！’就说这么一句，就算没你的事了。我马上放你，马上放你回家！”

胡兰用鄙视的眼光扫了他一眼。从她的眼神中可以看得出，她早已看穿了敌人的阴谋：他们企图用血腥的屠杀，在广大群众面前，使一个共产党员屈服……为了保持一个共产党员的气节，给敌人以打击，她早已把生死置之度外了。

大胡子大声问道：“难道你就不怕死？”

胡兰斩钉截铁地说：“怕死就不当共产党！”

大胡子气急败坏地说：“你，你……”

胡兰用愤怒的眼光盯着大胡子，喝问道：

“我是怎个死法？”

大胡子听了，真像当头挨了一棒，脸上红了又白，白了又红。他万没料到，这个年轻的农村姑娘是如此的倔强，如此的难以降服。他简直把所有的花招都使完了，可是仍然没有结果。大胡子恼羞成怒，立时现出了本来面目，凶狠狠地吼道：

“怎个死法？一个样！”

胡兰理了理两鬓的头发，重新包了包头上的毛巾，昂首阔步向刑场上走去。她从六位烈士的遗体前走过去，踏着他们的鲜血，走到了铡刀跟前。

这时那些铡人的刽子手们，都吓得发抖了，有的畏畏缩缩地躲到了一旁，有的溜到人群中去了。张全宝下令让勾子军又把这些人赶回来，逼着他们撑起血淋淋的铡刀。胡兰最后向乡亲们望了一眼，然后从从容容地躺在了刀床上。

人群中有人惊叫起来，有人哭喊起来，全场骚动了，许多男人们向铡刀跟前拥去。敌人着慌了，许得胜立刻命令所有的勾子军准备射击。机枪连长李国卿把护村堰上的轻机枪也调过来了，射手都伏在地上，机枪瞄准着群众。

拥过去的人又被逼着退回到了原来的地方。而这时候，会场上女人堆里的哭喊声也更高了。

爱兰哭得最悲痛。躺在刀床上的是她一母同胞的亲姐姐。姐姐从小把她带大，那么关怀她、爱护她，她觉得世上再没有比姐姐更亲她的了。以前姐姐短期出去工作，她都舍不得让离开，夜里做梦也梦到姐姐，现在亲眼看着姐姐就要被敌人杀害了，从此以后，再也见不到姐姐了，永远永远也见不到了！爱兰觉得真像是摘自己的心、割自己的肉一样。她抱着妈妈，声嘶力竭地号啕痛哭。而胡文秀这时也早已哭得像泪人一样了。胡兰不是她的亲生女儿，但却是她从小抚养大的，她教她认过字，教她做过针线活，给她缝过衣服，做过鞋袜。而胡兰对她也很尊敬，很孝顺，从来没有说过一句不入耳的话，从来也没伤过她这个继母的心，如今在这生离死别的关头，怎能不叫人下泪泥？不要说胡文秀，连一些邻居的婶子大娘们也都失声痛哭了。

在男人堆里，最悲伤的莫过于胡兰爹刘景谦了。这个勤勤恳恳的老实农民，万没想到塌天大祸会落在自己身上。敌人马上就要铡的是自己的亲女儿，是自己的亲骨肉。真个是万箭穿胸，心如刀绞！他不忍看女儿惨死，两手抱着头蹲在地上，眼泪向肚里倒流。站在他跟前的是胡兰的

大爷刘广谦。刘广谦脸色铁青，一双愤怒的眼睛死盯着刑场，死盯着那伙杀人的凶犯，好像要把他们的相貌刻在心里一样。

在人群中还有一个人，也是像刘广谦一样，用一双愤怒的眼睛死盯着那伙杀人凶手，这人就是暗村长郝一丑。郝一丑心中燃烧着一团怒火，恨不得冲过去，用铁拳把那些凶手们捣烂。但他明白这是根本办不到的事。而且他也了解自己肩负的重任。他一声不响地站在那里，两手握成拳头，死劲握着，指甲都快扎到手心里了。当他看到胡兰从从容容躺在刀床上的时候，不由得产生了一种崇敬的心情。心里暗暗说："好样的，像个党员！"可是不管怎么说，亲眼看着自己的同志、自己的战友被敌人杀害，也不能不感到痛苦，不能不感到难过。郝一丑望着胡兰，眼里忍不住滚出了豆大的两颗泪珠，泪珠顺着他饱经风霜的脸流下来，滴在胸前，很快就结成冰了。

这时人们看见大胡子张全宝，大踏步向刑场那里走去。

张全宝走到了胡兰躺着的铡刀跟前，弯下腰来，气势汹汹地喝道：

“你要愿意‘自白[①]’，愿意投降，就滚起来！”

胡兰静静地躺着，睁大两只眼睛盯着他。大胡子随手抓了一把干草，盖在胡兰脸上。胡兰把头一摇，干草甩掉了。她仍然用两只大眼盯着大胡子，嘴角里浮起一丝冷笑，好像在说：“看你还有什么花招！”大胡子腿都有点哆嗦了，声嘶力竭地喊道：

“给我铡！”

铡刀落下来了，鲜血像火山喷射出来的岩浆，直冲霄汉……

鲜血像一朵朵艳红的小花，溅落到四方……

刘胡兰同志从容就义了！光荣牺牲了！

大胡子忽然像得了急症一样，脸色变得灰白灰白，头上直冒冷汗，站都有点站不住了。他心里明白：失败了。从师部到团部，从团部到营部，筹谋划策费了那么多时间，调动了两个连的兵力，使用了三副铡刀，施展出了软的硬的各种花招……可是结果却没有降服这样一个年轻的女共产党员。昨天晚上，他们还在兴高采烈，预计从此以后，

① 自白：原义是把自己的意图说明白。这里指国民党反动派威逼利诱共产党员（也包括革命群众）放弃信仰、投降敌人，在老百姓面前陈述自己“认识到了错误，准备弃暗投明”的行为。

将会在这一带展开一个“自白转生”的新局面。而现在完了，彻底失败了！

这时已到了下午五点多钟。天色更加阴暗，天气也更加寒冷。勾子军匆忙吹号集合，押着金香，在人们的哭喊声中，在人们的咒骂声中，一个个垂头丧气地溜了，完全像是从战场上败退下来的溃兵一样。

刘胡兰英勇地牺牲了！

这个年轻的农村姑娘，这个普通的共产党员，她用自己宝贵的生命，挫败了敌人的罪恶阴谋；她以自己青春的热血，保持了一个共产党员的革命气节。她的鲜血洒在了故乡的土地上，她的光辉形象将永远活在千百万人的心里！

刘胡兰烈士永垂不朽！

③ “同志……”

王愿坚

草地的雨，来得急去得也快，洗了根皮带的工夫，雨住了，风停了。

谭思云把冲洗干净的皮带系在腰间，往紧里扎了扎，伸手捡了几粒大些的冰雹填进嘴里，就借着树叶上滴下的水洗起草根来。进入草地已经快半个月了，粮食早已吃完，连能吃的野草、野菜也被走在前面的部队吃光了，只好挖起了草根。正洗着，忽然传来了一声战马的嘶鸣。

谭思云高兴起来了。在他的眼前，顿时浮现出了一匹高大的战马形象。那是一匹大青马，身长，裆宽，结实的腰胯上生着一团团毛旋……他连忙把草根收起，塞进皮带里，背起枪，弯腰钻出树丛，向着马叫的方向奔去。

可是，当他看清那支小队伍的模样时，脚步不由得放慢了。只见走在头里的一个干部，牵着一头驮着病号的骡子，缰绳挂在他那只断臂的肩头上，另一只肩上扛着两支步枪，手里还扶着一个病号。在他后边，一队伤员、病号互相搀

扶着，脚步蹒跚地走来。

那干部看见了他，笑了笑：“小鬼，掉队啦！把枪放到马背上……”

谭思云摆了摆手又摇了摇头。

找那匹大青马的事，还是过大雪山的时候闯到这个年轻的红军战士心里的。那天，已经看到雪山顶了，也是最艰苦的时刻；雪更深了，山更陡了，汗湿的裤腿，早已变成了硬邦邦的冰筒子。尤其难耐的是空气稀薄，气喘不出来，脚迈不动步，谭思云只觉得眼前一阵昏黑，身子一歪就向着山崖边倒下去。这时，只听得一声洪亮的喊声：“同志——”接着，一只大手拦腰抱住了他。当他清醒过来，发现自己正倚在一个同志的肩膀上。他侧脸望去，只见这个同志身材高大魁梧，宽阔的肩膀，宽阔的脸膛，引人注目的是，在那厚厚的嘴唇上蓄着一抹浓黑的胡子。呼出来的热气随时凝结了，在胡子梢上挂上了两串冰凌。在那挂着雪花的两道浓眉下面，一双大眼睛正亲切地朝他看着。他这才发现，那同志另一只手里还挽着一个战士。就在这时，那匹大青马过来了。那个同志朝着牵马的高个子老马夫喊了句什么，然后抓起谭思云的手，一下子放到马尾旁边的一条皮带上：“抓紧喽！让它帮你一下！”说罢，又拉起

了后面一个战士，向前走去。

拉着马爬山，就容易些了。可是，在这一匹马的前后，连拖带拉足有六七个人。马在吃力地爬，人在用力地拉。就在翻上山顶的时候，“咯嘣”一声，他手里那条皮带断开了。

就从这个时候起，谭思云立下了一个心愿：一定要搞到一条皮带，交给那位饲养员，给那匹马换上。特别是在他知道了大青马是谁的乘马以后，这个心愿就更强烈了。“啊，是他的马？！”他仿佛又看见了那挂着冰雪的脸庞、浓黑的胡子和那双关切的眼睛。“他在指挥着整个方面军长征和战斗，可马肚带却是断了的……”就在甘孜和四方面军会师以后休整期间，他终于在一个庙里捡到了一块牦牛皮。他又是冷水洗，又是开水烫，用心地去掉了牛毛，把里皮刮净，制得通明透亮，然后裁开、接好，搞成了一根长长的皮带。自打那以后，他就把皮带捆在腰间，开始在这茫茫的草地上找那匹大青马了……

看看不是他要找的马，谭思云失望地叹了口气，从腰间抓出把草根，填到骡子嘴里，转身又向前走去。

一个个草根盘结着的草墩，在他的脚下颤动着；一道道混浊的水沟留到身后去了。傍晚时分，他爬过一列土冈，

终于看到了一缕缕袅袅的轻烟——部队开始宿营了。他忙把皮带又往紧里扎了扎，大步向前跑去。可就在这时，他进入了一段最艰险的沼泽地带：这里的水草特别稀，烂泥又特别深。一汪汪水潭，水面上浮泛着一串串绿色的水泡。他正轻脚轻步地慢慢走着，忽然传来了一声惊叫。他扭头看去，只见离他约莫两丈远处，一个同志陷入了烂泥，整个身子正在沉下去；水，淹过了大腿，淹上了肚子。他连忙跑过去。

刚在一块硬实的草墩上站稳，只见那个同志一只手正高举着步枪，枪筒上还绑着一团草根，看见有人来了，便拼着全力把步枪扔了过来。这时，水已经接近那鲜红的领章了。“怎么办？”走过去拉是危险的，救不出人，还会同归于尽。就在这一霎，他眼前闪过了那浓黑的胡子，那双亲切的眼睛。他像得到了什么启示，随手解下腰间的皮带，大喊一声：“同志——”猛地把皮带的一端甩了过去。皮带落到了那个同志的手边，又被紧紧抓住了。他双脚站稳，拼着全身的气力拉着皮带，吃力地把这个同志拖出了泥潭。

谭思云把这个奄奄一息的阶级兄弟抱在怀里，一边扬起袖管，轻轻擦着他嘴角上的烂泥，一边喘息着，积蓄着力气。过了一会儿，他把皮带绾(wǎn)了一个扣子，轻轻套住那

个同志的臀部和肩膀，把他揽在自己的背上绑紧了，在胸前打了个死结，然后，双手按住地皮，向着轻烟升起的方向慢慢爬去。一步，两步，三步……危险的泥潭爬出来了，篝火的火光已经看得见了，篝火边的人声也隐隐约约听得见了，可是，人们的影子怎么晃动起来？他正要说句什么，眼前突然爆起了一阵金星，一口鲜血涌到了口边。他昏过去了。

谭思云醒来的时候，发现自己正躺在一簇篝火的近旁，一条皮带还放在手边。那个被他从泥潭里拖出来的同志，显然已经缓过劲来了，正在篝火边忙着。见他醒了，连忙端起一只破铜瓢，脚步踉跄地走了过来。他拿根树枝，从铜瓢里夹起一块东西，吹了吹，送到了谭思云的嘴边。

谭思云咬嚼着，哦，是肉，好香啊！他一连吃了几口，问道："这是什么东西？"

"兴许是牦牛肉吧！"那人摇摇头，"刚才发下来的，每人分了拳头大一坨。"

肚子里有了东西，人就精神多了。他坐起身，把枪擦了擦，又抓起那条皮带，慢慢地在篝火中间走着；他想找点儿干净水再把它洗一洗。他正要绕过一大堆篝火的工夫，忽然一个面孔一闪，原来是那个大个子老马夫。只见他正

坐在火旁，整理着一堆草根，整着，不时撩起衣襟揩着眼睛。

“嘿，可找到你啦！”他一下子扑过去，把那条皮带塞到了老马夫的手里，“给！”

“什么？”马夫抬起一双红肿的眼睛，惘然地望着他。

“给那匹大青马……”

他的话噎住了。他看见老马夫郑重地拿起皮带，仔细瞅着，瞅着，猛然捣到脸上，哭出了声：“大青马……没有了！”

“啊！”谭思云惊呆了，“哪里去啦？”

“你……你们刚才没有吃马肉？”老马夫抬起了泪眼，抓起一把草根，伸到谭思云面前，“这，胡子[①]不让讲……看，他饿了两天啦，又不肯吃马肉，要吃草……”他又哭起来了。

就在这时，一个浓重的声音传过来：“看你，吓唬个娃娃干什么？”

谭思云一愣，抬头望去，又看见了那高大的身躯、宽阔的肩膀和脸膛。不过，那唇边的胡子没有挂着冰雪，却挂着深情的微笑。

---

① 胡子：红军战士对贺龙同志亲切的称呼。

他连忙站起，却被这个叫作“胡子”的人按住了：“听他瞎扯，猴子偷走匹马有什么要紧！”他笑得更舒展了，“猴子，看见军队骑马藏民骑马，它也要学呀……”

谭思云看着那浓密的胡子，那开心的笑脸，他一时搞不清首长讲的是真的还是在说笑话。只是，他感到了话里包含着一种对他安慰的意味。他看到了一颗伟大的心。可是，他，他怎么能没有马呢！他心头一酸，眼泪也呼地涌了出来。

“就算没有了马，又有什么要紧？”胡子从马夫手里拿过皮带，轻轻抚摸着，“最要紧的是人！”他的话越说越慢了，“艰苦的斗争，使我们的人和人的关系变得更亲密，这就培养了人！这样摔打出来的队伍，比钢结实，比铁硬！”

谭思云和老马夫擦干了眼泪，注意地听着。

“将来，我们会有马的。”他把皮带的一端伸进火里，拨弄着火炭，“像你这小鬼也会有马，当骑兵……”

忽然，他停住了话，对着皮带盯视着。皮带被火一烧，噼噼啪啪一阵响，立即冒起了一片油泡；一大滴油落进火里，发出了扑鼻的香气。

他举起皮带仔细看着，又掰了一点儿填进嘴里嚼着。突然，他一拍大腿叫起来：“吃得嘛！”

谭思云凑过来：“能吃？”

“这样一烧，再放进水里一煮，嘿！”他抡起皮带敲了一下谭思云的鼻尖，“要是加上作料哇，我能烧得它让你流口水！”

说罢，他一推军帽，大声地笑了。

“对，皮鞋底子、皮斗篷、腰带、马缰绳……多得很嘛！”他扬起大手，扳着指头，越说越高兴了，“我们都把它们动员起来，让它们到肚子里面去为革命出力……”

他提起皮带走了几步，又转回身来，对着谭思云说道：“同志——你帮助了我，帮助了革命！不要紧，我们有马……我们会有马的！”

他又纵情地笑了。那爽朗的笑声，在广阔的草地上飞散得很远很远……

这天晚上，谭思云在篝火旁边睡得很香。他做了一个梦。他梦见，他手里的那条皮带，变得老长老长，整个方面军的同志都抓着它，一眼望不到头……忽然间，每个人手里的一截皮带都成了一副辔头，都笼着一匹马……他纵身跳上了马背，抬头一看，总指挥就在最前头，那匹大青马放开四蹄，向前奔驰。他也一扬马鞭，紧跟在后面驰向前去……

这是一个十七岁的红军战士常做的梦。他们喜欢这样的梦，因为它比真实的更真，也更美好。

阅读实践

走进人物内心

读了本组的三篇文章，我们认识了白洋淀边的老头儿、共产党员刘胡兰和长征途中的几位战士。通过他们的动作、语言、神态，你能读出人物怎样的内心？

人物	动作、语言、神态	人物内心
老头儿		
刘胡兰		
谭思云		

树立爱国榜样

古往今来，个人的命运始终与国家的命运紧密联结。读了这组文章后，小组内讨论一下，共同完成下面的题目：

1. 他们的哪些爱国行为让你特别敬佩？填写在“树冠”里。

2. 用一句名言（或俗语）来概括他们的特点，填写在“树干”里。

畅想祖国未来

畅想一下：到 21 世纪中叶，我们的国家将是什么样的呢？选择一个方面（如城乡面貌、交通运输、科学技术、人民生活……），可以用文字，也可以用图画，描绘一幅我国 21 世纪中叶的愿景图。

自由阅读

① 战地佳话

姚雪垠

一、人 呢？

首先，来谈谈几个前线士兵生活艰苦而有趣的故事。

一个落雪的晚上，营长想看一看士兵们住的地方怎么样，就叫连长陪他一块儿走进两间破烂的茅屋里。那茅屋里住了一排人，门前站着哨兵。营长同连长一踏进茅屋之后，却大大地吃了一惊，营长惶惑地低声向连长问道：“人呢？”

连长骇得答不出话来。半截蜡烛在窗台上还没有熄灭，照出来土墙上挂着的枪械和饭包，但地上却只有一堆稻草，连一个人影子也没有。连长想着：如果全排的官兵都开了小差，脑袋可真要搬家了。

“快找去！”营长恹恹地低声命令道。他的眼睛里带着杀气。

“是！”连长像没有了魂一样地往院外跑去，打算向站岗的问出来一个头绪。站岗的在院子外来回地走着，冻

得发抖，雪落在他的头上和身上。

等连长跑出茅屋之后，营长焦急而且愤怒地向稻草踢了一脚。这一踢不打紧，有一个人头从稻草堆里钻了出来，眼睛蒙蒙眬眬，也没看清营长和营长的传令兵，喃喃地埋怨道："大家都睡得好好的，谁在我头上踢了一脚？"

营长和他的传令兵们忍不住笑起来，原来一排官兵都在稻草里。

这情形是相当普遍的，有时候甚至连睡稻草的幸运也没有呢。

二、神　兵

同敌人距离非常近，警戒兵全伏在挖得很浅的壕沟里，不能随便动。

快到拂晓时候，有一个警戒兵忽然发现了奇迹。他看见前面一个神兵，也在替自己的阵地担任警戒任务，像传说中听说的一样，那个伏在地上的神秘警戒者从头到脚全是雪白。

警戒兵立刻跑去向排长报告："报告排长，我们今天要打胜仗了。"

"你怎么知道要打胜仗？"

“我看见有神兵给警戒阵地。”他说，“白盔白甲！”排长是一个老粗，不敢全不相信，便弯着身子跑到阵地前边。

只有一动不动，才会被霜染白了身体。正是有了这些服从命令、忠于职守的士兵，部队才能打胜仗。

排长仔细地看了看，忽然对向他报告的那个警戒兵骂道：“胡说，那是霜呀！”警戒兵笑了笑：“你瞧瞧你自己脊梁上！”

人自然是看不见自己的头和脊梁的。

2 忆达夫[①]先生（节选）

钟敬文

作者之所以对郁达夫的性格作如此判断，是基于平常对他言行的认真观察。

达夫先生性格的显著点，是纯真坦白。他对于朋友，不管是新交或旧侣，说起话来总是那么率直的。一般江浙读书人，所常有的那种矜持、含蓄，在他身上是很不容易找到的。有时候，他简直就单纯得像小孩子一样。他的创作的基点在这里，而他的动人的地方也在这里。（现在的青年们对他大都是陌生了，但在1921年至1926年的那段时间，至少有部分青年是被这位“中国的卢梭”深深地吸住的。我有一位同乡的朋友，当时就在穿着上和行动上极力模仿着他。）

坦白和正直往往是连带着的。达夫先生的正直在他的小说中虽然颇少正面的反映，但他性格上的这种品质无疑

① 达夫：郁达夫（1896—1945），中国作家，原名郁文，达夫是他的字。浙江富阳人，新文学团体“创造社”的发起人之一。

是很突出的。他讨厌虚伪，憎恶暴力。他对于弱小者怀着近于“感伤”的同情。这种天性贯串着他的全生涯。他的日记随笔中固然到处流露着，在日常的谈话中也正一样。住在杭州的那些日子，正是他闭门韬晦的时候，但谈话中有人提到那些黑暗的现象，他总是不能也不肯藏匿他的“义愤”，他立刻声音急促地骂了起来。听到杨杏佛在上海被刺的消息的时候，他激动得不能出声。接着用了我赠他的绝句的原韵，写下一首沉痛的诗：

风雨江城夏似春，闭门天许作闲人。

党牛怨李成何事？生死无由问伯仁！

正直，这种性质，是达夫先生的性格中的一块础石。

达夫先生不但正直而且认真。一般人往往以为弄文学的人，对于事情总是马马虎虎的，像达夫先生这样写过许多颓(tuí)废生活的作品的人，特别要叫人作这种推想。但是，事实上这种推想是落空了。他是很认真的，他的认真的程度，说起来也许要叫人难以相信。也是他住在杭州的那些日子，之江大学的当局，因为他是校友（他在未赴日本以前，曾经在那里读过书），也因为他的声名，就请他兼点功课——去每周教三小时“文学批评”。在未开始上课之前，他就那么费劲地在到处搜寻参考书。（其实，他自己的藏书就

已经不少了。）上了一两个月之后，他忽然苦笑着对我说：

通过“苦笑”一词和郁达夫先生所说的话，能感觉到他对教课的认真。

“我做这个生意太赔本了！”

“为什么呢？”

“三个钟头的功课，足足要花去我三天时间。一天花费在讲书和来往的道路上，两天花费在准备功课上。”

我听了不禁沉默起来。我想以他的学力和声誉，如果要偷巧些，有什么不能敷（fū）衍过去呢？但他偏偏要那样吃苦！这到底为什么呢？

有一天，他叹说天气和心情不好，不能够创作。我劝他暂时译点东西，心情好了再来写写小说。我的意思，以为翻译是一种比较机械的工作，可以不管心情的好坏的。可是，他摇摇头说：“翻译并没比创作更容易些。想翻译的作品不但是要自己理解的，而且是要自己喜欢的。自己没有感动过的东西是译不好的。不，根本就没有执笔的兴致。在决心下手翻译那个作品之前，又必须把原文反复阅读到完全能够领会它的意义和神味为止。在披

“摇摇头”是一处细致的动作描写，让我们再次感受到郁达夫先生做什么事都很认真。

纸运笔的时候，更一样不能够缺乏那种好心境的。没有经过这种过程的译文，自己先就不能够满意。”

又一回谈到创作过程的问题。他说，他就是写一个短篇，往往也要在心里经过几个月的酝酿才动笔。没有酝酿成熟的作品，像没有成熟的果子一样，是不免带着苦涩味的。

达夫先生还有他的谦逊和慷慨。有一天，谈到文章风格的问题，他抢着说：

“好些朋友说我的文章写得太流利，像没有阻挡的溪流一样，因此不容易叫读者留下深刻的印象。往后我要好好努力一下，使文章的风格变得凝重些。”

这种意见未必是正确的，因为文章的平明流畅，正是他的一种优点。但是，对这件事情的他的谦虚态度，却是很可佩服的。他没有以成功的作家自居，而把别人的意见当作废话或侮辱。他不但谦虚地接受别人的批评，对于同时代那些有真实成就的作家，我们也可以从他口里听到热烈的称赞——虽然对于那些集纳主义的作者，他是没有什么敬意的。他常常说自己是“自卑狂”的。这也许过火些。说他是个谦逊（但不是那种虚伪的谦逊）的人是不会错误的吧。

他喜欢买书——特别是那些英德文本的小说。在杭州

的住宅中，那些书籍满满地遮住了几个楼房的墙壁。有朋友来的时候，他就带上去参观。他认真地指示着某些书籍，并讲说它的内容、技巧和版本，或追述着他在什么地方怎样情形下购来的。当他兴致浓烈的时候，就把它抽下来，扑一扑书上的灰尘，顺手塞进了你的手里。如果你客气的时候，他会告诉你，他有的不只是一个本子。他是慷慨的——至少，在这种地方，他丝毫没有那种鄙吝的气味。

“抽下来、扑一扑、塞进”等动作，能让我们感受到郁达夫先生待人的热情。

从他的著作或平常的谈话看，他不是怎样幽默的人。但是，他并不是完全不懂这种“艺术”的。有一回，浙江省图书馆请他演讲，当他走上讲台的时候，底下已挤满了男女的听众。他看了一看他们，说：

“今天诸位恐怕有许多是要来‘瞻仰’我的风采的。可是你们见了我这副‘尊容’，就不免大大失望了……”

回报他的是一阵震动屋瓦的笑声。

③ 把牢底坐穿

何敬平

为了免除下一代的苦难，
我们愿——
　　愿把这牢底坐穿！
我们是天生的叛逆者，
我们要把这颠倒的乾坤扭转！
我们要把这不合理的一切打翻！
今天，我们坐牢了，
坐牢又有什么稀罕？
为了免除下一代的苦难，
我们愿——
　　愿把这牢底坐穿！

1948 年夏于渣滓洞

④ 黄浦江口①

郭沫若

平和之乡哟！
　　我的父母之邦！
岸草那么青翠！
　　流水这般嫩黄！

我倚着船栏远望，
　　平坦的大地如海洋，
除了一些青翠的柳波，
　　全没有山崖阻障。

尽管当时的祖国时局动荡，但因为诗人满怀报国热情，依然感到黄浦江口的景物是如此可爱！

小舟在波上簸扬，
　　人们如在梦中一样。

---

① 郭沫若年轻时立志报国，东渡日本求学。1921 年，他的好友成仿吾应聘担任泰东图书局文学科编辑主任，郭沫若认为这是创办新杂志、建设新文学的极好时机，便中途辍学，同成仿吾一起乘船回国。这首诗就是他回到上海后写成的。

平和之乡哟！

　　我的父母之邦！

1921 年 4 月 3 日

阅读链接

1921年4月3日，郭沫若怀着对祖国的深切思念，从日本回国了。传诵一时的《黄浦江口》便是他此次回国所作。当轮船驶进黄浦江口时，诗人倚栏远望，看到那“青翠”的岸草、“嫩黄”的流水、“波上簸扬”的小舟、海洋一般平坦的大地，遏制不住对祖国秀丽河山、一草一木的热爱之情，他从心底唱出了“平和之乡哟！我的父母之邦！”的热情赞歌，表达了海外归来的赤子之心。关于这次回国，郭沫若有这样的自述：“船进了黄浦江口，两岸的风光的确是迷人的……几年来所渴望着的故乡，所焦想着的爱人，毕竟是可以使人的灵魂得到慰安的处所。靠在船围上呈着一种恍惚的状态，很想跳进那爱人的怀里——黄浦江的江心里去。”

⑤ 田间诗两首

田　间

棕红的土地

在亚细亚

这泥土上，

染污着

忿（fèn）恨，

蒙上了

侮辱。

祖国的耕牧者啊，

离开卑污的沟壑，

和衰败的

村庄，

去战争吧，

去驱逐

日本帝国主义者的

军队。

只有抵抗日本帝国主义的侵略，中国人民才能换来新生！

以我们顽强而广大的意志，

开始播种——

人类的新生！

假使我们不去打仗

假使我们不去打仗，

敌人用刺刀

杀死了我们，

还要用手指着我们骨头说：

“看，

这是奴隶！”

日积月累

勇敢是处于逆境时的光芒。

——茨威格

卑怯的人，即使有万丈的愤火，除弱草以外，又能烧掉什么呢？

——鲁迅

胜利属于最坚忍的人。

——拿破仑

大雪压青松，青松挺且直。要知松高洁，待到雪化时。

——陈毅

《闪闪的红星》

李心田

“夜半三更哟盼天明，寒冬腊月哟盼春风。若要盼得哟红军来，岭上开遍哟映山红……”这首动听的歌曲，是电影《闪闪的红星》中的插曲。

《闪闪的红星》是一部革命题材作品，描写了从1934年到中华人民共和国成立前夕，革命后代潘冬子历经艰辛，成长为一位红军战士的故事。如何让自己面对挫折百折不挠？如何让生命成长得坚定而顽强？相信《闪闪的红星》会给你许多启示。

作者简介

李心田（1929—2019），江苏睢宁人。1950年参加中国人民解放军，进入华东军政大学学习，后来从事部队文化教育和文艺工作。1953年起开始写作，在小说、话剧、诗歌、儿童文学方面均有显著的成就。1961年前后，他开始动笔写《闪闪的红星》，到1964年完成这部小说，1971年又进行了修改。1974年，这部小说被拍摄成电影在全国播放，获得了一致好评。

内容梗概

《闪闪的红星》写的是少年英雄潘冬子成长的故事。潘冬子的爸爸参加了红军，在第五次反围剿失败后随红军转移。爸爸临走时，给他留下了一颗红五星。爸爸走后，他和妈妈留了下来。不幸的是，妈妈为了掩护其他同志而壮烈牺牲。妈妈牺

牲后，好心的宋大爹收养了他。

在被反动地主胡汉三发现后，潘冬子又被送到米店当学徒。没料到胡汉三来到米店，又发现了潘冬子，潘冬子放火想烧死胡汉三，结果胡汉三被救了出来，潘冬子只能继续逃亡。

在逃亡途中，潘冬子遭到了保长武玉堂的毒打，所幸姚公公救了他。在姚公公家生活了一段时间后，又遇到反动派抓壮丁。潘冬子觉得自己不能再东躲西藏了，他决定到江北找革命队伍……

精彩片段

宋伯伯的家就住在山下的一个小庄子里，家里只有他一个人。我到他家里以后，他向邻人说，我是一个过路的穷人送给他的，他要收我做儿子。他让我叫他“大爹”。

开始的时候，修竹哥、陈钧叔叔都来看过我，以后就来得少了。我常听说游击队在什么地方打了仗，消灭了不少白狗子。我要上老山去见游击队，大爹不带我去，我又不知道路，也只好不去。转眼之间，天暖和起来了。

天暖和了，我想起妈妈的话：南山上花再开的时候，爹就能回来。当山上草绿了的时候，我爬上山，去看花开了没有。这时，花儿还没开，可是那开花的野枝已经抽芽儿了，长叶儿了。我想，再过些时候，它就会开花了。

一天，我跟大爹上山打柴，老远老远，我看见一个黄点点一闪一闪的。我跑近前一看，原来在一块岩石前面，一根枝枝上开了朵小黄花。这朵小黄花是八个瓣儿，迎着阳光，水灵灵的、黄艳艳的，好鲜亮哟！我高兴地叫起来，说：“爹要回来了！”大爹惊奇地走过来看看我，我说：“大爹，你看这花儿开了。我妈说的，南山上花开的时候，我爹就回来，红军就回来。”说着我找了块高石头爬上去，向山下的大路上望着。大爹也在一块石头上坐下来。

过了老大一会儿，大爹说：“冬子，回家吧。”我仍不肯下来，向山下的大路上望去。天晚了，路渐渐看不清了。这时，大爹爬到石头上把我抱下来，亲了亲我的脸。

第二天天一亮我就起来了，催着大爹上山去打柴。虽说只隔了一天，山上的花儿开得更多了，有黄的，还有红的和白的。我的心和那些花儿一样，也开放了。我爹要回来了，红军要回来了，要给我妈报仇了，要抓起那个胡汉三，要叫他戴高帽子游乡，要一枪崩了他！想到这里，我把我的衣底边撕开来，从那里边掏出爹给我留下的、妈给我缝起的红五星。那红五星在太阳光下一照，是多么鲜艳，像一朵鲜红鲜红的花儿。大爹带我到一块高石顶上坐下来，他拿过我手中的红五星看了看，抚摩着我的头说：“冬子，

什么时候你的帽子上也能安上这红五星就好了。”我说：“爹一回来，我就把它缝在帽子上。”大爹点点头，叫我把红五星再塞到衣底边里去，告诉我到家再缝好。我心想：“就不要缝了，爹一回来，我就把它戴在头顶上！”

我看着山下的大路，心头涌起战斗的情景：我耳边像听见了激烈的枪声，我像是看到大队红军向敌人冲去，一面大红旗迎着枪声呼呼啦啦飘动着，那红旗下面有端着机关枪的，有挺着刺刀的，有举着匣子枪的，有抡着大刀的，全喊着杀声，勇猛地向敌人冲去。敌人一个个倒下了，逃跑了，消灭了！那大红旗越飘越大，越飘越大，所有的山，所有的水，整个大地都红了！红军回来了！爹回来了！

大爹和我一起坐在山头上。太阳偏西的时候，我见大爹站起来，两眼不转地向一个山头上望去。那山头上，立着一棵挺拔的大青松，那高高的青松，树干像铜又像铁，青铮铮、黑灿灿；那一丛丛松叶，像针又像箭，绿油油、亮晶晶。一阵大风吹来，那棵青松迎风呼啸，显得更加精神。

大爹忽然对我说：“冬子，你看那青松高不高？”

我说：“高！”

大爹又说：“你看那青松硬棒不硬棒？”

我说："硬棒！"

大爹说："冬天下雪，秋天下霜，那青松叶子败不败？"

我说："不败！"

大爹说："它高，它硬棒，它不怕雪，不怕霜，好不好？"

我说："好！"

大爹说："对，我们要像青松一样啊！"

我虽然还不能完全理解大爹的话，却完全同意地点了点头。

大爹又说："红军走了，白狗子要凶一阵子的，但是我们不怕，我们要像那青松一样，风再大，不低头；雨再猛，不弯腰。"

我昂着头看着大爹，见他那古铜色的脸上布满深深的皱纹，刚毅的眼睛里闪动着坚定的目光，他多么像那高山上的青松呀！

大爹接着说："冬子，你不但要记住你妈的话，更要学她那样做硬骨头。"

我点点头，记下大爹的话。是的，我妈多刚强啊！她也像那山头上的青松。

大爹指着遍山的花儿，又对我说：“花儿到了春天就开了；打败了日本鬼子，红军就会回来的。不论等多久，冬子，你不要忘记你爹是个红军！”

听了大爹的话，我心里热乎乎的。我想着爹是跟着红军闹革命的，我也要学爹那样闹革命。我又想起妈妈牺牲时对乡亲们说的话：“白狗子的天下长不了，红军就要回来的！”是啊，红军一定会回来的，爹一定会回来的！

阅读小贴士

读《闪闪的红星》，可随着主人公的历程，画一幅“故事情节发展图”，这样，整本书的内容就一目了然了。

读这本书时，要关注作者对人物动作、语言、神态的描写，体会人物的内心。

活动一　我给各章命个名

同学们，读整本书需要时间和毅力。根据你的实际情况，拟一份阅读计划，确保在规定时间内能读完。

时间	章节	章节名
月　日	第一章	潘行义随军转移　潘冬子得到红星
月　日	第二章	
月　日	第三章	
月　日	第四章	潘冬子进了米店　胖老板虐待学徒
月　日	第五章	
月　日	第六章	
月　日	第七章	潘冬子逃向北方　武财主毒打小孩
月　日	第八章	
月　日	第九章	
月　日	第十章	潘冬子回到柳溪　胡汉三受到惩罚

活动二　我帮冬子解难题

任何故事中的人物都可能会面临难题。在潘冬子的成长过程中，遇到了许多困难，如：妈妈不幸壮烈牺牲了；爸爸说等杜鹃花开时回来，可一年又一年，他依然没有回来；胡汉三发现了他，到宋大爹家里来搜查他了…… 在下图中间的方框里，写下潘冬子遇到的困难，然后通过“头脑风暴”，想想可以用哪些方法解决。

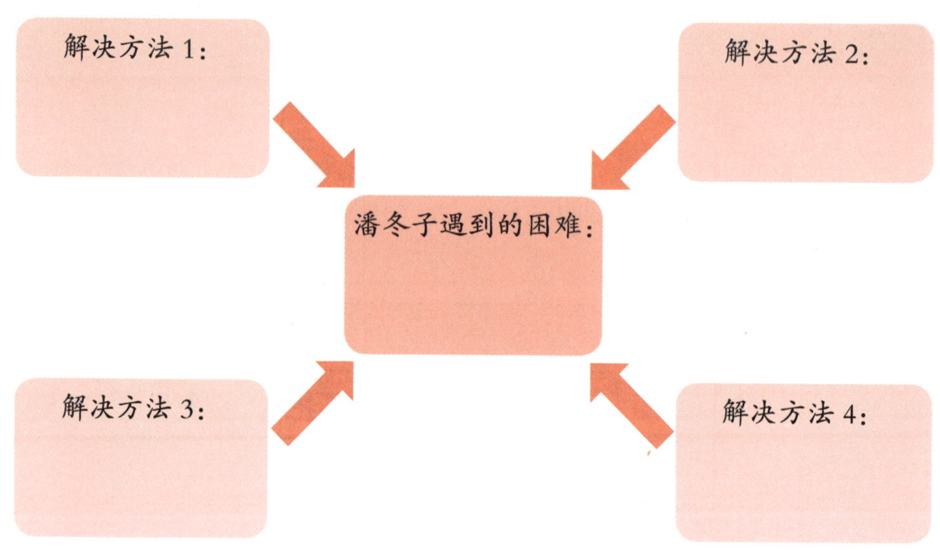

活动三　我与冬子共成长

爸爸离开、妈妈牺牲，潘冬子遭遇了人生中最大的困境，可是在同志们的帮助和自身的努力下，他依然成长为一名红军战士。与读书小组的成员们一起探讨一下潘冬子成长的具体原因，分类填写在下图中。

敬启

为编好这本书，我们与收入本书的作品（含图片）作者进行了广泛联系，得到了各位作者的大力支持。在此，我们表示衷心的感谢。但是，由于个别作者地址不详，虽经多方努力，仍无法取得联系。敬请各位有著作权的作者尽快与我们联系，以便我们支付稿酬，并致谢忱！

我们还要感谢使用本书的师生们。希望你们在使用本书的过程中，能够及时把意见和建议反馈给我们，对此，我们深表谢意，并将给予一定奖励。让我们携起手来，共同完成本书的建设工作。

联 系 人：梁老师　刘老师

联系电话：010-58022100-6362

联系邮箱：ztxx2008@sina.com

网　　址：http://www.ywztxx.com

地　　址：北京市海淀区知春路7号致真大厦A座18层

图书在版编目（CIP）数据

思维的火花 / 孟强主编. — 上海 : 上海教育出版社, 2021.12

ISBN 978-7-5720-0812-2

Ⅰ. ①思… Ⅱ. ①孟… Ⅲ. ①阅读课—小学—教学参考资料 Ⅳ. ①G624.233

中国版本图书馆CIP数据核字（2021）第260857号

责任编辑　高立群
封面设计　陈丽娟　王艺霖
著作权人　北京华樾教育科技有限公司

思维的火花

孟强　主编

出版发行　上海教育出版社有限公司
官　　网　www.seph.com.cn
地　　址　上海市闵行区号景路159弄C座
邮　　编　201101
印　　刷　肥城新华印刷有限公司
开　　本　720×1010　1/16　印张 63
字　　数　700千字
版　　次　2021年12月第1版
印　　次　2021年12月第1次印刷
书　　号　ISBN 978-7-5720-0812-2/G・0628
定　　价　268.00元（全七册）

如发现质量问题，请向本社调换　　021-64373213

★ 适合10至11岁 ★

思维的火花

SIWEI DE HUOHUA

主编 孟 强

编 委 会

广泛阅读，可以提高阅读理解力；

广泛阅读，可以丰富知识，开阔视野；

广泛阅读，可以提升思维力、鉴赏力；

广泛阅读，可以促进人的精神成长。

新编的读本，包括古诗文经典诵读、优秀作品专题阅读和整本书阅读，是落实课内外阅读一体化的优质资源。

捧起这套读本读起来，你会越来越享受阅读，你的一生一定会因为阅读而精彩！

崔峦

用阅读滋养你的心灵，
让你变得聪明善良，阳光，
宽广，更富想象力和创造力。

[illegible]

发现美，学会爱，表达自己，
在阅读和写作中不断进步！

王一梅

阅讀是開啓美
好人生的鑰匙

趙麗宏
庚子九月

为自己读书
为美好读书

肖复兴
庚子岁末

读经典的书
做优秀的人

曹文轩(?)

幻想，从现实起飞

刘兴诗(?)

目录

经典诵读

专题阅读

范文阅读

组文阅读

自由阅读一

自由阅读二

整本书阅读

经典诵读

或高雅不俗，或潦倒穷困，或隐忍通达……在古代文人的笔下活跃着一个个鲜活的人物形象，历经千年，他们依然生动传神。

让我们捧起书卷，诵读本组古诗文。诵读时要在读通读顺的基础上，结合注释理解词句的意思，品味人物形象，体会文章情感。

扫码收听朗诵音频

1 硕人[1]（节选）

《诗经》

硕人其颀[2]，衣锦[3]褧衣[4]。齐侯之子[5]，卫侯之妻，东宫[6]之妹，邢侯之姨[7]，谭公维[8]私[9]。手如柔荑[10]，肤如凝脂，领[11]如蝤蛴[12]，齿如瓠犀[13]，螓首[14]蛾眉[15]。**巧笑倩[16]兮，美目盼[17]兮。**

（注音：颀 qí，衣 yì，褧衣 jiǒng yī，荑 tí，蝤蛴 qiú qí，瓠犀 hù xī，螓 qín）

注释

① 硕人：高大貌美的人。这里指卫庄公夫人庄姜。
② 颀：身材高大的样子。
③ 衣锦：穿着锦衣。衣，动词，穿。
④ 褧衣：御风防尘用的细麻布罩衫。
⑤ 子：这里指女儿。
⑥ 东宫：太子居处，这里指齐太子得臣。
⑦ 姨：这里指妻子的姊妹。
⑧ 维：是。
⑨ 私：古时女子称姊妹之夫为私，即现在的姐夫或妹夫。
⑩ 荑：初生白茅的嫩芽。
⑪ 领：颈。
⑫ 蝤蛴：天牛的幼虫，身长而色白。
⑬ 瓠犀：葫芦籽。这里用来形容牙齿白而整齐。

⑭ 螓首：形容前额开阔饱满。螓，虫名，似蝉而小，头宽阔方正。

⑮ 蛾眉：形容眉毛细长弯曲。蛾，蚕蛾，它的触须细长而弯。

⑯ 倩：笑时脸上的酒窝。

⑰ 盼：眼睛黑白分明的样子。

译文

修长貌美的女子（庄姜），穿着锦服，罩着麻纱罩衫。她是齐侯的爱女，卫侯的娇妻，太子的胞妹，邢侯的小姨，谭公原是她的妹夫。

她的手像春荑般白嫩，肌肤如凝脂般莹润，脖颈如蝤蛴一样光洁柔美，牙齿如葫芦籽一样洁白齐整，额头饱满，眉形细长弯曲。嫣然一笑，酒窝娇美可爱，美目顾盼，十分动人。

阅读链接

《诗经》是中国最早的诗歌总集。《硕人》选自《诗经·卫风》，是卫人赞美卫庄公夫人庄姜的诗。其中，“巧笑倩兮，美目盼兮”是千古名句，短短八个字就让一个笑盈盈的美丽女子浮现在了我们眼前。

扫码收听朗诵音频

② 桃 夭

《诗经》

桃之夭夭[①]，灼灼[②]其华[③]。之子[④]于归[⑤]，宜[⑥]其室家。

桃之夭夭，有蕡(fén)[⑦]其实。之子于归，宜其家室。

桃之夭夭，其叶蓁蓁(zhēn)[⑧]。之子于归，宜其家人。

注 释

① 夭夭：茂盛的样子。
② 灼灼：花鲜艳盛开的样子。
③ 华：同“花”。
④ 之子：这位姑娘。
⑤ 于归：指古代女子出嫁。于，去，到，往。归，出嫁。
⑥ 宜：和顺。
⑦ 蕡：肥硕。
⑧ 蓁蓁：叶子茂盛的样子。

茂盛桃树嫩枝丫，开着鲜艳粉红花。这位姑娘要出嫁，和顺对待您夫家。

茂盛桃树嫩枝丫，桃子结得肥又大。这位姑娘要出嫁，和顺对待您夫家。

茂盛桃树嫩枝丫，叶子浓密有光华。这位姑娘要出嫁，和顺对待您全家。

扫码收听朗诵音频

3 蚕妇[1]

［唐］杜荀鹤

粉色[2]全无饥色[3]加，
岂知人世有荣华。
年年道我蚕辛苦[4]，
底事[5]浑身着苎麻[6]？

注释

① 蚕妇：养蚕的妇女。
② 粉色：指脸上涂抹脂粉后的颜色。
③ 饥色：因长期饥饿，脸上形成的蜡黄色。
④ 蚕辛苦：养蚕辛苦。
⑤ 底事：何事，为什么。
⑥ 苎麻：指麻布。

译文

我（蚕妇）的脸上没有一点光泽，只有饥饿所致的蜡黄色，哪里知道人世间有什么荣华富贵。他们年年都说我养蚕辛苦，可为什么我身上穿的却只是麻布做的粗陋的衣服？

扫码收听朗诵音频

④ 清平调[1]词三首（其一）

［唐］李白

云想衣裳花想容，

春风拂槛（jiàn）[2]露华浓[3]。

若非群玉山[4]头见，

会向[5]瑶台[6]月下逢。

注释

① 清平调：词牌名。
② 槛：栏杆。
③ 露华浓：形容花朵因沾着露珠而显得更加艳丽明媚。
④ 群玉山：仙山名，是神话传说中西王母所居之山。
⑤ 会向：应在。
⑥ 瑶台：神话传说中西王母的宫殿。

译文

看见云就想到她华艳美丽的衣裳，看见花就想到她娇艳俏丽的容颜；春风吹拂着栏杆，因为露珠的润泽，花儿显得更加明丽鲜妍。（如此这般天姿国色的人，）如果不是群玉山头所见的飘飘仙子，那应是瑶台殿前月光照耀下碰见的神女了。

5 卖炭翁[1]

［唐］白居易

卖炭翁，伐薪（xīn）[2]烧炭南山中。**满面尘灰烟火色，两鬓苍苍十指黑。**卖炭得钱何所营[3]？身上衣裳口中食。**可怜身上衣正单，心忧炭贱愿天寒！**夜来城外一尺雪，晓驾炭车辗冰辙。牛困人饥日已高，市南门外泥中歇。翩翩两骑[4]来是谁？黄衣使者[5]白衫儿[6]。手把[7]文书口称敕（chì）[8]，回车叱牛牵向北。一车炭，千余斤[9]，宫使驱将惜不得[10]。半匹红纱一丈绫[11]，系向牛头充炭直[12]。

注释

① 卖炭翁：这是白居易创作的组诗《新乐府》五十首中的第三十二首。诗人自注云："苦宫市也。""宫市"的"宫"指皇宫，"市"是买的意思。皇宫所需的物品，本来由官吏采买。中唐时期，宦官专权，横行无忌，他们到民间市场强行买物，名为"宫市"，实为掠夺。

② 伐薪：砍柴。

③ 何所营：做什么用。营，经营，用处。

④ 骑：指骑马的人。

⑤ 黄衣使者：身穿黄衣的太监。

⑥ 白衫儿：太监的爪牙。

⑦ 把：拿着。

⑧ 敕：皇帝的命令。

⑨ 千馀斤：不是实指，形容很多。

⑩ 惜不得：舍不得。

⑪ 半匹红纱一丈绫：唐代商务交易，绢帛等丝织品可以代货币使用。当时钱贵绢贱，半匹纱和一丈绫比一车炭便宜很多。这里指官方用贱价强夺民财。

⑫ 直：同“值”，指价钱，代价。

有一位卖炭的老翁，常年在南山里砍柴烧炭。厚厚的灰尘下是他终日烟熏火燎的脸，两鬓的头发已经斑白，十根手指粗糙漆黑。卖炭得到的钱用来做什么呢？（买）身上穿的衣服和填饱肚子的食物。可怜他虽然身上只穿着一件单薄的衣服，心里却因为担心炭不值钱而希望天更冷些！夜里城外下了一尺多厚的大雪，天刚亮，他就急忙驾着炭车轧着一路冰雪赶往集市去了。太阳已经升得很高了，不仅牛累了，人也已经饥肠辘辘，（可一车炭还没有卖出去，）他只好在集市南门外的泥地里休息。从远处而来的那两个轻快自得的骑马人是谁啊？原来是皇宫里穿黄衫的太监和他的穿白衫的手下。他们手里拿着文书说是皇帝的命令，就吆喝着把牛车朝皇宫里赶去。一车的炭，这么多斤，太监差役硬是给拉走了，老翁心中虽是百般不舍，却又无可奈何。他们把半匹红纱和一丈绫挂在牛角上，就充当买炭的钱了。

扫码收听朗诵音频

6 胯下之辱[①]

［汉］司马迁

淮阴[②]屠中少年有侮信者，曰："若虽长大，好带刀剑，中情[③]怯耳。"众辱之[④]曰："信能死[⑤]，刺我；不能死，出我胯下[⑥]。"**于是信孰视[⑦]之，俛(fǔ)[⑧]出胯下，蒲伏[⑨]。**一市人皆笑信，以为怯[⑩]。

注释

① 选自《史记·淮阴侯列传》，题目为后人所加。胯，在《史记》中作"袴"。后世以"胯下之辱"作为忍辱负重之典。
② 淮阴：地名，在今江苏淮安附近。
③ 中情：内心。
④ 众辱之：当着众人的面侮辱韩信。众，名词作状语，当众。
⑤ 能死：能够不怕死。
⑥ 出我胯下：从我的两腿之间钻过去。
⑦ 孰视：仔细地看。孰，同"熟"。
⑧ 俛：同"俯"。
⑨ 蒲伏：同"匍匐"。
⑩ 以为怯：认为他很胆小。即"以之为怯"，省略"之"（代词，指韩信）。

在淮阴，有一个年轻的屠户羞辱韩信，说：“别看你长得又高又大，整天喜欢带着剑，其实你内心胆小懦弱得很！”并当众侮辱他说：“你不怕死的话，就用你的佩剑来刺我；如果怕死，那就从我的两腿之间钻过去！”韩信注视了他好久，然后俯下身子从他的两腿之间钻了过去。所有市集的人都嘲笑韩信，认为他胆小懦弱。

阅读链接

韩信是西汉的开国功臣、杰出的军事家，与张良、萧何并称为“汉初三杰”。韩信熟谙兵法，自言用兵“多多益善”，是中国战争史上最善于灵活用兵的将领之一。

专题阅读

读人论世

顶碗的少年、剃头的师傅、中榜的秀才、买酒的阿婆……字里行间，每个人物都有自己鲜明的特点。

让我们走进本专题文章，体会作者描写人物的基本方法，并进一步学习如何把一个人的特点写具体。

范文阅读

1 顶碗少年[①]

赵丽宏

有些偶然遇到的事情，竟会难以忘怀，并且时时萦(yíng)绕于心。因为，你也许能从中不断地得到启示，悟出一些人生的哲理。

这是二十多年前的事情了。有一次，我在上海大世界的露天剧场里看杂技表演。节目很精彩，场内座无虚席。坐在前几排的，全是来自异国的旅游者，优美的东方杂技，使他们入迷了。他们和中国观众一起，为每一个节目喝彩鼓掌。

具体而生动的动作描写，写出了表演难度之大，也反映出顶碗少年技艺之高超。

一位英俊少年出场了。在轻松优雅的乐曲声里，只见他头上顶着高高的一摞(luò)金边红花白瓷碗，柔软而又自然地舒展着肢体，做出各种各样令人惊羡的动作，忽而卧

① 选入本书时略有删改。

倒，忽而跃起……碗，在他的头顶上摇摇晃晃，却总是不掉下来。最后，是一组难度较大的动作——他骑在另一位演员身上，两个人一会儿站起，一会儿躺下，一会儿用各种姿态转动着身躯。站在别人晃动着的身体上，很难再保持平衡，他头顶上的碗，摇晃得厉害起来。在一个大幅度转身的刹那间，那一大摞碗突然从他头上掉了下来！这意想不到的失误，使所有的观众都惊呆了。

台上并没有慌乱。顶碗的少年歉疚地微笑着，不失风度地向观众鞠了一躬。一位姑娘走出来，扫起了地上的碎瓷片，然后又捧出一大摞碗，还是金边红花白瓷碗，整整十只，一只不少。于是，音乐又响起来，碗又高高地顶到了少年头上，一切重新开始。少年很沉着，不慌不忙地重复着刚才的动作，依然是那么轻松优美，紧张不安的观众终于又陶醉在他的表演之中。到最后关头了，又是两个人叠在一起，又是一个接一个艰难的转身。碗，又在他头顶厉

通过对顶碗少年表演失败后重新开始、不服输的描写，表现了少年在艺术之路上不屈不挠的精神。

害地摇晃起来。观众们屏住气，目不转睛地盯着他头上的碗……眼看身体已经转过来了，几个性急的外国观众忍不住拍响了巴掌。那一摞碗却仿佛故意捣蛋，突然跳起摇摆舞来。少年急忙摆动脑袋保持平衡，可是来不及了。碗，又掉了下来。

场子里一片喧哗。台上，顶碗少年呆呆地站着，脸上全是汗珠，他有些不知所措了。还是那一位姑娘，走出来扫去了地上的碎瓷片。观众中有人在大声地喊：“行了，不要再来了，演下一个节目吧！”好多人附和着喊起来。一位矮小结实的白发老者从后台走到灯光下，他的手里，依然是一摞金边红花白瓷碗。他走到少年面前，脸上微笑着，并无责怪的神色。他把手中的碗交给少年，然后抚摩着少年的肩胛（jiǎ），轻轻摇了一下，嘴里低声说了一句什么。少年镇静下来，手捧着新碗，又深深地向观众鞠了一躬。

结合文中描写白发老者动作和神态的语句，想一想：这位白发老者可能对顶碗少年说了些什么呢？

音乐第三次奏响了！场子里静得没有一丝声息。有一些女观众，索性用手掌捂

住了眼睛。

这真是一场惊心动魄的拼搏！当那摞碗又剧烈地晃动起来时，少年轻轻抖了一下脑袋，终于把碗稳住了。全场响起了暴风雨般的掌声。

文章共写了少年三次顶碗的过程，对比他每一次的神态、动作，说一说有何异同。

在以后的岁月里，不知怎的，我常常会想起这位顶碗少年，想起他那一次的演出，每每想起，总会有一阵微微的激动。这位顶碗少年，当时年龄和我相仿。我想，他现在一定早已是一位成熟的杂技艺术家了。我相信他不会在艰难曲折的人生和艺术之路上退却或者颓丧的。他是一个强者。当我迷惘、消沉，觉得前途渺茫的时候，那一摞金边红花白瓷碗坠地时的碎裂声，便会突然在我耳畔响起。

是的，人生是一场搏斗。敢于拼搏的人，才可能是命运的主人。在山穷水尽的绝境里，再搏一下，也许就能看到柳暗花明；在冰天雪地的严寒中，再搏一下，一定会迎来温暖的春风——这就是那位顶碗少年给我的启迪。

2 剃头匠[①]

姚雪垠

剃头匠将一把椅子放在盆架前边，请洪承畴(chóu)坐上去，俯下腰身，替他用热水慢慢地洗湿要剃去的头发和两腮(sāi)胡须。洪承畴对剃头的事完全陌生，只好听从剃头匠的摆布。洗过以后，剃头匠将盆架向后移远一点，取出刀子，在荡刀布上荡了几下，开始为洪剃头。刀子真快，只听唰唰两下，额上的头发已经去了一片，露出青色的头皮。洪承畴在镜中望见，赶快闭了眼睛。剃头匠为他剃光了脑壳下边周围的头发，剃了双鬓和两腮，又刮了脸，也将上唇和下颌的胡须修剃得整整齐齐，然后将洪承畴留下的头发梳成一条辫子，松松地盘在

寥寥数语，将剃头匠娴熟的技艺刻画得栩栩如生。你能用文中描写动作的词语，说说剃头匠剃头的过程吗？

① 选自姚雪垠的长篇历史小说《李自成》，题目为编者所加。

头上。洪对着铜镜子看看，觉得好像比原来年轻了十年，但不禁心中一酸，赶快将眼光避开镜子，暗自叹道："从此'生为别世之人，死为异域之鬼！'[①]"

洪承畴正要起身，剃头匠轻声说："请老爷再坐一阵。"随即这个年轻人用两个大拇指在他的两眉之间轻巧地对着向外按摩几下，又用松松的空拳轻捶两下，转到他的背后，轻捶他的背脊和双肩。捶了一阵，又蹲下去捶他的双腿，站起来捶他的两只胳膊。剃头匠的两只手十分轻巧、熟练，时而用实心拳，时而用空心拳，时而一空一实，时而变为窝掌，时而使用拳心，时而变为竖拳。由于手式变化，快慢变化，使捶的声音节奏变化悦耳，被捶者身体和四肢感到轻松、舒服。洪承畴以为已经捶毕，不料剃头匠将他右手每个指头拉直，猛一拽(zhuài)，又一屈，使每个指头发出响声，然后

"捶"字的连续使用，让我们体会到剃头匠按摩技艺的高超。

① 本句出自西汉投降匈奴的将领李陵的《答苏武书》，一说此书信为他人伪托之作。

“拉”“拽”“屈”“捏”等几处动作描写，将剃头匠按摩的动作描绘得如行云流水，再次展现了剃头匠的高超技艺。

将小胳膊屈起来，拉直，猛一拽，也发出响声。再将小胳膊屈起来，冷不防在肘弯处捏一下，使胳膊猛一酸麻，随即恢复正常，而酸麻中有一种特殊快感。他将洪的左手和左胳膊，同样地摆弄一遍。剃头匠看见洪承畴面露微笑，眼睛半睁，似有睡意，知道他感到舒服，便索性将他放倒椅靠背上，抱起他的腰举一举，使他的腰窝和下脊骨也感到柔和，接着又扶着坐直身子，在他肩上轻捶几下，冷不防用右手大拇指和食指在他的下颏下边按照穴位轻轻一捏。洪承畴蓦然昏晕，浑身一晃，刹那苏醒，顿觉头脑清爽，眼光明亮。剃头匠又替他仔细地掏了耳朵，然后向他屈了右膝打千[①]，赔笑说：“老爷请起。过几天小人再来给老爷剃头刮脸。”

---

① 打千：旧时的通行礼节，右手下垂，上体稍向前俯，左膝前屈，右腿略弯曲。

3 范进中举[1]

[清] 吴敬梓

到出榜那日，家里没有早饭米，母亲吩咐范进道："我有一只生蛋的母鸡，你快拿集上去卖了，买几升米来煮餐粥吃，我已是饿得两眼都看不见了。"范进慌忙抱了鸡，走出门去。才去不到两个时辰，只听得一片声的锣响，三匹马闯将来。那三个人下了马，把马拴在茅草棚上，一片声叫道："快请范老爷出来，恭喜高中了！"母亲不知是什么事，吓得躲在屋里；听见中了，方敢伸出头来说道："诸位请坐，小儿方才出去了。"那些报录人道："原来是老太太。"本家簇（cù）拥着要喜钱。正在吵闹，又是几匹马，二报、三报到了，挤了一屋的人，茅草

---

① 选自吴敬梓的小说《儒林外史》第三回《周学道校士拔真才　胡屠户行凶闹捷报》，题目为后人所加。

棚地下都坐满了。邻居都来了，挤着看。老太太没奈何，只得央及一个邻居去寻她儿子。

此处抓住范进的动作和神情，写出了他呆板、木讷的样子，为后文写他喜极而疯埋下了伏笔。

那邻居飞奔到集上，一地里寻不见；直寻到集东头，见范进抱着鸡，手里插个草标，一步一踱的，东张西望，在那里寻人买。邻居道："范相公，快些回去。恭喜你中了举人，报喜人挤了一屋里。"范进道是哄他，只装不听见，低着头，往前走。邻居见他不理，走上来就要夺他手里的鸡。范进道："你夺我的鸡怎的？你又不买。"邻居道："你中了举了，叫你家去打发报子哩。"范进道："高邻，你晓得我今日没有米，要卖这鸡去救命，为什么拿这话来混我？我又不同你顽[①]，你自回去吧，莫误了我卖鸡。"邻居见他不信，劈手把鸡夺了，掼(guàn)在地下，一把拉了回来。报录人见了道："好了，新贵人回来了。"正要拥着他说话，范进三两步走进屋里来，见中间报帖已经升挂起来，上写

① 顽：现在写作"玩"。本文有的用字与现在不同，遵照原文，未加改动。

道："捷报贵府老爷范讳(huì)[1]进高中广东乡试第七名亚元[2]。京报连登黄甲[3]。"

范进不看便罢，看了一遍，又念一遍，自己把两手拍了一下，笑了一声道："噫！好了！我中了！"说着，往后一交[4]跌倒，牙关咬紧，不省人事。老太太慌了，慌将几口开水灌了过来，他爬将起来，又拍着手大笑道："噫！好！我中了！"笑着，不由分说，就往门外飞跑，把报录人和邻居都吓了一跳。走出大门不多路，一脚踹(chuài)[5]在塘里，挣起来，头发都跌散了，两手黄泥，淋淋漓漓一身的水，众人拉他不住，拍着笑着，一直走到集上去了。众人大眼望小眼，一齐道："原来新贵人欢喜疯了。"

这句话体现了范进突闻自己中了举人时喜不自胜的心情。

生动入微的动作描写，写出了范进中举后喜极而疯的样子，刻画了一个可怜又可悲的人物形象。

① 讳：旧时为了对某人表示尊敬，不直呼其名，叫作"避讳"。讳某，意思是某字本应避去。

② 亚元：乡试中举，第一名称"解（jiè）元"，第二至第十名称"亚元"。

③ 京报连登黄甲：科举时代写在喜报上表示祝贺的恭维话，意思是以后还会有会试、殿试连续的捷报。殿试录取进士分为三等，叫"三甲"，榜用黄纸写，所以称"黄甲"。

④ 交：现在写作"跤"。

⑤ 踹：踩，踏。

④ 苏七块

冯骥才

苏大夫本名苏金散，民国初年在小白楼一带，开所行医，正骨拿环，天津卫挂头牌，连洋人赛马，折(shé)胳膊断腿，也来求他。

他人高袍长，手瘦有劲，五十开外，红唇皓(hào)齿，眸(móu)子赛路灯，下巴儿一绺(liǔ)山羊须，浸了油赛[1]的乌黑锃(zèng)亮。张口说话，声音打胸腔出来，带着丹田气，远近一样响，要是当年入班学戏，保准是金少山的冤家对头。他手下动作更是“干净麻利快”，逢到有人伤筋断骨找他来，他呢？手指一触，隔皮戳(chuō)肉，里头怎么回事，立时心明眼亮。忽然双手赛一对白鸟，上下翻飞，疾如闪电，只听“咔嚓咔嚓”，不等病人觉疼，断骨

传神而细致的外貌、动作等描写，将苏七块手到病除的神奇技艺淋漓尽致地表现了出来。

---

① 赛：天津方言，有“好像”或“似”的意思。

头就接上了。贴块膏药，上了夹板，病人回去自好。倘若再来，一准是鞠大躬谢大恩送大匾(biǎn)来了。

通过病人的表现，间接写出了苏大夫的医术高超。

人有了能耐，脾气准各色[①]。苏大夫有个各色的规矩，凡来瞧病，无论贫富亲疏，必得先拿七块银圆码在台子上，他才肯瞧病，否则决不搭理。这叫吗规矩？他就这规矩！人家骂他认钱不认人，能耐就值七块，因故得个挨贬的绰(chuò)号叫作：苏七块。当面称他苏大夫，背后叫他苏七块，谁也不知他的大名苏金散了。

苏大夫好打牌，一日闲着，两位牌友来玩，三缺一，便把街北不远的牙医华大夫请来，凑上一桌。玩得正来神儿，忽然三轮车夫张四闯进来，往门上一靠，右手托着左胳膊肘，脑袋瓜淌汗，脖子周围的小褂湿了一圈，显然摔坏胳膊，疼得够劲。可三轮车夫都是赚一天吃一天，哪拿得出

① 各色：方言，意思是与众不同。多含贬义，表明与周围的人或事物格格不入。

七块银圆？他说先欠着苏大夫，过后准还，说话时还哎哟哎哟叫疼。谁料苏大夫听赛没听，照样摸牌看牌算牌打牌，或喜或忧或惊或装作不惊，脑子全在牌桌上。一位牌友看不过去，使手指指门外，苏大夫眼睛仍不离牌。“苏七块”这绰号就表现得斩钉截铁了。

牙医华大夫出名的心善，他推说去撒尿，离开牌桌走到后院，钻出后门，绕到前街，远远把靠在门边的张四悄悄招呼过来，打怀里摸出七块银圆给了他。不等张四感激，转身打原道返回，进屋坐回牌桌，若无其事地接着打牌。

> 牙医华大夫的做法从侧面反映了苏七块立规矩的“各色”，同时巧设悬念，为下文埋下了伏笔。

过一会儿，张四歪歪扭扭走进屋，把七块银圆“哗”地往台子上一码。这下比按铃还快，苏大夫已然站在张四面前，挽起袖子，把张四的胳膊放在台子上，捏几下骨头，跟手左拉右推，下顶上压，张四抽肩缩颈闭眼龇(zī)牙，预备重重挨几下，苏大夫却说：“接上了。”当下便涂上药膏，

夹上夹板，还给张四儿包活血止疼口服的药面子。张四说他再没钱付药款，苏大夫只说了句：“这药我送了。”便回到牌桌旁。

今儿的牌各有输赢，更是没完没了，直到点灯时分，肚子空得直叫，大家才散。临出门时，苏大夫伸出瘦手，拦住华大夫，留他有事。待那二位牌友走后，他打自己座位前那堆银圆里取出七块，往华大夫手心一放。在华大夫惊愕（è）中说道：

“有句话，还得跟您说。您别以为我这人心地不善，只是我立的这规矩不能改！”

华大夫把这话带回去，琢磨了三天三夜，到底也没琢磨透苏大夫这话里的深意。但他打心眼儿里钦佩苏大夫这事这理这人。

通过苏七块救治三轮车夫这个典型事例，表现了他看似脾气怪异、不讲情面，实则心地善良、富有同情心的性格特点。

5 酒　婆

冯骥才

酒馆也分三六九等。首善街那家小酒馆得算顶末尾的一等。不插幌（huǎng）子，不挂字号，屋里连座位也没有；柜台上不卖菜，单摆一缸酒。来喝酒的，都是扛活拉车卖苦力的底层人。有的手捏一块酱肠头，有的衣兜里装着一把五香花生，进门要上二三两，倚着墙角窗台独饮。逢到人挤人，便端着酒碗到门外边，靠树一站，把酒一点点倒进嘴里，这才叫过瘾解馋其乐无穷呢！

这酒馆只卖一种酒，使山芋干造的，价钱贱，酒味大。首善街养的猫从来不丢，跑迷了路，也会循着酒味找回来。这酒不讲余味，只讲冲劲，进嘴赛镪（qiāng）水，非得赶紧咽，不然烧烂了舌头嘴巴牙花嗓子眼儿。可一落进肚里，跟手一股劲“腾”地蹿上来，

连迷路的猫也能循着酒味找回来，可见这儿的酒确实与众不同！

直撞脑袋，晕晕乎乎，劲头很猛。好赛大年夜里放的那种炮仗“炮打灯”，点着一炸，红灯蹿天。这酒就叫作“炮打灯”。好酒应是温厚绵长，绝不上头。但穷汉子们挣一天命，筋酸骨乏，心里憋(biē)闷，不就为了花钱不多，马上来劲，晕头涨脑地洒脱洒脱放纵放纵吗？

要说最洒脱，还得数酒婆。天天下晌，这老婆子一准来到小酒馆，衣衫破烂，赛叫花子；头发乱，脸色黯(àn)，没人说得清她吗长相， 更没人知道她姓吗叫吗，却都知道她是这小酒馆的头号酒鬼，尊称“酒婆”。她一进门，照例打怀里掏出个四四方方小布包，打开布包，里头是个报纸包，报纸有时新有时旧；打开报纸包，又是个绵纸包，好赛里头包着一个翡翠别针；再打开这绵纸包，原来只是两角钱！她拿钱撂(liào)在柜台上，老板照例把多半碗“炮打灯”递过去，她接过酒碗，举手仰脖，碗底一翻，酒便直落肚中，好赛倒进酒桶。待这婆子

通过酒婆的外貌、拿钱时的动作以及“没人知道她姓吗叫吗”等，可以知道酒婆是一个穷困、地位卑微的人。

两脚一出门槛(kǎn)，就赛在地上画天书了。

她一路东倒西歪向北去，走出一百多步远的地界，是个十字路口，车来车往，常常出事。您还甭(béng)为这婆子揪心，瞧她烂醉如泥，可每次将到路口，一准是“噔”的一下，醒过来了！竟赛常人一般，不带半点儿醉意，好端端地穿街而过。她天天这样，从无闪失。首善街上的人家，最爱瞧酒婆这醉醺醺的几步扭——上摆下摇，左歪右斜，悠悠旋转乐陶陶，看似风摆荷叶一般；逢到雨天，雨点淋身，便赛一张慢慢旋动的大伞了……但是，为吗酒婆一到路口就醉意全消呢？是因为“炮打灯”就这么一点儿劲头，还是酒婆有超人的能耐说醉就醉说醒就醒？

酒婆一到路口醉意全消，联系上下文想一想这其中的原因。

酒的诀窍，还是在酒缸里。老板人奸，往酒里掺水。酒鬼们对眼睛里的世界一片模糊，对肚子里的酒却一清二楚，但谁也不肯把这层纸捅破，喝美了也就算了。老板缺德，必得报应，人近六十，没儿没女，

八成要绝后。可一日，老板娘爱酸爱辣，居然有喜了！老板动了良心，发誓今后老实做人，诚实卖酒，再不往酒里掺水掺假了。

这为后文情节发展埋下了伏笔。

就是这日，酒婆来到这家小酒馆，进门照例还是掏出包儿来，层层打开，花钱买酒，举手仰脖，把改假为真的“炮打灯”倒进肚里……真货就有真货色。这次酒婆还没出屋，人就转悠起来了。而且今儿她一路上摇晃得分外好看，上身左摇，下身右摇，愈转愈疾，初时赛风中的大鹏鸟，后来竟赛一个黑黑的大漩涡。首善街的人看得惊奇，也看得纳闷，不等多想，酒婆已到路口，竟然没有酒醒，破天荒头一遭转悠到大马路上，下边的惨事就甭提了……

连用两个比喻句和一连串的动作描写，生动形象地刻画了酒婆真醉酒的样子，突出了她可怜可悲的人物形象。

自此，酒婆在这条街上绝了迹。小酒馆里的人们却不时念叨起她来，说她才算真正够格的酒鬼。她喝酒不就菜，向例一饮而尽，不贪解馋，只求酒劲。在酒馆既不多事，也无闲话，交钱喝酒，喝完就走，从来没赊(shē)过账。真正的酒鬼，都是自得其乐，

不搅和别人。

老板听着，忽然想到，酒婆出事那日，不正是自己不往酒里掺假的那天吗？原来祸根竟在自己身上！他便别扭开了，心想这人间的道理真是说不清道不明了。到底骗人不对，还是诚实不对？不然为吗几十年拿假酒骗人，却相安无事，都喝得挺美，可一旦认真起来反倒毁了？

老板良心发现，酒不掺水后，酒婆反而出车祸了。文章正是借老板的困惑，表达了对病态社会的批判与嘲讽。

一个人往往在做事情或与别人相处时，才能显出自己的特点。所以，选择最能表现人物特点的典型事例来写，是写好人物的重要手法。

阅读本组文章，品读不同作家笔下的小人物，找找文章中都有哪些能够表现人物特点的典型事例，想想作者是运用怎样的方法来刻画人物形象的。

① 阿长与《山海经》

鲁　迅

长妈妈，已经说过，是一个一向带领着我的女工，说得阔气一点，就是我的保姆。我的母亲和许多别的人都这样称呼她，似乎略带些客气的意思。只有祖母叫她阿长。我平时叫她“阿妈”，连“长”字也不带；但到憎恶她的时候，——例如知道了谋死我那隐鼠的却是她的时候，就叫她阿长。

我们那里没有姓长的；她生得黄胖而矮，“长”也不是形容词。又不是她的名字，记得她自己说过，她的名字是

叫作什么姑娘的。什么姑娘，我现在已经忘却了，总之不是长姑娘；也终于不知道她姓什么。记得她也曾告诉过我这个名称的来历：先前的先前，我家有一个女工，身材生得很高大，这就是真阿长。后来她回去了，我那什么姑娘才来补她的缺，然而大家因为叫惯了，没有再改口，于是她从此也就成为长妈妈了。

虽然背地里说人长短不是好事情，但倘使要我说句真心话，我可只得说：我实在不大佩服她。最讨厌的是常喜欢切切察察，向人们低声絮说些什么事，还竖起第二个手指，在空中上下摇动，或者点着对手或自己的鼻尖。我的家里一有些小风波，不知怎的我总疑心和这“切切察察”有些关系。又不许我走动，拔一株草，翻一块石头，就说我顽皮，要告诉我的母亲去了。一到夏天，睡觉时她又伸开两脚两手，在床中间摆成一个“大”字，挤得我没有余地翻身，久睡在一角的席子上，又已经烤得那么热。推她呢，不动；叫她呢，也不闻。

“长妈妈生得那么胖，一定很怕热罢[①]？晚上的睡相，怕不见得很好罢？……”

母亲听到我多回诉苦之后，曾经这样地问过她。我也

① 罢：现在写作“吧”。本文有的用字与现在不同，遵照原文，未加改动。

知道这意思是要她多给我一些空席。她不开口。但到夜里，我热得醒来的时候，却仍然看见满床摆着一个“大”字，一条臂膊还搁在我的颈子上。我想，这实在是无法可想了。

但是她懂得许多规矩；这些规矩，也大概是我所不耐烦的。一年中最高兴的时节，自然要数除夕了。辞岁之后，从长辈得到压岁钱，红纸包着，放在枕边，只要过一宵，便可以随意使用。睡在枕上，看着红包，想到明天买来的小鼓，刀枪，泥人，糖菩萨……。然而她进来，又将一个福橘放在床头了。

“哥儿，你牢牢记住！”她极其郑重地说。“明天是正月初一，清早一睁开眼睛，第一句话就得对我说：‘阿妈，恭喜恭喜！’记得么？你要记着，这是一年的运气的事情。不许说别的话！说过之后，还得吃一点福橘。”她又拿起那橘子来在我的眼前摇了两摇，“那么，一年到头，顺顺流流[①]……。”

梦里也记得元旦[②]的，第二天醒得特别早，一醒，就要坐起来。她却立刻伸出臂膊，一把将我按住。我惊异地看她时，只见她惶急地看着我。

---

① 顺顺流流：现在写作“顺顺溜溜”，顺当。

② 元旦：这里指农历正月初一。

她又有所要求似的，摇着我的肩。我忽而记得了——

“阿妈，恭喜……。”

“恭喜恭喜！大家恭喜！真聪明！恭喜恭喜！”她于是十分喜欢似的，笑将起来，同时将一点冰冷的东西，塞在我的嘴里。我大吃一惊之后，也就忽而记得，这就是所谓福橘，元旦辟头的磨难，总算已经受完，可以下床玩耍去了。

她教给我的道理还很多，例如说人死了，不该说死掉，必须说“老掉了”；死了人，生了孩子的屋子里，不应该走进去；饭粒落在地上，必须拣起来，最好是吃下去；晒裤子用的竹竿底下，是万不可钻过去的……。此外，现在大抵忘却了，只有元旦的古怪仪式记得最清楚。总之：都是些烦琐之至，至今想起来还觉得非常麻烦的事情。

然而我有一时也对她发生过空前的敬意。她常常对我讲“长毛”。她之所谓“长毛”者，不但洪秀全军，似乎连后来一切土匪强盗都在内，但除却革命党，因为那时还没有。她说得长毛非常可怕，他们的话就听不懂。她说先前长毛进城的时候，我家全都逃到海边去了，只留一个门房和年老的煮饭老妈子看家。后来长毛果然进门来了，那老妈子便叫他们“大王”，——据说对长毛就应该这样

叫，——诉说自己的饥饿。长毛笑道：“那么，这东西就给你吃了罢！”将一个圆圆的东西掷了过来，还带着一条小辫子，正是那门房的头。煮饭老妈子从此就骇破了胆，后来一提起，还是立刻面如土色，自己轻轻地拍着胸脯道：“阿呀[①]，骇死我了，骇死我了……。”

我那时似乎倒并不怕，因为我觉得这些事和我毫不相干的，我不是一个门房。但她大概也即觉到了，说道：“像你似的小孩子，长毛也要掳的，掳去做小长毛。还有好看的姑娘，也要掳。”

“那么，你是不要紧的。”我以为她一定最安全了，既不做门房，又不是小孩子，也生得不好看，况且颈子上还有许多炙疮疤。

“那里[②]的话？！”她严肃地说。“我们就没有用么？我们也要被掳去。城外有兵来攻的时候，长毛就叫我们脱下裤子，一排一排地站在城墙上，外面的大炮就放不出来；再要放，就炸了！”

这实在是出于我意想之外的，不能不惊异。我一向只以为她满肚子是麻烦的礼节罢了，却不料她还有这样伟大

① 阿呀：现在写作“啊呀”。
② 那里：现在写作“哪里”。

的神力。从此对于她就有了特别的敬意，似乎实在深不可测；夜间的伸开手脚，占领全床，那当然是情有可原的了，倒应该我退让。

这种敬意，虽然也逐渐淡薄起来，但完全消失，大概是在知道她谋害了我的隐鼠之后。那时就极严重地诘问，而且当面叫她阿长。我想我又不真做小长毛，不去攻城，也不放炮，更不怕炮炸，我惧惮她什么呢！

但当我哀悼(dào)隐鼠，给它复仇的时候，一面又在渴慕着绘图的《山海经》了。这渴慕是从一个远房的叔祖惹起来的。他是一个胖胖的，和蔼的老人，爱种一点花木，如珠兰，茉莉之类，还有极其少见的，据说从北边带回去的马缨花。他的太太却正相反，什么也莫名其妙，曾将晒衣服的竹竿搁在珠兰的枝条上，枝折了，还要愤愤地咒骂道："死尸！"这老人是个寂寞者，因为无人可谈，就很爱和孩子们往来，有时简直称我们为"小友"。在我们聚族而居的宅子里，只有他书多，而且特别。制艺和试帖诗，自然也是有的；但我却只在他的书斋里，看见过陆玑的《毛诗草木鸟兽虫鱼疏》，还有许多名目很生的书籍。我那时最爱看的是《花镜》，上面有许多图。他说给我听，曾经有过一部绘图的《山海经》，画着人面的兽，九头的蛇，三脚的鸟，生着翅膀

的人，没有头而以两乳当作眼睛的怪物，……可惜现在不知道放在那里了。

我很愿意看看这样的图画，但不好意思力逼他去寻找，他是很疏懒的。问别人呢，谁也不肯真实地回答我。压岁钱还有几百文，买罢，又没有好机会。有书买的大街离我家远得很，我一年中只能在正月间去玩一趟，那时候，两家书店都紧紧地关着门。

玩的时候倒是没有什么的，但一坐下，我就记得绘图的《山海经》。

大概是太过于念念不忘了，连阿长也来问《山海经》是怎么一回事。这是我向来没有和她说过的，我知道她并非学者，说了也无益；但既然来问，也就都对她说了。

过了十多天，或者一个月罢，我还很记得，是她告假回家以后的四五天，她穿着新的蓝布衫回来了，一见面，就将一包书递给我，高兴地说道：

“哥儿，有画儿的‘三哼经’，我给你买来了！”

我似乎遇着了一个霹雳，全体都震悚(sǒng)起来；赶紧去接过来，打开纸包，是四本小小的书，略略一翻，人面的兽，九头的蛇，……果然都在内。

这又使我发生新的敬意了，别人不肯做，或不能做的

事，她却能够做成功。她确有伟大的神力。谋害隐鼠的怨恨，从此完全消灭了。

这四本书，乃是我最初得到，最为心爱的宝书。

书的模样，到现在还在眼前。可是从还在眼前的模样来说，却是一部刻印都十分粗拙的本子。纸张很黄；图像也很坏，甚至于几乎全用直线凑合，连动物的眼睛也都是长方形的。但那是我最为心爱的宝书，看起来，确是人面的兽；九头的蛇；一脚的牛；袋子似的帝江；没有头而“以乳为目，以脐为口”，还要“执干戚而舞”的刑天。

此后我就更其搜集绘图的书，于是有了石印的《尔雅音图》和《毛诗品物图考》，又有了《点石斋丛画》和《诗画舫》。《山海经》也另买了一部石印的，每卷都有图赞，绿色的画，字是红的，比那木刻的精致得多了。这一部直到前年还在，是缩印的郝懿行疏。木刻的却已经记不清是什么时候失掉了。

我的保姆，长妈妈即阿长，辞了这人世，大概也有了三十年了罢。我终于不知道她的姓名，她的经历；仅知道有一个过继的儿子，她大约是青年守寡的孤孀(shuāng)。

仁厚黑暗的地母呵，愿在你怀里永安她的魂灵！

② 木匠老陈

巴　金

生活的经验固然会叫人忘记许多事情。但是有些记忆经过了多少时间的磨洗也不会消灭。

故乡里那些房屋，那些街道至今还印在我的脑子里。我还记得我每天到学堂去总要走过的木匠老陈的铺子。

木匠老陈那时不过四十岁光景，脸长得像驴子脸，左眼下面有块伤疤，嘴唇上略有几根胡须。

大家都说他的相貌丑，但是同时人人称赞他的脾气好。

他平日在店里。但是他也常常到相熟的公馆里去做活，或者做包工，或者做零工。我们家里需要木匠的时候，总是去找他。我就在这时候认识他。他在我们家里做活，我只要有空，就跑去看他工作。

我那时注意的，并不是他本人，倒是他的那些工具：什么有轮齿的锯子啦，有两个耳朵的刨(bào)子啦，会旋转的钻子啦，像图画里板斧一般的斧子啦。这些奇怪的东西我以前全没有看见过。一块粗糙的木头经过了斧子劈，锯子锯，

刨子刨，就变成了一方或者一条光滑整齐的木板，再经过钻子、凿子等工具以后，又变成了各种各样的东西；像美丽的窗格，镂花的壁板等细致的物件，都是这样制成的。

老陈和他的徒弟的工作使我的眼界宽了不少。那时我还在家里读书，祖父聘请了一位前清的老秀才来管教我们。老秀才不知道教授的方法，他只教我们认一些字，呆板地读一些书。此外他就把我们关在书房里，端端正正地坐在凳子上，让时间白白地过去。过惯了这种单调的生活以后，无怪乎我特别喜欢老陈了。

老陈常常弯着腰，拿了尺子和墨线盒在木板上面画什么东西。我便安静地站在旁边专心地望着，连眼珠也不转一下。他画好了墨线，便拿起锯子或者凿子来。我有时候觉得有些地方很奇怪，不明白，就问他，他很和气地对我一一说明。

他的态度比那个老秀才的好得多。

家里的人看见我对老陈的工作感到这么大的兴趣，并不来干涉我，却嘲笑地唤我作老陈的徒弟，父亲甚至开玩笑地说要把我送到老陈那里学做木匠。但这些嘲笑都是好意的，父亲的确喜欢我。因此有一个时候我居然相信父亲真有这样的想法，而且我对老陈说过要跟他学做木匠的话。

“你要学做木匠？真笑话！有钱的少爷应该读书，将

来好做官！穷人的小孩才学做木匠。”老陈听见我的话，马上就笑起来。

“为什么不该学做木匠？做官有什么好？修房子，做家具，才有趣啊！我做木匠，我要给自己修房子，爬到上面去，爬得高高的。”我看见他不相信我的话，把它只当作小孩子的胡说，我有些生气，就起劲地争论道。

“爬得高，会跌下来。”老陈随口说了这一句，他的笑容渐渐地收起来了。

“跌下来，你骗我！我就没有见过木匠跌下来！”

老陈看我一眼，依旧温和地说：“做木匠修房子，常常拿自己性命来拼。一个不当心在上面滑了脚，跌下来，不跌成肉酱，也会得一辈子的残疾。”他说到这里就埋下头，用力在木板上推他的刨子，木板沓沓地响着，一卷一卷的刨花接连落在地上。他过了半晌又加了一句：“我爹就是这样子跌死的。”

我不相信他的话。一个人会活活地跌死！我没有看见过，也没有听见人说过。既然他父亲做木匠跌死了，为什么他现在还做木匠呢？我简直想不通。

“你骗我，我不信！那么你为什么还要做木匠？难道你就不怕死！”

“做木匠的人这样多，不见得个个都遭横死。我学的是这行手艺，不靠它吃饭又靠什么？”他苦恼地说，然后他抬起头来看我，他的眼角噙着泪珠。他哭了！

我看见他流眼泪，不知道要怎么办才好，就跑开了。

不久祖父生病死了，我也进了学堂，不再受那个老秀才的管束了。祖父死后木匠老陈不曾到我们家里来过。但是我每天到学堂去都要经过他那个小小的铺子。

有时候他在店里招呼我；有时候他不在，只有一两个徒弟在那里钉凳子或者制造别的物件。他的店起初还能够维持下去，但是不久省城里发生了巷战，一连打了三天，然后那两位军阀因为别人的调解又握手言欢了。老陈的店在这个时期遭到“丘八”的光顾，他的一点点积蓄都给抢光了，只剩下一个空铺子。这以后他虽然勉强开店，生意却很萧条。我常常看见他哭丧着脸在店里做工。他的精神颓丧，但是他仍然不停手地做活。我听说他晚上时常到小酒馆里喝酒。

又过了几个月他的店终于关了门。我也就看不见他的踪迹了。有人说他去吃粮当了兵，有人说他到外县谋生去了。然而有一天我在街上碰见了他。他手里提着一个篮子，里面装了几件木匠用的工具。

“老陈，你还在省城！人家说你吃粮去了！”我快活

地大声叫起来。

“我只会做木匠，我就只会做木匠！一个人应该安分守己。”他摇摇头微微笑道，他的笑容里带了一点悲哀。他没有什么大改变，只是人瘦了些，脸黑了些，衣服脏了些。

“少爷，你好好读书。你将来做了官，我来给你修房子。”他继续含笑说。

我抓住他的袖子，再也说不出一句话来。他告辞走了。他还告诉我他在他从前一个徒弟的店里帮忙。这个徒弟如今发达了，他却在那里做一个匠人。

以后我就没有再看见老陈。我虽然喜欢他，但是过了不几天我又把他忘记了。等到公馆里的轿夫告诉我一个消息的时候，我才记起他来。

那个轿夫报告的是什么消息呢？

他告诉我：老陈同别的木匠一起在南门一家大公馆里修楼房，工程快要完了，但是不晓得怎样，老陈竟然从楼上跌下来，跌死了。

在那么多的木匠里面，偏偏是他跟着他父亲落进了横死的命运圈里。这似乎是偶然，似乎又不是偶然。总之，一个安分守己的人就这样地消灭了。

1934年秋在上海

③ 骆驼祥子（节选）

老 舍

大家正说到热闹中间，门忽然开了，进来一阵冷气。大家几乎都怒目地往外看，看谁这么不得人心，把门推开。大家越着急，门外的人越慢，似乎故意地磨烦。茶馆的伙计半急半笑地喊："快着点吧，我一个人的大叔！别把点热气儿都给放了！"

这话还没说完，门外的人进来了，也是个拉车的。看样子已有五十多岁，穿着件短不够短，长不够长，莲蓬篓儿似的棉袄，襟上肘上已都露了棉花。脸似乎有许多日子没洗过，看不出肉色，只有两个耳朵冻得通红，红得像要落下来的果子。惨白的头发在一顶破小帽下杂乱地髭髭着；眉上，短须上，都挂着些冰珠。一进来，摸住条板凳便坐下了，挣扎着说了句："沏一壶。"

这个茶馆一向是包月车夫的聚处，像这个老车夫，在平日，是绝不会进来的。

大家看着他，都好像感到比刚才所说的更加深刻的一

点什么意思，谁也不想再开口。在平日，总会有一两个不很懂事的少年，找几句俏皮话来拿这样的茶客取取笑，今天没有一个出声的。

茶还没有沏来，老车夫的头慢慢地往下低，低着低着，全身都出溜下去。

大家马上都立了起来：“怎啦？怎啦？”说着，都想往前跑。

“别动！”茶馆掌柜的有经验，拦住了大家。他独自过去，把老车夫的脖领解开，就地扶起来，用把椅子戗(qiàng)在背后，用手勒着双肩：“白糖水，快！”说完，他在老车夫的脖子那溜儿听了听，自言自语的：“不是痰！”

大家谁也没动，可是谁也没再坐下，都在那满屋子的烟中，眨巴着眼，向门儿这边看。大家好似都不约而同地心里说：“这就是咱们的榜样！到头发惨白了的时候，谁也有一个跟头摔死的行市！”

糖水刚放在老车夫嘴边，他哼哼了两声。还闭着眼，抬起右手——手黑得发亮，像漆过了似的——用手背抹了一下儿嘴。

“喝点水！”掌柜的对着他耳朵说。

“啊？”老车夫睁开了眼，看见自己是坐在地上，腿

蜷了蜷，想立起来。

“先喝点水，不用忙。”掌柜的说，松开了手。

大家几乎都跑了过来。

“哎！哎！”老车夫向四周看了一眼，双手捧定了茶碗，一口口地吸糖水。

慢慢地把糖水喝完，他又看了大家一眼：“哎，劳诸位的驾！”说得非常的温柔亲切，绝不像是由那个胡子拉碴的口中说出来的。说完，他又想往起立，过去三四个人忙着往起搀他。他脸上有了点笑意，又那么温和地说：“行，行，不碍！我是又冷又饿，一阵儿发晕！不要紧！”他脸上虽然是那么厚的泥，可是那点笑意教大家仿佛看到一个温善白净的脸。

④ 吝啬鬼[①]（节选）

［法国］莫里哀

人物　艾莉丝，克莱昂特，阿尔巴贡。

阿尔巴贡　家里有一大笔钱，要看守好了，的确不简单。把钱全放出去，只把必要的开销留下来，才叫有福气呐。单在家里找一个藏钱的稳当地方，就够为难人的。因为在我看来，保险箱就不保险，我从来就不相信。这些保险箱，我觉得简直就是引贼入室的好目标，要抢总是先抢保险箱。不过昨天有人还我一万艾居，我埋在花园里，不知道牢靠不牢靠。一万艾居放在家里，数目也就相当……

（兄妹这时出现了，低声谈话。）

天啊！我自己拆自己的台。我一急，什么也忘了，以为只有自己一个人，扯嗓子说长道短。什么事？

克莱昂特　没有事，爸爸。

阿尔巴贡　你们早就在这儿了吗？

---

① 本文选自《吝啬鬼》（上海译文出版社），略有改动。

艾 莉 丝　我们也就是刚来。

阿尔巴贡　你们听见……

克莱昂特　爸爸，听见什么？

阿尔巴贡　就是……

艾 莉 丝　就是什么？

阿尔巴贡　我方才说的话。

克莱昂特　没有听见。

阿尔巴贡　听见了的，听见了的。

艾 莉 丝　我们实在没有听见。

阿尔巴贡　你们听见了几句，我一看就看出来了。我是在对自己讲，今天弄钱真不容易，我说，谁家里能有一万艾居，就有福气了。

克莱昂特　我们怕搅您，没敢到您跟前来。

阿尔巴贡　我很高兴有一个机会，对你们解释清楚，免得你们发生误会，还以为我说，我有一万艾居。

克莱昂特　您的钱财事儿，我们一点儿也不感兴趣。

阿尔巴贡　但愿我有一万艾居就好了！

克莱昂特　我不信……

阿尔巴贡　这对我可就太妙了。

艾 莉 丝　这种事……

阿尔巴贡　我太用得着了。

克莱昂特　我以为……

阿尔巴贡　那就帮了我的大忙了。

艾 莉 丝　您是……

阿尔巴贡　我就不会像现在，抱怨日子难过了。

克莱昂特　我的天！您抱怨什么，谁都晓得您很富裕。

阿尔巴贡　怎么？我很富裕！说这话的人就在撒谎。简直是胡扯。散布这些谣言的，就是坏蛋。

艾 莉 丝　您千万不要生气。

阿尔巴贡　我自己的孩子捣我的蛋，变成我的对头，太不像话！

克莱昂特　说您富裕，就是您的对头？

阿尔巴贡　正是。像你说的这种话，像你们那样花钱，会有一天，人家以为我浑身是钱，到家里把我害了的。

克莱昂特　我怎么乱花钱啦？

阿尔巴贡　你问我？看看你这身华丽的服装，满城串来串去，惹不惹眼？我昨天数说你妹妹，可是你还要糟糕。简直要受报应的，像你从头到脚这身打扮，就足够换进一大笔长年收入。我对你讲过二十回了，孩子，你那些作为，我很不喜欢。你一个劲儿学侯爵的派头，像你这样穿着打扮下去，就非偷我不行。

（李健吾　译）

阅读实践

本组文章中的人物都说了什么，做了什么？你觉得这些人物分别表现出

文章题目	主要人物	语言与行为	性格特点
《阿长与〈山海经〉》			
《木匠老陈》			
《骆驼祥子（节选）》			
《吝啬鬼（节选）》			

平凡的人，身处普通的岗位，从事不同的职业，但是都有着自己的特别之处。选择本组中的一篇文章，试着分析作者都运用了哪些方法描写人物形象。

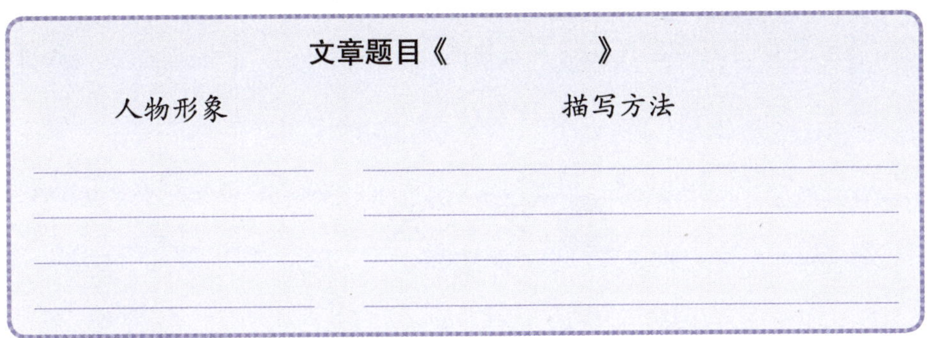

活动三

这组文章让我们知道了选取典型事例可以更好地表现人物特点。仔细观察身边的人，他们都有怎样的特点？你会通过哪些事例来表现他们的特点呢？试着梳理出来。

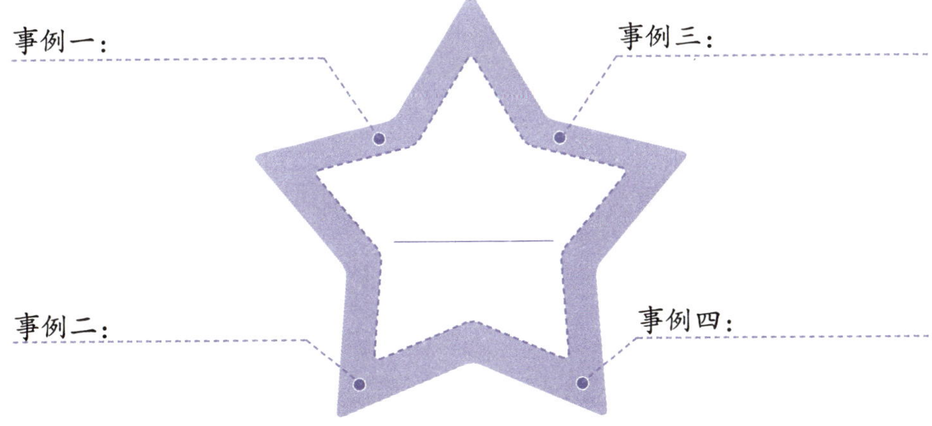

岁月虽远行，经典永流传。众多的文学作品中，从来不缺少经典的人物形象。阅读本组文章，要抓住人物的细节描写，体会作者是如何刻画出这些经典人物的。

1 翠　翠[①]

沈从文

翠翠在风日里长养着，把皮肤变得黑黑的，触目为青山绿水，一对眸子清明如水晶，自然既长养她且教育她。为人天真活泼，处处俨(yǎn)然如一只小兽物。人又那么乖，如山头黄麂(jǐ)一样，从不想到残忍事情，从不发愁，从不动气。平时在渡船上遇陌生人对她有所注意时，便把光光的眼睛瞅着那陌生人，做成随时都可举步逃入深山的神气，但明白了面前的人无机心

作者把对翠翠的外貌描写，和对大自然美好风光的描写融为一体，让我们感受到她纯净、健康的自然美。

① 选自沈从文的小说《边城》，题目为编者所加。

后，就又从从容容地在水边玩耍了。

老船夫不论晴雨，必守在船头，有人过渡时，便略弯着腰，两手缘引了竹缆，把船横渡过小溪。有时疲倦了，躺在临溪大石上睡着了，人在隔岸招手喊过渡，翠翠不让祖父起身，就跳下船去，很敏捷地替祖父把路人渡过溪，一切溜刷[①]在行，从不误事。有时又和祖父、黄狗一同在船上，过渡时与祖父一同动手牵缆索。船将近岸边，祖父正向客人招呼“慢点，慢点”时，那只黄狗便口衔绳子，最先一跃而上，且俨然懂得如何方称尽职似的，把船绳紧衔着拖船拢岸。茶峒(dòng)附近村子里人不仅认识弄渡船的祖孙二人，也对于这只狗充满好感。

风日清和的天气，无人过渡，镇日长闲，祖父同翠翠便坐在门前大岩石上晒太阳：或把一段木头从高处向水中抛去，嗾(sǒu)使身边黄狗从岩石高处跃下，把木头衔回来；或翠翠与黄狗皆张着耳朵，听祖父说些城中多年以前的战争故事；或祖父同翠翠两人，各把小竹做成的竖笛，逗在嘴边吹着迎亲送女的曲子。

作者为我们描绘了湘西小城相依为命的祖孙俩日常的生活，此时的岁月一片静好。

---

① 溜刷：迅速，敏捷。

过渡人来了，老船夫放下了竹管，独自跟到船边去横溪渡人。在岩上的一个，见船开动时，于是锐声喊着：

“爷爷，爷爷，你听我吹，你唱！”

爷爷到溪中央于是便很快乐地唱起来，哑哑的声音同竹管声，震荡在寂静空气里，溪中仿佛也热闹了些。实则歌声的来复，反而使一切更加寂静。

有时过渡的是从川东过茶峒的小牛，是羊群，是新娘子的花轿，翠翠必争着做渡船夫，站到船头，懒懒地攀引缆索，让船缓缓地过去。牛、羊、花轿上岸后，翠翠必跟着走，送队伍上山，站到小山头，目送这些东西走去很远了，方回转船上，把船牵靠近家的岸边；且独自低低地学小羊叫着，学母牛叫着，或采一把野花缚（fù）在头上，独自装扮新娘子。

② 妞　儿[①]

林海音

忽然一连几天，横胡同里接不到妞儿了，我是多么地失望，站在那里等了又等。我慢慢走向井窝子去，希望碰见她，可是没有用。下午的井窝子没那么热闹了，因为送水的车子都是上午来，这时只有附近人家自己推了装着铅桶的小车子来买井水。

我看见长班老王也推了小车子来，他一趟一趟来好几趟了，见我一直站在那里，奇怪地问我：

“小英子，你在这儿发什么傻？”

我没有说什么，我自己心里的事，自己知道。我说：“秀贞呢？”

我想如果等不到妞儿，就去找秀贞。但是老王没理我，他装满了两桶水，就推走了。

我正在犹豫着怎么办的时候，忽然从西草厂口上，转

① 选自林海音的小说《城南旧事》，题目为编者所加。

过来一个熟悉的影子，那正是妞儿，我多高兴！我跑着迎上去，喊道："妞儿！妞儿！"她竟不理我，就像不认识我，也像没听见有人叫她。我很奇怪，跟在她身边走，但她用手轻轻赶开我，皱着眉头眨眼，意思叫我走开。我不知道是怎么回事，但见她身后几步远有一个高大的男人，穿着蓝布大褂，手提着一个脏了的长布口袋，袋口上露出来，我看见是一把胡琴。

我想这一定是妞儿的爸爸。妞儿常说"我怕我爹打""我怕我爹骂"的话，我现在看那样子就知道，我不能跟妞儿再说话了，便转身走回家，心里好难受。我口袋里有一块滑石，可以在砖上写出白字来，我掏出来，就不由得顺着人家的墙上一直画下去，画到我家的墙上。心里想着如果没有妞儿一起玩，是多么没有意思呢！

我刚要叫门，忽然听见横胡同里咚咚咚有人跑步声，原来是妞儿气喘着跑来了，她匆匆忙忙神色不安地说："我明儿再来找你。"没等我回答，她就又跑回横胡同了。

第二天早晨，妞儿来找我，我们在西厢房里，蹲下来看小油鸡。掀开藤箱盖子，我们俩都把手伸进去摸小油鸡的羽毛，这样摸着摸着，谁也没说话。我本来是要说话的，但是没有出声，只是心里在问她："妞儿，为什么好多天

没来找我？”“妞儿，是你爸爸很厉害不许你来吗？”“妞儿，昨天为什么不许我跟你说话？”“妞儿，你一定有什么难受的事吧？”真奇怪，这些话都是我心里想的，并没有说出口，可是她怎么知道的，竟用眼泪来回答我？她不说话，也不用袖子去抹眼，就让眼泪滴答滴答落在藤箱里，都被小油鸡和着小米吃下去了！

我不知怎么办好了，从侧面正看见她的耳朵，耳垂上扎了洞用一根红线穿过去，妞儿的耳朵没有洗干净，边沿上有一道黑泥。我再顺着她的肩膀向下看，手腕上有一条青色的伤痕。我伸手去撩起她的袖口看，她这才惊醒了，吓得一躲闪，随着就转过头来向我难过地笑笑。早晨的太阳，正照到西厢房里，照到她的不太干净的脸上，又湿又长的睫毛，一闪动，眼泪就流过泪坑淌到嘴边了。

忽然，她站起来，撩开袖口，撩起裤角，轻轻地说：

“看我爸爸打的！”

我是蹲着的，伸出手正好摸到她腿上那一条条肿起的伤痕。我轻轻地摸，倒惹得她哭出声音来了。她因为不敢放声，嘤嘤地小声哭，真是可怜。我说：

“你爸爸干吗打你？”

她当时说不出话来，哭了好一会儿才说：

“他不许我出来玩。”

“是因为在我家待太久了？”

妞儿点点头。

因为在我家玩久了，害得她挨打，我又难过，又害怕，想到那个高大的男人，我不由得说：

“那么你快回去吧！”

她站着不动，说：

“他一早出去还没回来。”

“那么你妈呢？”

“我妈也拧我，她倒不管我出来的事。爸爸也打她。打了她，她就拧我，说是我害的。”

妞儿哭了一阵子好些了，又跟我说这说那的，我说我从来没有见过她的妈妈，妞儿说她的妈妈有点跛，一天到晚就是坐在炕头上给人缝补衣服赚钱。

我告诉妞儿，我们从前不住在北京，是从一个很远的岛上来的。她也说：

“我们从前也不住在这儿，我们住在齐化门那边。”

“齐化门？”我点点头说，“我知道那地方。”

“你怎么会也知道齐化门呢？”妞儿奇怪地问我。

我想不出我是怎么知道的，但我的确知道，好像有什

么人大清早曾带我去过那里，而且我也像看见了那里的样子似的，不，不，不是，我所看见的很模糊，也许那是一个梦吧？因此我就回答妞儿说：

“我梦见过那个地方，有没有城墙？有一天，有一个女人抱着一个包袱，大清早上，偷偷地向城墙走去……”

“你是讲故事吧？”

“也许是故事，”我斜着头又深深地想了想，“反正我知道齐化门就是了。”

妞儿笑了笑，手伸过来搂着我的脖子，我的手也伸过去搂住她的。但当我捏住她的肩头，她轻轻喊了一声：“痛！痛！”

我的手连忙松开，她又皱着眉说：“连这儿都给我抽肿了！”

“什么抽的？”

“掸子。”停了一下她又说，“我爸，还有我妈，他们——”但她顿住不说了。

“他们怎么样？”

“不说了，下回再跟你说。”

“我知道，你爸爸教你唱戏，要你赚钱给他们花。”这是我听宋妈跟妈妈讲过的，所以一下子就给说出来了。“要

你赚钱还打你，凭什么！”我说到后来气愤起来了。

“呵呵，你瞧你什么都知道，我不是要跟你说唱戏的事，你哪儿知道我要跟你说什么呀！”

“到底要说什么呢？说嘛！”

“你这么着急，我就不说了。你要是跟我好，我有好些话要跟你说，就是不许你跟别人说，也别告诉你妈。”

“我不会，我们小声地说。”

妞儿犹豫了一会儿，伏在我的耳旁小声而急快地说：

“我不是我妈生的，我爸爸也不是亲的。”

她说得那样快，好像一个闪电过去那么快，跟着就像一声雷打进了我的心，使我的心跳了一大跳。她说完后，把附在我耳旁的手挪开，睁着大眼睛看我，好像在等着看我听了她的话，会怎么个样子。我呢，也只是和她对瞪着眼，一句话也说不出。

我虽然答应妞儿不讲出她的秘密，可是妞儿走了以后，我心里一直在想着这件事，我越想越不放心，忽然跑到妈妈面前，愣愣地问：

“妈，我是不是你生的？”

“什么？”妈奇怪地看了我一眼，“怎么想起问这话？”

“你说是不是就好了。”

“是呀，怎么会不是呢？”停一下妈又说，“要不是亲生的，我能这么疼你吗？像你这样闹，早打扁了你了。”

我点点头，妈妈的话的确很对，想想妞儿吧！“那么你怎么生的我？”这件事，我早就想问的。

“怎么生的呀，嗯——”妈想了想笑了，胳膊抬起来，指着胳肢窝说：

“从这里掉出来的。”

说完，她就和宋妈大笑起来。

阅读链接

《城南旧事》是著名作家林海音的自传体小说。作者透过主人公英子质朴的双眼，向世人展现了儿童眼中的世界的悲欢离合。文中故事温馨而亲切，充满淡淡的哀愁。《城南旧事》广受读者喜爱，曾被评选为亚洲周刊“二十世纪中文小说一百强”。

③ 顽童上学[①]

［清］钱彩

且说王员外的儿子王贵，年纪虽只得六岁，却生得身强力大，气质粗卤[②]。一日同了家人王安，到后花园中游玩，走进那百花亭上坐下，看见桌上摆着一副象棋。王贵问道："这是什么东西？怎么有这许多字在上面？做什么用的？"王安道："这个叫作'象棋'。是两人对下赌输赢的。"王贵道："怎么便赢了？"王安道："或是红的吃了黑的将军，黑的就输；黑的吃了红的将军，黑的算赢。"王贵道："这个何难。你摆好了，我和你下一盘。"王安就将棋子摆好，把红的送在王贵面前道："小官人请先下。"王贵道："我若先动手，你就输了。"王安道："怎么我就输了？"王贵先将自己的将军，吃了

言语之间，刻画出王贵气质粗鲁、野蛮骄纵的特点。

① 选自《说岳全传》第三回《岳院君闭门课子　周先生设帐授徒》，题目为后人所加。

② 粗卤：现在写作"粗鲁"。本文有的用字与现在不同，除"卤"外，还有"那""的""罢""望"等，遵照原文，未加改动。

王安的将军，便道：“岂不是你输了？”王安笑道：“那里有这样的下法，将军都是走得出的？还要我来教你。”王贵道：“胡说！做了将军，由得我做主，怎么就不许走出？你欺我不会下棋，反来骗我么？”拿起棋盘，就望王安头上打将过来。这王安不曾提（dī）防，被王贵一棋盘，打得头上鲜血直流。王安叫声：“啊呀！”双手捧着头，掇转身就走。王贵随后赶来。王安跑到后堂，员外看见王安满头鲜血，问其缘故。王安将下棋的事，禀（bǐng）说一遍。正说未完，王贵恰恰赶来。员外大怒，骂道：“畜生！你小小年纪，敢如此无礼！”遂将王贵头上，一连几个栗爆。

王贵见爹爹打骂，飞跑的赶进房中，到母亲面前哭道：“爹爹要打死孩儿！”院君忙叫丫鬟拿果子与他吃，说道：“不要哭，有我在此！”说还未了，只见员外怒冲冲的走来，院君就房门口拦住。员外道：“这小畜生在那里？”院君也不回言，就把员外恶狠狠的一掌，反大哭起来，说道：“你这老杀才！今日说无子，明日道少儿，亏得岳安人再三相劝讨妾，才生得这一个儿子。为着什么大事，就要打死他？这粉嫩的骨头，如何经得起打？罢！罢！我不如与你这老杀才拼了命罢！”就一头望员外撞来。幸亏得一众丫鬟使女，连忙上前，拖的拖，劝的劝，将院君扯进房去。员外直气

得开口不得，只挣得一句道："罢，罢，罢！你这般纵容他，只怕误了他的终身不小！"转身来到中堂，闷昏昏没个出气处。

只见门公进来报说："张员外来了。"员外叫请进来。不一时，接进里边，行礼坐下。王明道："贤弟为何尊容有些怒气？"张员外道："大哥，不要说起！小弟因患了些疯气，步履(lǚ)艰难，为此买了一匹马，养在家中，代代脚力。谁想你这张显侄儿，天天骑了出去，撞坏人家东西，小弟只得认赔，也非一次了。不道今日又出去，把人都踏伤，抬到门上来吵闹。小弟再三赔罪，与了他几两银子去服药调治，方才去了。这畜生如此胡为，自然责了他几下；却被你那不贤弟媳护短，反与我大闹一场，脸上都被他[①]抓破。我气不过，特来告诉告诉大哥。"王明尚未开口，又见一个人气冲冲的叫将进来道："大哥！二哥！怎么处，怎么处！"二人抬头观看，却是王明、张达的好友汤文仲。二人连忙起身相迎，问道："老弟为着何事，这般光景？"文仲坐定，气得出不得声，停了一会道："大哥！二哥！我告诉你：有个金老儿，夫妻两个，租着小弟门首一间空房，

① 他：第三人称代词，在这里指代女性。

开个汤圆店。那知你这汤怀侄儿，日日去吃汤圆，把他做的都吃了，只叫不够。次日多做了些，他又不去吃，做少了，又去吵闹。那金老没奈何，来告诉小弟，小弟赔他些银子，把汤怀骂了几句。谁知这畜生，昨夜搬些石头，堆在他门首。今早金老起来开门，那石头倒将进去，打伤了脚，幸喜不曾打死。他夫妻两个，哭哭啼啼的来告诉我，我只得又送他些银钱，与他去将养。小弟自然把这畜生打了几下，你那不贤弟妇，反与我要死要活，打了我一面杖！这口气无处可出，特来告诉大哥。”王明道：“贤弟不必气恼，我两个也是同病。”就将王贵、张显之事，说了一遍。个个又气又恼，又没法。

正在无可奈何，只见门公进来禀说：“陕西周侗（tóng）老相公到此要见。”三个员外听了大喜，一齐出到门外来相接。迎到厅上来，见礼坐下。王明开言道：“大哥久不相会，一向闻说大哥在东京，今日甚风吹得到此？”周侗道：“只因老夫年迈，向来在府城内卢家的时节，曾挣得几亩田产在此地，特来算算账，顺便望望贤弟们，就要返舍去的。”王明道：“难得老哥到此，自然盘桓（huán）几日，再无就去之理。”忙叫厨下备酒接风，一面叫王安打发庄丁去挑行李来。

三个员外聚坐闲谈。王明又问：“大哥，别来二十余

年，未知老嫂、令郎在于何处？”周侗道：“老妻去世已久。小儿跟了小徒卢俊义前去征辽，殁(mò)于军中；就是小徒林冲、卢俊义两个，也俱被奸臣所害。如今真个举目无亲了。不知贤弟们各有几位令郎么？”三个员外道：“不瞒兄长说，我们三个，正为了这些孽(niè)障，在此诉苦。”三个人各把三个儿子的事，告诉一番。周侗道：“既然如此年纪，为何不请个先生来教训他？”三个员外道：“也曾请过几位先生，俱被他们打去。这样顽劣，谁肯教他？”周侗微笑道：“这都是这几位先生不善教训，以致如此。不是老汉夸口，若是老夫在此教他，看他们可能打我么？”三个员外大喜道：“既然如此，不知大哥肯屈留在此么？”周侗道：“三位老弟面上，老汉就成就了侄儿们罢。”三个员外不胜之喜，个个致谢。当日酒散，张、汤二人各自回去，不提。

且说王贵正在外边玩耍，一个庄丁道：“员外请了个狠先生来教学，看你们玩不成了！”王贵听了，急急的寻着张显、汤怀商议，准备铁尺短棍，好打先生个下马威。

次日，众员外送儿子上学，都来拜见了先生，请周侗吃上学酒。周侗道：“贤弟们且请回，此刻不是吃酒的时候。”就送了三个员外出了书房，转身进来，就叫：“王贵上书。”王贵道：“客还未上书，那有主人先上书之理？这样不通，

还亏你出来做先生！”便伸手向袜筒内一摸，掣(chè)出一条铁尺，望着先生头上打来。周侗眼快手快，把头一侧，一手接住铁尺，一手将王贵夹背一拎，揿(qìn)倒在凳上，取过戒方，将王贵重重的打了几下。你道富家子弟，从未经着疼痛过的，这几下，直打得王贵服服贴贴，只得依他教训。那张显、汤怀见了，暗暗的把短家伙撇掉，也不敢放肆了。自此以后，皆听从先生，用心攻读。

> 作者通过一连串的动作描写，既写出了王贵的骄横，也写出了周侗的身手敏捷。

日积月累

◇业精于勤荒于嬉，行成于思毁于随。

◇鸟欲高飞先振翅，人求上进先读书。

◇勤能补拙是良训，一分辛苦一分才。

④ 上学（节选）

管　桦

一

将军河边龙虎村的小铁头已经八岁了。

像铁头一般大的孩子，家里稍微富余点的，都上学了。铁头的爸爸和妈妈都已经去世，姐姐好不容易拉扯着铁头苦熬岁月，三天两头揭不开锅，哪有钱供铁头上学念书？可是铁头却慌慌着非要上学不可。吵得姐姐心烦，掴（guāi）了他一巴掌。铁头便仍旧背筐去拾柴，或是挎着篮子，跟姐姐下地挖野菜。

一天，铁头跟姐姐下地，路过学堂门口，听里头齐声念书的声音，忽然伸出两条细瘦的胳膊，抱住姐姐的腰，脸蛋儿贴在姐姐的衣襟上，眼睛眨巴眨巴的，半晌不说一句话。

铁头此时的动作神态，让我们仿佛看到了这个渴望上学的少年。

姐姐见孩子这光景，愁得直仰脖子长出气。手抚摸着铁头的脑袋，

安慰他说：

“姐姐知道别人家的孩子上学堂念书，你看着心眼儿里热。咱家那黑爆花草鸡不是下蛋了吗？等攒下一百个鸡蛋，卖了钱，送你上学！”

从这以后，铁头每天都爬到柜上，从后窗台把盛鸡蛋的纸盒子小心翼翼地抱下来，瞪着眼睛，翻来覆去地数几遍。每天逮一大串蚂蚱来喂那只黑爆花草鸡。晚上赶到姐姐前头去堵鸡窝。怕黄鼠狼吃鸡，还经心巴意儿地在窝门上顶起四五块砖。还怕不牢靠，又连呼哧带喘地搬块大石头压在砖上。天亮，睁开眼睛就跳下炕，精光着身子，一溜烟儿地跑去打开鸡窝门，掏出那只母鸡，一手抓紧翅膀，一手捏摸那母鸡的屁股门儿，摸摸有蛋没有。要是没蛋，他便咕嘟起嘴巴，哭丧着脸，一天别想见笑模样。一摸有蛋，欢喜得把母鸡紧紧抱在胸前，脸蛋擦弄着翎(líng)毛，咧开嘴巴，嘻嘻地笑出声来。

一天半夜，铁头在梦里还咯儿咯儿直笑。姐姐用胳膊肘子推推他说：

“铁头，铁头，你笑什么哪？”

铁头睁开眼睛，一时还没有清醒，把一只胳膊搂着姐姐的脖颈，伸过嘴去，附在姐姐的耳朵上，好像透露一件

机密大事似的，悄声说：

“我数过鸡蛋，够一百个了。明天可以卖钱上学念书啦！”

姐姐掉过身来，拍着铁头的屁股说：

“这孩子，想上学念书快想魔怔了。晚上你不是刚数过吗？不算鸡爪子踩碎的那个，整四十九个。”

说着，忽然感到有泪水流在脸上。姐姐知道铁头哭了，忙搂在怀里，把心掏出来安慰他说：

“等着吧！攒到差不多的时候就卖钱送你上学！”

二

终于攒够一百个鸡蛋了。

这天清早，铁头忙活着在篮子里垫了一大把麦花秸，把纸盒里的鸡蛋倒腾到篮子里，准备吃过早饭跟姐姐挎到市上去卖。

铁头心急火燎，呼噜呼噜喝碗菜粥，撂下筷子，跳到地上，挎起沉甸甸的篮子，跺脚连声催着姐姐走。

忽然，听村里维持会那面大铜锣当当当，阴一声阳一声地响了过来。伪乡长兼维持会长台荣侯的大管家“二阎王”高海臣，狼哭鬼叫一般，在街上吼喊着：

“日本皇军有令……又交粮纳款啦……”

姐姐正在堂屋刷锅洗碗，听这一声吼喊，好像头上灌下一盆冷水，打个冷战，变了脸色，慌慌急急奔到屋里，叫道：

“还傻愣着！没听‘二阎王’喊，维持会要粮来了？快把鸡蛋藏起来呀！”

“要是‘二阎王’翻柜呢？”

姐姐一听有理，忙把鸡蛋篮子拿出来，放进门后的缸里。想了想，这里也不把牢，这原是装粮食的缸，“二阎王”不能不翻。于是，又急忙从缸里拿出来。一面叫铁头去关排子门，一面提着这篮子鸡蛋跑到东院，藏到邻居古大鹏爷爷破被垛后面了。

姐姐刚回到堂屋，就见“二阎王”高海臣手提着铜锣，挺胸鼓肚，摇晃着肩膀，骂骂咧咧走进院来。这家伙一身黑缎子团花马褂，黑礼服呢低口鞋，裤脚上扎着绸子带儿，歪戴着深灰色呢子礼帽，满是横丝肉的脸上，带着怒气。背后跟着个背枪的保卫团丁。

“小兔崽子，维持会要粮派款，你关排子门。你有能耐修一座碉堡，挡得住海大爷！”一路骂着跨进堂屋，手指着姐姐说：“你不把粮食背到门口，还打发孩子关排子

门儿，想抗粮不交吗？”

姐姐苦笑说：

“连吃的都没有，哪有粮交维持会！”

说着，把吃剩下的一碗菜粥端给“二阎王”看。高海臣鼻子里哧哧冷笑两声，两眼一瞪：

“别跟我海大爷装蒜啦！没粮食你大白天打发孩子关排子门干什么？”

这时候，跟进来的铁头扯直嗓子嚷着：

“我关排子门儿是怕母鸡跑出去，你管得着吗？”

“二阎王”高海臣横了铁头一眼，刚要发作，可是他眼珠子骨碌碌一转，命令团丁：

“没有粮食，把母鸡给我抓走！”

铁头一听要抓他那只黑爆花草鸡，便飞跑到院里去护着。

可是他挡不住团丁。眼看母鸡被团丁追赶得扑棱着翅膀，嘎嘎叫着，满院乱跑。铁头心里说：这可是糟糕，要是被他逮走，没鸡下蛋，能上几天学呢？

母鸡终于被团丁赶到墙角里。不好！要逮住了。铁头急忙跑过去，叫道：

“来，我给你逮吧！这母鸡认生，生人逮不着它！”

团丁已经累得满头大汗，耸着肩膀呼哧呼哧乱喘，见铁头过来帮他，便直起腰来说：

“好吧，逮住这只鸡，你刚才关排子门抗粮罪，就算一笔勾销了！”

铁头把鸡逮住了。团丁伸出两手去接。可是铁头往高处一扔，那母鸡就扑棱着翅膀飞到隔壁去了。团丁气得直骂：

“混账！给我找回来！”

铁头眼望着那团丁，只是咧着嘴巴嘻嘻地笑。就在这节骨眼儿上，忽然看见“二阎王”高海臣手提着那篮子鸡蛋出来了。姐姐在背后追赶着：

“你给我放下！好不容易攒了一百个鸡蛋，打算卖了钱送孩子上学念书的，维持会成老抢儿啦！”

嘴里喊叫着奔过去，伸手想夺回那篮子鸡蛋。“二阎王”高海臣眼眉竖起，叫声“去你的吧！”用胳膊肘子猛一推，把姐姐推倒在地上。

铁头一看“二阎王”拿走那篮子鸡蛋，还把姐姐推倒在地上，急了眼。嘴里嚷着：

“我的鸡蛋！我的鸡蛋！”

向“二阎王”冲过去。可是那保卫团丁一把抓住他的胳膊，叫声：“别动！”铁头叫骂着扭动着身子，抡胳膊

想挣脱开团丁的手，却不能够。眼睁睁看着那一百个鸡蛋被“二阎王”抢走了。

铁头气得低头一口咬住团丁的手腕子，疼得团丁龇牙咧嘴杀猪一般叫：

“啊呀！啊呀！松口！我开枪啦！”

在铁头的头上猛击了一拳。铁头两眼发黑，打个趔(liè)趄(qiè)，差点栽倒。姐姐过来把铁头搂在怀里。团丁趁这时候，一溜烟儿跑了。

日积月累

昂首挺胸　大步流星　手舞足蹈　张牙舞爪

张口结舌　目瞪口呆　全神贯注　眉飞色舞

忐忑不安　举棋不定　六神无主　心神不宁

5 万　卡[1]

［俄国］契诃夫

九岁的男孩万卡·茹科夫三个月前被送到靴匠阿里亚兴的铺子里来做学徒。在圣诞节的前夜，他没有上床睡觉。他等着老板夫妇和师傅们外出后，从老板的立柜里取出一小瓶墨水和一支安着锈笔尖的钢笔，然后在自己面前铺平一张揉皱的白纸，写起来。他在写下第一个字以前，好几次战战兢兢地回过头去看一下门口和窗子，斜起眼睛瞟一眼那两旁摆满鞋楦（xuàn）头的架子，断断续续地叹气。那张纸铺在一条长凳上，他自己在长凳前面跪着。

万卡写信时的不安和叹息，让我们不禁为他的遭遇感到好奇和担忧。

“亲爱的爷爷，康司坦丁·玛卡雷奇！”他写道，“我在给你写信。祝你圣诞节好，求上天保佑你万事如意。我没爹没娘，只剩下你一个亲人了。”

---

① 选入本书时略有删改。

万卡抬起眼睛看着乌黑的窗子，窗上映着他的蜡烛的影子。他生动地想起他祖父康司坦丁·玛卡雷奇，地主席瓦烈夫家的守夜人的模样。那是个矮小精瘦而又异常矫健灵活的小老头，年纪约莫六十五岁，老是笑容满面，睒(shǎn)着醉眼。白天他在仆人的厨房里睡觉，或者跟厨娘们取笑，到夜里就穿上肥大的羊皮袄，在庄园四周走来走去，不住地敲着梆(bāng)子。他身后跟着两条狗，耷拉着脑袋，一条是老母狗卡希坦卡，一条是泥鳅，它得了这样的外号，是因为它的毛是黑的，而且身子细长，像是黄鼠狼。这条泥鳅倒是异常恭顺亲热的，不论见着自家人还是见着外人，一概用脉脉含情的目光瞧着，然而它是靠不住的。在它的恭顺温和的后面，隐藏着极其狡狯(kuài)的险恶用心。任凭哪条狗也不如它那么善于抓住机会，悄悄溜到人的身旁，在腿肚子上咬一口，或者钻进冷藏室里去，或者偷农民的鸡吃。它的后腿已经不止一次被人打断，有两次人家索性把它吊起来，而且每个星期都把它打得半死，不过它老是养好伤，又活下来了。

眼下他祖父一定在大门口站着，眯细眼睛看乡村教堂的通红的窗子，顿着穿高筒毡(zhān)靴的脚，跟仆人们开玩笑。他的梆子挂在腰带上。他冻得不时拍手，缩起脖子，一会

儿跟女仆，一会儿跟厨娘开玩笑，发出苍老的笑声。

“咱们来吸点鼻烟，好不好？”他说着，把他的鼻烟盒送到那些女人跟前。

女人们闻了点鼻烟，不住打喷嚏。祖父乐得什么似的，发出一连串快活的笑声，嚷道：

“快擦掉，要不然，就冻在鼻子上了！”

他还给狗闻鼻烟。卡希坦卡打喷嚏，皱了皱鼻子，委委屈屈，走到一旁去了。泥鳅为了表示恭顺而没打喷嚏，光是摇尾巴。天气好极了。空气纹丝不动，清澈而新鲜。夜色黑暗，可是整个村子以及村里的白房顶、烟囱里冒出来的一缕缕烟子、披着重霜而变成银白色的树木、雪堆，都能看清楚。繁星布满了整个天空，快活地映着眼。天河那么清楚地显出来，就好像有人在过节以前用雪把它擦洗过似的……

万卡叹口气，用钢笔蘸(zhàn)一下墨水，继续写道：

“昨天我挨了一顿打。老板揪着我的头发，把我拉到院子里，拿师傅干活用的皮条狠狠地抽我，怪我摇他们摇篮里的小娃娃，一不小心睡着了。上个星期老板娘叫我收拾一条青鱼，我从尾巴上动手收拾，她就捞起那条青鱼，把鱼头直戳到我的脸上来。师傅们总是耍笑我，打发我到

小酒店里去打酒，怂恿(sǒngyǒng)我偷老板的黄瓜。老板随手捞到什么就用什么打我。吃食是什么也没有。早晨吃面包，午饭喝稀粥，晚上又是面包，至于茶啦，白菜汤啦，只有老板和老板娘才大喝特喝。他们叫我睡在过道里，他们的小娃娃一哭，我就根本不能睡觉，一股劲儿摇摇篮。亲爱的爷爷，发发慈悲，带着我离开这儿，回家去，回到村子里去吧，我再也熬不下去了……我给你叩头了，带我离开这儿吧，不然我就要死了……”

万卡嘴角撇下来，举起黑拳头揉一揉眼睛，抽抽搭搭地哭了。

“我会给你搓碎烟叶，”他接着写道，“要是我做了错事，就自管抽我。要是你认为我没有活儿干，那我就去求总管让我给他擦皮靴，或者替菲德卡去做牧童。亲爱的爷爷，我再也熬不下去，简直只有死路一条了。我本想跑回村子，可又没有皮靴，我怕冷。等我长大了，我就会为这件事养活你，不许人家欺侮你。等你死了，我就求上天保佑你。

“莫斯科是个大城。房屋全是老爷们的。马倒有很多，羊却没有，狗也不凶。有一回我在一家铺子的橱窗里看见些钓钩摆着卖，都安好了钓丝，能钓各式各样的鱼，很不错，有一个钓钩甚至经得起一普特重的大鲇鱼呢。我还看

见几家铺子卖各式各样的枪，跟老爷的枪差不多，每支枪恐怕要卖一百卢布……肉铺里有野乌鸡，有松鸡，有兔子，可是这些东西都是在哪儿打来的，铺子里的伙计却不肯说。

“亲爱的爷爷，等到老爷家里摆着圣诞树，上面挂着礼物，你就给我摘下一个用金纸包着的核桃，收在那只小绿箱子里。你向奥尔迦·伊格纳捷耶芙娜小姐要吧，就说是给万卡的。”

万卡声音发颤地叹一口气，又凝神瞧着窗子。他回想祖父总是到树林里去给老爷家砍圣诞树，带着孙子一路去。那种时候可真快活啊！祖父咔咔地咳嗽，严寒把树木冻得咔咔地响，万卡就学他们的样子也咔咔地叫。往往在砍树以前，祖父先吸完一袋烟，闻很久的鼻烟，讪(shàn)笑冻僵的万卡……那些做圣诞树用的小云杉披着白霜，站在那儿不动，等着看它们谁先死掉。冷不防，不知从哪儿来了一只野兔，在雪堆上像箭似的蹿过去。祖父忍不住叫道：

文中三次写到了万卡叹气，想一想，这一描写表现了万卡怎样的心理状态？

“抓住它，抓住它……抓住它！嘿，短尾巴鬼！”

祖父把砍倒的云杉拖回老爷的家里，大家就动手装点它……忙得最起劲的是万卡喜爱的奥尔迦·伊格纳捷耶芙

娜小姐。当初万卡的母亲彼拉盖雅还活着，在老爷家里做女仆的时候，奥尔迦·伊格纳捷耶芙娜就常给万卡糖果吃。闲着没事做便教他念书，写字，从一数到一百，甚至教他跳卡德里尔舞。可是等到彼拉盖雅一死，孤儿万卡就给送到仆人的厨房去跟祖父住在一起，后来又从厨房给送到莫斯科的靴匠阿里亚兴的铺子里来了……

“你来吧，亲爱的爷爷！”万卡接着写道，“我求你带我离开这儿吧。你可怜我这个不幸的孤儿吧，这儿人人都打我，我饿得要命，气闷得没法说，老是哭。前几天老板用鞋楦头打我，把我打得昏倒在地，好不容易才活过来。我的生活苦透了，比狗都不如……替我问候阿辽娜、独眼的叶果尔卡、马车夫，我的手风琴不要送给外人。孙伊凡·茹科夫草上。亲爱的爷爷，你来吧。”

万卡把这张写好的纸叠成四折，把它放在昨天晚上花一个戈比买来的信封里……他略为想一想，用钢笔蘸一下墨水，写上地址：

寄交乡下祖父收

然后他搔一下头皮，再想一想，添了几个字：

康司坦丁·玛卡雷奇

他写完信而没有人来打扰，心里感到满意，就戴上帽子，

顾不上披皮袄，只穿着衬衫就跑到街上去了……

昨天晚上他问过肉铺的伙计，伙计告诉他说，信件丢进了邮筒，就由醉醺醺的车夫驾着邮车，把信从邮筒里收走，响起铃铛，分送到世界各地去。万卡跑到就近的一个邮筒，把那封宝贵的信塞进了筒口……

他抱着美好的希望而定下心来，过了一个钟头，就睡熟了。在梦中他看见一个炉灶。祖父坐在灶台上，耷拉着一双光脚，给厨娘们念信……泥鳅在炉灶旁边走来走去，摇尾巴……

（汝龙　译）

阅读链接

契诃夫，俄国作家，与法国作家莫泊桑、美国作家欧·亨利并称为“世界三大短篇小说家”。代表作有《小公务员之死》《变色龙》《套中人》等。

⑥ 欧也妮·葛朗台（节选）

［法国］巴尔扎克

那时葛朗台刚刚跨到七十六个年头。两年以来，他更加吝啬了，正如一个人一切年深月久的痴情与癖(pǐ)好一样。根据观察的结果，凡是吝啬鬼、野心家，所有执着一念的人，他们的感情总特别灌注在象征他们痴情的某一件东西上面。看到金子，占有金子，便是葛朗台的执着狂。他专制的程度也随着吝啬而俱增；妻子死后要把财产放手一部分，哪怕是极小极小的一部分，只要他管不着，他就觉得逆情悖理。怎么？要对女儿报告财产的数目，把动产不动产一股脑儿登记起来拍卖？……

“那简直是抹自己的脖子！”他在庄园里检视着葡萄藤，高声对自己说。

终于他主意拿定了，晚饭时分回到索漠，决意向欧也妮屈服，巴结她，诱哄她，以便到死都能保持家长的威风，抓着几百万家财的大权，直到咽最后一口气为止。老头儿无意中身边带着百宝钥匙，便自己开了大门，蹑手蹑脚地

上楼到妻子房里，那时欧也妮正捧了那口精美的梳妆匣放在母亲床上。趁葛朗台不在家，母女俩很高兴地在查理母亲的肖像上咂(zā)摸一下查理的面貌。

“这明明是他的额角，他的嘴！”老头儿开门进去，欧也妮正这么说着。

一看见丈夫瞪着金子的眼光，葛朗台太太便叫起来：

“老天呀，救救我们！”

老头儿身子一纵，扑上梳妆匣，好似一头老虎扑上一个睡着的婴儿。

“什么东西？”他拿着宝匣往窗前走去，“噢，是真金！金子！”他连声叫嚷，“这么多的金子！有两斤重！啊！啊！查理把这个跟你换了美丽的金洋，是不是？为什么不早告诉我？这交易划得来，小乖乖！你真是我的女儿，我明白了。”

欧也妮四肢发抖。老头儿接着说：

“不是吗，这是查理的东西？”

“是的，父亲，不是我的。这匣子是神圣不可侵犯的，是寄存的东西。”

“咄，咄，咄，咄！他拿了你的家私，正应该补偿你。”

“父亲……”

老家伙想掏出刀子撬(qiào)一块金板下来，先把匣子往椅子

上一放。欧也妮扑过去想抢回；可是箍桶匠的眼睛老盯着女儿跟梳妆匣，他手臂一摆，使劲一推，她便倒在母亲床上。

“老爷！老爷！”母亲嚷着，在床上直坐起来。

葛朗台拔出刀子预备撬了。欧也妮立刻跪下，爬到父亲身旁，高举着两手，嚷道：

“父亲，父亲，看在你灵魂得救面上，看在我的性命面上，你不要动它！这口梳妆匣不是你的，也不是我的，是一个受难的亲属的，他托我保管，我得原封不动地还他。”

“为什么拿来看呢，要是寄存的话？看比动手更要不得。”

“父亲，不能动呀，你叫我见不得人啦！父亲，听见没有？”

“老爷，求你！”母亲跟着说。

“父亲！”欧也妮大叫一声，吓得拿侬也赶到了楼上。

欧也妮在手边抓到了一把刀子，当作武器。

“怎么样？”葛朗台冷笑着，静静地说。

“老爷，老爷，你要我命了！”母亲嚷着。

“父亲，你的刀把金子碰掉一点，我就用这刀结果我的性命。你已经把母亲害到只剩一口气，你还要杀死你的女儿。好吧，大家拼掉算了！”

葛朗台把刀子对着梳妆匣，望着女儿，迟疑不决。

“你敢吗，欧也妮？”他说。

“她会的，老爷。”母亲说。

“她说得到做得到。”拿侬嚷道，“先生，你一生一世总得讲一次理吧。”

箍桶匠看看金子，看看女儿，愣了一会儿。葛朗台太太晕过去了。

“哎，先生，你瞧，太太死过去了！”拿侬嚷道。

“呕，孩子，咱们别为了一口箱子生气啦。拿去吧！”箍桶匠马上把梳妆匣扔在了床上。“——拿侬，你去请裴日冷先生。——得啦，太太，”他吻着妻子的手，“没有事啦，咱们讲和啦。——不是吗，小乖乖？不吃干面包了，爱吃什么就吃什么吧……啊！她眼睛睁开了。——嗳嗳，妈妈，小妈妈，好妈妈，得啦！哎，你瞧我拥抱欧也妮了。她爱她的堂兄弟，她要嫁给他就嫁给他吧，让她把小箱子藏起来吧。可是你得长命百岁地活下去啊，可怜的太太。嗳嗳，你身子动一下给我看哪！”

“天哪，你怎么可以这样对你的妻子跟孩子！”葛朗台太太的声音很微弱。

“下次决不了，决不了！”箍桶匠叫着，“你瞧就是，可怜的太太。”

他到密室去拿了一把路易来摔在床上。

“喂，欧也妮，喂，太太，这是给你们的。”他一边说一边把钱掂着玩，“嗳嗳，太太，你开开心；快快好起来吧，你要什么有什么，欧也妮也是的。瞧，这一百金路易是给她的。你不会把这些再送人了吧，欧也妮，是不是？”

葛朗台太太和女儿面面相觑(qù)，莫名其妙。

“父亲，把钱收起来吧。我们只需要你的感情。”

“对啦，这才对啦。”他把金路易上了袋，“咱们和和气气过日子吧。大家下楼，到堂屋去吃晚饭，天天晚上来两个铜子的摸彩。你们痛快玩吧！嗯，太太，好不好？”

“唉！怎么不好，既然这样你觉得快活。”奄奄一息的病人回答，“可是我起不来啊。”

“可怜的妈妈，”箍桶匠说，“你不知道我多爱你。——还有你，我的女儿！”

他搂着她，把她拥抱。

“噢！吵过了架再搂着女儿多开心，小乖乖！……嗨，你瞧，小妈妈，现在咱们两个变了一个了。”他又指着梳妆匣对欧也妮说：“把这个藏起来吧。去吧，不用怕。我再也不提了，永远不提了。”

（傅雷　译）

⑦ 泼留希金[1]

[俄国]果戈理

他走进宽阔的昏暗的门，就向他吹来了一股好像从地窖中来的冷气。由这门走到一间昏暗的屋子，只从门下面的阔缝里，透出一点很少的光亮。他开开房门，这才总算看见了明亮的阳光。但四面的凌乱，却使他大吃一惊。好像全家正在洗地板，因此把所有的家具，都搬到这屋子里来了。桌子上面，竟搁着破了的椅子，旁边是一口停摆的钟，蜘蛛已经在这里结了网。也有靠着墙壁的架子，摆着旧银器和种种中国的瓷瓶。写字桌原是嵌镶罗钿（diàn）的，但罗钿处处脱落了，只剩下填着干胶的空洞，乱放着各样斑驳陆离的什物：一堆写过字的纸片，上面压一个卵形把手的已经发绿的大理石的镇纸，一本红边的猪皮书面的旧书，一个不过胡桃大小的挤过汁的干柠檬，一段椅子的破靠手，一个装些红色液体，内浮三个苍蝇，上盖一张信纸的酒杯，一小块封信蜡，一片不知道从哪里拾来的破布，两支鹅毛笔，沾过墨水，却已经干透

① 选自果戈理的小说《死魂灵》第一卷第六章，题目为编者所加。

了，好像生着痨（láo）病，一把发黄的牙刷，大约还在法国人攻入墨斯科[①]之前，它的主人曾经刷过牙齿的，诸如此类。

墙壁上是贴近的，乱到毫无意思地挂着许多画：一条狭长的钢版画，是什么地方的战争，在这里看见很大的战鼓，头戴三角帽的呐喊的兵丁和淹死的马匹。这版画装在马霍戈尼树做的框子里，框条上嵌有青铜的细线，四角饰着青铜的蔷薇，只是玻璃没有。旁边挂一幅很大的发黑的油画，占去了半墙壁，上面画些花卉，水果，一个切碎的西瓜，野猪的口鼻和倒挂的野鸭头。天花板中央挂一个烛台，套着麻布袋，灰尘蒙得很厚，至于仿佛是蚕茧。屋子的一角上，躺着一堆旧东西：这都是粗货，不配放在桌上的。但究竟是些什么东西呢——却很不容易辨别；因为那上面积着极厚的尘埃，只要谁出手去一碰，就会很像戴上一只手套。从这垃圾堆中，极分明地显露出来的唯一的物件，是一个破掉的木铲，一块旧的鞋后跟。如果没有桌上的一顶破旧的睡帽在那里作证，是谁也不相信这房子里住着活人的。当我们的主角还在潜心研究这奇特的屋中陈设的时候，边门一开，那女管家，那他在前园里遇见过的，就走了进

① 墨斯科：现在写作“莫斯科”。

来了。但这回他觉得，将这人看作女管家，倒还是看作男管家合适：因为一个女管家，至少是大抵不刮胡子的，然而这汉子刮胡子，而且真也稀奇得很，他的下巴和脸的下半部，就像人们往往在马房里刷马的铁丝刷。乞乞科夫的脸上显出要问的表情来；他焦急地等着这男管家来说什么话。但那人也在等候着乞乞科夫开口。到底，苦于这两面的窘急的乞乞科夫，就决计发问了：

“哪，主人在做什么呀？他在家吗？”

“主人在这里！”男管家回答说。

“那么，在哪里呢？”乞乞科夫回问道。

“您是瞎的吗，先生？怎的？”男管家说，“先生！我就是这家的主人！”

这时，我们的主角就不自觉地倒退了一点，向着这人凝视。自有生以来，他遇见过各色各样的人，自然，敬爱的读者，连我们没有见过的也在内。但一向并未会到过一个这样的人物。从他的脸上，看不出一点特色来。和普通的瘦削的老头子，是不大有什么两样的；不过下巴凸出些，并且常常掩着手帕，免得被唾沫

泼留希金的打扮让乞乞科夫着实矛盾了一番，甚至最开始连性别都搞错了。泼留希金不仅仅是对别人吝啬，就是对自己也不例外。

所沾湿。那小小的眼睛还没有呆滞，在浓眉底下转来转去，恰如两匹小鼠子，把它的尖嘴钻出暗洞来，立起耳朵，动着胡须，看看是否藏着猫儿或者顽皮孩子，猜疑地嗅着空气。那衣服可更加有意思。要知道他的睡衣究竟是什么底子，只好白费力；袖子和领头都非常龌龊(wò chuò)，发着光，好像做长靴的郁赫皮；背后并非拖着两片的衣裾，倒是有四片，上面还露着一些棉花团。颈子上也围着一种莫名其妙的东西，是旧袜子，是腰带，还是绷带呢，不能断定。但绝不是围巾。一句话，如果在哪里的教堂前面，乞乞科夫遇见了这么模样的他，他一定会布施他两戈贝克；因为，为我们的主角的名誉起见，应该提一提，他有一颗富于同情的心，遇见穷人，是没有一回能不给两戈贝克的。但对他站着的人，却不是乞丐，而是上流的地主，而且这地主还蓄有一千以上的魂灵，要寻出第二个在他的仓库里有这么多的麦子、麦粉和农产物，在堆房、燥屋和栈房里也充塞着呢绒和麻布、生熟羊皮、干鱼以及各种菜蔬和果子的人来，就不大容易。只要看一眼他那堆着没有动用的各种木材和一切家具的院子就是——人就会以为自己是进了墨斯科的木器市场里，那些勤俭的丈母和姑母之流，由家里的厨娘带领着，在买她的东西之处的。他这里，照眼的是雕刻的、车光的、拼成的、编出的木器的山：桶子、盆子、

柏油桶、有嘴和无嘴的提桶、浴盆、匣子、女人们用它来理亚麻和别的东西的梳麻板、细柳枝编成的小箱子、白桦皮拼成的小匣子，还有无论贫富，俄国人都要使用的别的什物许许多。人也许想，泼留希金要这无数的各种东西做什么用呢？就是田地再大两倍，时候再过几代，也是使用不完的。然而他却实在还没有够，每天每天，他很不满足地在自己的庄子的路上走，看着桥下、跳板下，凡有在路上看见的：一块旧鞋底，一片破衣裳，一个铁钉，一角碎瓦——他都拾了去，抛在那乞乞科夫在屋角上所看见的堆子里。“我们的渔翁又在那里捞鱼了。”一看见他在四下里寻东西，农人们常常说。而且的确经他走过之后，道路就用不着打扫；一个过路的兵官落掉了他的一个马刺——刚刚觉到，这却已经躺在那堆子里面了；一个女人一疏忽，把水桶忘记在井边——他也飞快地提了这水桶去。如果有农人当场捉住了他，他就不说什么，和气地放下那偷得的物件；然而一躺在堆子里，可就什么都完结了：他起誓，呼上天作证，说这东西原是他怎样怎样，如何如何买得，或者简直还是他的祖父传授下来的。就是在自己的家里，他也拾起地上的一切东西来：一小段封信蜡，一张纸片，一支鹅毛笔，都放在写字桌，或者窗台上。

（鲁迅　译）

好的文学作品，可以展现众生百态，可以讲述人情冷暖，让我们收获理性的思考，学会珍视生活中的爱与温情。阅读本组文章，走进一个个鲜活的人物故事，用心感受人物的特点，说一说哪些地方给你留下了深刻的印象。

1 张大力

冯骥才

张大力，原名叫张金璧，津门一员赳(jiū)赳武夫，身强力蛮，力大没边，故称大力。津门的老少爷们喜欢他，佩服他，夸他。但天津人有自己夸人的方法。张大力就有这么一件事，当时无人不晓，现在没人知道，因此写在下边——

侯家后一家卖石材的店铺，叫聚合成。大门口放一把死沉死沉的青石大锁，锁把也是石头的。锁上刻着一行字：

凡举起此锁者赏银百两

聚合成设这石锁，无非为了证

极力渲染石锁之重，为衬托张大力力气大埋下了伏笔。

明它的石料都是坚实耐用的好料。

可是，打石锁撂在这儿，没人举起过，甚至没人能叫它稍稍动一动，您说它有多重？好赛它跟地壳(qiào)连着，除非把地面也举到头上去！

一天，张大力来到侯家后，看见这把锁，也看见上边的字，便俯下身子，使手问一问，轻轻一撼，竟然摇动起来，而且赛摇一个竹篮子，这就招了许多人围上来看。只见他手握锁把，腰一挺劲，大石锁被他轻易地举到空中。胳膊笔直不弯，脸上笑容满面，好赛举着一大把花儿！

众人叫好呼好喊好，张大力举着石锁，也不撂下来，直等着聚合成的伙计老板全出来，看清楚了，才将石锁放回原地。老板上来笑嘻嘻说：

“原来张老师来了，快请到里头坐坐，喝杯茶！”

张大力听了，正色说：“老板，您别跟我弄这套！您的石锁上写着吗？谁举起它，赏银百两，您就快把钱拿来，我还忙着哪！”

谁料聚合成的老板并不理会张大力的话。待张大力说完，他不紧不慢地说道：“张老师，您只瞧见石锁上边的字了，可石锁底下还有一行字，您瞧见了吗？”

张大力怔了。刚才只顾高兴，根本没瞧见锁下边还有字。

不单他没瞧见，旁人也都没瞧见。张大力脑筋一转，心想别是老板唬他，不想给钱，以为他使过一次劲，二次再举不起来了，于是上去一把又将石锁高高举到头顶上，可抬眼一看，石锁下边还真有一行字，竟然写着：

唯张大力举起来不算

把这石锁上边和下边的字连起来，就是：

凡举起此锁者赏银百两，唯张大力举起来不算！

众人见了，都笑起来。原来人家早知道唯有他能举起这家伙。而这行字也是人家佩服自己，夸赞自己——张大力当然明白。

“哈哈大笑”“扬长而去”让我们看出张大力不仅是一个身强力大的人，也是一个胸襟豁达的人。

他扔了石锁，哈哈大笑，扬长而去。

②侯银匠（节选）

汪曾祺

侯银匠店是个不大点的小银匠店。从上到下，老板、工匠、伙计，就他一个人。他用一把灯草浸在油盏里，又用一个弯头的吹管把银子烧软，然后用一个小锤子在一个钢模子或一个小铁砧(zhēn)上丁丁笃笃敲打一气，就敲出各种银首饰。麻花银镯(zhuó)、小孩子虎头帽上钉的银罗汉、银链子、发蓝簪(zān)子、点翠簪子……侯银匠一天就这样丁丁笃笃地敲，戴着一副老花镜。

侯银匠店特别处是附带出租花轿。有人要租，三天前订好，到时候就由轿夫抬走。等新娘拜了堂，再把空轿抬回来。这顶花轿平常就停在屏门前的廊檐上，一进侯银匠家的门槛就看得见。银匠店出租花轿，不知是一个什么道理。

侯银匠中年丧妻，身边只有一个女儿。他这个女儿很能干。在别的同年的女孩子还只知道梳妆打扮，抓子儿、踢毽子的时候，她已经把家务全撑了起来。开门扫地、掸土抹桌、烧茶煮饭、浆洗缝补，事事都做得很精到。她小

名叫菊子，上学之后学名叫侯菊。街坊四邻都很羡慕侯银匠有这么个好女儿。有的女孩子躲懒贪玩，妈妈就会骂一句：“你看人家侯菊！”

一家有女百家求，头几年就不断有媒人来给侯菊提亲。侯银匠总是说：“孩子还小，孩子还小！”千挑选万挑选，侯银匠看定了一家。这家姓陆，是开粮行的。弟兄三个，老大老二都已经娶了亲，说的是老三。侯银匠问菊子的意见，菊子说：“爹做主！”侯银匠拿出一张小照片让菊子看，菊子扑哧一声笑了。“笑什么？”——“这个人我认得！他是我们学校的老师，教过我英文。”从菊子的神态上，银匠知道女儿对这个女婿是中意的。

侯菊十六那年下了小定。陆家不断派媒人来催侯银匠早点把事办了。三天一催，五天一催。陆家老三倒不着急，着急的是老人。陆家的大儿媳妇、二儿媳妇进门后都没有生养，陆老头子想三媳妇早进陆家门，他好早一点抱孙子。三天一催，五天一催，侯菊有点不耐烦，说：“总得给人家一点时间准备准备。”

侯银匠拿出一堆银首饰叫菊子自己挑。菊子连正眼都不看，说：“我都不要！你那些银首饰都过了时。现在只有乡下人才戴银镯子。发蓝簪子、点翠簪子，我往哪儿戴，

我又不梳纂（zuǎn）！你那些银五事现在人都不知道是干什么用的！”侯银匠明白了，女儿是想要金的。他搜罗了一点金子给女儿打了一对秋叶形的耳坠、一条金链子、一个五钱重的戒指。侯菊说：“不是我稀罕金东西。大嫂子、二嫂子家里都是有钱的，金首饰戴不完。我嫁过去，有个人来客往的，戴两件金的，也显得不过于寒碜。”侯银匠知道这也是给当爹的做脸，于是加工细做，心里有点甜，又有点苦。

爹问菊子还要什么，菊子指指廊檐下的花轿，说：“我要这顶花轿。”

“要这顶花轿？这是顶旧花轿，你要它干什么？”

“我看了看，骨架都还是好的，这是紫檀（tán）木的。我会把它变成一顶新的！”

侯菊动手改装花轿，买了大红缎子、各色丝绒，飞针走线，一天忙到晚。轿顶绣了丹凤朝阳，轿顶下一周圈鹅黄丝线流苏走水。“走水”这词儿想得真是美妙，轿子一抬起来，流苏随轿夫脚步轻轻地摆动起伏，真像是水在走。四边的帏子上绣的是八仙庆寿。最出色的是轿帘前的一对飘带，是“纳锦”的。“纳”的是两条金龙，金龙的眼珠是用桂圆核剪破了钉上去的（得好些桂圆才能挑得出四只眼睛），看起来乌黑闪亮。她又请爹打了两串小银铃，作

为飘带的坠脚。轿子一动，银铃碎响。轿子完工，很多人都来看，连声称赞：“菊子姑娘的手真巧，也想得好！”

转过年来，春暖花开，侯菊就坐了这顶手制的花轿出门。临上轿时，菊子说了声：“爹！您多保重！”鞭炮一响，老银匠的眼泪就下来了。

花轿没有再抬回来，侯菊把轿子留下了。这顶簇新的花轿就停在陆家的廊檐下。

侯菊有侯菊的打算。

大嫂、二嫂家里都有钱。大嫂子娘家有田有地，她的嫁妆是全堂红木，压箱底一张田契，这是她的陪嫁。二嫂子娘家是开糖坊的。侯菊有什么呢？她有这顶花轿。她把花轿出租。全城还有别家出租花轿，但都不如侯菊的花轿鲜亮，接亲的人家都愿意租侯菊的花轿。这样她每月都有进项。她把钱放在迎桌抽屉里。这是她的私房钱，她想怎么花就怎么花。她对新婚的丈夫说：“以后你要买书，订杂志，要用钱，就从这抽屉里拿。”

陆家一天三顿饭都归侯菊管起来。大嫂子、二嫂子好吃懒做，饭摆上桌，拿碗盛了就吃，连洗菜剥葱、涮锅、刷碗都不管。陆家人多，众口难调。老大爱吃硬饭，老二爱吃软饭，公公婆婆爱吃烂饭。各人吃菜爱咸爱淡也都不同。侯菊竟能

在一口锅里煮出三样饭，一个盘子里炒出不同味道的菜。

公公婆婆都喜欢三儿媳妇。婆婆把米柜的钥匙交给了她，公公连粮行账簿都交给了她，她实际上成了陆家的当家媳妇。她才十七岁。

侯银匠有时以为女儿还在身边。他的灯碗里油快干了，就大声喊："菊子！给我拿点油来！"及至无人应声，才一个人笑了："老了！糊涂了！"

女儿有时提了两瓶酒回来看看他，椅子还没有坐热就匆匆忙忙走了。侯银匠想让女儿回来住几天，他知道这办不到，陆家一天也离不开她。

侯银匠常常觉得对不起女儿，让她过早地懂事，过早地当家。她好比一树桃子，还没有开足了花，就结了果子。

女儿走了，侯银匠觉得他这个小银匠店大了许多，空了许多。他觉得有些孤独，有些凄凉。

侯银匠不会打牌，也不会下棋。他能喝一点酒，也不多，而且喝的是慢酒。两块从连万顺买来的茶干、二两酒，就够他消磨一晚上。侯银匠忽然想起两句唐诗，那是他錾(zàn)在"一封书"样式的银簪子上的（他记得的唐诗本不多）。想起这两句诗，有点文不对题：

姑苏城外寒山寺，夜半钟声到客船。

③ 老哥哥（节选）

臧克家

秋是怀人的季候。深宵里，床头上叫着蟋蟀，凉风吹一缕月光穿过纸窗来。在这没法合紧眼的当儿，一个意态龙钟的老人的影像便朦胧在我眼前了。

可以说，我的心无论什么时候都给老哥哥牵着的。在青岛住过了五年，可是，除了友情没有什么使我在回忆里怅惘，有，那便是老哥哥了。

老哥哥真是老哥哥，他来到我家时曾祖父还不过十几岁呢。祖父是在他背上长大的，父亲是在他背上长大的，我呢，还是。他是曾祖父的老哥哥，他是祖父和父亲的老哥哥，他是我的老哥哥。

听老人们讲，他到我家来时不过才二十岁呢。身子铜帮铁底的，一个人可以单拱八百斤重的小车，可是在我记事的时候，他已是六十多岁的暮气人了。那时他的活是赶集，喂牲口，农忙了担着饭往坡里送。晒场的时节，有时拿一张木叉翻一翻。扬场，他也拾起张锨（xiān）来扬它几下，别人一面扬一面

称赞他说:“好手艺,扬出个花来,果真老将出马一个赶俩。”

从我记事以来,祖父没曾叫过他一声老哥哥,都是直呼他老李。曾祖父也是一样。曾祖父的脾气很暴,好骂人“王八蛋”。他老人家一生起气来,老哥哥就变成“王八蛋”了。祖父虽然不大骂人,然而那张不大说话的脸子一望见就得叫人害怕。老哥哥赶集少买了一样东西,或是祖父说话他耳聋听不见,那一张冷脸,半天一句的冷话他便伸着头吃上了。我在一边替老哥哥心跳,替老哥哥不平。心里想:“祖父不也是在老哥哥手下长大的吗?”

老哥哥对我没有那么好的。我都是牵着他的小辫玩。他说故事给我听。他说他才到我家来,我家正是旺时,六曾祖父做大京官,门前那迎风要倒的两对旗杆是他亲手加入竖起来的,那时候人口也多,真是热闹。语气间流露着“繁华歇”的感叹。我小时候很迷赌,到了输得老鼠洞里也挖不出一个铜钱来的困窘时,我便想起老哥哥那个小破钱袋来了。钱袋放在他的枕头底下,顺手就可以偷到的,早晚他用钱时去摸钱袋,才发现里面已经空空的了。他知道这个地道的贼,他一点也不生气。我后来向他自首时是这样说的:

“老哥哥,这时我还小呢,等我大了做了官,一定给你银子养老。”

他听了当真的高兴。然而这话曾祖父小时曾说过，祖父小时也曾说过了！

在黄昏，在雨夜，在月明的树下，他的老话便开始了。我侧着耳朵听他说“长毛”作反，听他说天上掉下彗星来。然而给我印象最深的要数这一次了。那年我八岁，母亲躺在床上，脸上蒙一张白纸，我放声哭了。老哥哥对我说母亲有病，他到吕标去取药，吃上就好了。后来给母亲上坟也老是他担着菜盒，我跟在后头。

老哥哥一天一天地没用了，日夜蜷（quán）缩在他那一角炕头上，像吐尽了丝的蚕一样，疲惫抓住了他的心。背曲得像张弓。小辫越显得细了。他的身子简直成了个季候表，一到秋风起来便咯咯地咳嗽起来。

作者形象地写出了一辈子任劳任怨的老哥哥最后衰老疲惫的凄凉景象。

“老李老了！老李老了！”

大家都一齐这么说。年老的人最不易叫人喜欢。于是有关老哥哥的坏话塞满了祖父的耳朵。大家都讨厌他。讨厌他耳聋，讨厌他夜间咯咯闹得人睡不好觉，讨厌他冬天把炕烧得太热，他一身都是讨厌骨头，好似从来就没有过不讨厌的时候！祖父最会打算，日子太累，废物是得铲除的，

于是寻了一点小事便把五十年来跑里跑外的老哥哥赶走了。我当时的心比老哥哥的还不好过，真想给老哥哥讲讲情，可是望一下祖父的脸，心又冷了。

老哥哥临走泪零零的，口里半诅咒半咕噜着说：“不行了，老了。”每年十二吊钱的工价，算清了账，肩一个小包（五十年来劳力的代价）走出了我家的大门。我牵着他的衣角，不放松地跟在后面。

老哥哥儿花女花是没有一点的。他要去找的是一个嗣(sì)子。说家，是对自己的一个可怜的安慰罢了。但是，不是自己养的儿子，又没有许多东西带去，人家能好好地养他的老吗？我在替他担心着呢！

十年过去了，可喜老哥哥还在人间。暑假在家住了一天，没能够见到他。但从三机匠口里听到了老哥哥的消息，他说在西河树行子里碰到老哥哥在背着手看晚照，见了他还亲亲热热地问这问那。他还说老哥哥一心挂念着我庄里的人，还待要鼓鼓劲来一趟，因为不过二里地的远近，老哥哥自己说脚力还能来得及呢。

又是秋天了。秋风最能吹倒老年人！我已经能赚银子了，老哥哥可还能等得及接受吗？

1934 年冬

④ 郭木匠

郭凯冰

斧子是个能人，从小就是。

斧子是家中老大，下面一溜弟弟妹妹八个，他只能在十岁那年退学。斧子看看家中里里外外没件像样的家什，就想跟着绝户五爷学打草鞋。五爷不想把吃饭的手艺让出去，冷个脸不说话。斧子去清水河的冰上撬开一个洞，蹲在那里等。等来两条鲤鱼，每条一斤多重，晚上提到五爷家。五爷尿盆还没拿进来，斧子将鱼放进水缸里，返回身去茅厕里拿尿盆，放到五爷炕脚。五爷说："小子，明晚来，跟我学打草鞋！"

两个月后，斧子草鞋打得像模像样。拿到集市去卖，都来买。小孩子的草鞋上都染几线红，呈燕子状或小狗小猫样，讨人稀罕。五爷说："这斧子，人精！"

斧子用草鞋钱给娘买针头线脑，给爹买烟叶。每次买烟叶，也都有五爷一份。

斧子十五岁，清水镇回来了外出十年靠手艺挣钱的杨

木匠，嫁姑娘娶媳妇的人家请了去，好酒好烟好饭食招待，还要看杨木匠脸色。斧子要拜杨木匠做师父，顶着大雪在杨家门口跪了一天。杨木匠怕招人骂，只得应下。

杨木匠多了徒弟，日子更滋润。饭有人做，衣有人洗，尿盆有人倒，烟叶有人买。他爱吃小鲫鱼，小徒弟也能去清水河里捉，不让他断顿。只一件，杨木匠不用的边角料，斧子总舍不得丢，花番心思用上。背着主家看不见，杨木匠骂过打过，不管用，只好随他。

斧子十八岁，三年师满，不愿走，瞅着杨木匠手边的画笔。杨木匠说："咋了，这个也学？猫教老虎还要留一手，我还指望这手艺吃饭呢。"杨木匠送走这个倔(jué)头倔脑的徒弟，虽然觉得没人侍候做事不顺手，却也好像松了一口气。谁知一年以后，竟少有人来请自己做家具。一晚，杨木匠坐在院子里喝闷茶，听街上人跟斧子打招呼：

"郭木匠，打的家具真结实，姑娘婆家都说好！"

"郭木匠，明年我外甥结婚，让我先告诉一声，到时候请你。别忘了啊！"

斧子就答："结婚的家具我可不敢打，我不会描金花，还是让你外甥请我师父吧。"

那人说："金花好看是好看，咱怕用不起。小家小户，

省着过呀。”

徒弟抢了师父的饭碗，杨木匠骂一声“白眼狼”，恨恨地一跺脚，喝个酩酊(mǐngdǐng)大醉。第二天醒来，刚在院里梧桐树下泡壶茶，院门“吱呀”一声，斧子提着两盒精致的月饼进来。见杨木匠坐木凳上慢条斯理地喝茶不理他，也不难为情，将月饼轻轻放石桌上，双膝跪地，磕两个头：“给师父请安了。”又从腰间解下一个布包，“秋了，怕老寒腿整治师父，给您买了条狗皮护膝，裹着膝盖少受罪。”见杨木匠不说话，放下东西，走人。

那日杨木匠去姑娘家，见姑娘家新做了时兴的衣柜，还没有上清漆。正要开口骂，姑娘看出了颜色，赶紧说：“爹，我本来要请您打衣柜，师兄怕累着您，抽空给我打了。这不，您说的木料，他除给我打个衣柜，还多打出一个饭桌。就是差您的金花，师兄说这活儿他做不来，等您给描上呢。”

杨木匠左瞅瞅，右看看，心里叹一声，这小子，比自己打得精致结实，还省木料。那心里的火气，不觉慢慢消了。

后来，乡里乡亲拿着木料都来杨木匠家。杨木匠和斧子已将西厢房腾出，成了专门加工家具的地儿。斧子做大头，杨木匠只打墨线，量尺寸，再将打好的家具描几枝淡雅的金花。工钱呢，五五开。有人替斧子不平，做的活儿多，

凭啥拿钱一样多？斧子笑笑说：“我师父那笔金花，让家具有了精气神儿，我描不来。”

杨木匠六十大寿那天，喝醉了。到底是老了，这一醉竟得了偏瘫，半年后才歪歪斜斜拄着拐杖站起来。走到西厢，斧子正在棺材上描金花，还剩最后一笔。棺材是给五爷打的，五爷没儿没女，如今已经是七十岁了。“七十三，八十四，阎王不叫自己去。”斧子想，“孝敬五爷啥他都不稀罕，打副好棺材吧。”斧子见师父进来，吃一惊，讷讷站一边不说话。

“斧子，啥时候学会的？”

“……跟着您老学徒的时候会的。”

这篇小说情节紧凑，富有生活气息。通过正面描写和侧面描写，刻画了郭木匠这一有情有义的人物形象。

“咋一直没描呢？”

“怕您老生气呢。”

“咋这就不怕我生气了呢？”

“五爷要咽气了，想要描金花的棺材。”

杨木匠脸色就缓和下来，走上前，把最后一笔填上。

有男人来看家具，指着棺材上金花，忍不住夸赞：“杨木匠，把吃饭的家底都教给徒弟，好心胸哟！”

⑤ 胖子和瘦子

[俄国] 契诃夫

尼古拉铁路[①]一个火车站上，有两个朋友相遇：一个是胖子，一个是瘦子。胖子刚在火车站上吃过饭，嘴唇上沾着油而发亮，就跟熟透的樱桃一样。他身上冒出白葡萄酒和香橙花的气味。瘦子刚从火车上下来，拿着皮箱、包裹和硬纸盒。他身上冒出火腿和咖啡渣的气味。他背后站着一个长下巴的瘦女人，是他的妻子。还有一个高身量的中学生，眯细一只眼睛，是他的儿子。

“波尔菲利！”胖子看见瘦子，叫起来，“真是你吗？我的朋友！很久没见面了！”

“哎呀！”瘦子惊奇地叫道，“米沙！小时候的朋友！你这是从哪儿来？”

通过两人的语言，我们体会到他们久别重逢的喜悦，为下文进一步写两人重逢的情景做了铺垫。

两个朋友互相拥抱，吻了三次，然后彼此打量着，眼睛

① 尼古拉铁路：莫斯科和圣彼得堡之间的一条铁路，以沙皇尼古拉一世命名。

里含满泪水。两个人都感到又惊又喜。

“我亲爱的！”瘦子吻过胖子后开口说，“这可没有料到！真是出乎意料！嗯，那你就好好地看一看我！你还是从前那样的美男子！还是那么个风流才子，还是那么讲究穿戴！天啊！嗯，你怎么样？很阔气吗？结了婚吗？我呢，你看，已经结婚了……这就是我的妻子露意丝，娘家姓万增巴赫……这是我儿子纳法纳伊尔，中学三年级学生。这个人，纳法尼亚[①]，是我小时候的朋友！我们一块儿在中学里念过书！”

纳法纳伊尔想了一会儿，脱下帽子。

“我们一块儿在中学里念过书！”瘦子继续说，“你还记得大家怎样拿你开玩笑吗？他们给你起个外号叫赫洛斯特拉特[②]，因为你用纸烟把课本烧穿一个洞。他们也给我起个外号叫厄菲阿尔特，因为我喜欢悄悄到老师那儿去打同学们的小报告。哈哈……那时候咱们都是小孩子！你别害怕，纳法尼亚！你自管走过去，离他近点……这是我妻子，娘家姓万增巴赫……”

纳法纳伊尔想了一会儿，躲到父亲背后去了。

---

① 纳法尼亚：纳法纳伊尔的爱称。

② 赫洛斯特拉特：古希腊人，公元前356年放火烧掉了以弗所的阿耳忒弥斯神庙，因而闻名。

“嗯，你的景况怎么样，朋友？”胖子问，热情地瞧着朋友，“你在哪儿当官？做到几品官了？”

“我是在当官，我亲爱的！我已经做了两年八品文官，还得了斯坦尼斯拉夫勋章。我的薪金不多……哎，那也没关系！我妻子教音乐课，我呢，私下里用木头做烟盒。很精致的烟盒呢！我卖一卢布一个。要是有人要十个或者十个以上，那么你知道，我就给他打个折扣。我们好歹也混下来了。你知道，我原来在衙门里做科员，如今调到这儿同一类机关里做科长……我往后就在这儿工作了。嗯，那么你怎么样？恐怕已经做到五品文官了吧？啊？”

“不，我亲爱的，你还要说得高一点才成，”胖子说，“我已经做到三品文官……有两枚星章了。”

瘦子突然脸色变白，呆若木鸡，然而他的脸很快就往四下里扯开，做出顶畅快的笑容，仿佛他脸上和眼睛里不住地迸出火星来似的。他把身体缩起来，哈着腰，显得矮了半截……他的皮箱、包裹和硬纸盒也都收缩起来，好像现出皱纹来了……他妻子的长下巴越发长了。纳法纳伊尔挺直身体，做出立正的姿势，把他制服的纽扣全都扣上……

通过对瘦子动作和神态的描写，刻画了一个趋炎附势的人物形象。

“我，噢，大人……见到您很愉快！您，可以说，原是我儿时的朋友，现在忽然间，青云直上，做了这么大的官，您老！嘻嘻。”

“哎，算了吧！”胖子皱起眉头说，“何必用这种腔调讲话呢？你我是小时候的朋友，哪里用得着官场的那套奉承！”

“求上天饶恕我……您怎能这样说呢，您老……”瘦子赔笑道，把身体缩得越发小了，“多承大人体恤(xù)关注……有如使人再生的甘霖(lín)……这一个，大人，是我的儿子纳法纳伊尔……这是我的妻子露意丝……”

此时瘦子的表现与刚见面时形成了鲜明的对比，故事充满了讽刺的意味。

胖子本来打算反驳他，可是瘦子脸上露出那么一副尊崇敬畏、阿谀谄媚、低首下心的丑态，弄得三品文官恶心得要呕。他扭过脸去不再看瘦子，光是对他伸出一只手来告别。

瘦子握了握那只手的三个手指头，弯下整个身子去深深一鞠躬，嘴里发出笑声：“嘻嘻嘻。”他妻子微微一笑。纳法纳伊尔并拢脚跟立正，把制帽掉在了地上。三个人都惊喜交集。

（汝龙　译）

⑥ 母亲的儿歌

巩孺萍

儿歌是有韵的母乳，滋养着儿童的心灵，潜移默化地影响着孩子的一生。

小时候，每当我们睡觉的时候，母亲就会哼起儿歌：“毛头好，毛头乖，毛头不睡狼会来……”刚开始还是唱，到后来便没了词，只有“噢噢噢……”缓缓的调子，我们便在这调子里，合上眼睛，慢慢睡着了。

母亲很少训斥我们，每当我们犯了错误，她就用儿歌来教导我们。有一次，母亲让我去喂羊，我当时正在看一本小人书，着了迷，就让二妹去，二妹噘着嘴不想去，然后就对在一旁玩儿的小妹说：“你去喂羊好吗？”小妹刚刚四岁，就颠颠地拿着几棵青菜跑去羊圈了。母亲一旁见了，摇着头说：“大懒使小懒，小懒使扁担。”我们听了都很惭愧。以后母亲让我们做什么，再也不偷懒了。

母亲识字不多，只上过两年学。虽然没有多少文化，却一肚子儿歌、民谚，她不经意间脱口而出的民间歌谣，

常常充满了人生智慧。记得小时候，家里很穷，过节才能吃到猪肉。每到吃肉的时候，或许是吃得太快，我们常常咬到舌头。母亲就说：“馋咬舌头饿咬腮，咬到鼻子遭大灾。”听到这儿，我们似乎找到了原因，舌头也感觉不到疼了，同时庆幸，幸亏没咬到鼻子。

弟弟小时候最淘气，因为是男孩子，也最受父亲宠爱，遇到不如意的事情就要赖，坐在地上哭鼻子，鼻涕拖得老长，谁劝也不听。每到这时，母亲也不去拉他，只在一旁逗他：“一会儿哭，一会儿笑，鼻子冒大泡。”我们在一旁听着都笑起来，弟弟见我们笑了，也咧嘴笑起来，鼻子真的冒出了两个大泡泡。

最盼望过年吃饺子。因为家里人多，母亲包的饺子摆满了几个大竹匾。我和妹妹成了她的好帮手。忙了大半天，到了晚上，终于可以下饺子吃了。烧开了水，母亲将竹匾里的饺子一个个下到冒着热气的锅里，一边下一边说：“南边来了一群鹅，扑通扑通跳下河。”弯弯的饺子像一只只洁白的小鹅在水里起起伏伏，快乐地游着。母亲用锅铲不停地搅着，防止它们粘在一起。我们守在灶台边，饺子的香味儿弥漫在整个厨房。饺子熟了，母亲开始用漏勺盛饺子。“我要十个！”“我也要！”我们将碗举得高高的，各不相让，

直到肚子里的“小鹅”装不下。

母亲对我们的教育是“顺其自然”。我爱读书，她就尽量让我少做家务。二妹学习不太好，考试常常不及格，母亲也不责怪她。母亲一直认为，每个人都有自己的个性和长处，将来生活方式也不一样，老天爷不会眼睁睁看着人饿死，总要给每个人一条活路。她常说的一句话就是：“兔子靠腿狼靠牙，各有各的谋生法。”现在看来，母亲的教育方式非常有道理。一个人只有顺应了自己的天性去发展，才能扬长避短，实现个人价值的最大化。我们家四个孩子，每个人都做着自己喜欢的工作，这和母亲宽松的教育方式有着很大关系。

小时候没有多少课外书，我们对世界的认识几乎都来自母亲的儿歌。那时候还没有天气预报，夏天傍晚，母亲就让我们看彩霞。她常说：“早上烧霞，晌午沤(òu)麻。”意思是，若是早上彩霞满天，那么晌午准要下雨，最好不要出远门。母亲还教我们看云识天气：“云朝东，一场风；云朝西，水滴滴；云朝北，一场黑；云朝南，水涟涟。”我们按照母亲的方法判断天气，真的很准呢！

那时候没有空调，到了冬天，即便穿着厚厚的棉袄，也不觉得暖和。进了腊月，母亲就开始教我们唱儿歌：

“一九二九不出手，三九四九冰上走，五九和六九，河边看杨柳，七九河冻开，八九燕归来，九九加一九，耕牛遍地走。”我们看着日历，盼望着冬天赶紧过去，期待着河边看杨柳，燕子早归来。日子在希望中变得快起来，不知不觉，春天就来了。

> 文章通过对母亲语言、动作的描写，既展现了母亲对儿女的启蒙教育，也表达了“我”对母亲的赞美和敬佩。

仔细品味母亲唱过的儿歌，每一首都是那么朗朗上口，它们为我后来从事儿童诗歌创作打下了基础。在我的文学道路上，母亲无疑是我的第一个老师，她给予我的不仅仅是文学的启蒙，还有人生的启迪……

⑦ 我心中最美的老师

王翔宇

时光荏苒，不知不觉小学生活已近尾声。回想六年的学习生活，有这样一位老师，她和蔼可亲，给了我们慈母般的爱，犹如冬日里的暖阳，温暖着我们的心田。她就是我三年级的语文老师——徐老师。

上徐老师的语文课，我们总感觉是那样轻松自在。课堂上老师讲得绘声绘色，我们听得如醉如痴。在徐老师抑扬顿挫、和风细雨的讲解中，我们认识了“横眉冷对千夫指，俯首甘为孺子牛”的鲁迅，体会到了林海音“我很快乐，也很惧怕”的那种窃读的滋味。跟随徐老师，我们走进了美丽的大兴安岭，我们游览了西安的秦兵马俑。在掌握知识的同时，我们也深刻领悟了“道德只是个是与非的问题，实践起来却很难”的做人的道理。在徐老师悲愤的述说中，我们知道了圆明园昔日的辉煌，就是在那节课上，徐老师为我们种下了勿忘国耻、振兴中华的种子。

徐老师在课堂上谈笑风生，在课下也总是满脸笑容，

平易近人。即使面对那些经常不完成作业调皮捣蛋的孩子，她也是和风细雨。我们班最调皮的小明曾经说过，他宁愿老老实实完成语文作业，也不想面对徐老师那双意味深长的眼睛。为什么徐老师能得到那么多孩子的喜爱？在连续多次被评为“学生最喜爱的老师”后，徐老师说出了自己的心声：“为了我挚爱的教育事业，为了我心爱的学生，我甘愿奉献，无怨无悔。”的确如此，为了激励我们，她时常会自掏腰包为我们买些小礼物：一枚精美的书签、一张鼓励的贺卡、一本催人奋进的书……在徐老师的不断鼓励下，我们自由自在地徜徉在语文知识的海洋中。在这样和谐友爱的氛围中，我们班的语文成绩一直名列前茅。

虽已年过半百，但徐老师仍怀有一颗童心。记得2013年的冬季，上午第一节课后，阴沉的天空突然飘起了雪花，望着这雪白的漫天飞舞的雪花，我们这些经历了多年暖冬不知玩雪滋味的孩子，顿时欢呼起来，急切地要冲出教室与大自然来个热烈拥抱，这时校园广播传出了校长让大家迅速回教室的命令，紧接着班主任进来了，我们只好眼巴巴地看着窗外飘舞的雪花。第二节课铃响了，徐老师拿着作业本走进来，疑惑地看着我们复杂的神情，一下子明白了。“孩子们，学校的规定是为了你们的安全，你们要理

通过具体事例，写出了徐老师怀有童心，也突出了徐老师对学生的理解与关爱。

解。但这节语文课我想带领你们到校园里看看久违的雪，切记要注意安全啊！”我们抑制住兴奋的心情，有序地走下楼。在操场上，我们高兴地打起了雪仗，像孩子般的徐老师也加入了我们的行列。我们尽情地玩着，享受着这难得的冬日。

我们就这样快乐地度过了三年级。由于工作需要，徐老师调到了北校区。虽然再也见不到那张和蔼可亲的笑脸，但与徐老师在一起的点点滴滴依然历历在目，犹如昨天。徐老师的谆谆教诲也时常萦绕在我的耳边。我心中最美最亲的徐老师啊，最近您过得好吗？是不是依然在云淡风轻中体验着幸福的教学生活？

（学生习作）

⑧ 我身边的普通人

战子冰

回望成长的岁月，总会有些普通人给我们留下或深或浅的印记，让我们感受到生活的温暖。此刻，我又想起了记忆中的时大爷——一位普普通通的三轮车夫。

我们家楼下有不少蹬三轮的，时大爷便是其中的一位。冬天，他总是戴着一顶厚厚的帽子，下面是一张冻得很红的消瘦的脸，两只眼睛深陷在眼窝里。他上身干瘦，腿却粗壮有力，总是把三轮蹬得飞快。我经常乘坐他的三轮，每当我走近他，他总是对我憨厚地笑着，让人感受到沐浴阳光般的温暖。

> 通过贴切的外貌描写，写出了时大爷的典型特点——瘦。可见小作者是个善于观察的孩子。

记得有一次，我要去比较远的地方，我自己也清楚只有坐出租车才行。可我走到楼下，望见时大爷蜷在车上，衣襟在冷风中飞舞着，那时常挂着笑容的脸庞也覆盖了一层愁云，写满了无奈与哀伤，于是忍不住向他跑去，待他

问我要去哪儿时，我才发现自己的失误，慌忙逃走了。

见他生活过得苦，我们家经常拿些旧衣物接济他。也许是出于感激吧，每年夏天，他都会给我们家送来新鲜的苞米，都是最好的苞米，他自己都不舍得吃。

那段时间，本地的三轮车都陆续安上了发动机，速度比以前快了很多。而时大爷却因没有那么多钱，还蹬着旧三轮。我们为了节省时间也很少坐他的三轮车了。虽然心底隐隐有些不安与愧疚，但也自我安慰似的，只当作看不见。

偶尔，我在楼下遇见他，都看到他独自一人立在寒风里，其他人都忙着与顾客搭讪，抢活儿干。时大爷见了我，都会友好地笑一笑，只是那笑容里夹杂着几分莫名的酸楚与凄凉，笑声也瞬间在寒风中消失殆尽。

岁月悄无声息地流逝着，我已经好久没有见过时大爷了，听说他回老家种田去了。

有一次，走在回家的路上，我不由得想起了他。忽然，一个身影迎上前来，脸上挂着那熟悉的温暖朴实的笑容。“我给你打过电话了，可是你关机，苞米放在你家门口了……”“时大爷，您什么时候回来的？”“今天早上刚来，给你们送苞米，顺道儿到城里办点事儿……”他气喘吁吁地说，脸因为跑得急而红红的，一直挂着笑容。

“您现在好吗？家里那边怎么样？”我望着他，真切地问。“都好，你不要为我担心。以后有机会再见吧，我先走了。”我没想到时大爷会这么快就走，本来有满腹的话要对他说，如今却一句也想不起来。他又冲我一笑，笑容里我又看到了那个质朴、憨厚、乐观的蹬车人。

通过对人物语言、动作和神态的描写，表现了时大爷的质朴与乐观。

回到家，我看到了那一个个新鲜饱满的苞米。它们从小在无农药的地里长大，又被那样一双善良勤劳的手哺育，带着灿烂的金黄色，每一个都仿佛挂着笑脸，每一粒都饱含着阳光与汗水。这样的金黄色便是世间最温暖的色彩，正如时大爷的笑容一样，那么普通，却又那么明亮与不凡。

（学生习作）

《骆驼祥子》

老 舍

诸葛亮神机妙算，足智多谋；孙悟空神通广大，法力无边；小嘎子机智勇敢，憨厚可爱；严监生爱财如命，极为吝啬……一部部经典名著润泽心灵，启迪智慧，字里行间总能让我们感受到不同作家笔下鲜明的人物形象。现在，让我们走进老舍的《骆驼祥子》，继续品读经典中的人物。

“《骆驼祥子》就是写城市贫民悲剧命运的代表作，这部小说在老舍全部创作中是一座高峰。”当今天的我们沐浴着和平的阳光，过着幸福美好的生活时，你可曾想到生活在20世纪二三十年代的被剥削被压迫的底层人民却过着身不由己的悲惨生活？你能想象当时社会的生活状况吗？你想知道主人公祥子的曲折命运吗？一起来开启名著阅读之旅，看一看《骆驼祥子》中的世界吧！

作者简介

老舍（1899—1966），原名舒庆春，字舍予，满族，北京人。中国现代著名作家、戏剧家。曾任中国文学艺术界联合会副主席、中国作家协会副主席等职。

老舍的代表作有长篇小说《骆驼祥子》《四世同堂》《离婚》，中篇小说《我这一辈子》，短篇小说《月牙儿》《断魂枪》，话剧《茶馆》《龙须沟》《方珍珠》等。老舍著述丰富，善于刻画市民阶层的生活和心理，同时也努力表现时代前进的步伐；他的作品文笔生动、幽默，富有浓郁的地方色彩。

20世纪20年代末期的北京，正是军阀混战的时期，这里生活着一个社会底层的小人物、拉洋车的车夫——祥子，他原本是一个破产的青年农民，憨厚老实，善良勤恳，怀着发家、奋斗的美好梦想，到城里谋生。在入城三年后，好不容易才凑齐钱的祥子买了一辆属于自己的洋车，却因为一次拉车被军阀的大兵看到，不仅车被扣，还被送进劳工营当苦力……但祥子仍然不肯放弃拥有自己的一辆车的梦想，于是振作起来，再度奋斗，可还是以失败告终。祥子连遭厄运，逐渐丧失了对生活的希望，他再也无法鼓起生活的勇气，不再像从前一样以拉车为荣，他厌恶拉车，厌恶劳作。最终被生活捉弄的祥子开始游戏人生，从先前的忠实义气，变得厚颜无耻；从先前的矢志不移，变得自暴自弃——祥子成了麻木不仁、行尸走肉般的无业游民。作品通过祥子的悲剧，概括了旧中国城市人力车夫的血泪生活和共同命运，表达了对下层劳动者苦难人生的深切同情。

精彩片段

祥子在海甸的一家小店里躺了三天，身上忽冷忽热，心中迷迷糊糊，牙床上起了一溜紫泡，只想喝水，不想吃什么。饿了三天，火气降下去，身上软得像皮糖似的。恐怕就是在这三天里，他与三匹骆驼的关系由梦话或胡话中被人家听了去。一清醒过来，他已经是“骆驼祥子”了。

自从一到城里来，他就是“祥子”，仿佛根本没有个姓；如今，“骆驼”摆在“祥子”之上，就更没有人关心他到底姓什么了。有姓无姓，他自己也并不在乎。不过，三条牲口才换了那么几块钱，而自己倒落了个外号，他觉得有点不大上算。

刚能挣扎着立起来，他想出去看看。没想到自己的腿会这样的不吃力，走到小店门口他一软就坐在了地上，昏昏沉沉地坐了好大半天，头上见了凉汗。又忍了一会儿，他睁开了眼，肚中响了一阵，觉出点饿来。极慢地立起来，找到了个馄饨挑儿。要了碗馄饨，他仍然坐在地上。呷(xiā)了口汤，觉得恶心，在口中含了半天，勉强地咽下去，不想再喝。可是，待了一会儿，热汤像股线似的一直通到腹部，打了两个响嗝(gé)。他知道自己又有了命。

肚中有了点食，他顾得看看自己了。身上瘦了许多，那条破裤已经脏得不能再脏。他懒得动，可是要马上恢复他的干净利落，他不肯就这么神头鬼脸地进城去。不过，要干净利落就得花钱，剃剃头，换换衣服，买鞋袜，都要钱。手中的三十五元钱应当一个不动，连一个不动还离买车的数儿很远呢！可是，他可怜了自己。虽然被兵们拉去不多的日子，到现在一想，一切都像个噩(è)梦。这个噩梦使他老

了许多，好像他忽然地一气增多了好几岁。看着自己的大手大脚，明明是自己的，可是又像忽然由什么地方找到的。他非常的难过。他不敢想过去的那些委屈与危险，虽然不去想，可依然的存在，就好像连阴天的时候，不去看天也知道天是黑的。他觉得自己的身体是特别的可爱，不应当再太自苦了。他立起来，明知道身上还很软，可是刻不容缓地想去打扮打扮，仿佛只要剃剃头，换件衣服，他就能立刻强壮起来似的。

打扮好了，一共才花了两块二毛钱。近似搪布的一身本色粗布裤褂一元，青布鞋八毛，线披儿织成的袜子一毛五，还有顶二毛五的草帽。脱下来的破东西换了两包火柴。

拿着两包火柴，顺着大道他往西直门走。没走出多远，他就觉出软弱疲乏来了。可是他咬上了牙。他不能坐车，从哪方面看也不能坐车：一个乡下人拿十里八里还能当作道儿吗，况且自己是拉车的。这且不提，以自己的身量力气而被这小小的一点病拿住，笑话；除非一跤栽倒，再也爬不起来，他满地滚也得滚进城去，决不服软！今天要是走不进城去，他想，祥子便算完了；他只相信自己的身体，不管有什么病！

晃晃悠悠地，他放开了步。走出海甸不远，他眼前起

了金星。扶着棵柳树，他定了半天神，天旋地转地闹慌了会儿，他始终没肯坐下。天地的旋转慢慢地平静起来，他的心好似由老远的又落到自己的心口中，擦擦头上的汗，他又迈开了步。已经剃了头，已经换上新衣新鞋，他以为这就十分对得起自己了；那么，腿得尽它的责任，走！一气他走到了关厢。看见了人马的忙乱，听见了复杂刺耳的声音，闻见了干臭的味道，踏上了细软污浊的灰土，祥子想趴下去吻一吻那个灰臭的地，可爱的地，生长洋钱的地！没有父母兄弟，没有本家亲戚，他的唯一的朋友是这座古城。这座城给了他一切，就是在这里饿着也比乡下可爱，这里有的看，有的听，到处是光色，到处是声音；自己只要卖力气，这里还有数不清的钱，吃不尽穿不完的万样好东西。在这里，要饭也能要到荤汤腊水的，乡下只有棒子面。才到高亮桥西边，他坐在河岸上，落了几点热泪！

太阳平西了，河上的老柳歪歪着，梢头挂着点金光。河里没有多少水，可是长着不少的绿藻，像一条油腻的长绿的带子，窄长，深绿，发出些微腥的潮味。河岸北的麦子已吐了芒，矮小枯干，叶上落了一层灰土。河南的荷塘的绿叶细小无力地浮在水面上，叶子左右时时冒起些细碎的小水泡。东边的桥上，来往的人与车过来过去，在斜阳

中特别显着匆忙，仿佛都感到暮色将近的一种不安。这些，在祥子的眼中耳中都非常的有趣与可爱。只有这样的小河仿佛才能算是河；这样的树、麦子、荷叶、桥梁，才能算是树、麦子、荷叶，与桥梁。因为它们都属于北平。

坐在那里，他不忙了。眼前的一切都是熟悉的，可爱的，就是坐着死去，他仿佛也很乐意。歇了老大半天，他到桥头吃了碗老豆腐：醋、酱油、花椒油、韭菜末儿，被热的雪白的豆腐一烫，发出点顶香美的味儿，香得使祥子要闭住气；捧着碗，看着那深绿的韭菜末儿，他的手不住地哆嗦。吃了一口，豆腐把身里烫开一条路；他自己下手又加了两小勺辣椒油。一碗吃完，他的汗已湿透了裤腰。半闭着眼，把碗递出去："再来一碗！"

站起来，他觉出他又像个人了。太阳还在西边的最低处，河水被晚霞照得有些微红，他痛快得要喊叫出来。摸了摸脸上那块平滑的疤，摸了摸袋中的钱，又看了一眼角楼上的阳光，他硬把病忘了，把一切都忘了，好似有点什么心愿，他决定走进城去。

城门洞里挤着各样的车，各样的人，谁也不敢快走，谁可都想快快过去，鞭声、喊声、喇叭声、铃声、笑声，都被门洞儿——像一架扩音机似的——嗡嗡的连成一片，

仿佛人人都发着点声音，都嗡嗡地响。祥子的大脚东插一步，西跨一步，两手左右地拨落，像条瘦长的大鱼，随浪欢跃那样，挤进了城。一眼便看到新街口，道路是那么宽，那么直，他的眼发了光，和东边的屋顶上的反光一样亮。他点了点头。

他的铺盖还在西安门大街人和车厂呢，自然他想奔那里去。因为没有家小，他一向是住在车厂里，虽然并不永远拉厂子里的车。人和的老板刘四爷是已快七十岁的人了……土混混出身，他晓得怎样对付穷人，什么时候该紧一把儿，哪里该松一步儿，他有善于调动的天才。车夫们没有敢跟他要滑头的。他一瞪眼，和他哈哈一笑，能把人弄得迷迷糊糊的，只好听他摆弄。到现在，他有六十多辆车，至坏的也是七八成新的，他不存破车。车租，他的比别家的大，可是到三节他比别家多放着两天的份儿。人和厂有地方住，拉他的车的光棍儿，都可以白住——可是得交上车份儿，交不上账而和他苦腻的，他扣下铺盖，把人当个破水壶似的扔出门外。大家若是有个急事急病，只需告诉他一声，他不含糊，水里火里他都热心地帮忙，这叫作“字号”。

刘四爷是虎相。快七十了，腰板不弯，拿起腿还走个

十里二十里的。两只大圆眼，大鼻头，方嘴，一对大虎牙，一张口就像个老虎。个子几乎与祥子一边儿高，头剃得很亮，没留胡子。他自居老虎，可惜没有儿子，只有个三十七八岁的虎女——知道刘四爷的就必也知道虎妞。她也长得虎头虎脑，因此吓住了男人，帮助父亲办事是把好手，可是没人敢娶她做太太。刘四爷打外，虎妞打内，父女把人和车厂治理得铁筒一般。人和厂成了洋车界的权威，刘家父女的办法常常在车夫与车主的口上，如读书人的引经据典。

在买上自己的车以前，祥子拉过人和厂的车。他的积蓄就交给刘四爷给存着。把钱凑够了数，他要过来，买上了那辆新车。

“刘四爷，看看我的车！”祥子把新车拉到人和厂去。

老头子看了车一眼，点了点头：“不离！”

“我可还得在这儿住，多咱我拉上包月，才去住宅门！”祥子颇自傲地说。

“行！”刘四爷又点了点头。

于是，祥子找到了包月，就去住宅门；掉了事而又去拉散座，便住在人和厂。

小说中动人的情节和典型的事例往往会给我们留下深刻的印象，它们不仅能推动故事的发展，而且能突显人物形象的特点。阅读时可以抓住这些主要情节和典型事例，思考它们对于刻画人物形象的重要作用。

书中通过大量描写外貌、动作、语言、神态、心理等来表现人物形象。阅读过程中，请留意这些语句，圈画出自己感兴趣的部分，并在印象深刻的地方做好批注，写下体会。

活动一　绘人物图谱

请以思维导图的形式，围绕骆驼祥子梳理书中人物的外貌与性格特点，以及有关他们的典型事例。

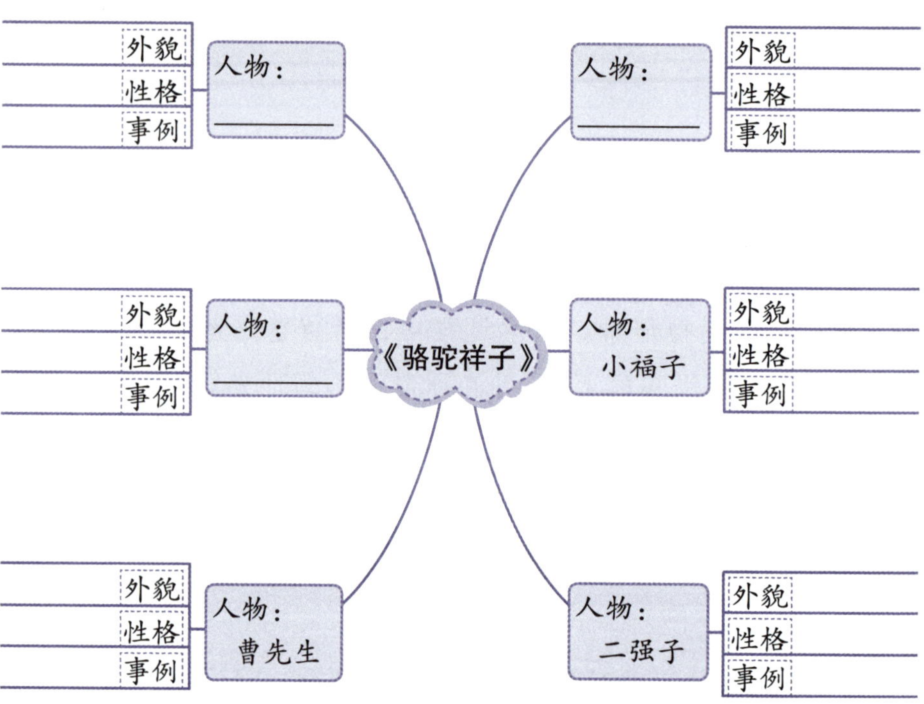

活动二　品“三起三落”

祥子从农村到城市，平凡的一生经历了“三起三落”，根据书中的主要情节，参考下面的提示，用小标题的形式梳理出祥子“三起三落”的过程。

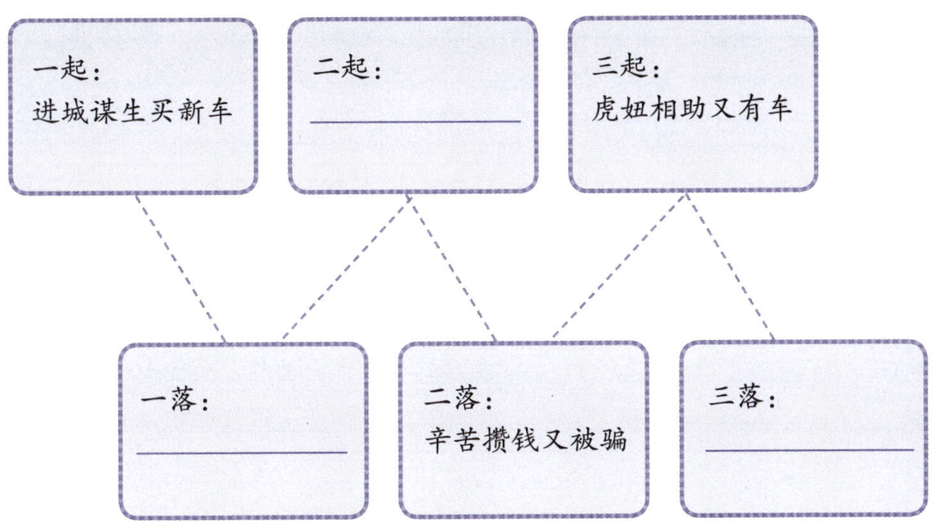

活动三　悟人物命运

有人说，祥子的命运是社会的悲剧；也有人说，祥子的命运原本是可以改变的，假如曹先生能及时回到北京，假如虎妞没有因难产而死，假如小福子没有自杀身亡……你认为祥子的命运能否发生改变呢？请把你的想法写下来。

敬 启

为编好这本书，我们与收入本书的作品（含图片）作者进行了广泛联系，得到了各位作者的大力支持。在此，我们表示衷心的感谢。但是，由于个别作者地址不详，虽经多方努力，仍无法取得联系。敬请各位有著作权的作者尽快与我们联系，以便我们支付稿酬，并致谢忱！

我们还要感谢使用本书的师生们。希望你们在使用本书的过程中，能够及时把意见和建议反馈给我们，对此，我们深表谢意，并将给予一定奖励。让我们携起手来，共同完成本书的建设工作。

联 系 人：梁老师　刘老师

联系电话：010-58022100-6362

联系邮箱：ztxx2008@sina.com

网　　址：http://www.ywztxx.com

地　　址：北京市海淀区知春路7号致真大厦A座18层

图书在版编目（CIP）数据

思维的火花 / 孟强主编. — 上海 : 上海教育出版社, 2021.12

ISBN 978-7-5720-0812-2

Ⅰ. ①思… Ⅱ. ①孟… Ⅲ. ①阅读课－小学－教学参考资料 Ⅳ. ①G624.233

中国版本图书馆CIP数据核字（2021）第260857号

责任编辑　高立群
封面设计　陈丽娟　王艺霖
著作权人　北京华樾教育科技有限公司

思维的火花

孟强　主编

出版发行　上海教育出版社有限公司
官　　网　www.seph.com.cn
地　　址　上海市闵行区号景路159弄C座
邮　　编　201101
印　　刷　肥城新华印刷有限公司
开　　本　720×1010　1/16　印张 63
字　　数　700千字
版　　次　2021年12月第1版
印　　次　2021年12月第1次印刷
书　　号　ISBN 978-7-5720-0812-2/G·0628
定　　价　268.00元（全七册）

如发现质量问题，请向本社调换　　021-64373213

★ 适合10至11岁 ★

思维的火花

SIWEI DE HUOHUA

主编 孟 强

编委会

总主编 崔　峦

主　编 孟　强

编　委

刘　珂　马学军　刘冰冰　宋道晔　肖志刚
孟　强　蔡淳之　许晓玲　周丽萍　张兰建
郜书萍　李永强　吴金焕　张　晖　袁　丽
孙玉亮

编写人员

殷　惠　贺成金　殷允鸿　颜　丽　张爱红
高淑艳　刘晓芳　刘　珂　宋道晔　陈光亮
张　莉

名家寄语

广泛阅读，可以提高阅读理解力；

广泛阅读，可以丰富知识，开阔视野；

广泛阅读，可以提升思维力、鉴赏力；

广泛阅读，可以促进人的精神成长。

新编的读本，包括古诗文经典诵读、优秀作品专题阅读和整本书阅读，是落实课内外阅读一体化的优质资源。

捧起这套读本读起来，你会越来越享受阅读，你的一生一定会因为阅读而精彩！

崔峦

用阅读滋养你的心灵，
让你变得聪明善良，胸怀宽广，更富想象力和创造力。

沈石溪

发现美，学会爱，表达自己，
在阅读和写作中不断进步！

王一梅

阅读是开启美好人生的钥匙

赵丽宏

庚子九月

为自己读书
为美好读书

肖复兴

庚子岁末

读经典的书
做优秀的人

[illegible]

幻想，从现实起飞

刘兴诗

目录

经典诵读

专题阅读

范文阅读

组文阅读

自由阅读一

自由阅读二

整本书阅读

经典诵读

生活在不同历史时期的文人，其作品或多或少都带着他所在时代的印记。

诵读本组古诗文，我们可以借助文字重现情景，放飞想象，感受作者的喜怒哀乐，了解他们所在的时代。

1 蓝桥驿(yì)见元九[①]诗

［唐］白居易

蓝桥春雪君归日，
秦岭秋风我去时。
每到驿亭[②]先下马，
循墙绕柱觅君诗。

注释

① 元九：即元稹，诗人，白居易的好友。
② 驿亭：驿站所设的供旅客休息的处所。

当初你归来之日，蓝桥驿站春雪飘飘。如今我离去之时，秦岭上秋风瑟瑟。每到达一个驿站我就赶快下马，沿墙绕柱东看西瞧寻找你的题诗。

扫码收听朗诵音频

② 问刘十九[①]

［唐］白居易

绿蚁[②]新醅(pēi)[③]酒，

红泥小火炉。

晚来天欲雪，

能饮一杯无？

注释

① 刘十九：诗人在江州的朋友。十九，是排行。
② 绿蚁：酒面上的绿色泡沫。
③ 醅：没有过滤的酒。

译文

我有刚酿成还没有过滤的新酒，酒用红泥小火炉烫好了。现在天色已晚，看样子要下雪了，你能否来陪我喝一杯呢？

3 观　猎

［唐］李白

太守耀清威，乘闲弄晚辉[1]。

江沙横猎骑，山火绕行围。

箭逐云鸿[2]落，鹰随月兔飞。

不知白日暮，欢赏夜方归。

注释

① 晚辉：指黄昏。

② 云鸿：在高空中飞行的大雁。

译文

清俊威严的太守，乘着闲暇，在傍晚的余晖下骑马驰骋。江边的沙滩上，猎马纵横；驱赶禽兽的山火，环绕在围场四周。羽箭追逐着高空中飞行的大雁，大雁应声坠落；猎鹰紧随着月下的兔子疾飞。不知不觉夜幕降临，欢快地欣赏这奇景，直至深夜才回家。

4 别　滁（chú）[1]

[宋] 欧阳修

花光浓烂[2]柳轻明，
酌酒花前送我行。
我亦且[3]如常日醉，
莫教弦管作离声[4]。

注释

① 别滁：告别滁州。
② 浓烂：形容鲜花绚烂。
③ 且：一作“只”。
④ 离声：指别离之音。

花儿多么绚烂浓郁，绿柳丝丝轻柔鲜明，人们在花前设下酒宴为我饯行。我也像平日一样和大家一同开怀畅饮，请不要让管弦奏出令人感伤的别离之音。

5 石壕（háo）吏

［唐］杜甫

暮投石壕村，有吏夜捉人。老翁逾（yú）墙走①，老妇出门看。

吏呼一何②怒！妇啼一何苦！

听妇前致词："三男邺（yè）城戍（shù）③。一男附书至，二男新战死。存者且偷生，死者长已矣！室中更无人，惟有乳下孙④。有孙母未去，出入无完裙。老妪（yù）力虽衰，请从吏夜归。急应河阳役，犹得⑤备晨炊。"

夜久语声绝，如闻泣幽咽。天明登前途，独与老翁别。

注释

①走：逃跑。
②一何：何等，多么。
③戍：这里指服役。
④乳下孙：还在吃奶的小孙子。
⑤犹得：还能够。

日暮时投宿石壕村，夜里有差役到村子里抓人。老翁翻墙逃走，老妇出门查看。

官吏大声呼喝得多么愤怒！妇人大声啼哭得多么悲苦！

我听到老妇上前说："我的三个儿子戍边在邺城。其中一个儿子捎信回来，说另外两个儿子刚刚战死。活着的人权且偷生，死去的人永远不会回来了！家里再也没有别的男人了，只有正在吃奶的小孙子。因为有孙子在，他母亲还没有离去，但进进出出都没有一件完整的衣服。虽然老妇我年老力衰，但请允许我跟从你连夜赶回营去。立刻赶到河阳去服役，还来得及为部队准备早餐。"

夜深了，说话的声音逐渐消失，隐隐约约听到低微断续的哭泣声。天亮后我继续赶路，只能与返回家中的那个老翁告别。

扫码收听朗诵音频

6 李广射虎[①]

［汉］司马迁

广出猎，见草中石，以为虎而射之，中石没镞（mò zú）[②]，视之石也。因[③]复更[④]射之，终不能复入石矣。广所居郡（jùn）闻有虎，尝自射之。及居右北平，射虎，虎腾伤广，广亦竟射杀之。

注释

① 选自《史记·李将军列传》，题目为后人所加。
② 镞：箭头。
③ 因：就，于是。
④ 更：再。

译文

李广外出射猎，误将草丛中的一块巨石看成了老虎，他开弓就射，整个箭头都射进了石头，近前一看，才知道是石头。于是李广又再次开弓射向石头，却再也射不进去了。李广所住的郡里听说有老虎，曾经亲自去射虎。及至李广居住右北平，射虎时，老虎跳起来伤了他。李广最后还是射死了那只老虎。

专题阅读

思维的火花

要想拥有真正的智慧，就必须深入思考。在思考问题时，要保持冷静，客观分析，找到解决问题的办法。

阅读本专题文章，了解人物的思维过程，加深对文章内容的理解。

范文阅读

① 执竿入城

［三国魏］邯郸淳

通过这个故事，我们知道了做事要动脑筋、不盲从他人的道理。

鲁[①]有执长竿入城门者，初竖执之，不可入。横执之，亦不可入。计无所出[②]。俄[③]有老父[④]至，曰："吾非圣人，但见事多矣！何不以锯中截[⑤]而入？"遂依而截之。

注释

① 鲁：古国名，在今山东曲阜一带。
② 计无所出：想不出办法来。
③ 俄：不久，一会儿。
④ 老父：老人。父，对老年男子的尊称。
⑤ 中截：从中间截断。

译文

鲁国有个人拿着长竹竿进城门，起初竖着拿竹竿，进不去。又横着拿竹竿，也进不去。他想不出办法来。不久，有个老人来了，说："我不是圣人，但是见过很多事啊！你为什么不用锯将竹竿从中间截断再进去？"那人就依照着老人的话用锯截断了竹竿。

② 郑人买履（lǚ）[①]

《韩非子》

郑人有且置[②]履者，先自度其足，而置之其坐[③]。至之市而忘操[④]之。已得履，乃曰："吾忘持度。"反归取之。及反，市罢，遂不得履。

人曰："何不试之以足？"

曰："宁（nìng）信度，无自信也。"

这个故事告诉我们：遇事要随机应变，切不可不思变通。

注 释

① 履：鞋。
② 置：置办，购置。
③ 坐：同"座"，座位。
④ 操：携带。

译文

郑国有个人打算到集市上买鞋子。他量好了自己脚的尺码，然后把尺码放在了座位上。等到去集市时，他忘记拿鞋子的尺码了。他挑好了鞋子，才说："我忘带尺码了。"就回家去取尺码。等到他返回集市，集市已经散了，于是就没有买到鞋子。

有人说："你为什么不用脚试试那鞋子呢？"

他说："我宁可相信尺码，也不相信自己的脚。"

3 田忌赛马①

［汉］司马迁

忌数(shuò)②与齐诸公子③驰逐重射④。孙子见其马足⑤不甚相远⑥，马有上、中、下辈⑦。于是孙子谓田忌曰："君弟⑧重射，臣能令君胜。"田忌信然之，与王及诸公子逐射千金。及临质⑨，孙子曰："今以君之下驷(sì)与彼上驷，取君上驷与彼中驷，取君中驷与彼下驷。"既驰三辈毕，而田忌一不胜而再胜，卒得王千金。

想一想：孙膑是如何帮助田忌赢得比赛的？

注释

①选自《史记·孙子吴起列传》，题目为后人所加。
②数：多次，屡次。
③公子：诸侯之子，除世子外，皆称"公子"。
④重射：下很大的赌注赌输赢。射，打赌。
⑤马足：指马的奔跑能力。足，足力。
⑥不甚相远：这里指参赛双方的马的足力不相上下。
⑦辈：这里指马的等级。
⑧弟：只管。
⑨临质：等到快要比赛的时候。

田忌多次和齐国的王族公子们下大赌注赛马赌输赢。孙膑看田忌的马与对方的马实力相差不多，都可以分为上、中、下三等。于是孙膑对田忌说："您只管下大赌注，我包您能赢。"田忌相信孙膑，于是便约齐王和诸公子们赛马，并下了千金的赌注。等到快要比赛的时候，孙膑对田忌说："现在，您用您的下等马对他们的上等马，用您的上等马对他们的中等马，用您的中等马对他们的下等马。"就这样，三场比赛过后，田忌一负二胜，最终赢得了齐王的千金赌注。

阅读链接

田忌是战国时期齐国的大将。他不仅作战勇敢，是个不可多得的军事人才，同时也是一个知人善任、善于发现人才的伯乐。孙膑就是他发现的人才。田忌与孙膑配合默契，先后在桂陵之战和马陵之战中打败魏国，使魏国国力大损，齐国趁机取得了东方霸主的地位。田忌一生立下赫赫战功，为齐国成为当时的强国做出了重要贡献。

④ 围魏救赵

“围魏救赵”是三十六计中相当精彩的一计。请一边读一边仔细体会。

春秋时期，晋国是五霸之一，非常强大，后来发生内乱，分裂为韩国、赵国、魏国，这就是历史上有名的三家分晋。

这三国当中，实力最强的当属魏国。魏国和赵国中间隔着一条漳河，魏国对赵国早有吞并之心。这一年，魏国国君派大将庞涓率领精兵征讨赵国。魏军实力强大，一路所向披靡(mǐ)，势如破竹，很快就抵达赵国的都城邯郸。邯郸城被围得水泄不通。

在这生死存亡的紧要关头，赵国国君一面派部队加强防卫，一面派人去齐国求救。齐国国君担心赵国灭亡后，魏国乘胜追击，将战火烧到自己的国家。为了自己的利益，齐国国君决定出兵救援赵国。

齐威王任命田忌为主将，孙膑为军师，

率大军前往救援赵国。

大将田忌打算直奔邯郸，与赵国军队汇合，通过战争解除邯郸的困境。

田忌认为两国军队汇合，可以增强实力，抵御魏国的进攻。

孙膑得知田忌的计划后，连连摇头，对田忌说："如果我们直奔邯郸，等我们赶到那里，邯郸都失守了，这样做有什么意义呢？我们得想一个更好的办法。"

田忌连忙问："你有什么好办法？"

孙膑不慌不忙地说："目前，魏国的主力部队正集中攻打邯郸，它的都城大梁必定空虚，只有一些老弱病残在守城。如果我们现在去攻打大梁，那么取胜的概率就很大；如果我们直接赶往邯郸去救援，那么就会跟魏国的主力部队作战，即便能取胜，我们的伤亡也一定很大。所以，我们最好乘虚而入，直取大梁。一旦大梁危急，魏国的主力部队必然会撤兵自救。那时，我们在他们返回的路途中做好准备，以逸待劳，不是稳操胜券吗？"

孙膑的一番话把田忌说得心服口服，

他立即率领齐军直奔魏国都城大梁。

为了进一步迷惑庞涓，孙膑又专门派出两个不知名的将领，率一部分兵力假装去攻打魏国的襄陵。这一仗，正如孙膑所料，齐军在襄陵城下吃了败仗。消息传到庞涓那里，他很得意，心想田忌哪是自己的对手。

用一部分兵力迷惑庞涓，让他误以为齐军不是魏军的对手。

就在孙膑派兵佯攻襄陵的同时，齐军主力部队却早已绕道直奔大梁去了。

当发现齐军逼近都城，魏国国君惊慌失措，立刻派人传令，要庞涓撤兵保卫都城。庞涓得到命令，不敢怠(dài)慢，只好撤离邯郸，带领自己的部队马不停蹄地赶往大梁救援。

这一切都在孙膑的预料之中，智慧的力量是强大的。

再说魏军这次攻打赵国，连续行军打仗，士兵一直没有好好休息过。现在听说自己的都城已被齐军包围，一个个都乱了方寸，连武器、粮草都顾不得带，就一个劲儿地往回赶。魏军是人心惶惶，士气低落。

桂陵是通往魏国都城的交通要道，地

势险峻，易守难攻。孙膑在这里布下了天罗地网。魏军匆忙赶往大梁，路过桂陵时，早已是精疲力竭。田忌等魏军进入伏击圈，便命令齐军攻击。魏军措手不及，被杀得丢盔弃甲，溃不成军。庞涓只得率残兵败将落荒而逃。

只有根据实际情况进行分析，才能找到解决问题的正确方法。

（陈橙　改写）

日积月累

中国古代兵法策略——三十六计

瞒天过海　围魏救赵　借刀杀人　以逸待劳　趁火打劫
声东击西　无中生有　暗度陈仓　隔岸观火　笑里藏刀
李代桃僵　顺手牵羊　打草惊蛇　借尸还魂　调虎离山
欲擒故纵　抛砖引玉　擒贼擒王　釜底抽薪　浑水摸鱼
金蝉脱壳　关门捉贼　远交近攻　假途伐虢　偷梁换柱
指桑骂槐　假痴不癫　上屋抽梯　树上开花　反客为主
美人计　空城计　反间计　苦肉计　连环计　走为上

5 鲨　鱼

［俄国］列夫·托尔斯泰

先默读一遍文章，想想故事的起因、经过和结果。

我们的军舰停靠在非洲的海岸边。蔚蓝的大海上，景色迷人。那天，是个难得的晴天，风从海面上吹来，清爽舒服。傍晚，天气开始有点沉闷，让人感到呼吸都不舒畅。来自撒哈拉大沙漠的风像是从燃烧的火炉里喷出来的热浪，扑面而来，似乎要把人们闷在蒸笼里。

太阳快要落下去了，舰长来到甲板上，对大家喊道："游泳啦！"船员们一听，迫不及待地跳下了海，有几个人还把船帆扔到水里，围成一个个浴池，尽情地嬉闹、欢呼。

船上有两个小男孩儿，他们抢先跳下水去。他们觉得船帆做的浴池太小了，游着不过瘾，就到远处的海面上比赛游泳。刚开始，一个小男孩儿游在最前面，没过

多长时间，他慢慢地落后了。这个孩子的父亲是船上的老炮手，他在甲板上看到儿子落后了，朝他大声喊道："孩子，别放弃！加油，屏住呼吸！"

正当大家都在为两个孩子加油鼓劲的时候，甲板上起了一阵骚乱。有人大喊："有鲨鱼！大鲨鱼！"距离孩子不远处，一只大鲨鱼凸起的背部映入人们的眼帘，它正拍打着水面，快速地向孩子们游去。

"孩子们，快往回游！回来！有鲨鱼啊！"老炮手焦急地喊着。可是孩子们听不见，还是一个劲地往前游。他们笑着，闹着，越游越高兴。

短句营造了紧张的氛围，突显了当时情况的紧急。朗读这两处语言描写，并仔细体会。

老炮手看着水中的鲨鱼正快速逼近孩子们，吓得脸色像麻布一样白。船员们快速地放下小船，手划着桨，拼命往孩子身边划去。鲨鱼离孩子不到二十步，那只小船却离孩子很远很远。

刚开始，孩子们没有听清楚大家的喊叫，也没发现身后的鲨鱼。后来，有一个

男孩往后扭头，想看看朋友在哪里，突然看到了大鲨鱼，他吓得大声惊叫起来。另一个孩子几乎同时也看到了大鲨鱼，他们一边喊叫，一边赶紧向相反的方向游着。

危急时刻，老炮手拉了导火索，推测一下，他经过了怎样的思想斗争，才做出这样的决定？

甲板上的人们看到眼前的情景，都惊呆了，不知道该做什么。老炮手听到孩子们的大声喊叫，吓得脸色煞白，他立刻跑到大炮前，转过炮筒，对准鲨鱼，拉了导火索。

只听“轰隆”一声巨响，大家看到老炮手捂着脸，倒在大炮旁边。远处，一片硝烟，不知道鲨鱼怎么样了，也看不清孩子们是否安全。烟雾渐渐散了，人们开始小声议论，声音越来越大，最后发出震天动地的欢呼声。老炮手听到大家高兴的欢呼，放下捂在脸上的手，站了起来，看了看海面，眼泪流了下来。

“船员下海游泳”是故事的起因，你能尝试说说故事的经过和结果，并写在括号里吗？

船员下海游泳—（　　　）—（　　　）

一条个头很大的鲨鱼，翻着白肚皮，随着海水波动着。船员们划着小船赶到孩子们那里，把他们安全地带回到舰上。

（刘龙龙　译）

6 李牧大败匈奴

本文主要叙述的是赵国名将李牧在对抗北方匈奴入侵时所采用的战术。

战国时期，北方匈奴经常侵犯赵国的北部边境，他们烧杀抢掠，严重影响了边境百姓的生活。赵国国君派遣大将李牧驻守雁门关，抵御匈奴的侵犯。

李牧来到雁门关，根据当地的实际情况自行设置官吏。他鼓励市场上的贸易往来，将收到的租税全部划归驻地部队，作为犒(kào)赏士兵的费用。每天，李牧都让人宰杀牛羊，确保士兵吃饱喝足，然后就是练习骑马射箭，增强战斗力。李牧让士兵小心地侦察敌情，一旦发现紧急情况就严阵以待。他还增派间谍到匈奴那边打探消息，了解他们的日常活动。他厚待士兵，尽可能满足他们的正当要求。与此同时，他命令："匈奴若是入侵，就赶紧收缩防御。如

李牧表现软弱，是为了麻痹敌人。他清楚硬碰硬是莽夫的行为，等待时机，一举击破，才能彻底解决问题。

果有谁胆敢出兵，处死！”就这样持续了几年，不仅匈奴人认为李牧胆怯，就是赵国边境的士兵也认为自己的主将胆小。

赵国国君听到这些消息后，也认为李牧太胆小，就责备他，但李牧依然按照自己的办法治理边境。后来，赵国国君大怒，把李牧召回，让别人驻守雁门关。这以后的一年时间内，只要匈奴侵扰边境，赵军就出战，不过往往失败而归。一年之中，赵军不仅损失众多，边境的百姓也无法耕种、放牧，赵国国君只好请李牧再次出山。

虽然李牧称病推辞，但赵国国君坚持起用他。最后，李牧说：“如果大王认为我能胜任这项任务，并且一定要用我的话，那就请同意让我按原来的办法治理边境，不能干涉。只有这样，我才能接受任命。”最后，赵国国君只好同意了。

李牧依然按照原来的办法治理边境，匈奴虽然一整年都没有什么收获，但仍然认为李牧胆小。边境的士兵每天都能得到

赏赐，却没有立功的机会，他们个个都希望在战场上杀敌，以报效国家。李牧看时机已经成熟，就挑选坚固的战车三百乘，良马一万三千匹，能征善战足以拿到百金赏赐的勇士五万人，弓箭手十万人，要求他们加强训练。然后，李牧让百姓到城外开始大规模地放牧。

匈奴先是派小股部队前来试探，李牧就让士兵假装败退。匈奴的首领单(chán)于听到消息，认为机会来了，就率领军队大举入侵。李牧排兵布阵，通过两翼夹攻，大败匈奴。这一次，匈奴损失十多万大军，单于仓皇而逃。

李牧采取的策略可以概括为“固守”“诱敌”“决战”三步。

此后十多年间，匈奴再也不敢靠近赵国边境。

（陈橙　改写）

了解人物的思维过程，可以加深对文章内容的理解。阅读本组文章，看看主人公遇到了什么问题，又是如何解决的。结合当时的情况想一想，主人公的办法好在哪里。

1 郾(yǎn)城大战

公元1140年，金军兵分四路，向南宋发动大规模的进攻。当时，正在家里守丧的岳飞被紧急召回，受命抵御金军的进攻。

岳飞率军挺进中原。在大举反攻之前，他一面派人分路收复河南各地，一面又遣人重返太行山区，联合其他义军在敌后展开活动，以策应北上的军队。岳飞则亲自率领轻骑兵驻扎在郾城，指挥全局。

金军的统帅完颜宗弼（兀术）听到这个消息，非常不安。在他眼中，南宋各路兵马都不堪一击，唯独岳飞这

支军队将勇而兵精，战斗力强，难以对付。因此，他决定先引诱岳飞的驻城部队孤军突进，再趁机给予打击。岳飞识破了敌人的阴谋，将计就计，每天派出一小股部队向敌人挑战。兀术以为岳飞中计，便亲率大军直奔郾城，准备和岳家军决一死战。

兀术的军队实力强大，特别是他手下的精锐“铁浮图”，更是非同一般。“铁浮图”以三骑为一队，士兵身穿重甲，只露双目，战马身披铠甲。这样厚重的装备，一般的兵器绝对难以对付。如若正面交锋，“铁浮图”轻而易举就能把对方摧毁。

这天，空中乌云密布，帅旗在风中猎猎作响。岳家军紧握手中兵器，目光炯炯地面对金兵，大战一触即发。

待金兵逼近，岳飞命令岳云率领“背嵬军”向敌兵发起进攻。在岳云的带领下，“背嵬军”个个奋勇向前，一时间和敌人杀得难解难分。兀术眼见自己的部队被打得溃不成军，大呼一声：“铁浮图随我出战！”他率领金兵冲向岳家军。与此同时，护卫“铁浮图”的左、右翼骑兵从两面包抄，企图突袭岳家军的大本营。

眼见“铁浮图”以排山倒海之势杀来，岳飞沉着应战。只见他大手一挥，一支部队迎面向“铁浮图”杀去。再看

这支部队，身着轻铠甲，手握马扎刀，面对来势汹汹的敌人毫无惧色。眼见敌人冲到跟前，他们侧身一闪，手中的马扎刀迅速砍向马腿，金军骑兵一个个摔下马来。一时间，金兵人仰马翻，乱作一团。部将杨再兴单骑突入敌阵，左冲右突，锐不可当。这次大战，双方从下午激战到黄昏时分，兀术险些被捉，金兵大败而退。

原来，岳飞早已想好对付“铁浮图”的办法。虽然“铁浮图”重甲防御、纵横疆场，但却有一个致命的弱点——马腿无法安装铁甲。只要砍断马腿，金兵跌下马背，自然大乱。

过了两日，金军又增兵于郾城北的五里店，准备再战。岳飞手下的一名部将勇敢地突入敌阵，斩杀了金军部将数人。岳飞乘机率轻骑从后面追杀，大队人马随后从左右两面夹击。经过三天的激战，金兵遭到沉重打击。兀术看到大势已去，喟（kuì）然叹曰：“撼山易，撼岳家军难！”只得带领残兵连夜退回开封。岳家军取得了郾城大战的最后胜利。

（刘倩文　改写）

② 赵奢用兵

秦国为了攻打韩国，在赵国的阏(yù)与驻扎军队。

由于秦军驻扎在赵国，赵国国君非常不安，担心其会对赵国不利。他打算救援韩国，但鉴于秦国强大，又有些犹豫。赵国国君召集他的大将来商议应对办法。他首先问廉颇："韩国可以救吗？"

"去阏与的路途遥远，而且道路坎坷，行军危险，很难救啊！"廉颇回答道。

赵国国君又问乐乘，乐乘的意见跟廉颇一样。赵国国君没再说话，看了看群臣，发现他们都在摇头叹气。忽然，他瞥(piē)见了大将赵奢，只见他的神情与别人大不相同，显得很有信心的样子，就问："赵将军有什么看法？"

"大王，去阏与的路途虽然险远，但这就像两只老鼠在洞穴里打斗，狭路相逢勇者胜。只要我们部署周密，救韩国是没有问题的。"赵奢回答。

赵国国君听了非常高兴，就任命赵奢为主将前往阏与

救援韩国。

在距离邯郸三十里的地方，赵奢下令：“凡是议论军务的人，处死！”

这时，秦军驻扎在武安城以西的地方，声势浩大。赵军的一位军官建议赶紧去救援武安，赵奢立刻将他斩首。从此以后，赵军将士再也不敢议论军务，唯令是从。赵军在这里驻守了二十八天，这段时间，他们挖沟筑壕，加强营垒，不再往阏与推进。

秦国派间谍潜入赵营。赵奢让人好吃好喝招待着，然后放他回去。间谍回去把赵营的情况通报给秦将，秦将十分高兴地说：“赵奢刚走到离都城邯郸三十里就挖沟筑壕加强营垒，不再往前推进了，阏与不再是赵国的了。”

赵奢送走间谍后，立刻命令全军迅速整装前行。赵军只花了一天一夜的时间就赶到了前线。赵奢命令精锐的弓箭手在距离阏与五十里的地方安营扎寨。秦军得到消息后，也立马赶往前线。

赵军中有一名叫许历的人请求发表意见，赵奢同意了。许历说：“秦军绝对想不到我们的部队能这么快就赶到前线，而且气势很盛，将军一定要严阵以待，否则必败。”赵奢赞同他的看法。许历就请求接受死刑。赵奢

说：“回去再说吧！”许历再次请求发表意见，说：“北山头的地理位置非常重要，谁先占领那里，谁就能取得胜利。”赵奢赞同他的看法，立刻派一万名士兵赶赴北山头。

秦军也知道北山头的重要，当部队到达时，发现北山头已被赵军占领。这时，赵奢下令全面攻击。由于占据了有利地势，赵军大获全胜，成功解除了阏与之困。

（陈橙　改写）

阅读链接

赵奢是战国时期赵国的名将，是故事“纸上谈兵”中主人公赵括的父亲。赵奢最为人称道的有两件事：一是在阏与之战中大破秦军；二是与齐国大将田单论兵而胜，让齐军从坚守防御转为反攻，一举击败燕军。

③ 田单守城

战国时期，燕国有一名大将叫乐毅，深得燕昭王的器重。当时，燕国和齐国发生了战争，燕昭王派乐毅率领燕、秦等国联军攻打齐国。乐毅一路上攻城略地，势如破竹，攻占了齐国七十多座城池。最后，齐国只剩下了莒(jǔ)、即墨两座城池。就在这时，燕昭王去世，他的儿子继承王位，即燕惠王。燕惠王与乐毅之间有隔阂(hé)，他不信任乐毅。

田单是齐国驻守即墨的大将，被乐毅打得无还手之力。他听到燕惠王不信任乐毅的消息后，知道机会来了，就对燕国使了一个反间计。他散布谣言：“齐湣(mǐn)王已死，齐国只有莒、即墨两座城池没有被攻破。乐毅跟燕惠王不和，害怕被杀，所以不敢回国。他打着攻打齐国的旗号，其实是想拥兵自立为王，只是现在齐国人心不服，所以他暂缓攻打即墨，等待机会收服民心。现在齐国人最害怕的是燕国更换其他将军来攻打，那样的话，即墨就保不住了。”燕惠王相信了这种说法，就让骑劫取代了乐毅。乐毅担心

回燕国对他不利，就去了赵国。燕军将士得知这一消息非常不满。

田单下令：城中每家每户，吃饭时必须在庭院中祭祀自己的祖先。这样，就会有大量鸟飞下来啄食食物。看到这种情况，燕国人都很奇怪。田单于是又散布谣言："神要降临城中来指导我们，应该会有神人来做我的神师。"有一个士兵说："我可以做你的神师吗？"说完转身就走。田单立刻起身请他回来，让他向东而坐，并以神师的礼节对待他。这位士兵说："我是骗你的，我可做不了神师！"田单小声地对他说："你不说出去就行。"于是他就把这名士兵奉为神师。每次发号施令时，田单都打着神师的旗号。

后来，田单又散布谣言说："我们只怕燕军对俘虏的齐国士兵实施劓(yì)刑，如果把这些人置于军队前面与我们作战，即墨城就保不住了。"燕人相信了谣言，对俘获的齐国士兵实施劓刑，并把他们置于燕国军队的队前。即墨城的人看到那些被俘虏的齐国人竟然被割了鼻子，坚定了守护城池的信念，唯恐落得那样的下场。接着，田单又散布谣言说："我们惧怕燕人挖掘我们城外的墓地，那会羞辱我们的先人，会让我们胆战心惊。"于是燕人在城外挖掘并焚烧齐国人的祖坟。即墨城中的老百姓，从城上看到燕

人的残暴行为，痛哭流涕，怒火中烧，都想出去与燕军决一死战。

这时，田单认为士兵们可以上阵作战了，于是亲自拿着工具，和士兵们一起劳作。他把自己的妻妾也编入队伍中，还把食物拿出来与士兵们分享。与此同时，田单把主力部队隐藏起来，只派老弱妇幼守卫城池。然后，假装派使者去燕国商议与投降相关的事。燕军见即墨城马上就要被打下来了，都欢呼起来。田单接着从民间募集到黄金千镒，让即墨城的富豪拿去送给燕国将军，说："即墨城马上就要投降了，希望你们不要掳掠我们的家产。"燕国将军非常高兴，答应他们的请求，从此燕军的防备就更加松懈了。

田单又从城中征集了一千多头牛，给它们蒙上画有五彩龙纹的红色丝衣，在牛角上绑上尖刀，还在牛尾绑上苇草，灌上油脂点燃，又把城墙凿开几十个洞穴，趁夜间把牛从洞穴中赶出。五千精兵跟随在牛后。牛尾受热，纷纷狂怒飞奔，冲进燕军营地。燕军大惊，又见火光中的牛身上都是龙纹，碰到人非死即伤，更是害怕。牛后面的五千精兵随即发动攻击，城中百姓杀声震天，老弱妇幼也跟着呐喊，声势浩大。燕军被吓坏了，大败而逃，骑劫也被齐国人所杀。

（陈橙　改写）

阅读实践

小小书记官

作为书记官，需要记录行军打仗中遇到的问题，以及主将解决问题的办法。

文章标题	主将	遇到的问题	解决问题的办法
《鄢城大战》			
《赵奢用兵》			
《田单守城》			

活动二

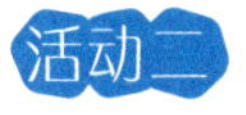

参加军事会议

一名优秀的将领，要能够对问题进行理性的分析。请任选一位主将，站在他的角度分析问题并做出决策。

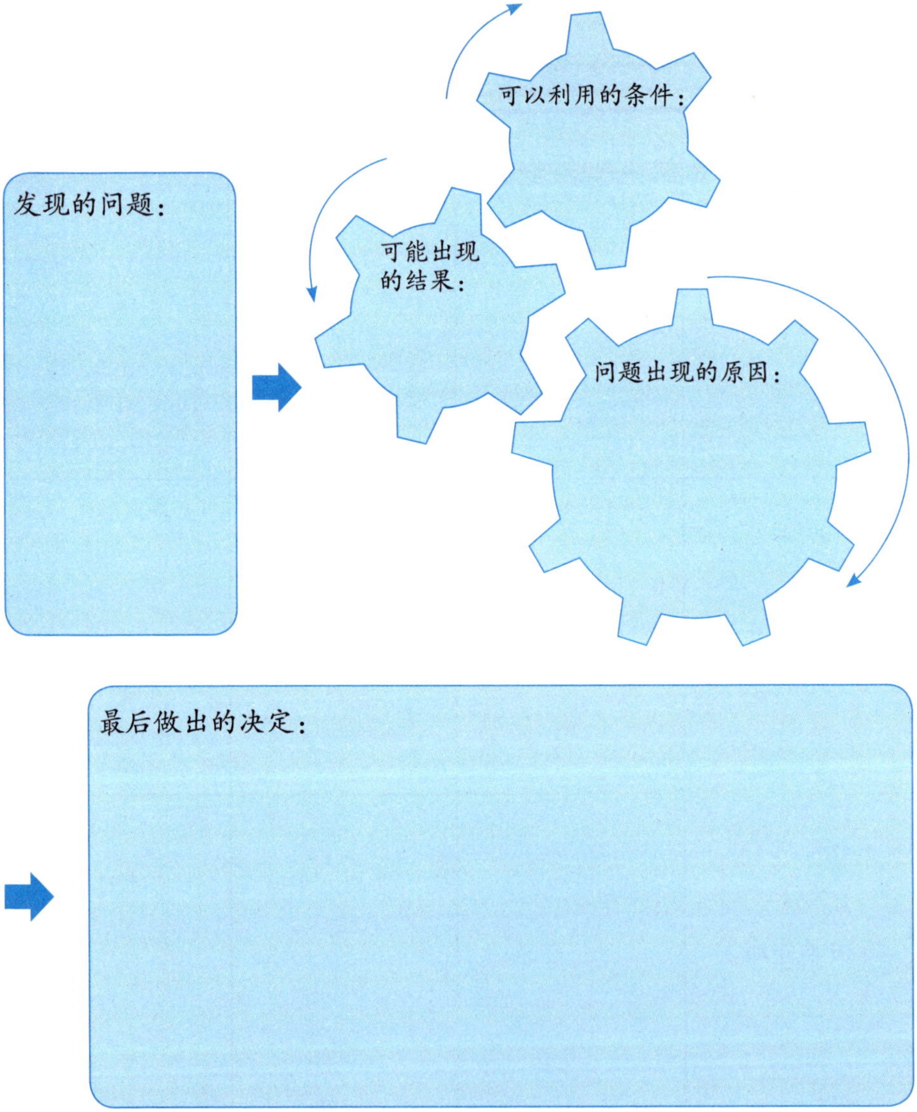

发现的问题：
可以利用的条件：
可能出现的结果：
问题出现的原因：
最后做出的决定：

复述故事

读完一个故事后，我们可以尝试通过复述来加深对文章的理解。复述时要重点关注主人公想要达到什么目标、受到怎样的阻碍以及解决问题的办法。结合复述山形图，复述故事。

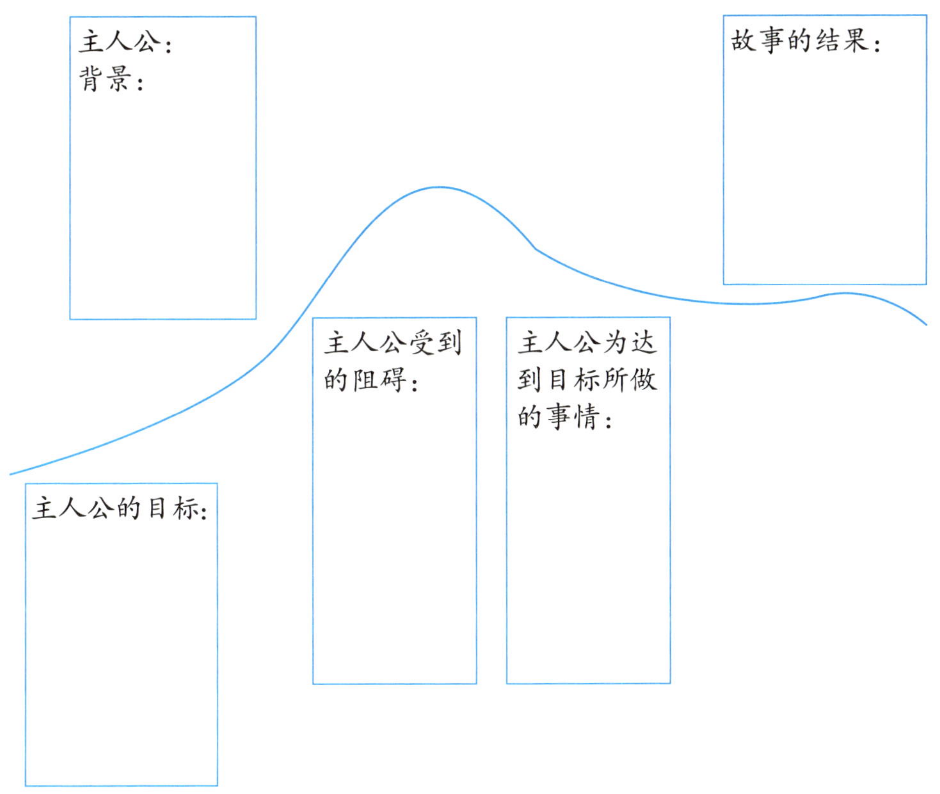

巴尔扎克曾说："一个能思想的人，才真是一个力量无边的人。"在人生旅途中，我们会遇到种种难题，此时需要用思考来支撑我们前进，帮助我们拓宽人生之路。

阅读本组文章，梳理主人公的思考过程，看看他们在遇到问题时，是如何根据具体情况进行处理的。

1 刻舟求剑

《吕氏春秋》

楚人有涉[①]江者，其剑自舟中坠[②]于水，遽契(jù qì)[③]其舟，曰："是吾剑之所从坠[④]。"舟止，从其所契者入水求之。

舟已行矣，而剑不行，求剑若此，不亦惑[⑤]乎？

这个故事告诉我们：办事不能只凭主观愿望，要根据客观情况的变化灵活处理。

注释

① 涉：渡水。
② 坠：落。
③ 遽契：急忙刻下记号。遽，立即。契，用刀刻。
④ 是吾剑之所从坠：这是我的剑掉下去的地方。
⑤ 惑：糊涂。

译文

有个楚国人乘船渡江，他的剑从船上掉入水中，于是他急忙用刀子在船沿上刻下记号，说：“这是我的剑掉下去的地方。”等船靠岸停下来，这个楚国人就从刻下记号的地方跳下水去找剑。

船已经走远了，而掉下去的剑是不会随船走的，用这样的方法去找剑，不是很糊涂吗？

阅读链接

《吕氏春秋》是一部产生于战国晚期的杂家巨著，在文学上的一个突出成就是该书包含了丰富多彩的寓言。据统计，全书中的寓言故事共有二百多则。这些寓言大都化用中国古代的神话、传说、故事，在中国寓言史上具有相当重要的地位。

② 智子疑邻

《韩非子》

这个故事告诉我们：要尊重事实，不能把关系的亲疏作为判断是非的标准。

宋有富人，天雨墙坏①。其子曰："不筑，必将有盗。"其邻人之父亦云。暮②而果大亡③其财。其家甚智其子④，而疑邻人之父。

注 释

① 坏：损坏。
② 暮：夜晚。
③ 亡：丢失。
④ 智其子：认为他家的儿子聪明，即"以其子为智"。

译文

宋国有个富人，天下大雨把他家的墙毁坏了。他儿子说："如果不赶紧修好它，一定会有盗贼进来。"他邻居家的老人也这么说。这天晚上他家果然丢失了大量财物。这家人认为自己家的儿子非常聪明，却怀疑是邻居家的老人偷的。

③ 医扁鹊[①]见秦武王

《战国策》

医扁鹊见秦武王，武王示之病，扁鹊请除。左右曰：“君之病，在耳之前，目之下，除之未必已[②]也，将使耳不聪，目不明。”君以告扁鹊。扁鹊怒而投其石[③]，曰：“君与知之者[④]谋之，而与不知者[⑤]败之。使此知秦国之政也，则君一举而亡国矣。”

这个故事告诉我们：做事要听取专业人士的建议，如果让不懂行的人指手画脚，必将出现险情。治病与治国是同一个道理。

注 释

① 扁鹊：姓秦名越人，战国时期的名医。
② 已：治愈。
③ 石：石针，治病的工具。
④ 知之者：指懂得医术的人，这里指扁鹊自己。
⑤ 不知者：指武王身边不懂医术的人。

医生扁鹊拜见秦武王，武王谈了自己的病情，扁鹊请求给武王治病。武王身边的人说：“大王的病，在耳朵的前面，眼睛的下面，治疗未必能治愈，反而可能会让听力受损，视力模糊。”武王将他们的话告诉扁鹊。扁鹊生气地扔下用来治病的石针，说：“您向懂医术的人求教，又让不懂得医术的人胡乱议论。要是您这样处理秦国的政事，那么您一下子就会亡国了。”

日积月累

一尘不染	大庭广众	两败俱伤	南辕北辙
亡羊补牢	鹬蚌相争	羽毛未丰	门庭若市
返璞归真	狡兔三窟	狐假虎威	惊弓之鸟
安步当车	不遗余力	不翼而飞	侧目而视
高枕无忧	汗马功劳	画蛇添足	三人成虎

4 钟氏之子[1]（一）

［南朝宋］刘义庆

钟毓(yù)、钟会[2]少有令誉[3]。年十三，魏文帝闻之，语其父钟繇曰："可令二子来。"于是敕(chì)见[4]。毓面有汗，帝曰："卿面何以汗？"毓对曰："战战惶惶[5]，汗出如浆[6]。"复问会："卿何以不汗？"对曰："战战栗栗，汗不敢出。"

注释

① 选自《世说新语·言语》，题目为后人所加。

② 钟毓、钟会：钟繇之子。钟毓，字稚叔，三国时期魏国大臣。钟会，字士季，钟毓弟。

③ 令誉：美好的声誉。

④ 敕见：皇帝下令召见。

⑤ 战战惶惶：惊慌恐惧，浑身发抖。

⑥ 浆：水，这里指汗液。

译文

钟毓、钟会兄弟二人少年时就有好名声。钟毓十三岁时，魏文帝（曹丕）听闻他们的美名后，便对他们的父亲钟繇说："可以让你的两个儿子来见我。"于是下令召见。觐见时，钟毓脸上有汗，文帝问道："你脸上为什么出汗？"钟毓回答说："我内心惊慌恐惧，因此汗出如浆。"文帝又问钟会："你脸上为什么不出汗？"钟会回答："我心中恐惧战栗，汗不敢出。"

❺ 钟氏之子[1]（二）

［南朝宋］刘义庆

钟毓兄弟小时，值父昼寝，因共偷服药酒。其父时觉，且托寐(mèi)[2]以观之。毓拜而后饮，会饮而不拜。既而问毓何以拜，毓曰："酒以成礼[3]，不敢不拜。"又问会何以不拜，会曰："偷本非礼，所以不拜。"

注 释

① 选自《世说新语·言语》，题目为后人所加。

② 托寐：假装入睡。

③ 酒以成礼：古时每逢婚丧祭祀等典礼，都会聚会饮酒，所以说酒是用来使礼仪完备的。

译文

钟毓、钟会兄弟小时候，有一次，正当父亲午睡，他们就趁机一同偷喝药酒。他们的父亲当时已经醒了，就装睡来观察孩子们的行为。钟毓是先行礼然后喝酒，钟会只管喝酒，没有行礼。事后，父亲问钟毓为什么行礼，钟毓说："酒是用来使礼仪完备的，所以不敢失礼不拜。"父亲又问钟会为什么不行礼，钟会说："偷酒本来就不合礼，所以不必拜。"

6 祁黄羊[1]举贤

《吕氏春秋》

晋平公[2]问于祁黄羊曰："南阳无令[3]，其谁可而为之？"祁黄羊对曰："解(xiè)狐[4]可。"平公曰："解狐非子之仇[5]邪？"对曰："君问可，非问臣之仇也。"平公曰："善。"遂用之。国人称善焉。

居有间[6]，平公又问祁黄羊曰："国无尉[7]，其谁可而为之？"对曰："午[8]可。"平公曰："午非子之子邪？"对曰："君问可，非问臣之子也。"平公曰："善。"又遂用之。国人称善焉。

从祁黄羊的做法中，你认为祁黄羊是个怎样的人呢？

孔子闻之曰："善哉，祁黄羊之论也！外举不避仇，内举不避子。祁黄羊可谓公矣。"

注释

①祁黄羊：春秋时晋国大夫，名奚，字黄羊。
②晋平公：春秋时晋国国君。
③南阳无令：南阳没有长官。南阳，古地名，在今河南省境内。令，县级地方行政长官。
④解狐：春秋时晋国大夫。
⑤仇：仇敌。
⑥居有间：过了一段时间。
⑦尉：军尉，古代掌管军事的官吏。
⑧午：祁午，祁黄羊之子。

晋平公问祁黄羊说："南阳缺个地方长官，谁可以担任这个职务？"祁黄羊回答说："解狐可以。"平公说："解狐不是你的仇人吗？"祁黄羊回答说："您问谁可以担任这个职务，不是问谁是我的仇人。"平公称赞说："好！"就任用了解狐。国人对此任命都说好。

过了一段时间，平公又问祁黄羊说："国家缺个军尉，谁可以担任这个职务？"祁黄羊回答说："祁午可以。"平公说："祁午不是你的儿子吗？"祁黄羊回答说："您问谁可以担任这个职务，不是问谁是我的儿子。"平公称赞说："好！"就又任用了祁午。国人对此任命又都说好。

孔子听说了这件事，说："祁黄羊的这些话太好了！推举外人不回避仇人，推举家人不回避自己的儿子。祁黄羊可称得上公正无私了。"

7 塞[1]翁失马

《淮南子》

这个故事告诉我们，遇到问题，要全面看待，以积极的心态应对。

近塞上之人，有善术者[2]，马无故亡[3]而入胡，人皆吊[4]之。其父[5]曰："此何遽[6]不为福乎？"居[7]数月，其马将胡骏马而归，人皆贺之。其父曰："此何遽不能为祸乎？"家富良马，其子好骑，堕[8]而折其髀(bì)[9]。人皆吊之，其父曰："此何遽不为福乎？"居一年，胡人大入塞，丁壮者引弦而战。近塞之人，死者十九[10]。此独以跛(bǒ)之故，父子相保。故福之为祸，祸之为福，化不可极，深不可测也。

注释

① 塞：边塞。

② 善术者：精通术数的人。术，术数，推测人事吉凶祸福的法术，如看相、占卜、算命等。

③ 亡：逃跑。

④ 吊：慰问。

⑤ 其父：这位长者。其，此，是。父，对老年男子的尊称。

⑥ 何遽：怎么就，表示反问。
⑦ 居：过了。用在表示时间的词语前面，指经过一段时间。
⑧ 堕：掉下来。
⑨ 髀：大腿骨。
⑩ 十九：十分之九，指绝大部分。

译文

在靠近边塞的居民中，有一个精通术数的人，他家的马无缘无故跑到了胡人那里去了，人们都去安慰他。这位长者却说："这怎见得就不是一件好事呢？"过了几个月，他的马带了一群胡人的骏马回来，人们都去祝贺他。这位长者说："这怎见得就不是一件坏事呢？"他家有了很多良马，他的儿子爱好骑马，一次从马背上摔下来摔折了大腿，人们都去安慰他。这位长者说："这怎见得就不是一件好事呢？"过了一年，胡人大举入侵边塞地区，青壮年都拉起弓箭和敌人作战。边塞上的人，大多数都战死了。唯独这家人因为儿子腿跛（免于征战），父子俩保全了性命。因此好事可以变成坏事，坏事也可以变成好事，它们的变化是不能穷尽的，深奥的道理是难以测度的。

日积月累

◇失之东隅，收之桑榆。

◇祸兮福之所倚，福兮祸之所伏。

◇山重水复疑无路，柳暗花明又一村。

⑧ 火烧新野[1]

［元末明初］罗贯中

一日，探马飞报曹兵已到博望了。玄德慌忙发付伊籍回江夏整顿军马，一面与孔明商议拒敌之计。孔明先教云长：“引一千军去白河上流头埋伏。各带布袋，多装沙土，遏(è)住白河之水；至来日三更后，只听下流头人喊马嘶，急取起布袋，放水淹之，却顺水杀将下来接应。”又唤张飞：“引一千军去博陵渡口埋伏。此处水势最慢，曹军被淹，必从此逃难，可便乘势杀来接应。”又唤赵云：“引军三千，分为四队，自领一队伏于东门外，其三队分伏西、南、北三门，却先于城内人家屋上，多藏硫黄焰硝引火之物。曹军入城，必安歇民房。来日黄昏后，必有大风；但看风起，便令西、南、北三门伏军尽将火箭射入城去；待城中火势大作，却于城外呐喊助威，只留东门放他出走。汝却于东门外从后击之。天明会合关、张二将，收军回樊城。”再令糜(mí)芳、刘封：“带二千军，一半红旗，一半青旗，去新

① 选自《三国演义》第四十回《蔡夫人议献荆州 诸葛亮火烧新野》，有删改。

野城外三十里鹊尾坡前屯住。一见曹军到，红旗军走在左，青旗军走在右。他心疑必不敢追。汝二人却去分头埋伏。只望城中火起，便可追杀败兵，然后却来白河上流头接应。”孔明分拨已定，乃与玄德登高瞭望，只候捷音。

却说曹仁、曹洪引军十万为前队，前面已有许褚引三千铁甲军开路，浩浩荡荡，杀奔新野来。是日午牌时分，来到鹊尾坡，望见坡前一簇人马，尽打青、红旗号，许褚催军向前。刘封、糜芳分为四队，青、红旗各归左右。许褚勒马，教且休进：“前面必有伏兵。我兵只在此处住下。”许褚一骑马飞报前队曹仁。曹仁曰：“此是疑兵，必无埋伏。可速进兵。我当催军继至。”许褚复回坡前，提兵杀入。至林下追寻时，不见一人。时日已坠西。许褚方欲前进，只听得山上大吹大擂。抬头看时，只见山顶上一簇旗，旗丛中两把伞盖：左玄德，右孔明，二人对坐饮酒。许褚大怒，引军寻路上山。山上擂木炮石打将下来，不能前进。又闻山后喊声大震。欲寻路厮杀，天色已晚。

曹仁领兵到，教且夺新野城歇马。军士至城下时，只见四门大开。曹兵突入，并无阻挡，城中亦不见一人，竟是一座空城了。曹洪曰：“此是势孤计穷，故尽带百姓逃窜去了。我军权且在城安歇，来日平明进兵。”此时各军

走乏，都已饥饿，皆去夺房造饭。曹仁、曹洪就在衙内安歇。初更以后，狂风大作。守门军士飞报火起。曹仁曰：“此必军士造饭不小心，遗漏之火，不可自惊。”话犹未了，接连几次飞报，西、南、北三门皆火起。曹仁急令众将上马时，满县火起，上下通红。曹仁引众将突烟冒火，寻路奔走，闻说东门无火，急急奔出东门。军士自相践踏，死者无数。曹仁等方才脱得火厄，背后一声喊起，赵云引军赶来混战，败军各逃性命，谁肯回身厮杀。正奔走间，糜芳引一军至，又冲杀一阵。曹仁大败，夺路而走，刘封又引一军截杀一阵。到四更时分，人困马乏，军士大半焦头烂额；奔至白河边，喜得河水不甚深，人马都下河吃水：人相喧嚷，马尽嘶鸣。

却说云长在上流用布袋遏住河水，黄昏时分，望见新野火起；至四更，忽听得下流头人喊马嘶，急令军士一齐掣(chè)起布袋。水势滔天，望下流冲去，曹军人马俱溺于水中，死者极多。曹仁引众将望水势慢处夺路而走。行到博陵渡口，只听喊声大起，一军拦路，当先大将，乃张飞也，大叫：“曹贼快来纳命！”曹军大惊，不敢恋战，夺路走脱。

9 县官巧断银[1]

［明］冯梦龙

阅读时，想想故事的起因、经过和结果，然后把这个故事讲给同学听。

闻得老郎们相传的说话，不记得何州甚县，单说有一人，姓金，名孝，年长未娶。家中只有个老母，自家卖油为生。一日，挑了油担出门，中途因里急，走上茅厕大解，拾得一个布裹肚，内有一包银子，约莫有三十两。金孝不胜欢喜，便转担回家，对老娘说道："我今日造化，拾得许多银子。"老娘看见，到[2]吃了一惊道："你莫非做下歹事偷来的么？"金孝道："我几曾偷惯了别人的东西？却恁(nèn)般说。早是邻舍不曾听得哩。这裹肚，其实不知什么人遗失在茅坑傍边，喜得我先看见了，拾取回来。我们做穷经纪的人，容易得这主大财？明日烧个利市，把来做贩油

---

① 选自《喻世明言》第二卷《陈御史巧勘金钗钿》，题目为后人所加。

② 到：现在写作"倒"。本文有的字用法与现在不同，除"到"外，还有"傍""么""的""那""教""罢"等，遵照原文，未加改动。

的本钱，不强似赊（shē）别人的油卖？”老娘道：“我儿，常言道：‘贫富皆由命。’你若命该享用，不生在挑油担的人家来了。依我看来，这银子虽非是你设心谋得来的，也不是你辛苦挣来的，只怕无功受禄，反受其殃。这银子，不知是本地人的，远方客人的？又不知是自家的，或是借贷来的？一时间失脱了，抓寻不见，这一场烦恼非小，连性命都失图了，也不可知。曾闻古人裴度还带积德，你今日原到拾银之处，看有甚人来寻，便引来还他原物，也是一番阴德，皇天必不负你。”

金孝是个本分的人，被老娘教训了一场，连声应道：“说得是，说得是！”放下银包裹肚，跑到那茅厕边去。只见闹嚷嚷的一丛人围着一个汉子，那汉子气忿忿的叫天叫地。金孝上前问其缘故。原来那汉子是他方客人，因登东[①]，解脱了裹肚，失了银子，找寻不见。只道卸下茅坑，唤几个泼皮来，正要下去淘摸。街上人都拥着闲看。金孝便问客人道：“你银子有多少？”客人胡乱应道：“有四五十两。”金孝老实，便道：“可有个白布裹肚么？”客人一把扯住金孝，道：“正是，正是！是你拾着？还了我，情愿出赏钱！”众人中有快嘴的便道：“依着道理，平半分也是该的。”

---

①登东：上厕所。

金孝道：“真个是我拾得，放在家里，你只随我去便有。”众人都想道：“拾得钱财，巴不得瞒过了人。那曾见这个人到去寻主儿还他？也是异事。”金孝和客人动身时，这伙人一哄都跟了去。

金孝到了家中，双手儿捧出裹肚，交还客人。客人检出银包看时，晓得原物不动。只怕金孝要他出赏钱，又怕众人乔主张他平分，反使欺心，赖着金孝，道：“我的银子，原说有四五十两，如今只剩得这些，你匿过一半了，可将来还我！”金孝道：“我才拾得回来，就被老娘逼我出门，寻访原主还他，何曾动你分毫？”那客人赖定短少了他的银两。金孝负屈忿恨，一个头肘子撞去。那客人力大，把金孝一把头发提起，像只小鸡一般放翻在地，捻着拳头便要打。引得金孝七十岁的老娘，也奔出门前叫屈。众人都有些不平，似杀阵般嚷将起来。

恰好县尹相公在这街上过去，听得喧嚷，歇了轿，分付[1]做公的拿来审问。众人怕事的，四散走开去了；也有几个大胆的，站在旁边看县尹相公怎生断这公事。

却说做公的将客人和金孝母子拿到县尹面前，当街跪下，各诉其情。一边道：“他拾了小人的银子，藏过一

① 分付：现在写作“吩咐”。

半不还。”一边道：“小人听了母亲言语，好意还他，他反来图赖小人。”县尹问众人：“谁做证见？”众人都上前禀道：“那客人脱了银子，正在茅厕边抓寻不着，却是金孝自走来承认了，引他回去还他。这是小人们众目共睹。只银子数目多少，小人不知。”县令道：“你两下不须争嚷，我自有道理。”教做公的带那一干人到县来。县尹升堂，众人跪在下面。县尹教取裹肚和银子上来，分付库吏，把银子兑准回复。库吏复道：“有三十两。”县主又问客人道：“你银子是许多？”客人道：“五十两。”县主道：“你看见他拾取的，还是他自家承认的？”客人道：“实是他亲口承认的。”县主道：“他若是要赖你的银子，何不全包都拿了？却止藏一半，又自家招认出来？他不招认，你如何晓得？可见他没有赖银之情了。你失的银子是五十两，他拾的是三十两，这银子不是你的，必然另是一个人失落的。”客人道：“这银子实是小人的，小人情愿只领这三十两去罢。”县尹道：“数目不同，如何冒认得去？这银两合断与金孝领去，奉养母亲；你的五十两，自去抓寻。”金孝得了银子，千恩万谢的扶着老娘去了。那客人已经官断，如何敢争？只得含羞噙泪而去。众人无不称快。

自由阅读下面一组文章，想想故事的起因、经过和结果，并把自己喜爱的故事讲给同学听，要把主人公遇到的困境和解决问题的办法讲清楚。

① 安恩和奶牛

［丹麦］约翰尼斯·延森

在瓦尔普峡集市的牲口交易场上，站着一位老妇人和她的奶牛。她牵着那头孤独的奶牛悄悄地站在一边，也许是太腼腆羞怯，也许是故意要吸引更多人的注意。她身上穿着样式老掉牙的旧衣服，可是很干净；一条手染的蓝裙，还带着乡下染缸中的那股土味儿。一块棕褐色的绒线方披肩交叉地盖在她那干瘪瘪的胸上。她戴的那条头巾颜色褪得泛白，七皱八褶(zhě)，好像是撂(liào)在抽屉里有了年头。脚上的木屐(jī)连后跟都磨平了，皮面上却抹了油，擦得锃(zèng)亮。她那瘦骨嶙峋(lín xún)的双手拿着毛线针飞快地翩然起舞。除这几根针之外，在她的灰

白的头发上另外还横插着一根。她站在那里，竖起耳朵凝神倾听着杂货摊上飘过来的音乐声，也不时抬头看看身边熙来攘往的人群和买卖交易的牲口。周围一片嘈杂喧闹：马市上马儿嘶鸣，海滩上渔船卸货的在吆喝，马戏班鼓声咚咚，小丑们招摇地高声喊叫。然而她却站在那里晒着太阳，打着她的毛袜。哦，真是旁若无人，安闲得很。

那头奶牛依偎在她的身边，头蹭(cèng)着她的肘部，神情厌烦，腿脚僵硬地站在那里，翕(xī)动着嘴唇不断地反刍(chú)。这头奶牛已经上了年纪了；可这是一头很好的牲口，毛色鲜亮，连半根杂毛也没有，可以看得出来，它是出身真正高贵的纯粹良种。当然，要是存心找碴的话，那就是它的臀部和脊梁上长着一溜肉瘤，不过能挑得出来的瑕疵也就这么点儿了。它的浑圆的乳房胀得鼓鼓的，软绵绵、毛茸茸地垂在肚皮底下。它那黑白相间的美丽的牛角上点缀着几条环状的花纹。这是一头健壮结实的奶牛，曾经有过所有奶牛都有过的生活经历，它产下了小犊，然而连看它们一眼舔它们一下都没有来得及便被人带走了。这以后便吃着粗粝的草料，心甘情愿地把牛奶奉献出来。

它是一头好母牛，而且显而易见已经成熟到可供屠宰的地步，不久就有人来端详它，用手指摸摸它那刷洗得干干净

净的皮毛。

“这头母牛卖多少钱，老婆婆？”那人问道。他把挑剔的眼光从奶牛身上转到安恩身上，锱铢(zī zhū)必较地望着她。安恩自顾自继续打着毛线。

“它不是卖的。”她回答说。然后，像是为了表示谦恭，她一只手把毛衣针撂下，使劲地把鼻孔擦个不停。那个男人惶惑起来，踌躇不决地站了半晌；后来终于不得不走了，但他临走时眼光却仍然依恋不舍地盯着这头奶牛。

过了不大一会儿工夫，一个精明利落、脸刮得光溜溜的屠夫用他的藤杖敲了敲牛角，又用肥硕的手匆匆摸了摸母牛身上光滑的皮毛。

“喂，这头母牛多少钱？”

老太婆爱怜地瞅了瞅自己的奶牛，不屑地斜视了一下那根藤杖，然后转过脸去往远处张望，仿佛发现了什么使她感兴趣的东西。

“它不卖的！”

听了这话,这个身穿血迹斑驳的罩衫的屠夫扬长而去了。紧跟着又来了一个人，死乞白赖地纠缠着要做成这笔买卖，可是老太婆安恩摇摇头说：“这头奶牛是不卖的。”

她就用这副神情接连打发走了许多主顾，这便理所当然

地引起大家对她的注意，对她说长道短起来。有个人已经来过一次想买这头牛，遭到了拒绝，现在又折回来，出了一个大价钱，那诱惑力简直令人难以抗拒。安恩老太太还是用非常坚定的口气回答说："不！"但是她似乎有些窘迫不安。

"那么，它是已经卖出了不成？"那人问道。

"没有，这头牲口是不卖的。"

"是吗？那么干吗老站在这里？难道光是让这头奶牛出出风头吗？"这个男人刨根问底地追问着，"是你自己的奶牛吗？"

"是呀，当然是的喽！"在这头奶牛还是小牛犊的时候，就是她的了，那是一点都不假的。安恩想，要是同他多说上几句话能够消消他的气的话，那就不妨多同他闲聊一会儿。

可是他打断了她："难道你站在这里是为了拿大伙儿开心吗？"

天哪，怎么能这么说呢！安恩老太太气愤得说不出话，神色有点慌乱。她收起毛线针，从牛角上解下拴牛的绳索，预备回家去了。在这个时候，她睁大了眼睛，用恳求的眼神看着那个人。

"这头奶牛太孤单了！"她终于吐露了真情，"我的小

村庄就只有这么一头奶牛，它又没法同别的牲口在一起，所以我就想到不如把它带到集市上来，至少可以让它跟同类聚聚，散散心。是这样的，真的，我就是这么想的。我的打算没有什么不好的，不会对别人有什么恶意……这样，我们就到这里来了。但是我们不是来做生意的。既然已经弄成这样，我们只好回去了。不过，我刚才应该讲一句‘对不起，我很抱歉’。好吧，再见了，谢谢你。”

（石琴娥　译）

② 海　下[①]

［法国］儒勒·凡尔纳

第二天，我们已经完全忘记了先前的艰难困苦了。一觉醒来，我颇为惊诧，怎么不口干舌燥了？先还左思右想，等到听到脚下的溪流潺潺，这才回过味来。

我吃完早饭，又喝了既清纯可口又富含铁质的水，觉得浑身是劲儿，精神十分振奋，决心走更远。有叔叔这么个矢志不渝的人，又有汉斯这个聪明能干的向导，再加上我这么个如此“坚决”的侄儿，还有什么计划难以实现呢？我满脑子是这些美好的想法，那是必定成功的希望。如果有谁此刻向我提出回到斯奈菲尔火山顶上去，我会非常不客气地斥责他一顿的。

值得庆幸的是，我们在往下走。

“我们走吧！”我叫嚷道。我的满怀激情的声音在这古老的地球内部回荡着。

星期四，上午八点，我们又出发了。曲里拐弯的花岗

① 选自《地心游记》。

岩坑道经常让人拐来拐去，宛如走在迷宫中一样。不过，总的来说，它一直是伸向东南方的。叔叔始终在注意手中的罗盘，以了解我们前进的方向。

坑道差不多是在水平地向前延伸着，每前行六英尺，顶多下降两英寸。小溪在静静地缓慢流淌着。我把它看作是引导我们穿越地球的亲密的精灵。我不时地伸出手去轻抚那温情的溪水，听着它那淙淙声响。我往前轻快地走着。

叔叔一心想着往地心去。所以不停地诅咒着这水平的坑道。按叔叔的话来说，这坑道并不是顺着地球的引力线垂直往下去，而是像直角三角形的斜坡一样在往下伸。但我们别无他途，只有顺着它走，只要是往地心去，不管有多慢，也不要紧的。

可是，有的时候，斜坡会突然间变陡；小溪便哗哗地直往下泻，我们也随着下到更深的地方去了。

总的说来，这一天和第二天，我们多数走的是水平坑道，下降得不算太多。

七月十日，星期五晚上，我们估计应该是到了离雷克雅未克[①]东南七十五英里的六点二五英里深的地下。这时，

---

①雷克雅未克：冰岛共和国的首都。

我脚下出现一个颇似深井的坡道。叔叔赶忙测量了一下它的倾斜度，不禁拍手大笑。

“哈哈！这斜坡可以顺利地把我们带到很远很远的地方去，”他兴奋地大声说道，“我们可以踩着它的突岩下去。”

汉斯很快把绳索弄好。我们开始往下走。我觉得这并不危险，因为我已经习惯了这种下行方法。

这条倾斜大坑道实际上是巨型岩石上的一条狭窄的裂缝，可以称之为地质上的“断层”，显然是因为地球在冷却过程中收缩而形成的。虽然它曾是斯奈菲尔火山喷发时熔浆流的通道，可我不明白，怎么一点喷发物的痕迹也没有呀？我们正在沿着往下走的是一个状如螺旋形楼梯的坑道，它简直如同人工斧凿出来的。

探险类小说的想象往往是建立在事实基础上的，这既可以使故事合情合理，又可以使内容更为丰富。

每往下走一刻钟，我们便停下来休息片刻，让腿上那紧绷着的肌肉松弛一下。这时候，我们便往突岩上一坐，腿脚悬着，边吃东西边聊天，还有甜美的溪水可喝。

当然，在这断层地带，“汉斯小溪”变成了细流，但仍然足够我们饮用的了。不过，一旦到了坡度平缓的地方，

它便又从涓涓细流一变而成真正的小溪了。这条小溪湍急流淌时，便让我想起叔叔那急躁多怒的火暴脾气来，而在平缓路段，它则让我想到我们那生性平静的冰岛向导汉斯。

七月十一日和十二日，我们沿着断层的螺旋形道路往下走着。我们又往下走了有五英里。我们已经到了海平面以下十二点五英里的深处了。可是，到了十三日的中午，坡度又呈平缓之势，向呈四十五度角的东南延伸。

路面变得平坦，倒是好走得多，只是不免过于单调。但这也正常，总不能盼着沿途景色千变万化，移步换景吧。

十五日，星期三，我们已下到十七点五英里处了，此地与斯奈菲尔火山山顶相距有一百二十五英里。尽管觉得有点累，但身体还都不错，我们连药箱都没动用过。

叔叔每隔一个小时就要把罗盘、计时器、气压表和温度计上的数据记下来。后来，他在发表有关此次地心探险的科学报告时，这些数据都用上了。当他根据各种数据告诉我说，我们现在已经水平地走了有一百二十五英里了时，我不禁失色惊叫起来。

“你怎么了？”叔叔问我。

“没什么，我只是想到了一件事。”

“什么事，孩子？”

“如果您的计算无误的话，我们已经不在冰岛的下

面了。”

“你这么认为？”

“是的，用圆规尺一量就知道了。”

我用圆规尺在地图上量了一下后说：“我说对了。我们已经越过了波特兰海角，往东南方一百二十五英里就是大海的底下。”

“在大海底下。”叔叔高兴地揉搓着双手说道。

“是的，”我大声说道，“大西洋就在我们头顶上方！”

“啊，阿克赛尔呀，这很正常嘛。纽卡斯尔[①]不也是有很多的煤矿延伸到海底很远很远的地方嘛。”

叔叔对此并不惊讶自有他的道理，可我不行，一想到自己竟然走在海洋下方，总不免有点害怕。不过，话说回来，只要花岗岩石壁坚固，无论我们头顶上方是冰岛的平原、高山，还是大西洋汹涌的波涛，那又何妨！何况，尽管坑道忽弯忽直，忽陡忽缓，但总是在朝着东南方向延伸着，并在不断地往下去，我们在不停地走向深处，所以头顶上是什么已经不足为惧了。

（陈筱卿　译）

---

①纽卡斯尔：英国的一座城市，盛产煤。

③ 我们给吉姆打气[①]

［美国］马克·吐温

我们停止了谈话，想起心事来了。过了一会儿，汤姆说：“嘿，哈克，我们早没想到，真是傻透了！我敢说我知道吉姆在什么地方。”

“怎么！在哪儿？”

“就在浸灰桶旁边那个小屋子里。你听我说吧。咱们吃午饭的时候，有个黑人拿着吃的东西上那儿去，你没看见吗？”

“看见了。”

“那么你猜那些吃的东西是送去干什么的？”

“喂狗的。”

“我原来也是那么想。嗐(hài)，其实不是喂狗的。”

“为什么？”

“因为那里面有西瓜。”

“是那么的——我看到了。嘿，这可真是怪事儿，我

①选自《哈克贝利·费恩历险记》。

怎么没想到狗不吃西瓜呀？从这儿可以看出一个人尽管看见什么东西，有时候还是等于没长眼睛。”

“还有呢，那黑人进去的时候把门上的挂锁打开，出来的时候又把它锁上了。咱们吃完了饭，离开桌子的时候，他正巧交了一把钥匙给姨爹——我猜一定就是那把钥匙。有西瓜就表示那是人，锁上了门就是说那个人在里面关着；在这么个小农场，人挺和气，心眼儿挺好，大概不会有别的犯人。所以那犯人准是吉姆。好极了——咱们照侦探的方法把事情弄明白了，我可真是高兴，我看别的办法简直是一文不值。现在你动动脑筋，想个办法把吉姆偷出来吧，我也要琢磨出一个办法来。看谁想得好，就用谁的主意。”

汤姆·索亚根据实际情况，推测出被关着的是吉姆，从中可以看出他的思维过程是缜密的。

一个小孩能有那么好的脑筋，可真是了不起！我要是有汤姆·索亚那样的脑筋，那就不管拿什么来给我换都不行，无论是让我当公爵，或是轮船上的大副，或是马戏班里的小丑，或是我想得到的什么角色，我都不干。我也想琢磨出一个办法来，可是那不过是白费心思，对付一下；我分明知道妙主意会从哪儿想出来。过了一会儿，汤姆就问我：

“想出来了吗？”

“想出来了。”我说。

“好吧——说给我听听。”

“我的主意是这样的，”我说，“咱们很容易弄清楚吉姆是不是在那里面。明天晚上咱们就把我那个小筏子捞起来，再到那小岛上去把木排划过来。然后只等头一个漆黑的晚上，咱们就在那老头儿睡觉之后，从他裤子里把钥匙偷出来，带着吉姆坐上木排，顺着大河赶快往下溜，一到白天就藏起来，晚上才赶路，就像我和吉姆从前那样办。这个主意行得通吗？”

“行得通？嗐，那当然是行得通喽，就像耗子打架似的。可是那也太省事了；一点儿意思也没有。像这种毫不费劲的主意有什么价值呢？真是太没味道了。嗐，哈克，这也不过是像闯进肥皂厂去偷点儿肥皂似的，人家说起来，谁也不会把它当回事。”

我一声不吭，因为我本来就料到他会这么说。可是我也知道得挺清楚，只要他的主意想好了，那准是十全十美，挑不出什么毛病来。

果然不错。他把他的主意给我说了，我马上就看出这是个派头十足的妙计，抵得上十几个我那样的臭主意，并

且还跟我那个办法一样，也能让吉姆恢复自由，说不定还能叫我们几个人都把命送掉哩。所以我就觉得挺满意，主张赶快办。他出的是个什么主意，我现在先不忙说出来，因为我知道他的主意不会老是不变。我知道我们一面做下去，他就会一面随意修改，只要有机会，他就要添些新花样进去。后来他果然是这么干的。

不过有一点是毫无疑问的，那就是汤姆·索亚的确是诚心诚意，的确是打算帮忙把那个黑人偷出来，叫他摆脱奴隶生活。这也正是叫我莫名其妙的一点。像他这么个孩子，本来很体面、很有教养；他要是干坏事儿，就会有损他的身份；他家里的人也都是挺有身份的；他又挺聪明，并不是傻头傻脑；他很机灵，并不糊涂；他决不下作，心眼儿也挺好；现在他可是降低了身份，一心一意要来干这种事儿，完全不要面子，不管是非，也不顾人情，豁着在大伙儿面前给他自己丢脸，还给他家里丢脸。这我可是怎么也不懂。这简直是荒唐透顶，我知道我应该干脆给他这么说，那才算是他的知己朋友；我应该劝他趁早撒手，别再干下去，免得损坏自己的名誉。后来我就真的开口劝他，可是他不许我说下去，他说："你当我是糊里糊涂，不知道自己在干什么吗？我平常做事，不是向来有主张的吗？"

“是呀。”

“我不是明明说了我要帮忙把那个黑人偷出来吗？”

“是呀。”

“哼，那就得啦。”

他的话就说到这里为止，我也没有再往下说什么。多说也是白搭，因为他说要干什么，就非干不可。可是我就是弄不明白，他怎么会愿意搅在这种事情里面。我只好随他去，再也不为这事儿操心了。他既然非这么做不可，我也没法儿拦住他。

我们到家的时候，整个房子里都是漆黑的，一点儿声音也没有；所以我们就一直跑到浸灰桶旁边的小屋子那儿去，看看情况。我们从院子里走过去，试试那些狗怎么样。它们都认识我们，所以就没有大声地汪汪叫，只是像乡下的狗在夜里听到外面有什么走过的时候那样，稍微叫了两声就完了。我们走到那个小木头房子跟前的时候，就看了看前面和两边；后来在我原先没看清楚的那一边——那就是朝北的一边——我们发现了一个方方的窗口，离地挺高，只在框子上钉了一块结实的木板。

我说：“这可好了。这个窗口还不算小，咱们只要把那块木板撬掉，吉姆就可以从里面钻出来。”

汤姆说："这未免太省事了，就跟下跳棋似的。哈克·费恩，我希望咱们能想出个办法，总得比这个曲折一点才行。"

"好吧，"我说，"那么，锯开那块木板让他出来，行不行？就像我那回让人谋害了的时候那个办法，怎么样？"

"那倒还像个主意。"他说，"那挺神秘，挺麻烦，也挺够味儿，可是我管保咱们准能想出个别的办法，有这一倍那么费劲。别着急，咱们再上别处瞧瞧吧。"

在这个小屋子和栅栏当中，靠后面那一边，有一间斜顶的棚子，和那小屋子的屋檐连着，是木板子搭的。这个棚子和那间小屋子一样长，可是挺窄——只有六英尺多进深。它的门在南面那一头，上面加了一把挂锁。于是汤姆就上那个煮肥皂的锅那儿去，到处找了一阵，后来就把人家拿来揭锅盖使的一个铁玩意儿拿了来；于是他就使这玩意儿撬开了一颗骑马钉。链子掉下来了，我们就把门打开，走进去再把门关上，又划了一根火柴，这才看出这个棚子不过是靠着那间小屋子搭的，并不相通；棚子里没有地板，那里面除了些锈了的废锹和铲子、铁镐，还有一把坏了的犁，别的什么也没有搁。火柴灭了，我们也就出来了，于是又把那颗骑马钉插上，那扇门就和原来一样，好好地锁着了。

汤姆挺高兴。他说：“这下子咱们就好办了。咱们可以在地下挖个洞，让他爬出来。那得花个把星期的工夫！”

随后我们就往大房子那边走，我从后门进去了——他们并不把门扣死，你只要把门闩上的一根鹿皮条子拉一下，就可以开门进去——可是汤姆·索亚偏嫌这个不够神秘，他非要顺着避雷针爬上去不可。可是他爬了三回，都只爬到半截，就泄了气，每回都摔了下来。最后一回，他差点儿把脑浆都摔出来了，这下他才想到或许只能放弃这个办法了。可是他歇了一会儿，又说还是要碰碰运气，再试它一回，结果他居然爬上去了。

这里强调汤姆·索亚追求“神秘”，既有助于突出人物形象，又有利于推动故事的发展。

第二天早上，天刚一亮我们就起来了，马上就到那些黑人住的小屋子里去，跟那些狗亲热亲热，和那个送东西去给吉姆吃的黑人攀交情——其实我们还不知道他究竟是不是给吉姆送东西吃的。那些黑人快吃完早饭了，正要下地去；吉姆的那个黑人在一个铁锅里摆上面包、肉和一些别的东西；其余的黑人出去的时候，就有人从大房子里把钥匙送过来了。

这个黑人脾气挺好，脸上有一副傻乎乎的神气，他的

鬈发用线捆成一绺一绺。这是辟邪的。他说妖巫死缠着他，已经有好几夜了，老叫他看见各式各样稀奇古怪的事情，听见各式各样奇怪的话和响声，他相信他一辈子还没有让妖巫缠过这么久。他被弄得神经非常紧张，只好到处乱跑，老想摆脱自己的灾难，结果他简直把要干的事情通通忘掉了。

于是，汤姆就说：“这些吃的东西拿去干什么？喂狗的吗？”

这个黑人脸上好像慢慢地笑开了，他那副神气就像你在一个泥水坑里丢了一块砖头似的。

他说：“是呀，席德少爷，是一只狗，还是个稀奇的狗呢。你想去看看他吗？”

“好吧。”

我把汤姆推了一下，悄悄说：“你打算就这样在大白天进去吗？那跟咱们的计划不一致呀。”

“可是现在咱们的计划就得这样。”

真糟糕，我们就往那儿走，可是我不大喜欢去。我们走进那个小屋的时候，差不多什么也看不见，因为那里面太黑了；可是吉姆果然在那儿，一点儿也不错，还看得见我们。

他大声嚷起来："嘿，哈克！天哪！那不是汤姆少爷吗？"

这时候我们可以看清楚了。汤姆就望着那个黑人，不慌不忙、有点儿觉得奇怪地说："谁认识我们呀？"

"咦，这个逃跑的黑人呀。"

"我看他并不认识我们；可是你脑子里怎么会凭空起了这么个念头呢？"

"凭空起了这么个念头？刚才他不是像认识你们似的，大声叫你们吗？"

汤姆装作莫名其妙的样子，说："哼，这真是奇怪。谁大声叫来着？是什么时候叫的？他叫什么来着？"他又掉过头来，从从容容望着我说："你听见有人叫来着吗？"

当然我也没有别的话可说，只好撒一句谎；所以我就说："没有，我可没听见谁说什么话。"

于是他又往吉姆那边转过身去，把他浑身打量了一下，好像压根儿没见过他似的，说："你叫来着吗？"

"没有，您哪，"吉姆说，"我可没说什么，您哪。"

"一个字都没说吗？"

"没有，您哪，我连一个字也没说过。"

"你从前见过我们吗？"

“没有，您哪；我可是想不起见过您。”

那个黑人显得很慌张、很苦恼的样子，汤姆掉过头去冲着他，摆出几分严厉的神气说：“你瞧你这到底是怎么回事呀？你怎么会觉得有人叫过？”

“啊，又是那些妖巫在作怪，我真恨不得死了还好些，真的。他们老是这么跟我捣蛋，您哪，他们简直把我吓得什么似的，差点儿要了我的命。您可千万别跟谁说呀，您哪，要不然赛拉斯老爷又要骂我了。因为他说根本就没什么妖巫。我可真希望他在这儿就好了——那他还有什么话可说！我看他这回要是再不信，那可就怎么也说不出道理来了。世界上的事儿就是这样，犟脾气的人就老是那么犟，他们老不肯看事实，自个儿弄清楚，你要是把事情弄清楚了去告诉他们，他们又不相信你。”

汤姆给了他一毛钱，还告诉他说，我们不会跟谁讲；他叫他再买点线，把头发多捆几个结；随后他又望着吉姆说：“我不知道赛拉斯姨爹会不会把这个黑人绞死。要是一个忘恩负义的黑人居然逃跑了，让我逮着，我可决不饶他。”那个黑人走到门口去，还把那个银角子放到嘴里咬一咬，看看它是不是好的。

汤姆就趁这机会悄悄儿对吉姆说：“千万别让人知道

你认识我们。到了晚上，你要是听见有人在地下挖，那就是我们；我们要把你放出去。”

（张友松　张振先　译）

阅读链接

马克·吐温是独一无二的，无法相比的，他是美国文学中的林肯。

——［美国］威廉·狄恩·豪威尔斯

马克·吐温是第一位真正的美国作家，我们都是继承他而来。

——［美国］威廉·福克纳

④ 神秘岛（节选）

［法国］儒勒·凡尔纳

岛上居民落在海岛已整整七个月了。在这段日子里，他们也曾四处搜寻，但始终没有发现有人的踪迹。在海岛上从未见到过炊烟袅袅，也没看到有人劳作留下的痕迹，因此他们一直认为这个岛不仅现在无人居住，而且从来就没有人住过。可是，这颗小小的把水手的牙崩掉的铅弹，却推翻了这个结论。铅弹是留在猪獾身上的，应该是有人用枪射击的，这一点肯定无疑。那除了人类之外，谁还会用枪呢？

当彭克罗夫把铅弹取出，放在桌子上时，大家都看傻了，一句话也说不出来。尽管铅弹并不足为奇，但他们一联想到此事的背后就有点儿不寒而栗。

出人意料的情节是推动小说故事发展的重要因素。

史密斯两指捏着铅弹，翻来覆去地仔细观察，然后转身向彭克罗夫问道："您能肯定这颗铅弹击中猪獾时，猪獾只有三个月大吗？"

“顶多也就三个月大，史密斯先生，”水手回答道，“我在陷阱中发现它时，它还在母猪獾怀里吃奶哩。”

“这么说，”工程师继续说道，“在这三个月里，有人在林肯岛上开枪射击过。如此看来，在我们来这儿之前，岛上或有人住过，或有人上来过。这人或这些人是主动上的岸还是因船遇险被迫逃上岸来的，他们是欧洲人还是马来人，是敌人还是朋友，他们仍待在岛上还是已经离去，这些问题与我们息息相关，绝不能等闲视之。”

“不会的！不会有人的！”水手大声说道，“这个岛不大，有人的话，我们早就发现了。”

“这么说来，那就奇怪了。”哈伯说道。

“我也许猜想得更加离奇：也许这只小猪獾身上的铅弹是胎里带来的！”记者说道。

“除非，彭克罗夫……”纳布严肃地说。

“纳布，你瞧，”水手说，“如果我下颌里有一颗铅弹待了五六个月的话，我难道一点儿感觉也没有？！”他边说边张大嘴，露出三十二颗整齐的牙来，“你看仔细，纳布，你若发现我有一颗蛀牙，我就让你拔下我的半打牙来！”

“纳布的猜测确实有点儿离奇，”工程师说道，他脸上仍带着笑，但心里却沉甸甸的，“可以肯定的是，三个月前，

有人在这岛上打过枪。他们是刚刚到岛上来的呢，还是常住于此？也许他们是路过这儿，因为岛上若有人住的话，我们在富兰克林俯视全岛时，就会看见他们的，或许他们也看到我们了。这么看来，有可能数周前有人被那场风暴袭击，被刮到岛上某处了。反正，这一点必须搞清楚。”

“我觉得我们还是小心为是。”记者说。

“我正是这个意思，说不定海盗已经到岛上了。”史密斯赞同道。

“史密斯先生，”水手提议道，“我们倒不如抓紧时间造一条小船，这样的话，我们就可以逆流而上，随意地环绕海岛巡查。不做好准备是不行的。”

“您说得对，彭克罗夫，”工程师回答，“不过，造船很费时间，至少得花上一个月，我们等不及的。”

“用不着打造那么正规的，”水手反驳道，“造一条普通的、无须航海的小船，五天就够了，只要能在慈悲河上划就行了。”

“五天造一条船？”纳布不信地说。

“是呀，纳布，一种印第安人的独木舟。”

“那好，五天内完成。”工程师拍板了。

“不过，这段时间，我们应该时刻提高警觉才是。”

哈伯提醒道。

“对，必须加倍提高警觉。”史密斯说，“打猎的话，也只许在花岗岩宫周围打。”

饭在紧张不安的气氛中吃完了，彭克罗夫觉得有点儿扫兴。

歇息前，工程师和记者又长时间地单独谈论了这件事。两个人都在考虑，这事与工程师奇迹般的获救以及他们多次碰到的蹊跷事是不是有关。史密斯经过反复思索，最后说：“亲爱的斯皮莱，我怎么老是觉得，无论我们在岛上如何仔细搜索，都发现不了什么的。”

第二天，水手带领几人动手干了起来。他打算造一条简易的平底小船，能通过河水较浅的地段就行。于是，他们把一片片的大块树皮连接起来，再用钉子把树皮钉紧钉牢，使其不致漏水。树皮必须是既柔软又有韧性的。正巧，被暴雨狂风刮倒在地的一些冷杉树很合用，把它们的皮剥下来就可以了。只是缺少必要的工具，所以干起来仍有一定的困难，但最终，树皮还是剥下来了。

在造船期间，斯皮莱和哈伯还抽空去打了猎，以保证大家的食物供应。记者对哈伯使用弓箭和鱼叉的娴熟程度大加赞赏，而且这少年的勇敢无畏和判断能力也令记者叹

服。他们两人遵照工程师的嘱咐，只在花岗岩宫周围两英里的范围内打猎。森林边缘就能猎获不少的刺豚鼠、水豚、袋鼠和美洲野猪等。另外，尽管陷阱不如冬天那么有成效，但养兔场就足以供给他们日常之所需。

10 月 26 日那天，打猎途中，哈伯与斯皮莱又提起铅弹的事以及工程师对此事的推断。

“斯皮莱先生，”哈伯说，“如果真的是遇险者上了岛，为什么至今不见他们到花岗岩宫附近来呢？这不是有悖(bèi)常理吗？”

“如果他们现在仍在岛上，没来这附近，那当然是很奇怪的事，”记者回答道，“但是，如果他们已经离开了海岛，那就不奇怪了。”

“这么说，您认为他们已经离开了？”

“这很有可能，孩子。因为他们要是在岛上待的日子长了，特别是现在仍待在岛上，那总会留下点儿痕迹的。”

“不过，他们若是离开林肯岛了，那就是说他们并非遇险者。”哈伯说。

“是呀，哈伯，或者说，他们顶多算得上是暂时的遇险者。其实，很有可能是一场大风暴把他们吹到岛上的，只是他们的船只没遭到破坏，风暴一停，他们就乘船离开

了。”记者回答道。

“可我觉得史密斯先生是担心岛上还有人，而不是希望岛上还有人，您说对吗？”

“确实如此。他知道，经常在附近海域活动的只有马来人，这些人都不是什么好东西，还是敬而远之的好。”

“斯皮莱先生，”哈伯又说道，“我们总会发现他们来过岛上的痕迹的，您说是吗？”

“你说的很有可能，孩子，比如一处被遗弃的宿营地、一堆熄灭的火堆，都可以向我们提供线索，我们下一步就是要寻找这些线索。”

交谈的这一天，他们正在慈悲河附近的森林里。林中树木挺拔、高大、秀美，有几棵大树竟高达两百多英尺。那是一些美丽的松树，新西兰土著人称之为“科里松”。

“斯皮莱先生，我想爬到科里松树顶上去，这样也许可以看得更远。您同意吗？”

“这倒是个好主意，但树这么高，你爬得上去吗？”

“我来试试。”

少年身手敏捷，灵活轻巧，纵身一跳，便上了枝头。科里松树枝交叉层叠，便于攀登。没几分钟工夫，哈伯就已经上了树顶，放眼望着这片广袤的绿色平原。

从哈伯所在的那个制高点，可以看到整个海岛的南部地带，从东南方向的爪角直看到西南方向的爬虫角。不过，富兰克林山兀立在海岛的西北部，遮挡住了大部分的地平线。

哈伯在树顶上还可以看到岛上他们尚未去过的地方，那儿说不定就藏着被怀疑其存在的陌生人。

哈伯认真仔细地观察着。海上茫茫一片，什么也没发现，无论是海面上还是岛周围，未见船只帆影。但是，有一段海岸被树丛遮挡，即使有船，特别是断桅船，靠近海岸，也难以发现。

移目远西森林，也没发现异常。放眼望去，一片树木屏障，形似圆屋顶，密实得连一丝缝隙都没有，足足有好几平方英里大的一片，甚至连慈悲河的流向以及它的源头也分辨不出。是否有其他小河溪流往西流去，不得而知。

天朗气清，未见任何轻烟。哈伯视力极佳，观察又十分认真仔细，任何疑点，他都不可能漏掉的。

哈伯只好从树上下来，两人回到了花岗岩宫。史密斯听了哈伯叙述的情况之后，只是摇了摇头，没说什么。看来，只有在彻底勘察整个海岛之后，才能对这一问题做出结论。

两天以后，10 月 28 日，又出现了一件令人百思不得

其解的事。

哈伯和纳布沿着海岸漫步，在离花岗岩宫两英里的海滩上，碰巧捉住了一只漂亮的大海龟。这是一种名为“米达斯”的大海龟，背甲泛绿，闪闪发亮。

那海龟正从乱石堆中往海中爬着，被哈伯发现了。

“快过来呀，纳布，快过来。”哈伯急忙叫纳布到他那儿去。

“好漂亮呀！”纳布嚷道，“怎么才能把它捉住呀？”

“这很容易，把它翻转过来，它就跑不了了。”哈伯回答道。

海龟看来是嗅到了危险，立即把脑袋和爪子往龟甲和腹甲里一缩，一动不动，俨然是一块大石头。

哈伯和纳布用棍子往海龟身子底下一插，一起用力一撬，海龟被弄翻过来。这海龟足有三英尺长，起码得有四百斤。

“太好了，”纳布高兴地嚷叫道，“我们的朋友彭克罗夫见了一定会欣喜若狂的！”

海龟以藻类为食，肉质鲜美。想来，水手见后一定会乐开了花的。

这时，海龟的小脑袋露了出来，头部有上颚骨，前边

小而扁，从隐于上颚骨下的巨大的颞(niè)窝起，脑袋就变得又粗又大了。

“现在怎么办呀？没法将它拖回去？”纳布说。

“我们先把它留在这儿，回去找车子来拉，反正它这么反躺着也跑不了的。”哈伯说完，用一些大块鹅卵石围在海龟四周，以防万一，然后两人返回住所。为了给水手一个惊喜，两人先没提海龟的事。但两小时后，两人拉着车子来到原地，却不见了海龟的踪影。两人一时愣在了那儿，然后四下里寻找开来。鹅卵石“围墙”尚在，就是不见了海龟。

“它是不是挣扎着翻转过来，逃下海去了？”纳布说。

“这有可能。”哈伯一脸扫兴地回答。

“彭克罗夫肯定会大失所望的！”

“史密斯先生也难以解开这海龟不见踪影的谜。”哈伯心中暗想。

“我们回去先别提这事了，免得扫了大家的兴。”纳布说。

于是，两人拉着车子回来了。哈伯还是把这事说了。水手闻听，少不了跺脚直嚷，怪他俩太粗心，好好的到手了的美味没有了。

“我只觉得把海龟身子翻转过来，它就一定是逃不掉

了。”哈伯懊恼地说。

“这是当然的，”工程师说，“你们把海龟留在离海边多远的地方了？”

“将近五十英尺吧！”

“当时是退潮？”

“是呀，史密斯先生。”

“那么，海水一涨潮，海龟在海滩上办不到的事，到了海水里就轻而易举地办到了。”

“哎呀，我可真够笨的！”哈伯懊悔不迭地说。

史密斯的解释是正确的，但他心里是否完全这么认为，就另当别论了。

（陈筱卿　译）

⑤ 棍棒与犬牙法则[1]

[美国]杰克·伦敦

巴克第一天在迪亚海滩上像做了一场噩梦，每时每刻都充满震惊和诧异。它从文明的中心突然被猛拉出去，抛向了原始的中心。这里根本没有那种阳光照耀的、懒洋洋的生活，而只是到处游荡，十分心烦。这里没有安宁，没有休息，也没有片刻的安全。一切都混乱不堪，充满你争我斗，生命随时处在危险之中。你必须一直保持警惕，因为这些狗和人不是城里的，都是野性十足的家伙，只知道棍棒与犬牙法则。

它从没见过狗像这些狼一般的家伙那样打架，第一次经验让它明白了一个难忘的教训。不错，这是一个间接的经验，不然巴克怎么能活着从中受益呢？柯利却成了牺牲品。它们被临时安顿在原木仓库附近，柯利友好地向一只强健的狗接近——这只狗有成熟的狼那么大，虽然还不及柯利一半——一点警告也没有，只是如闪电一般地跃来，

---

① 选自《野性的呼唤》，有删改。

发出刺耳的猛咬声，又同样迅速地闪开，柯利的脸就从眼到颌被撕破了。

突然袭击一下就闪开，这是狼的打法。可事情还没就此为止。三四十只爱斯基摩狗跑过来，目不转睛，一声不响地把两只搏斗的狗团团围住。巴克不明白它们为什么要目不转睛、一声不响，也不明白其幸灾乐祸的热切样子。柯利用力推它的敌人，但敌人再一次袭击、闪开。第二次柯利推它时，被它用胸膛狠狠地撞了一下，姿势奇特。柯利跌倒在地，再也没爬起来。这正是一旁观看的爱斯基摩狗等待的时刻。它们向它围拢，又嗥又叫，毛发竖立着用身子把柯利压在下面，使它发出痛苦的尖叫。

这一切来得如此突然，如此出乎意料，使巴克大吃一惊。它看见这只叫斯皮茨的狗伸出红红的舌头，像要笑的样子；又看见弗朗索瓦挥舞着斧子跳进狗群里。另外三个男人也在帮他驱散狗。这并没花多少时间。柯利倒下去后不过两分钟时间，最后一只攻击它的狗就被棍棒打跑了。可它浑身无力，毫无生气，躺在染上血迹、被践踏的雪地里，几乎实实在在地被撕碎了，黑皮肤混血儿站在它旁边凶狠地骂着。巴克经常想到这个场面，以至睡不好觉。就是这么回事。一点儿也不公平的比赛。一旦倒下去就完了。唔，

它要注意决不倒下去。斯皮茨伸出舌头又像要笑的样子，从那时起巴克就对它产生了永不消失的深仇大恨。

柯利悲惨地死了。巴克极为震惊，它尚未恢复过来又再一次被震惊。弗朗索瓦把一套皮带和扣子系在了它身上。是一副挽具，它在家里时看见马夫们套在马身上那样的。正如它看见过马干活一样，现在它自己也被弄去干活，让弗朗索瓦坐到雪橇上把他拖到山谷边缘的森林里去，再从那儿拖回一车木柴。尽管它被当成了一只挽畜，自尊受到极大伤害，但它很聪明，不会反抗的。它凭着意志尽量把活干好，虽然一切都是那么新鲜、生疏。弗朗索瓦非常严厉，要求必须立即服从，凭着他手中的鞭子，狗确也能立即服从。而戴夫是一只有经验的辕狗，只要巴克一出错，戴夫就咬它的后身。斯皮茨是领头狗，同样也有经验，由于总不能够着巴克，它便不时发出厉声的嗥叫表示责怪，或者狡诈地套着挽具把身子挤过去，让巴克走到自己的道上。巴克很容易就学会了，在两个同伴和弗朗索瓦的教导下取得了很大进步。在它们回到营地前它已相当懂得“喔”表示停止，“驾”表示向前，到转弯处时要转得大一些，装着东西的雪橇下山跑得极快，要离辕狗远点。

“这些狗真不赖，”弗朗索瓦对佩罗说，“那只巴克，

它拉得好死啦。我没几下就把它教会了。”

下午，佩罗急匆匆要上路去送急件，他又带回来两只狗。他给它们分别取名为“比勒”和“乔”，是两兄弟，纯正的爱斯基摩狗。尽管是同母所生的两只雄狗，但它们却像白天和夜晚一样截然不同。比勒的一个缺点是过于温厚，而乔却完全相反，性情乖戾，好自省，老是叫个不停，眼神充满恶意。巴克以同志般的态度接待它们，戴夫对它们不屑一顾，而斯皮茨却先攻击一只狗，再去攻击另一只。比勒姑息地摇着尾巴，看见自己的姑息毫无用处转身就跑，当斯皮茨用锋利的牙齿在它胁部咬出牙印时，它叫了起来（仍然是姑息地）。但无论斯皮茨怎样围着转，乔都面对着它，立在脚跟上跟着转动身子，毛发竖立，耳朵往后，嘴唇嚅动，发出嗥叫，上下颌飞快地咬着，眼睛发出恶魔似的光——体现出好战的恐惧来。它的面目太可怕了，斯皮茨不得不放弃惩罚它；但为了掩盖自己的狼狈，它转向从来无害、哀哀叫着的比勒，把比勒赶到了营地里。

傍晚佩罗又弄来一只狗，是一只爱斯基摩老狗，身长瘦削，因打架脸上留下了伤疤，独眼龙，一闪一闪地警告着它什么也不怕，必须受到尊敬。它叫索莱克斯，“愤怒者”的意思。像戴夫一样，它什么也不求，什么也不给，什么

也不想；它不慌不忙地走到狗群中间时，连斯皮茨都不去打扰它。它有一个怪癖，巴克不幸没发现——不喜欢谁靠近它瞎眼的一边。巴克无意中冒犯了它，刚一知道自己不慎重时索莱克斯已猛然转过身向它扑来，在它肩头上咬了一道整整三英寸深的口子，一直露出骨头。从此以后，巴克再也没靠近索莱克斯瞎眼的一边，因此它们的情谊直到最终都没有任何麻烦。很明显它唯一的愿望和戴夫的一样，就是谁也不要去打扰它；不过巴克后来了解到，它们两个都还有一个更大的野心。

晚上，巴克面临着睡觉的大问题。帐篷里点着一支蜡烛，在白色平原中间发出暖和的光。它理所当然钻了进去，可这时佩罗和弗朗索瓦两人都向它发出了连珠炮似的咒骂，还用烹饪用具朝它猛打，直到它从惊恐中醒悟过来，屈辱地逃到了寒冷的外面。寒风呼啸，把它冻得发麻，仿佛带着专门的恶意要刺痛它受伤的肩头。它趴在雪地上想睡觉，可是天寒地冻的，不久弄得它浑身打战。它忧郁难过，在许多帐篷之间荡来荡去，只是发现到处都一样冷。不时有些野狗向它冲来，但它竖起颈部的毛发嗥叫着（因为它学得很快），那些狗也就不敢来惹它。

它终于想到一个主意：回去看看其他的伙伴们是如何

办的。令它吃惊的是它们个个都不见了。它又穿过大营地四处去找，再回到原处。难道在帐篷里？不，那不可能，否则它就不会被赶出来了。那么它们可能到哪里去了呢？它垂着尾巴，浑身发抖，茫然地围着帐篷转，实在可怜。忽然它前脚下的雪松开，身子陷了下去，什么东西在它脚下蠕动着。它跳回去，毛发竖立，嗥叫着，害怕那看不见、弄不明白的东西。可是传来友好、轻微的狗叫声，它才消除了疑虑，走过去查看。一股热气钻入它鼻孔，原来比勒舒舒服服蜷缩成一团趴在雪下面呢！比勒呜呜地发出抚慰的声音，蠕动着身子以表示它的好心好意，甚至为了求得安宁还极力讨好巴克，用温暖、湿润的舌头冒险去舔它的脸。

又一个教训。这么说它们就是这样的了，嗯？巴克满怀信心选了个地点，手忙脚乱地为自己挖了一个洞。片刻之后它身上散发的热气便充满了狭小的空间，它睡着了。白天漫长而艰辛，因此它酣睡起来。它睡得舒服极了，虽然不时在梦中嗥叫着，搏斗着。

直到醒来的营地发出各种嘈杂的声音，才使它睁开眼睛。起初它不知道自己在哪里。一晚上都在下雪，它被彻底埋没了。雪将它团团围住，一股巨大的恐惧汹涌而来——

野性之物对于陷阱的恐惧。这标志着它正从自己的生活还原到祖先们的那些生活中去，因为它是一只文明的狗，过分文明的狗，生活经历中对陷阱一无所知，因此才无所畏惧。它浑身肌肉不安地、本能地收缩着，脖子、肩头上的毛发竖起,发出一声凶猛的嗥叫,纵身跃入眼花缭乱的白昼，此时大雪纷飞。没等站稳，它便看到眼前一片白色的营地，明白了自己身在何处，并且从和曼努埃尔出去散步起，到昨晚为自己挖洞的所有经过，它都记起来了。

见它出现，弗朗索瓦喊了一声，招呼它。“我说啥啦？”运狗的车夫对佩罗叫道，“那只巴克学东西快得要死。”

佩罗一本正经地点点头。作为加拿大政府的信使，他带着重要公文，亟须弄到最优秀的狗。因此得到巴克，他尤其高兴。

不到一小时又增加了三只爱斯基摩狗，现在一共九只狗，又过了不到一刻钟它们便被套上挽具，奔跑在去迪亚峡谷的路上。巴克高兴地出发了，尽管活儿艰巨，但它发现自己并不特别小看这工作。它为这队狗的热切劲儿感到吃惊，这种热切使它们生气勃勃，它也受到感染，而更令它吃惊的是戴夫和索莱克斯的变化。它们初来乍到，却已被马具彻底改造了，身上一切消极被动、漠不关心的东西

都不复存在。它们机灵活跃，急于把工作干好，凡是因拖延或混乱妨碍了工作的，都会让它们勃然大怒。路上的艰辛劳动仿佛极大地表明了它们的存在、它们所有的生活目标，以及它们唯一高兴的事。

戴夫是辕狗或叫拉雪橇狗，它前面是巴克，然后是索莱克斯，其余的狗成一纵列用带子拴着跑在前面，最前面的是领头狗斯皮茨。

巴克是被有意放在戴夫和索莱克斯中间的，好让那两只狗教它。它是一个聪明的学徒，它的师父们也同样聪明，一发现它的错误就纠正，用锋利的牙齿强行施教。戴夫公正合理，非常明智，从不无故咬巴克，而要咬它时没有咬不着的。弗朗索瓦的鞭子也在教它，巴克发现纠正错误比去以牙还牙还容易些。有一次它把自己的路线搞混了，拖延了行驶，大家暂时停下来，戴夫和索莱克斯都向它发起攻击，发出一种呵斥的声音。本来已混乱的状况变得更加糟糕，但从此以后巴克就非常小心不乱跑，一天没到它已熟练掌握了工作，身边的同伴们也不再找它“岔子”。弗朗索瓦的鞭子也舞得更少了，佩罗甚至还向巴克表示敬意，抬起它的脚仔细查看。

这天跑得真够辛苦的，它们上了“迪亚峡谷”，穿过“羊

营地”，经过“天秤座”和森林边界线，横跨几百英尺深的冰河和雪堆，翻过巨大的“奇尔分水岭”——它位于咸水和淡水之间，严峻地守卫着黯然而孤寂的北方。一连串的湖水装满了一个个死火山口，它们沿湖跑得很快，当天深夜进入“贝内特湖”上端的大营地，数千名淘金者正在这里造船以防冰雪在春天融化。巴克在雪里挖了一个洞，因精疲力竭好好睡了一觉，但在一大早天还没亮且十分寒冷时就被弄起来排好，和同伴们一起套在了雪橇上。

这天它们跑了四十英里，不过道路本身是坚实的；第二天以及随后许多天，它们都自己开辟道路，工作更辛苦，跑得更缓慢。一般说来佩罗走在队伍前面，用他的湿鞋子把雪踩紧以便它们跑起来更容易一些。弗朗索瓦操纵雪橇的方向杆，有时和佩罗交换一下，但不经常。佩罗为自己掌握的有关冰的知识感到自豪。这种知识必不可少，因为秋天的冰很薄，凡有急水的地方根本就没有冰。

一天又一天，巴克无休止地在路上辛苦跑着。它们总是在天黑扎营，天刚一亮就上路了，把一英里一英里的路程抛在身后，然后又在天黑扎营，吃各自的一块鱼，爬进雪堆里睡觉。巴克很饿。它每天的定量是一磅半晒干的鲑鱼，可吃了好像没吃似的。它从来都吃不饱，肚子老是饿得痛。

而其他的狗由于体重较轻，并且生来就是过这种生活的，所以每天只吃一磅鱼，而且状态还不错。

它过去是很挑食的，但很快就失去了这种作风。它是一个过分讲究的美食家，发现伙伴们先吃完自己的东西后，把它没吃完的那份也抢去吃了。它无法保护好自己的食物——当把两三只狗赶跑时，食物已进了其他狗的嘴里。为弥补这一点，它吃得和它们一样快；由于饿得厉害，它也只好去偷吃不属于自己的东西。它观察着，学习着。看见派克——一只新来的狗，精明的装病逃差者和小偷——趁佩罗一转背就狡猾地偷走一片咸猪肉，自己次日也如法炮制，偷走了整整一大块肉，于是引起一场轩然大波，但它没受到怀疑。而杜布——一个笨拙的干坏事老被抓住的家伙，替巴克的罪过受到了惩罚。

这第一次偷窃，表明巴克在北方这个怀有敌意的环境里适合生存下去，也表明了它的适应性，它随遇而安的能力——缺乏这一点便意味着快速、可怕的毁灭，还表明了它道德品性的衰退或崩溃——在为生存而进行的无情斗争中，这道德品性成了一个徒劳无益的东西或障碍。在慈爱与友谊的法则下，南方一切是那么美好，大家尊重私有财产和个人感情；可是在北方，在棍棒与犬牙的法则下，无

论谁考虑那些事情都是一个傻瓜，它只要那样去做就必将消亡。

（刘荣跃　译）

阅读链接

《野性的呼唤》是美国作家杰克·伦敦创作的中篇小说。小说的主人公巴克原是米勒法官家的一只爱犬，经过了文明的教化，一直生活在美国南部加州一个温暖的山谷里，被主人精心照料着。后来被卖到美国北部寒冷偏远、盛产黄金的阿拉斯加，成了一只拉雪橇的狗。残酷的现实触动了巴克向大自然回归的本能和意识，它在历练中不断成长，最终克服了难以想象的困难，回归茫茫荒野。

该作品通过写一只狗的遭遇，反映现实中人的世界。美国诗人卡尔·桑德堡评价说："《野性的呼唤》是有史以来最伟大的狗的故事，同时也是对人类灵魂最深处那奇异而又捉摸不定的动机的探讨。"

⑥ 鲁滨逊漂流记[①]（节选）

［英国］丹尼尔·笛福

一、造船

毫无疑问，在做上述那些事情的同时，我常想到我在岛上另一边所看到的陆地。我心里暗暗怀着一种愿望，希望能在那里上岸，并幻想自己在找到大陆和有人烟的地方后，就能继续设法去其他地方，最终能够找到逃生的办法。

那时，我完全没有考虑这种情况的危险性。没有考虑到我会落入野人的手里，而这些野人比非洲的狮子还要凶残，我一旦落入他们的手里，就要冒九死一生的危险，不是给他们杀死，就是给他们吃掉。我听说，加勒比海沿岸都是吃人的部族。而从纬度来看，我知道我目前所在的这个荒岛离加勒比海岸不会太远。再说，就算他们不是吃人的部族，他们也一定会把我杀掉。他们正是这样对待落到他们手里的欧洲人的。即使一二十个欧洲人成群结伙也难

---

① 选自《鲁滨逊漂流记》（译林出版社），略有改动。

免厄运。而我只是孤身一人，毫无自卫的能力。这些情况我本来应该好好考虑的，可是在当时却丝毫也没有使我害怕，尽管后来我还是考虑到了这种危险性。那时我头脑里考虑的只是怎样登上对面的陆地。

这时，我怀念起我那小仆人佐立和那只长舢板了。我和佐立驾着那挂着三角帆的舢板沿非洲海岸航行了一千多英里啊！然而，光思念也于事无补。所以，我想到去看看我们大船上的那只小艇。前面已谈到过，这小艇是在我们最初遇难时被风暴刮到岸上来的。小艇差不多还躺在原来的地方，但位置略有变更，并且经风浪翻了个身，船底朝天，搁浅在一个高高的沙石堆上，四面无水。

如果我有助手，就可以把船修理一下放到水里，那就一定能坐着它回巴西。在当时，我应该考虑到，凭我一个人的力量，是绝对不可能把这小艇翻个身，让它船底朝下。就像我无法搬动这座岛一样。我只是一心想把船翻个身，然后把受损的地方修好，成为一条不错的船，可以乘着它去航海。所以我还是走进树林，砍了一些树干想做杠杆或转木之用。然后把这些树干运到小艇旁，决定尽我所能试试看。

我不遗余力地去干这件工作，最后只是白费心思和力

气，却浪费了我整整三四个星期的时间。后来，我终于意识到，我的力气是微不足道的，根本不可能把小艇抬起。于是，我不得不另想办法，着手挖小艇下面的沙子，想把下面挖空后让小艇自己落下去；同时，用一些木头从下面支撑着，让小艇落下来时翻个身。

船是落下来了，我却无法搬动它，也无法从船底下插入杠杆、转木之类的东西，更不要说把它移到水里去了。最后，我只得放弃这个工作。可是，我虽然放弃了使用小艇的希望，我要去海岛对面大陆上的愿望不但没有减退，反而因为无法实现而更加强烈。

最后，我想到，能否像热带地区的土人那样做一只独木舟呢？尽管我没有工具，没有人手。所谓独木舟，就是用一棵大树的树干做成的。我觉得这不但可能，而且很容易做到。做独木舟的想法，使我非常高兴。而且，我还认为，与黑人或印第安人相比，我还有不少有利条件。但我却完全没有想到，比起印第安人来，我还有许多特别不利的条件，那就是，独木舟一旦做成后，没有人手可以帮我让独木舟下水。是的，印第安人有印第安人的困难，他们没有工具，但是，我缺少人手的困难更难克服。如果我能在树林里找到一棵大树，费很大的劲把树砍倒，再用我的工具把树的

外部砍成小舟形状，然后把里面烧空或凿空，做成一只小船；假如这些工作全部完成后，小船仍不得不留在原地而无法下水，那对我又有什么用处呢？

人们也许会想到，我在做这小船时，不可能一点也不想到我所处的环境，我应该立即想到小舟下海的问题。可是，我当时一心一意只想乘小舟去航行，从不考虑怎样使小舟离开陆地的问题。而实际上，对我来说，驾舟在海上航行四十五英里，比在陆地上使它移动四十五呏(xún)[①]后让它下水要容易得多。

任何有头脑的人都不会像我这样傻，着手去造船。我对自己的计划十分得意，根本不去仔细想想计划的可行性。虽然我也想到船建成后下水可能是一大难题，但对于自己的疑惑，我总是愚蠢地认为："把船造好了再说，到时总会想出办法的。"

这是最荒谬的办法。我真是思船心切，立即着手工作。我砍倒了一棵大柏树。靠近树根的直径达五英尺十英寸，在二十二英尺处直径也达四英尺十一英寸，然后才渐渐细下去，并开始长出枝杈。我费尽辛苦才把树砍倒：用

① 呏：英寻，旧也作呏。英美制计量水深的单位，1英寻等于6英尺，合1.828米。

二十二天时间砍断根部，又花了十四天时间使用大斧小斧砍掉树枝和向四周张开的巨大的树顶。这种劳动之艰辛真是一言难尽。然后，又花了一个多月的时间又砍又削，最后刮出了船底的形状，使其下水后能浮在水上。这时，树干已砍削得初具船的形状了。接着，我又花了将近三个月的时间把中间挖空，做得完全像只小船。在挖空树干时，我不用火烧，而是用槌子和凿子一点一点地凿空，最后确实成了一只像模像样的独木舟,大得可乘二十六个人。这样，不仅我自己可以乘上船，而且可以把我所有的东西都装进去。

这项工程完成后，我心里高兴极了。这艘小船比我以前看到过的任何独木舟都大。当然，做成这只大型独木舟我是费尽心血的。现在，剩下的就是下水问题了。要是我的独木舟真的下水了，我肯定会进行一次有史以来最为疯狂、最不可思议的航行了。

二、制陶

目前，第一步，我必须多准备一点土地，因为我现在有了足够的种子，可以播种一英亩还多。在耕地之前，我至少花了一个星期，做了一把铲子。铲子做得又拙劣，又

笨重，拿它去掘地，要付出双倍的劳力。但不管怎么说，我总算有了掘地的工具，并在我住所附近找了两大片平地把种子播下去。然后就是修筑了一道坚实的篱笆把地围起来。篱笆的木桩都是从我以前栽过的那种树上砍下来的。我知道这种树生长很快，一年内就能长成茂密的篱笆，用不着多少工夫去修理。这个工作花了我三个多月的时间，因为这期间大部分时间是雨季，我无法出门，故修筑篱笆的事时辍时续。

在家里，也就是说，在下雨不能出门的时候，我也找些事情做。我一面工作，一面同我的鹦鹉闲扯，以教它说话作为消遣。不久，我就教会它知道它自己叫什么，后来它居然会响亮地叫自己为“波儿”。这是我上岛以来第一次从别的嘴里听到的话。教鹦鹉说话，当然不是我的工作，只是工作中的消遣而已。前面谈到，我目前正在着手一件重要的工作。我早就想用什么办法制造一些陶器，我急需这类东西，可就是不知怎么做。这里气候炎热，因此，我敢肯定，只要能找到陶土，就能做一些钵头或罐子，然后放到太阳底下晒干。炎热的太阳一定能把陶土晒得既坚硬又结实，并能经久耐用，可以用来装一些需要保存的干东西。要做加工粮食、制造面粉等工作，就必须要有盛器贮藏。

所以，我决定尽量把容器做大一些，可以着地放，里面就可以装东西。

要是读者知道我怎样制造这些陶器，一定会为我感到又可怜又可笑。我不知用了多少笨拙的方法去调和陶土，也不知做出了多少奇形怪状的丑陋的家伙；不知有多少次因为陶土太软，吃不住本身的重量，不是凹进去，就是凸出来，根本不合用；又不知有多少因为晒得太早，太阳热力过猛而晒裂了；更不知有多少在晒干后一搬动就碎裂了。一句话，我费了很大的力气去找陶土，找到后把土挖出来，调和好，运回家，再做成泥瓮。结果，我工作了差不多两个月的时间，才做成两只大瓦器，样子非常难看，简直无法把它们称为缸。

最后，太阳终于把这两只大瓦器晒得非常干燥非常坚硬了。我就把它们轻轻搬起来，放进两只预先特制的大柳条筐里，防备它们破裂。在缸和筐子之间的空隙处，又塞上了稻草和麦秆。现在，这两个大缸就不会受潮，以后我想就可以用来装粮食和用粮食磨出来的粉了。

我大缸做得不成功，但那些小器皿却做得还像样，像那些小圆罐啦，盘子啦，水罐啦，小瓦锅啦，等等。总之，一切我随手做出来的东西，都还不错，而且，由于阳光强烈，

这些瓦器都晒得特别坚硬。

但我还没有达到我的最终目的。这些容器只能用来装东西，不能用来装流质放在火上烧，而这才是我真正的目的。过了些时候，一次我偶然生起一大堆火煮东西，煮完后我就去灭火，忽然发现火堆里有一块陶器的碎片，被火烧得像石头一样硬，像砖一样红。这一发现使我惊喜万分。我对自己说，破陶器能烧，整只陶器当然也能烧了。

于是我开始研究如何控制火力，给自己烧出几只锅子来。我当然不知道怎样搭一个窑，就像那些陶器工人烧陶器用的那种窑；我也不知道怎样用铅去涂上一层釉，虽然铅我还是有一些的。我把三只大泥锅和两三只泥罐一个个堆起来，四面架上木柴，泥锅和泥罐下生了一大堆炭火，然后在四周和顶上点起了火，一直烧到里面的罐子红透为止，而且十分小心不让火把它们烧裂。我看到陶器烧得红透后，又继续保留了五六小时的热度。后来，我看见其中一只虽然没有破裂，但已开始熔化了，这是因为掺在陶土里的沙土被火烧熔了，假如再烧下去，就要成为玻璃了。于是我慢慢减去火力，那些罐子的红色逐渐褪去。我整夜守着火堆，不让火力退得太快。到了第二天早晨，我便烧成了三只很好的瓦锅和两只瓦罐，虽然谈不上美观，

但很坚硬，其中一只由于沙土被烧熔了，还有一层很好的釉。

这次实验成功后，不用说，我不缺什么陶器用了。但我必须说，这些东西的形状，是很不像样的。大家也可以想象，因为我没有办法制造这些东西，只能像小孩子做泥饼，或像不会和面粉的女人做馅饼那样去做。

当我发现我已制成了一只能耐火的锅子时，我的快乐真是无可比拟的，尽管这是一件多么微不足道的事情。我等不及让锅子完全冷透，就急不可耐地把其中一只放到火上，倒进水煮起肉来。结果效果极佳。我用一块小山羊肉煮了一碗可口的肉汤。当然，我没有燕麦粉和别的配料，否则我会做出非常理想的汤来。

三、星期五

我自从有了这些想法之后，平时就经常会想到这件事，可是因为没有机会付诸实施，因此一直都毫无结果。这样大约又过了一年半光景。一天清晨，我忽然发现有五只独木舟在岛这头靠了岸，船上的人都已上了岛，但却不知道他们去哪儿了。他们来的人这么多，把我的计划彻底打破了。因为我知道，一只独木舟一般载五六个人，有时甚至

更多。现在一下子来了这么多船，少说也有二三十人，我一个人单枪匹马，如何能对付他们呢？因此，我只好悄悄躲到城堡里去，坐立不安，一筹莫展。可是，我还是根据过去的计划，进行作战准备，以便一有机会，立即行动。我等了好久，留神听他们的动静，最后，实在耐不住了，就把枪放在梯子脚下，像平时那样，分作两步爬上小山顶。我站在那里，尽量不把头露出来，唯恐被他们看见。我拿起望远镜进行观察，发现他们不下三十人，并且已经生起了火，正在煮肉。至于他们怎样煮的，煮的又究竟是什么肉，我就不得而知了。这时，只见他们正手舞足蹈，围着火堆跳舞。他们做出种种野蛮难看的姿势，按自己的步法，正跳得不亦乐乎。

正当我观望的时候，从望远镜里又看到他们从小船上拖出两个倒霉的野人来。这两个野人大概是他们事先放在船上的，现在拖上岸来准备屠杀了。我看到其中一个被木棍或木刀乱打一气，立即倒了下去。接着便有两三个野人一拥而上，准备把他煮了来吃。另一个俘虏被撂在一边，到时他们再动手拿他开刀。这时，这个可怜的家伙看见自己手脚松了绑，无人管他，不由得起了逃命的念头。他突然跳起身奔逃起来。他沿着海岸向我这边跑来，其速度简

直惊人。我是说，他正飞速向我的住所方向跑过来。

我得承认，当我见他朝我这边跑来时，着实吃惊不小。因为我认为，那些野人必然全部出动来追赶他。这时，我看到，我梦境中的一部分开始实现了：那个野人必然会在我城堡外的树丛中躲起来。可是，梦境中的其余部分我可不敢相信——也就是那些野人不会来追他，也不会发现他躲在树丛里。我仍旧站在原地，一动也不动。后来，我发现追他的只有三个人，胆子就大一点了。尤其是我发现那个野人跑得比追他的三个人快得多，而且把他们愈甩愈远了。只要他能再跑上半小时，就可完全摆脱他们了。这不由得使我勇气倍增。

在他们和我的城堡之间，有一条小河。这条小河，我在本书的开头部分曾多次提到过。我把破船上的东西运下来的时候，就是进入小河后搬上岸的。我看得很清楚，那逃跑的野人必须游过小河，否则就一定会被他们在河边抓住。这时正值涨潮，那逃跑的野人一到河边，就毫不犹豫纵身跳下河去，只划了三十来下便游过了河。他一爬上岸，就又迅速向前狂奔。后面追他的那三个野人到了河边。其中只有两个会游水，另一个不会，只好站在河边，看其他两个游过河去。又过了一会儿，他一个人就悄悄回去了。

这实在救了他一命。

我注意到，那两个会游水的野人游得比那逃跑的野人慢多了；他们至少花了双倍的时间才游过了河。这时候，我脑子里突然产生一个强烈的、不可抗拒的欲望：我要找个仆人，现在正是时候；说不定我还能找到一个侣伴，一个帮手哩。这明明是上天召唤我救救这个可怜虫的命呢！我立即跑下梯子，拿起我的两支枪——前面我已提到，这两支枪就放在梯子脚下——然后，又迅速爬上梯子，翻过山顶，向海边跑去。我抄了一条近路，跑下山去，插身在追踪者和逃跑者之间。我向那逃跑的野人大声呼唤。他回头望了望，起初仿佛对我也很害怕，其程度不亚于害怕追赶他的野人。但我用手势召唤他过来，同时慢慢向后面追上来的两个野人迎上去。等他俩走近时，我一下子冲到前面的一个野人跟前，用枪杆子把他打倒在地。我不想开枪，怕枪声让其余的野人听见。其实距离这么远，枪声是很难听到的；即使隐隐约约听到了，他们也看不见硝烟，所以肯定会弄不清是怎么回事。第一个野人被我打倒之后，同他一起追来的那个野人就停住了脚步，仿佛吓住了。于是我又疾步向他迎上去。当我快走近他时，见他手里拿起弓箭，准备拉弓向我放箭。我不得不先向他开枪，一枪就把他打

死了。那逃跑的野人这时也停住了脚步。

这可怜的家伙虽然亲眼见到他的两个敌人都已经倒下，并且在他看来已必死无疑，但却给我的枪声和火光吓坏了。他站在那里，呆若木鸡，既不进也不退，看样子他很想逃跑而不敢走近我。我向他大声招呼，做手势叫他过来。他明白了我的意思，向前走几步停停，又走几步又停停。这时，我看到他站在那里，浑身发抖。他以为自己成了我的俘虏，也将像他的两个敌人那样被杀死。我又向他招招手，叫他靠近我，并做出种种手势叫他不要害怕。他这才慢慢向前走，每走一二十步便跪一下，好像是感谢我救了他的命。我向他微笑，做出和蔼可亲的样子，并一再用手招呼他，叫他再靠近一点。最后，他走到我跟前，再次跪下，吻着地面，又把头贴在地上，把我的一只脚放到他的头上，好像在宣誓愿终身做我的奴隶。我把他扶起来，对他十分和气，并千方百计叫他不要害怕。

鲁滨逊为了实现找个仆人的愿望，经历“计划—观察—判断—行动”的过程，救下了星期五，为最终逃离荒岛又增加了一个筹码。

…………

我告诉他，他的名字叫“星期五”，这是我救

他命的那天，这样取名是为了纪念这一天。

（郭建中　译）

阅读链接

笛福笔下的鲁滨逊是不畏艰难、自力更生的典型形象，他谱写了一首与恶劣环境作斗争的赞歌，与现实中那些遇到困难选择放弃的人形成鲜明的对比。

主人公鲁滨逊在一次海难中幸存，只身漂流到一个荒无人烟的孤岛上。在条件极其有限的情况下，他没有放弃努力。他创建家园，搭盖住所，医治疟疾，播种粮食，制作陶器，驯养野羊，夺船回国……原本窘迫的境况一点点得到好转，鲁滨逊在荒岛上活了下来。整本书以事件为线索，通过描写鲁滨逊流落荒岛却顽强生存下来的经历，歌颂了人类顽强的意志，肯定了人的价值。

7 变色龙

[俄国] 契诃夫

警官奥楚美洛夫穿着新的军大衣，手里拿着个小包，穿过市集的广场。他身后跟着个警察，生着棕红色头发，端着一个粗箩，上面盛着没收来的醋栗，装得满满的。四下里一片寂静……广场上连人影也没有。小铺和酒店敞开大门，无精打采地面对着老天爷创造的这个世界，像是一张张饥饿的嘴巴。店门附近连一个乞丐都没有。

“你竟敢咬人，该死的东西！”奥楚美洛夫忽然听见说话声。“伙计们，别放走它！如今咬人可不行！抓住它！哎哟……哎哟！”

狗的尖叫声响起来。奥楚美洛夫往那边一看，瞧见商人彼丘京的木柴场里蹿出来一条狗，用三条腿跑路，不住地回头看。在它身后，有一个人追出来，穿着浆硬的花布衬衫和敞开怀的坎肩。他紧追那条狗，身子往前一探，扑倒在地，抓住那条狗的后腿。紧跟着又传来狗叫声和人喊声：“别放走它！”带着睡意的脸纷纷从小铺里探出来，不久

木柴场门口就聚上一群人，像是从地底下钻出来的一样。

“好像出乱子了，官长……”警察说。

奥楚美洛夫把身子微微往左边一转，迈步往人群那边走过去。在木柴场门口，他看见上述那个敞开坎肩的人站在那儿，举起右手，伸出一根血淋淋的手指头给那群人看。他那张半醉的脸上露出这样的神情：“我要揭你的皮，坏蛋！”而且那根手指头本身就像是一面胜利的旗帜。奥楚美洛夫认出这个人就是首饰匠赫留金。闹出这场乱子的祸首是一条白毛小猎狗，尖尖的脸，背上有一块黄斑，这时候坐在人群中央的地上，前腿劈开，浑身发抖。它那含泪的眼睛里流露出苦恼和恐惧。

“这儿出了什么事？”奥楚美洛夫挤到人群中去，问道，“你在这儿干什么？你干吗竖起手指头？……是谁在嚷？”

“我本来走我的路，官长，没招谁惹谁……”赫留金凑着空拳头咳嗽，开口说，“我正跟米特利·米特利奇谈木柴的事，忽然间，这个坏东西无缘无故把我的手指头咬一口……请您原谅我，我是个干活的人……我的活儿细致。这得赔我一笔钱才成，因为我也许一个星期都不能动这根手指头了……法律上，官长，也没有这么一条，说是人受了畜生的害就该忍着……要是人人都遭狗咬，那还不如别

在这个世界上活着的好……”

“嗯……好……”奥楚美洛夫严厉地说，咳嗽着，动了动眉毛，“好……这是谁家的狗？这种事我不能放过不管。我要拿点颜色出来叫那些放出狗来闯祸的人看看！现在也该管管不愿意遵守法令的老爷们了！等到罚了款，他，这个混蛋，才会明白把狗和别的畜生放出来有什么下场！我要给他点厉害瞧瞧……叶尔德林，”警官对警察说，“你去调查清楚这是谁家的狗，打个报告上来！这条狗得打死才成。不许拖延！这多半是条疯狗……我问你们：这是谁家的狗？”

“这条狗像是席加洛夫将军家的！”人群里有个人说。

“席加洛夫将军家的？嗯……你，叶尔德林，把我身上的大衣脱下来……天好热！大概快要下雨了……只是有一件事我不懂：它怎么会咬你？”奥楚美洛夫对赫留金说，“难道它够得到你的手指头？它身子矮小，可是你，要知道，长得这么高大！你这根手指头多半是让小钉子扎破了，后来却异想天开，要人家赔你钱了。你这种人啊……谁都知道是个什么货色！我可知道你们这些魔鬼！”

警官此时可能会想：这是将军家的狗，不能得罪将军，要把过错推到这个人身上。

“他，官长，把他的雪茄烟戳到它脸上去，拿它开心。它呢，不肯做傻瓜，就咬了他一口……他是个无聊的人，官长！”

“你胡说！你眼睛看不见？为什么胡说！官长是明白人，看得出来谁胡说，谁像当着老天爷的面一样凭良心说话……我要胡说，就让调解法官审判我好了。他的法律上写得明白……如今大家都平等了……不瞒您说……我弟弟就在当宪兵……”

“少说废话！”

“不，这条狗不是将军家的……”警察深思一会儿后说，“将军家里没有这样的狗。他家里的狗大半是大猎狗……”

“你拿得准吗？”

“拿得准，官长……”

“我自己也知道。将军家里的狗都名贵，都是良种，这条狗呢，鬼才知道是什么东西！毛色不好，模样也不中看……完全是下贱货……他老人家会养这样的狗？！你的脑筋上哪儿去了？要是这样的狗在彼得堡或者莫斯科让人碰上，你们知道会怎样？那儿才不管什么法律不法律，一转眼的工夫就叫它断了气！你，赫留金，受了苦，这件事不能放过不管……得教训他们一下！是时候了……”

“不过也可能是将军家的狗……”警察把他的想法说出来，“它脸上又没写着……前几天我在他家院子里就见到过这样一条狗。”

“没错儿，是将军家的！”人群里有人说。

“嗯……你，叶尔德林老弟，给我穿上大衣吧……好像起风了……怪冷的……你带着这条狗到将军家里去一趟，在那儿问一下……你就说这条狗是我找到派你送去的……你说以后不要把它放到街上来。也许它是名贵的狗，要是每个人都拿雪茄烟戳到它脸上去，要不了多久就能把它作践死。狗是娇嫩的动物嘛……你，蠢货，把手放下来！用不着把你那根蠢手指头摆出来！这都怪你自己不好……”

把狗送回将军家，说不定还能有奖赏呢！

“将军家的厨师来了，我们问问他吧……喂，普罗霍尔！你过来，亲爱的！你看看这条狗……是你们家的吗？”

“瞎猜！我们那儿从来也没有过这样的狗！”

“那就用不着费很多工夫去问了，”奥楚美洛夫说，“这是条野狗！用不着多说了……既然他说是野狗，那就是野狗……弄死它算了。”

“这条狗不是我们家的，”普罗霍尔继续说，“可这

是将军哥哥的狗，他前几天到我们这儿来了。我们的将军不喜欢这种狗，他老人家的哥哥却喜欢……”

“莫非他老人家的哥哥来了？弗拉基米尔·伊凡内奇来了？”奥楚美洛夫问，他整个脸上洋溢着动情的笑容，“可了不得，老天爷啊！我还不知道呢！他要来住一阵吧？”

“住一阵……”

“可了不得，老天爷啊……他是惦记弟弟了……可我还不知道呢！那么这是他老人家的狗？很高兴……你把它带去吧……这条小狗怪不错的……挺伶俐……它把这家伙的手指头咬了一口！哈哈哈……咦，你干吗发抖？呜呜……呜呜……它生气了，小坏蛋……好一条小狗……”

普罗霍尔把狗叫过来，带着它离开了木柴场……那群人就对着赫留金哈哈大笑。

“我早晚要收拾你！”奥楚美洛夫对他威胁说，然后把身上的大衣裹一裹紧，穿过市集的广场，径自走了。

奥楚美洛夫对待狗的态度随着狗的主人身份的变化而变化。据此，你认为他是一个怎样的人？

（汝龙　译）

8 魔　盒

[英国] 大卫·洛契佛特

在一抹缠绵而又朦胧的夕照的映衬下，我四周高耸着的伦敦城的房顶和烟囱，似乎就像监狱围墙上的雉堞(zhì dié)。从我三楼的窗户鸟瞰，景色并不怡人——庭院满目萧条，死气沉沉的秃树刺破了暮色。远处，有口钟正在铮铮报时。

每一下钟声仿佛都在提醒我：我是初次远离家乡。这是一九五三年，我刚从爱尔兰的克尔克兰来伦敦碰运气。眼下，一阵乡愁流遍了我全身——这是一种被重负压得喘不过气来的伤心的感觉。

我倒在床上，注视着我的手提箱。“也许我得收拾一下吧。”我自语道。说不定正是这样整理一番，便能在这陌生环境中创造一种安宁感和孜孜以求的自在感呢。我把主意打定了。那时我甚至没有心思去费神脱下那天下午穿着的上衣。我伤感地坐着，凝视着窗口——这是我一生中最沮丧的时刻，突然响起了敲门声。

来人是女房东贝格斯太太。刚才她带我上楼看房时，

我们只是匆匆见过一面。她身材纤细，银丝满头——我开门时她举目望了望我，又冲没有灯光的房间扫了一眼。

“就坐在这样一片漆黑中，是吗？”我这才想起，我居然懒得开灯。“瞧，还套着那件沉甸甸的外衣！”她带着母亲般的慈爱拉了拉我的衣袖，一边嗔(chēn)怪着，“你就下楼来喝杯热茶吧。噢，我看你是喜欢喝茶的。”

贝格斯太太的客厅活像狄更斯笔下的某一场面。墙上贴满了褪色的英格兰风景画和昏暗的家庭成员的肖像照片，屋子里挤满了又大又讲究的家具，在这重重包围中，贝格斯太太简直就像一个银发天使似的。

“我一直在倾听着你……”她一边准备茶具一边说，“可是听不到一丝动静。你进屋时我注意到了你手提箱上的标签。我这一辈子都在接待旅客。我看得出你的心境不佳。”

当我坐下和这位旅客的贴心人交谈时，我的忧郁感渐渐被她那不断地殷勤献上的热茶所驱散了。我思忖：在我以前，有多少惶惑不安的陌生人，就坐在这个拥挤的客厅里面对面地听过她的教诲啊！

随后，我告诉贝格斯太太我必须告辞了，然而她却坚持临走前给我看一样东西。她在桌上放了一只模样破旧的纸板盒——有鞋盒一半那么大小，显然十分“年迈”了，

还用磨损的麻绳捆着。“这就是我最宝贵的财产了，”她一边向我解释，一边几乎是带有敬意地抚摸着盒子，“对我来说，它比皇冠上的钻石更为宝贵。真的！”

我估计，这破盒里也许装有什么珍贵的纪念品。是的，连我自己的手提箱里也藏有几件小玩意儿——它们是感情上的无价之宝。

“这盒子是我亲爱的母亲赠予我的，”她告诉我，“那是在一九一二年的某个早上，那天我第一次离家。妈妈嘱咐我要永远珍惜它——对我来说，它比什么都珍贵。”

一九一二年！那是四十多年前——这比我年龄的两倍还长！那个时代的事件倏地掠过我的脑海：冰海沉船“巨人号”，南极探险的苏格兰人，依稀可辨的战争的炮声……

“这盒子已经历过两次世界大战了。”贝格斯太太继续说，“一九一七年恺撒的空袭，后来希特勒的轰炸……我都把它随身带到防空洞里，房屋损失了我并不在乎——我就怕失去这盒子。”

我感到十分好奇，而贝格斯太太却津津乐道。

“此外，”她说，“我从来没有揭开过盖子。”她的目光越过镜片好笑地打量着我：“您能猜出里头有什么吗？”

我困惑地摇了摇头。无疑，她最珍惜的财产当然是非

凡之物。她忙着又给我倒了点热气腾腾的茶，接着端坐在安乐椅上，默默地注视着我——似乎在思索着如何选词来表达自己的意思。

然而，她的回答却简单得令人吃惊——“什么也没有，”她说，“这里头空空如也，什么也没有！”

一个空盒！天哪，究竟为什么将这么一个玩意儿当作宝贝珍藏，而且珍藏达四十多年呢？我隐隐约约地怀疑起来，这位仁慈的老太太是否稍稍有点古怪？

“一定感到奇怪，是吧？”贝格斯太太说，“这么多年来我一直珍藏着这么一个似乎是无用的东西，不错，这里头的确是空的。”

这当儿我朗声大笑了起来——我不想再将此事刨根究底地追问个水落石出。

“没错，是空的。”她认真地说，“四十多年前，我妈将这盒子合上捆紧——同时也将世上最甜蜜的地方——家的声响、家的气味和家的场景统统关在里头了。自此以后，我一直没将盒子打开过。我觉得这里头仍然充满了这些无价之宝哩。”

这是一只装满了天伦之乐的盒子！和所有纪念品相比较，它无疑既独特又不朽——相片早已褪色，鲜花也早已

化作尘土，只有家，却依然如自己的手指那么亲近！

贝格斯太太通过讲述自己的经历，走进了“我”的内心，给“我”以慰藉。

贝格斯太太现在不再盯着我了，她注视着这陈旧的盒子，指头轻抚盒盖，陷入沉思之中。

又过了一会儿——还是在那晚，我又一次眺望着伦敦城。灯火在神奇地闪烁着——这地方似乎变得亲切多了。我心中的忧郁大多已经消失——我苦笑着想到：这是被贝格斯太太那滚烫的茶冲跑的。此外，我心中又腾起一个更深刻的思想——我明白了，每个人离家时总会留下一点属于他的风味；同时，就像贝格斯太太那样，永远随身带着一点老家的气息，这也是完全办得到的。

（唐若水　译）

《八十天环游地球记》

[法国]儒勒·凡尔纳

推荐语

《八十天环游地球记》这本书的主人公福格镇定自若，勇敢机智，想法丰富精彩。作者凡尔纳借主人公福格的行踪，串联了欧洲、南亚、东亚、北美各地的地形地貌、气候特征、城市建筑特色和风土人情，仿佛一部刻画入微的宏大的地理科普书一般。

由于受到儒勒·凡尔纳小说《八十天环游地球记》的鼓舞，许多冒险旅行家为打破环球旅行的纪录，竞相出发，仿佛在进行环球旅行竞赛。

作者简介

儒勒·凡尔纳（1828—1905），法国小说家。出生于法国港口城市南特的一个中产阶级家庭，早年依从父亲的意愿在巴黎学习法律，后来开始从事文学创作。

凡尔纳一生创作了大量优秀的文学作品，代表作有《格兰特船长的儿女》《海底两万里》《神秘岛》以及《气球上的五星期》《地心游记》等。他的作品对科幻文学发展有着重要的影响，因此他与赫伯特·乔治·威尔斯一起，被称作“科幻小说之父”。

本书讲述了福格先生和改良俱乐部的成员打赌可以在80天

内环游地球一周，接着福格先生便带着外号叫“万事达”的仆人启程从伦敦出发，开始了不可思议的环球旅行。

他一路上历经艰险：遭人跟踪，舍身救人，与恶僧对簿公堂，遭暗算误了船，遇风浪海上搏击，与仆人失散，勇斗劫匪，救仆人身赴险境，在海上燃料告急经受考验，被疑为窃贼海关被囚……几乎所有的困难和意外都被福格先生碰上了，然而他总能一次次神奇地化险为夷，最终获得成功。

书中不仅详细描写了福格先生一行人在途中的种种离奇经历和他们所遇到的千难万险，而且还在情节的展开中使人物的性格逐渐立体化，塑造了沉默寡言、机智勇敢、充满人道精神的福格，活泼好动、易冲动的仆人“万事达”等生动的人物形象。

“万事达”再次证实好运总朝大胆的人微笑

福格先生及其同伴们等待着夜幕降临。晚上6点光景，天刚一擦黑，他们便决定对寺院周围先侦察一番。这时候，苦行僧们的嚷叫声已经止息。按照这些印度人的习惯，他们大概喝够了“盎格”——一种混有大麻汤的鸦片烟液——已经烂醉如泥了，也许有可能从他们当中溜进寺院里去。

帕尔西人领着福格先生、弗朗西斯·克罗马蒂先生和“万事达”，悄无声息地穿过树林，匍匐前行。在树下爬

行了10分钟之后，他们来到了一条小河边，借着铁制火把尖上燃着的松明子的光亮，隐约可见码好的一堆木柴。那就是焚尸柴堆，用的是一些上等檀香木，都是用芬芳的油浸泡过的。柴堆顶上，放着老土王熏过香的尸体，将同年轻寡妇一块火葬。离这个柴堆一百步远，就是庇拉吉寺院，一个个宝塔尖顶在黑暗中耸立于树冠之上。

“过来！”向导低声说。

他小心地领着同伴们悄悄地从蒿草丛中溜过去。

除了微风吹动树枝的沙沙声外，万籁俱寂。

不一会儿，向导便在一处林间空地的边缘上停住了。有几支松明子照亮着前面的空场。地上横七竖八地躺满了烂醉如泥的人，宛如尸横遍野的战场。男人、妇女、儿童全都混在一起。有几个醉鬼东一个西一个地还在嘶哑地喘粗气。

远处的树丛中，庇拉吉寺院隐约可见。不过，令向导大失所望的是，土王的卫兵们正举着冒烟的火把，握着出鞘的刀剑，在寺院门前来回巡守着。可以料定，寺院内也有僧侣在巡夜。

帕尔西人没再往前走。他明白破门而入是不可能的。于是，他领着同伴们往后撤。

菲利亚·福格和弗朗西斯·克罗马蒂先生同向导一样清楚，从这边打主意是不可能的。

他们停下来，悄悄地商量着。

“咱们先等一等，”少将说，“反正才8点钟，这些卫兵有可能也得睡觉的。”

“这的确有可能！”帕尔西人回答说。

于是，菲利亚·福格及其同伴们便在一棵树脚下躺下来等待着。

他们觉得时间过得真慢！向导有时撇下大家到林边去观察一番。土王的卫兵们仍旧举着火把巡守着，而且，寺院的各扇窗户里也都透出微弱的光亮。

他们就这样一直等到半夜。情况依然没有变化，外面仍旧有卫兵巡守。显然，不能期待卫兵们睡大觉。他们大概是没喝“盎格”。必须另想法子，从寺院墙上挖个洞钻进去。问题是不知僧侣们是否同守卫大门的卫兵一样警惕地看守着那个受害女子。

商量了一番之后，向导让大家准备好出发。福格先生、弗朗西斯·克罗马蒂先生和“万事达”跟在向导身后。他们绕了一个挺大的圈子，以便从寺院后面靠上去。

夜晚12点30分，他们来到寺院墙根下，没有遇上任

何人。这边没有任何警戒，因为这边根本就没门没窗，用不着警戒。

夜色浓浓。这时正是下弦月，月亮刚刚离开浓云密布的地平线。参天的大树更增添了夜色的浓重。

但是，光靠近墙根还不行，还得在墙上挖个洞才行。菲利亚·福格及其同伴们只带着小刀，解决不了问题。幸好，寺院院墙是砖木结构，不难凿开。一旦弄掉一块砖，其他的砖就容易弄掉了。

大家开始动手干起来，尽量不弄出任何声响。帕尔西人在一头，“万事达”在另一头，一块一块地把砖弄掉，要弄出一个两英尺见方的缺口来。

他们正这么忙活着，突然听见院内发出一声喊叫，几乎立即有几声喊叫从外面应答着。

“万事达”和向导住了手。是不是惊动了人？是不是发出了警报？

小心没大错，得赶紧走开。菲利亚·福格和弗朗西斯·克罗马蒂先生同他俩一样，也跟着躲开了。他们蹲伏在密林深处，等着“警报”——如果真的是“警报”的话——解除，然后再继续干下去。

可是，真是倒霉透了，有几个卫兵出现在寺院后面，

放上了哨，根本无法靠近。

他们四人只好停止挖墙，失望之情难以描述。现在，他们没法接近受害女子了，怎么搭救她呢？弗朗西斯·克罗马蒂先生心急如焚；“万事达”怒不可遏，向导费了好大劲儿才制止住他；镇定如常的福格先生不动声色地等待着。

“难道咱们只好离开了？”少将悄悄地问道。

“咱们只有离开了。”向导回答。

“等一等，”福格说，“我明天中午之前赶到阿拉哈巴德就行了。”

“您打算怎么办呀？”弗朗西斯·克罗马蒂先生说，“再过几个小时天就要亮了……”

“我们失去的机会可能会在最后关头重新出现的。”

少将真想从菲利亚·福格的眼神中看出他到底有什么想法。

这个冷静的英国人还指望什么？难道等到最后扑向年轻女子，明目张胆地从刽子手手中把她夺回来不成？

那简直是在发疯，怎么能想象这个人会疯到这种地步？然而，弗朗西斯·克罗马蒂先生仍然同意等到这个惨剧结束。可向导却不让同伴们待在原地，他把他们领回到林间空地

原先躲藏的地方。他可以从那儿依靠树丛的遮掩，观察睡着了的那帮人。

这时候，“万事达”骑在一棵树下面的树枝上，反复琢磨起原先在他脑子里一闪而过、最后萦绕不去的一个念头。

他一开始还在嘀咕：“那简直是疯了！”可现在，他却一再地念叨：“为什么不行呀？这是个机会，也许是唯一的一个机会，再说，对付这帮蠢货！……”

不管怎么说，“万事达”是铁了心了，他赶忙像条蛇似的，灵巧地从几乎垂到地面的低矮树枝上出溜下来。

一小时一小时地过去了，很快，东方有点儿微弱的光亮，预示着天快亮了。不过，大地仍然一片漆黑。

时候到了。那帮昏睡的人像复活了似的醒转了来，一群群的人骚动起来，鼓声响起来了，歌声叫声也响起来了。不幸的女子死亡的时刻来到了。

的确，寺院的门敞开了。从寺院内射出一道耀眼的光芒。福格先生和弗朗西斯·克罗马蒂先生可以隐约看到那个被火把照亮的受害女子，只见两个僧人把她往寺院外面拖来。他们甚至觉得，不幸女子在用最后的本能抵抗着药力，想从刽子手们的手里挣扎出来。弗朗西斯·克罗马蒂先生的

心剧烈地跳动着，他痉挛地紧攥起菲利亚·福格的手，感觉出后者手里正握着一把打开的刀。

这时候，人群动了起来。年轻女子被大麻烟熏得又昏沉过去。她被拖拽着从念着经文的那帮护送她的苦行僧中穿过去。

菲利亚·福格及其同伴们混在后面的人群里，跟着年轻女子往前走。

两分钟之后，他们来到了河边，在离置放土王尸体的柴堆 50 步的地方停了下来。在若明若暗的晨曦微露之中，他们看见受害女子毫无生气地躺在她丈夫的尸体旁。

随后，一支火把拿过来了。浸透了油的木柴轰的一声燃烧起来。

这时候，菲利亚·福格一下子热血沸腾起来，要向柴堆冲过去，被弗朗西斯·克罗马蒂先生和向导死死地拉住了……

菲利亚·福格正把他俩推开的当儿，突然间，情况发生了变化——一声恐怖的惊叫声响了起来，所有的人都被吓坏了，扑在了地上。

老土王竟然没死？人们看见他突然站起身来，像个幽灵似的，双手托起年轻女子，从烟雾腾腾的柴堆上走下来，

宛如鬼怪现世。

苦行僧们、卫兵们、僧侣们，一下子都吓蒙了，脸朝地趴在那儿，不敢抬头看一下这种怪事！

受害女子被抱着走过，那双手强壮有力，抱着她似乎一点儿也不费力。福格先生和弗朗西斯·克罗马蒂先生直愣愣地站着。帕尔西人低垂着头，“万事达”想必也惊得目瞪口呆的……

复活的土王就这样来到了福格先生和弗朗西斯·克罗马蒂先生站着的地方，匆匆地说了一声：“快走……”

这是“万事达”干的！他在滚滚浓烟的遮掩之下，溜到柴堆旁边，趁着还黑漆漆的天色，把年轻女子从死神手中夺了回来！正是他，高兴而大胆地扮演了这英雄救美的角色，在惊呆了的人群中走了出来！

转瞬之间，他们四人便消失在密林中了，大象驮上他们飞奔而去。这时候，传来了一片喊叫声、鼓噪声，甚至还飞来一颗子弹，击穿了菲利亚·福格的帽子。这说明他们的计谋被识破了。

的确，燃烧着的柴堆上，老土王的尸体显露了出来。僧侣们从惊愕中回过味儿来，明白了刚才有人把殉葬女人给劫走了。

僧侣们立刻冲进森林，卫兵们紧随他们之后，边追边射击。但抢劫者们在飞快地逃跑着，转眼之间，子弹和弓箭就射不着他们了。

（陈筱卿　译）

阅读这部经典科幻小说，感受福格先生一行人在途中遇到的种种离奇经历，你会有身临其境之感，并为他们总能一次次化险为夷而叹服。用思维导图的方式梳理出福格途中经历的千难万险和解决问题的办法吧。

书中的精彩语句、令你感动的印象深刻的场景和细节，或者你阅读的思考等，可以用批注或者便利贴的形式进行记录。

我伴你读

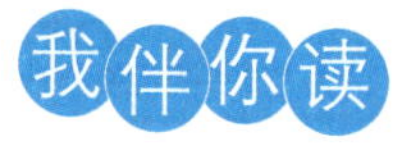

活动一　难忘的思维之旅

请把福格在某个场景中遇到的困境、求生的办法写下来。

场景：

福格

困境：

求生的办法：

活动二　向主人公提问吧

想象一下，如果主人公和你在一起，你有机会向他提问，你会问什么问题？请你列举出来。

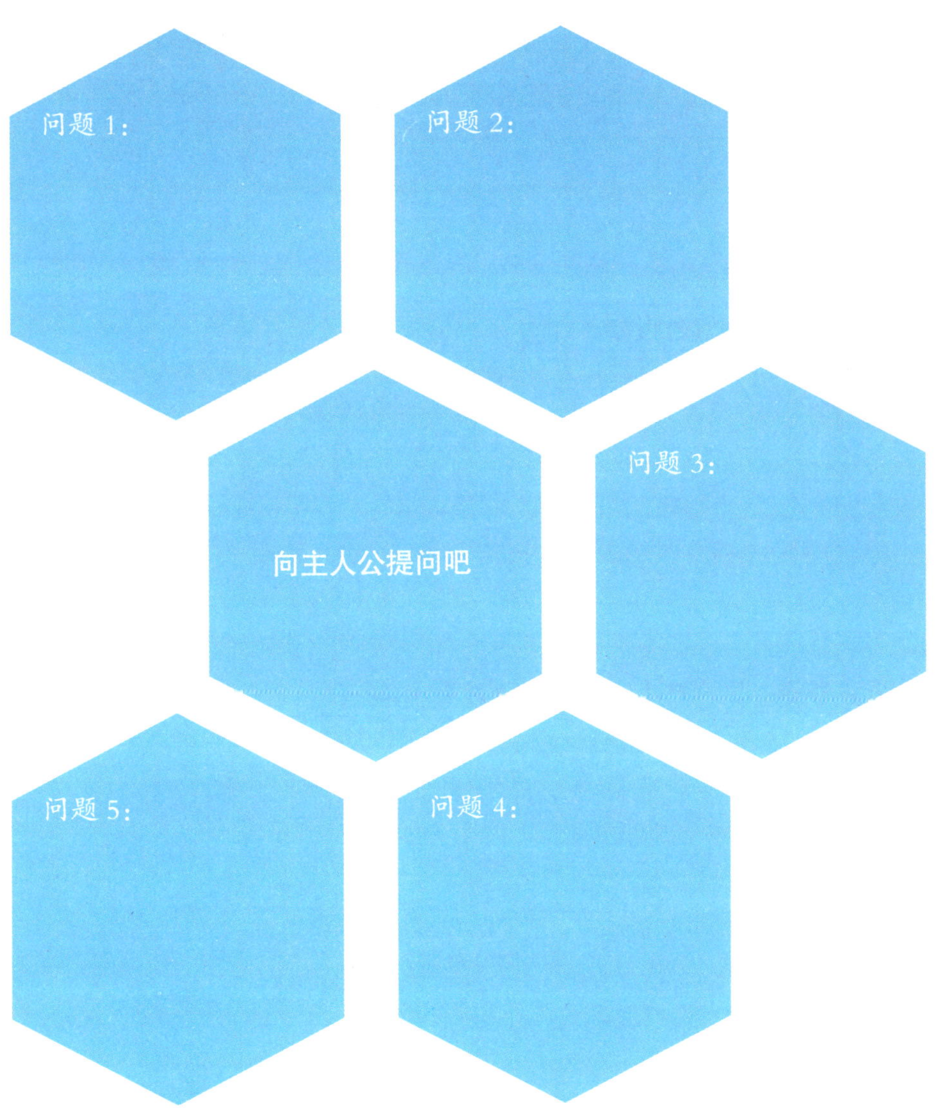

活动三　做好阅读笔记

你阅读了哪一部分？

总结你阅读部分写的内容。

读完这部分，你的想法、感受和预测是什么？

敬 启

为编好这本书，我们与收入本书的作品（含图片）作者进行了广泛联系，得到了各位作者的大力支持。在此，我们表示衷心的感谢。但是，由于个别作者地址不详，虽经多方努力，仍无法取得联系。敬请各位有著作权的作者尽快与我们联系，以便我们支付稿酬，并致谢忱！

我们还要感谢使用本书的师生们。希望你们在使用本书的过程中，能够及时把意见和建议反馈给我们，对此，我们深表谢意，并将给予一定奖励。让我们携起手来，共同完成本书的建设工作。

联 系 人：梁老师　刘老师

联系电话：010-58022100-6362

联系邮箱：ztxx2008@sina.com

网　　址：http://www.ywztxx.com

地　　址：北京市海淀区知春路7号致真大厦A座18层

图书在版编目（CIP）数据

思维的火花 / 孟强主编. — 上海 : 上海教育出版社, 2021.12

ISBN 978-7-5720-0812-2

Ⅰ. ①思… Ⅱ. ①孟… Ⅲ. ①阅读课—小学—教学参考资料 Ⅳ. ①G624.233

中国版本图书馆CIP数据核字（2021）第260857号

责任编辑　高立群
封面设计　陈丽娟　王艺霖
著作权人　北京华樾教育科技有限公司

思维的火花

孟强　主编

出版发行　上海教育出版社有限公司
官　　网　www.seph.com.cn
地　　址　上海市闵行区号景路159弄C座
邮　　编　201101
印　　刷　肥城新华印刷有限公司
开　　本　720×1010　1/16　印张 63
字　　数　700千字
版　　次　2021年12月第1版
印　　次　2021年12月第1次印刷
书　　号　ISBN 978-7-5720-0812-2/G · 0628
定　　价　268.00元（全七册）

如发现质量问题，请向本社调换　021-64373213

★ 适合10至11岁 ★

思维的火花

SIWEI DE HUOHUA

主编 孟强

上海教育出版社
SHANGHAI EDUCATIONAL
PUBLISHING HOUSE

编委会

广泛阅读，可以提高阅读理解力；

广泛阅读，可以丰富知识，开阔视野；

广泛阅读，可以提升思维力、鉴赏力；

广泛阅读，可以促进人的精神成长。

新编的读本，包括古诗文经典诵读、优秀作品专题阅读和整本书阅读，是落实课内外阅读一体化的优质资源。

捧起这套读本读起来，你会越来越享受阅读，你的一生一定会因为阅读而精彩！

崔峦

用阅读滋养你的心灵，
让你变得聪明善良，阳光，
宽广，更富想象力和创造力。

张抗抗

发现美，学会爱，表达自己，
在阅读和写作中不断进步！

王一梅

阅讀是開啟美好人生的鑰匙

趙麗宏

庚子九月

为自己读书
为美好读书

肖复兴

庚子寒冬

读经典的书
做优秀的人

陈

幻想，从现实起飞

刘

目录

经典诵读

专题阅读

范文阅读

组文阅读

自由阅读一

自由阅读二

整本书阅读

经典诵读

苍山，古寺，梧桐树，芙蓉花……这些常见的景与物，在诗人笔下变得多姿多彩，情景交融。利用晨读时间诵读本组诗词，边读边想象画面，边读边感受诗词中蕴含的情趣和韵味。

扫码收听朗诵音频

1 题破山寺后禅院

［唐］常建

清晨入古寺，初日照高林。

曲径通幽处，禅房[1]花木深。

山光悦鸟性，潭影空人心[2]。

万籁[3]此都[4]寂，但余钟磬[5]音。

注释

① 禅房：僧人住的房舍。
② 人心：指人的世俗之心。
③ 万籁：各种声音。
④ 都：一作“俱”。
⑤ 钟磬：寺院诵经，敲钟开始，敲磬停歇。

译文

清晨我走进破山寺，初升的朝阳照着山上的树林。曲折的小路通向幽深处，禅房掩映在花木的浓荫中。明媚的山色使飞鸟更加欢悦，潭水清澈令人爽神净心。此时此刻万物都沉默静寂，只留下了敲钟击磬的声音。

② 辛夷坞[①]

［唐］王维

木末[②]芙蓉花，

山中发红萼[③]。

涧户[④]寂无人，

纷纷开且落。

注释

① 辛夷：乔木名，花的形态像莲，其花苞尖长如笔头，所以又叫木笔。坞：中间低四周高的地方。
② 木末：树梢。
③ 红萼：红色的花萼。
④ 涧户：指山涧的出入口。一说涧边的人家。

枝条顶端的辛夷花苞，在山中绽放着鲜红的花萼。山涧中空寂无人，辛夷花纷纷开放之后，又纷纷落下。

③ 楚江怀古[①]（其一）

[唐] 马戴

露气寒光集，微阳下楚丘[②]。

猿啼洞庭[③]树，人在木兰舟[④]。

广泽[⑤]生明月，苍山夹乱流。

云中君[⑥]不见，竟夕[⑦]自悲秋。

注释

① 题下原有诗三首，此为其一。这是诗人遭贬龙阳尉途经洞庭湖时的怀古之作。楚江：此指湘江。
② 楚丘：楚地的山丘。
③ 洞庭：洞庭湖，在湖南北部。
④ 木兰舟：木兰木制的船。此为船的美称。
⑤ 广泽：广大的水域，指洞庭湖。
⑥ 云中君：《楚辞·九歌》有《云中君》一篇，为祭祀云神之作。此即指云神。
⑦ 竟夕：终夜。

霜露凝聚，泛着寒光，残阳缓缓落下楚地的山丘。洞庭湖畔的树丛里，猿猴啼声不断，我乘着木兰舟，顺水漂游。明月从浩瀚的湖面上升起，两岸青山夹着喧闹的水流。我望不见云神，彻夜难眠，独自怀古悲秋。

④ 绝 句

［宋］志南

古木阴中系短篷①，

杖藜(lí)②扶我过桥东。

沾衣欲湿杏花雨③，

吹面不寒杨柳风④。

注释

① 短篷：带篷的小船。

② 杖藜：这里指用藜茎做的手杖。杖，拄着。藜，一种植物。

③ 杏花雨：杏花开时下的雨，指微微的春雨。

④ 杨柳风：杨柳才泛青时所刮的风，指春风。

译文

浓荫如织的老树下，我系好了小船，拄着藜杖，缓缓地走到了桥的东边。微微的春雨稍稍沾湿了我的衣服，迎面拂来的春风并不使人感到寒冷。

扫码收听朗诵音频

 卜算子[①] · 黄州定慧院[②]寓居作

［宋］苏轼

缺月挂疏桐，漏断[③]人初静。谁见幽人[④]独往来，缥缈[⑤]孤鸿影。　惊起却回头，有恨无人省（xǐng）[⑥]。拣尽寒枝不肯栖，寂寞沙洲[⑦]冷。

注 释

① 卜算子：词牌名。
② 定慧院：一作“定惠院”，在黄州东南。苏轼初到黄州，一家人寓居定慧院中。
③ 漏断：漏壶水已滴尽，即指深夜。漏，指古人计时用的漏壶。
④ 幽人：幽居之人。
⑤ 缥缈：一作“飘渺”，隐隐约约，似有似无。
⑥ 省：知晓。
⑦ 沙洲：江河中泥沙淤积而成的小块陆地。

残月高挂在稀疏的梧桐树上，漏壶的水已滴尽，变得一片寂静。有谁见到幽居之人独自往来徘徊，仿佛那隐隐约约高飞的孤雁的身影。

突然被惊起又匆匆回头，心里有一些怨恨却无人能懂。遍挑寒冷的树枝不肯栖息，甘愿在寂寞的沙洲上忍受凄冷。

扫码收听朗诵音频

⑥ 望海潮[①]

［宋］柳永

东南形胜[②]，三吴[③]都会，钱塘自古繁华。烟柳画桥，风帘翠幕，参差[④]十万人家。云树绕堤沙，怒涛卷霜雪，天堑[⑤]无涯。市列珠玑[⑥]，户盈罗绮[⑦]，竞豪奢。　**重湖叠巘[⑧]清嘉[⑨]，有三秋[⑩]桂子，十里荷花。**羌管弄晴，菱歌泛夜，嬉嬉钓叟莲娃[⑪]。千骑[⑫]拥高牙[⑬]，乘醉听箫鼓，吟赏烟霞。异日图将好景，归去凤池[⑭]夸。

注释

① 望海潮：词牌名。这首词应是作者在杭州时所作。

② 东南形胜：是说杭州地处东南方，地理形势优越。

③ 三吴：说法不一，《水经注》以吴兴、吴郡、会稽为“三吴”。这里泛指江浙一带。

④ 参差：形容楼阁、房屋高低错落。

⑤ 天堑：天然壕沟。这里指钱塘江。

⑥ 珠玑：泛指各种珠宝。

⑦ 罗绮：绫罗绸缎。罗，质地稀疏的丝织品。绮，有花纹或图案的丝织品。
⑧ 重湖叠巘：指白堤两侧的里湖、外湖和远近重叠的山峰。
⑨ 清嘉：清丽美好。
⑩ 三秋：秋季。
⑪ 嬉嬉钓叟莲娃：钓鱼的老翁和采莲的少女都很愉快。
⑫ 千骑：形容随从人员众多。
⑬ 高牙：古代行军有牙旗在前导引，旗很高，故称“高牙”。
⑭ 凤池：凤凰池，对中书省的美称，这里代指朝廷。

译文

杭州地处东南，地势优越，风景优美，是三吴的都会，自古以来就十分繁华。如烟的柳树、彩绘的桥梁，竹帘迎风，帷幕翠碧，楼阁鳞次栉比，聚集着十万人家。绿树高耸入云，环绕着钱塘江沙堤，潮水拍打堤岸，卷起如霜似雪的浪花，宽广的江面一望无涯。市场上陈列着琳琅满目的珠玉珍宝，家家户户穿的都是绫罗绸缎，争相比奢华。

西湖湖内有湖，周围重重叠叠的山峰清秀美丽。秋天桂花飘香，夏季十里荷花。晴天传来悠扬的羌笛声，夜晚划船采菱唱歌，钓鱼的老翁、采莲的姑娘都尽情嬉乐。众多随从人员簇拥着地方长官巡察，在微醉中听着箫鼓，欣赏着西湖的暮霭烟霞。他日把这美好的景致画出来，回京时向朝廷中人夸耀。

专题阅读

各地风情

读万卷书，行万里路。追寻人类的璀璨文明，感受各地的奇妙风景。在作家笔下，自然景致与风俗人情如行云流水般展现在我们眼前。

阅读本专题文章，借助文字走进意大利、瑞士、荷兰、泰国、埃及……体会文章是如何运用静态描写、动态描写等写作手法来展现世界各地风情的。

范文阅读

① 威尼斯（节选）

刘白羽

夜歌与晨歌

像画线句这样的句子还有很多，边读边圈画出来，仔细体会。

我们傍晚来到威尼斯，登上游艇就离开了陆地，驰向亚得里亚海中，由一百一十八个岛组成的威尼斯。船在深深的海巷中弯来转去，海水绿茵茵的像浓酽的茵陈酒。从一座座小桥下穿过，从一片片树梢下浮进。我多么想立刻看到威尼斯啊！但黑夜已经降临。夜深时，我独倚桥栏，望着海巷里星星灯火，倒映在海水上闪出轻轻摇曳的微光。这时不知从何处飘来一阵夜歌，歌声那样柔美动听，虚无缥缈，引我进入梦幻，这仲夏之夜的威尼斯夜歌，在我心灵深处回环波荡。黎明前，我爬起床，为了不惊醒还在酣睡的巴乌尔饭店里的人们，

我悄悄走到底层临海的凉台上。这儿朦胧地笼罩着海气、夜气，花上凝聚着不知是露珠还是海雾。我独自坐在一把藤椅上，面前是威尼斯主航道，我管它叫海街。天空和海面都是葡萄灰色，宽阔海街对面，另一岛屿上，还亮着几点残灯，不久也消失了。就在这一刻，残夜逝去，黎明降临。海水那样平静，在刚刚出现的早霞照映下，闪出一片红影。一只、两只海鸥静静地飞过去，船儿也开始活动起来，而且，透过清冷的晨雾，从船上飘来一阵晨歌，是一个摇桨的人信口唱的，这歌声多么迷人呀！它像细细诉说着海上美女——威尼斯，迎着黎明、朝霞、晨光的脉脉情愫。从东方投下一片朝阳，像闪烁的银光在摇荡，把对面岛上一座白色大理石的教堂照得雪白，特别是那雪白的倒影在海面波荡。海醒了，好看极了，我的周围，都是花，海街，海巷人家窗口、阳台上，全是花，有些藤蔓，从屋顶垂下，像披散的长发，紫的，白的，

体会作者笔下威尼斯黎明前后的动静之美，再有感情地读一读。

红的，缨络不绝，那样明丽。傍岸有系船木桩，漆着红白、黄红各色条纹，系了一只只叫“贡都拉”的细长的小艇，一只船头上还插着一束石竹花。在威尼斯，我时时感到一种轻盈的海的清凉之感。

雷雨掠过亚得里亚海上空

我们乘了船去游海，海在闪光，雾在闪光。我们的船先和海一道微微荡漾，后来在广阔海面上昂首飞驰，激起几丈高浪花，船摇簸得我东倒西歪，雪白的浪花，淋湿了我的头发和衣衫，惹得船上发出一阵欢笑。今天天气真是晴朗，大小游艇在海上到处悠然漂荡。

…………

我们到姆拉罗岛，从玻璃厂水晶宫般的艺术展览厅出来，突然，雷声隆隆，大雨横扫海空而过。我们忙跑上船，船便在大雨倾盆、海天茫茫中航行起来。我虽然淋得精湿，倒高兴看见了威尼斯雨景。此

“横扫”一词，让我们感受到了雷雨掠过时大海的动态之美。

刻，威尼斯确向我展现了另一种海的魅力。窗玻璃上雨水如注，更显得云烟弥漫，雨雾迷茫，阴沉的天映得海水黑沉沉的。暴雨鞭挞着海水，海面千千万万白色水泡在蹦跳飞溅。遥远天边却飞着如火的红霞，乌云在那儿疾驰，茫茫天海的另一边，却露出一片蓝天，有如蓝色彩陶。这一切倒使我记起我的一首咏海的诗：

动态描写与静态描写相结合，凸显了威尼斯雨景的独特魅力。

海天风雨信茫茫，电火雷云转过场。

我来极目青天半，片帆刚好对斜阳。

尽管一边有红霞，一边有蓝天，我们这儿却是狂风暴雨，千万根倾斜的银线急急抛落，把岛屿都遮在云雾之中。远处那块红霞在燃烧，身边的海却是铅灰色的，海鸥都躲到哪里去了呢？后来，我看见一根根木桩上栖息着一只只灰白的海鸥，海天就是它们的家，只要不给海风刮跑就行了。突然，一道阳光有如电炬穿云而下，岛上殿堂的蓝顶，像水墨画里的青山，青得欲滴。我又站出船头，雨后出蓝天，白

云袅娜还，威尼斯在我心灵上留下浓浓的诗意。当我们穿过一条曲曲海巷，密藤蔓上还洒下点点雨滴，无限清凉，沁人肺腑。雨过天晴，白的云朵，金的阳光，拂荡在静静海面。这时，威尼斯美得那样出奇，处处都闪闪发亮，都亮得那样清新，那样柔和。

回寓小憩，又登船到威尼斯作家出版家协会尼却塞主席家去。尼却塞和他的夫人尼娜，从我们来的那个傍晚，就一直陪着我们。尼却塞是个爽朗热情的人，他有一副红红的面孔，两只圆眼，从眼镜片后，总像闪着惊讶眼光。尼娜有一头银灰色头发，温文尔雅，待人亲切。雨洗过的斜阳那样明净，千家万户窗棂上奇葩丽蕊，争姿斗艳，把偌大个威尼斯染得万紫千红。尼却塞在码头上迎接，引我们拐入巷头，上得楼来，才知道他家正面临大海湾。我们在这里和威尼斯作家会面，握手碰杯，亲切倾谈，一切笼罩在友谊而自由的气氛

雨后斜阳的宁静之美与周围的气氛相映衬，反映出人物当时愉快美好的心情。

中。如果说这两天，我们都是从海上把美丽的建筑当画看，这回我们却可从屋中向外领略一下威尼斯了。宾主无拘无束的交谈进入高潮。夕阳将下，我搬了一把椅子，离开热闹人群，独坐槛前，静静凝视着荡漾的海、航游的船。天空上燃着最后一片余晖，而后第一批灯光亮了，在海面投下金色的流苏般的垂影。这威尼斯好像要说话，而又欲说还敛的美女，这意境使人神往。这几天，我一刻钟也不放过吸摄着威尼斯的心灵，夜的威尼斯，晨之威尼斯，阳光下的威尼斯，雷雨中的威尼斯……现在，“海天刚过暮天时”，我心里，没有歌声，没有人声，没有桨声，我仿佛与威尼斯融合在浑然一体之中，安宁，幽静，好像这海水也柔和得没有一纹波动了。

威尼斯的美景真是令人神往！联系上文，仔细体会。

辞别出来，尼却塞把我们送到码头，船漂开去时，我们仰望阳台上站满的人群向我们挥手，我们也站起来挥手。船迅速地向海上驶去，那船家，好像有意让我们

品一品威尼斯到底有多么美，他没径直回归寓处，却向海的远方驰去。有一阵，船在海上像骏马一般昂首飞奔，船头掀开白雪般浪花，船尾留下长长的浪波，那上面闪亮着暮光的奇异色彩，像霓虹一样美。西天上最后一片混沌的霞光，在海面映出一片淡淡黄晕。没多一会儿，就连这黄晕也没有了，海波像微微拂动的灰色丝绸一般轻柔。船转回海湾，放慢速度，马达声像橹声一样静悄，催人入梦，甜蜜的黑夜降临了。这时已分不清天和海，只见这里，那里，灯光摇曳着一束束丝带，不像灯，像是天上万千星斗，落在海面上微笑……

作者引用诗句“花市灯如昼”，写出了威尼斯夜景的热闹与欢洽。

夜晚，安娜领我们去欣赏威尼斯夜景。真是“花市灯如昼”，走到圣马哥广场①，好像所有威尼斯的人都涌出来了，熙熙攘攘，笑语喧哗，给人群一下带到这里，一下带到那里。鸽子不知都到哪里睡觉去了。

① 圣马哥广场：今译“圣马可广场”，为意大利威尼斯的公共活动中心，意大利文艺复兴时期城市广场的典型之一。

露天咖啡座坐满人。我们从人群中挤一条路，一直沿海边走，绕了一圈。海上有一条发亮的线，那是远方灯火。黑夜看来，海湾显得辽阔无边，对面岛上灯光也觉得如此疏落。踏着威尼斯的灯光人影，回到寓处，夜已渐渐深了。

阅读链接

威尼斯是意大利东北部著名的旅游与工业城市。这里风光秀美，古迹甚多。威尼斯的风情总离不开“水”，市区建于离陆地4千米的118个小岛上，有177条水道贯通其间；大运河为其干道。400多座桥梁将各岛连为一体，以舟代车，有“水城”“桥城”之称。

威尼斯以独特的魅力吸引了来自世界各地的众多艺术家，他们的作品为这座古老的水城增加了迷人的文化色彩。

② 瑞　士

朱自清

文章一开头就让我们感受到了瑞士的“好风景”。

瑞士有“欧洲的公园”之称。起初以为有些好风景而已；到了那里，才知无处不是好风景，而且除了好风景似乎就没有什么别的。这大半由于天然，小半也是人工。瑞士人似乎是靠游客活的，只看很小的地方也有若干若干的旅馆就知道。他们拼命地筑铁道通轮船，让爱逛山的爱游湖的都有落儿；而且车船两便，票在手里，爱怎么走就怎么走。瑞士是山国，铁道依山而筑，隧道极少；所以老是高高低低，有时像差得很远的。还有一种爬山铁道，这儿特别多。狭狭的双轨之间，另加一条特别轨：有时是一个个方格儿，有时是一个个钩子；车底下带一种齿轮似的东西，一步步咬着这些方格儿、这些钩子，慢慢地爬上爬下。

这种铁道不用说工程大极了；有些简直是笔陡(dǒu)笔陡的。

逛山的味道实在比游湖好。瑞士的湖水一例是淡蓝的，真正平得像镜子一样。太阳照着的时候，那水在微风里摇晃着，宛然是西方小姑娘的眼。若遇着阴天或者下小雨，湖上迷迷蒙蒙的，水天混在一块儿，人如在睡里梦里。也有风大的时候；那时水上便皱起粼粼的细纹，有点像颦(pín)眉的西子。可是这些变幻的光景在岸上或山上才能整个儿看见，在湖里倒不能领略许多。况且轮船走得究竟慢些，常觉得看来看去还是湖，不免也腻味。逛山就不同，一会儿看见湖，一会儿不看见；本来湖在左边，不知怎么一转弯，忽然挪到右边了。湖上固然可以看山，山上还可看山，阿尔卑斯有的是重峦叠嶂，怎么看也不会穷尽。山上不但可以看山，还可以看谷；稀稀疏疏错错落落的房舍，仿佛有鸡鸣犬吠的声音，在山肚里，在山脚下。看风景能够流连低

就像是“欲把西湖比西子，淡妆浓抹总相宜”，作者分别写出了瑞士湖水的静态美和动态美。你更喜欢瑞士湖水的哪一种美？读一读，体会文中的静态描写和动态描写。

回固然高雅，但目不暇接地过去，新境界层出不穷，也未尝不淋漓痛快；坐火车逛山便是这个办法。

读到这里，你是否感受到了卢参湖的那股爽气？

卢参（Luzern）[1]在瑞士中部，卢参湖的西北角上。出了车站，一眼就看见那汪汪的湖水和屏风般的青山，真有一股爽气扑到人的脸上。与湖连着的是劳思河，穿过卢参的中间。河上低低的一座古水塔，从前当作灯塔用；这儿称灯塔为“卢采那”，有人猜“卢参”这名字就是由此而出。这座塔低得有意思；依傍着一架曲了又曲的旧木桥，倒配了对儿。这架桥带顶，像廊子；分两截，近塔的一截低而窄，那一截却突然高阔起来，仿佛彼此不相干，可是看来还只有一架桥。不远儿另是一架木桥，叫龛（kān）桥，因上有神龛得名，曲曲的，也古。许多对柱子支着桥顶，顶底下每一根横梁上两面各钉着一大幅三角形的木版画。过

① 卢参（Luzern）：今译作卢塞恩。

了河往里去，可以看见城墙的遗迹。墙依山而筑，蜿蜒如蛇；现在却只见一段一段地嵌在住屋之间。但九座望楼还好好的，和水塔一样都是多角锥形；多年的风吹日晒雨淋，颜色是黯淡得很了。

冰河公园也在山上。古代有一个时期北半球全埋在冰雪里，瑞士自然在内。阿尔卑斯山上积雪老是不化，越堆越多。在底下的渐渐地结成冰，最底下的一层渐渐地滑下来，顺着山势，往谷里流去。这就是冰河。冰河移动的时候，遇着夏季，便大量地融化。这样融化下来的一股大水，力量无穷；石头上一个小缝儿，在一个夏天里，可以被冲成深深的大潭。这个叫磨穴。有时大石块被带进潭里去，出不来，便只在那儿跟着水转。初起有棱角，将潭壁上磨了许多道儿；日子多了，棱角慢慢光了，就成了一个大圆球，还是转着。这个叫磨石。冰河公园便以这类遗迹得名。大大小小的石潭，大大小小的石球，现在是安静了；

“磨穴”“磨石”让背着多少万年历史的冰河公园有一种古老的动态美。

但那粗糙的样子还能教你想见多少万年前大自然的气力。可是奇怪，这些不言不语的顽石，居然背着多少万年的历史，比我们人类还老得多；要没人卓古证今地说，谁相信。这样讲，古诗人慨叹“磊磊涧中石”，似乎也很有些道理在里头了。这些遗迹本来一半埋在乱石堆里，一半埋在草地里，直到1872年秋天才偶然间被发现。还发现了两种化石：一种是些蚌(bàng)壳，足见阿尔卑斯脚下这一块土原来是滔滔的大海。另一种是片片棕叶，又足见此地本有热带的大森林。这两期都在冰河期前，日子虽然更渺茫，光景却还能在眼前描画得出，但我们人类与那种大自然一比，却未免太微细了。

“磊磊涧中石”蕴含着什么道理呢？联系上文的“磨穴”“磨石”仔细体会。

立矶山（Rigi）[①] 在卢参之西，乘轮船去大约要一点钟。去时是个阴天，雨意很浓。四周陡峭的青山的影子冷冷地沉在水里。

① 立矶山（Rigi）：今译作瑞吉山。

湖面儿光光的，像大理石一样。上岸的地方叫威兹老，山脚下一座小小的村落，疏疏散散遮遮掩掩的人家，静透了。上山坐火车，只一辆，走得可真慢，虽不像蜗牛，却像牛之至。一边是山，太近了，不好看。一边是湖，是湖上的山；从上面往下看，山像一片一片儿插着，湖也像只有一薄片儿。有时窗外一座大崖石来了，便什么都不见；有时一片树木来了，只好从枝叶的缝儿里张望一下。山上和山下一样，静透了，常常听到牛铃儿叮儿当的。牛带着铃儿，为的是跑到哪儿都好找。这些牛真有些“不知汉魏”，有一回居然挡住了火车；开车的还有山上的人帮着，吆喝了半天，才将它们轰走。但是谁也没有着急，只微微一笑就算了。山高 5905 英尺，顶上一块不大的平场。据说在那儿可以看见周围 900 里的湖山，至少可以看见 9 个湖和无数的山峰。可是我们的运气坏，上山后云便越浓起来；到了山顶，什么都裹在云里，几乎连我们

叠词的运用，让这“静透了”的村落有了一种美丽的动态感。

自己也在内。在不分远近的白茫茫里闷坐了一点钟，下山的车才来了。

交湖（Interlaken）[①]在卢参的东南。从卢参去，要坐六点钟的火车。车子走过勃吕尼山峡。这条山峡在瑞士是最低的，可是最有名。沿路的风景实在太奇了。车子老是挨着一边儿山脚下走，路很窄。那边儿起初也只是山，青青的。越往上走，那些山越高了，也越远了，中间豁然开朗，一片一片的谷，是从来没看见过的山水画。车窗里直望下去，却往往只见一丛丛的树顶，到处是深的绿，在风里微微波动着。路似乎颇弯曲的样子，一座大山峰老是看不完；瀑布左一条右一条的，多少让山顶上的云掩护着，清淡到像一些声音都没有，不知转了多少转，到勃吕尼了。这儿高3296英尺，差不多到了这条峡的顶。从此下山，不远便是勃利安湖的东岸，北岸就是交湖了。

作者高超的写作手法似乎在为我们直播交湖的风景，让我们仿佛看到了山谷那无边的绿色。

① 交湖（Interlaken）：今译作因特拉肯。

车沿着湖走。太阳出来了，隔岸的高山青得出烟，湖水在我们脚下百多尺，闪闪的像珐琅一样。

交湖高 1866 英尺，勃利安湖与森湖交汇于此。地方小极了，只有一条大街；四周让阿尔卑斯的群峰严严地围着。其中少妇峰[①]最为秀拔，积雪皑皑，高出云外。街北有两条小径。一条沿河，一条在山脚下，都以幽静胜。小径的一端，依着座小山的形势参差地安排着些别墅般的屋子。街南一块平原，只有稀稀的几个人家，显得空旷得不得了。早晨从旅馆的窗子看，一片清新的朝气冉(rǎn)冉地由远而近，仿佛在古时的村落里。街上满是旅馆和铺子；铺子不外卖些纪念品、咖啡、酒饭等，都是为游客预备的；还有旅行社，更是的。这个地方简直是游客的地方，不像属于瑞士人。纪念品以刻木为最多，大概是些小玩意儿；

边读边画出描写小径幽静的语句，仔细体会。

① 少妇峰：今译作少女峰。

是一种涂紫色的木头，虽然刻得粗略，却有气力。

从交湖可以乘车上少妇峰，路上要换两次车。在老台勃鲁能换爬山电车，就是下面带齿轮的。这儿到万根，景致最好看。车子慢慢爬上去，窗外展开一片高山与平陆，宽旷到一眼望不尽。坐在车中，不知道车子如何爬法；却看那边山上也有一条陡峻的轨道，也有车子在上面爬着，就像一只甲虫。到万格那尔勃可见冰川，在太阳里亮晶晶的。到小夏代格再换车，轨道中间装上一排铁钩子，与车底下的齿轮好咬得更紧些。这条路直通到少妇峰前头，差不多整个儿是隧道；因为山上满积着雪，不得不打山肚里穿过去。这条路是欧洲最高的铁路，费了14年工夫才造好，要算近代顶伟大的工程了。

“爬”字的反复出现让你感受到了什么？

在隧道里走没有多少意思，可是哀格望车站值得看。那前面的看廊是从山岩里硬凿出来的。三个又高又大又粗的拱门般

的窗洞，教你觉得自己渺小。望出去很远；5904英尺下的格林德瓦德[①]也可见。少妇峰站的看廊却不及这里；一眼尽是雪山，雪水从檐上滴下来，别的什么都没有。虽在11342英尺的高处，而不能放开眼界，未免令人有些怅怅。但是站里有一架电梯，可以到山顶上去。这是小小一片高原，在明西峰[②]与少妇峰之间，320英尺长，厚厚地堆着白雪。雪上虽只是淡淡的日光，乍看竟耀得人睁不开眼。这儿可望得远了。一层层的峰峦起伏着，有戴雪的，有不戴的；总之越远越淡下去。山缝里躲躲闪闪一些玩具般的屋子，据说便是交湖了。原上头插着瑞士白十字国旗，在风里飒飒（sà）地响，颇有些气势。山上不时地雪崩，沙沙沙沙流下来像水一般，远看很好玩儿。脚下的雪滑极，走不惯的人寸步都得留神才行。少妇峰的顶还在2325英尺之上，得凭着自

作者的描述动静结合，美景尽在眼前。

① 格林德瓦德：今译作格林德瓦。
② 明西峰：今译作莫希峰。

己的手脚爬上去。

下山还在小夏代格换车，却打这儿另走一股道，过格林德瓦德直到交湖，路似乎平多了。车子绕明西峰走了好些时候。明西峰比少妇峰低些，可是大。少妇峰秀美得好，明西峰雄奇得好。车子紧挨着山脚转，陡陡的山势似乎要向窗子里直压下来，像传说中的巨人。这一路有几条瀑布；瀑布下的溪流快极了，翻着白沫，老像沸着的锅子。早九点多在交湖上车，回去是五点多。

森湖让这个小地方变得更加可爱了。

司皮也兹（Spiez）[①]是玲珑可爱的一个小地方：临着森湖，如浮在湖上。路依山而建，共有四五层，台阶似的。街上常看不见人。在旅馆楼上待着，远处偶然有人过去，说话声音听得清清楚楚的。傍晚从露台上望湖，山脚下的暮霭混在一抹轻蓝里，加上几星儿刚放的灯光，真有味。

① 司皮也兹（Spiez）：今译作施皮茨。

孟特罗（Montreux）[1] 的果子可可糖也真有味。日内瓦像上海，只湖中大喷水，高 200 余英尺，还有卢梭岛及他出生的老屋，现在已开了古董铺的，可以看看。

阅读链接

瑞士北邻德国，西邻法国，南邻意大利，东邻奥地利和列支敦士登。全境以高原和山地为主，有“欧洲屋脊”之称。瑞士还有“欧洲水塔”之称，欧洲主要的河流莱茵河、罗讷河等均发源于瑞士的山中。瑞士湖光山色，风景优美，有“世界公园”的美誉。

① 孟特罗（Montreux）：今译作蒙特勒。

③ 荷兰散记

［新加坡］尤今

清澈的运河，多情的拱桥，好像奶油做成的屋子，开篇就写出了荷兰独特的韵味。

细细长长的运河，清澈如镜，一道一道纵横去来，弯弯的拱桥，多情地把柔美的影子留在潋滟（liànyàn）的波光里。干干净净的屋子傍河而立，一幢一幢小巧玲珑，好像是奶油做成的，可爱绝顶。微风过处，一架一架傲然挺立的风车，便自得其乐地大转特转。

这里，是荷兰首都阿姆斯特丹。

站在运河旁边，我心神恍（huǎng）惚，根本分不清眼前的一切究竟是真实的景致呢，还是我不小心掉进了荷兰著名画家凡·高的名画里。

风车，可说是荷兰最大的标志。

荷兰地势低洼，大部分的土地低于水平面，需不断地排水，风车因此应运而生。根据粗略的统计，全荷兰有两千多架风车。

过去，风车除了用作排水外，还同时充作榨油、锯木、灌溉、碾磨农作物等用途。时转势移，风车原本担任的这些工作，已经由其他更先进的、更现代化的方法取代了，目前“仍操旧业”的风车，大概只有四五百架而已[①]，其他的，已变成旅游业不可或缺的点缀品了。

风车作用的不断进化，让我们看到了荷兰社会的进步。

春天的荷兰，着实美得令人心醉神迷。郁金香狂炽(chì)盛放，黑紫色的花心，被倒卵形的鲜花瓣小心翼翼地裹着；纤(xiān)纤细细的花茎，托着风情万种的花瓣，为大地增添无限异彩。

而披上冬装的荷兰，却又另有一番迷人的风姿。雪花落在运河旁边那一幢一幢色彩缤纷的小屋上，纵然是黑夜，却处处闪着晶亮的光芒，那种美丽，是安恬而又宁静的。

对比读一读“春天的荷兰”和“披上冬装的荷兰”，感悟荷兰的优美迷人。

啊，美丽而令人心醉的荷兰！

---

① 此文为文艺散文，文中数据未必确切。

④ 与象共舞

赵丽宏

大象已经融入了泰国人的生活。“不慌不忙”“悠闲沉着”，写出了泰国大象的平静与从容。

在泰国，如果你在公路边或者树林里遇到大象，那是一件很自然的事。不必惊奇，也不必惊慌，大象对人群已经熟视无睹，它会对着你摇一摇它那对蒲扇般的大耳朵，不慌不忙地继续走它自己的路，一副悠闲沉着的样子。

象是泰国的国宝。这个国家最初的发展和兴盛，和象有着密切的关系。大象曾经驮着武士冲锋陷阵，攻城守垒；曾经以一当十、以一抵百地为泰国人做工服役。被驯服的大象走出丛林的那一天，也许就是当地生产、生活发生较大变化的日子。泰国人对大象存有亲切的感情，一点儿也不奇怪。

在国内看大象，都是在动物园里远观，

人和象离得很远。在泰国，人和象之间没有距离。很多次，我和象站在一起，象的耳朵拍到了我的肩膀，象的鼻息喷到了我的身上。起初我有些紧张，但看到周围那些平静坦然的泰国人，神经也就松弛了。在很近的距离看大象，我发现，象的表情非常平静。那对眼睛相对它的大脑袋，显得极小，目光却晶莹温和。和这样的目光相对，你紧张的心情自然就会松弛下来。

据说象是一种聪明而有灵气的动物。在泰国，大象用它们的行动证实了这种说法。在城市里看到的大象，多半是一些会表演节目的动物演员。在人的训练下，它们会踢球，会倒立，会用可笑的姿态行礼谢幕。最有意思的是大象为人做按摩(mó)。成排的人躺在地上，大象慢慢地从人丛里走过去，它们小心翼翼地在人与人之间寻找落脚点，每经过一个人，都会伸出粗壮的脚，在他们的身上轻轻地抚弄一番，有时也会用鼻子给人按摩。有趣的是，它偶尔

泰国的象跟人们近距离接触时，有着平静的表情、晶莹温和的目光，这是对泰国象静态美的描写，写出了大象的可爱温顺，也写出了人与大象之间的和谐融洽。

通过对大象动作的描写，让我们看到了一个温文尔雅又不失可爱的象的形象。

也会和人开开玩笑。有一次，我看到一头象用鼻子把一位女士的皮鞋脱下来，然后卷着皮鞋悠然而去，把那位躺在地上的女士急得哇哇乱叫。脱皮鞋的大象一点儿也不理会女士的喊叫，用鼻子挥舞着皮鞋，绕着围观的人群转了一圈，才不慌不忙地回到那位女士身边，把皮鞋还给了她。那位女士又惊奇又尴尬(gān gà)，只见大象面对着她，行了一个屈膝礼，好像是在道歉。那庞大的身躯，屈膝点头时竟然优雅得像一个彬(bīn)彬有礼的绅士。

一系列的动作描写，把大象陶醉在音乐之中的样子表现得淋漓尽致，让我们仿佛看到了一群灵动又充满生命活力的大象。

　　最使我难以忘怀的，是看大象跳舞。那是在芭(bā)堤雅的东巴乐园，一群大象为人们表演。表演的尾声，也是最高潮，在欢乐的音乐声中，象群翩(piān)翩起舞，观众都拥到了宽阔的场地上，人群和象群混杂在一起舞之蹈之，热烈的气氛感染了在场的每一个人。舞蹈的大象，没有一点儿笨重的感觉，它们随着音乐的节奏摇头晃脑，踮脚抬腿，前后左右颤动着身子，长长的鼻

子在空中挥舞。毫无疑问，它们和人一样，陶醉在音乐之中了。这时，它们的表情仿佛也是快乐的。我想，如果大象会笑，此刻所展示的便是它们独特的笑颜。

阅读链接

大象是泰国的吉祥物、国宝，在泰国人民的生活中具有举足轻重的地位。泰国的许多民间传说、文学作品、绘画、雕塑甚至谚语都与大象有关。以柚木雕刻而成的形态各异的大象，是泰国最富有特色的工艺品。大象也是力量与优雅的象征，是泰国人民的骄傲。泰国历史上几次著名的战役不仅与大象有关，而且大象在战争中还立下了赫赫战功。一位泰国历史学家曾说："如果没有大象，泰国的历史可能要重写。"

⑤ 金字塔夜月

杨 朔

听埃及朋友说，金字塔的夜月，朦朦胧胧的，仿佛是富有幻想的梦境。我去，却不是为了寻梦，倒想亲自多摸摸这个民族的活生生的历史。

白天里，游客多，趣味也杂。有人喜欢骑上备着花鞍子的阿拉伯骆驼，绕着金字塔和人面狮身的斯芬克司大石像转一转；也有人愿意花费几个钱，看那矫健的埃及人能不出十分钟嗖嗖爬上爬下近一百五十米高的金字塔。这种种风光，热闹自然热闹，但总不及夜晚的金字塔来得迷人。

作者对月下金字塔静态的描写，突出了金字塔的美妙神奇，让人产生无限的遐思。

我去的那晚上，乍一到，未免不巧，黑沉沉的，竟不见月亮的消息。金字塔仿佛溶化了似的，溶到又深又浓的夜色里去，

临到跟前才能看清轮廓。塔身全是一庹(tuǒ)[①]多长的大石头垒起来的。顺着石头爬上几层，远远眺望着灯火点点的开罗夜市，不觉引起我一种茫茫的情思。白天我也曾来过，还钻进塔里，顺着一条石廊往上爬，直钻进半腰的塔心里去，那儿就是当年放埃及王“法老”石棺的所在。空棺犹存，却早已残缺不堪。今夜我攀上金字塔，细细抚摸那沾着古埃及人民汗渍的大石头，不能不从内心发出连连的惊叹。试想想，四五千年前，埃及人民究竟用什么鬼斧神工，创造出这样一座古今奇迹？我一时觉得：金字塔里藏的不是什么“法老”的石棺，而是埃及人民无限惊人的智慧；金字塔也不是什么“法老”的陵墓，而是这个民族精神的化身。

文章介绍的是金字塔，赞叹的是埃及人民的勤劳和智慧。

晚风从沙漠深处吹来，微微有点凉。幸好金字塔前有座幽静的花园，露天摆着些干净座位，卖茶卖水。我约几位同去的

---

① 庹：成人两臂左右平伸时两手之间的距离，约合5尺。

朋友进去叫了几杯土耳其热咖啡，喝着，一面谈心。灯影里，照见四处散立着好几尊石像。我凑到一尊跟前细瞅了瞅，古色古香的，猜想是古帝王的刻像，便抚着石像的肩膀笑问道："你多大年纪啦？"

那位埃及朋友从一旁笑应道："三千岁啦。"

我又抚摸着另一尊石像问："你呢？"

埃及朋友说："还年轻，才一千岁。"

我笑起来："好啊，你们这把年纪，好歹都可以算作埃及历史的见证人。"

埃及朋友说："要论见证人，首先该推斯芬克司先生，四五千年了，什么没经历过？"

话刚说到这儿，有人喊："月亮上来了。"

生动的描写使冷月生辉。读到这里，你的脑海中浮现出怎样的画面？仔细品读，感悟埃及金字塔夜月的迷人。

好大的一轮，颜色不红不黄的，可惜缺了点边儿，不知几时从天边爬出来。我们就去踏月。

月亮一露面，满天的星星惊散了。远

近几座金字塔都从夜色里透出来，背衬着暗蓝色的天空，显得又庄严，又平静。往远处一望那利比亚沙漠，笼着月色，雾茫茫的，好静啊，听不见一星半点动静，只有三两点夜火，隐隐约约闪着亮光。一恍惚，我觉得自己好像走进了埃及远古的历史里去，眼前正是一片世纪前的荒漠。

而那个凝视着埃及历史的斯芬克司正卧在我的面前。月亮地里，这个约五十七米长的人面狮身大物件显得那么安静又那么驯熟。都说，它脸上的表情特别神秘，永远是个猜不透的谜。天荒地老，它究竟藏着什么难言的心事呢？

除了金字塔之外，最能作为埃及象征的就数狮身人面像了。那么这位安静又驯熟的斯芬克司究竟藏着什么难言的心事呢？

背后忽然有人轻轻问：“你看什么啊？”

我一回头，发现有两个埃及人，不知几时来到我的身边，一个年纪很老了，拖着件花袍子；另一个又黑又胖，两只眼睛闪着绿火，紧端量我。一辨清我的眉目，黑胖子赶紧说：“是中国人吗？看吧，看吧。我们都是看守，怕晚间有人破坏。”

狮身人面像所受的破坏，也是埃及人民所经历的苦难。

拖花袍子的老看守也接着轻轻说："你别多心，是得防备有人破坏啊。这许许多多年，斯芬克司受的磨难，比什么人不深？你不见它的鼻子吗？受伤了。当年拿破仑的军队侵占埃及后，说斯芬克司的神情是有意向他们挑战，就开了枪。再后来，也常有外国游客，从它身上砸点石头带走，说是可以有好运道。你不知道，斯芬克司还会哭呢。是我父亲告诉我的。也是个有月亮的晚上，我父亲从市上回来得晚，忽然发现斯芬克司的眼睛发亮，就近一瞧，原来含着泪呢。也有人说含的是露水。管他呢，反正斯芬克司要是有心，看见埃及人受的苦楚这样深，也应该落泪的。"

我就问："你父亲也是看守吗？"

老看守说："从我祖父起，就守卫着这里，前后有一百二十年了。"

"你儿子还要守卫下去吧？"

老看守转过脸去，迎着月光，眼睛好像有点发亮，接着咽口唾沫说："我儿子

不再守卫这个，他守卫祖国去了。”

旁边一个高坡上影影绰绰走下一群黑影来，又笑又唱。老看守说：“我看看去。”便走了。

黑胖子对着我的耳朵悄悄说：“别再问他这个。他儿子已经在塞得港的战斗里牺牲了，他也知道，可是从来不肯说儿子死了，只当儿子还活着……”

黑胖子话没说完，一下子停住，又咳嗽一声，提醒我老看守已经回来。

老看守嘟嘟囔囔说：“不用弄神弄鬼的，你当我猜不到你讲什么？”又望着我说：“古时候，埃及人最相信未来，认为人死后才是生命的开始，所以有的棺材上画着眼睛，可以从棺材里望着世界。于今谁都不会相信这个。不过有一种人，死得有价值，死后人都记着他，他的死倒是真生。”

读了老看守的话语，你有何感想？

高坡上下来的那群黑影摇摇晃晃的，要往斯芬克司跟前凑。老看守含着怒气说：“这伙醉鬼！看着他们，别叫他们破坏什

么。”黑胖子便应声走过去。

我想起什么，故意问道：“你说原子弹能不能破坏埃及的历史？”

老看守瞪了我一眼，接着笑笑说：“什么？还有东西能破坏历史吗？”

我便笑着说：“对了。原子弹毁不了埃及的历史，就永远也毁不了金字塔。”

老看守也不理会这些，指着斯芬克司对我说：“想看，再细看看吧。一整块大石头刻出来的，了不起呀。”

斯芬克司之谜是古埃及最神秘的谜题之一。如果有兴趣，可搜集相关资料进一步了解。

我便问道：“都说斯芬克司的脸上含着个谜语，到底是什么谜呢？”

老看守却像没听见，径自比手画脚说：“你再看，他面向东方，四五千年了，天天期待着日出。”

这几句话好像一把帘钩，轻轻挂起遮在我眼前的帘幕。我再望望斯芬克司，那脸上的神情实在一点儿都不神秘，只是在殷切地期待着什么。它期待的正是东方的日出，这日出是已经照到埃及的历史上了。

⑥ 迷人的诗魂——绿岛赋（节选）

陈慧瑛

在祖国的东南海疆，有一个迷人的小城。她凌立碧波之上，像玉盘中一茎婷婷的水仙，像翠湖里一朵妩媚的睡莲，像一只掠水的白鹭，像一艘彩色的楼船。“卷帘遥岫(xiù)层层出，望海轻帆片片悬”，写的是这个海岛天然潇洒的风韵；“厦庇五洲客，门收万顷涛”，说的是这个城市宽广豪放的胸怀。她，就是厦门。

开篇作者连续运用四个比喻句，把厦门比作水仙、睡莲、白鹭、楼船，形象地写出了厦门的迷人风光。

花之岛

厦门，这“春来春去不相关，花开花谢何日了”的亚热带名城，一年四季，抬头是绿，低头是绿，人们生活在绿的空气里，不知道大自然有冰欺雪扰。所以，人们称之为“绿岛”。

此情此景，怎能不让人眼前一亮！

隆冬时节，从凛冽的风雪里远道而来的北国游人，踏进小城，只觉得眼前陡地一亮：那墨绿的相思、碧绿的椰树、猩红的玫瑰、粉红的蔷薇、淡黄的蜡梅、金黄的菊花、艳紫的三角梅、雪白的茶花……姹紫嫣红，或长街迎客，或墙头招手，或小院窥人，或幽窗弄姿，真是遇目成色、入鼻皆香。人们只觉得置身春风里，自己也变成这南国花城中的一株树、一朵花了！

涉足厦门的旅人，都不会忘却那给人以美好精神享受的亚热带植物园。这里包罗了松杉园、棕榈岛、玫瑰园、兰花圃、龙眼荔枝园等二十几个专类园和种植区，培育了三千多种奇花异草、佳果美树。这儿有外国学者奉为至宝、人们称之为“活化石”的古代孑(jié)遗植物水杉、银杏；有世界三大观赏树——中国金钱松、日本金松和南洋杉；有非洲旅人蕉，印尼糖棕、牛蹄豆，巴西咖啡树、红果，西印度箬(ruò)棕、大王椰；有直径二米、世界称奇的王莲；有数百种

千姿百态、名噪海内的热带仙人掌；这儿有产于我国而传遍全球的十大名花，还有来自非洲的天竺葵、鸡冠花，来自欧洲的金鱼草、仙客来，来自美洲的长春花、月下香，来自南洋的白纸扇、狗尾红等。至于那“移花接木千里外，雕山塑水一盆中”的万千盆景，更是任你妙笔生花也描摹不尽。真是名花异卉，争娇夺艳；万紫千红，荟萃一城。

多么令人向往啊！这给人以美好精神享受的亚热带植物园。

海之城

这芬芳绚丽的花城，更引人入胜的地方，还是那变幻万千、神奇莫测的大海。既是壮怀激烈、呵气成虹的伟丈夫，又是含情脉脉、风流蕴藉的俊女子；旷达、深沉、气象万千又缠绵悱恻（fěi cè）、侠骨柔肠；给人以美的陶冶、诗的灵感、哲理的启迪、奋斗的楷模——这，就是厦门的海。

厦门的海，最令人依恋的是港仔后的海景，那是天地玄妙的造化。

日光岩的水天相衔和“白马潮”的磅礴气势，一静一动，形成了鲜明的对比，让读者如临其境。

厦门有鼓浪屿岛，岛上有山名日光岩，平地崛起于港仔后海湾。登上日光岩，只见远山浓黛，近水柔蓝，水天相衔，轻鸥点点，风帆漂浮其上，日月沐浴其中。大潮来时，长风鼓浪，波推涛吼，有如千军万马奔腾呼啸而至，这是气势磅礴的“白马潮”，望之令人血沸心热，豪情荡胸。难怪当年民族英雄郑成功要选择在这儿操练水师了。

下日光岩，步入多少中外游客为之流连忘返的菽(shū)庄花园。那里，错落有致的亭台楼阁、伟岸俊逸的红棉翠椰和芳香迷离的花廊曲洞姑且不说，仅它的依山偎海，园浮海上，海蓄园中，就够令人叫绝。在“春江潮水连海平，海上明月共潮生”的夜晚，上下天光，一碧万顷。立“听潮楼”上，倚“小兰亭”畔，眼见轻纱笼海，数叶扁舟神游空蒙；耳听细浪吻沙，一脉幽思，因潮起落。春风过处，钢琴声声，琵琶缕缕，柔曼的舒伯特小夜曲、优雅的《梅花操》……

穿山渡水而来，使人觉得“此曲只应天上有，人间能得几回闻”！园中，那“长桥支海三千丈，明月浮空十二栏”的四十四曲桥，游人们或静坐，或漫步，或骋目清思，或和涛微吟。彼时彼地，天、地、人似乎融为一体，迷幻中令人有羽化登仙之感。遇上风雨交加的日子，大雨落则白浪接天，如张羽煮海；细雨飘则水晕墨染，似西施浣纱。比起风和日丽之时，更有一番缥缈空灵的神韵。

这一贴切的比喻，更让我们对菽庄花园的美有了切身的感受。

组文阅读

本组文章将带领我们走进绿海无边的维也纳森林、清清的塞纳河、美丽的富士山、秀润的庐山。阅读本组文章，不仅可以真切感受到大自然的独特魅力，还能学习作者是怎样运用动静结合的写作手法来描写优美独特的风景的。

① 维也纳森林的故事

冯骥才

维也纳人的骄傲与福气之一，是他们生活在层层叠叠的绿色包围之中。森林不单是维也纳人度假游玩的去处，平日黄昏，人们也常常驱车到城市东北角的卡伦堡山上，敞开肺叶，张开嘴巴，大口吸吮林海散发出来的清新、湿润、凉意和充沛的氧气。放眼远眺，绿海无边，每一棵树都是一朵绿色的浪花，多少棵树才汇成这海一样无边无际的森林？维也纳人的眼睛整天被城市的奇光异彩所眩惑，此刻觉得绿色真是一种净化眼睛和心灵的颜色。

所以，维也纳人喜欢绿色。绿色的家具、窗帘、墙壁、

器皿都是常见的。盐溪湖一带专门烧制一种带有绿色条纹的陶瓷，是奥地利最富特色的民间工艺之一。这里的男人还爱穿绿色西服，打绿色领带，就像温暖的澳大利亚的男人们爱穿淡红色的衬衫一样。

世人只知道这片森林受益于施特劳斯的名曲《维也纳森林的故事》而名扬天下，引来千千万万旅游者，为这座城市赢得外汇，哪里知道维也纳人与这片森林生命攸关，互惠互助，相依相存，因而才给了那位“圆舞曲之王”以创作的灵感、冲动和深情。

维也纳森林到底有多大？有人说面积 40 平方公里，有人说方圆百里。其实这个被称作“森林王国”的奥地利，拥有 370 万公顷森林，整个国土的 44% 被森林所覆盖。处处森林相连，谁能找到这维也纳森林的边缘？

一出城市，到处是这样的景象：向阳的山坡上，林色鲜翠；背阳的山坡上，森森然像一片埋伏在那里披甲戴盔的兵阵。森林之间是大片大片的开满鲜花的牧草，很难看见土的颜色。维也纳森林是指维也纳城市近郊一带的森林，地势最高不过海拔 400 米，很少有针叶树，多为阔叶林，榆、槐、桉、桐等数十种树交相混杂，每逢春至，树上开花，小鸟欢叫，各种野生小动物奔跃其间。这感觉与南部蒂罗

尔州那种高山峻岭、松柏参天、雪溪喷泻的景象全然两样。这里的森林清新柔和、温文尔雅，倒与维也纳这个城市的味道更相调和。

森林不单使人赏心悦目，呼吸舒畅，排除烦恼，它还神奇地调节着气温。在维也纳，无论太阳怎样灼热，只要钻到树荫里便立刻清爽宜人，这感觉异常分明。“太阳地”和“阴凉地”，好似两个季节；中午与早晚，温差非常分明。即使炎夏时节，日落之后，空气会很快凉爽下来，维也纳人在夏天夜里也要盖被子睡觉。特别是一场雨后，天气如秋，气候多变，穿衣常跟不上变化。有时风起雨过，那些等候公共汽车的人群，可谓千奇百怪：有的依然穿背心光膀子，有的已经穿上毛衣和皮夹克。此种奇观，很像中国北方的“二八月乱穿衣”，但这里却是“五六月乱穿衣”了。

我在游览维也纳郊外一座皇家猎宫时，骤然风雷交加，大雨疾降，忽见大片草地冒起浓浓白烟，林间更是烟雾飞扬，很是壮观。这种景象以前很少见到。导游告诉我，这是因为森林和草地吸收阳光的热量，冷雨一浇，顿成烟雾。我才知道森林与草地作用的非凡。

人在地球上繁衍生长，正是大自然万物相互调剂、相互受益、相互依存的结果。万物与环境共存亦共亡。恐龙

正是因环境改变而绝种。倘若人类无知，盲目而任意破坏自己的生存环境,将必是恐龙第二,那便只有等待外星人来，为灭绝的地球人类唏嘘叹息。

维也纳人明白，宜人的气候不只是大自然的恩赐，更是缘于祖祖辈辈对这种恩赐的倍加珍爱。早在1852年，奥地利就颁布了《森林法》，至今已沿用了100余年。这实际上就是严格的森林保护法，它的科学性和应用性结合得很完美。比如采伐，伐掉的那一片林木的空地，正是需要阳光射入、促使森林更好地生长之处。所以，奥地利人从来不缺乏木材，也不缺乏绿色。

如果留心观察，还会发现维也纳人对房前屋后的草地就像对居室内的地毯一样爱惜。你很难发现一小块枯草。他们甚至不肯使用汽车里的空调，担心废气污染草木与空气。在这个百万人口的大城市里，无论何处，张目一看，总有鲜艳的花木在视野之内；放眼望去，空气透明，视线无阻，只要目力所及，那些远远站在楼顶上的一座座雕像的面孔，都能看得一清二楚，绝无尘烟障目……这样，各种各样的鸟儿就像在维也纳森林里一样，无忧无虑地生活在城市的千楼万宇中间。

一天黄昏,我在城市公园正兴致勃勃欣赏露天音乐会，

忽然大厅顶上发出声声异样鸣叫，音调似猫，其声洪大。扭头望去，原来是一只大孔雀站在上面。孔雀是逞强好胜的飞禽，它要与乐队一比高低。这引得欣赏音乐的人们都笑起来，但没有人驱赶它，乐队更起劲地演奏，随后便是乐队与孔雀边奏边唱，奇妙之极。

还有比这表达大自然与人类和谐亲密关系的更美好的颂歌吗？这不正是《维也纳森林的故事》最动人的深层内涵吗？

阅读链接

维也纳是奥地利的首都，素有“多瑙河的女神”之称。这里环境优美，景色迷人，辽阔的东欧平原从东面与其相对，多瑙河从市区静静地流过，到处都流动着美妙的音乐。潺潺小溪，葱葱绿意，各国音乐家聚集于此，不愧有“世界音乐之都”的美誉。

② 一曲清清塞纳河（节选）

刘白羽

在巴黎，我最爱的是塞纳河。

我以为，如果没有塞纳河，巴黎只是精雕细琢的大理石的堆砌而已。我到巴黎，第一眼看到塞纳河碧绿的柔波，就浮起这样一个思想：塞纳河给予巴黎以生命。事实证明了我的想法，巴黎圣母院在塞纳河中心的一个岛上，法国朋友告诉我这个岛是巴黎的摇篮，巴黎是从这个岛上开始的，是在塞纳河的浇灌下诞生的。

在巴黎的那些日子，走来走去总是看到塞纳河。有一次，我坐着汽车沿河边慢慢行驶，看到一丛丛碧绿的枫树直垂到河面上，树荫遮盖下水波幽静得似乎一动不动；另一次，我从桥上经过，看见夕阳在河面上洒下万道金光，塞纳河水激流荡漾；不论是幽静还是荡漾，总之，我觉得塞纳河像一个久经风霜、阅历甚深的历史巨人：它不管在它两边，如何色彩缤纷，纷繁嘈杂，日夜不停，它永远那样超然物外地流着；血水不止一次地倾入它的河身，呼啸

不止一次激荡它的波澜，它永远那样深情而又宁静地流着；在它身边，驰名全世界的法国香水和葡萄酒，像泉水一样抛洒，但它永远那样凝然无动于衷地流着。在这海一样的城市里，开过多么灿烂文明的花朵，出现过多少诗人、作家、画家、歌手，他们忽明忽灭，有的灿若晨星，有的黯然消失，而塞纳河永远滔滔不绝地流着。我每次经过塞纳河，都深情地凝视着塞纳河。

我非常感谢阿尔菲夫妇。我到巴黎的头一个上午，就是阿尔菲夫人亲自开车子，她的女儿安娜做翻译，陪同我们漫游巴黎。阿尔菲夫人跟我说，她的丈夫是外科医生，只有星期天才能陪我们。今天，阿尔菲果然牺牲他的假日来陪我们游塞纳河。阿尔菲说，法国抵抗法西斯运动时期，他才十几岁，在法国中部家乡种田，他的夫人是南方人，那时才七岁。在我同阿尔菲夫妇的接触中，我认识了朴质而又热诚的法国人。他们对我们的友谊是十分感人的。

游塞纳河是我向往已久的愿望，今天终于实现了。阿尔菲大夫把汽车开到游船码头上，我们开始了塞纳河的航行。游船前甲板上有一排排座椅，我们在那儿找了位置坐下。

到了塞纳河中，才觉得塞纳河很宽，波浪也相当汹涌。两岸河墙都是白石砌的，整洁、美观。河两旁的街道，是

路易十四、十五时代建筑的；面向塞纳河的高楼，每一座和每一座样式都不同，但都有落地长窗，阳台有黑铁栏栅，栏栅上满是色彩纷繁的鲜花；沿岸有绿森森的树……这一切都在暗绿色、粼粼闪动的河面上留下朦胧的倒影。

船荡漾着。首先看见高耸云霄的埃菲尔铁塔。塞纳河上有三十几座桥，船从一座又一座的桥下穿过。

不知什么时候天阴起来了。六月巴黎的气候有如北京的春天，我想这是受西面海洋气候的影响，常常一团浓云飞来，就洒一阵蒙蒙细雨，浇得一丛丛金黄的迎春花，一丛丛红玫瑰花那样娇艳。向开阔河面放眼望去，有灰色云在天空上飞奔，随着，蒙蒙雨雾就像轻纱一样拂到面孔上来，河水变成深蓝色，云影急流一闪一闪发出柔和的微光。

船一面航行，阿尔菲大夫一面讲：

“这里是阿尔玛广场。”

“现在我们过亚历山大大街了。”

“你看！那埃及石碑，这是协和广场。”

我记得有一个深夜，我经过协和广场，一位热心的朋友指给我看，说这广场上的灯是世界出名的，我看时，原来广场四周围的路灯，还保存着方形的古老油灯的样子，星星点点，幽暗深邃，确是好看。

船激着浪花昂首前进，古老出名的建筑物迎面而来。

…………

天空上飞驶着大团大团紫葡萄色的云，雾变成细雨，而愈落愈大。

甲板上的人都退到玻璃船舱里去了，而我忘记了这雨，却觉得浇湿我的雨，正在我心灵深处唤起一种难以形容的塞纳河的诗意。雨雾蒙蒙中的塞纳河，就像一幅给水淋湿了的水彩画，正因为有着水渍，那波光、那倒影、那天空、一切的美，都在这一刹那间在雨中出现了。因此，我忘记了雨。我和阿尔菲，和一位担任翻译的朋友，躲在一把雨伞下面，雨伞在掠过河面的风雨中颤抖着，大滴雨珠吹在我们脸上。

阿尔菲大夫非常热情，在雨中陪伴着我，继续指给我看:

“这是法兰西文学院，是17世纪的建筑。”

“现在我们穿过的是塞纳河上最古老的第一座桥，可是它的名字却叫新桥。”

过了桥，雨中矗立着一座骑马的青铜像。

“啊！看，巴黎圣母院！”

那耸立高空的巴黎圣母院的两座钟楼，出现了，慢慢又隐没在云雾中去了。

这时我才发现，阿尔菲大夫只穿着一件短袖衬衫，左臂半边已经淋得精湿，忽然，一种后悔的心情，使我从幻觉回到现实。阿尔菲大夫是一位与癌症做斗争的外科专家，不知有多少危重患者等他治疗，如果因为我，而着凉感冒，那将是我莫大的罪过。原以为雨下一阵就会过去，谁知却愈下愈大了。我以为我们应当到船舱里去，可是，阿尔菲大夫充满热情，笑得那样纯真，安慰我说：

“我是法国北部人，我不怕风雨。”

阅读链接

塞纳河是法国北部的一条大河，是欧洲有历史意义的大河之一。法国首都巴黎就是在塞纳河城岛及其两岸逐步发展起来的，所以巴黎人称塞纳河为“慈爱的母亲”。塞纳河的两岸种植着梧桐树，树林的后面就是风格独特的建筑群，有著名的埃菲尔铁塔、巴黎圣母院等。

③ 自然与人生（节选）

[日本]德富芦花

此刻的富士的黎明

请有心人看一看此刻的富士的黎明。

清晨六时过后，就站在逗子的海滨眺望吧。眼前是水雾浩渺的相模滩。滩的尽头，沿水平线可以看到微暗的蓝色。若在北端望不见相同颜色的富士，那你也许不知道它正潜隐于足柄、箱根、伊豆等群山的一抹蓝色之中呢。

海、山，仍在沉睡。

唯有一抹蔷薇色的光，低低浮在富士峰巅，左右横斜着。忍着寒冷，再站着看一会儿吧。你会看到这蔷薇色的光，一秒一秒，沿着富士之巅向下爬动。一丈、五尺、三尺、一尺，而至于一寸。

富士这才从熟睡中醒来。

它现在醒了。看吧，山峰东面的一角，变成蔷薇色了。

看吧，请不要眨眼睛。富士山巅的红霞，眼看将富士

黎明前的暗影驱赶下来了。一分——两分——肩头——胸前。看吧，那伫立于天边的珊瑚般的富士，那桃红溢香的肌肤，整座山变得玲珑剔透了。

富士于薄红中醒来，请将眼睛下移。红霞早已罩在最北面的大山顶上了。接着，很快波及足柄山，又转移到箱根山。看吧，黎明正脚步匆匆追赶着黑夜。红追而蓝奔，伊豆的连山早已一派桃红。

当黎明红色的脚步越过伊豆山脉南端的天城山的时候，请把你的眼睛转回富士山下吧。你会看到紫色的江之岛一带，忽而有两三点金帆，闪闪烁烁。

海已经醒了。

你若伫立良久仍然毫无倦意，那就再看看江之岛对面的腰越岬(jiǎ)赫然苏醒的情景吧。接着再看看小坪岬。还可以再站一会儿，当面前映着你颀长的身影的时候，你会看到相模滩水汽渐收，海光一碧，波明如镜。此时，抬眼仰望，群山褪了红妆，天由鹅黄变成淡蓝。白雪富士，高倚晴空。

啊，请有心人看一看此刻的富士的黎明。

大 河

子在川上曰：“逝者如斯夫，不舍昼夜。”

人们面对河川的感觉，确乎尽为这句话所道破。诗人千万言，终不及夫子这句口头语。

海确乎宽大，静寂时如慈母的胸怀。一旦震怒，令人想起老天的怒气。然而，“大江日夜流”的气势及意味，在海里却是见不着的。

不妨站在一条大河的岸边，看一看那泱泱的河水，无声无息，静静，无限流淌的情景吧。“逝者如斯夫”，想想那从亿万年之前一直到亿万年之后，源源不绝、永远奔流的河水吧。啊，白帆眼见着驶来了……从面前过去了……走远了……望不见了。所谓的罗马大帝国不就是这样流过的吗？啊，竹叶漂来了，倏忽一闪，早已望不见了。亚历山大、拿破仑，尽皆如此。他们今何在哉！流淌着的唯有这河水。

我想，站在大河之畔，要比站在大海之滨更能感受到“永远”二字的含义。

大海日出

撼枕的涛声将我从梦中惊醒，起身打开房门。此时正是明治二十九年十一月四日清晨，我正在铫子的水明楼之上，楼下就是太平洋。

凌晨四时过后，海上仍然一片昏黑。只有澎湃的涛声。遥望东方，沿水平线露出一带鱼肚白。再上面是湛蓝的天空，挂着一弯金弓般的月亮，光洁清雅，仿佛在镇守东瀛。左首伸出黑黝黝的犬吠岬。岬角尖端灯塔上的旋转灯，在陆海之间不停地划出一轮轮白色的光环。

一会儿，晓风凛冽，掠过青黑色的大海。夜幕从东方次第揭开。微明的晨光，踏着青白的波涛由远而近。海浪拍击着黑色的矶岸、越来越清晰可辨。举目仰望，那晓月不知何时由一弯金弓化为一弯银弓。蒙蒙东天也次第染上了清澄的黄色。银白的浪花和黝黑的波谷在浩渺的大海上明灭。夜梦犹在海上徘徊，而东边的天空已睁开眼睫，太平洋的黑夜就要消逝了。

这时，曙光如鲜花绽放，如水波四散。天空，海面，一派光明，海水渐渐泛白，东方天际越发呈现出黄色。晓月、灯塔，自然地黯淡下来，最后再也寻不着了。此时，一队

候鸟宛如太阳的使者掠过大海。万顷波涛尽皆企望着东方，发出一种期待的喧闹——无形之声充满四方。

五分钟过去了——十分钟过去了。眼看着东方迸射出金光。忽然，海边浮出了一点猩红，多么迅速，使人无暇想到这是日出。屏息注视，霎时，海神高擎手臂。只见红点出水，渐次化作金线，金梳，金蹄。随后，旋即一摇，摆脱了水面。红日出海，霞光万斛，朝阳喷彩，千里熔金。大洋之上，长蛇飞动，直奔眼底。面前的矶岸顿时卷起两丈多高的金色雪浪。

（陈德文　译）

阅读链接

德富芦花，日本近代著名作家。他的作品以剖析和鞭挞社会的黑暗在日本近代文学中独树一帜。他的随笔集《自然与人生》被誉为日本近代随笔文学的经典之作。在德富芦花笔下，人类赖以生息的大自然始终充满生机与活力。色彩绚丽的富士黎明，源源不绝的泱泱大河，夺目耀眼的大海日出……这些自然景象，在作者笔下无不如诗如画，意趣盎然。

④ 登庐山

季羡林

苍松翠柏，层层叠叠，从山麓向上猛奔，气势磅礴，压山欲倒，整个宇宙仿佛沉浸在一片浓绿之中。原来这就是庐山啊！

汽车沿着盘山公路，在万绿丛中盘旋而上。我一边仿佛为这神奇的绿色所制服，一边嘴里哼着苏东坡那一首脍炙人口的诗：

横看成岭侧成峰，
远近高低各不同。
不识庐山真面目，
只缘身在此山中。

我很后悔，在读小学的时候，学习马虎，对岭与峰的细微区别没有弄清楚。到了此时，悔之晚矣。无论横看，还是侧看，我都弄不明白苏东坡用意之所在。我只觉得，苏东坡没有搔着痒处，没有真正抓住庐山的神韵，没有抓住庐山的灵魂，空留下这一首传诵古今的名篇。

到了我们的住处以后，天色已经黄昏。窗外松涛澎湃，山风猎猎，鸟鸣在耳，蝉声响彻，九奇峰朦胧耸立，天上有一弯新月。我耳朵里听到的是松声，眼睛仿佛看到了绿色。我在庐山的第一夜，做了一个绿色的梦。

中国的名山胜境，我游得不多。五十年前，我在大学毕业后，改行当了高中的国文教员。虽然为人师表，却只有二十三岁。在学生眼中，我大概只能算是一个大孩子。有一个学生含笑对我说："我比你还大五岁哩！老师！"这有什么办法呢？我当时童心未泯，颇好游玩。曾同几个同事登泰山，没费吹灰之力就登上了南天门。在一个鸡毛小店里住了一夜，第二天凌晨攀登玉皇顶，想看日出。适逢浮云蔽天，等看到太阳时，它已经升得老高了。我们从后山黑龙潭下山，一路饱览山色，颇有一点"一览众山小"的情趣。泰山给我留下了非常深刻的印象。从审美的角度上来评断，我想用两个字来概括泰山，这就是：雄伟。

六年以前，我游了黄山。从前山温泉向上攀，经过了许多名胜古迹，什么一线天、蓬莱三岛等，下午三时到了玉屏楼。回望天都峰鲫鱼背，如悬天半。在玉屏楼住了一夜，第二天再向北海前进。一路上又饱览了数不清的名胜古迹。在北海住了两夜，看到了著名的黄山云海和奇峰怪石。世

之论者认为黄山以古松胜，以云海胜，以奇峰胜，以怪石胜。古人说："五岳归来不看山，黄山归来不看岳。"这是非常有见地的话。从审美的角度来评断，我也想用两个字来概括黄山，这就是：诡奇。

那一次陪我游黄山的是小泓，我们祖孙二人始终走在一起。他很善于记黄山那一些稀奇古怪的名胜的名字，我则老朽昏庸，转眼就忘，时时需要他的提醒和纠正。当时日子过得似乎平平常常，并没有觉得有什么奇妙之处，有什么值得怀念之处。但是，前几年我到安徽合肥去开会，又有游黄山的机会，我原本想再去黄山的。可是，我忽然怀念起小泓来，他已在千山万水浩渺大洋之外了。我顿时觉得，那一次游黄山，日子过得不细致，有点马马虎虎，颇有一点身在福中不知福的味道。如今回忆起来，情景历历如在眼前。哪怕是极小的生活细节，也无一不温馨可爱，到了今天，宛如一梦，那些情景永远永远不会再回来了。我觉得，再游黄山，谁也代替不了小泓。经过反复的考虑，我决意不再到黄山去了。

今天我来到了庐山，陪我来的是二泓。在离开北京的时候，我曾下定决心，在庐山，日子一定要仔仔细细地过，认真在意地过，把每一个细枝末节，每一分钟，每一秒钟，

都仔细玩味，决不能马马虎虎，免得再像游黄山那样，日后追悔不及。我也确实这样做了。正像小泓一样，二泓也是跟我形影不离。几天以来，我们几乎游遍整个庐山。茂林修竹，大陵深涧，岩洞石穴，飞瀑名泉。他扶着我，有时候简直是扛着我，到处游观。我觉得，这一次确实是仔仔细细地过日子了，一点也没有敢疏忽大意。对一草一木，一山一石，变幻莫测的白云，流动不息的飞瀑，我都全心全意地把整个灵魂放在上面。我只希望，到庐山之游成为回忆时，我不再追悔。是否真正能做到这一步，我眼前还不敢夸下海口，只有等将来的事实来验证了。

庐山千姿百态，很难用一个字或几个字来概括。但是，总起来说，庐山给我的印象同泰山和黄山迥乎不同。在这里，不管是远山，还是近岭，无不长满了松柏。杉树更是特别郁郁葱葱，尖尖的树顶直刺云天。目光所到之处，总是绿，绿，绿，几乎看不到任何别的颜色，是一片浓绿的天地，一片浓绿的大洋。从审美的角度来看，我也想用两个字来概括庐山，这就是：秀润。

我觉得，绿是庐山的精神，绿是庐山的灵魂，没有绿就没有庐山。绿是有层次的。有时候蓦地白云从谷中升起，把苍松翠柏都笼罩起来，笼罩得迷蒙一片，此时浓绿就转

成了青色，更给人以秀润之感。可惜东坡翁当年没能抓住庐山这个特点，因而没有能认识庐山的真面目，成为千古憾事。我曾在含鄱口远眺时信口写一七绝：

近浓远淡绿重重，
峰横岭斜青蒙蒙。
识得庐山真面目，
只缘身在此山中。

我自谓抓住了庐山的精神，抓住了庐山的灵魂。庐山有灵，不知以为然否？

1986 年 8 月 6 日于庐山

日积月累

中国名山

三山：安徽黄山、江西庐山、浙江雁荡山

五岳：东岳泰山、南岳衡山、西岳华山、北岳恒山、中岳嵩山

阅读实践

这四篇文章都运用了动态描写和静态描写的写作方法写身边美景。请找出相关语句积累下来，并体会其表达效果。

文章标题	静态描写	动态描写
《维也纳森林的故事》		
《一曲清清塞纳河(节选)》		
《自然与人生（节选）》		
《登庐山》		

选取本组文章中的一处景物，摘抄相关语句。想一想这样写的好处，并与同学交流。

动态描写

＋

静态描写

阅读交流

这段文字描写了______

______________________，

表现了__________________

______________________。

这段文字描写了______

______________________，

表现了__________________

______________________。

活动三

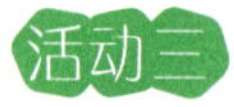

身边处处是美景。请透过镜头寻找身边一处熟悉的景物，并尝试运用静态描写和动态描写来展现它的独特魅力。

贴照片处

静态描写

动态描写

本组文章将带领我们感受不同国家的自然、人文之美，感受世界文化遗产的魅力。希望同学们在阅读中能随手圈画出文中有关静态描写的语句，在反复品读中体会其表达效果。

1 荷兰风车

盛宝军

你一定听说过荷兰这个国家。

荷兰地处欧洲西部，是大西洋东岸的一个小国，亦称尼德兰，但为什么人们习惯称其为荷兰呢？这是因为荷兰有两个省最出名，分别是南荷兰省和北荷兰省，所以它又称荷兰。这有点类似于英国。英国的全称是“大不列颠及北爱尔兰联合王国”，够长的吧？虽然简称联合王国，但是因为它的组成国之一“英格兰”最有名，所以我们称其为英国。

荷兰的面积有 4 万多平方千米（包括内陆海），只相

当于我国河南省的 1/4，或重庆市的一半。这 4 万多平方千米的土地，还有 1/4 低于海平面，地势最低的地方在鹿特丹附近，为海平面以下 6.7 米。“尼德兰”在荷兰语中就是“低地之国”的意思。

通过与我国河南省、重庆市进行比较，让读者对荷兰的国土面积有了较为直观的印象。

等等，有人可能发现问题了，荷兰在大西洋的东岸，又有那么多土地低于海平面，难道不会被海水淹没吗？当然不会了，因为有拦海大堤挡住了海水。其实，这些低地原本都是海洋，是荷兰人在几百年的时间里围海造陆，从大海的手里，一点一点地“抢”来的。

说到这里，就不得不提围海造陆的大功臣——风车了。

荷兰最有名的，莫过于风车、木鞋、奶酪，还有郁金香。

可是，如果没有那些高高耸立的抽水风车，荷兰人就无法从大海中取得近乎国土 1/3 的土地，也就没有后来的奶酪和郁金香了。

风车最早出现在波斯（伊朗的古名）。12 世纪，欧洲也出现了风车。风车是从德国传入荷兰的，但是很多人都认为，是荷兰人于公元 1229 年发明了世界上第一座风车，开始了人类使用风车的历史。准确地说，是荷兰人发明了

世界上第一座为人类提供动力的风车。

风车在欧洲十分普及，荷兰和欧洲其他国家一样，利用临近大西洋，四季盛行西风的有利条件，用风车来碾磨谷物、加工木材、制造纸张、榨油、磨制香料等，用途十分广泛。但是，对荷兰人来说，风车最重要的作用，还是围海造陆。

因为地势低洼，荷兰总是面对海潮的侵蚀，生存的本能给荷兰人以动力，他们筑坝围堤，与海争地。人们在临海的浅滩里修筑堤坝，再利用风车的动力，把堤坝里面的海水排出去。就这样，荷兰人多了一块宝贵的赖以生存的土地，荷兰的国土增加了近 1/3。

在此过程中，风车被不断改良，因为气候潮湿多雨，荷兰人给风车装上了顶篷，为了便于活动，又给风车装上了滚轮。到 18 世纪中叶，荷兰的风车已多达上万架，最大的有好几层楼高，风翼长达 20 米。

随着蒸汽机、内燃机和电动机等动力机械的问世，风车逐渐被淘汰了。现在荷兰还剩下不到 1000 座风车，其中有 200 多座还在继续使用，大部分都是作为历史古迹被保留下来供人参观。荷兰还将每年 5 月的第二个星期六定为“风车日”，这一天全国所有的风车都会转动起来，吸引

无数游人前来观赏。

虽然荷兰已经是一个现代化的国家，但是它并未失去自己的古老传统，象征荷兰文化的风车，仍然忠实地在荷兰的各个角落运转。去过荷兰的人说，荷兰有一种风景叫风车，如童话般美好，看见了就再也忘不掉。

阅读链接

“荷兰”在日耳曼语中叫尼德兰，意为“低地之国”，因为荷兰除南部和东部有一些丘陵外，绝大部分地势都很低，部分地区甚至是由围海造地形成的。人们常把荷兰称为“风车之国”，因为荷兰濒临大西洋，一年四季盛吹西风，这给缺乏动力资源的荷兰提供了利用风力的优厚条件。荷兰还被誉为“鲜花之国”，郁金香是荷兰种植最广泛的花卉，它象征着美好、庄严、华贵和成功，是荷兰的国花。

② 金字塔的来历

陈必祥

在古代埃及，流传着一个动人的传说：很久很久以前，有一位本事很大的法老，名叫奥西里斯。他教会了人们种地、做面包、酿酒、开矿，因此人们都很崇敬他。但是，他的弟弟塞特存心不良，阴谋杀死哥哥，夺取王位。

有一天，塞特请哥哥共进晚餐，还找了许多人作陪。进餐时，塞特指着一只美丽的大箱子对大家说：“谁能躺进这个箱子，就把它送给谁！”奥西里斯被人怂恿（sǒng yǒng）去试了一试。但他一躺进去，塞特就关上箱子，加了锁，把他扔到尼罗河里去了。

奥西里斯被害以后，他的妻子到处寻找，终于找回了尸体。这件事让塞特知道了，他半夜里偷走尸体，把它剖成十四块，扔在各个地方。奥西里斯的妻子又从各处找到了丈夫尸体的碎块，就地埋葬了。

奥西里斯的儿子从小就很勇敢。他长大以后，打败了塞特，为父亲报了仇。他又把父亲尸体的碎块从各地挖出

来，拼凑在一起，做成了干尸“木乃伊”。后来在神的帮助下，父亲复活了。不过不是复活在人间，而是复活在阴间，做了阴间的法老，专门审判死人，保护人间的法老。

文章用奥西里斯的传说开头，引出后文对法老和金字塔的介绍，让整篇文章更有吸引力。

这个传说早先在民间流传。后来埃及法老听到了，便利用它来欺骗人民，说是法老有神的帮助，因此活着是统治者，死后还是统治者。谁要是反对法老，那他不仅在活着时会受到惩罚，死后也会受苦。

从此，每一个埃及法老死后，都要把奥西里斯的故事表演一次。首先是举行寻尸仪式。第二步是举行洁身仪式，即解剖尸体，把内脏和脑髓取出，制成干尸“木乃伊”。方法是先把尸体浸在一种防腐液里，溶去油脂，泡掉表皮。70天后，把尸体取出晾干，腔内填入香料，外面涂上树胶，以免尸体接触空气，然后用布将尸体严密包扎。这样，经久不腐的“木乃伊”就制成了。第三步是诵念咒语，为“木乃伊”开眼、开鼻、开耳、开口，把食物塞进它的嘴里。据说，这样就能像活人一样呼吸、说话、吃饭了。最后是安葬仪式，把“木乃伊”

作者用比较客观的语言，简洁地描述了木乃伊的制作过程。

装入石棺，送进他的“永久住处”——坟墓里去。

在埃及，最早的墓葬形式是在地上挖一个坑，再堆成一个沙堆。以后墓穴越挖越深，成为地下室，在地面沙堆周围砌成石墙。这种坟墓叫作“马斯塔巴”（意为石凳）。

到了公元前27世纪的埃及第三王朝，法老左塞尔认为这种“石凳”不能作为法老的永久住所。于是，他就找建筑师修建了一座巨大的石砌的“马斯塔巴”。但法老嫌它还不够雄伟，又在上面加了五个一层比一层小的“马斯塔巴”，使它高达61米。它的下面，有一个很深的竖坑，可以通往地下的走廊和房间；周围还模仿王城，筑起一道围墙，墙内建筑了祭祀用的殿堂。这就是埃及的第一座塔形的陵墓。因为它的外形很像汉字的“金”字，所以我们中国人称它为“金字塔”。由于这座金字塔由下到上是一级一级的，所以人们又称它为“阶梯形金字塔”。

由“石凳”到金字塔的演变过程，是古代埃及法老对自己的坟墓要求的提升，更是埃及劳动人民智慧的结晶。

以后，历代的法老像着了魔似的想给自己筑金字塔，并且越建越宏伟。第四王朝的法老胡夫即位后，决心要给自己造一个最大的金字塔。他强迫所有埃及的农民、奴隶

都要服这项劳役，每 10 万人组成一班，每班服役 3 个月，轮流替换。

工程开始了。成千上万的人被派到山里去运石头。据估算，每块石头重约两吨半，总共要 230 万块。这么多石块在现代用火车装，需要 60 万个车皮。可是当时根本没有机械的运载工具，怎么办呢？据说，勤劳而聪明的埃及民工想出了很科学的方法：他们把石头放在木橇(qiāo)上，用人或牲畜来拉。可是载有很重石块的木橇在不平整的地上是拉不动的。于是又修建了一条石路。单单修这条路就花了 10 年时间。与此同时，另一批人忙着在工地上开凿地下甬道和墓穴。民工们在又热又闷的甬道里，用青铜做的凿子一块块凿开岩石，又整整用了 10 年时间。

开始砌金字塔了。当时没有起重机，甚至连一根铁杆也没有，怎样把这么多这么重的石块垒起来呢？据说是先砌好地面的一层，然后堆起一个和这一层同样高的土坡，人们就顺着倾斜的土坡把石块拉上第二层。这样一层层砌上去，金字塔有多高，土坡就有多高。塔建成后，土坡变成了一座很大的山，人们又得把它移掉，让金字塔显露出来。这个工程非常艰巨，人们在烈日曝(pù)晒和监工皮鞭下劳动，整整花了 10 年。至于全部工程，据说用了 30 年！

胡夫金字塔是埃及所有金字塔中最大的一座。这座大金字塔原高约 146.5 米，经过几千年来的风吹雨打，顶端已经剥蚀了将近 10 米。它曾经是世界上最高的建筑物。这座金字塔的底面呈正方形，每边长 230 多米，绕金字塔一周，差不多要走一公里的路程。塔身的石块之间，没有任何水泥之类的黏着物，而是一块石头叠在另一块石头上面的。石头磨得很平，至今已历时数千年，人们也很难用一把锋利的铅笔刀插入石块之间的缝隙。

金字塔里共有三处墓室。从北面 13 米高的入口进去，是一条不到一人高的甬道。沿甬道一直向下，走过约 100 米，就到了一个长方形的石室。由于胡夫不满意这个墓室，于是又从下坡甬道的中途，另开了一条上坡甬道，一直通向“王后墓室”。在上坡甬道上端，又开了一条大走廊。过了大走廊有一个墓室，这就是安放胡夫石棺的地方，人们称它为“法老墓室”。

胡夫死后不久，在他的大金字塔不远的地方，又建起了一座金字塔。这是胡夫的儿子哈夫拉的金字塔。它比胡夫的金字塔低 3 米，但有着完整壮观的附属建筑。塔的附近建有两座神庙。庙的西北方，有一个雕着哈夫拉的头部而配着狮子身体的大雕像，即所谓“狮身人面像”。雕像

高 20 米，长 57 米，一只耳朵就有两米高。除狮爪是用石块砌成之外，其他部分都是在一块天然的大岩石上凿成的。它至今已有 4500 多年的历史。

经过这两个大金字塔的建筑，埃及已经被搞得民穷财尽。从这以后，其他法老虽然建造了许多金字塔，但规模和质量都不能和上述金字塔相比。到公元前 23 世纪第六王朝以后，随着古王国的分裂和法老权力的下降，金字塔建筑逐渐衰落。金字塔从发展到衰落，前后延续了 1000 多年时间，其间总共建筑了 70 多座金字塔，散布在尼罗河下游两岸吉萨及其以南的广大地区。后来，由于埃及人民的反抗和有些人的盗墓，常把法老的“木乃伊”从金字塔里拖出来，所以埃及的法老们也就不再建造金字塔，而是在深山里开凿秘密陵墓了。

一座座巨大的金字塔，至今还矗立在开罗近郊起伏的沙丘之中。它们是古埃及悠久历史的见证，也是埃及人民劳动和智慧的结晶。

③ 奈良的味道

冯骥才

如果到奈良东大寺拜观日本最大的佛，先要和鹿儿打交道。离寺门远远的，就见到三三两两的鹿儿站在道上，与游人相戏。还有些大大小小的鹿儿趴在道边歇憩，倘若从小贩那里买一些饼干似的又薄又脆的喂鹿的面饼，就会招得鹿儿上来索食。性急的鹿儿常常用又圆又硬的鼻尖，顶你的肚子或腰眼，向你讨要。那可不怪它们，是你去招的它们！待面饼散尽了，手上遗留食物的香味，难免还会引得鹿儿一路尾随，直至山门。大概是山门左右两尊 8 米高威严下视的金刚大力士把它们吓住了，才放你脱身。如果你回头瞅一瞅，鹿儿停在高高的台阶下，眼巴巴望着你。往往还会有一只跟着吃残渣的鸟落在这鹿儿的背上。

奈良的鹿儿给人的感觉很好。它叫你忘掉城市，想到大自然，虚幻出遥远的历史图像，触摸到早已消失的时光。

奈良太老了。对于日本人的历史，它是京都的父亲。它先是七代天皇的驻地，此后皇城才迁抵京都。这座建于

公元8世纪的平城京，完全仿照中国长安的模样，红门白墙，青瓦绿树，几乎把长安搬到这里来。然而时间乒乒乓乓过了一千多年，长安经过无以数计的战乱，如今面目全非；奈良躲过“二战”的轰炸而依然风韵犹存。

这是一块地面上的活化石。一个不死的历史。

我喜欢奈良，并非它像中国的过去，也不是由于它那尊的确博大恢宏、光芒四射的大佛，而是因为它整座城市都有一种浩然之气，一种旷古的时代感，一种略带荒凉的野味，一种被人遗忘了的气息。

这可能与奈良的历史有关。当年作为皇都的平城京，是一座“没有市民的城市”，只有皇室贵族和官员僧侣，以及他们使用的奴婢仆从、工匠耕农。没有一个自由市民，也没有民居与市井。如今遗存的古迹之间，一如当年都是荒草野林，奔鹿飞鸟。日本人很会保护自己的过去。不占有这些空间，不让“现代”肆狂无忌，而让历史在原来的位置上尊贵地活着。

在奈良看不见一座玻璃幕墙的高楼大厦。

古建筑的一切木质构件上的色彩，大都脱落，任其斑驳，绝不刷新。没有旅游的味道，没有讨厌的金钱欲望在作祟，连刻意保护的痕迹都隐藏了起来。来到奈良才像走进日本

的历史。奈良是个时间隧道，在这里，人们凭着各自的历史知识与素养，在想象中复活昔时的图景，再将自己置身其间，历史便变得无比崇高。

朋友们问我在奈良的感觉。

我说："在古迹中最好的感觉是，忽然自己不是局外人了。"

如果再过一千年，奈良依然是这个样子，那它将是地球上最美的城市。

日积月累

大自然的每一个领域都是美妙绝伦的。

——亚里士多德

我要揭示大自然的奥秘，并以此为人类造福。

——爱迪生

到广阔的天地中去，聆听大自然的教诲。

——布莱恩特

④ 苏兹达利[①]的木屋

冯骥才

苏兹达利是俄罗斯源头的都城，也是俄罗斯屈指可数的整座城市列入世界文化遗产名录的国宝。它的城堡、教堂、修道院都是过往历史幸存的精粹，然而我更想看它古老的民居——木屋。俄罗斯的北方木多石少，民居多为木屋，而苏兹达利作为俄罗斯的发源地，它还保留着一些相当古老的木屋。同时我还关心，这个“世遗”小城，怎么去保护自己的古老民居呢？

真好，苏兹达利人自觉地按照联合国教科文组织保护“世遗”的方式，将城中所有具有历史文化特征的民居——那种窗口与门口带着各种雕饰的尖顶木屋，一座座都修复起来。没人破墙开店，而是像他们祖祖辈辈一样，全都安安稳稳住在里面。那些更古老而不适于居住的民居建筑呢？那种不再使用的传统的生活物品呢？苏兹达利人也没丢掉，

---

① 苏兹达利：今译作苏兹达尔。

而是像一些欧洲国家那样，选一块有水有树的好地方，把这些必须珍惜的古建完好无损地“平移”过去，在欧洲这被称为“露天博物馆”。苏兹达利人叫它“木建筑和农民日常生活博物馆”。这里的古建主要是从苏兹达利和弗拉基米尔两个地区收集与选择来的，包括年代久远和最具代表性的木制的教堂、民宅、粮仓、祈祷室、磨坊、桑拿屋、手工作坊、风车水车等，集中到这里来，像一个自然村落那样安置在林木和草地中间。最早的教堂为1756年所建，铁瓦木墙，形制奇特，与现在俄罗斯的教堂迥异。民居选择了三种：一种是富人的，一种是农人的，一种是商人的。房屋内部用他们昔时各式各样、花样繁多的生活生产的物品布置起来，这些物品都是从农村细心收集来的。在时代的变迁中，最容易丢失的是“民俗文物”。只有这些真实的老物件才会带着过往的生活方式、智慧与韵致；如今也只有在这类博物馆中才能看到这样古老的事物、方式和情景。

比如一个木架子上边伸出一个铁叉，上边夹着一根尺长的木片，前端烧成黑炭，架子下放一个水盆。待问方知，原来这是古时村民使用的灯。俄罗斯林多木多，烧木取亮不用花钱，一片木头烧光再拿一片夹在铁叉中，下边的水

盆用来防止火炭掉落引起火灾。古代的俄罗斯人多么善于生活！再比如那种由人在巨大的木轮里边行走边引水的水车，不仅省力、智慧，还充满劳动的乐趣。如果没有这些实物，谁知道自己的祖先们怎样一代一代活到今天？在这个用实物活化历史的博物馆里，这种独特而有意味的细节随处可见。

如果没有这类博物馆，这些历史不就空白了吗？

露天博物馆是人类从农耕时代跨入工业文明阶段，用以保存大型农耕遗存的一种创造，如今已在世界上广泛采用。村落民居及其生活空间，是无法放在博物馆的室内的，更适于露天保存。我曾在美国、德国、丹麦、芬兰、匈牙利、克罗地亚，以及泰国都见过这样的博物馆，十分赞赏这种保护方式。最早采用露天博物馆的应是丹麦北部的奥胡斯。我国现在对传统村落是一种整体的保护形式，但那些已经失去整体形态的村落中单体的民间遗存呢？如一座庙、一口古井、一个戏台、一座优美的民居，怎么办？集中到露天博物馆是最好的办法。但我国现在称得上村落化的露天博物馆只有山西灵石县的王家大院。

但是苏兹达利这个“木建筑和农民日常生活博物馆”早在 1961 年的苏联时期就开始建立了。如果那时没建，今天这些木屋早已消失不存，想建也无法建了。

⑤ 观秦兵马俑

季羡林

好像从地下涌出来一样，千军万马的兵马俑一个个英姿勃发地突然站立在大地上。说是千军万马，绝不是夸大之词。仅就已知的俑的数目来看，足够编成一个现代化的师，有待于发现的还没有计算在内。

你说这是一个奇迹吗？我同意。这几乎是全世界到中国来参观兵马俑的外国朋友的一致的意见。他们中间有的人甚至说，秦兵马俑这一个奇迹超过了举世闻名的万里长城。但是，同时我也可以不同意。我们伟大的祖国是文明古国，在现在的九百六十多万平方公里的土地上，十亿人口正在从事于万马奔腾的社会主义现代化的伟大建设工作。这是地面上的奇迹，是明明白白地摆在光天化日之下的，是人们都能够看到的。但是在地下呢？谁也说不清楚，究竟还有多少像秦兵马俑这样的奇迹暂时还埋藏在那里。就连邻近兵马俑的地带，地下情况我们也还不是很清楚，何况是这样辽阔的大地呢？

在兵马俑没有涌出来以前，想来地面上也不过是一片青青的庄稼，或者一片荒烟蔓草。这一块土地，同另外任何一块土地完全是一模一样的。两千多年以来，不知道有多少人脚踩过这一块土地，也许在上面种过庄稼，种过菜，栽过树，养过花；也许在上面盖过房子，修过花园。谁也不会想到，就在自己的脚下，竟埋藏着这样多、这样神奇的国宝。中国古人有一句现成的话说："地不爱宝。"现在也许是大地忽然不再爱这些宝贝了，于是兵马俑这样的国宝就一下子涌到地面上来。

今天我们不远千里来到这里，无非是想看一看这些国宝，这些奇迹。一路之上，从西安城一直到这里，看到的当然都是地面上的东西。车过秦始皇陵，看到一个高高的土丘，上面郁郁葱葱，长满了石榴树。因为天气不好，骊山只剩下一片影子，黑魆魆地扑人眉宇。田地里长满了青青的蔬菜，间或也能看到麦苗。麦苗长得还很矮小，但却青翠茁壮。在骊山的阴影压迫之下，这麦苗显得更加青翠，逗人喜爱。

但是在西安引人注意的却不是这些青翠茁壮的麦苗。西安是一个最容易让人发思古之幽情的地方。只要一看到秦始皇陵和骊山，人们的思潮就会冲决这两个地方，向外

扩散。我现在正是这样。我的心思仿佛长上了翅膀，连绵起伏，奔腾流泻。看到半坡，我自然就想到了蒙昧远古的祖先。接着想到的是轩辕黄帝，他的陵墓距离西安不算太远。骊山当然让我想到周幽王和骊姬。始皇陵里埋着妇孺皆知的秦始皇。茂陵是汉武帝的陵墓。这一位雄才大略的大皇帝把自己的大将和大臣都埋葬在身边，霍去病和卫青的墓都在茂陵附近。这两个杰出的年轻的大将军在死后还在赤胆忠心地保卫着自己的主子。

至于唐代，那遗迹更是到处可见。很多地方都与中国文学史上一些非常显赫的诗人的名字联系在一起。抬头一看，低头一想，无一不让你想到唐代诗歌的黄金时代，想到一些脍炙人口的诗句。这里简直是诗歌的王国，是幻想的天堂，是天上彩虹的故乡，是人间真情的宝库。走过灞桥，我怎能会不想到当年折柳赠别的那一些名句和那种依依不舍的友情呢？看到蓝田这个地名，我自然就想到了王维的辋川别墅，想到那些意境幽远的短诗。终南山抬头就能够见到，一看到终南山，吟咏这首诗的声音，就在我耳边响起：

终南阴岭秀，积雪浮云端。
林表明霁色，城中增暮寒。

车子驰过城西北的那一些平原，我不由自主地低吟：

五陵北原上，万古青蒙蒙 。

走过咸阳桥，杜甫的名句自然就在我耳边响起：

耶娘妻子走相送，尘埃不见咸阳桥。

我仿佛看到在滚滚的黄尘中唐代出征军人的身影，他们的父母妻子把臂牵袂，痛哭相送。一走过渭水：

秋风生渭水， 落叶满长安。

这样的诗句马上把我带到了长安的深秋中，身上感到一阵阵的凉意。一想到秋天，我马上就想到春天：

云里帝城双凤阙，雨中春树万人家。

这样春雨中的情景立刻就把千树万树枝头滴着红雨的杏花带到我眼前来，我身上感到一阵阵的湿意。从帝城我联想到大明宫：

九天阊阖开宫殿，万国衣冠拜冕旒 。

我仿佛亲眼看到当年长安的情景，大街上熙熙攘攘，挤满了人，在黄皮肤的人群中夹杂着不少皮肤或白或黑、衣着怪异、语言奇特的外国学者、商人、僧侣、外交官。

…………

总之，在我乘车驶向秦俑馆的路上，我眼前幻影迷离，

心头忆念零乱，耳旁响着吟诗声，嘴里念着美妙的诗句，纵横八百里，上下数千年，浮想联翩，心潮腾涌。我以前在任何时候、任何地方都没有过这样复杂的感情，我是既愉快，又怅惘；既兴奋，又冷静，中间还掺杂上一点似乎是骄傲的意味。

就这样，转眼之间，我们已经到了秦兵马俑馆。

所谓兵马俑馆，是一个硕大无比的大厅，目测至少有几个足球场大。在进入大厅之前，我们先参观了大厅旁边的一间小厅,中间陈列着正在修复中的一辆铜车、四匹铜马。四匹铜马神采奕奕，仿佛正在努力拉着铜车奔驰。一个铜军官坐在车上，驾驭着这四匹马。看到这样精致绝伦的艺术国宝，我们每个人都不禁啧啧称叹：想不到宇宙间竟有这样神奇的珍品，我心中那一点骄傲的意味不由得更加浓烈起来了。

走进了大厅，站在栏杆旁边向下面的大坑里望去，看到一排排的坑道，坑道中，前排的兵俑和马俑都成排成行地站在那里。将军俑、铠甲武士俑、骑马俑等，好像都聚精会神地站在那里，静候命令，一个个秩序井然，纪律严明，身体笔直，一动也不动。兵俑中间间杂着一些马俑，也都严肃整齐，伫立待命。我原以为，这些兵俑都是一个模子

里塑制出来的，千篇一律，不会有什么变化。但是仔细一看才发现，他们的面部表情几乎每一个都不相同：有的像是在微笑，有的像是在说话，有的光着下颌，有的留着胡子，个个栩栩如生，而又神态各异，没有发现一个愁眉苦脸的。他们好像是都衷心喜悦地为大皇帝站岗放哨。他们的“物质待遇”好像是很不错，否则怎么能个个都心满意足呢？我简直难以想象，当年的艺术家是怎样塑制这些兵马俑的。数以万计的兵马俑竟都能这样精致生动，不叫它是宇宙间一大奇迹又叫它什么呢？

我的思潮又腾涌起来，眼前幻象浮动，心头波浪翻滚。蓦地一转眼，我仿佛看到坑里的兵俑和马俑一齐跳动起来。兵俑跑在前面，在将军俑的率领下，奋勇前进。马俑紧紧地跟在后面。有的兵俑骑上马俑，放松缰绳，任马驰骋。后排坑道里那些还没有被完全挖出来的兵俑和马俑，有的只露出了头，有的露出了半身，有的直着身子，有的歪着身子，也都在那里活动起来。在这里，地面高高低低，坎坷不平。它在我眼中忽然变成了海浪，汹涌澎湃，气象万千。兵俑和马俑正从海浪中挣扎出来。有脑袋的奋勇向前。连那些没有脑袋的也顺手抓起一个脑袋，安在脖子上，骑上马俑，向前奔去；想追上前面那些成行成排的俑，一齐

飞出大厅。那四匹铜马拉着铜车四马当先，所向无前。连乾陵的那两匹带翅膀的飞马也从远处赶了来，参加到飞腾的队伍中去。他们一飞出大厅，看到今天祖国已经换了人间，都大为惊诧与兴奋。他们大声互相说着话："我们一睡就是几千年，今天醒来，看到河山大地花团锦簇，人民群众意气风发。我们虽然都有了一把子年纪，但是身子骨还很硬朗。我们休息了这么多年，正有用不完的劲。我们也一定要尽上一份力量，决不能落后。现在是大显身手的好时候了，干呀！干呀！"边说边飞，浩浩荡荡，飞向天空，飞向骊山：

骊山高处入青云，仙乐风飘处处闻。

现在我耳边响起的不是缓歌慢奏的仙乐，而是兵马杂沓，金鼓齐鸣，这些声音汇成了三界大乐，直干青云，跟随着兵俑和马俑，把我的心也夹在了中间，飞驰掠过八百里秦川。

这八百里秦川可真是一块宝地啊！在若干千年中，我们的先民在这里胼手胝足，辛勤耕耘，才收拾出来了现在这样的锦绣河山。就拿西安这一个地方来说吧。在汉唐时期，以它那光辉灿烂的文化，吸引了成千上万的外国朋友，不

远万里，来到这里，或学习，或贸易，或当外交官。西安俨然成为当时世界的中心。城中盛况，依稀可以想象。这一点我在上面已经谈到。今天，又发现了数目这样多、塑制又这样精美、能同世界奇迹长城媲美的兵马俑，锦上添花，又招引来了全国各地的人士和世界各国的朋友，云集此处，都瞪大了眼睛，惊叹不止。在我们来的路上，外国朋友乘坐的车子，络绎不绝。现在在秦俑馆内，外国朋友，男女老幼，穿着五光十色的衣服，说着稀奇古怪的语言，其数目远远超过国内人民。在这样的情况下，作为一个中国人，人们会想些什么呢？别人的心思我无法揣度，我说不出；但是我自己的心思我是清楚的。我在来的路上的那一点淡淡的骄矜之意、幸福之感，现在浓烈起来了。为生为一个中国人而感到骄矜与幸福，难道不是我们共同的感觉吗？

我就是怀着这样的骄矜之意与幸福之感，依依不舍、一步三回首地离开了秦俑馆的。此时天色已经渐渐地晚了下来，骊山山顶隐入一层薄薄的暮霭中。浩浩荡荡的兵俑和马俑的队伍大概已经飞越了骊山，只留下一片寂静，伴随着我驰过八百里秦川。

一花一世界。每一个国家、每一个地区都有其独特的文化。本组文章将带我们领略世界各地的文化。让我们一起跟随作者走进这些美妙的地方，尽享这个精彩纷呈的世界吧！

1 泼水节印象[①]

汪曾祺

作家访问团四月六日离京赴云南，是为了能赶上泼水节。

十一日到芒市。这是泼水节的前一天。这天干部带领群众上山采花。采的花名锥栗花，是一串一串繁密而细碎的白色的小花，略带点浅浅的豆绿。我们到时，全市已经用锥栗花装饰起来了。

泼水节由来的传说是大家都知道的：有一魔王，具无上魔力，猛恶残暴，祸祟人民。他有七个妻子。一日，魔

① 节选自汪曾祺的《滇游新记》。

王酒醉，告诉最年轻的妻子：“我虽有无上魔力，亦有弱点。如拔下我的一根头发，在我颈上一勒，我头即断。”其妻乃乘魔王酣睡，拔取其头发一根，将魔王头颈勒断。不料魔王头落在哪里，哪里即起大火。魔王之妻只好将头抱着，七个妻子轮流抱持。她们身上沾染血污，气味腥臭。诸邻居人，乃各以香水，泼向她们，为除不洁，世代相沿，遂成节日。

这大概只是口头传说，并无文字记载。泼水节仪式中看不出和这个传说直接有关的痕迹。傣族人所以重视这个节，是因为这是傣历的新年。作为节日的象征的，是龙。节日广场的中心有一条木雕彩画的巨龙。傣族的龙和汉族的不大一样。汉族的龙大体像蛇，蜿蜒盘屈；傣族的龙有点像鸟，头尾高昂，如欲轻举。这是东南亚的龙，不是北方的龙。龙治水，这是南方人北方人都相信的。泼水节供养木龙，顺理成章。泼水节是水的节。

节日还没有正式开始，一早起来，远近已经是一片铓锣、象脚鼓的声

把铓锣、象脚鼓声跟北方锣鼓声作对比，仿佛鼓声就在我们耳畔响起，热闹的景象就在我们眼前。动态美的描写独特而富有吸引力，给读者以遐想的空间。

音。铓锣厚重，声音发闷而能传远，象脚鼓声也很低沉，节拍也似很单调，只是一股劲地咚咚咚咚……嘭嘭嘭嘭……不像北方锣鼓打出许多花点，不强烈，不高昂激越，而极温柔。

仪式很简单。先由地方负责同志讲话，然后由一个中年的女歌手祝福，女歌手神情端肃，曼声吟诵，时间不短，可惜听不懂祝福的词句，同时，有人分发泼水粑粑和金米饭。泼水粑粑乃以糯米粉和红糖包在芭蕉叶中蒸熟；金米饭是用一种山花把糯米染黄蒸熟了的。

泼水开始，每人手里都提了一只小水桶，塑料的或白铁的，内装多半桶清水，水里还要滴几点香水，桶内插了花枝。泼水，并不是整桶地往你身上泼，只是用花枝蘸水，在你肩膀上掸两下，一面用傣语说："好吃好在。"我们是汉人，给我们泼水的大都用汉语说："祝你健康。"

"祝你健康"太一般了，不如"好吃好在"有意思。接受别人泼水后，可以也用花枝蘸水在对方肩头掸掸，或在肩上轻轻拍三下。"好吃好在"——"祝你健康"。但是少男少女互泼，常常就不那么文雅了。越是漂亮的，挨泼的越多。主席台上有一个身材修长、穿了一身绿纱的姑娘，

不大一会儿已经被泼得浑身上下都湿透了。

主席台上的桌椅都挪开了，为什么？有人告诉我：要在这里跳舞，跳“嘎漾”。台上跳，台下也跳。不知多少副铓锣、象脚鼓都敲响了。嘭嘭咚咚，混成一片，分不清是哪一面锣哪一腔鼓敲出来的声音。

“嘎漾”的舞步比较简单。脚下一步一顿，手臂自然摆动，至胸前一转手腕。“嘎漾”是鹭鸶舞的意思。舞姿确是有点像鹭鸶。傣族人很喜欢鹭鸶。在碧绿的田野里时常可以看到成群的白鹭。“嘎漾”有十五六种姿势，主要的变化在腕臂。虽然简单，却很优美。傣族少女，着了筒裙，小腰秀颈，姗姗细步，跳起“嘎漾”，极有韵致。在台上跳“嘎漾”的，就是方才招呼我们吃泼水粑粑、用花枝为我们泼水的服务人员，全都打扮得花枝招展，一个赛似一个。我问陪同人：“她们是不是演员？”——“不是，有的是机关干部，有的是商店营业员。”

对“嘎漾”舞动态美的描写，让读者羡慕不已，也想去泼水节的现场，感受那份热闹和激情。

跳“嘎漾”的大部分是水傣，也有几个旱傣，她们也是服务人员。旱傣少女的打扮别是一样：头上盘了极粗的

发辫，插了一头各种颜色的绢花。白纱上衣，窄袖，胸前别满了黄灿灿的镀金饰物。一边龙，一边凤，还有一些金花、金蝶、金葫芦。下面是黑色的喇叭裤，系黑短围裙，垂下两根黑地彩绣的长飘带。水傣少女长裙曳地，仪态万方；旱傣少女则显得玲珑而带点稚气。

泼水节是少女的节，是她们炫耀青春、比赛娇美的节日。正是由于这些着意打扮，到处活跃的少女，才把节日衬托得如此华丽缤纷，充满活力。

晚上有宴会，到各桌轮流敬酒的，还是她们。一个一个重新梳洗，换了别样的衣裙，容光焕发，精力旺盛。她们的敬酒，可有点霸道。杯到人到，非喝不可。好在砂仁酒度数不高而气味极香，多喝两杯也无妨。我问一个岁数稍大的姑娘："你们今天是不是把全市的美人都动员来了？"她笑着说："哪里哟！比我们好看的有的是！"

第二天，我们到法帕区又参加了一次泼水节。规模不能与芒市比，但在杂乱中显出粗豪，另是一种情趣。

归时已是黄昏。德宏州过七点了，天还不暗。但是泼水高潮已过。泼水少女，已经尽兴，三三两两，阑珊归去，只余少数顽童，还用整桶泥水，泼向行人车辆。

有一个少女在河边洗净筒裙，晾在树上。同行的一位青年小说家，有诗人气质，说他看了两天泼水节，没有觉得怎么样，看了这个少女晾筒裙，忽然非常感动。

泼水归来日未曛，散抛锥栗入深林。

铓锣象鼓声犹在，缅桂梢头晾筒裙。

泼水、泼人、被泼，都是未婚少女的事。一出嫁，即不再参与。已婚妇女的装束也都改变了。不再着鲜艳的筒裙，只穿白色衫裤，头上系一个衬有硬胎的高高的黑绸圆筒，背上大都用兜布背了一个孩子。她们也过泼水节，但只是来看看热闹。她们的神情也变了，冷静、淡漠，也许还有点惆怅、凄凉，不再像少女那样笑声朗朗，神采飞扬，眼睛发光。

② 忆日内瓦（节选）

季羡林

扩大的日内瓦会议正在紧张地进行着。全世界爱好和平的人们的目光都集中到这一座世界名城上来。十几年前，我曾在那里住过。现在我的回忆的丝缕又不禁同这一座美妙绝伦的城市联系起来了。

我首先回忆到的就是日内瓦美丽的风光。大家都知道，瑞士全国就是一个花团锦簇的大花园，到处都可以看到明媚秀丽的山光水色，美不胜收，令人目不暇接。到过那里的人，自然会亲眼观察，亲身经历。连没有到过那里的人也会从画片上领略一二，聊当卧游。在全世界范围内，瑞士之美真可以说是家喻户晓，脍炙人口，看来用不着我在这里浪费笔墨加以描绘了。

我只想说一点我的观察，我的体会。在我们国家里，一提到山水之美，肯定说是“青山”“绿水”。这对不对呢？当然是对的。因为这是我们从实际观察中得出来的结

你是否同意这种观点？

果。如果有人怀疑的话，有诗为证。用不着到处翻阅，仅就我记忆所及，就可以举出不少的例证来。唐代诗人韦应物的《东郊》里有这样两句话：“杨柳散和风，青山澹吾虑。”李白的《送友人》：“青山横北郭，白水绕东城。”杜甫的《奉济驿重送严公四韵》：“远送从此别，青山空复情。”最全面的当然是王湾的《次北固山下》：“客路青山外，行舟绿水前。”你看，“青山”“绿水”这里全有了。青和绿这两样颜色，确实能够概括中国山水之美。不管是阳朔，还是富春；不管是峨眉，还是雁荡，莫不皆然。

有关“青山”“绿水”的古诗词，你还能想到哪些？

然而，谈到瑞士的山水，我觉得，青和绿似乎就不够了。我小的时候，很喜欢看瑞士风景画片。几乎在每一张画片上，除了青和绿之外，都还可以看到一种介乎淡紫淡红淡黄之间的似浓又似淡的颜色。我当时颇不以为然，以为这是印画片的人创造出来的，实际上是不会存在的。但是，当我到了瑞士以后，我亲眼看到了这一种颜色，我的疑团顿消，只好承认它的存在了。在白皑皑的雪峰下面，在苍翠蓊(wěng)郁的树林旁边，特别是在小湖的倒影中，有那么一层青中透紫的轻霭若隐若现地浮动在那里，比起纯粹的青和绿来，

更是别有逸趣。如果有人想把这种颜色抓住，仔细加以分析研究，亲身走到山下林中去观察，那么他看到的只是树木山峰，“青霭入看无”，他什么也看不到的。

我不懂光学，我不知道这种颜色是怎样形成的。我只是觉得它很美。对我来说，我看这也就够了。中国古代诗文描绘山水，除了上面说到的青和绿外，也有用紫色的。王勃的《滕王阁序》里就有“烟光凝而暮山紫”这样的句子。住在北京的人黄昏时分看西山，也会发现紫的颜色。但是，这只限于黄昏时分。而在瑞士却不是这样。一日之内，只要有太阳，就能看到这一团紫气，人们几乎一整天都能够欣赏到这种神奇的景色。

我虽然谈的是整个瑞士，实际上也就是谈日内瓦。不过有一条：在日内瓦城内，这景色是看不到的。一旦走进附近的山林中，却可以充分地尽情地享受这种奇丽的景色。我之所以特别喜欢日内瓦，这也是原因之一。

其他原因是什么呢？恐怕首先就是莱蒙湖。我住在那里的时候，每天都是很早就起来。我的第一件工作就是到莱蒙湖边去散步。湖这样大，水这样深，而且又清澈见底，在世界上其他国家确实是极罕见的。湖的对岸是高耸入云的雪峰，就是在夏天，上面的积雪也不融化，一片白皑皑

的雪光压在这一座美丽的小城上面，使人随时都想到“积雪浮云端”这样的诗句。而湖面的倒影，似乎比上面的对立面还更动人，比真实的东西还更真实——白色显得更白，红色显得更红，绿色显得更绿——这些颜色混合起来，在波平如镜的湖面上，绘上了一幅绚烂多彩的图画。

在湖边漫步的时候，几乎每次都能够看到一两只或者三四只白色的天鹅，像纯白的军舰一样，傲然在湖里游来游去。据老日内瓦人说，这些鹅都是野鹅，它们并不住在日内瓦，它们的家离日内瓦还有上百里的路程。每天它们都以惊人的速度从那里游来；到了一定的时候，再游回去，天天如此。对我来说，这也是非常新鲜的事。我立即想到欧洲的许多童话，白天鹅在里面是主人公，它们变成王子或者公主，做出许多神奇的事情。我面对着这样如画的湖山，自己也像是走进一个童话的王国里去了。

日内瓦的好地方多得很。这里有列宁读过书的地方，有卢梭的纪念碑，有整齐宽敞的街道，有五颜六色各式各样的楼房别墅，还有好客的瑞士人。这一切都是回忆的最好的资料。可惜我离开日内瓦时间已经太久了，到现在有点朦胧模糊。即使自己努力到记忆里去挖掘，有时候也只能挖出一些断片，连不成一个整体的东西了。

无论如何，日内瓦留给我的印象是非常美妙的，我自己也常常高兴地回忆它。就算是只能回忆到一些断片吧，它们仍然能带给我一些快乐。这一次又回忆到这一座中欧的名城，情形也不例外。

③ 西班牙广场，罗马最酷的地方

徐 鲁

比利时作家居尔韦尔在他的小说《罗马时光》里写过一句话:“在罗马,什么都得从远处看。”他的意思大概是说,如果走近仔细看，整个罗马不过是断垣(yuán)残壁，废墟一堆。只有站在远处,最好是在夕阳西沉,薄暮的余晖笼罩着全城,所有的宫殿和教堂的圆顶与尖顶，还有石柱、凯旋门、城墙、广场……都蒙上了一层橙红色的时候，你才能感到这座历史古城的苍茫意味。真正的罗马已经进入时光的深处,我们所看见的今日的罗马，只是昨天的罗马的背影，而背影之美，只有从远处看，方能感知和发现……

然而，当我徜徉在开满鲜艳的杜鹃花的西班牙广场，我突然觉得，居尔韦尔的话只说对了一半。不，罗马也可以从近处看。靠近罗马，你会发现，它所拥有的不光是旧苑荒台，还拥有与久远的历史相互映照的现代繁华、现代之美。西班牙广场，就是罗马的华丽转身，是罗马最酷的地方。

四月明媚的阳光洒满了广场，使这里一下子变得像夏日一样。仿佛全世界的游客，都坐在由建筑大师桑克迪思设计的雄伟的大台阶上：有的腰上捆着厚厚的毛衣和外套，显然刚从冬天里走来；有的穿着袒肩露臂的短衫和短裙，提前进入热烈的夏天。大红色、粉红色和黄色的杜鹃花，盛开在每一级台阶上，每一级台阶上都坐满了人。他们似乎都很悠闲，都那么从容不迫，什么也不做，来这里只为了在台阶上坐上半天乃至一整天，沐浴着阳光，欣赏着来来往往的游客。殊不知，你坐在那里看风景，看风景的人也在远处看你。

据说，罗马的新娘们也喜欢身着洁白的婚纱，挽着幸福的新郎来到这里，以大台阶和杜鹃花为背景拍照留念。浪漫的情人们也喜欢以西班牙广场作为约会地点：某日某时，请在从下面往上数第几级台阶上等我，不见不散哟！或者，明日午后，我们在广场上的“破船喷泉”左侧见面，然后去阿根廷广场剧院……

难怪《罗马假日》会选择这里作为它的主要场景地。只要你在这里稍坐片刻，你就会觉得，这里的确是一个欢乐、热闹和富有浪漫情调的地方。

在 17 世纪时，这里曾是西班牙的领土。西班牙第一个

驻罗马教廷大使馆西班牙宫就设在这里，西班牙广场因此而得名。18 世纪以后，这里成了罗马最繁华、最时尚和最引人入胜的地方。

它四周的街区上有着全罗马最豪华的贵族旅馆，两个世纪以来一直是罗马乃至全欧洲文化艺术家们聚会的地方。歌德、司汤达、拜伦、雪莱、济慈、巴尔扎克、李斯特、柏辽兹等作家和艺术家，以及许多欧洲贵族，都曾在这里居住。英国诗人济慈就是在广场脚下靠右边的一所房屋里去世的，如今那里成了济慈、雪莱纪念馆。

尤其是世界各国一些尚未成名的画家，都以能来西班牙广场画上几笔，参加一次艺术台阶上的露天画展，或者能在广场周围的画廊里露一露面，而感到荣耀和满足。无论哪个季节，坐在广场上认真地给游客们画着水彩肖像的无名画家，随处可见。说不定这些一副“披头士”模样的人，明天就会成为另一位伦勃朗、柯罗或达利。

在西班牙广场与人民广场之间的孔多蒂街，是罗马最有名的精品街。许多设计大师的品牌，都在这里汇集，毫无疑问，这条街是所有时尚品牌崇拜者的乐园。

开办于 1760 年的著名的“希腊咖啡馆”，也坐落在这条街的 85 号。仅从咖啡馆的门面上，似乎看不出它有多么

高级和华贵，不过它门口所显示的“1760”等字样，已经分明告诉了你它悠久的历史和无与伦比的身份。如果你有幸能够走进去喝上一杯，同时看见了身穿黑色燕尾服的服务生为你送上的一份小礼物——那是200多年来，光顾此店的一些伟大客人的名单，其中包括歌德、瓦格纳、门德尔松、司汤达、托斯卡尼尼、柏辽兹、安徒生等，这时候你就会明白，为什么这里的一杯普通的卡布其诺咖啡也需要1万里拉的道理了。

“到处都可以发现美丽的橙红色。在慢慢形成的色泽下，含有一种暖暖的光彩和淡淡的韵味。”

旅行家拉尔博眼中的罗马到处都可以发现美丽的橙红色，而且有着暖暖的光彩和淡淡的韵味。你感觉到了吗？

这是今天的罗马留给著名的旅行家拉尔博的最深的视觉感受。

他还说道：“当我们放下工作，走出我们在书中畅游的那许多世纪的时候，罗马的每个角落，每个与世界上任何其他地方都不相同的角落，以及罗马的每一处生动的、随时光而变换的景色，都将向我们说明罗马现在的时刻，和罗马天空的色彩。”

拉尔博所看到的罗马，和居尔韦尔看到的罗马是不一

样的。

没有错，走出土灰色的废墟和光线幽暗的史书、教堂、博物馆，来到阳光明媚、鲜花盛开的西班牙广场上，你会看到一个现代的、浪漫的、橙红色的罗马，是赫本和派克的罗马，费里尼的罗马，一个最酷的罗马。

阅读链接

意大利首都罗马被誉为“万城之城”，有着辉煌的历史和丰富的文化遗产。城市分古城与新城两部分，古城多古罗马时期建筑遗迹，如罗马大角斗场、大杂技场、君士坦丁凯旋门、潘提翁神庙等。古罗马遗迹规模宏大，令人浮想联翩，流连忘返。

④ 最爱“喝”点什么的国家

李　真

民以食为天，也以喝为乐。在地球上大大小小的200多个国家和地区里，每个地方的人们都有着不同的饮食习惯，关于“喝”的方面，也有着风格迥异的特征。

最爱喝啤酒的国家

说到最爱喝啤酒的民族，德国人当之无愧。德国是一个有着几百年啤酒文化的国家，国内有各类啤酒厂1300多家，生产的啤酒种类有5000多种。德国出产的啤酒口味纯正，品种丰富，深受世界各地人民喜爱。

慕尼黑啤酒节是德国盛大的节日之一，每年9月末到10月初在德国的慕尼黑举行，持续两周，到10月的第一个星期天为止。啤酒节期间，人们不仅能喝掉几百万升的啤酒，还会举行盛大的开幕仪式和一系列盛装巡游活动，人们把自己打扮成古代衣着考究的贵族公爵或身披绫罗绸缎的王妃贵妇，驾着鲜花装扮的古典马车，浩浩荡荡地穿

过慕尼黑的市中心。作为远道而来的游客，你会被热情好客的当地人请进啤酒帐篷里，坐在长条木板凳上，和他们一起畅饮啤酒。

德国人的啤酒杯也很讲究，他们喜欢用小麦啤酒杯，这种收腰很窄、底部和顶部略宽的酒杯可以很好地展现小麦啤酒的香气，并保留丰富的泡沫。此外，德国常见的啤酒杯还有形似靴子的啤酒杯、带把手的扎啤杯等。

德国人喝啤酒，通常互撞酒杯后才喝第一口，还有些人在干杯后习惯将酒杯在桌上放置一下再喝，原因是他们认为干杯后导致啤酒摇晃，放置一下等啤酒稳定了再喝口感会更佳。德国北方人喜欢喝熟啤酒，南方人则喜欢喝小麦啤酒和淡啤酒。

啤酒被称作“液体面包”。德国人每人每年的啤酒消费量约130升，他们之所以爱喝啤酒，离不开他们悠久的啤酒文化和纯正的酿酒工艺。

最爱喝红茶的国家

英国人对红茶情有独钟。英国有着300多年的饮红茶历史。英国人在晨起之后要饮早茶，他们的早餐就以红茶为主要饮品。到了下午，他们一定要饮一天中最重要的下

午茶。

英国有句谚语："钟敲四下，一切为下午茶停下。"由此可见下午茶对英国人的重要性。英式下午茶的饮用时间是下午四点左右。一般来讲，下午茶的专用茶有锡兰红茶、伯爵红茶、祁门红茶等。喝茶时总要配上点心，正式的英式下午茶点需用三层点心瓷盘盛装，最下层放三明治、手工饼干等咸味食物，中间层放传统英式点心司康饼，最上层放蛋糕及水果塔等甜点。

喝英式下午茶时要注意：拿茶杯时不要翘小拇指；喝茶时不要看茶杯上方，要往茶杯里面看；不要把茶匙放在茶杯里，要放在茶盘里。

最爱喝咖啡的国家

北欧人向来爱喝咖啡，芬兰是世界上人均年消耗咖啡最多的国家。据统计，芬兰人平均每人每年要喝掉 12 千克的咖啡。芬兰人喜欢喝咖啡和他们悠闲安逸的生活态度有关，对于芬兰人而言，喝咖啡和吃饭一样是每天例行的日常。在首都赫尔辛基，咖啡馆更是遍布大街小巷。

咖啡树原产于非洲埃塞俄比亚西南部的高原地区。据说，一千多年前，一位牧羊人发现羊吃了一种植物后，变

得非常兴奋活泼，进而发现了咖啡。咖啡中的咖啡因有强烈的苦味，咖啡有着提神、解酒、减轻肌肉疲劳、促进消化液分泌等功效。

咖啡的种类很多，有拿铁、美式、摩卡等。无论喝哪一种咖啡，沉浸在咖啡里的休闲时光，应该都是芬兰人日常生活中最惬(qiè)意的享受了。

日积月累

湖泊最多的国家：芬兰

地势最低的国家：荷兰

高峰最多的国家：尼泊尔

海岸线最长的国家：加拿大

⑤ 梦里星洲[①]

陈慧瑛

自从红灯码头买棹归来，从此一轮秋影转金波，星洲梦里，梦里星洲，弹指间已是数十个年头……

日月永远年轻而回忆总是古老，虽然光阴流逝，人间变化万千，但时时来我梦中的星洲，依然是儿时模样。

那时候，新加坡岛上，到处种满了甘蔗、树胶、甘蜜、椰子、米谷和胡椒；新加坡河上，偶尔还有鳄鱼逍遥。在这个印度洋、太平洋、大西洋三大洋航海家们聚首相会握手言欢的举世闻名的港口，来自世界各国的船舶悬挂着五彩缤纷的旗帜，停泊场上，搬运工人们用着各种语言高声叫嚷。如果你是外国游人，那些手脚灵便的儿童小贩，便会笑眉笑眼地追随左右，殷殷勤勤地塞给你珊瑚、贝壳、鹦鹉、檀香盒子，以及各种各样的工艺品，那一份热情令你即使囊中羞涩也无法空手离去。

---

① 选自陈慧瑛的《星洲如梦》。星洲是新加坡的旧称。

那时候，新加坡的“的士”还很有限，街上随时可见印度人驾驭的系一串铜铃的马车，满街叮叮当、叮叮当地招摇而过；人力车也比比皆是，车夫有马来人也有中国人，他们最熟悉的几个英文单词是 ship（轮船），city（城市）和 club（俱乐部），无论客人向他们诉说什么，他们总是温和朴实地笑一笑，回答一句 Yes，all right（是的，当然），然后沉稳地拉起车，款款地把游客从城里拉向码头，或者从码头拉往街区。

对于中国人来说，旧日的星洲街市有着非常浓烈的华埠(bù)韵味，甚至不少街名也一如我们家乡，因此令人终生难忘。那儿有条街，名叫间口，又叫宝字街场，是三四十年代华侨聚居之地；有一条福建街，曾经是闽人盈集之处，也是造马车的地方；有吉宁仔街，栖息着成群结队的吉宁船夫；还有一条蓝兜巷——街巷的空地上长满了美丽的蓝兜花，当地华侨向马来人学习，煮饭时放上一把蓝兜叶，于是，午饭时分，一巷蓝兜飘香……最有意思的是诗书街，不说别的，仅仅街名就是中国的风格了。

那时候，侨居新加坡的欧洲居民，除了办事或上俱乐部，大多住在郊外那些庭前院后棕榈树摇曳的精美的小洋房里。市区里林林总总的银行、货栈，大大小小的商店、市场，

则几乎全为中国人所包揽。扰扰之声大抵是闽南话和潮汕话，风雨剥蚀的骑楼和鳞次栉比的小摊小贩恍如当年中国的厦门或广州。

记忆中的新加坡海面永远平静，停泊在黄昏里的巨轮，露天甲板上总放着一架钢琴，船员们高兴时，往往边弹琴边跳卡德里尔舞。在椰子树下，在微风轻扬的海岸上，落日的余晖使赤道上的一切充满了诗情画意。

当时，我那身着艳丽纱笼、头绾一柄镂花银汤匙的秀媚如花的马来保姆，常常用背带把我揽在胸前，穿遍大街小巷，看街景车马人流，吃中国的肉粽咸粥，也吃马来风味的椰丝沙茶、咖喱牛肉……

当时，我的外祖父住在星洲岛上离巴塔山不远的直落亚逸，那儿，有许多斑斓的故事和儿时的梦依偎相连。其中总难忘怀的是长辈们传说中的福康宁炮台山——据说星洲原名淡马锡岛，12 世纪时巨港王子在古淡马锡岛建都时，才将此岛改名为新加坡，并在福康宁山（当时称为禁山）上修筑了豪华富丽的王宫。禁山背后有一条清凌凌的小溪叫禁河，古星洲王的一群年轻美貌的妃子，常常到这儿来沐浴嬉戏，当年此山被封为禁区，不许平民登临观赏，禁山也因而平添了几分神秘气氛。当然，在 19 世纪初莱佛士

踏上新加坡之后，禁山依然苍绿，王宫已成废墟，而澄澈温柔的禁河流水寂寞地流过历史、流入城市，沿着宝淡卜街流进我的童年，从此成了浪漫星洲家喻户晓的淡水河……

那些星星点点的人事，那些朦朦胧胧的风景，那些凄丽迷人的传闻，说来奇怪，时空的距离不曾使它们褪色，相反地，在我心中，那一份温馨的记忆伴随岁月的积淀却愈加执着。

阅读链接

新加坡共和国，旧称“新嘉坡”“星洲”“星岛”，别称为“狮城”，是东南亚的一个岛国。

据说公元14世纪，苏门答腊的“室利佛逝王国”王子乘船前往小岛环游，看见岸边有一头异兽，当地人告诉他是狮子。因为狮子具有勇猛、雄健的特征，他认为这是一个吉兆，于是决定建设这个地方。

⑥ 纸莎(suō)草和最古老的纸画

冯骥才

世界上最古老的纸画在哪里?

我想,绝大多数中国人都会不假思索地说:“在中国!”

但这个回答的来源并非一种史实,而是一种印象。原因有二:一、纸是中国的四大发明之一,始用纸作画者当属国人;二、中国人在元代以前基本上是用帛和绢作画,只有苏轼和文同少数几个人展纸一试,这是读过艺术史的人早已明白的常识。故而中国人沾沾自喜地认定自己是纸画的鼻祖。

其实,早在 1898 年,考古学家们就从开罗附近法老的墓葬品中,发现绘制精美的纸画了。这些纸画距今至少有 5000 年,也就是 50 个世纪!

古埃及人这种纸画所采用的纸,与我国东汉宦官蔡伦用树皮和麻布做原料来制造的纸完全不同,它是直接取自尼罗河三角洲生长的一种水草,名叫 Papyrus,一译纸莎草,一译纸草。这种草丛生着修长的叶子,中间伸出一根根大

拇指粗的很长很长的茎秆，最长达5米，顶端开花，状似灯芯草。古埃及人便用刀割下这茎秆，切成一段段，削去绿色的外皮，再将里边甘蔗一般白色的茎心切成极薄的片儿，浸泡在水中；6天之后取出来，用圆形木棍擀去茎片里的水分和糖分，以防生虫，然后把这些薄薄的茎片像编竹席那样编成一张张，放在重物下压平，便成了一种草制的纸，也称纸莎草纸，或草纸。这种草纸光洁柔韧，富有弹性，纸面上有草茎的纤维经纬交织，非常美观。而且纸莎草纸经过编织与黏结，可以制作得很大。在出土的纸莎草纸中，最长的竟有40米。它的使用价值也就很高。

自从古埃及人发明和创造了可以书写和绘画的纸莎草纸，他们的文化便更加灿烂辉煌。他们的生活、事件、思想、宗教，得以记载下来。历史有了记录，文化有了积累，终于也有了珍贵的文献传之后世。古埃及的象形文字和祭祀体文字都必须由具有高度书写才能的书记官来完成，这些书写在纸莎草纸上的古代书法，还是极为美妙的艺术品。同时，富有才华的古埃及人，又将他们画在石壁上、泥板上和陶片上的美丽的图画，搬到纸莎草纸上来，由此而诞生的纸画便成了古埃及艺术最富魅力的形式之一。

纸莎草纸天然是一种棕色，或深或浅，偏黄偏红，很

像我国古画年深日久之后的那种颜色，古雅又柔和。古埃及最早使用的书写墨水是黑色或红色的。红色如同砖红，黑色相当于中国的墨色，用以勾勒形象轮廓。古埃及的纸画以线描为主，线条中没有情绪，力求勾画准确；线条中间平涂色彩，这些颜料都是使用动植物和矿物的原色，故而绚丽明朗，富于装饰意味，与早期中国工笔重彩画酷似。还有，他们使用的笔也是用这种草茎削成的，茎秆柔软，因此线条很少尖锐锋利，也缺少中国的毛笔那样丰富的变化与表情。然而，艺术总是在限定中创造自己。为此，埃及的绘画才分外的简洁、凝重和古朴。

世界上一切民族的形成、存在和繁衍，都离不开水的恩泽。对于几乎整个被黄沙覆盖的埃及，尼罗河里流淌的全是圣水。蓝幽幽的波涛冲开茫茫沙海，并在它两岸硬催发出生命的绿。它不仅给埃及人带来果腹的食粮和遮体的衣棉，还滋养出这种使埃及文明大放异彩的纸莎草。他们的纸和笔全来自这种奇妙的草啊！埃及人感激上苍的这一恩赐，纸画中便常常可以看到被他们奉若神明的纸莎草的形象与图案，连卢克索神庙巨大石柱的柱头，也雕刻着绽开的美丽的纸莎草花……离举世闻名的吉萨金字塔不远的一家专门制作纸莎草画的画店里，一位年轻的姑娘切断一

根纸莎草的茎秆，她让我看看这茎的剖面，竟是三角形的。她说：“瞧，金字塔！”她的眸子像星星一般发光，她为这天生如此神奇的纸莎草感到自豪！

古埃及的文化在被阿拉伯征服后渐渐消失，纸画也随之消亡。直至1798年拿破仑的军队入侵，古埃及的文明才被重新发现并由此惊动了欧洲。100多年来，随着西方考古学家蜂拥到达埃及，发掘法老墓葬，纸画得以重见天日。但此时它仅仅是珍奇的历史文物，古老的造纸技术却久已失传，世无人知了。

幸亏有个名叫哈桑·拉杰布的埃及人。他在1956年5月中埃建交后曾任埃及驻华大使，并与周恩来一辈领导人情谊笃(dǔ)深。拉杰布对古代的纸莎草纸有特殊兴趣，1968年退休后，潜心研究纸莎草纸制造技术，并终于找到了古人的方法，货真价实的纸莎草纸重新被仿制出来。他还将古埃及的绘画成功地再现在纸莎草纸上。阔别已久的纸画重获新生。如今在埃及已经可以买到这种绘制精美、风情别样的纸画了。

从公元之始，随着法老时代的结束，纸莎草纸的制造中断了2000年。这期间正是中国的造纸技术通过丝绸之路传到了西亚、近东和欧洲，其中也包括埃及。古埃及的造

纸是把植物直接捶压成纸，古中国的造纸却是将树皮和麻布漂洗、粉碎，先制成纸浆，再造为纸。在原理上它们的相同之处是，都利用了植物的纤维；不同之处是，一个对原料直接利用，一个分解和再造。应该说，古代人类的造纸有两个源头，分别是埃及和中国。由于古埃及历史中断，造纸技术一度失传，对人类文化的发展也失去影响；中国的历史却绵延不断，造纸技术传布世界。近代世界的造纸原理便源于中国。

尽管古埃及的纸莎草纸非常原始，但它毕竟是人类最古老的纸。那么埃及人画在这种纸上的画，也应该被认为是最古老的纸画了。

说到此处，且不知道这种观点，何人和之，何人否之？

《边城》

沈从文

汪曾祺先生曾说，《边城》的语言是沈从文盛年的语言，最好的语言。既不似初期那样的放笔横扫，不加节制；也不似后期那样过事雕琢，流于晦涩。这时期的语言，每一句都“鼓立”饱满，充满水分，酸甜合度，像一篮新摘的烟台玛瑙樱桃。

沈从文的小说独具地方特色，其题材、人物、自然景色、风土人情、语言，无不涂上“湘西”的标记。他特别善于揭示湘西一代一代流传的古风习俗、人情世态所包含的人情美和风俗美，读来令人神往，令人惊叹。加上沈从文运用泥味土香十足的方言土语，更使这部小说充满浓郁的湘西特色。

作者简介

沈从文（1902—1988），中国著名作家，原名岳焕，笔名休芸芸、甲辰、上官碧、璇若等，乳名茂林，字崇文，湖南凤凰人，苗族。创作中影响较大的是乡土小说，主要表现士兵、船夫和湘西少数民族的生活，富有人情美和风俗美。代表作有小说《边城》《长河》，散文集《从文自传》《湘行散记》等。

在川湘交界的茶峒(dòng)附近，小溪白塔旁边，摆渡船的老船夫与外孙女翠翠相依为命。茶峒城里有个船总叫顺顺，他有两个儿子，老大叫天保，老二叫傩(nuó)送。端午节翠翠去看龙舟赛，偶然遇见青年水手傩送，彼此留下了深刻的印象。老大天保也托人向翠翠提亲，兄弟俩用唱歌的方式，让翠翠选择。后来，天保乘船外出经商出了事，老船公在一个风雨之夜去世，翠翠在乡亲们的帮助下埋葬了祖父，在老军人杨马兵的热心陪伴下，等待着傩送的归来。

两省接壤处，十余年来主持地方军事的，知道注重在安辑保守，处置还得法，并无特别变故发生。水陆商务既不至于受战争停顿，也不至于为土匪影响，一切莫不极有秩序，人民也莫不安分乐生。这些人，除了家中死了牛，翻了船，或发生别的死亡大变，为一种不幸所绊倒，觉得十分伤心外，中国其他地方正在如何不幸挣扎中的情形，似乎就还不曾为这边城人民所感到。

边城所在一年中最热闹的日子，是端午、中秋和过年。三个节日过去三五十年前，如何兴奋了这地方人，直到现在，

还毫无什么变化，仍旧是那地方居民最有意义的几个日子。

端午日，当地妇女、小孩子，莫不穿了新衣，额角上用雄黄蘸酒画了个王字。任何人家到了这天必可以吃鱼吃肉。大约上午十一点钟，全茶峒人就吃了午饭，把饭吃过后，在城里住家的，莫不倒锁了门，全家出城到河边看划船。河街有熟人的，可到河街吊脚楼门口边看，不然就站在税关门口与各个码头上看。河中龙船以长潭某处作起点，税关前作终点，作比赛竞争。因为这一天军官、税官以及当地有身份的人，莫不在税关前看热闹。划船的事各人在数天以前就早有了准备，分组分帮，各自选出了若干身体结实、手脚伶俐的小伙子，在潭中练习进退。船只的形式，和平常木船大不相同，形体一律又长又狭，两头高高翘起，船身绘着朱红颜色长线，平常时节多搁在河边干燥洞穴里，要用它时，才拖下水去。每只船可坐十二个到十八个桨手，一个带头的，一个鼓手，一个锣手。桨手每人持一支短桨，随了鼓声缓促为节拍，把船向前划去。带头的坐在船头上，头上缠裹着红布包头，手上拿两支小令旗，左右挥动，指挥船只的进退。擂鼓打锣的，多坐在船只的中部，船一划动便即刻蓬蓬铛铛把锣鼓很单纯地敲打起来，为划桨水手调理下桨节拍。一船快慢既不得不靠鼓声，故每当两船竞

赛到剧烈时，鼓声如雷鸣，加上两岸人呐喊助威，便使人想起小说故事上梁红玉老鹳(guàn)河时水战擂鼓种种情形。凡把船划到前面一点的，必可在税关前领赏，一匹红、一块小银牌，不拘缠挂到船上某一个人头上去，都显出这一船合作努力的光荣。好事的军人，当每次某一只船胜利时，必在水边放些表示胜利庆祝的五百响鞭炮。

赛船过后，城中的戍军长官，为了与民同乐，增加这个节日的愉快起见，便派兵士把三十只绿头长颈大雄鸭，颈脖上缚了红布条子，放入河中，尽善于泅水的军民人等，自由下水追赶鸭子。不拘谁把鸭子捉到，谁就成为这鸭子的主人。于是长潭换了新的花样，水面各处是鸭子，同时各处有追赶鸭子的人。

船和船的竞赛，人和鸭子的竞赛，直到天晚方能完事。

掌水码头的龙头大哥顺顺，年轻时节便是一个泅水的高手，入水中去追逐鸭子，在任何情形下总不落空。但一到次子傩送年过十岁时，已能入水闭气汆(tǔn)着到鸭子身边，再忽然冒水而出，把鸭子捉到，这做爸爸的便解嘲似的向孩子们说："好，这种事情有你们来做，我不必再下水和你们争显本领了。"于是当真就不下水与人来竞争捉鸭子。但下水救人呢，当作别论。凡帮助人远离患难，便是入火，

人到八十岁，也还是成为这个人一种不可逃避的责任！

天保、傩送两人都是当地泅水划船好选手。

端午又快来了，初五划船，河街上初一开会，就决定了属于河街的那只船当天入水。天保恰好在那天应当向上行，随了陆路商人过川东龙潭送节货，故参加的就只傩送。十六个结实如牛犊的小伙子，带了香烛鞭炮，同一个用生牛皮蒙好、绘有朱红太极图的高脚鼓，到了搁船的河上游山洞边，烧了香烛，把船拖入水中后，各人上了船，燃着鞭炮，擂着鼓，这船便如一支没羽箭似的，很迅速地向下游长潭射去。

那时节还是上午，到了午后，对河渔人的龙船也下了水，两只龙船就开始预习种种竞赛的方法。水面上第一次听到了鼓声，许多人从这鼓声中，都感到了节日临近的欢悦。住临河吊脚楼对远方人有所等待、有所盼望的，也莫不因鼓声想到远人。在这个节日里，必然有许多船只可以赶回，也有许多船只只合在半路过节，这之间，便有些眼目所难见的人事哀乐，在这小山城河街间，让一些人开心，也让一些人皱眉！

蓬蓬鼓声掠水越山到了渡船头那里时，最先注意到的是那只黄狗。那黄狗汪汪地吠着，受了惊似的绕屋乱走；

有人过渡时，便随船渡过河东岸去，且跑到那小山头向城里一方面大吠。

翠翠正坐在门外大石上用棕叶编蚱蜢、蜈蚣玩，见黄狗先在太阳下睡着，忽然醒来便发疯似的乱跑，过了河又回来，就问它骂它：

“狗，狗，你做什么！不许这样子！”

可是一会儿那远处声音被她发现了，她于是也绕屋跑着，并且同黄狗一块儿渡过了小溪，站在小山头听了许久，让那点迷人的鼓声，把自己带到一个过去的节日里去。

阅读小贴士

《边城》寄寓着作者沈从文“美”与“爱”的美学理想，是他表现人性美最突出的作品。小说以翠翠的爱情悲剧为线索，淋漓尽致地表现了湘西地方的人情美和风俗美。沈从文为我们描绘了一个如诗如画、如梦如烟、田园牧歌式的美丽湘西世界。

关注环境、人物的描写是欣赏《边城》的重点。我们可通过小说描写的天朗、风轻、水清的环境来体会湘西山城生机盎然的风景美；通过小说对月夜对歌、龙舟竞渡、端午捉鸭、中秋舞龙耍狮等风俗的描写来体会湘西的风俗美；通过单纯、善良、可爱的老船夫、翠翠等人物形象来体会湘西的人情美。

活动一　学贵有疑

如果有机会向作者提问，你会问什么？列出你想问的 5 个问题吧！

活动二　倾心表达

翠翠、爷爷、天保、傩送……故事中的人物给你留下了怎样的印象？请拿起笔来，和书中你最喜欢的人物来一次心灵对话吧！

__________，我想对你说

活动三　我爱阅读

阅读评价表

评价项目	自我评价	家长评价	小组评价
有主动阅读的习惯	☆ ☆ ☆	☆ ☆ ☆	☆ ☆ ☆
能有计划地完成阅读任务	☆ ☆ ☆	☆ ☆ ☆	☆ ☆ ☆
能主动与他人分享自己的阅读收获	☆ ☆ ☆	☆ ☆ ☆	☆ ☆ ☆
养成边读边做批注的习惯	☆ ☆ ☆	☆ ☆ ☆	☆ ☆ ☆

敬 启

为编好这本书，我们与收入本书的作品（含图片）作者进行了广泛联系，得到了各位作者的大力支持。在此，我们表示衷心的感谢。但是，由于个别作者地址不详，虽经多方努力，仍无法取得联系。敬请各位有著作权的作者尽快与我们联系，以便我们支付稿酬，并致谢忱！

我们还要感谢使用本书的师生们。希望你们在使用本书的过程中，能够及时把意见和建议反馈给我们，对此，我们深表谢意，并将给予一定奖励。让我们携起手来，共同完成本书的建设工作。

联 系 人：梁老师　刘老师

联系电话：010-58022100-6362

联系邮箱：ztxx2008@sina.com

网　　址：http://www.ywztxx.com

地　　址：北京市海淀区知春路7号致真大厦A座18层

图书在版编目（CIP）数据

思维的火花 / 孟强主编. — 上海 : 上海教育出版社, 2021.12

ISBN 978-7-5720-0812-2

Ⅰ. ①思… Ⅱ. ①孟… Ⅲ. ①阅读课－小学－教学参考资料 Ⅳ. ①G624.233

中国版本图书馆CIP数据核字（2021）第260857号

责任编辑　高立群
封面设计　陈丽娟　王艺霖
著作权人　北京华樾教育科技有限公司

思维的火花

孟强　主编

出版发行　上海教育出版社有限公司
官　　网　www.seph.com.cn
地　　址　上海市闵行区号景路159弄C座
邮　　编　201101
印　　刷　肥城新华印刷有限公司
开　　本　720×1010　1/16　印张 63
字　　数　700千字
版　　次　2021年12月第1版
印　　次　2021年12月第1次印刷
书　　号　ISBN 978-7-5720-0812-2/G・0628
定　　价　268.00元（全七册）

如发现质量问题，请向本社调换　　021-64373213

★ 适合10至11岁 ★

思维的火花

SIWEI DE HUOHUA

主编 孟 强

编 委 会

广泛阅读，可以提高阅读理解力；

广泛阅读，可以丰富知识，开阔视野；

广泛阅读，可以提升思维力、鉴赏力；

广泛阅读，可以促进人的精神成长。

新编的读本，包括古诗文经典诵读、优秀作品专题阅读和整本书阅读，是落实课内外阅读一体化的优质资源。

捧起这套读本读起来，你会越来越享受阅读，你的一生一定会因为阅读而精彩！

崔峦

用阅读滋养你的心灵，
让你变得聪明善良，胸怀宽广，更富想象力和创造力。

沈石溪

发现美，学会爱，表达自己，
在阅读和写作中不断进步！

王一梅

阅读是开启美好人生的钥匙

赵丽宏

庚子九月

为自己读书
为美好读书

肖复兴

庚子岁末

读经典的书
做优秀的人

[illegible]

幻想，从现实起飞

刘兴诗

目录

经典诵读

专题阅读一

自由阅读二

专题阅读二

整本书阅读

经典诵读

礁石险滩、草萤荷露、枯木逢春……古人于平常事物中感悟到的哲理，对于今天的我们依然具有启发意义。

阅读本组古诗文，要结合注释、译文理解意思，在读通读顺的基础上，用心体会字里行间表现出来的古人的智慧。

扫码收听朗诵音频

1 泾（jīng）溪[1]

［唐］杜荀鹤

泾溪石险人兢（jīng）慎[2]，
终岁不闻倾覆[3]人。
却是平流[4]无石处，
时时闻说有沉沦。

注释

① 泾溪：又名赏溪，在今安徽泾县。一作“泾川”。
② 兢慎：因害怕而小心警惕。
③ 倾覆：翻船沉没。与下文“沉沦”同义。
④ 平流：平稳的水中，指水流缓慢。

译文

泾溪里面礁石很险，人们从这里经过的时候都因害怕而非常小心，所以全年都不会听到翻船沉没的消息。但是，在水流平稳没有礁石的地方，却常常听说翻船沉没的消息。

扫码收听朗诵音频

② 答章孝标

［唐］李绅

假金方用真金镀，
若是真金不镀金。
十载长安得一第①，
何须空腹用高心②？

注释

① 第：科举时代考试合格列入的等第。这里借指取得功名。
② 高心：费尽心机。

译文

假金才会在表面镀一层真金，如果本身就是真金，用不着在表面镀金。经过十年寒窗苦读，在京城长安考取功名，哪里需要像没有真才实学的人那样费尽心机地去钻营？

扫码收听朗诵音频

③ 放言[1]五首（其一）

［唐］白居易

朝真暮伪何人辨，古往今来底事无？
但爱臧生[2]能诈圣[3]，可知宁子[4]解佯愚[5]。
草萤有耀终非火，荷露虽团岂是珠。
不取燔(fán)柴[6]兼照乘[7]，可怜光彩亦何殊[8]。

注释

① 放言：意即无所顾忌，畅所欲言。
② 臧生：人名，指臧武仲。
③ 诈圣：假装圣人。
④ 宁子：人名，指宁武子。
⑤ 佯愚：装呆作傻。
⑥ 燔柴：指烧柴燃起的火光。
⑦ 照乘：能发出耀眼光芒的宝珠。
⑧ 殊：异。

早晨是真晚上是假谁去分辨，从古到今什么怪事没有啊？世人只喜欢臧武仲假装的圣人，哪知道世间还有宁武子那样装呆作傻的贤人呢？萤火虫有光但终究不是真的火，荷叶上的露珠虽圆，难道就是珍珠吗？如果不把燔柴大火和照乘明珠放到一起比较，又怎么辨别萤火虫的光和火光，荷叶上的露珠和珍珠有什么不同呢？

扫码收听朗诵音频

4 酬[①]乐天扬州初逢席上见赠

［唐］刘禹锡

巴山楚水[②]凄凉地，二十三年弃置身。
怀旧空吟闻笛赋，到乡翻似烂柯人。
沉舟侧畔[③]千帆过，病树[④]前头万木春。
今日听君歌一曲，暂凭杯酒长(zhǎng)精神。

注释

①酬：以诗相答。
②巴山楚水：此处泛指作者贬谪之地。
③沉舟侧畔：沉船旁边。
④病树：枯树。

译文

在巴山楚水一带荒凉偏僻的地方，我被贬谪已近二十三年之久。怀念故友只能徒然吟诵《闻笛赋》，回到故乡就像传说中那烂掉斧柄的砍柴人一样。沉船旁边千帆飞驶而过，枯树前面万木生机勃发，沐浴着春光。今日听到你吟诵的赠诗，暂借这杯酒来振作精神。

扫码收听朗诵音频

5 望梅止渴[①]

［南朝宋］刘义庆

魏武[②]行役[③]，失汲道[④]，军皆渴，乃令曰："前有大梅林，饶子[⑤]，甘酸可以解渴。"士卒闻之，口皆出水，乘[⑥]此得及前源[⑦]。

注释

① 选自《世说新语·假谲》，题目为后人所加。
② 魏武：曹操。
③ 行役：这里指带部队行军。
④ 汲道：通往水源的道路。
⑤ 饶子：指果实很多。
⑥ 乘：趁着，就着。
⑦ 源：水源。

译文

曹操率领部队行军，途中找不到通往水源的路，全军都很口渴。于是曹操传令："前面有大片的梅林，树上结满了梅子，梅子味道甜酸，可以解渴。"士兵听了这番话，口水都流出来了。曹操趁机带领部队一直前行，得以到达前面的水源。

扫码收听朗诵音频

6 十年树木，百年树人[①]

《管子》

一年之计[②]，莫如树[③]谷；十年之计，莫如树木；终身之计，莫如树人。一树一获[④]者，谷也；一树十获者，木也；一树百获者，人也。我苟[⑤]种之，如神用之，举事如神，唯王之门[⑥]。

注 释

① 选自《管子·权修》，题目为后人所加。
② 计：计划，打算。
③ 树：种植。
④ 获：得到的成果或利益。
⑤ 苟：如果。
⑥ 唯王之门：称王天下必经的门径。

译文

做一年的打算，没有比种植谷物更恰当的；做十年的打算，没有比培植树木更恰当的；做终身的打算，没有比培育人才更恰当的。种植一次而有一次的收获，这是谷物；培植一次而有十次的收获，这是树木；培育一次而有百次的收获，这是人才。我如果能精心地培育人才，巧妙如神地使用人才，那么，从事大业就如有神助，这是称王天下必经的门径。

幽默与风趣

幽默风趣的语言，能展现人的智慧；幽默风趣的文字，能让平凡的事物充满情趣；幽默风趣的内容，能让我们记住生命的美好。

阅读本专题文章，让我们感受风趣的语言特点，体会人物的幽默和智慧。

范文阅读

1 小时了了，大未必佳[1]

［南朝宋］刘义庆

孔文举[2]年十岁，随父到洛。时李元礼[3]有盛名，为司隶校尉。诣门[4]者，皆俊才清称及中表亲戚，乃通。文举至门，谓吏曰："我是李府君亲。"既通，前坐。元礼问曰："君与仆有何亲？"对曰："昔先君仲尼[5]与君先人伯阳[6]有师资之尊[7]，是仆与君奕(yì)世[8]为通好也。"元礼及宾客莫不奇之。太中大夫陈韪后至，人以其语语之。韪曰："小时了了，大未必佳！"文举曰："想君小时，必当了了。"韪大踧踖(cù jí)[9]。

孔融用陈韪的话巧妙地进行反驳，因他瞧不起别人的"大未必佳"，推断他"小时了了"。孔融思维之巧妙，言语之敏捷，令人叫绝。

注释

①选自《世说新语·言语》，题目为后人所加。了了，聪明伶俐，明白事理。
②孔文举：即孔融，字文举，东汉著名文学家，“建安七子”之一。
③李元礼：即李膺，字元礼，东汉人。
④诣门：上门，登门。
⑤先君仲尼：孔融是孔子二十世孙，故称。
⑥伯阳：即老子，姓李名耳，字伯阳。
⑦师资之尊：孔子曾问礼于老子，故老子是孔子的老师。
⑧奕世：累世，一代接一代。
⑨踧踖：局促不安的样子。

译文

孔融十岁时，跟随父亲到洛阳。当时，李膺享有很高的名望，担任司隶校尉。到他府上造访的，都是有卓越才智的、有声望的人以及内外亲戚，只有他们才会被通禀一声。孔融到了李府门前，对守门的小吏说：“我是李府君的亲戚。”通报进门后，孔融坐到了前面。李膺问孔融：“您和我是什么亲戚啊？”孔融答道：“当年我的祖先仲尼与您的祖先伯阳曾有师生之谊，这样说来，我和您算是世交了。”李膺及宾客对孔融的话无不感到惊奇。太中大夫陈韪后到，有人把孔融的话告诉了他。陈韪说：“小时候聪明伶俐，长大后未必会出色。”孔融接着说：“想来您小的时候，必定是很聪明伶俐的了！”陈韪听后非常尴尬。

② 晏子使[1]楚

《晏子春秋》

晏子使楚，以晏子短，楚人为小门于大门之侧而延[2]晏子。晏子不入，曰："使狗国者，从狗门入；今臣使楚，不当从此门入。"傧者更(gēng)[3]道，从大门入。

见楚王。王曰："齐无人耶？"晏子对曰："临淄(zī)[4]三百闾(lǘ)[5]，张袂(mèi)成阴[6]，挥汗成雨，比肩继踵(zhǒng)[7]而在，何为无人？"王曰："然则子何为使乎？"晏子对曰："齐命使，各有所主[8]，其贤者使使贤王[9]，不肖者使使不肖王。婴最不肖，故直[10]使楚矣。"

晏子采用了类比推理的方法，让故意刁难他的楚人明白：他如果从狗洞入，那楚国就是狗国。得体的语言表现了晏子的智慧。

晏子通过贬低自己——"婴最不肖"，达到了贬低楚国的目的。

注释

① 使：出使。
② 延：引进，请。
③ 更：改变。

④ 临淄：齐国国都，故址在今山东淄博市临淄区。

⑤ 闾：古代二十五家为一闾。

⑥ 张袂成阴：人们把袖子举起就能（遮住阳光）变成阴天。与下句“挥汗成雨”都是形容人口众多。袂，衣袖。

⑦ 比肩继踵：肩挨着肩，脚尖碰着脚跟。比，并，紧靠着。踵，脚后跟。

⑧ 各有所主：各自都有自己担负的使命。主，掌管。

⑨ 使使贤王：派遣贤能的人出使有贤能君主的国家。

⑩ 直：只，特意。一作“宜”。

译文

晏子出使楚国，因为晏子身材矮小，楚国人就在大门旁边开了一个小门，请晏子从小门进去。晏子不进去，说：“出使狗国的人，才从狗门进去，如今我出使楚国，不应该从这个小门进去。”迎宾的人改变了路线，重新引领晏子从大门进去。

晏子拜见楚王。楚王说：“齐国没有人了吗？”晏子回答说：“齐国都城临淄住满了人。大伙儿张开袖子就可以遮住太阳，挥洒汗水就能形成大雨，齐国人肩挨着肩，脚尖碰着脚跟，怎么能说没有人？”楚王说：“既然这样，怎么会派你来当使臣呢？”晏子回答说：“齐国派遣使臣，各有自己担负的使命。那些贤能的人，就派他们出使到贤能的君主那里去；不贤能的人，就派他们出使到不贤能的君主那里去。我最不贤能，所以只好出使楚国了。”

③ 旁若无人

梁实秋

在电影院里，我们大概都常遇到一种不愉快的经验。在你聚精会神地静坐着看电影的时候，会忽然觉得身下坐着的椅子颤动起来，动得很匀，不至于把你从座位里掀出去，动得很促，不至于把你颠摇入睡，颤动之快慢急徐，恰好令你觉得他讨厌。大概是轻微地震吧？左右探察震源，忽然又不颤动了。在你刚收起心来继续看电影的时候，颤动又来了。如果下决心寻找震源，不久就可以发现，毛病大概是出在附近的一位先生的大腿上。他的足尖踏在前排椅撑上，绷足了劲，利用腿筋的弹性，很优游地在那里发抖。如果这拘挛性的动作是由于羊痫（xián）风一类的病症的暴发，我们要原谅他，但是不像，他嘴里并不吐白沫。

作者用风趣的语言，细致地刻画了影院中一位先生“抖腿”的行为，突出了他“旁若无人”的不雅形象。

看样子也不像是神经衰弱，他的动作是能收能发的，时做时歇，指挥如意。若说他是有意使前后左右两排座客不得安生，却也不然。全是陌生人无仇无恨，我们站在被害人的立场上看，这种变态行为只有一种解释，那便是他的意志过于集中，忘记旁边还有别人，换言之，便是“旁若无人”的态度。

作者将“旁若无人”这种自私的不良教养描述得淋漓尽致，令人感同身受。

“旁若无人”的精神表现在日常行为上者不只一端。例如欠伸，原是常事，“气乏则欠，体倦则伸”。但是在稠人广众之中，张开血盆巨口，作吃人状，把口里的獠牙显露出来，再加上伸胳臂伸腿如演太极，那样子就不免吓人。有人打哈欠还带音乐的，其声呜呜然，如吹号角，如鸣警报，如猿啼，如鹤唳(lì)，音容并茂。《礼记》：“侍坐于君子，君子欠伸，撰杖屦(jù)，视日蚤莫，侍坐者请出矣。”是欠伸合于古礼，但亦以“君子”为限，平民岂可援引，对人伸胳臂张嘴，纵不吓人，至少令人觉得你是

在逐客，或是表示你自己不能管制你自己的肢体。

邻居有叟，平常不大回家，每次归来必令我闻知。清晨有三声喷嚏，不只是清脆，而且洪亮，中气充沛，根据那声音之响我揣测必有异物入鼻，或是有人插入纸捻（niǎn），那声音撞击在脸盆之上有金石声！随后是大排场的漱口，真是排山倒海，犹如骨鲠在喉，又似苍蝇下咽。再随后是三餐的饱嗝，一串串的嗝声，像是下水道不甚畅通的样子。可惜隔着墙没能看见他剔牙，否则那一份刮垢磨光的钻探工程，场面也不会太小。

作者运用夸张、比喻等修辞手法，通过文字，把邻居那洪亮的、旁若无人的喷嚏声展现出来。语言幽默风趣，读来让人忍俊不禁。

这一切“旁若无人”的表演究竟是偶然突发事件，经常令人困扰的乃是高声谈话。在喊救命的时候，声音当然不嫌其大，除非是脖子被人踩在脚底下，但是普通的谈话似乎可以令人听见为度，而无需一定要力竭声嘶地去振聋发聩。生理学告诉我们，发音的器官是很复杂的，说话一分钟

要有九百来个动作，有一百来块筋肉在弛张，但是大多数人似乎还嫌不足，恨不得嘴上再长一个扩大器。有个外国人疑心我们国人的耳鼓生得异样，那层膜许是特别厚，非扯着脖子喊不能听见，所以说话总是像打架。这批评有多少真理，我不知道。不过我们国人会嚷的本领，是谁也不能否认的。电影场里电灯初灭的时候，总有几声“哎哟，三儿，你在哪儿哪？”在戏院里，演员像是演哑剧，大锣大鼓之声依稀可闻，主要的声音是观众鼎沸，令人感觉好像是置身蛙塘。在旅馆里，好像前后左右都是庙会，不到夜深休想安眠，安眠之后难免没有响皮底的大皮靴，毫无惭愧地在你门前踱来踱去。天未大亮，又有各种市声前来侵扰。一个人大声说话，是本能；小声说话，是文明。以动物而论，狮吼、狼嗥(háo)、虎啸、驴鸣、犬吠，即是小如促织蚯蚓，声音都不算小，都不会像人似的有时候也会低声说话。大概文明程度愈高，说话愈

作者对大声说话的种种表现进行了精彩的描绘，并将这类人与动物相比，用嘲讽的语气提醒这些人要注意考虑别人的感受。

不以声大见长。群居的习惯愈久，愈不容易存留“旁若无人”的幻觉。我们以农立国，乡间地旷人稀，畎亩阡陌之间，低声说一句“早安”是不济事的，必得扯长了脖子喊一声“你吃过饭啦？”可怪的是，在人烟稠密的所在，人的喉咙还是不能缩小。更可异的是，纸驴嗓、破锣嗓、喇叭嗓、公鸡嗓，并不被一般地认为是缺陷，而且麻衣相法还公然地说，声音洪亮者主贵！

叔本华有一段寓言：

> 一群豪猪在一个寒冷的冬天挤在一起取暖；但是他们的刺毛开始互相击刺，于是不得不分散开。可是寒冷又把他们驱在一起，于是同样的事故又发生了。最后，经过几番的聚散，他们发现最好是彼此保持相当的距离。同样的，群居的需要使得人形的豪猪聚在一起，只是他们本性中的带刺的令人不快的刺毛使得彼此厌恶。他们最后发现的使彼此可以相安的那个距

对豪猪的议论，其实是对生活中像豪猪一样的人的嘲讽。

离，便是那一套礼貌；凡违犯礼貌者便要受严词警告——用英语来说——请保持相当距离。用这方法，彼此取暖的需要只是相当的满足了；可是彼此可以不至互刺。自己有些暖气的人情愿走得远远的，既不刺人，又可不受人刺。

逃避不是办法。我们只是希望人形的豪猪时常地提醒自己：这世界上除了自己还有别人，人形的豪猪既不止我一个，最好是把自己的大大小小的刺毛收敛一下，不必像孔雀开屏似的把自己的刺毛都尽量地伸张。

文章结尾时，作者引用叔本华所写的一段寓言，点明了主旨：每个人都应该有公德意识。

④ 四位先生（节选）

老　舍

马宗融先生的时间观念

马宗融先生的表大概是、我想是一个装饰品。无论约他开会，还是吃饭，他总迟到一个多钟头，他的表并不慢。

作者开头便用幽默风趣的语言描写了马宗融先生不守时的特点。

来重庆，他多半是住在白象街的作家书屋。有的说也罢，没的说也罢，他总要谈到夜里两三点钟。假若不是别人都困得不出一声了，他还想不起上床去。有人陪着他谈，他能一直坐到第二天夜里两点钟。表、月亮、太阳，都不能引起他注意到时间。

比如说吧，下午三点他须到观音岩去开会，到两点半他还毫无动静。“宗融兄，不是三点有会吗？该走了吧？”有人这样提醒他。他马上去戴上帽子，提起那有茶碗口粗的木棒，向外走。“七点吃饭。早

回来呀！”大家告诉他。他回答声“一定回来”，便匆匆地走出去。

通过作者幽默的语言，我们能感受到马宗融先生对很多事都非常热心，唯独忘记遵守时间。

到三点的时候，你若出去，你会看见马宗融先生在门口与一位老太婆，或是两个小学生，谈话儿呢！即使不是这样，他在五点以前也不会走到观音岩。路上每遇到一位熟人，便要谈，至少有十分钟的话。若遇上打架吵嘴的，他得过去解劝，还许把别人劝开，而他与另一位劝架的打起来！遇上某处起火，他得帮着去救。有人追赶扒手，他必然得加入，非捉到不可。看见某种新东西，他得过去问问价钱，不管买与不买。看到戏报子，马上他去借电话，问还有票没有……这样，他从白象街到观音岩，可以走一天，幸而他记得开会那件事，所以只走两三个钟头，到了开会的地方，即使大家已经散了会，他也得坐两点钟，他跟谁都谈得来，都谈得很有趣，很亲切，很细腻。有人随便哼了一句二黄，他立刻请教给他；有人刚买一条绳子，他马上拿

过来练习跳绳——五十岁了啊！

七点，他想起来回白象街吃饭，归路上，又照样地劝架，救火，追贼，问物价，打电话……至早，他在八点半左右走到目的地。满头大汗，三步当作两步走的，他走了进来，饭早已开过了。

从这些看似无聊的举动中，可见马宗融先生是个古道热肠的人。

所以，我们与友人定约会的时候，若说随便什么时间，早晨也好，晚上也好，反正我一天不出门，你哪时来都可以，我们便说“马宗融的时间吧”！

姚蓬子先生的砚台

作家书屋是个神秘的地方，不信你交到那里一份文稿，而二五口后再亲自去索回，你就必定不说我扯谎了。

进到书屋，十之八九你找不到书屋的主人——姚蓬子先生。他不定在哪里藏着呢。他的被褥是稿子，他的枕头是稿子，他的桌上、椅上、窗台上……全是稿子。简单地说吧，他被稿子埋起来了。当你要

稿子的时候，你可以看见一个奇迹。假如说尊稿是十张纸写的吧，书屋主人会由枕头底下翻出两张，由裤袋里掏出三张，书架里找出两张，窗子上揭下一张，还欠两张。你别忙，他会由老鼠洞里拉出那两张，一点也不少！

单说蓬子先生的那块砚台，也足够惊人了！那是块是无可形容的石砚。不圆不方，有许多角儿，有任何角度。有一点沿儿，豁口甚多，底子最奇，四周翘起，中间的一点凸出，如元宝之背，它会像陀螺似的在桌上乱转，还会一头高一头低地倾斜，如浪中之船。我老以为孙悟空就是由这块石头跳出去的！

深夜难以入睡，是非常难受的事情。老舍先生用夸张的笔触、诙谐幽默的语言，写出了姚先生深夜写作给自己带来的困扰。

到磨墨的时候，它会由桌子这一端滚到那一端，而且响如快跑的马车。我每晚十时必就寝，而对门儿书屋的主人要办事办到天亮。从十时到天亮，他至少研十次墨，一次比一次响——到夜最静的时候，大概连南岸都感到一点震动。从我到白象街起，

我没做过一个好梦，刚一入梦，砚台来了一阵雷雨，梦为之断。在夏天，砚一响，我就起来拿臭虫。冬天可就不好办，只好咳嗽几声，使之闻之。

现在，我已交给作家书屋一本书，等到出版，我必定破费几十元，送给书屋主人一块平底的、不出声的砚台！

阅读链接

老舍，中国作家。原名舒庆春，字舍予，北京人。1950年创作话剧《龙须沟》，获北京市人民政府授予的“人民艺术家”称号。代表作有长篇小说《骆驼祥子》《四世同堂》，话剧《茶馆》等。

5 寻找幸运花瓣儿

金　波

那天，你猛然间问我：丁香有几个花瓣儿？

我怔在那儿，一时竟回答不上来。

放学以后，我绕道去街心花园，从丁香树旁走过，只匆匆看了两眼，噢，原来是四个花瓣儿呀！

可是，有一天，你忽然又说：谁若能找到五个花瓣儿的丁香，谁就会得到幸运。

听说找到五个花瓣儿的丁香就会得到幸运，“我”满怀希望，开始寻找。

于是，那天放学以后，我兴致勃勃地又去了街心花园。我希望能找到一朵五瓣儿丁香。

夕阳西下，借着落日余晖，我仔细寻找着。最后，暮色吞没了那些娇小的花朵。我终于没能找到。

第二天，我起得比平日要早，又来到

那一排丁香树下。趁着晨光，我又在寻找幸运花瓣儿了。我一直找了很久，眼看上课时间就要到了，我还是没有找到，只好悻(xìng)悻离去。

在跑向学校的路上，我忽然意识到：你该不是恶作剧，故意诳(kuáng)我吧？说不定在这个世界上，压根儿就不存在什么五瓣儿丁香。

谁知，我刚迈进教室，就看见同学们正围在你身边，你手中举着一朵小小的丁香花。

你还特意举到我眼前，说："你看，五瓣儿丁香。我没诳你吧？！"

我像发现了奇迹似的兴奋不已。真的，五瓣儿丁香！

那天的课，我常走神儿，我老是想着：我也要找到幸运花瓣儿！

那天放学比较早，我径直**奔向**我小时候常去游玩的那片园林。那里分布着樱花区、竹林区、梅林区，还有丁香区。

"奔向"一词写出了"我"要寻找五瓣儿丁香的急切心情。

运用动作描写，把“我”寻找幸运花瓣儿的情景描写得形象逼真，一个执着的孩子形象跃然纸上。

我走进丁香林，那里早已有不少赏花的人。我不是赏花，我是在找花。

我必须直视着张开的花瓣儿，这样才能看清它长着几个花瓣儿。于是，我侧着头，从左边看看，再从右边看看，有时候，还要弯下腰仰起头从下往上看。

许多人见我这赏花的姿势，都很诧异。有个少年一直悄悄地尾随着我，他想看个究竟。

我不理会他，只管专心致志地寻找着。

一片盛开的紫丁香，在我眼前一朵一朵地划过：

四瓣儿，四瓣儿，还是四瓣儿……

淡淡的花香，我没闻到。蜜蜂的嗡嗡声，我也没听到。我只是在寻找着五瓣儿丁香。

四瓣儿，四瓣儿，还是四瓣儿……

我几乎已认定自己是一个找不到幸运的人了。

忽然，我发现了一朵很小很小的丁香花。最初，我只是看到它的花瓣儿不是呈

十字形，而是更密集。难道它就是五瓣儿丁香？我的心为之一动，赶紧数一数：

一、二、三、四、五，啊，五瓣儿丁香！

我情不自禁地大叫一声。这一声，着实把那个一直尾随着我的少年吓了一跳。

当他还没从惊吓中回过神来的时候，我早已飞跑出了那片丁香林。

此时，我突然问自己：我将得到什么幸运？

我一时竟感到茫然。

我回味着这几天为找到一朵五瓣儿丁香而乐此不疲，我又回味着由于找到了五瓣儿丁香的惊喜，这些都是我从未体验过的快乐。

这快乐是源于一个新的发现？

幸运也许只是一种心灵感受？

当你心中萌发了一个希望的时候，与此同时，你又有了一种实现这一希望的力量，继而你终于把希望变成了现实，这时候，你就可以对自己说：我是一个幸运的人。

满怀希望寻找，并找到幸运花瓣儿的这一过程，让人觉得非常幸运。

6 华瞻的日记

丰子恺

一

隔壁二十三号里的郑德菱，这人真好！今天妈妈抱我到门口，我看见她在水门汀上骑竹马。她对我一笑，我分明看出这一笑是叫我去一同骑竹马的意思。我立刻还她一笑，表示我极愿意，就从母亲怀里走下来，和她一同骑竹马了。两人同骑一枝竹马，我想转弯了，她也同意；我想走远一点，她也欢喜；她说让马儿吃点草，我也高兴；她说把马儿系在冬青上，我也觉得有理。我们真是同志的朋友！兴味正好的时候，妈妈出来拉住我的手，叫我去吃饭。我说：“不高兴。”妈妈说：“郑德菱也要去吃饭了！”果然郑德菱的哥哥叫着“德菱！”也走出来拉住郑德菱的手去了。我

作者以儿童的视角来看世界，让故事具有了浓浓的童趣。

只得跟了妈妈进去。当我们将走进各自的门口的时候，她回头向我一看，我也回头向她一看，各自进去，不见了。

我实在无心吃饭。我晓得她一定也无心吃饭。不然，何以分别的时候她不对我笑，而且脸上很不高兴呢？我同她在一块，真是说不出的有趣。吃饭何必急急？即使要吃，尽可在空的时候吃。其实照我想来，像我们这样的同志，天天在一块吃饭，在一块睡觉，多好呢？何必分作两家？即使要分作两家，反正爸爸同郑德菱的爸爸很要好，妈妈也同郑德菱的妈妈常常谈笑，尽可你们大人作一块，我们小孩子作一块，不更好吗？

这“家”的分配法，不知是谁定的，真是无理之极了。想来总是大人们弄出来的。大人们的无理，近来我常常感到，不止这一端：那一天爸爸同我到先施公司去，我看见地上放着许多小汽车、小脚踏车，这分明是我们小孩子用的；但是爸爸一定

从孩子的视角来看世界，大人们习以为常的事情，在孩子看来都觉得很奇怪。

不肯给我拿一部回家，让它许多空摆在那里。回来的时候，我看见许多汽车停在路旁；我要坐，爸爸一定不给我坐，让它们空停在路旁。又有一次，娘姨抱我到街里去，一个掮着许多小花篮的老太婆，口中吹着笛子，手里拿着一只小花篮，向我看，把手中的花篮递给我；然而娘姨一定不要，急忙抱我走开去。这种小花篮，原是小孩子玩的，况且那老太婆明明表示愿意给我，娘姨何以一定叫我不要接呢？娘姨也无理，这大概是爸爸教她的。

为什么华瞻最喜欢的人是郑德菱？联系相关语句想一想。

我最欢喜郑德菱。她同我站在地上一样高，走路也一样快，心情志趣都完全投合。宝姐姐或郑德菱的哥哥，有些不近情的态度，我看他们不懂。大概是他们身体长大，稍近于大人，所以心情也稍像大人的无理了。宝姐姐常常要说我“痴”。我对爸爸说，要天不下雨，好让郑德菱出来，宝姐姐就用指点着我，说：“瞻瞻痴！”怎么叫“痴”？你每天不来同我玩耍，挟了

书包到学校里去，难道不是“痴”吗？爸爸整天坐在桌子前，在文章格子上一格一格地填字，难道不是“痴”吗？天下雨，不能出去玩，不是讨厌的吗？我要天不要下雨，正是近情合理的要求。我每天晚快[①]听见你要爸爸开电灯，爸爸给你开了，满房间就明亮；现在我也要爸爸叫天不下雨，爸爸给我做了，晴天岂不也爽快呢？你何以说我“痴”？郑德菱的哥哥虽然没有说我什么，然而我总讨厌他。我们玩要的时候，他常常板起脸，来拉郑德菱，说：“赤了脚到人家家里，不怕难为情！”又说：“吃人家的面包，不怕难为情！”立刻拉了她去。“难为情”是大人们惯说的话，大人们常常不怕厌气，端坐在椅子里，点头，弯腰，说什么“请，请”“对不起”“难为情”一类的无聊的话，他们都有点像大人了！

作者以儿童的口吻感叹人长大以后会发生很大的改变。

啊！我很少知己！我很寂寞！母亲常

---

① 晚快：浙江方言，即傍晚。

常说我“会哭”，我哪得不哭呢？

二

今天我看见一种奇怪的现状：

吃过糖粥，妈妈抱我走到吃饭间里的时候，我看见爸爸身上披一块大白布，垂头丧气地朝外坐在椅子上，一个穿黑长衫的麻脸的陌生人，拿一把闪亮的小刀，竟在爸爸后头颈里用劲地割。啊哟！这是何等奇怪的现状！大人们的所为，真是越看越稀奇了！爸爸何以甘心被这麻脸的陌生人割呢？痛不痛呢？

作者用小孩子的口气把理发这一再平常不过的事情描绘得妙趣横生。

更可怪的，妈妈抱我走到吃饭间里的时候，她明明也看见这爸爸被割的骇人的现状。然而她竟毫不介意，同没有看见一样。宝姐姐挟了书包从天井里走进来，我想她见了一定要哭，谁知她只叫一声“爸爸”，向那可怕的麻子一看，就全不经意地到房间里去挂书包了。前天爸爸自己把手指割开了，他不是大叫“妈妈”，立刻去拿棉

花和纱布来吗？今天这可怕的麻子咬紧了牙齿割爸爸的头，何以妈妈和宝姐姐都不管呢？我真不解了。可恶的，是那麻子。他耳朵上还夹着一支香烟，同爸爸夹铅笔一样。他一定是没有铅笔的人，一定是坏人。

后来爸爸挺起眼睛叫我："华瞻，你也来剃头，好否？"

爸爸叫过之后，那麻子就抬起头来，向我一看，露出一颗闪亮的金牙齿来。我不懂爸爸的话是什么意思，我真怕极了。我忍不住抱住妈妈的项颈而哭了。这时候妈妈、爸爸和那个麻子说了许多话，我都听不清楚，又不懂。只听见"剃头""剃头"，不知是什么意思。我哭了，妈妈就抱我由天井里走出门外。走到门边的时候，我偷眼向里边一望，从窗缝窥见那麻子又咬紧牙齿，在割爸爸的耳朵了。

作者把整个剃头过程描绘得绘声绘色，充满了孩子气，华瞻那紧张的样子更是让人忍俊不禁。

门外有学生在抛球，有兵在体操，有火车开过。妈妈叫我不要哭，叫我看火车。我悬念着门内的怪事，没心情去看风景，

只是凭在妈妈的肩上。

我恨那麻子，这一定不是好人。我想对妈妈说，拿棒去打他。然而我终于不说。因为据我的经验，大人们的意见往往与我相左。他们往往不讲道理，硬要我吃最不好吃的“药”，硬要我做最难当的“洗脸”，或坚不许我弄最有趣的水、最好看的火。今天的怪事，他们对之都漠然，意见一定又是与我相左的。我若提议去打，一定不被赞成。横竖拗不过他们，算了吧。我只有哭！最可怪的，平常同情于我的弄水弄火的宝姐姐，今天也跳出门来笑我，跟了妈妈说我“痴子”。我只有独自哭！有谁同情于我的哭呢？

到妈妈抱了我回来的时候，我才仰起头，预备再看一看，这怪事怎么样了？那可恶的麻子还在否？谁知一跨进墙门槛，就听见“啪，啪”的声音，走进吃饭间，我看见那麻子正用拳头打爸爸的背。“啪，啪”的声音，正是打的声音。可见他一定

从“啪，啪”的声音认定爸爸被打，都着急伤心得哭了，多么可爱的孩子啊！

是用力打的，爸爸一定很痛。然而爸爸何以任他打呢？妈妈何以又不管呢？我又哭。妈妈急急地抱我到房间里，对娘姨讲些话，两人都笑起来，都对我讲了许多话。然而我还听见隔壁打人的“啪，啪”的声音，无心去听她们的话。

爸爸不是说过“打人是最不好的事”吗？那一天软软不肯给我香烟牌子，我打了她一掌，爸爸曾经骂我，说我不好；还有那一天我打碎了寒暑表，妈妈打了我一下屁股，爸爸立刻抱我，对妈妈说“打不行”。何以今天那麻子在打爸爸，大家不管呢？我继续哭，我在妈妈的怀里睡去了。

用反问的语气来表达小孩子内心的不平。这样的反问句还有很多，找出来，仔细体会其表达效果。

我醒来，看见爸爸坐在披雅娜[1]旁边，似乎无伤，耳朵也没有割去，不过头很光白，像和尚了。我见了爸爸，立刻想起了睡前的怪事，然而他们——爸爸、妈妈等——仍是毫不介意，绝不谈起。我一回想，心中

①披雅娜：钢琴，英语 piano 的音译。

非常恐怖又疑惑。明明是爸爸被割项颈，割耳朵，又被用拳头打，大家却置之不问，任我一个人恐怖又疑惑。唉！有谁同情于我的恐怖？有谁为我解释这疑惑呢？

日积月累

天地间最健全的心眼，只是孩子们的所有物，世间事物的真相，只有孩子们能最明确、最完全地见到。

——丰子恺

组文阅读

阅读本组文章，让我们一起关注语言的幽默与风趣，感受人物的智慧。在此基础上，进一步学习他们是如何借助幽默的语言来解决具体问题的。

1 晏子善辩

《晏子春秋》

晏子至，楚王赐晏子酒。酒酣(hān)①，吏二缚(fù)②一人诣王。王曰："缚者曷(hé)为者也？"对曰："齐人也，坐盗。"王视晏子曰："齐人固善盗乎？"晏子避席③对曰："婴闻之，橘生淮南则为橘，生于淮北则为枳(zhǐ)④，叶徒相似，其实⑤味不同。所以然者何？水土异也。今民生长于齐不盗，入楚则盗，得无楚之水土使民善盗耶？"

王笑曰："圣人非所与熙⑥也，寡人反取病⑦焉。"

注释

① 酒酣：喝酒喝得正畅快。

② 缚：捆绑。

③ 避席：古人席地而坐，离座起立，表示敬意。

④ 枳：果树名，也叫“枸橘（gōu jú）”，果实酸苦，可入药。橘和枳是两种不同的果树。

⑤ 其实：它们的果实。

⑥ 熙：通“嬉”，开玩笑。

⑦ 取病：自取其辱。病，耻辱。

译文

晏子到了楚国，楚王赐给晏子酒喝。他们喝酒喝得正畅快的时候，两个官吏捆着一个人来到楚王跟前。楚王问：“被捆的人是干什么的？”官吏回答说：“是齐国人，犯了偷盗的罪。”楚王看着晏子说：“齐国人本来就善于偷盗吗？”晏子离座站立，严肃地回答说：“我听说橘树生长在淮河以南就是橘树，生长在淮河以北就变成枳树，只是叶子相似，它们的果实味道却不一样。为什么会这样呢？是因为水土不一样。现在百姓生在齐国不偷盗，进入楚国就偷盗，该不会是楚国的水土使人变得善于偷盗吧？”

楚王笑着说：“圣明贤德的人是不能戏弄的，我真是自取其辱啊！”

② 好嘴杨巴

冯骥才

津门胜地，能人如林，此间出了两位卖茶汤的高手，把这种稀松平常的街头小吃，干得远近闻名。这二位，一位胖黑敦厚，名叫杨七；一位细白精朗，人称杨八。杨七杨八，好赛哥俩，其实却无亲无故，不过他俩的爹都姓杨罢了。杨八本名杨巴，由于“巴”与“八”音同，杨巴的年岁长相又比杨七小，人们便错把他当成杨七的兄弟。不过要说他俩的配合，好比左右手，又非亲兄弟可比。杨七手艺高，只管闷头制作；杨巴口才好，专管外场照应，虽然里里外外只这两人，既是老板又是伙计，闹得却比大买卖还红火。

杨七的手艺好，关键靠两手绝活。

一般茶汤是把秫米面沏好后，捏一撮芝麻撒在浮头，这样做香味只在表面，愈喝愈没味儿。杨七自有高招，他先盛半碗秫米面，便撒上一次芝麻，再盛半碗秫米面，沏好后又撒一次芝麻。这样一直喝到见了碗底都有香味。

他另一手绝活是，芝麻不用整粒的，而是先使铁锅炒过，再拿擀面杖压碎。压碎了，里面的香味才能出来。芝麻必得炒得焦黄不煳，不黄不香，太煳便苦；压碎的芝麻粒还得粗细正好，太粗费嚼，太细也就没嚼头了。这手活儿别人明知道也学不来。手艺人的能耐全在手上，此中道理跟写字画画差不多。

可是，手艺再高，东西再好，拿到生意场上必得靠人吹。三分活，七分说，死人说活了，破货变好货。买卖人的功夫大半在嘴上。到了需要逢场作戏、八面玲珑、看风使舵、左右逢源的时候，就更指着杨巴那张好嘴了。

那次，李鸿章来天津，地方的府县道台费尽心思，究竟拿吗样的吃喝才能把中堂大人哄高兴？京城豪门，山珍海味不新鲜，新鲜的反倒是地方风味小吃，可天津卫的小吃太粗太土：熬小鱼刺多，容易卡嗓子；炸麻花梆硬，弄不好硌(gè)牙。琢磨三天，难下决断，幸亏知府大人原是地面上走街串巷的人物，吗都吃过，便举荐出“杨家茶汤”；茶汤黏软香甜，好吃无险，众官员一齐称好，这便是杨巴发迹的缘由了。

这天下晌，李中堂听过本地小曲莲花落子，饶有兴味，满心欢喜，撒泡热尿，身爽腹空，要吃点心。知府大人忙

叫“杨七杨八”献上茶汤。今儿，两人自打到这世上来，头次里外全新，青裤青褂，白巾白袜，一双手拿碱面洗得赛脱层皮那样干净。他俩双双将茶汤捧到李中堂面前的桌上，然后一并退后五步，垂手而立，说是听候吩咐，实是请好请赏。

李中堂正要尝尝这津门名品，手指尖将碰碗边，目光一落碗中，眉头忽地一皱，面上顿起阴云，猛然甩手，“啪”地将一碗茶汤打落在地，碎瓷乱飞，茶汤泼了一地，还冒着热气儿。在场众官员吓蒙了，杨七和杨巴慌忙跪下，谁也不知道中堂大人为吗犯怒。

当官的一个比一个糊涂，这就透出杨巴的明白。他眨眨眼，立时猜到中堂大人以前没喝过茶汤，不知道撒在浮头的碎芝麻是吗东西，一准当成不小心掉上去的脏土，要不哪会有这么大的火气？可这样，难题就来了——

倘若说这是芝麻，不是脏东西，不等于骂中堂大人孤陋寡闻，没有见识吗？倘若不加解释，不又等于承认给中堂大人吃脏东西？说不说，都是要挨一顿臭揍，然后砸饭碗子。而眼下顶要紧的，是不能叫李中堂开口说那是脏东西。大人说话，不能改口。必须赶紧想辙，抢在前头说。

杨巴的脑筋飞快地一转两转三转，主意来了！只见他

脑袋撞地，“咚咚咚”叩得山响，一边叫道：“中堂大人息怒！小人不知道中堂大人不爱吃压碎的芝麻粒，惹恼了大人。大人不记小人过，饶了小人这次，今后一定痛改前非！”说完又是一阵响头。

李中堂这才明白，刚才茶汤上那些黄渣子不是脏东西，是碎芝麻。明白过后便想，天津卫九河下梢，人性练达，生意场上，心灵嘴巧。这卖茶汤的小子更是机敏过人，居然一眼看出自己错把芝麻当作脏土，而三两句话，既叫自己明白，又给自己面子。这聪明在眼前的府县道台中间是绝没有的，于是对杨巴心生喜欢，便说：

“不知道当无罪！虽然我不喜欢吃碎芝麻（他也顺坡下了），但你的茶汤名满津门，也该嘉奖！来人呀，赏银一百两！”

这一来，叫在场所有人摸不着头脑。茶汤不爱吃，反倒奖巨银，为吗？傻啦？杨巴趴在地上，一个劲儿地叩头谢恩，心里头却一清二楚全明白。

自此，杨巴在天津城威名大震。那“杨家茶汤”也被人们改称作“杨巴茶汤”了。杨七反倒渐渐埋没，无人知晓。杨巴对此毫不内疚，因为自己成名靠的是自己一张好嘴，李中堂并没有喝茶汤呀！

③ 幽默风趣的马克·吐温

请说假话

有一次，马克·吐温应邀参加一个盛大的宴会。宴会上，各地的社会名流和富人接踵而至。男士们个个精神抖擞，夫人小姐们个个妩媚动人。马克·吐温觉得无聊，一边喝着酒，一边闲逛。一不留神，他踩到了一位贵妇的长裙，抬头一看，贵妇正瞪大了眼睛看着他。

眼见贵妇就要恼羞成怒了，马克·吐温立即微笑着赔礼道歉："夫人，你太美丽了！相信你的心肠和人一样美丽，刚才我不是故意踩到你的裙子，还请你不要介意才好！"虽然贵妇受到夸赞很高兴，但是她最心爱的长裙被踩，不能因为几句夸奖就完事，但又碍于这么多社会名流在场，也不好发作，于是贵妇就想羞辱马克·吐温一番，说道："先生，遗憾得很，我不能用同样的话回答你。"聪明的马克·吐温立刻领会了话中之意，他没有生气，而是微笑着说道："那没关系，你也可以像我一样，说假话就行了。"说完之后，

他便笑着离开了，只留下脸涨得通红的贵妇和在旁边哈哈大笑的宾客。

极度健忘

有一天，马克·吐温外出，他左手一个包，右手一个箱，东西又多又重。当列车员检查车票时，他才发现车票不见了。于是，他开始翻找，上衣、裤子、外套，只要带口袋的地方他都翻遍了，却始终没有找到。因为马克·吐温经常坐这班车，列车员已经认识他了，看到他找车票时焦急又慌乱的样子实在于心不忍，就对他说："没关系，如果您实在找不到车票，那也不碍事。"列车员本是出自善意，没想到马克·吐温更加慌张了。列车员不解："马克·吐温先生，即使您找不到车票，我们也可以将您送往目的地的，您不要太着急了，真的不碍事的！"话音刚落，马克·吐温咳了一声说道："怎么不碍事，我必须找到那张该死的车票，不然的话，我怎么知道自己要到哪儿去呢？"

（刘松　改写）

阅读实践

阅读本组三篇文章，相信晏子、杨巴和马克·吐温的智慧给你留下了深刻的印象。请从文中找出你认为能表现他们智慧的片段，摘抄在下面表格里。

人物	原文摘抄
晏子	
杨巴	
马克·吐温	

活动二

幽默和风趣是智慧的闪现。智慧的人总能在最短的时间里，听懂对方的言外之意。请从三篇文章中选择两个人物的对话，试着推测其言外之意。

人物 1：

人物语言：

言外之意：

人物 2：

人物语言：

言外之意：

留心观察生活，我们总能发现一些运用幽默语言来化解难题的事，请你想一想，然后记录下来。

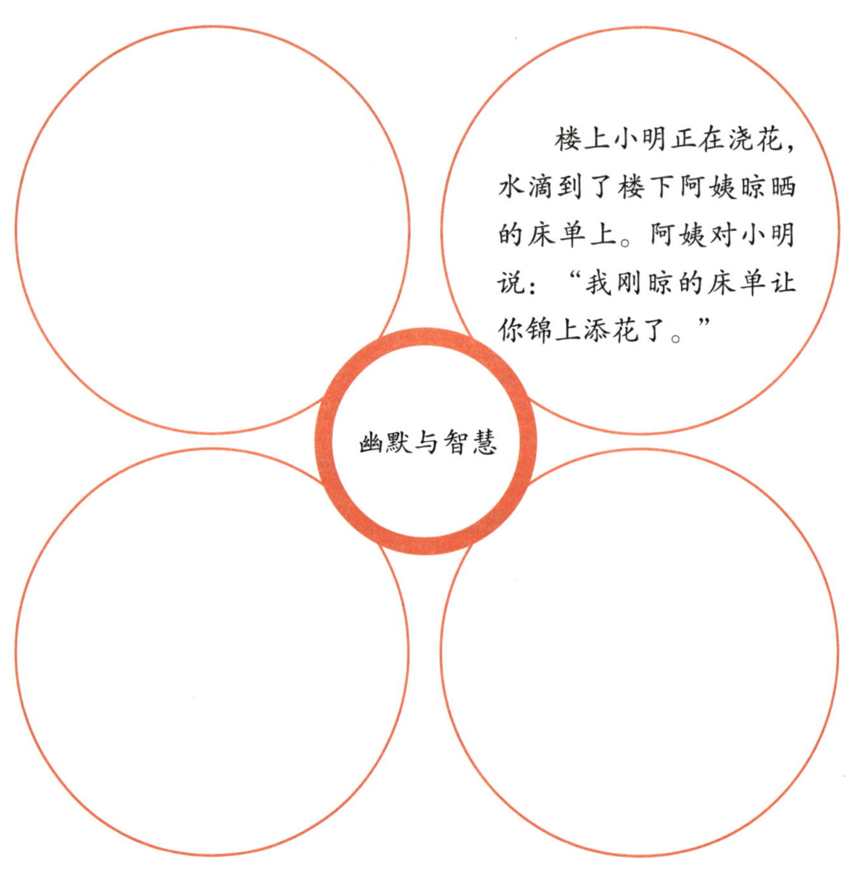

自由阅读一

漫画是一种具有讽刺性或幽默感的图画。有的漫画只有图画，有的漫画既有文字又有图画；有的漫画以主要人物为标题，有的漫画以要表现的主题为标题。

阅读漫画作品，除了看画的内容，还要借助漫画的标题或文字提示，联系生活中的人或事，思考漫画的含义，获得启示。

1 李三老

丁聪

有持竹竿入城者，横进之不得，直进之不得，截之则又可惜也。正踌（chóu）躇（chú）间，旁人曰：“十里外有李三老，智人也，盍（hé）与商之。”适三老骑驴而至，众欣跃往迎，见其坐于尻（kāo）上，问云：“曷不坐中央？”曰：“缰绳长耳。”

（冯梦龙《笑府》）

阅读链接

丁聪，笔名小丁，中国著名漫画家。丁聪一生创作了大量的文学书籍插图及讽刺漫画作品。他说：“来世上走了一趟，很高兴做了一件事，这就是画了一辈子漫画。”

② 少管闲事

丁　聪

儿子：“爸爸，小偷摸钱包啦！”

父亲：“你少管闲事！”

儿子：“是偷您的！”

父亲：“啊……”

③ 管教晚矣

［德国］卜劳恩

④ 顺利地解决

[德国] 卜劳恩

⑤ 吸引人的书

［德国］卜劳恩

从孩子的视角来看世界，能让我们感悟童真的美好，还会让我们有惊奇而意外的发现。幽默风趣的文字，能让我们在捧腹大笑之余，阅尽人生百态；幽默风趣的表达，能让我们轻松应对生活中遇到的困难。

1 当幽默变成油抹[①]

老　舍

小二、小三玩腻了：把落花生的尖端咬开一点，夹住耳唇当坠子，已经不能再做，因为耳坠不晓得是怎回事，全到了他们肚里去；还没有人能把花生吃完再拿它当耳坠！《儿童世界》上的插画也全看完了，没有一张满意的，因为据小二看，画着王家小五是王八的才能算好画，可是插画里没有这么一张。小二和王家小五前天打了一架，什么也不因为，并且一点不是小二的错，一点也不是小五的错；

①选入本书时，略有改动。

谁的错呢？没人知道。“小三，你当马吧？”小三这时节似乎什么也愿意干，只是不愿意当马。“再不然，咱们学狗打架玩？”小二又出了主意。“也好，可是得真咬耳朵？”小三愿事先问好，以免咬了小二的耳朵而去告诉妈妈。咬了耳朵还怎么再夹上花生当耳坠呢？小二不愿意。唱戏吧？好，唱戏。但是，先看看爸和妈干什么呢。假如爸不在家，正好偷偷地翻翻他那些杂志，有好看的图画可以撕下一两张来，然后再唱戏。

爸和妈都在书房里。爸手里拿着本薄杂志，可是没看；妈手里拿着些毛绳，可是没织；他们全笑呢。小二心里说大人也是好玩呀，不然，爸为什么拿着书不看，妈为什么拿着线不织？

爸说：“真幽默，哎呀，真幽默！”爸嘴上的笑纹几乎通到耳根上去。

这几天爸常拿着那么一薄本米色皮的小书喊幽默。

小二、小三自然是不懂什么叫幽默，而听成了油抹；可是油抹有什么可笑呢？小三不是为把油抹在袖口上挨过一顿打吗！大人油抹就不挨打而嘻嘻，不公道！

爸念了，一边念一边嘻嘻，眼睛有时候像要落泪，有时候一句还没念完，嘴里便哈哈哈。妈也跟着嘻嘻嘻。念

的什么子路——小三听成了紫鹿——一点也不可笑，而爸与妈偏嘻嘻嘻！

决定过去看看那小本是什么。爸不叫他们看："别这儿捣乱，一边儿玩去！"妈也说："玩去，等爸念完再来！"好像这个小薄本比什么都重要似的！也许爸和妈都吃多了；妈常说小孩子吃多了就胡闹，爸与妈也是如此。

念了半天，爸看了看表，然后把小本折好了一页，极小心地放在写字台的抽屉里："晚上再念；得出门了。"

"再念一段！"妈这半天连一针活也没做，还说再念一段呢，真不害羞！小三心里的小手指头直在脸上削："没羞没臊，当间儿画个黑老道！"

"晚上，晚上！凑巧还许把第十期买来呢！"爸说，还是笑着。

爸爸走了，走到院里还嘻嘻呢；爸是吃多了！

妈拿着活计到里院去了。

小二、小三决定要犯犯"不准动爸的书"的戒命。等妈走远了，轻轻地开了抽屉，拿出那本叫爸和妈嘻嘻的宝贝。他们全把大拇指放在嘴里咂着，大气不出地去找那招人笑的小鬼。他们以为书中必是有个小鬼，这个小鬼也许就叫作油抹。人一见油抹就要嘻嘻，或是哈哈。找了半天，一

篇一篇全是黑字！有一张画，看不懂是什么，既不是小兔搬家，又不是小狗成亲，简直是什么也不像！这就可乐呀？字和这样的画要是可乐，为什么妈不许我们在墙上写字画图呢？

“咱们还是唱戏去吧？”小三不耐烦了。

“小三，看，这个小盒也在这儿呢，爸不许咱们动，愣偷偷地看看？”小二建议。

已经偷看了书，为什么不再偷看看小盒？就是挨打也是一顿。小三想得很精密。

把小盒轻轻打开，嘛，里边一管挨着一管，都是刷牙膏，可是比刷牙膏的管小些细些。小二把小铅盖转了转，挤，“咕”——挤出滑溜溜的一条小红虫来，哎呀有趣！小三的眼睁得像两个新铜子，又亮又圆。“来，我挤一个！”他另拿了管，“咕”——挤出条碧绿的小虫来。

一管一管，全挤过了，什么颜色的也有，真好玩！小二拿起盒里的一支小硬笔，往笔上挤了些红膏，要往牙上擦。

“小二，别，万一这是爸的冻疮药呢？”

“不能，冻疮药在妈的抽屉里呢。”

“等等，不是药，也许呀，也许呀——”小三想了半天想不出是什么。

“这么着吧，小三，把小管全挤在桌上，咱们打花脸吧？”

“唱——那天你和爸听什么来着？”小三的戏剧知识只是由小二得来的那些。

“有花脸的那个？嘀咕的嘀咕嘀嘀咕！《黄鹤楼》！”

“就唱《黄鹤楼》吧！你打红脸，我打绿脸。嘀咕嘀——”

“《黄鹤楼》里没有绿脸！”小二觉得小三对扮戏是没发言权的。

“假装的有个绿脸就得了吗！糖挑上的泥人戏出就有绿脸的。”

两个把管里的小虫全挤得越长越好，而后用小硬笔往脸上抹。

“小二，我说这不是牙膏，你瞧，还油亮油亮的呢。嘀，抹在脸上有点溙得慌！”

“别说话；你的嘴直动，我怎给你画呀?！”小二给小三的腮上打些紫道，虽然小三是要打绿脸。

正这么打脸，没想到，爸回来了！

“你们俩干什么呢？干什么呢！”

“我们——”小二一慌把小刷子放在小三的头上。

小三，正闭着眼等小二给画眉毛，睁开了眼。

“你们干什么?！”爸是动了气，“二十多块一盒的油！”

“对啦，爸，我们这儿油抹呢！”小三直抓腮部，因为油漆得不好受。

“什么油抹呀？”

“不是爸看这本小书的时候，跟妈说，真油抹，爸笑妈也笑吗？”

“这本小书？”爸指着桌上那本说，“从此不再看《论语》！”

爸真生了气。一下子坐在椅子上，气哼哼的，不自觉地，从衣袋里掏出一本小书——样子和桌上那本一样。

乘着爸看新买来的小书，小二、小三七手八脚把小管全收在盒里，小三从头上揭下小笔，也放进去。

爸又看入了神，嘴角又慢慢往上弯。小二们的《黄鹤楼》是不敢唱了，可也不敢走开，敬候着爸的发落。

爸又嘻嘻了，拍了大腿一下：“真幽默！”

小三向小二咬耳朵：“爸是假装油抹，咱们才是真油抹呢！”

② 从孩子得到的启示[①]

丰子恺

一

晚上喝了三杯老酒，不想看书，也不想睡觉，捉一个四岁的孩子华瞻来骑在膝上，同他寻开心。我随口问："你最喜欢什么事？"

他仰起头一想，率然地回答："逃难。"

我倒有点奇怪："逃难"两字的意义，在他不会懂得，为什么偏偏选择它？倘然懂得，更不应该喜欢了。我就设法探问他："你晓得逃难就是什么？"

朴实的语言，写出了小孩子的天真。

"就是爸爸、妈妈、宝姐姐、软软……娘姨，大家坐汽车，去看大轮船。"

啊！原来他的"逃难"的观念是这样的！他所见的"逃难"，是"逃难"的这一面！这真是最可喜欢的事！

---

① 选入本书时，略有改动。

一个月以前，上海还属孙传芳的时代，国民革命军将到上海的消息日紧一日，素不看报的我，这时候也订一份《时事新报》，每天早晨看一遍。有一天，我正在看昨天的旧报，等候今天的新报的时候，忽然上海方面枪炮声响了。大家惊惶失色，立刻约了邻人，扶老携幼地逃到附近的妇孺救济会里去躲避。其实倘然此地果真进了战线，或到了败兵，妇孺救济会也是不能救济的。不过当时张皇失措，有人提议这办法，大家就假定它为安全地带，逃了进去。那里面地方很大，有花园、假山、小川、亭台、曲栏、长廊、花树、白鸽，孩子们一进去，登临盘桓，快乐得如入新天地了。忽然兵车在墙外轰过，上海方面的机关枪声、炮声，越响越近，又越密了。大家坐定之后，听听，想想，方才觉得这里也不是安全地带，当初不过是自骗罢了。有决断的人先出来雇汽车逃往租界。每走出一批人，留在里面的人增一次恐慌。我们集合邻人来商议，也决定出来雇汽车，逃到杨树浦的沪江大学。于是立刻把小孩子们从假山中、栏杆内捉出来，装进汽车里，飞奔杨树浦了。

所以决定逃到沪江大学者，因为一则有邻人与该校熟识，二则该校是外国人办的学校，较为安全可靠。枪炮声渐远渐弱，到听不见了的时候，我们的汽车已到沪江大学。

他们安排一个房间给我们住，又为我们代办膳食。傍晚，我坐在校旁的黄浦江边的青草堤上，怅望云水遥忆故居的时候，许多小孩子采花、卧草，争看无数的帆船、轮船的驶行，又是快乐得如入新天地了。

次日，我同一邻人步行到故居来探听情形的时候，人人面有喜色，似乎从此可庆承平了。我们就雇汽车去迎回避难的眷属，重开我们的窗户，恢复我们的生活。从此“逃难”两字就变成家人的谈话的资料了。

这是“逃难”。这是多么惊慌、紧张而忧患的一种经历！然而人物一无损丧，只是一次虚惊。过后回想，这回好似全家的人突发地出门游览两天。我想假如我是预言者，晓得这是虚惊，我在逃难的时候将何等有趣！素来难得全家出游的机会，素来少有坐汽车、游览、参观的机会。那一天不论时，不论钱，浪漫地、豪爽地、痛快地举行这游历，实在是人生难得的快事！只有小孩子真个感得这快味！他们逃难回来以后，常常拿香烟篦(lù)子来叠作栏杆、小桥、汽车、轮船、帆船；常常问我关于轮船、帆船的事；墙壁上及门上又常常有色粉笔画的轮船、帆船、亭子、石桥的壁画出现。可见这“逃难”，在他们脑中有难忘的欢喜的印象。所以今晚我无端地问华瞻最欢喜什么事，他立刻选定这“逃难”。

原来他所见的，是“逃难”的这一面。

不止这一端：我们所打算、计较、争夺的洋钱，在他们看来个个是白银的浮雕的胸章；仆仆奔走的行人，血汗涔涔的劳动者，在他们看来个个是无目的地在游戏、在演剧；一切建设，一切现象，在他们看来都是大自然的点缀、装饰。

大人如果向小孩子学习，也能感受到生活的幸福和乐趣。

唉！我今晚受了这孩子的启示了：他能撤去世间事物的因果关系的网，看见事物的本身的真相。他是创造者，能赋给生命于一切的事物。他们是“艺术”的国土的主人。唉，我要从他学习！

二

两个小孩子，八岁的阿宝与六岁的软软，把圆凳子翻转，叫三岁的阿韦坐在里面。他们两人同他抬轿子。不知哪一个人失手，轿子翻倒了。阿韦在地板上撞了一个大响头，哭了起来。乳母连忙来抱起，两个轿夫站在旁边呆看。乳母问：“是谁不好？”

阿宝说：“软软不好。”

软软说：“阿宝不好。”

阿宝又说："软软不好，我好！"

软软也说："阿宝不好，我好！"

阿宝哭了，说："我好！"

软软也哭了，说："我好！"

阿宝和软软先说对方不好，后说自己好，这都是他们的真实想法。这里用简洁的语言写出了孩子的率真。

他们的话由"不好"转到了"好"。乳母已在喂乳；见他们哭了，就从旁调解："大家好，阿宝也好，软软也好，轿子不好！"

孩子听了，对翻倒在地上的轿子看看，各用手背揩揩自己的眼睛，走开了。

孩子真是愚蒙，直说"我好"，不知谦让，所以大人要称他们为"童蒙""童昏"。要是大人，一定懂得谦让的方法：心中明明认为自己好而别人不好，口上只是隐隐地或转弯地表示，让众人看，让别人自悟。于是谦虚、聪明、贤惠等美名皆在我了。

讲到实在，大人也都是"我好"的。不过他们懂得谦让的一种方法，不像孩子地直说出来罢了。谦让方法之最巧者，是不但不直说自己好，反而故意说自己不好。明明在谆谆地陈理说义，劝谏君王，必称"臣虽下愚"；明明

与大人比较，孩子虽然“愚蒙”，却真诚；大人似“谦让”，实则虚伪。

在自陈心得、辩论正义，或惩斥不良、训诫愚顽，表面上总自称“不佞”“不慧”，或“愚”。习惯之后，“愚”之一字竟通用作第一身称[①]的代名词，凡称“我”处，皆用“愚”。常见自持正义而赤裸裸地骂人的文字函牍中，也称正义的自己为“愚”，而称所骂的人为“仁兄”。这种矛盾，在形式上看来是滑稽的；在意义上想来是虚伪的，阴险的。“滑稽”“虚伪”“阴险”，比较大人评孩子的所谓“蒙”“昏”丑劣得多了。

对于“自己”，原是谁都重视的。自己的要“生”，要“好”，原是普遍的生命的共通的大欲。今阿宝与软软为阿韦抬轿子，翻倒了轿子，跌痛了阿韦，是谁好谁不好，姑且不论；其表示自己要“好”的手段，是彻底地诚实，纯洁而不虚饰的。

我一向以小孩子为“昏蒙”。今天看了这件事，恍然悟到我们自己的昏蒙了。推想起来，他们常是诚实的，“称心而言”的；而我们呢，难得有一日不犯“言不由衷”的恶德！

唉！我们本来也是同他们那样的，谁造成我们这样呢？

---

① 身称：人称。

3 我和儿子下棋[①]

沙叶新

儿子从小爱下棋，我是他的主要对手。他五六岁时，我陪他下斗兽棋、飞行棋、五子棋；上小学之后，我又陪他下跳棋、军棋、象棋。他还学过围棋和国际象棋，但我不会，没陪他下过。他最喜欢的还是中国象棋，我经常陪他下。当然，我总是比他棋高一着，爸爸嘛！

儿子很小的时候，在他的心目中，爸爸是个伟大的字眼，是战无不胜的英雄，是无所不知的权威，是能给儿子提供任何帮助的保护者。“爸爸，我掼跤了！”“爸爸，抱！我跑勿动了！”“爸爸，猫来了，我吓！”儿子一天不知要叫多少声“爸爸”，而爸爸总是能在他最需要的时候来到他身边，并为他排忧解难，爸爸当然就成了儿子崇拜的英雄。

儿子大了，进初中了，在心理上开始“断乳”，对爸爸的态度也就随之改变了。初一时，他自学《中美历届数

---

① 选入本书时，略有改动。

学竞赛试题精解》这本书，有一道代数题他不解其意，拿来问我。我这个搞戏剧文学的最没有数学头脑，只好对他说我也不会。他非常惊讶，爸爸居然也有不会的事！还有一次，他读英汉对照读物《爱丽丝漫游奇境记》，有个英语文法问题问我，我又是不会。他更为惊讶，读过两所大学、当过研究生的爸爸，怎么连初中英语的文法也茫然无知？以后他诸如此类的问题越来越多：31 摄氏度是多少华氏度？贝肯鲍尔是哪一国的足球明星？大白菜在植物分类上属于什么科？蛔虫在人肚里为什么不会被人体所消化？而我面对这些问题大多交白卷。儿子说，爸爸除了语文这一门功课稍微好一点之外，其他功课都不行，还不如他。我默然，只得认可。

前不久，家中买了一台录像机。我是科盲，对先进技术一窍不通，所以买来之后，如何和电视机接装，如何调试等等，我都束手无策。后来，请来当工程师的内弟接装好了,我又不会使用。我真恨自己太笨！儿子说,这有何难？他仔细阅读了使用说明书，东碰碰，西戳戳，居然可以用上了。这一来，爸爸的形象越来越无光彩，而儿子的形象倒大大地提升了。

到了儿子读初二时，我唯一还可以保持爸爸优势的，

看来只剩下下象棋这一招了。因此每逢和儿子下棋，我总是全力以赴，期在必胜，不敢稍有疏忽，以免败于他手而失去这最后的阵地。迄今为止，我的战绩是胜多败少，仍旧保持绝对优势。

儿子素来好强好胜，从不甘于人后，不论在课堂上还是在运动场上，他总想争个第一。和爸爸下棋，虽是娱乐，他也极其认真，定要跟我争个高低。无奈我胸有全局，老谋深算；而他有勇无谋，时中我计，不是失子，便是败阵。每到这种生死关头，为挽回败局，儿子总要悔棋，而我决不答应，并以“落子无悔大丈夫”的古训来与他争辩。这样，我们父子之间的一场舌战就不可避免了。

“摸子动子，落子生根！”

“我还没动哩！”

“别赖！”

“你才赖哩！”

“说好的，不许悔棋！”

“谁悔了？！”

“你要悔，我就不来了！”

悔棋我就不下，这是我的撒手锏。儿子为了能跟我继续下，只得屈服，不再悔棋，但嘴里仍嘀咕：“哼，算你狠！”

我妻子曾说：“你们父子俩下一次棋，就要吵一次！”

可我妻对于我们父子为下棋而展开的舌战，始终是采取“事不关己，高高挂起”的态度，从不过问，从不干预，只是静静地坐在一旁，低着头专心地结她的毛线；哪怕我们吵翻了天，她也不参战，又不劝和，真正做到了“观棋不语”，涵养功夫极好！

只有一次，我妻表现了她对儿子的偏袒。她对我说：“下棋是玩玩的，你就让儿子一点嘛！他还小，你对他干吗那么认真？”

我说：“其实我非常非常希望儿子能赢我，可我又极不希望他赢得那么轻易！”

有一阵子，儿子似乎憋了一股气，每天放学做完功课之后，便潜心研究棋艺。他不但进行实战练习，还加强理论武装，他看完了《中国象棋基础教程》，又在看《橘中秘》。他常常按谱摆子，一人独弈，真是有点入迷了。他说：“我一定要杀败爸爸！”

我深信儿子用不了多久就会将我杀败的，到那时所谓爸爸的优势，也许就丧失殆尽了，被崇拜的英雄将要彻底成为他的马前败将了。有人曾总结过，说儿子对爸爸的态度分如下几个阶段：童年时，认为爸爸是英雄；青少年时，

认为爸爸马马虎虎，不过如此；成年时，认为爸爸缺点甚多，开始变得讨厌了；等到自己进入老年或者失去爸爸之后，才突然感到爸爸的这一生还是真了不起。至于我呢？我并不期望儿子把我当作英雄，当然也并不愿意他把我看得一文不值；我只希望儿子始终把我视为他的朋友。

日积月累

养心莫善寡欲，至乐无如读书。

——郑成功

读书也像开矿一样“沙里淘金”。

——赵树理

读过一本好书，像交了一个益友。

——臧克家

聪明在于勤奋，天才在于积累。

——华罗庚

4 下　棋[1]

梁实秋

有一种人我最不喜欢和他下棋，那便是太有涵养的人。杀死他一大块，或是抽了他一个车(jū)，他神色自若，不动火，不生气，好像是无关痛痒，使你觉得索然寡味。君子无所争，下棋却是要争的。当你给对方一个严重威胁的时候，对方的头上青筋暴露，黄豆般的汗珠一颗颗地在额上陈列出来，或哭丧着脸，或咕嘟着嘴，或抓耳挠腮，或大叫一声，或长吁短叹，或自怨自艾(yì)口中念念有词，或一串串的噎嗝打个不休，或红头涨脸如关公，种种现象，不一而足，这时节你“行有余力”，便可以啜(chuò)一碗茶，静静地欣赏对方的苦闷的象征。我想猎人困逐一只野兔的时候，其愉快大概略相仿佛。因此我悟出一点道理，和人下棋的时候，如果有机会使对方受窘(jiǒng)，当然无所不用其极；如果被对方所窘，便努力作出不介意状，因为既不能积极地给对方以苦痛，只好消极地减少对方的乐趣。

---

①选入本书时，略有改动。

不过弈虽小术，亦可以观人。相传有慢性人，见对方走当头炮，便左思右想，不知是跳左边的马好，还是跳右边的马好，想了半个钟头而迟迟不决，急得对方拱手认输。是有这样的慢性人，每一着都要考虑，而且是加慢地考虑，我常想这种人如加入龟兔竞赛，也必定可以获胜。也有性急的人，下棋如赛跑，噼噼啪啪，草草了事，这仍就是饱食终日无所用心的一贯作风。下棋不能无争，争的范围有大有小，有斤斤计较而因小失大者，有不拘小节而眼观全局者，有短兵相接作生死斗者，有各自为战而旗鼓相当者，有赶尽杀绝一步不让者，有好勇斗狠同归于尽者，有一面下棋一面诮(qiào)骂者，但最不幸的是争的范围超出了棋盘，而拳足交加。有下象棋者，久而无声响，排闼(tà)视之，阒(qù)不见人，原来他们是在门后角里扭作一团，一个人骑在另一个人的身上，在他的口里挖车呢。被挖者不敢出声，出声则口张，口张则车被挖回，挖回则必悔棋，悔棋则不得胜，这种认真的态度憨得可爱。我曾见过二人手谈，起先是坐着，神情潇洒，望之如神仙中人，俄而棋势吃紧，两人都站起来了，剑拔弩张，如斗鹌鹑，最后到了生死关头，两个人都跳到桌上去了！

笠翁《闲情偶寄》说弈棋不如观棋，因观者无得失心。

观棋是有趣的事，如看斗牛、斗鸡、斗蟋蟀一般，但是观棋也有难过处，观棋不语是一种痛苦。喉间硬是痒得出奇，思一吐为快。看见一个人要入陷阱而不作声是几乎不可能的事。如果说得中肯，其中一个人要厌恨你，暗暗地骂一声：“多嘴驴！”另一个人也不感激你，心想：“难道我还不晓得这样走！”如果说得不中肯，两个人要一齐嗤之以鼻：“无见识奴！”如果根本不说，憋在心里，受病。所以有人于挨了一个耳光之后还要抚着热辣辣的嘴巴大呼：“要抽车！要抽车！”

下棋只是为了消遣，其所以能使这样多人嗜(shì)此不疲者，是因为它颇合于人类好斗的本能，这是一种“斗智不斗力”的游戏。所以瓜棚豆架之下，与世无争的村夫野老不免一枰(píng)相对，消此永昼；闹市茶寮(liáo)之中，常有有闲阶级的人士下棋消遣，“不为无益之事，何以遣此有涯之生？”宦(huàn)海里翻过身最后退隐东山的大人先生们，髀(bì)肉复生，而英雄无用武之地，也只好闲来对弈，了此残生，下棋全是“剩余精力”的发泄。与其和人争权夺利，还不如在棋盘上多占几个官；与其招摇撞骗，还不如在棋盘上抽上一车。宋人笔记曾载有一段故事：“李讷(nè)仆射，性卞(biàn)急，酷好弈棋。每下子安详，极于宽缓，往往躁怒作，家人辈则密以弈具

陈于前。讷睹，便忻(xīn)然改容，以取其子布弄，都忘其恚(huì)矣。”（《南部新书》）下棋，有没有这样陶冶性情之功，我不敢说，不过有人下起棋来确实是把性命都可置之度外。我有两个朋友下棋，警报作，不动声色，俄而弹落，棋子被震得在盘上跳荡，屋瓦乱飞。其中一位棋瘾较小者变色而起，被对方一把拉住：“你走！那就算是你输了。”此公深得棋中之趣。

日积月累

青年时代下国际象棋，可以锻炼思维能力、增强记忆力和培养坚强的意志；中年时期下国际象棋，是一种快乐和美学的享受；到了老年，下国际象棋则是一种最好的休息。

——列夫·托尔斯泰

⑤ 吃食和文学[1]（节选）

汪曾祺

口味·耳音·兴趣

我有一次买牛肉。排在我前面的是一个中年妇女，看样子是个知识分子，南方人。轮到她了，她问卖牛肉的："牛肉怎么做？"我很奇怪，问："您没有做过牛肉？"——"没有。我们家不吃牛羊肉。"——"那您买牛肉——？"——"我的孩子大了，他们会到外地去。我让他们习惯习惯，出去了好适应。"这位做母亲的用心良苦。我于是尽了一趟义务，把她请到一边，讲了一通牛肉做法，从清炖、红烧、咖喱牛肉，直到广东的蚝油炒牛肉、四川的水煮牛肉、干煸牛肉丝……

有人不吃羊肉。我们到内蒙古去体验生活。有一位女同志不吃羊肉——闻到羊肉气味都恶心，这可苦了。她只好顿顿吃开水泡饭，吃咸菜。看见我吃手抓羊肉、羊贝子（全羊）吃得那样香，直生气！

---

① 选入本书时，略有删改。

有人不吃辣椒。我们到重庆去体验生活。有几个女演员去吃汤圆，进门就嚷嚷“不要辣椒！”卖汤圆的冷冷地说：“汤圆没有放辣椒的！”

许多东西不吃，下到地方，很不方便。到一个地方，听不懂那里的话，也很麻烦。

我们到湘鄂赣去体验生活。在长沙，有一个同志的鞋坏了，去修鞋，鞋铺里不收。“为什么？”——“修鞋的不好过。”——“什么？”——“修鞋的不好过！”我只得给他翻译一下，告诉他修鞋的今天病了，他不舒服。上了井冈山，更麻烦了：井冈山说的是客家话。我们听一位队长介绍情况，他说这里没有人肯当干部，他挺身而出，他老婆反对，说是“辣子毛补，两头秀腐”——“什么什么？”我又得给他翻译：“辣椒没有营养，吃下去两头受苦。”这样一翻译可就什么味道也没有了。

苦瓜是瓜吗？

昨天晚上，家里吃白兰瓜。我的一个小孙女，还不到三岁，一边吃，一边说：“白兰瓜、哈密瓜、黄金瓜、华莱士瓜、西瓜，这些都是瓜。”我很惊奇了：她已经能自己经过归纳，形成“瓜”的概念了（没有人教过她）。这表

示她的智力已经发展到了一个重要的阶段。凭借概念，进行思维，是一切科学的基础。她奶奶问她："黄瓜呢？"她点点头。"苦瓜呢？"她摇摇头。我想：她大概认为"瓜"是可吃的，并且是好吃的（这些瓜她都吃过）。

今天早起，又问她："苦瓜是不是瓜？"她还是坚决地摇了摇头，并且说明她的理由："苦瓜不像瓜。"我于是进一步想：我对她的概念的分析是不完全的。原来在她的"瓜"概念里除了好吃不好吃，还有一个像不像的问题（苦瓜的表皮疙里疙瘩的，也确实不大像瓜）。我翻了翻《辞海》，看到苦瓜属葫芦科。那么，我的孙女认为苦瓜不是瓜，是有道理的。我又翻了翻《辞海》的"黄瓜"条：黄瓜也是属葫芦科。苦瓜、黄瓜习惯上都叫作瓜；而另一种很"像"是瓜的东西，在北方却称之为"西葫芦"。瓜乎？葫芦乎？苦瓜是不是瓜呢？我倒糊涂起来了。

⑥ 带点笑容

丰子恺

请照相馆里的人照相，他将要开镜头的时候，往往要命令你："带点笑容！"

爱好美术的朋友X君最嫌恶这一点，因此永不请教照相馆。但他不能永不需要照相，因此不惜巨价自己购置一副照相机。然而他的生活太忙，他的技术太拙，学了好久照相，难得有几张成功的作品。为了某种需要，他终于不得不上照相馆去。我预料有一幕滑稽剧要开演了，果然：

X君站在镜头面前，照相者给他一个摩登花样的矮柱，好像一只茶几，教他左手搁在这矮柱上，右手叉腰，说道："这样写意！"X君眉头一皱，双手拒绝他，说："这个不要，我只要这样站着好了！"他心中已经大约动了三分怒气。照相者扫兴地收回了矮柱，退回镜头边来，对他一相，又走上前去劝告他："稍微偏向一点儿，不要立正！"X君不动。照相者大概以为他听不懂，伸手捉住他的两肩，用力一旋，好像雕刻家弄他的塑像似的，把X君的身体向

外旋转约二十度。他的两手一放，X 君的身体好像有弹簧的，立刻回复原状。二人意见将要发生冲突，我从中出来调解："偏一点儿也好，不过不必偏得这样多。" X 君听了我的话，把身体旋转了约十度。但我知道他心中的怒气已经动了五六分了。

照相者的头在黑布底下钻了好久，走到 X 君身边，先用两手整理他的衣襟，拉他的衣袖，又蹲下去搬动他的两脚。最后立起身来用两手的中指点住他的颞颥（niè rú），旋动他的头颅；用左手的食指点住他的后脑，教他把头俯下；又用右手的食指点住他的下巴，教他把头仰起。X 君的怒气大约已经增至八九分。他不耐烦地嚷起来："好了，好了！快些给我照吧！"我也从旁帮着说："不必太仔细，随便给他照一个，自然一点倒好看。"照相者说着"好，好"走回镜旁，再相了一番，伸手搭住镜头，对 X 君喊："眼睛看着这里！带点笑容！"看见 X 君不奉行他的第二条命令，又重申一遍："带点笑容！"X 君的怒气终于增到了十分，破口大骂起来："什么叫作带点笑容！我又不是来卖笑的！混账！我不照了！"他两手一挥，红着脸孔走出了立脚点，皱着眉头对我苦笑。照相者就同他相骂起来：

"什么？我要你照得好看，你反说我混账！"

“你懂得什么好看不好看？混账！”

“我要同你品品道理看！你板着脸孔，我请你带点笑容，这不是好意？到茶店里品道理我也不怕！”

“我不受你的好意。这是我的照相，我喜欢怎样便怎样，不要你管！”

“照得好看不好看，和我们照相馆名誉有关，我不得不管！”

听到了这句话，X君的怒气增到十二分：“胡说！你也会巧立名目来拘束别人的自由？……”二人几乎动武了。我上前劝解，拉了愤愤不平的X君走出照相馆。一出滑稽剧于是闭幕。

我陪着X君走出照相馆时，心中也非常疑怪。为什么照相一定要“带点笑容”呢？回头向他们的样子窗里一瞥，这疑怪开始消解，原来他们所摄的照相，都作演剧式的姿态，没有一幅是自然的。女的都带些花旦的姿态，男的都带些小生、老生，甚至丑角的姿态。美术上所谓自然的姿势，在照相馆里很难找到。人物肖像上所谓妥帖的构图，在这些样子窗里尤无其例。推想到这些照相馆里来请求照相的人，大都不讲什么自然的姿势与妥帖的构图。女的但求自己的姿态可爱，教她装个俏眼儿也不吝惜；男的但求自己

的神气活现，命令他“带点笑容”当然愿意的了。我们的X君戴了美术的眼镜，抱了造像的希望，到这种地方去找求自然的姿势与妥帖的构图，犹如缘木求鱼，当然是要失望的。

但是这幕滑稽剧的演出，其原因不仅在于美术与非美术的冲突上，还有更深的原因隐伏在X君的胸中。他是一个不善逢迎、不苟言笑的人。他这种性格，今天就在那个照相馆中的镜头前面现形出来。他的反抗照相者的命令，其意识中仿佛在说：“我不愿做一切违背衷心的非义的言行！我不欲强作笑颜来逢迎任何人！我的脸孔天生成这样！这是我之所以为我！”故在他看来，照相者劝他“带点笑容”，仿佛是强迫他变志，失节，装出笑颜来谄媚世人，在他是认为奇耻大辱的。然而照相馆里的人哪能顾到这一点？他的劝人“带点笑容”，确是出于“好意”。因为他们营商的人，大都以多数顾客的要求为要求，以多数顾客的好恶为好恶，他们自己对于照相根本没有什么要求，也没有什么好恶。故X君若有所愤怒，也不必对他们发，应该发在多数的顾客身上。因为多数顾客喜欢在镜头面前作娇态，装神气，因此养成了这样的照相店员。

我并不主张照相时应该板脸孔，也不一定嫌恶装笑脸

的照相。但觉照相者强迫镜头前的人“带点笑容”，是可笑，可耻，又可悲的事。因此我不得不由此想象：现今的世间，像X君的人极少，而与X君性格相反的人极多。那么真如X君出照相馆时所说：“现今的世间，要进照相馆也不得不‘带点笑容’了！”

1936年

日积月累

在我们以前，“人生”已被反复了数千万遍，都像昙花泡影地倏现倏灭。大家一面明明知道自己也是如此，一面却又置若不知，毫不怀疑地热心做人。

——丰子恺

7 养　鸭

丰子恺

除了例假日有长长大大的四个学生——两大学、一高中、一专科——回家来热闹一番之外，经常住在家里的只有三个半人：我们老夫妇二人、一个男工和一个五岁的男孩。但畜生倒有八口：两狗、两猫、两鸽和两鸭。有一位朋友看见了说："人少畜生多。"

这许多畜生之中，我最喜欢的是两只鸭。狗是为了防窃贼设法讨来的；猫是为了抵抗老鼠出了四百多块钱买来的，都有实用性。并且狗的贪婪、无耻和势利，猫的凶狠和谄媚，根本不能使我喜欢。至于鸽子呢，新近友人送来的，养得不久；我虽久仰它们的敏捷的信义，但是交情还浅，尚未领教，也只得派在不喜欢之列。唯有两只鸭，我觉得有意思。

这一对鸭不是原配，是一个寡妇和一个第二后夫。来由是这样的：今年暮春，一吟（就是那专科学生）从街上买了一对小鸭回来。小得很，两只可以并排站在手掌上。

白天在后门外水田游泳，晚上共睡在一只小篮里，挂在梁上：为的是怕黄鼠狼拖去吃。鸭子长得很快，不久小篮嫌挤，就改睡在一个字纸篓里，还是挂在梁上。有一天半夜里，我半睡中听见室内哗啦哗啦的响，后来是鸭子叫。连忙起身，拿电筒一照，只见字纸篓正在摇荡中，下面地上，一只小雄鸭仰卧在血泊中。仔细一看，头颈已被咬断，血如泉涌了。连忙探望字纸篓，小雌鸭幸而还在。环视室内，凶手早已不知去向了。这件血案闹得全家的人都起来。看看残生的小雌鸭，各人叹了好几口气。

后来一呤又买了一只小雄鸭来。大小和小雌鸭仿佛。几日来，小雌鸭形单影只，如今又鹣(jiān)鹣鲽(dié)鲽了。自从那件血案发生以后，我们每晚戒备很严，这一对续弦的小鸭，安全地长大起来，直到七月初我们迁居新屋的时候，已经长成一对中鸭了。新屋四周没有邻居，却有篱笆围着一大块空地。我们在篱笆内掘一个小塘，就称为乳鸭池塘。一对鸭子尽日在篱笆内仰观俯察，逡(qūn)巡游泳，在我的岑(cén)寂的闲居生活上增添了一种生趣。不知不觉之间，它们已长成大鸭，全身雪白，两脚大黄，翅膀上几根羽毛，黑色里透着金光，很是美观。它们晚上睡在屋檐下一只箩子底下。箩子上面压上一块石板，也是为防黄鼠狼。谁知有一天的

破晓，我睡醒来，听见连新——我们的男工，在叫喊。起来探问，才知道一只雄鸭又被拖去了，一道血迹从箩子边洒到篱笆的一个洞口，洞外也有些点滴，迤逦向荒山而去。查问根由，原来昨夜连新忘记在箩子上压石板，黄鼠狼就来启箩偷鸭了。既经的疏忽也不必责咎，只是以后的情景着实可怜。那雌鸭放出箩来，东寻西找，仰天长鸣，“轧轧”之声，竟日不绝。其声慌张、焦躁，而似乎含有痛楚，使闻者大为不安。所谓“行人驻足听，寡妇起彷徨”者，大约是类乎此的鸣声吧。以前小雄鸭被害了，它满不在乎，照旧吃食游水，我曾经笑它“它毕竟是禽兽！”但照如今看来，毕竟是人的同类，也是含识的、有情的众生。傍晚我偶然走到箩子旁边，看见早上喂的饭全没有动。

雌鸭“丧其所天”之后，一连三四日“轧轧”地哀鸣，东张西望地寻觅。后来也就沉静了，但样子很异常，时时俯在地上叩头，同时“咯咯”地叫。从前的邻人周婆婆来，看见了，说它是需要雄鸭。我们就托周婆婆做媒，过了几天，周婆婆果然提了一只雄鸭来，身材同它一样大小，毛色比它更加鲜美。雄鸭一到地上，立刻跟着雌鸭悠然而逝，直到屋后篱角，花荫深处盘桓了。它们好像是旧相识的。

这一对鸭就是我现在所喜欢的畜生。我喜欢它们，不

仅为了上述的一段哀史，大半也是为了鸭这种动物的性行。从前意大利的辽巴第（列奥巴尔迪 Leopardi）喜欢鸟，曾作《百鸟颂》。鸭也是鸟类，却没有被颂在里头，我实在要替鸭抱不平。许多人说，鸭步行的态度太难看。我以为不然，摇摇摆摆地走路，样子天真自然，另有一种“滑稽美”。狗走起路来皇皇如也，好像去赶公事；猫走起路来偷偷摸摸，好像去干暗杀。这才是真难看。但我之所以喜欢鸭子，主要是为了它们的廉耻。人去喂食的时候，鸭一定远远地避开。直到人去远了才慢慢地走近来吃。正在吃的时候，倘有人远远地走过来，一定立刻舍食而去，绝不留恋。虽然鸭子终吃了人们的饭，但其态度非常漂亮，绝不摇尾乞怜，绝不贪婪争食，颇有“履霜坚冰”之操，“不食嗟来”之志，比较之下，狗和猫实在可耻：狗之贪食，恐怕动物中无出其右了。喂食的时候，人还没有走到食盆边，狗已摇头摆尾地先到，而且把头向空盆里乱钻，所以倒下去的食物往往都倒在狗头上。猫是上桌子的畜生，其贪吃更属可怕。不管是灶头上，柜子里，乘人不备，到处偷吃。甚至于人们吃饭的时候，会跳上人膝，向人的饭碗里抢东西吃。一旦抢到了美味的食物，若有人追打，便发出一种吼声，其声的凶狠，可以使人想象老虎或雷电，足证它是用尽全身

之力，为食物而拼命了。凡此种种丑态在我们的鸭子全然没有。鸭子，即使人们忘了喂食，仍是摇摇摆摆地自得其乐。这不是最可爱的动物吗？

这两只鸭，我决定养它们到老死。我想准备一只笼子，将来好关进笼里，带它们坐轮船，穿过巴峡巫峡，经过汉口南京，一同回到我的故乡。

8 马裤先生

老 舍

火车在北平东站还没开，同屋那位睡上铺的穿马裤、戴平光的眼镜、青缎子洋服上身、胸袋插着小楷羊毫、足蹬青绒快靴的先生发了问：“你也是从北平上车？”很和气的。

我倒有点迷了头，火车还没动呢，不从北平上车，难道由——由哪儿呢？我只好反攻了：“你从哪儿上车？”很和气的。我很希望他说是由汉口或绥远上车，因为果然如此，那么中国火车一定已经是无轨的，可以随便走走；那多么自由！

他没言语。看了看铺位，用尽全身——假如不是全生——的力气喊了声：“茶房！”

茶房正忙着给客人搬东西、找铺位。可是听见这么紧急的一声喊，就是有天大的事也得放下，茶房跑来了。

“拿毯子！”马裤先生喊。

“请少待一会儿，先生，”茶房很和气地说，“一开车，

马上就给您铺好。”

马裤先生用食指挖了鼻孔一下，别无动作。

茶房刚走开两步。

“茶房！”这次连火车好似都震得直动。

茶房像旋风似的转过身来。

“拿枕头！”马裤先生大概是已经承认毯子可以迟一下，可是枕头总该先拿来。

“先生，请等一等，您等我忙过这会儿去，毯子和枕头就一齐全到。”茶房说得很快，可依然是很和气。

茶房看马裤客人没任何表示，刚转过身去要走，这次火车确是哗啦了半天：“茶房！”

茶房差点吓了个跟头，赶紧转回身来。

“拿茶！”

“先生，请略微等一等，一开车茶水就来。”

马裤先生没任何的表示。茶房故意地笑了笑，表示歉意。然后搭讪着慢慢地转身，以免快转又吓个跟头。转好了身，腿刚预备好快走，背后打了个霹雳：“茶房！”

茶房不是假装没听见，便是耳朵已经震聋，竟自没回头，一直地快步走开。

“茶房！茶房！茶房！”马裤先生连喊，一声比一声

高。站台上送客的跑过一群来，以为车上失了火，要不然便是出了人命。茶房始终没回头。马裤先生又挖了鼻孔一下，坐在我的床上。刚坐下，“茶房！”茶房还是没来。看着自己的磕膝，脸往下沉，沉到最长的限度，手指一挖鼻孔，脸好似唰的一下又纵回去了。然后，“你坐二等？”这是问我呢。我又毛了，我确是买的二等，难道上错了车？

“你呢？”我问。

“二等。这是二等。二等有卧铺。快开车了吧？茶房！”

我拿起报纸来。

他站起来，数他自己的行李，一共八件，全堆在另一卧铺上——两个上铺都被他占了。数了两次，又说了话：“你的行李呢？”

我没言语。原来我误会了：他是善意，因为他跟着说：“可恶的茶房，怎么不给你搬行李？”

我非说话不可了：“我没有行李。”

“嗾?！”他确是吓了一跳，好像坐车不带行李是大逆不道似的，“早知道，我那四只皮箱也可以不打行李票了！”

这回该轮着我了，“嗾?！”我心里说，“幸而是如此，

不然的话，把四只皮箱也搬进来，还有睡觉的地方啊?！”

我对面的铺位也来了客人，他也没有行李，除了手中提着个扁皮夹。

“啾?！”马裤先生又出了声，“早知道你们都没行李，那口棺材也可以不另起票了！”

我决定了。下次旅行一定带行李。真要陪着棺材睡一夜，谁受得了！

茶房从门前走过。

“茶房！拿手巾把！”

“等等。”茶房似乎下了抵抗的决心。

马裤先生把领带解开，摘下领子来，分别挂在铁钩上：所有的钩子都被占了，他的帽子、风衣，已占了两个。

车开了，他登时想起买报：“茶房！”

茶房没有来。我把我的报赠给他，我的耳鼓出的主意。

他爬上了上铺，在我的头上脱靴子，并且击打靴底上的土。枕着个手提箱，用我的报纸盖上脸，车还没到永定门，他睡着了。

我心中安坦了许多。

到了丰台，车还没站住，上面出了声：“茶房！”

没等茶房答应，他又睡着了。大概这次是梦话。

过了丰台，茶房拿来两壶热茶。我和对面的客人——一位四十来岁平平无奇的人，脸上的肉还可观——吃茶闲扯。大概还没到廊坊，上面又开了雷："茶房！"

茶房来了，眉毛拧得好像要把谁吃了才痛快。

"干吗？先——生——"

"拿茶！"上面的雷声响亮。

"这不是两壶？"茶房指着小桌说。

"上边另要一壶！"

"好吧！"茶房退出去。

"茶房！"

茶房的眉毛拧得直往下落毛。

"不要茶，要一壶开水！"

"好啦！"

"茶房！"

我直怕茶房的眉毛脱净！

"拿毯子，拿枕头，打手巾把，拿——"似乎没想起拿什么好。

"先生，您等一等。天津还上客人呢。过了天津我们一总收拾，也耽误不了您睡觉！"茶房一气说完，扭头就走，好像永远不再想回来。

待了会儿，开水到了，马裤先生又入了梦乡，呼声只比“茶房”小一点，可是匀调而且是继续地努力，有时呼声稍低一点，用咬牙来补上。

“开水，先生！”

“茶房！”

“就在这哪；开水！”

“拿手纸！”

“厕所里有。”

“茶房！厕所在哪边？”

“哪边都有。”

“茶房！”

“回头见。”

“茶房！茶房！！茶房！！！”

没有应声。

“呼——呼呼——呼——”又睡了。

有趣！

到了天津。又上来些旅客。马裤先生醒了，对着壶嘴喝了一气水，又在我头上击打靴底。穿上靴子，出溜下来，食指挖了鼻孔一下，看了看外面：“茶房！”

恰巧茶房在门前经过。

“拿毯子！”

“毯子就来。”

马裤先生走出去，呆呆地立在走廊中间，专为阻碍来往的旅客与脚夫。忽然用力挖了鼻孔一下，走了。下了车，看看梨，没买；看看报，没买；看看脚行的号衣，更没作用。又上来了，向我招呼了声：“天津，唉？”我没言语。他向自己说：“问问茶房。”紧跟着一个雷，“茶房！”我后悔了，赶紧地说：“是天津，没错儿。”

“总得问问茶房；茶房！”

我笑了，没法再忍住。

车好容易又从天津开走。

刚一开车，茶房给马裤先生拿来头一份毯子、枕头和手巾把。马裤先生用手巾把耳孔鼻孔全钻得到家，这一把手巾擦了至少有一刻钟，最后用手巾擦了擦手提箱上的土。

我给他数着，从老站到总站的十来分钟之间，他又喊了四五十声茶房。茶房只来了一次，他的问题是火车向哪面走呢？茶房的回答是不知道，于是又引起他的建议，车上总该有人知道，茶房应当负责去问。茶房说，连驶车的也不晓得东西南北。于是他几乎变了颜色，万一车走迷了

路?!茶房没再回答，可是又掉了几根眉毛。

他又睡了，这次是在头上摔了摔袜子，可是一口痰并没往下唾，而是照顾了车顶。

我睡不着是当然的，我早已看清，除非有一对“避呼耳套”，当然不能睡着。可怜的是别屋的人，他们并没预备来熬夜，可是在这种带钩的呼声下，还只好是白瞪眼一夜。

我的目的地是德州，天将亮就到了。谢天谢地!

车在此处停半点钟，我雇好车，进了城，还清清楚楚地听见：“茶房！”

一个多星期了，我还惦记着茶房的眉毛呢。

⑨ 到了济南（节选）

老舍

济南的洋车并没有什么特异的地方。坐在洋车上的味道可确是与众不同。要领略这个味道，顶好先检看济南的道路一番；不然，屈骂了车夫，或诬蔑济南洋车构造不良，都不足使人心服。

检看道路的时候，请注意，要先看胡同里的；西门外确有宽而平的马路一条，但不能算作国粹。假如这检查的工作是在夜里，请别忘了拿个灯笼，踏一脚黑泥事小，把脚腕拐折至少也不甚舒服。

胡同中的路，差不多是中间垫石，两旁铺土的。土，在一个中国城市里，自然是黑而细腻，晴日飞扬，阴雨和泥的，没什么奇怪。提起那些石块，只好说一言难尽吧。假如你是个地质学家，你不难想到：这些石是否古代地层变动之时，整批地由地下翻上来，直至今日，始终原封没动；不然，怎能那样不平呢？但是，你若是个考古家，当然张开大嘴哈哈笑，济南真会保存古物哇！看，看哪一块石头没有多少年的历史！社会上一切都变了，只有你们这

群老石还在这儿镇压着济南的风水！

浪漫派的文人也一定喜爱这些石路，因为块块石头带着慷慨不平的气味，且满有幽默。假如第一块屈了你的脚尖，哼，刚一迈步，第二块便会咬住你的脚后跟。左脚不幸被石洼囚住，留神吧，右脚会紧跟着滑溜出多远，早有一块中间隆起、棱而腻滑的等着你呢。这样，左右前后，处处是埋伏，有变化；假如哪位浪漫派写家走过一程，要是幸而不晕过去，一定会得到不少写传奇的启示。

无论是谁，请不要穿新鞋。鞋坚固呢，脚必磨破。脚结实呢，鞋上必来个窟窿。二者必居其一。那些小脚姑娘太太们，怎能不一步一跌，真使人糊涂而惊异！

在这种路上坐汽车，咱没这经验，不能说是舒服与否。只看见过汽车中的人们，接二连三地往前蹿，颇似练习三级跳远。推小车子也没有经验，只能理想到：设若我去推一回，我敢保险，不是我——多半是我——就是小车子，一定有一个碎了的。

洋车，咱坐过。从一上车说吧。车夫拿起“把”来，也许是往前走，也许是往后退，那全凭石头叫他怎样他便得怎样。济南的车夫是没有自由意志的。石头有时一高兴，也许叫左轮活动，而把右轮抓住不放；这样，满有把坐车的翻到下面去，而叫车坐一会儿人的希望。

坐车的姿势也请留心研究一番。你要是充正气君子，挺着脖子正着身，好啦：为维持脖子的挺立，下车以后，你不变成歪脖儿柳就算万幸。你越往直里挺，它们越左右地筛摇；济南的石路专爱打倒挺脖子、显正气的人们！反之，你要是缩着脖子，懈松着劲儿，请要留神，车子忽高忽低之际，你也许有鬼神暗佑还在车上，也许完全摇出车外，脸与道旁黑土相吻。从经验中看，最好的办法是不挺不缩，带着弹性。像百码决赛预备好，专候枪声时的态度，最为相宜。一点不松懈，一点不忽略，随高就高，随低就低，车左亦左，车右亦右，车起须如据鞍而立，车落应如鲤鱼入水。这样，虽然麻烦一些，可是实在安全，而且练习惯了，以后可以不晕船。

坐车的时间也大有研究的必要，最适宜坐车的时候是犯肠胃闭塞病之际。不用吃泻药，只需在饭前，喝点开水，去坐半小时上下的洋车，其效如神。饭后坐车是最冒险的事，接连坐过三天，设若不生胃病，也得长盲肠炎。要是胃口像林黛玉那么弱的人，以完全不坐车为是，因没有一个时间是相宜的。

末了，人们都说济南洋车的价钱太贵，动不动就是两三毛钱。但是，假如你自己去在这种石路上拉车，给你五块大洋，你干得了干不了？

⑩ 楚归知䓨（yīng）于晋[1]

春秋时期，晋、楚两国军队在邲（bì）这个地方进行了一次大会战，结果晋军战败。交战中，晋国中军副帅荀首俘虏了楚庄王的儿子穀（gǔ）臣，射杀了楚国重要官员襄（xiāng）老，不过，他最疼爱的儿子知䓨也被楚军所俘虏。会战结束后，晋国准备用穀臣和襄老尸首来换回知䓨。鉴于荀首在晋国的重要地位，楚国同意了。

楚共王在送别知䓨时，问："你怨恨我吗？"

知䓨摇了摇头，回答说："两国交战，我能力有限，没能胜任自己的职责，最后做了俘虏。您没有将我处死，而是让我回晋国接受惩罚，这是君王您开恩。我实在是能力有限，又怎么敢怨恨谁呢？"

楚共王听后，微微一笑，说："既然这样，那么你感激我吗？"

知䓨脸色一正，回答说："我们两国交战，都是为了各

① 本文根据《左传》中的"楚归知䓨于晋"故事改编。知䓨：即荀䓨，晋国上卿荀首的儿子。因为荀首封于知这个地方，就以封地作为姓。

自的国家利益打算，希望解除百姓的苦难，让他们过上安宁的生活。如今，我们两国各自克制愤怒，互相寻求谅解，两国都释放被俘的囚徒，以重续友好的关系。两国重续友好，并不是为了我，我又感激谁呢？”

知䓨的对答不卑不亢，表现了他的爱国精神。文中这样的语句还有很多，请你找出来，再来感受一下吧。

楚共王不甘心，接着问：“你回去准备用什么来报答我？”

知䓨抬头直视楚共王，回答说：“我没有什么可怨恨的，您也不应当受到什么感激。因为没有怨恨，也没有感激，所以我也不知道该报答什么。”

楚共王有些尴尬，说：“尽管这样，还是请把你的想法告诉我。”

知䓨看了看楚共王，沉思片刻，不卑不亢地回答说：“托楚王您的福，罪臣我能够活着回晋国，我们的国君如果把我处死，我死而不朽。如果承蒙您开恩赦（shè）免我，让我回到晋国，交由我的父亲荀首处理，荀首向我君请求而把下臣处死在自己的宗庙中，我也是死而不朽。假如我侥幸没有被处死，还让我继承宗族世袭的官职，有机会担任晋国的军事职务，并率领一支军队守卫边境，即使遇到楚王您手

下的人，我也不敢违抗自己的使命。我会竭尽全力拼死作战，没有别的念头，以尽到我作为晋国臣民的职责。这就是我用来报答您的。”

知罃凭借自己的机智得到了楚共王的尊重。

楚共王听了知罃的一番话，大为感叹，说：“不能与晋国相争啊，因为有知罃这样的人！”

于是楚共王为知罃举行了隆重的仪式，然后将他送回了晋国。

（陈橙　改写）

日积月累

◇冒天下之大不韪。

◇多行不义必自毙。

◇皮之不存，毛将安附？

◇人谁无过？过而能改，善莫大焉。

——选自《左传》

中国精神

中国精神是中华民族的灵魂，它植根于中华民族的发展历程中，彰显出强烈的民族凝聚力与时代感召力，鼓舞着一代又一代的中华儿女奋发向上，积极进取。

阅读本组文章，感受中国精神，从我做起，从现在做起，做奋发向上、积极进取的新时代的建设者和接班人！

① 我骄傲，我是一棵树

李　瑛

一

我骄傲，我是一棵树，
我是长在黄河岸边的一棵树，
我是长在长城脚下的一棵树；
我能讲许多许多的故事，
我能唱许多许多支歌。

山教育我昂首屹立，
我便矢志坚强不仆；
海教育我坦荡磅礴，
我便永远正直地生活；
条条光线，颗颗露珠，
赋予我美的心灵；
熊熊炎阳，茫茫风雪，
铸就了我斗争的品格；

我拥抱着——
自由的大气和自由的风，
在我身上，意志、力量和理想，
紧紧地、紧紧地融合。

我是广阔田野的一部分，大自然的一部分，
我和美是一个整体，不可分割；
我属于人民，属于历史，
我渴盼整个世界，
都作为我们共同的家园。

二

无论是红色的、黄色的或黑色的土壤，
我都将顽强地、热情地生活。
哪里有孩子的哭声，我便走去，
用柔嫩的枝条拥抱他们，
给他们一只只红艳艳的苹果；
哪里有老人在呻吟，我便走去，
拉着他们黄色的、黑色的、白色的多茧的手，
给他们温暖，使他们欢乐。

我愿摘下耀眼的星星，
给新婚的嫁娘，
作她们闪光的耳环；
我要挽住轻软的云霞，
给辛勤的母亲，
作她们擦汗的手帕。

雨雪纷飞——
我伸展开手臂，覆盖他们的小屋，
作他们的伞，
使每个人都有宁静的梦；
月光如水——
我便弹响无弦琴，
抚慰他们劳动回来的疲倦的身子，
为他们唱歌。

我为他们抗击风沙，
我为他们抵御雷火。
我欢迎那样多的小虫——
小蜜蜂，小螳螂，小蝴蝶，

和我一起玩耍；

我拥抱那样多的小鸟——

长嘴的，长尾巴的，花羽毛的小鸟，

在我的肩头做窠。

我幻想：有一天，

我能流出奶，流出蜜，

甚至流出香醇的酒，

并且能开出

各种色彩、各种形状、各种香味的

花朵……

而且，我幻想：

我能生长在海上，

我能生长在空中，

或者生长在不毛的

戈壁荒滩，瀚海沙漠……

既然那里有——

粗糙的手，黝黑的背脊，闪光的汗珠，

我就该到那里去，

做他们的仆人，

我知道该怎样认识自己，

怎样为使他们愉快地生活、工作……

我相信：总有一天，

我将再也看不见——

饿得发蓝的眼睛，

抽泣时颤动的肩膀，以及

浮肿得变形的腿、脚和胳膊……

人民啊，

如果我刹那间忘却了你，

我的心将枯萎，

像飘零的叶子，

在风中旋转着

沉落……

三

假如有一天，我死去，

我便平静地倒在大地上，

我的年轮里有——

我的记忆，我的懊悔，

我经受的隆隆的暴风雪的声音，

我脚下的小溪淙淙流响的歌；

甚至可以发现熄灭的光、熄灭的灯火，

和我引为骄傲的幸福和欢乐……

那是我对泥土的礼赞，

那是我对大地的感谢；

如果你俯下身去，会听见，

我的每一个细胞都在轻轻地说：

让我尽快地变成煤炭

　　沉积在地下的乌黑的煤炭，

为的是将来献给人间

纯洁的光，

炽烈的热！

1980年3月10日于北京

② “有事找我”[1]（节选）

宗　昊　王晓龙

1月29日下午，北京医疗队首批医护人员进入华中科技大学附属武汉协和医院西院区隔离病房，接诊新冠肺炎患者。

28日凌晨才到武汉，29日下午就开始接诊。第一批进隔离病区的北京医护人员承担了“拓荒”的艰巨任务。一切都是全新的，对地形陌生，与搭班配合的武汉协和医护人员相互不认识，对即将要收治的病人一无所知……大家的心里都没底。

北京世纪坛医院呼吸内科副主任丁新民是北京世纪坛医院这次驰援武汉医疗队的队长。他带领这支队伍打头阵。武汉的医护人员与新型冠状病毒鏖(áo)战数日，身心疲惫，北京医疗队很重要的一个任务，就是帮助他们分担压力。丁新民主任是军医出身，博士毕业后转业来到北京世纪坛医院。第一仗怎么打？上阵前，队里进行了以小时为单位的

① 选自《出征》（北京联合出版公司），略有改动。

分工。

“不能一次全都进去。我们第一次穿隔离服，要严格做好防护。第一批先带两名医生进隔离病房熟悉流程，另外两人协助、检查穿脱隔离服。工作四小时之后，进行轮换。大家注意身体，保护好自己，才能保护战友，救治病人。”

方案商定后，丁新民主任第一个进病区。

“我的目标，除了救治病患，还有一个任务，就是保护好武汉的同人，因为他们都不是呼吸或感染专业的医护人员，平时对呼吸道传染病的防护要求不高。

“医护人员首先要保护好自己，如果在救治过程中有医护人员大面积倒下，局势将是非常不利的；医护人员每天长时间接触被感染的患者，自身却没有被感染，这能说明新型冠状病毒是完全可以防治的，武汉的百姓会更有信心，对于病毒防治的误区会逐渐减少，很多谣言也会不攻自破。”

有些问题，不在临床一线根本无法发现。隔离病房内，当医生、护士穿上厚厚的隔离服时，他们不约而同地发现了一个细节性的问题：完全一致的着装，加上几乎遮住全部面目的口罩，让刚刚认识的医护人员又难以辨识了。隔离病房内的工作必须严谨，有人拿起笔在隔离服上写下自

己的名字。正写着，有人突然发问：“有事找谁呀？”丁新民医生不仅是北京世纪坛医院援助武汉医疗队的队长，更是一名共产党员，双重的使命感让他不由自主地接下了话茬儿：“有事找我！”话音刚落，身边有战友拿起了一支粗笔：“找你，那我就给你写上吧！”本以为只是一句玩笑，只见丁新民医生还真的把头低下，“有事找我”四个大字就这样“顶”在了他的额头上。

对于第一批收治病人，原本设想只收治一批轻症患者先熟悉流程，哪承想，短短四个小时内，三名医生收治的第一批13名患者均是重症患者，其中两名还是危重症患者。这些患者从发病到住院，经历了求诊、一床难求、居家隔离、传染给家人、再去医院、无尽等待的过程，很多患者和家属的内心都濒临崩溃，病情也持续恶化。患者一入院，医疗队员们就迅速了解患者病情，告知患者“新冠”的发展过程和他们自身所处的状态、严重程度、后续给予什么治疗。对于患者担心缺医少药，医生会告诉他们，医疗队是专门从北京来的，能够保证他们的治疗所需。

听到这些话，看到丁新民医生额头上的四个字，很多患者都无法控制自己的情感。对他们来说，这不仅仅是一支医疗队，不仅仅是额头上写了四个字，而是在死亡的悬

崖边上，伸出了一只只营救生命的手。在北京医疗队首次接诊的四个小时当中，有三名患者，一时不知该如何表达对医护人员的感谢，竟然给丁新民跪下了。

丁新民迅速把患者搀起来。医者仁心，看到这一幕，无法不让人动容。

…………

在武汉期间，丁新民带领的北京世纪坛医疗队没有明确的下班时间。从隔离病区回到驻地，北京和武汉两地医生们还要在微信群里进行病例分析讨论。大家的共识是，新型冠状病毒核酸检测是诊断金标准，检测结果呈阳性，说明患者体内一定有病毒，但是威力多大，传染性多强，尚不明确。检测结果呈阴性，也并不能确认患者已经痊愈，也许只是病毒“隐藏”了起来，在咽拭子中没有采集到。判断一个病人是否痊愈，需要综合考虑多种因素。丁新民说：“没办法，新冠肺炎对我们来说太陌生了，在治疗和诊断上，我们必须谨慎再谨慎，不能着急。我们理解病人焦虑的情绪，大家都盼望着能出院回家，但是从我这里，不能放走一个病毒。”

丁新民负责的一位30多岁的女性患者，本身病情很重，被隔离治疗，可还想着父母怎么样。但她并不知道，

父母已经相继去世了。面对这样的心理遭受重创的病人，再怎么安慰，她也缓不过劲来。她哭着喊着要去重症监护室，连续好几天不睡觉，甚至不想活了。

患者已经处于非理性状态，丁新民只能“吼”她，对她讲：“不管如何，只要还有1%的希望，我就会全力救你，你不配合，连一点儿希望都没了。我们不惧危险从北京来，不就是为了救大家吗？你也要给我个机会。你把命交给我，我拼了命也会让你活着走出医院！”

有些年纪大的病人听不懂普通话，丁新民就用肢体语言和他们交流。他一遍一遍地给他们盖上被子，把病人的手从吸氧面罩上拿开。有些病人固执，丁新民就比他们还执着，跟电影里的唐僧似的，一句“你要盖好被子，不能着凉”絮絮叨叨地说上很多遍，直到病人听话为止。

病人出院后，丁新民还不忘用这些出院的患者“打广告”，他和还在住院的病人说，凡是出院的，都是在住院时能积极配合治疗、听医生话的患者。谁要想早点儿出院，就要配合医生的治疗，挑食、不按时吃药、自行摘取氧气面罩的，可就出不了院了。

有个出院的患者拉着丁新民落泪了，说：“丁主任，你答应我，以后一定要让我找到你，要是找不到你了，我就

不出院。”

丁新民爽朗地说：“我把联系方式告诉你们，你们有事随时找我，我们会一直跟你们在一起。不用担心！”丁新民说自己也要定期随访，实时观察患者出院后的身体状况，为以后的治疗积累经验。

…………

丁新民说，从医这么多年，每当看到患者能恢复健康，又能享受幸福的生活，他就深深感慨，自己的职业选对了。这次武汉之行，丁新民和很多当地的患者结下了深情厚谊。每次送患者出院时，看到痊愈的病人兴奋地从病房中跑过来拥抱自己，他就觉得，一切付出都值得。

③ 雷锋日记（节选）

雷　锋

1961年10月19日

有些人说工作忙、没有时间学习。我认为问题不在工作忙，而在于你愿不愿意学习，会不会挤时间。

要学习的时间是有的，问题是我们善不善于挤，愿不愿意钻。

一块好好的木板，上面一个眼也没有，但钉子为什么能钉进去呢？这就是靠压力硬挤进去的，硬钻进去的。

由此看来，钉子有两个长处：一个是挤劲，一个是钻劲。我们在学习上，也要提倡这种“钉子”精神，善于挤和善于钻。

1961年10月20日

人的生命是有限的，可是，为人民服务是无限的，我要把有限的生命，投入无限的为人民服务之中去……

1962年4月4日

有人说：人生在世，吃好、穿好、玩好是最幸福的。

我觉得人生在世，只有勤劳，发愤图强，用自己的双手创造财富，为人类的解放事业——共产主义贡献自己的一切，这才是最幸福的。

1962年8月9日

今天我看了一位科学家对青年讲的一段话，对我的启发教育很大。他说：“你在任何时候，也不要以为自己什么都知道。不管别人怎样器重你们，你们都要有勇气对自己说：‘我没有学识！’决不要陷于骄傲。因为一骄傲，你们就会固执起来；因为一骄傲，你们就会拒绝别人的忠告和友谊的帮助；因为一骄傲，你们就会丧失客观方面的准绳。”这些话好得很，我不但要永记，而且要贯彻到言语行动中。

④ 从“红领巾”到数学家

叶永烈

人们常问：杨乐、张广厚是怎样从“红领巾”到数学家的？

这是从1956年共青团南通市委的工作总结中，摘取的一段原话：

“通中（江苏省南通中学）有个杨乐同学，从小爱好数学。在高中阶段就抽出了约1000小时的时间读了许多中外的数学书籍，演算了很多习题，初等数学题就在10000道题以上，获得了较系统完整的数学基础知识。”

这一段话，可以说是对杨乐怎样从“红领巾”到数学家的最好的回答。

“万丈高楼平地起”，只有从小打好基础，将来才能攀登科学高峰。

杨乐在小学参加了少先队。他从小就喜欢数学。

有一次，老师在杨乐的数学书封面上，发现写着“中科”两个字。

“这是什么意思？”老师问道。

“我长大以后，想到中国科学院里去研究数学。”杨乐回答道。

在中学时，杨乐阅读了很多课外的数学参考书籍，他发现书上所有的定理，几乎全是以外国数学家的名字命名的。例如，平面几何被称为欧几里得几何，直角坐标被称为笛卡儿坐标，勾股定理被称为毕达哥拉斯定理，根与系数的关系被称为韦达定理。其他还有牛顿二项式定理、西摩松线等。当时杨乐就想：“为什么都是些外国人的名字呢？难道我们中国人就不能为数学的发展做出贡献吗？难道我们天生就不如外国人吗？……一定要把用中国人名命名的定理写在未来的数学书上！”

正因为杨乐从小树立了远大的理想，所以他学习勤奋，成绩优良。

在杨乐上高二的时候，来了一位新的代数老师。他一来，就连续考了三次，题目都比较难。他是想通过考试摸一下底。很多同学考不及格，可是，杨乐却每一次都是第一个交卷，而且全是100分！

杨乐为什么会连得100分呢？原来，他每天都坚持做数学题，有时一天做四五十道题。在中学时，他总共做了

10000多道题。杨乐说:“这只不过是‘熟读唐诗三百首’‘下笔如有神’罢了。”

张广厚呢?他也并不是生下来就是天才。考初中时,他曾因为数学不及格,而没有被录取!

张广厚的父亲是个矿工,有5个子女,所以家境贫寒。小时候,张广厚到矿上当童工,哪有时间好好读书。正因为这样,他考初中时,名落孙山了。

张广厚不灰心。他到“童工补习班”去学习。他奋起直追,学习成绩就扶摇直上。在开始的时候,别人花一天时间能学好,他要花两天时间学;渐渐地,他跟别人差不多;再后来,人家学一天,他学半天或更少的时间就行了。

第二年,他重新报考初中,算术得了100分。就这样,他考上了唐山市的开滦第二中学。

念中学时,张广厚深深地爱上了数学。他看了许多数学参考书,如那本《范氏大代数》,他读了好几遍。他的数学成绩,在学校里名列前茅。

1956年,杨乐和张广厚都以优异的成绩考入北京大学数学系。一个来自南方,一个来自北方,如今成了同班同学和莫逆之交。

在北京大学学习期间,杨乐和张广厚每天坚持演算12

小时，苦练基本功，苦练硬功夫。

杨乐说：“学习就好像万米赛跑一样，每个暂时领先的人都不能自满松劲，而比较落后的人也不必气馁(něi)。只要经过长年累月、始终如一的努力，我们就能获得胜利。”

张广厚说：“学习科学，是一口气也松不得的，科学的成就就是毅力加耐性。”

1962 年，杨乐和张广厚双双考入中国科学院数学研究所为研究生。由于在函数论研究工作中做出了贡献，在 1978 年，他们被提升为中国科学院数学研究所副研究员。

1979 年，杨乐当选为全国青联第五届委员会副主席。在会上，他谈了自己从“红领巾”到数学家的体会，他的话是发人深思的：

“从事科学研究，困难是很多的。在每个困难面前，我们决不能退缩，而是要千方百计去克服它；在每一个可能克服困难的思路面前，我们都不要轻易放弃，而要坚持到底。事实上确有一些困难初看起来似乎无法克服，经过一番研究和尝试之后，仍然到处碰壁，但这往往是关键的时刻，如果就此罢休，则基本上是一无所获。要有盯住不放的精神，千方百计克服困难，最后就可能绝处逢生。在这种时候，常常一连好几天，甚至几个星期都如痴如醉，

睡也睡不好，吃也吃不香。在从事研究工作的过程中，就要有这种不畏艰辛、废寝忘食的精神和入迷的程度。”

1980年，杨乐被选为中国科学院学部委员（后改称“院士”），是当时学部委员中最年轻的一位。

日积月累

学科学，是一口气也松不得的；科学的成就就是毅力加耐性。

——张广厚

学习好像马拉松赛跑一样，贵在坚持和耐久。

——杨乐

我们每个人手里都有一把自学成才的钥匙，这就是：理想、勤奋、毅力、虚心和科学方法。

——华罗庚

攀登科学高峰，就像登山运动员攀登珠穆朗玛峰一样，要克服无数艰难险阻，懦夫和懒汉是不可能享受到胜利的喜悦和幸福的。

——陈景润

⑤ 贵在独创

叶永烈

我从小喜欢集邮。我看见邮票，就从信封上剪下来，贴到我的集邮本上。据说，像我这样的中国的集邮迷，已经多达三亿。

在众多的集邮爱好者之中，北京的刘超是特殊的一位。他不是泛泛地收藏邮票，而是把目光投向邮票上的帽子。比如，“中国古代科学家”邮票中李时珍戴的帽子；“八一”纪念邮票的中国人民解放军海、陆、空军帽子；关汉卿纪念邮票上关汉卿的帽子；“中国人民志愿军凯旋归国”纪念邮票上志愿军战士的帽子；杜甫纪念邮票上杜甫的帽子；儿童特种邮票上那12个孩子戴的12种不同式样的帽子……他专门收藏这些跟帽子有关的邮票，又去查阅资料，并去请教历史学家、戏剧家、文学家，深入研究帽子。透过邮票这小小的窗口，让人们看到了中国帽子的演变史！他举办了《新中国邮票上的帽子》专题邮展，引起参观者莫大的兴趣。

我所感兴趣的不在于这邮展本身，而在于刘超独创的视角：他展出的邮票，都是普普通通的邮票，然而独具慧眼的他吹响了“帽子”邮票的“集结号”，产生了平中出奇、凡中显异的效果，成为三亿集邮爱好者中唯一的“帽子邮票专家”。他异彩耀人，一举荣获“中华全国集邮展览”银质奖！刘超出奇制胜，给了收藏迷们以深刻的启示：不要忙忙碌碌于收与藏，还要善于思索，善于创新，善于想出不同于众的新点子。

从刘超的“帽子”邮票，我联想起小提琴协奏曲《梁山伯与祝英台》。在中国，会拉小提琴的人不计其数，会哼越剧的人也数不胜数，然而作曲家何占豪把越剧跟小提琴结合起来，创一代之新，一炮打响，一举成功。

当时，何占豪还只是上海音乐学院小提琴专业的一名学生，还未学过作曲。他从小在浙江一个越剧团中长大，熟悉越剧。他的思想上没有什么框框，大胆把越剧与小提琴结合起来，与同学陈钢一起写出了小提琴协奏曲《梁祝》。当时，这在一般的作曲家看来，几乎是不可想象的事！然而，《梁祝》之所以会蜚声中外乐坛，就在于它令人耳目一新，别具风格。何占豪说：“我的创作，大的风格必须是中国的，小的风格必须是我何占豪个人的。”这句话集中地体现了

他的独创精神。

其实，就京剧来说，“四大名旦”——梅兰芳、程砚秋、荀慧生、尚小云，他们各自成为一大流派，成功的缘由同样是“独创”两个字。在众多的画家中，徐悲鸿的马、黄胄的驴、齐白石的虾、李可染的牛，也是由于富有独创精神，自成一家，各树一帜。

世界上最容易的事情，莫过于踩着别人的脚印走。这种因循守旧的人，就像老是围着碾子打转转一样，永远不能走别人所没有走过的路，创造别人所没有创造的东西。正因为这样，作为作家，我一直把这样的格言奉为创作原则：既不重复别人，也不重复自己。我要努力写出“人人眼中有，个个笔下无”的作品。只有敢于创一代之新，才能跨入成功之门。

哦，独创可贵，贵在创新！

《缘缘堂随笔》

丰子恺

《缘缘堂随笔》中，作者丰子恺用幽默的笔调回忆儿时养蚕、吃蟹、钓鱼的乐趣，用纯净的语言描述与孩子们相处时的烂漫、与父母的离别、孩子长大后的不舍与无奈……在他的笔下，求学时平淡而严苛的住校生活竟然那么有趣；在他的眼里，旁人认为顽皮淘气的孩子竟是如此天真可爱……

朱自清先生曾评价他说：“你的文和画就像一首首小诗，我们就像吃橄榄似的，老咂着那滋味儿。”林清玄先生也说：“从丰子恺那里，我学到了朴素。”确实，丰子恺先生的散文和他的漫画一样，总能于平实朴素中发现生活的真谛。

走进这本书，你将认识一位天才的散文家、天才的画家。

作者简介

丰子恺（1898—1975），画家、文学家、美术和音乐教育家。浙江桐乡人。早年师从李叔同学习绘画、音乐。曾去日本，回国后从事美术和音乐教学。

丰子恺著述颇丰，代表作有《缘缘堂随笔》《子恺漫画》等。译有外国文学作品《源氏物语》《猎人笔记》等。此外，他还著有《音乐入门》等面向学生和普通音乐爱好者的通俗读物，他为现代音乐知识的普及做了许多有益的工作。

内容梗概

《缘缘堂随笔》是丰子恺先生的散文选集。1927年，丰子恺在小方纸上写了许多他所喜欢的，而且可以互相搭配的文字，把它们团成许多小纸球，撒在桌上。他拿两次阄，拆开来都是“缘”字，于是把自己住的房子命名为“缘缘堂”。后来，丰子恺几经迁移，于1933年在故乡石门湾老屋的后面，建造了新的“缘缘堂”。故乡的一草一木、风尚习俗给他留下了难以磨灭的印象。书中富有浓郁乡土风情的漫画，隽永疏明、语淡意深的文字，读来无不让人感到亲切。

精彩片段

给我的孩子们

我的孩子们！我憧憬于你们的生活，每天不止一次！我想委曲地说出来，使你们自己晓得。可惜到你们懂得我的话的意思的时候，你们将不复是可以使我憧憬的人了。这是何等可悲哀的事啊！

瞻瞻！你尤其可佩服。你是身心全部公开的真人。你什么事体都像拼命地用全副精力去对付。小小的失意，像花生米翻落地了，自己嚼了舌头了，小猫不肯吃糕了，你都要哭得嘴唇翻白，昏去一两分钟。外婆给你的泥人，你

何等鞠躬尽瘁地抱他、喂他；有一天你自己失手把他打破了，你的号哭的悲哀，比大人们的破产……全军覆没的悲哀都要真切。两把芭蕉扇做的脚踏车，麻雀牌堆成的火车、汽车，你何等认真地看待，挺直了嗓子叫“汪——”“咕咕咕……”，来代替汽笛。宝姐姐讲故事给你听，说到“月亮姐姐挂下一只篮来，宝姐姐坐在篮里吊了上去，瞻瞻在下面看”的时候，你何等激昂地同她争，说“瞻瞻要上去，宝姐姐在下面看”！甚至哭到漫姑面前去求审判。我每次剃了头，你真心地疑我变了和尚，好几时不要我抱。最是今年夏天，你坐在我膝上发现了我腋下的长毛，当作黄鼠狼的时候，你何等伤心，你立刻从我身上爬下去，起初眼瞪瞪地对我端相，继而大失所望地号哭，看看，哭哭，如同对被判定了死罪的亲友一样。你要我抱你到车站里去，多多益善地要买香蕉，满满地擒了两手回来，回到门口时你已经熟睡在我的肩上，手里的香蕉不知落在哪里去了。这是何等可佩服的率真、自然与热情！大人间的所谓“沉默”“含蓄”“深刻”的美德，比起你来，全是不自然的，病的，伪的！

你们每天做火车、做汽车、办酒、堆六面画、唱歌，全是自动的、创造创作的生活。大人们的呼号：“归自

然！”“生活的艺术化！”“劳动的艺术化！”在你们面前真是出丑得很了！依样画几笔画，写几篇文的人称为艺术家、创作家，对你们更要愧死！

你们的创作力，比大人真是强盛得多哩。瞻瞻！你的身体不及椅子的一半，却常常要搬动它，与它一同翻倒在地上；你又要把一杯茶横转来藏在抽斗里，要皮球停在壁上，要拉住火车的尾巴，要月亮出来，要天停止下雨。在这等小小的事件中，明明表示着你们的弱小的体力与智力不足以应付强盛的创作欲、表现欲的驱使，因而遭逢失败。然而你们是不受大自然的支配，不受人类社会的束缚的创造者，所以你们的遭逢失败，例如火车尾巴拉不住，月亮呼不出来的时候，你们决不承认是事实的不可能，总以为是爹爹妈妈不肯帮你们办到，同不许你们弄自鸣钟同例，所以愤愤地哭了，你们的世界何等广大！

你们一定想：终天无聊地伏在案上弄笔的爸爸，终天闷闷地坐在窗下弄引线的妈妈，是何等无气性的奇怪的动物！你们所视为奇怪动物的我与你们的母亲，有时确实难为了你们，摧残了你们，回想起来，真是不安心得很！

阿宝！有一晚你拿软软的新鞋子，和自己脚上脱下来的鞋子，给凳子的脚穿了，刬（chǎn）袜立在地上，得意地叫“阿

宝两只脚，凳子四只脚”的时候，你母亲喊着：“龌龊了袜子！”立刻擒你到藤榻上，动手毁坏你的创作。当你蹲在榻上注视你母亲动手毁坏的时候，你的小心里一定感到“母亲这种人，何等煞风景而野蛮”吧！

瞻瞻！有一天开明书店送了几册新出版的毛边的《音乐入门》来。我用小刀把书页一张一张地裁开来，你侧着头，站在桌边默默地看。后来我从学校回来，你已经在我的书架上拿了一本连史纸印的中国装的《楚辞》，把它裁破了十几页，得意地对我说：“爸爸！瞻瞻也会裁了！”瞻瞻！这在你原是何等成功的欢喜，何等得意的作品！却被我一个惊骇的“哼！”字喊得你哭了。那时候你也一定抱怨“爸爸何等不明”吧！

软软！你常常要弄我的长锋羊毫，我看见了总是无情地夺脱你。现在你一定轻视我，想道：“你终于要我画你的画集的封面！”

最不安心的，是有时我还要拉一个你们所最怕的陆露沙医生来，教他用他的大手来摸你们的肚子，甚至用刀来在你们臂上割几下，还要教妈妈和漫姑擒住了你们的手脚，捏住了你们的鼻子，把很苦的水灌到你们的嘴里去。这在你们一定认为是太无人道的野蛮举动吧！

孩子们！你们果真抱怨我，我倒欢喜；到你们的抱怨变为感谢的时候，我的悲哀来了！

我在世间，永没有逢到像你们这样出肺肝相示的人。世间的人群结合，永没有像你们这样的彻底的真实而纯洁。最是我到上海去干了无聊的所谓“事”回来，或者去同不相干的人们做了叫作“上课”的一种把戏回来，你们在门口或车站旁等我的时候，我心中何等惭愧又欢喜！惭愧我为什么去做这等无聊的事，欢喜我又得暂时放怀一切地加入你们的真生活的团体。

但是，你们的黄金时代有限，现实终于要暴露的。这是我经验过来的情形，也是大人们谁也经验过的情形。我眼看见儿时的伴侣中的英雄、好汉，一个个退缩、顺从、妥协、屈服起来，到像绵羊的地步。我自己也是如此。“后之视今，亦犹今之视昔”，你们不久也要走这条路呢！

我的孩子们！憧憬于你们的生活的我，痴心要为你们永远挽留这黄金时代在这册子里。然这真不过像“蜘蛛网落花”，略微保留一点春的痕迹而已。且到你们懂得我这片心情的时候，你们早已不是这样的人，我的画在世间已无可印证了！这是何等可悲哀的事啊！

阅读过程中，可以将风趣幽默的语言用横线画出，然后结合具体内容，体会语言背后蕴含着作者怎样的生活态度。

本书语言风趣幽默，漫画笔触简洁自然。阅读时，注意将散文阅读和文中漫画相结合，感受“诗中有画，画中有诗”的意境。

我伴你读

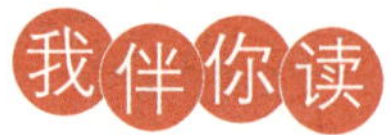

活动一　阅读记录卡

本书中的文章和配图都像一首首小诗，细细品读，让人回味无穷。请结合书中内容，想想哪几篇文章给你留下的印象最深刻，把自己的感受及时记录下来。

阅读记录卡		
《　　》	《　　》	《　　》
喜欢的原因：	喜欢的原因：	喜欢的原因：

活动二　体会语言

请从书中选择几篇文章，记录文中趣事，并细致体会丰子恺先生的语言特点。

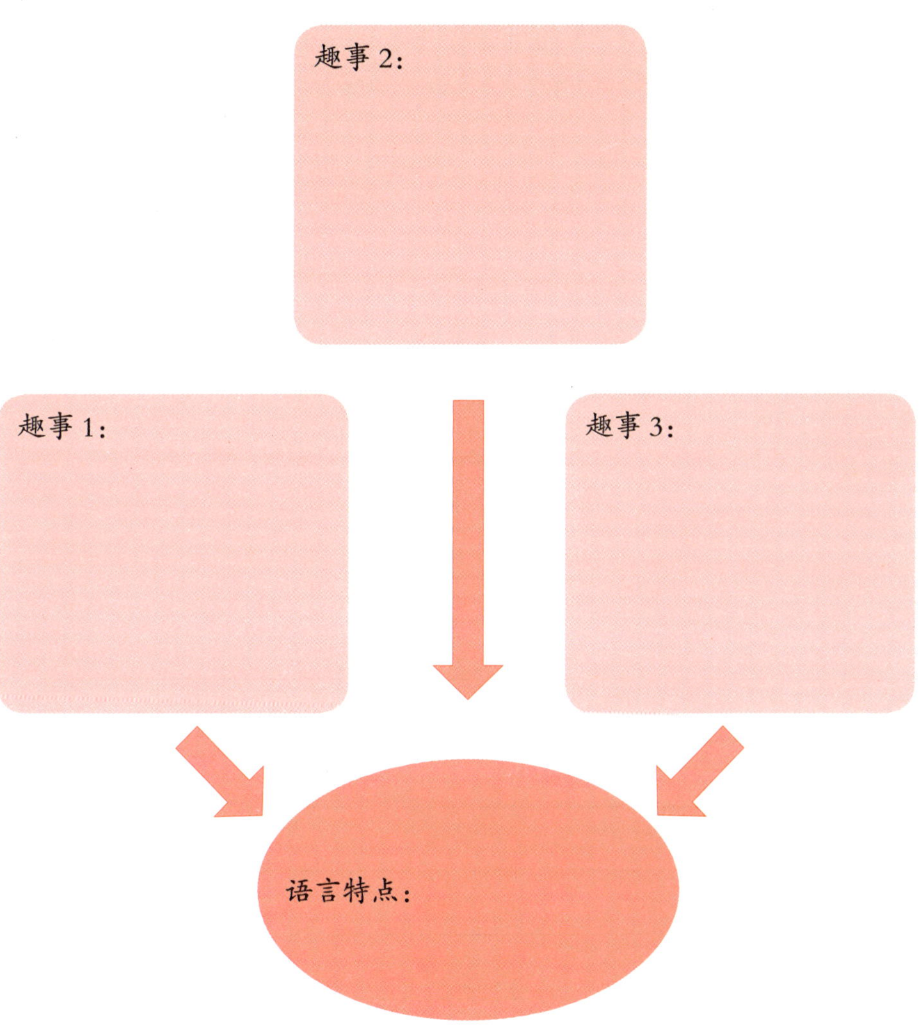

活动三　抒发感悟

丰子恺先生的散文和他的漫画一样，总能于平实朴素中发现生活的真谛。请你也像丰子恺先生一样，试着用画笔和文字来表达自己对生活的感悟。

敬启

为编好这本书，我们与收入本书的作品（含图片）作者进行了广泛联系，得到了各位作者的大力支持。在此，我们表示衷心的感谢。但是，由于个别作者地址不详，虽经多方努力，仍无法取得联系。敬请各位有著作权的作者尽快与我们联系，以便我们支付稿酬，并致谢忱！

我们还要感谢使用本书的师生们。希望你们在使用本书的过程中，能够及时把意见和建议反馈给我们，对此，我们深表谢意，并将给予一定奖励。让我们携起手来，共同完成本书的建设工作。

联 系 人：梁老师　刘老师

联系电话：010-58022100-6362

联系邮箱：ztxx2008@sina.com

网　　址：http://www.ywztxx.com

地　　址：北京市海淀区知春路7号致真大厦A座18层

慧眼观天下 1

一 经典诵读

1.《晚春》

（1）这首诗的作者是唐代的谁？（　）

A. 杜甫

B. 王维

C. 白居易

D. 韩愈

（2）判断正误：这是一首描绘晚春景色的七言绝句，表达了作者对春天的喜爱之情。（　）

2.《夏日山中》

（1）下面的词语翻译中，有误的是哪一项？（　）

A. 青林：山中树木苍翠，遮天蔽日。

B. 露顶：树林顶部露出天空。

C. 松风：松林间吹过的凉风。

D. 裸袒：裸露身体。

（2）下列四个选项中对本首诗理解错误的是哪一项？（　）

A. 全诗写出了诗人在山林中无拘无束、悠然自得的形象。

B. 诗人通过描写自身的状态，突出了夏天的炎热。

C. 这首诗描绘出了一幅生动的夏日消闲图。

D. 这首诗描写了诗人因夏季炎热，到林中避暑的情景，表达了烦闷的心情。

3.《丰乐亭游春（其三）》

（1）这首诗的作者是宋代的谁？（　）

A. 苏轼

B. 王安石

C. 欧阳修

D. 李白

（2）以下对这首诗的理解，不正确的是哪一项？（　）

A. 这首诗写了暮春时节郊野郁郁葱葱、一望无际的场景。

B. 这首诗表达了诗人因春天时间太短而不喜欢春天的情感。

C. 这首诗中诗人对所描述的场景怀着喜爱和恋恋不舍的感情。

D. 这首诗情景交融、清新明丽，诗的情感是通过意境展现的。

4.《答谢中书书》

（1）判断正误：《答谢中书书》中两个“书”的意思一样。（　）

（2）对“四时俱备”解释正确的是（　）。

A. 四季常存

B. 四个时间都具备

C. 四季常在

D. 春夏秋冬四季交替

5.《喜晴》

（1）判断正误：这首诗是宋代诗人范成大创作的一首六言绝句。（ ）

（2）这首诗描写了哪个季节的景色？（ ）

A. 春季

B. 夏季

C. 秋季

D. 冬季

6.《观潮》

（1）《观潮》的作者是谁？（ ）

A. 宋代 苏轼

B. 宋代 周密

C. 唐代 周密

D. 宋代 周蜜

（2）判断正误：《观潮》描写了钱塘江潮壮美雄奇的景象，全文的着眼点在“潮”上，立足点在“观”上。（ ）

二 自然之美

1.《浙江潮》

（1）“溪伊斜坡石塘”是凹字形的，这样设计的目的是什么？（ ）

A. 造型独特吸引人

B. 减少石塘的面积

C. 减轻浪潮的冲击力

D. 节省建造石塘的石料

（2）文章第3自然段和第4自然段写潮来时的状况，是按照什么顺序写的？（ ）

A. 由高到低，从第3自然段“潮头涌起得更高了”和第4自然段“江面完全皱了”可以看出。

B. 由远及近，从第3自然段“很远的地方”和第4自然段“南潮先到岸”可以看出。

C. 由大到小，从第3自然段“会有什么大变动”到第4自然段“和先前大不相同”可以看出。

D. 由强到弱，从第3自然段“滚滚地直向石塘扑来”到第4自然段“气势可以吞没一切”可以看出。

2.《钱塘江的夜潮（节选）》

（1）第2自然段“果然，潮终于来了！最初是一线白痕，……奔驰过后，则江水增高了量度，而色样变得格外浑浊。”是按照什么顺序写潮的？（ ）

A. 远——近

B. 近——远

C. 远——近——远

D. 近——远——近

（2）第3自然段中“便是我故乡沿海一带终日不息地一来一往冲激着的闲波浪，也不见得比这逊色多少！”这句话运用什么写法，表达了作者怎样的心情？（ ）

A. 这句话运用夸张的写法，表达了作者高兴的心情。

B. 这句话运用对比的写法，表达了作者失望的心情。

C. 这句话运用对比的写法，表达了作者激动的心情。

D. 这句话运用夸张的写法，表达了作者失望的心情。

3.《月光启蒙》

（1）第 1 自然段中“母亲忙完了一天的活计，洗完澡，换了一件白布褂子，在院中干草堆旁搂着我，唱起动听的歌谣……”一句运用（　）描写，让人感受到（　）的画面。

A. 动作

B. 神情

C. 温暖、幸福

D. 激动

（2）下列对文章标题“月光启蒙”的理解，最贴切的是哪一项？（　）

A. 月光下，母亲用甜甜的嗓音深情吟唱，让“我”初步了解了许多民歌童谣。

B. 在故乡明亮的月光下，母亲教会“我”要坚强地面对生活中的苦难。

C. 在故乡的天空下，月光启迪“我”领悟了浓郁的诗情和生活的真谛。

D. 明月星光下，母亲用智慧和才华陪伴“我”的童年，启迪“我”的想象。

4.《望月》

（1）第 2 自然段文字非常优美，作者在该段里描写了月光下的哪些景物？（　）

A. 江水、芦荡、树林、山峰

B. 江水、芦荡、树林、山峰、鱼儿

C. 芦荡、树林、山峰

D. 江水、芦荡、树林、山峰、星光

（2）文章写“我”和小外甥比赛背诗处的省略号代表什么意思？（　）

A. 表明“我”无法对答小外甥的诗句。

B. 表明“我”和小外甥都没有办法继续对诗了。

C. 表明小外甥诗句背得不熟练，断断续续。

D. 表明“我”和小外甥对答的诗句还有很多。

5.《西湖秋泛》

（1）第二首诗依次描绘了湖面的倒影、（　）和（　）的其他景物。

A. 湖岸

B. 天空

C. 湖面

D. 湖底

（2）判断正误：第一首诗将苏堤与白堤比喻为长虹，将桥与月比作弓，用不同的事物作对比，相互映衬。（　）

6.《会说话的草》

（1）读完全诗后，你认为“会说话的草”指的是谁？（　）

A. 一种草，它真的会说话。

B. 作者本人。

C. 风吹过时发出声音的草。

D. 作者从草地走过，发出唰唰的声音。

（2）“两只手像两片绿色的葵叶”运用了什么修辞手法？有什么作用？（ ）

A. 拟人的手法，写出了手的力量大。

B. 夸张的手法，写出了土壤的深。

C. 对比的手法，写出了须根的坚固。

D. 比喻的手法，写出了人和大自然融为一体。

7.《星》

（1）文章先后依次写了（ ）、（ ）和作者自己三个人的故事，来体现星星给人的安慰。

A. 车站小雇员

B. 警察

C. 老音乐家

D. 中学生

（2）为什么作者在最后一段说“在我的天空里星星是不会坠落的”？（ ）

A. 作者把星星写进了书里。

B. 星星的光明永远在作者的心中，作者追求光明的理想不会变。

C. 有的星星是恒星。

D. 星星被作者画到了纸上。

8.《天上的星星》

（1）文章主要写了孩子们与星星之间的趣事，请按照文章顺序将这些趣事排序。（ ）

A. 看星星

B. 议星星

C. 捞星星

D. 藏星星

（2）根据文章第12自然段妹妹说的“月亮是天上的大人”，可以看出月亮在妹妹的眼中有什么特点？（ ）

A. 像大人一样，有威严。

B. 像大人一样，温柔和蔼。

C. 像大人一样，常常糊弄小孩子。

D. 像大人一样喜欢小孩子。

9.《趵突泉的欣赏》

（1）文章第3自然段写出了三大泉（ ）、活泼、（ ）的特点。

A. 碧绿

B. 纯洁

C. 清澈

D. 鲜明

（2）文章第4自然段用了什么修辞手法，表达了作者什么样的情感？（ ）

A. 作者用了比喻和拟人的修辞手法，表达了对趵突泉的喜爱之情。

B. 作者用了比喻和夸张的修辞手法，表达了对趵突泉的赞美之情。

C. 作者用了比喻和排比的修辞手法，表达了对趵突泉的喜爱和赞美之情。

D. 作者用了拟人和夸张的修辞手法，表达了对趵突泉的赞美之情。

10.《三千道瀑布（节选）》

（1）文章第3自然段“老天在拿走你一样东西的同时，一定还会给你另一样

东西”，这里的“另一样东西”是指什么？（ ）

A. 金钱

B. 瀑布

C. 晴朗的天气

D. 森林

（2）作者在这一天能看到如此众多的瀑布是因为什么？（ ）

A. 这里的河流多，汇集而成。

B. 瀑布的上游水流充足，到了这里形成瀑布。

C. 这样的瀑布不是天天有的，一天一夜的雨，才出现大量瀑布。

D. 如此众多的瀑布是这里的一道景观。

11.《海滨仲夏夜》

（1）“它像一面光辉四射的银盘似的，从那平静的大海里涌了出来。”这句话运用了什么修辞手法？（ ）

A. 拟人

B. 比喻

C. 夸张

D. 排比

（2）全文是按照什么顺序写的？（ ）

A. 时间顺序

B. 空间顺序

C. 景物顺序

D. 事情发展顺序

12.《听雨》

（1）作者为什么今天听雨会如此兴高采烈呢？（ ）

A. 因为作者想到了田野里的麦苗可以吮吸雨滴。

B. 作者平时也喜欢下雨。

C. 因为作者是雅人，喜欢阴雨天这种氛围。

D. 因为下雨，作者不能到户外做别的事情，正好可以休息。

（2）对文章第 3 自然段中的“我浮想联翩，不能自已，心花怒放，风生笔底”一句理解正确的是哪一项？（ ）

A. 我在冥思苦想中有了灵感，心情很好。

B. 听到多变的雨声，心情极好，因此写出来的文章犹如妙笔生花。

C. 写作时起风了，让作者心情变得很好。

D. 作者看书时，边看边想象，以至于像是自己走进了故事中，心花怒放。

13.《黄山松》

（1）文章第 4 自然段中的“五六根枝条从近根的地方生出来，密切地偎傍着向上生长”一句话运用了什么修辞手法？（ ）

A. 比喻

B. 夸张

C. 拟人

D. 对比

（2）对文章第 3 自然段中的“显然，它不肯面壁，不肯置身丘壑中，而一心

倾向着阳光”一句理解正确的是哪一项？（ ）

A. 松树会根据自己生长环境的变化，向着阳光，用积极乐观的心态努力生长。

B. 松树怕掉进悬崖，所以努力向石壁生长。

C. 松树觉得岩壁阻碍自己生长，就向悬崖另一侧生长。

D. 松树想怎么长就怎么长。

14.《火把花》

（1）文章最后一句话“照亮了我们——山村里的小学生”中的破折号有什么作用？（ ）

A. 声音延长

B. 解释说明

C. 意思转折

D. 语意省略

（2）文章写关于火把花的传说有什么作用？下面理解正确的是哪一项？（ ）

A. 突出火把花的艳丽色彩。

B. 老人哄孩子随便讲的故事。

C. 先介绍传说，再引出下文中的老师，并把老师比作举着火把花的仙子，表达了作者对山村教师的赞美。

D. 告诉读者火把花的形状像火把。

15.《家乡的悬石瀑布》

（1）文章第 7 自然段中的“当我看着小溪，看到的是水中大小不一的石子，却忽略了水的存在”一句话写出了溪水的什么特点？（ ）

A. 碧绿

B. 平静

C. 清澈

D. 欢快

（2）判断正误：作者通过描写悬石瀑布的壮观景象，表达了对瀑布的赞美以及对家乡的热爱之情。（ ）

16.《黄鹂》

（1）这首诗歌的作者是谁？（ ）

A. 徐志摩

B. 郭沫若

C. 戴望舒

D. 席慕蓉

（2）判断正误：诗歌描写了诗人见到黄鹂后内心从惊喜到期待再到失落的心情变化。（ ）

17.《白马湖（节选）》

（1）作者重点写了白马湖哪几个季节的景色？（ ）

A. 春秋

B. 春冬

C. 夏秋

D. 春夏

（2）对文章的理解，不正确的一项是什么？（ ）

A. 湖的尽里头，有一个三四十户人家

的村落，叫作西徐岙，因为大家都姓徐。

B. 白马湖并非圆圆的或方方的一个湖，而是曲曲折折大大小小许多湖的总名。

C. 文章通过描写白马湖美丽的景色，让我们感受到了作者对白马湖的喜爱。

D. 白马湖的春日最好，夏日也不错。

三 博学审问

1.《荞麦》

（1）荞麦被闪电烧得焦黑，成为没用的死草。它为什么会落得如此下场？（　）

A. 荞麦骄傲自大，受到惩罚。

B. 荞麦不知道怎么保护自己。

C. 闪电和荞麦是敌人。

D. 闪电在荞麦身上施了魔法。

（2）暴风雨来时，都有谁劝说荞麦把叶子卷起来，把头低下？（　）

A. 花儿、小鸟、老柳树

B. 花儿、老柳树、麦子

C. 花儿、老柳树、蜻蜓

D. 老柳树、麦子、小草

2.《最有意义的生活》

（1）“小青石得意地想：‘我就要到都市里去了！……喂，快把我也铲起来吧！’”这一自然段运用了什么描写方法？（　）

A. 语言描写

B. 心理描写

C. 动作描写

D. 神态描写

（2）判断正误：本文通过小青石和小黑石的故事，告诉我们应该有安于现状的心态，不要心浮气躁，要脚踏实地。（　）

3.《蠕虫的高级黏合剂》

（1）高强度的仿生黏合剂在医疗领域，不可以运用到什么地方？（　）

A. 修复牙裂缝。

B. 修复骨折的伤口。

C. 修复眼角膜切口。

D. 促进骨骼再生。

（2）科学家模仿沙塔蠕虫的生物黏合技术，研制仿生黏合剂，这种仿生学技术你还知道哪些？下面列举错误的是哪一项？（　）

A. 人类根据蜜蜂嗅觉器的结构和功能发明了小型气体分析仪。

B. 人类根据鱼鳔的原理发明了潜水艇。

C. 蝙蝠会释放超声波，人类据此发明雷达。

D. 人类根据蛙眼的原理，发明电子蛙眼。

4.《偷师白蚁的“火星建筑师”》

（1）根据第 4 自然段的介绍，白蚁塔的建筑材料包括（　）、泥土、（　）。

A. 唾液

B. 石粒

C. 草叶

D. 粪便

（2）文章第 2 自然段中“白蚁建造的高塔可达 10 余米，这相当于人类盖出了 2000 多米高的高塔了”一句用到了哪些说明方法？（　）

A. 列数字和打比方

B. 作比较和列数字

C. 举例子和打比方

D. 打比方和作比较

5.《会变冷的房子你住过吗？》

（1）文章介绍了三种降温材料：（　）、（　）和“最冷的白色”降温涂料。

A. 冰块

B. 玻璃聚合物薄膜

C. 水房子

D. 冷却木材

（2）玻璃聚合物薄膜这种材料的缺点是什么？（　）

A. 质量较轻，放在房顶容易被刮走。

B. 使用时间不长，寿命短。

C. 温度过高时容易失效。

D. 怕雷电天气。

6.《听潮》

（1）文章介绍了五种浪潮，分别是：微电子浪潮、（　）、光导纤维浪潮、（　）、海洋工程浪潮。

A. 空间工业浪潮

B. 新材料浪潮

C. 生物工程浪潮

D. 新能源浪潮

（2）文章第 3 自然段“我的耳际，仿佛也澎湃着浪潮之声。尽管我不在海边，然而，潮声如沸，不绝于耳。”这句话中的“浪潮之声”指的是什么？（　）

A. 新的技术革命浪潮

B. 海边的浪潮

C. 内心涌动的浪潮

D. 人声嘈杂如浪潮一般

7.《在仙人掌丛生的地方（节选）》

（1）文章写了哪两种地方的仙人掌？（　）

A. 国内的和国外的

B. 盆栽的和野生的

C. 陆地的和沙漠的

D. 南方的和北方的

（2）海南岛以南的一些岛屿上的仙人掌，是一种（　）、针刺像钢针般锋利的仙人掌，结着枇杷大小、成熟时变成紫红色的美味果实。

A. 黄褐色、掌形阔大的

B. 绿色、掌形阔大的

C. 黄褐色、掌形小的

D. 绿色、掌形大的

8.《野草》

（1）作者认为世界上气力最大的是什

么？（　）

A. 头盖骨

B. 钢铁侠

C. 植物的种子

D. 大力士

（2）判断正误：这篇文章赞扬了种子萌发的巨大力量和野草生长的坚韧不拔，鼓励大家以此为榜样，振奋精神。（　）

9.《“神舟”五号游太空》

（1）“神舟”五号的航天员是谁？（　）

A. 杨利伟

B. 翟志刚

C. 费俊龙

D. 景海鹏

（2）文章第5自然段写杨利伟和儿子通话，告诉儿子他看到了美丽的家，这里的“美丽的家”指的是哪里？（　）

A. 他和儿子生活的家庭

B. 地球

C. 月亮

D. “神舟”五号飞船

10.《钨——真正的钢铁侠》

（1）在我们的日常生活中，哪一件生活用品里使用了钨丝？（　）

A. 暖气

B. 衣架

C. 水杯

D. 灯泡

（2）没有钨，人类生产生活都会受到影响。下面说法错误的是哪一项？（　）

A. 没有钨，其他材质的灯丝会随时断裂，眼前变得漆黑。

B. 没有钨，人类到现在还不能抵达月球。

C. 没有钨，电子计算机、感光材料、光电材料、能源材料就得不到快速发展。

D. 没有钨，人类将无法生活。

11.《“高铁时代”已到来》

（1）列车车头设计成类似飞机一样的流线型，目的是什么？（　）

A. 这种设计美观。

B. 减少行进中空气的阻力。

C. 为了节省原材料。

D. 这种设计节省时间。

（2）你认为高速铁路会给人们生活带来哪些变化？以下说法不正确的是哪一项？（　）

A. 出行更加方便、快捷。

B. 促进城市间的交流及经济发展。

C. 使人们生活节奏变快，生活越来越缺少乐趣。

D. 促进旅游业的发展。

12.《抽屉里的春天》

（1）小燕子说抽屉里有它的秘密。抽屉里有什么秘密？（　）

A. 小燕子藏的衣服

B. 小燕子的歌声

C. 小燕子藏的春天

D. 小燕子的孩子们

（2）小燕子说谢蒙浩家里有比空调和好吃的东西更珍贵的，“更珍贵的”指的是什么？（　）

A. 谢蒙浩的善良

B. 谢蒙浩的坚强

C. 谢蒙浩的抽屉

D. 谢蒙浩的书本

（3）判断正误：文中的谢蒙浩之前照顾过燕子，燕子被谢蒙浩的善良打动，所以就为谢蒙浩收藏了春天的景象，送给了谢蒙浩春天般的场景。（　）

13.《黄河的主人》

（1）羊皮筏子的特点是什么？　（　）

A. 小而轻。

B. 又小又不安全。

C. 太轻容易被风吹翻。

D. 乘坐的人少。

（2）“黄河的主人”在文中指的是谁？（　）

A. 坐羊皮筏子的客人

B. 艄公

C. 修整黄河的人

D. 生活在黄河边的人

14.《床头上的标签》

（1）“床头上的标签”实际上指的是什么？（　）

A. 提醒自己努力工作的标签

B. 瓶子上那张“氯化碘”的标签

C. 提醒自己早起的标签

D. 提醒自己珍惜时间的标签

（2）李比希读完《海藻中的新元素》后为什么后悔莫及？下列说法正确的是哪一项？（　）

A. 李比希后悔没有写文章。

B. 李比希后悔写了文章没发表。

C. 李比希后悔自己没有继续进行实验，从而得出正确的结论。

D. 李比希后悔做了这次实验。

15.《梧桐子》

（1）文章中为梧桐子送信的是谁？（　）

A. 风

B. 燕子

C. 麻雀

D. 姑娘

（2）“他的身子很挺拔，站得笔直，真是个漂亮的小伙子。”这一句用了什么描写方法？表现了什么？（　）

A. 这一句运用外貌描写，表现了梧桐子长大了。

B. 这一句运用动作描写，表现了梧桐子看不起别人。

C. 这一句运用心理描写，表现了梧桐子很开心。

D. 这一句运用外貌描写，表现了梧桐子看不起别人。

四 整本书阅读

《水妖喀喀莎》

（1）水妖们在什么时间牙疼？（　　）

A. 有月亮的夜晚

B. 没有月亮的夜晚

C. 阴天的夜晚

D. 下雨的时候

（2）这个故事赞扬了喀喀莎怎样的品质？（　　）

A. 喀喀莎一心只想做水妖，没有远大理想。

B. 喀喀莎善良、勇敢、有毅力，拥有坚定的信念。

C. 喀喀莎有爱心，尊重别人的选择。

D. 喀喀莎不顾同伴们的反对，坚持做水妖，做事有坚持到底的精神。

参考答案

一、经典诵读

1.《晚春》

（1）D

（2）对　解析：《晚春》这首诗描写了晚春时节的美好景色，表达了作者对春天的喜爱之情。

2.《夏日山中》

（1）B

（2）D　解析：全诗描写了一幅夏日消闲图，通过诗人自身“裸袒”“脱巾”突出夏天炎热，从中可见诗人无拘无束的样子。但没有表现诗人烦闷的心情。所以选项 D 不正确。

3.《丰乐亭游春（其三）》

（1）C

（2）B　解析：这首诗表达的是诗人珍惜春光、热爱自然的感情。

4.《答谢中书书》

（1）错

（2）A

5.《喜晴》

（1）对

（2）B

6.《观潮》

（1）B

（2）对

二、自然之美

1.《浙江潮》

（1）C

（2）B

2.《钱塘江的夜潮（节选）》

（1）B

（2）C　解析：“从远处慢慢移来”说明潮还在远处；“从我们所立的塘基下奔过”，这时潮在近处；“暂远暂迷模”说明潮又离远了。

3.《月光启蒙》

（1）AC

（2）D　解析：童年时，是母亲在月光下为“我”唱歌、读童谣，让“我”的童年丰富多彩，让“我”明白了很多知识，让“我”有了丰富的学识。

4.《望月》

（1）A

（2）D

5.《西湖秋泛》

（1）AC

（2）对

6.《会说话的草》

（1）B

（2）D

7.《星》

（1）AC

（2）B　解析：作者在文章中讲到星星给不幸的人带来安慰，前面又讲到星星给小雇员和老音乐家带来启迪，所以说作者的心中永存光明，作者永远不会失去前进的动力和方向。

8.《天上的星星》

（1）ABCD

（2）A　解析：在妹妹眼里，月亮比星星大得多，星星害怕月亮，就像孩子们害怕大人，月亮地位高，有威严，夜空属于月亮，就像这个世界是属于大人一样。

9.《趵突泉的欣赏》

（1）C

（2）BD

10.《三千道瀑布（节选）》

（1）B

（2）C

11.《海滨仲夏夜》

（1）B

（2）A

12.《听雨》

（1）A

（2）B

13.《黄山松》

（1）C

（2）A

14.《火把花》

（1）B

（2）C

15.《家乡的悬石瀑布》

（1）C

（2）对

16.《黄鹂》

（1）A

（2）对　解析：诗歌因“转折”而美妙。从遇见黄鹂的惊喜到等待的煎熬，再到飞走不见的失落，短短几句就写出诗人内心的情感变化。

17.《白马湖（节选）》

（1）D

（2）A

三、博学审问

1.《荞麦》

（1）A

（2）B

2.《最有意义的生活》

（1）B

（2）错　解析：文章写小青石一心想要到都市去实现自己的价值，说明小青石力求上进，积极进取；后面写小青石在成为水门汀的一部分之后，就决定待着不动了，是因为小青石觉得别人走在自己的身上，是自己的价值体现，自己正在做服务他人的事情。

3.《蠕虫的高级黏合剂》

（1）D

（2）A　解析：其他三项都是正确的。A项应该是人类根据苍蝇嗅觉器的结构

和功能发明了小型气体分析仪。

4.《偷师白蚁的“火星建筑师”》

（1）AD

（2）B

5.《会变冷的房子你住过吗？》

（1）BD

（2）A

6.《听潮》

（1）AC

（2）A

7.《在仙人掌丛生的地方（节选）》

（1）B

（2）A

8.《野草》

（1）C

（2）对　解析：文章中写了植物种子具有巨大的生命力，其实是为了激励读者，应该像植物的种子一样，要有强大的生命欲望，要不断努力，勇敢前行。

9.《“神舟”五号游太空》

（1）A

（2）B

10.《钨——真正的钢铁侠》

（1）D

（2）D　解析：钨在人类的生产生活中非常重要，它促进了许多行业的快速发展。但是这并不代表没有钨，人类将无法生活。

11.《“高铁时代”已到来》

（1）B

（2）C　解析：这是一道开放题，结合文中高铁的特点和优势，联系生活会发现，高铁使人类出行方便快捷，到各地旅游也更方便，同时促进经济发展。

12.《抽屉里的春天》

（1）C

（2）A

（3）对　解析：文章最后燕子说“你的善良就是春天”，说明燕子被谢蒙浩的善良打动，文章前面也提到谢蒙浩照顾了燕子一段时间，可以看出燕子是为了感谢谢蒙浩。

13.《黄河的主人》

（1）A

（2）B

14.《床头上的标签》

（1）B

（2）C

15.《梧桐子》

（1）B

（2）A

四、整本书阅读

《水妖喀喀莎》

（1）B

（2）B　解析：喀喀莎善良、勇敢，她执着地等待着噗噜噜湖再次盈满的那天，她相信这一天一定会到来，即使别的水妖都拔掉了牙齿，她依然心态平和，坚定自己的信念。

慧眼观天下 ②

一 经典诵读

1.《新晴》

（1）判断正误：《新晴》是宋代诗人刘攽创作的一首七言绝句。（　）

（2）这首诗描写了哪个季节的景色？（　）

A. 春季

B. 夏季

C. 秋季

D. 冬季

2.《精卫》

（1）这首诗的作者王安石是哪个朝代的？（　）

A. 唐

B. 宋

C. 明

D. 清

（2）对本诗所表达的情感理解不正确的是哪一项？（　）

A. 这首诗描述了精卫填海的典故，并且赞颂精卫持之以恒、永不言弃的精神。

B. 诗人借物言志，用以表明自身对心中真理的执着追求和向往。

C. 诗人认为精卫填海是徒劳的，不该支持和赞扬。

D. 这首诗赞扬了精卫锲而不舍，不达目的不罢休的坚强意志。

3.《嫦娥》

（1）判断正误：这首诗歌的作者是唐代的李商隐。（　）

（2）诗人在这首诗中表达了怎样的情感？（　）

A. 表达了对嫦娥登月的羡慕之情。

B. 表达了对天上美景的喜爱之情。

C. 本诗体现了嫦娥独守月宫的孤寂和对美好人间的向往之情，让我们感受到了诗作散发的热爱人生的魅力。

D. 表达了想像嫦娥一样登月的情感。

4.《十五夜观灯》

（1）这首诗描述的是哪个节日燃灯的盛况？（　）

A. 春节

B. 元宵节

C. 中秋节

D. 除夕

（2）这首诗让你感受到了什么？选出不正确的一项。（　）

A. 元宵节的热闹繁华。

B. 青年男女的浪漫和自由。

C. 描写了当时社会的繁荣昌盛。

D. 诗人的孤独和寂寞。

5.《刻舟求剑》

（1）判断正误：本文选自《吕氏春秋》。（　）

（2）对《刻舟求剑》的理解表述不正确的是哪一项？（　）

A. 这个故事告诉我们：世界上的事物，总是在不断地发展变化，人们想问题、办事情，都应当考虑到这些变化，适合变化的需要。

B. 这个故事讽刺了不知变通、墨守成规的人。

C. “刻舟求剑”是解决问题的好办法。

D. “刻舟求剑”这个词用来比喻死守教条，拘泥成法。

6.《论语（节选）》

（1）判断正误：《论语》是儒家学派的著作，主要记录孔子及其弟子的言行。（　）

（2）文中的“君子”一词怎样理解是正确的？（　）

A. 对贵族男子的通称

B. 在位者或君王

C. 妻子对丈夫的称呼

D. 有道德的人

二 观察之趣

1.《登飞来峰》

（1）“飞来山上千寻塔”中“千寻”应当怎样理解？（　）

A. 千里寻找

B. 千次寻找

C. 形容塔很高

D. 形容塔很多

（2）对诗歌内容的理解，不正确的是哪一项？（　）

A. 这首诗歌的体裁是七言绝句。

B. 前两句写飞来峰塔之高。

C. 后两句写登飞来峰塔的感想。

D. 诗歌中描写了日落西山的景象。

2.《游山西村》

（1）诗人用“游”字贯串了全诗，“游”在这里怎么理解？（　）

A. 游泳、玩水

B. 交往、来往

C. 游玩、游逛

D. 不固定、游走

（2）对“丰年留客足鸡豚”中“足”字的理解，不正确的是哪一项？（　）

A. 写出了农家丰收的景象。

B. 写出了农家倾其所有的盛情。

C. 表明了农家只有丰收时才留客。

D. 表明了农家人的纯朴热情。

3.《雪梅（其二）》

（1）诗歌中，直接描写“梅”和“雪”关系的是哪一句？（　）

A. 有梅无雪不精神

B. 有雪无诗俗了人

C. 日暮诗成天又雪

D. 与梅并作十分春

（2）对诗歌内容的理解，不正确的是哪一项？（　）

A. 诗歌阐述了梅、雪、诗三者的关系。

B. 诗人认为白雪能衬托出梅花的风姿神韵。

C. 诗人认为不会作诗的人都是俗人。

D. 诗人认为梅、雪、诗三者结合在一起才是最好的。

4.《牵牛花》

（1）文章重点写了牵牛花的什么？（　）

A. 牵牛花的花朵

B. 牵牛花的生长环境

C. 牵牛花的生命力

D. 牵牛花的根部结构

（2）文章字里行间流露了作者怎样的情感？选出不恰当的一项。（　）

A. 表达了作者对牵牛花的喜爱之情。

B. 表达了对牵牛花顽强生命力的赞美之情。

C. 表达了对牵牛花种植复杂过程的无奈之情。

D. 表达了对种牵牛花乐趣的享受之情。

5.《神奇的丝瓜》

（1）孩子们在房前空地上种的植物中，文中没有提到哪一种？（　）

A. 一棵玉兰花树

B. 几株月季花

C. 几棵夹竹桃

D. 两棵丝瓜

（2）丝瓜的“神奇”表现在哪些方面？选出不符合的一项。（　）

A. 瓜越长越大，越长越大，重量当然也越来越增加。

B. 最初长出来的瓜不再长，仿佛得到命令停止了生长。

C. 两个瓜不知从什么时候忽然弯了起来，把躯体放在窗台上。

D. 我认为失踪了的瓜，平着身子躺在紧靠楼墙凸出的一个台子上。

6.《灰蝗虫（节选）》

（1）幼虫肥胖难看，但已初具成虫的粗略模样，通常呈嫩绿色，但也有的是其他颜色，答案中的哪个颜色是不正确的？（　）

A. 青绿色

B. 淡黄色

C. 红褐色

D. 深蓝色

（2）“血液涌上时宛如液压打桩机一般一下一下地撞击着。”这句话运用了什么修辞手法？（　）

A. 拟人

B. 比喻

C. 夸张

D. 对比

7.《蝉出地洞（节选）》

（1）判断正误：文章选自法布尔的《昆

虫记》。（ ）

（2）蝉还有一个大家耳熟能详的名字是什么？（ ）

A. 蛹

B. 茧

C. 知了

D. 蝶

8.《芋》

（1）判断正误：文章题目是“芋”，第一段却写水竹，是为了引出下面对芋的描写。（ ）

（2）芋在生长过程中，芋叶为什么向窗子的方向倾斜？（ ）

A. 因为它需要见风。

B. 因为它需要见光。

C. 因为它需要养分。

D. 因为它需要水。

9.《梧桐树》

（1）请按顺序依次概括三个时节的梧桐树貌。（ ）（ ）（ ）

A. 新桐初乳

B. 绿叶成荫

C. 梧桐叶落

（2）判断正误：本文按时间顺序，以梧桐的变化为行文线索。（ ）

10.《麻雀》

（1）文中写被捉住的麻雀，“飞累了，就垂下来，像一个秤锤，还张着嘴喘气”。对这句话的分析，不正确的是哪一项？（ ）

A. 这句话运用了比喻的修辞手法。

B. 形象地写出了麻雀被捉挣扎后的状态。

C. 突出了被捉后麻雀的可爱模样。

D. 更加突出了麻雀的不可驯服性。

（2）文章中的麻雀有怎样的特点呢？选出概括不准确的一项。（ ）

A. 不可驯服

B. 不相信人

C. 聪明警觉

D. 飞行缓慢

11.《一条腿的鸟》

（1）文中的鸟妈妈为什么只有一条腿？（ ）

A. 生来如此

B. 不小心受伤

C. 它喜欢一条腿站着

D. 被邻居的男孩用弹弓打折了

（2）你从文中的鸟妈妈身上感受到了什么？选出表述不正确的一项。（ ）

A. 勇敢

B. 坚强

C. 伟大的母爱

D. 懦弱

12.《春宵》

（1）下面哪一项不是本诗中描写的景物？（ ）

A. 花

B. 月亮

C. 春风

D. 庭院

（2）判断正误：“春宵一刻值千金”中“一刻”的意思是形容时间短暂。（　）

13.《望月怀远》

（1）对“灭烛怜光满”中“怜”的意思理解正确的是哪一项？（　）

A. 可怜

B. 爱惜

C. 同情

（2）判断正误：这首诗表达了作者对家乡亲人浓厚的思念之情。（　）

14.《通天坞的杨梅》

（1）杨梅树的果期在哪个时节？（　）

A. 春末

B. 夏初

C. 夏末

D. 深秋

（2）“看到通天坞路边杨梅树上的杨梅，只泛着星星点点的红，仿佛隔了一夜，杨梅一树树地变红了。”这句话突出体现了杨梅的什么特点？（　）

A. 杨梅颜色的鲜艳。

B. 杨梅变化之快。

C. 杨梅树数量之多。

D. 杨梅树上结的杨梅数量多。

15.《玩月亮》

（1）“它的一个枝丫被炸雷劈掉了一半，伤疤长成磨盘大的树瘤，这树瘤有点怕人，像一只怪眼睛木愣愣地瞪着你。”这句话运用了什么修辞手法？（　）

A. 夸张

B. 比喻

C. 对比

D. 拟人

（2）铁蛋为什么不去掏斑鸠了？（　）

A. 树太高，他不敢爬。

B. 斑鸠太厉害，他不敢惹。

C. 树春大伯说大树有眼，他被唬住了。

D. 铁蛋爱护斑鸠。

16.《刺猬·松鼠》

（1）文中的刺猬为什么要采集那么多山楂、野枣和小浆果？（　）

A. 因为它特别能吃，一顿要吃好多。

B. 因为它是为了准备过冬的食物。

C. 因为它要送给同伴当作礼物。

D. 因为它是为了准备春天的食物。

（2）刺猬的小窝一般都建在哪儿？选出不正确的一项。（　）

A. 土洞里

B. 树根下

C. 灌木林中的枯叶堆下

D. 山坡上

三 感悟神话

1.《盘古开天地》

（1）本篇文章选自哪部作品？（　）

A.《三五历纪》

B.《淮南子》

C.《山海经》

D.《大荒四经》

（2）判断正误：文章中“一日九变”中的“九”应该理解为九次。（ ）

2.《始祖伏羲》

（1）对伏羲的描述，与文章不符的是哪一项？（ ）

A. 他有着人的面庞。

B. 他有着蛇的身子。

C. 他的智力超群。

D. 他的体质虚弱。

（2）文章的主要内容是什么？概括最准确的是哪一项？（ ）

A. 主要讲述伏羲出生的过程。

B. 主要讲述伏羲为人类做出的具体贡献。

C. 主要讲述人类是如何学会生存的。

D. 主要讲述人类战胜自然的过程。

3.《精卫填海（节选）》

（1）“其状如乌，文首。”句中的“文”应该怎么理解？（ ）

A. 文化

B. 花纹

C. 文字

D. 天文

（2）下面哪一项对文章内容的理解有误？（ ）

A. 精卫住在发鸠山上。

B. 发鸠山上有很多的柘树。

C. 精卫叫声像呼唤自己名字。

D. 精卫的体型非常庞大。

4.《嫦娥奔月》

（1）关于嫦娥奔月，说法错误的是哪一项？（ ）

A. 嫦娥偷吃了不死之药，飞往月宫。

B. 传说中月亮上有桂树，还有蟾蜍。

C. 吴刚因犯错，被罚在月宫砍桂树。

D. 桂树越砍越小。

（2）谁假装生病，没有外出，逼迫嫦娥交出不死药？（ ）

A. 逢蒙

B. 夸父

C. 后羿

D. 西王母

5.《特洛伊木马》

（1）希腊联军攻打特洛伊的起因是什么？（ ）

A. 特洛伊有大量财宝，希腊想占为己有。

B. 特洛伊王子拐走了希腊斯巴达的王后。

C. 希腊王子想要带走特洛伊的王后。

D. 特洛伊侵占了希腊的领地。

（2）文章中借“特洛伊木马”想要表达怎样的观点？（ ）

A. 当遭遇攻击时，如果实力相当，就不要反抗。

B. 做事要小心谨慎，不能轻信他人。

C. 对希腊制作出木马的感叹和佩服。

D. 对战争年代百姓困苦生活的同情。

6.《赫尔墨斯偷牛》

（1）判断正误：赫尔墨斯是众神中跑得最快的“飞毛腿”。（ ）

（2)赫尔墨斯的母亲是山林女神迈亚，他的父亲是谁？（ ）

A. 阿波罗

B. 宙斯

C. 波塞冬

D. 阿瑞斯

7.《女娲补天》

（1）文章中的“断鳌足以立四极”应当怎么翻译？（ ）

A. 折断自己的脚来支撑天的四角

B. 用海龟足够支撑天空的四角

C. 折断海龟的脚来支撑天的四角

D. 折断海龟的脚来站在天的角上

（2）远古时期，百姓面临的祸害不包括哪一项？（ ）

A. 天塌地裂

B. 大火洪灾

C. 外族入侵

D. 凶鸟猛兽

8.《神农尝百草》

（1）人们称神农氏为炎帝，是因为他擅长使用什么？（ ）

A. 风

B. 雷电

C. 雨水

D. 火焰

（2）大家为什么送给炎帝“神农”的称号？（ ）

A. 因为他经常在恶劣的天气里单独去为大家找食物。

B. 因为他捡到了谷穗。

C. 因为他带领大家种植谷子，人们再也不会饿肚子了，所以取“神农”的称号感谢他。

D. 因为他尝草药造福人类。

9.《后羿射日》

（1）百姓为什么要推举尧做首领呢？（ ）

A. 因为尧让羿帮老百姓消除了各种祸害。

B. 因为尧非常厉害，百姓很怕他。

C. 因为尧亲自制服了各种危害百姓的祸害。

D. 因为是尧逼迫百姓选举他为首领的。

（2）文章流露了怎样的情感？选出说法错误的一项。（ ）

A. 表达了对后羿杰出贡献的赞美之情。

B. 表达了对尧任用贤臣的赞赏之情。

C. 表达了对百姓勤恳劳作的赞美之情。

D. 表达了古代人民追求美好生活的愿望。

10.《愚公移山》

（1）愚公为什么要移山？（ ）

A. 因为两座大山堵住了愚公所有的出路。

B. 因为两座大山的阻碍，出入很不方便。

C. 因为愚公的家人要求他移山。

D. 因为愚公想要用挖山的土石盖房子。

（2）愚公的妻子为什么要反对愚公移山？（　）

A. 因为她不想干苦力活。

B. 因为她不关心愚公。

C. 因为她担心移山很艰难。

D. 因为她觉得没必要移山。

11.《金羊毛的冒险》

（1）伊阿宋的老师是谁？（　）

A. 埃宋

B. 珀利阿斯

C. 喀戎

D. 美狄亚

（2）有关文章内容的理解，不正确的是哪一项？（　）

A. 金羊毛是非常难得的无价之宝。

B. 夺取金羊毛的过程非常艰辛。

C. 美狄亚的神仙药水给伊阿宋帮了很大忙。

D.伊阿宋独自战胜了守护金羊毛的毒龙。

12.《刑天挥舞盾牌和斧子》

（1）刑天为什么要去对抗黄帝呢？原因不包括哪一项？（　）

A. 为了给炎帝报仇

B. 为了当最高统治者

C. 为了推翻黄帝的残暴统治

D. 为了给百姓赢得幸福生活

（2)文章主要表达了作者怎样的情感？（　）

A.表达了对炎帝积极反抗的称赞之情。

B.表达了对黄帝公平正直品质的称赞。

C.表达了对刑天不懈抗争精神的赞扬。

D.表达了对远古时期生活的向往之情。

13.《夸父逐日》

（1）“夸父与日逐走”，句中的“逐走”应该怎么理解？（　）

A. 驱逐离开

B. 追逐赛跑

C. 追逐快走

D. 逐渐离开

（2）对文中句子“入日，渴，欲得饮”翻译最准确的是哪一项？（　）

A. 进入了太阳内部，夸父感到口渴，想要喝水。

B. 终于追到了太阳，夸父感到口渴，想要喝水。

C. 追赶到太阳落下的地方，夸父感到口渴，想要喝水。

D. 追赶到太阳升起的地方，夸父感到口渴，想要喝水。

14.《女娲造人（节选）》

（1)人们向女娲拜谢，尊称她为什么？（　）

A. 人类之母

B. 大地之母

C. 人类之神

D. 大地之神

（2）女娲造人的灵感源于她感受到世

间缺点儿什么？（　）

A. 笑声

B. 哭声

C. 说话声

D. 交流

15.《燧人氏钻木取火》

（1）在不会人工取火之前，人们只能依靠（　）。

A. 天然火

B. 上天赐火

C. 祈求获得

D. 偷取火种

（2）人们守护火种很困难，导致火种熄灭的主要原因是什么？选出不正确的一项。（　）

A. 突如其来的风

B. 一场大雨

C. 守卫的不小心

D. 人为的破坏

16.《拉祜族神话——扎努扎别》

（1）关于文中扎努扎别的形象，不正确的是哪一项？（　）

A. 身材十分高大

B. 坐在天地间，双手撑天

C. 力气大得惊人

D. 非常勤劳

（2）文章的主要内容是什么？选出概括最准确的一项。（　）

A. 主要讲了扎努扎别不断抗争，最终使天神厄莎改邪归正的事情。

B. 主要讲了扎努扎别听信厄莎的话，最终死去的故事。

C. 主要讲了扎努扎别自己努力种粮食的过程。

D. 主要讲了天神厄莎创造天地和万物的过程。

17.《丢卡利翁和皮拉》

（1）万物的主宰宙斯决定利用什么来惩罚人类？（　）

A. 洪水

B. 怪兽

C. 烈火

D. 飓风

（2）文章中包含了怎样的情感？选出说法不正确的一项。（　）

A. 对宙斯降临灾难的气愤之情。

B. 对百姓遭受苦难的深切同情。

C. 对正义女神创造人类的感激之情。

D. 对人类重生的喜悦之情。

四 整本书阅读

《神话故事》

（1）我们阅读的《神话故事》是由哪位著名儿童文学作家主编的？（　）

A. 袁珂

B. 谭旭东

C. 杨红樱

D. 沈石溪

(2)天地间唯一一棵不死树是什么树?

(　　)

A. 松树

B. 杨树

C. 血树

D. 昆仑树

参考答案

一、经典诵读

1.《新晴》

（1）对

（2）B

2.《精卫》

（1）B

（2）C　解析：这首诗是借精卫填海的典故赞颂持之以恒、永不言弃的精神，用以表明诗人本身对心中真理的执着追求和向往。

3.《嫦娥》

（1）错　解析：作者是明代的边贡。

（2）C　解析：诗的后两句，先说人间对天界的揣测与向往，接着笔锋一转，“不知天上忆人间”，表现了嫦娥独守月宫的凄清和对美好人间的渴望之情。此时，天上和人间是相通的：人间仰慕天界，天界却经常“忆人间”，这种共通性使诗作散发出热爱人生的无穷魅力。

4.《十五夜观灯》

（1）B

（2）D　解析：全诗描写了元宵节的热闹和繁华，可谓盛况空前，作者的愉悦之情也很明显，毫无孤寂之感。

5.《刻舟求剑》

（1）对

（2）C　解析：“刻舟求剑”讽刺了不知变通、墨守成规的人。“刻舟求剑”寻不到剑，不是好办法。

6.《论语（节选）》

（1）对

（2）D

二、观察之趣

1.《登飞来峰》

（1）C

（2）D

2.《游山西村》

（1）C

（2）C

3.《雪梅（其二）》

（1）A

（2）C

4.《牵牛花》

（1）C

（2）C　解析：作者在种植牵牛花时，乐在其中，并没有厌恶和无奈之情。

5.《神奇的丝瓜》

（1）C

（2）A

6.《灰蝗虫（节选）》

（1）D

（2）B

7.《蝉出地洞（节选）》

（1）对

（2）C

8.《芋》

（1）对

（2）B

9.《梧桐树》

（1）ABC

（2）对

10.《麻雀》

（1）C

（2）D

11.《一条腿的鸟》

（1）D

（2）D

12.《春宵》

（1）C

（2）对

13.《望月怀远》

（1）B

（2）对

14.《通天坞的杨梅》

（1）B

（2）B　解析：仿佛一夜之间树上的杨梅从星星点点的红变成了一树树的红，最能体现的就是变化（成熟）之快。（如果你细心，可以发现书中有提示哟。）

15.《玩月亮》

（1）B

（2）C

16.《刺猬·松鼠》

（1）B

（2）D

三、感悟神话

1.《盘古开天地》

（1）A

（2）错　解析："九"表示多次。

2.《始祖伏羲》

（1）D

（2）B　解析：文章大部分内容是在讲述伏羲为人类做出的具体贡献。

3.《精卫填海（节选）》

（1）B

（2）D

4.《嫦娥奔月》

（1）D

（2）A

5.《特洛伊木马》

（1）B

（2）B　解析：作者在文章中借木马计主要想表达的观点是：做事要小心谨慎，不能轻信他人。

6.《赫尔墨斯偷牛》

（1）对

（2）B

7.《女娲补天》

（1）C

（2）C

8.《神农尝百草》

（1）D

（2）C

9.《后羿射日》

（1）A

（2）C　解析：文章没有表现出对老百姓勤恳劳作的赞美。

10.《愚公移山》

（1）B

（2）C

11.《金羊毛的冒险》

（1）C

（2）D

12.《刑天挥舞盾牌和斧子》

（1）B

（2）C

13.《夸父逐日》

（1）B

（2）C

14.《女娲造人（节选）》

（1）B

（2）A

15.《燧人氏钻木取火》

（1）A

（2）D

16.《拉祜族神话——扎努扎别》

（1）B

（2）A

17.《丢卡利翁和皮拉》

（1）A

（2）C　解析：并不是正义女神创造的人类，所以选项 C 是错误的。

四、整本书阅读

《神话故事》

（1）B

（2）C

慧眼观天下 ③

一 经典诵读

1.《牧童》

（1）作者黄庭坚是哪一个朝代著名的文学家、书法家？（ ）

A. 唐

B. 宋

C. 明

D. 清

（2）判断正误：这首诗表达了作者对官场仕途的厌恶和对牧童自由自在生活的向往。（ ）

2.《闲居初夏午睡起（其一）》

（1）被称为“南宋四大家”的是陆游、尤袤、范成大和下面哪一位诗人？（ ）

A. 杜牧

B. 白居易

C. 杨万里

D. 杜甫

（2）下列哪一种景物不是诗中用来表示初夏特点的？（ ）

A. 梅子

B. 西瓜

C. 芭蕉

D. 柳花

3.《观游鱼》

（1）许多著名的诗人除了姓名，还有雅号，以下哪一个是白居易的号？（ ）

A. 青莲居士

B. 东坡居士

C. 六一居士

D. 香山居士

（2）这首诗运用了以下哪一种写法？（ ）

A. 比喻

B. 拟人

C. 对比

D. 衬托

4.《风鸢图诗》

（1）“风鸢”中的“鸢”指的是什么？（ ）

A. 燕子

B. 大雁

C. 蝴蝶

D. 老鹰

（2）判断正误：诗中连续三个“搓”字把小孩子们认真而急切的神态表露无遗。（ ）

5.《狐假虎威》

（1）本文刻画狐狸时运用的主要描写方法是什么？（ ）

A. 动作

B. 语言

C. 心理

D. 细节

（2）从老虎的遭遇中，你受到了什么启示？（　）

A. 不要倚仗权势、欺压弱小。

B. 要对自己有清楚的认识，不要相信别人的话。

C. 遇事要多动脑筋，不要盲目轻信。

D. 遇到花言巧语的人一定要保持警惕。

6.《薛谭学讴》

（1）判断正误：文中“未穷青之技”的“穷”指的是“贫穷”。（　）

（2）从这篇短文中，你明白了一个什么道理？（　）

A. 要尊重老师，不能半途而废。

B. 一个人有了成绩不能骄傲，要谦虚。

C. 学习必须持之以恒，不能骄傲自满。

D. 只有有才智的人才有骄傲的本钱。

二 关注身边的事

1.《颤抖的羽毛》

（1）文章中一共写了几次捉大公鸡的场面？（　）

A. 一次

B. 两次

C. 三次

D. 四次

（2）以下哪个选项不是文章要传达给读者的内容？（　）

A. 应该尊重大自然中所有的生命。

B. 与朋友相处要诚实守信。

C. 做了错事要及时改正，真诚地弥补。

D. 不能伤害别人，否则会面临信任危机。

2.《小麻雀》

（1）“我想到了：这是个熟鸟，也许是自幼便养在笼中的。”这一句中的“熟鸟”是什么意思？（　）

A. 煮熟的鸟

B. 熟悉的鸟

C. 有人喂养的鸟

D. 年纪大的鸟

（2）文中作者紧紧围绕对小麻雀的什么描写来揣测它的心理？（　）

A. 外形

B. 神态

C. 语言

D. 眼神

3.《一件小事》

（1）“十五岁那年，我很迷恋打针。”这句话中的“迷恋”一词可以换成哪个词？（　）

A. 依恋

B. 痴迷

C. 爱恋

D. 留恋

（2）“吓出了一脑袋头发”用了什么修辞手法？（　）

A. 比喻

B. 拟人

C. 引用

D. 夸张

4.《两角钱》

（1）“能够帮助人，而且是举手之劳的事情……”这句话中的“举手之劳”是什么意思？（　）

A. 伸出手去劳动。

B. 举起手去做一件事。

C. 指办事轻而易举，不费力。

D. 双手托举，很劳累。

（2）“我”为什么没有把钱还给小男孩？（　）

A. 因为两角钱对于小男孩来说并不多。

B. 因为“我”一直没有零钱。

C. 因为小男孩帮助了别人，内心感到特别开心，“我”不想打破他这美好的感觉。

D. 因为“我”再也没有碰到小男孩了，无法归还。

5.《树上的鞋》

（1）“我手里的雏鸟有些发蔫。”雏鸟“发蔫”的原因是什么？（　）

A. 天气炎热。

B. 它又饿又怕。

C. 它想睡觉了。

D. 它觉得很冷。

（2）“它扑扑棱棱地躲在我的脚旁，依偎着我的鞋。”这句话中“依偎”一词表达了雏鸟什么心理？（　）

A. 难过

B. 害怕

C. 惊奇

D. 开心

6.《那只松鼠》

（1）“我”突然看到了小松鼠极其古怪的目光，这目光像是抗拒，像是乞求，还像是什么？（　）

A. 希望

B. 失望

C. 绝望

D. 渴望

（2）逮住了一只松鼠的“我”，为什么“异乎寻常地高兴”？（　）

A. 女儿吵着要一只小松鼠。

B. 我非常喜欢小动物。

C. 我的工作需要一只松鼠。

D. 逮住一只松鼠是一件不容易的事。

7.《母狼的智慧》

（1）狼带着小狼过河，通常会采取什么方法呢？（　）

A. 带着所有小狼游过去。

B. 带着小狼一只只游过去。

C. 让小狼套上救生圈游过河。

D. 借助动物的胃做皮筏，背着小狼过河。

（2）下列哪句话不是比喻句？（　）

A. 老猎人舒展胸膛，好像恢复了当年的神勇。

B. 母狼把那动物的胃吹足了气，再用牙齿牢牢咬紧蒂处，让它胀鼓鼓的好似一只皮筏。

C. 不知它从哪儿来的那么大的力气，像贴着地皮的一支黑箭。

D. 沙丘好似一座银子筑成的坟，毫无动静。

8.《云雀（节选）》

（1）“我们跑过去，要给它添些食儿，却看见……这便又使我们迷糊了。”这句话中的“迷糊”是什么意思？（　）

A. 神志不清

B. 瞌睡

C. 眼神不清

D. 疑惑

（2）“那往日里悠悠然的叫声原来是痛苦的呼喊呢！”云雀的叫声为什么是痛苦的？（　）

A. 因为没有足够的食物。

B. 因为嗓子唱哑了。

C. 因为它失去了自由。

D. 因为老头总是虐待它。

9.《猫》

（1）《猫》一文中，作者家先后养了几只猫？（　）

A. 一

B. 二

C. 三

D. 四

（2）判断正误：《猫》表达了作者同情、怜爱弱小者的思想感情，教育我们要关爱动物，善待生命，尊重生命。（　）

10.《收拾错误》

（1）文中父亲告诉“我”的道理是什么？（　）

A. 多向别人请教。

B. 学习自己不懂的知识。

C. 犯错误容易，收拾错误很难。

D. 要把别人的话听清楚。

（2）作者买错黑豆的原因是什么？（　）

A. 分不清楚黑豆和豇豆。

B. 没有听清楚父亲的话。

C. 在城里迷路了。

D. 没有赶上最后一班车。

11.《谎言会发芽》

（1）下列选项中哪一个不是文中的“我”在少年时代的“奇思妙想”？（　）

A. 制造飞机

B. 当个歌唱家

C. 栽种葡萄

D. 种出菠菜

（2）下列哪一个句子不是比喻句？（　）

A. 我挖过的地方，寸苗不生，像一个人的头上长了“斑秃”。

B. 一周后，我栽种的“葡萄”竟然发了芽。

C. 两周后，“葡萄”开始抽出麦苗一样细长的叶片。

D. 谎言即使被隐藏得再深，总有一天，

它也会破土发芽，而大家都会看到它！

12.《稻花香里的迷藏》

（1）作者在上学路上和谁在捉迷藏？（　）

A. 燕子、蜻蜓

B. 螃蟹、小虾

C. 小鱼、蝌蚪

D. 泥鳅、青蛙

（2）文章最后一段的省略号的作用是什么？（　）

A. 表示引文、列举、重复词语等的省略。

B. 表示说话中断或声音断断续续。

C. 表示语意含蓄，让读者去想象。

D. 表示话题的跳跃或转换。

三 寻找成长的足迹

1.《牛》

（1）“真的，牛不消怕得，你看它有那么大吗？”这句话中的“消”是什么意思？（　）

A. 消失

B. 消除

C. 需要

D. 度过

（2）“我觉得那眼睛里似乎还有别的使人看了不自在的意味。”下列哪一项不是牛眼睛里包含的意味？（　）

A. 愤怒

B. 难受

C. 哀怨

D. 恐惧

2.《多难的小鸭》

（1）小鸭是被什么抓伤的？（　）

A. 猫

B. 老鼠

C. 狗

D. 鸡

（2）下列哪个选项不是“我”对小鸭的感情？（　）

A. 担心

B. 同情

C. 喜欢

D. 嫌弃

3.《没有人喝彩的工作》

（1）“没有人喝彩的工作”指的是什么工作？（　）

A. 很重要的工作。

B. 很重要的而且是不能没有的工作。

C. 手表指针的运转工作。

D. 没有人加油的工作。

（2）“这是没有人喝彩的工作，但却是重要的工作，而且是不能够没有的”中的“这”指的是什么？（　）

A. 手表走得很准确。

B. 手表的运转需要指针。

C. 手表的运转需要别人看不到的齿轮和螺丝。

D. 别人看不到的地方。

4.《捅马蜂窝》

（1）“捅马蜂窝”表面上是指（ ），现在也用来比喻（ ）。

A. 捉马蜂

B. 捅掉马蜂的窝

C. 偷偷摸摸做事

D. 惹祸或者触犯了不好惹的人

（2）文章围绕“马蜂窝”写了“我”的感情变化，依次是：（ ）（ ）（ ）（ ）。

A. 害怕马蜂报仇

B. 敬佩马蜂壮举

C. 捅窝愿望强烈

D. 期盼马蜂重回

5.《放风筝》

（1）“带孩子来消遣”一句中“消遣”是什么意思？（ ）

A. 消费

B. 捉弄，戏弄

C. 打发时间

D. 排解忧愁

（2）“屁股帘儿”风筝最受小孩子欢迎的原因是什么？（ ）

A. 形状好看。

B. 飞得特别高。

C. 不用花钱买，飞跑了不可惜。

D. 飞翔的姿态很别致。

6.《钓鱼（节选）》

（1）以下哪一项不是“我”喜爱钓虾的原因？（ ）

A. 孩子好玩的天性。

B. 可以享受跟虾斗智的乐趣。

C. 钓的虾多，得到大人的称赞。

D. 母亲和妹妹都非常喜欢吃虾。

（2）以下对于母亲的理解，哪一项是错误的？（ ）

A. 劝“我”别去钓虾，心疼“我”晒黑，体现了母亲的慈爱。

B. 虽然埋怨“我”却始终放任“我”去钓虾，体现了母亲的宽容。

C. 埋怨“我”赔柴赔盐赔油葱，体现了母亲的节俭和吝啬。

D. 把煮熟的虾送给人家吃，体现了母亲与邻里和睦相处。

7.《歪儿》

（1）“踢罐电报”的玩法依次是这样的：先（ ），然后（ ），再（ ），最后（ ）。

A. 拾铁罐，捉孩子

B. 画圈，立铁罐

C. 下庄，换人

D. 选一个人坐庄

（2）“左顾右盼”的“顾”是什么意思？（ ）

A. 拜访

B. 照顾

C. 看

D. 顾及

8.《抽陀螺》

（1）“抽陀螺”的“抽”是什么意思？（　）

A. 取出

B. 长出

C. 击打

D. 收缩

（2）这篇文章重点写了两方面的内容：先写（　），后写（　）。

A. 陀螺的样子

B. 抽陀螺的方法

C. 抽陀螺的场地

D. 抽陀螺的好处

9.《我的“小脚儿娘”》

（1）文章围绕“小脚儿娘”依次写了以下内容：（　）（　）（　）。

A. 布置“小脚儿娘”的家。

B. 玩“小脚儿娘”的游戏过程。

C. 期待着玩“小脚儿娘”的游戏。

（2）“我”为什么那么喜欢玩“小脚儿娘”呢？（　）

A. 因为没有其他游戏可以玩。

B. 因为没有人陪“我”玩，“我”只好玩“小脚儿娘”。

C. 因为玩的过程中“我”可以很主动，尽情发挥，不受制于大人。

D. 因为当时的孩子们都在玩“小脚儿娘”。

10.《第一次投稿（节选）》

（1）“假如同学们看到了我的退稿，我那顶‘诗人’的桂冠也就戴不成了。”这句话中的引号有什么作用？（　）

A. 表示引用。

B. 表示特殊的含义。

C. 表示着重强调。

D. 表示讽刺和否定。

（2）第 4 自然段末尾处写道：“这让我感到亲切，受到鼓舞。”句中“这”指的是什么？（　）

A. 同学们对“我”的羡慕。

B. 老师对“我”的表扬。

C. “我”具备了写诗的基本条件。

D. 老师对“我”的诗进行了详细地批改、点评。

11.《一盘花式蛋糕》

（1）“要是想领略一下铜扶手的清凉……”这句话中的“领略”是什么意思？（　）

A. 品尝

B. 欣赏

C. 感受

D. 理会

（2）“凭着自己的过失，我博得一份额外的爱怜。”这句话在文中的作用是什么？（　）

A. 突出强调

B. 渲染气氛

C. 承上启下

D. 埋下伏笔

12.《打酱油》

（1）判断正误：作者小时候，酱油买散装的是因为家里有酱油瓶儿，比较方便。（　）

（2）“再去酱铺打酱油的时候……心里那个难受哇，别提有多严重啦！”以下选项中哪一个不是“我”难受的原因？（　）

A. 妈妈打了“我”一锅铲，“我”不敢再偷买糖果了。

B.“我”买东西顺路买糖果的办法再也不能用了。

C.“我”偷买糖果的事情被妈妈发现了。

D. 作为一个那个时代的小孩子克制住自己想吃东西的欲望很难。

13.《难忘的童年游戏》

（1）文中“我”最沉迷的游戏是什么？（　）

A. 爬树

B. 上房

C. 叠罗汉

D. 斗鸠

（2）以下选项中不属于作者过去玩的儿童游戏的特点的是哪一项？（　）

A. 原始

B. 质朴

C. 清新气

D. 干巴巴

14.《淘气的年龄》

（1）“这几个字就相当威风地在我桌上保留了好长时间。”这句话用了什么修辞手法？（　）

A. 比喻

B. 夸张

C. 拟人

D. 引用

（2）“真奇怪！字儿抹掉了，好像心里干净了一些。”这句话的含义是什么？（　）

A. 说明“我”心里终于不再阴暗了。

B. 表达了“我”对之前行为的忏悔和对老师的愧疚。

C. 桌子干净了，“我”的心情也跟着变好了。

D.“我”把字儿抹掉了，就把以前的淘气都抹掉了。

四 整本书阅读

《爱的教育》

（1）清扫烟囱的孩子为什么哭？（　）

A. 因为被主人责骂了。

B. 因为他辛苦挣的钱丢掉了。

C. 因为他打扫得不干净，被解雇了。

D. 因为他把自己的衣服弄脏了。

（2）《爱的教育》讲述了一个叫（　）的男孩的成长故事，表现了（　）的主题。

A. 恩利科

B. 卡隆

C. 真挚的爱

D. 宽容

参考答案

一、经典诵读

1.《牧童》

（1）B

（2）对

2.《闲居初夏午睡起（其一）》

（1）C

（2）B

3.《观游鱼》

（1）D

（2）C

4.《风鸢图诗》

（1）D

（2）对　解析：诗人没有全面描绘孩子们的各项准备活动，只是从其中的一个细节入手，写他们如何努力地编织纸鸢引线。连续三个“搓”字把小孩子们认真而急切的神态表露无遗。

5.《狐假虎威》

（1）B

（2）C　解析：狐狸象征倚仗权势欺压弱小的人，老虎象征不动脑筋盲目随从上当受骗的人，这个故事告诉我们遇事要多动脑筋，不要盲目轻信。

6.《薛谭学讴》

（1）错　解析：“穷”的意思是学完。

（2）C　解析：《薛谭学讴》告诉我们学习必须持之以恒，不能骄傲自满。

二、关注身边的事

1.《颤抖的羽毛》

（1）B

（2）B　解析：虽然文章中有提到和朋友一起拔公鸡的翎毛，一起捉虫子给公鸡吃，但是与诚实守信没有关系。

2.《小麻雀》

（1）C

（2）D

3.《一件小事》

（1）B

（2）D

4.《两角钱》

（1）C

（2）C

5.《树上的鞋》

（1）B

（2）B

6.《那只松鼠》

（1）C

（2）A

7.《母狼的智慧》

（1）D

（2）A

8.《云雀（节选）》

（1）D

（2）C

9.《猫》

（1）C

（2）对

10.《收拾错误》

（1）C

（2）B　解析：作者买错黑豆的主要原因是没有听清父亲的话。

11.《谎言会发芽》

（1）D

（2）B

12.《稻花香里的迷藏》

（1）D

（2）C

三、寻找成长的足迹

1.《牛》

（1）C

（2）B

2.《多难的小鸭》

（1）B

（2）D　解析：文章中作者对小鸭的感情有担心、同情、喜欢，从“我”为小鸭搭窝等地方可以体会到。

3.《没有人喝彩的工作》

（1）B

（2）C

4.《捅马蜂窝》

（1）BD

（2）CABD

5.《放风筝》

（1）C

（2）C

6.《钓鱼（节选）》

（1）D

（2）C

7.《歪儿》

（1）BDAC

（2）C

8.《抽陀螺》

（1）C

（2）BC

9.《我的“小脚儿娘”》

（1）CAB

（2）C

10.《第一次投稿（节选）》

（1）C

（2）D

11.《一盘花式蛋糕》

（1）C

（2）C

12.《打酱油》

（1）错　解析：酱油和醋买散装的是因为瓶装的贵，散装的便宜。

（2）C　解析：妈妈以为醋是被“我”偷喝了，并没有发现“我”偷偷买糖果的事，所以C是错的。

13.《难忘的童年游戏》

（1）D

（2）D

14.《淘气的年龄》

（1）C

（2）B　解析：文章主要写了“我”随着年龄的增长，变得越来越懂事，知道以前的淘气实在不应该，不仅伤害了同学，也愧对老师一次次的包容。

四、整本书阅读

《爱的教育》

（1）B

（2）AC　解析：《爱的教育》讲述了恩利科的成长故事，表现的主题是真挚的爱。

慧眼观天下 4

一 经典诵读

1.《题乌江亭》

（1）《题乌江亭》的作者与李商隐被称为“小李杜”，他是谁？（　）

A. 杜甫

B. 杜牧

C. 项羽

D. 李清照

（2）“胜败兵家事不期”中“不期”是什么意思？（　）

A. 不到时候

B. 不期而遇

C. 不能预料

D. 不可期待

2.《扬子江》

（1）下列哪首诗的作者不是文天祥？（　）

A.《夏日绝句》

B.《过零丁洋》

C.《正气歌》

D.《扬子江》

（2）判断正误：“臣心一片磁针石，不指南方不肯休。”的意思是“我的心犹如铁石心肠，一定要到南方去过幸福的生活。”（　）

3.《塞上曲二首（其二）》

（1）“何须生入玉门关”的前一句是什么？（　）

A. 汉家旌帜满阴山

B. 愿得此身长报国

C. 不遣胡儿匹马还

D. 不教胡马度阴山

（2）“何须生入玉门关”一句中“生入”是什么意思？（　）

A. 出生入死

B. 活着回来

C. 平生进入

D. 生不如死

4.《就义诗》

（1）下列诗句中哪一句是“生平未报国”的后一句？（　）

A. 浩气还太虚

B. 丹心照千古

C. 留作忠魂补

D. 还有后来人

（2）“浩气还太虚”中的“太虚”是什么意思？（　）

A. 非常空虚

B. 特别谦虚

C. 广漠无垠的太空

D. 虚无缥缈的天空

5.《曹冲称象》

（1）下列选项中哪一项叙述曹冲、曹植、曹丕、曹操之间的关系是正确的？（　）

A. 曹冲是曹操的父亲

B. 曹操是曹冲的父亲

C. 曹冲是曹植、曹丕、曹操的父亲

D. 他们是曹家四兄弟

（2）把曹冲称象的办法按照正确的顺序排列是：（　）（　）（　）（　）。

A. 刻其水痕所至

B. 置象于船上

C. 复称他物，则象重可知也

D. 称物以载之，则校可知矣

6.《孟子（节选）》

（1）孟子是什么学派的代表人物之一？（　）

A. 道家

B. 儒家

C. 法家

D. 墨家

（2）文中连着列举古代六位名人的事例，他们有什么共同特点？（　）

A. 出身贫贱、一生正气

B. 一事无成、才华横溢

C. 出身贫贱、经历磨难

D. 满腹经纶、出口成章

二 民族之魂

1.《塞上听吹笛》

（1）高适，字达夫，是（　）时期著名的（　）诗人。

A. 唐代

B. 宋代

C. 边塞

D. 田园

（2）“雪净胡天牧马还”中的“雪净”是什么意思？（　）

A. 干净的雪

B. 把雪扫干净

C. 冰雪消融

D. 下雪的天空

2.《出塞二首（其二）》

（1）下列哪首诗不是诗人王昌龄的作品？（　）

A.《出塞》

B.《从军行》

C.《竹里馆》

D.《长信宫词》

（2）这首诗塑造了将军的什么形象？（　）

A. 帅气威武、雷厉风行

B. 顾全大局、办事周全

C. 勇猛善战、英姿飒爽

D. 有勇有谋、智勇双全

3.《大风歌》

（1）本首诗的作者刘邦是哪个朝代的开国皇帝？（　）

A. 宋

B. 唐

C. 汉

D. 清

（2）诗句“威加海内兮归故乡”中的“威”是什么意思？（　）

A. 很有威风

B. 非常危险的地方

C. 威望，权威

D. 对别人很严肃

4.《国耻恨难消》

（1）本文第 3 自然段“‘这是咱们中国的土地……’……愤愤地望着母亲清癯的面孔。”运用了什么描写？（　）

A. 语言描写和动作描写，形象地写出了夏明翰当时的愤怒。

B. 神态描写和心理描写，写出了夏明翰的可爱天真。

C. 细节描写和环境描写，写出了夏明翰母亲的善良。

D. 心理描写和动作描写，写出了船员的霸道。

（2）夏明翰在船上看到中国乘客遭外国人欺凌时的心情可以用哪一句成语形容？（　）

A. 喜上眉梢

B. 心有余悸

C. 心急如焚

D. 义愤填膺

5.《永远追随》

（1）钱学森被誉为“（　　）”？

A. 杂交水稻之父

B. 中国导弹之父

C. 中国航海之父

D. 中国环保之父

（2）为什么钱学森“觉得身上好像涌起无限的力量”？（　）

A. 他正值青春年少，很有力气。

B. 他很能吃苦，做事不遗余力。

C. 他回到祖国的怀抱，并且加入了中国共产党。他要为祖国的科学事业奉献自己的全部力量。

D. 下了一场大雪，他要抓紧把雪扫干净。

6.《梅兰芳的一席谈（节选）》

（1）判断正误：文章第 2 自然段“我拜访梅先生的那一天，是一个使人轻松愉快的好天气”，写天气好是为了衬托人的好心情。（　）

（2）第 3 自然段“‘现在好了，我们胜利了……我今年已经五十二岁了！’”是对梅兰芳的什么描写？（　）

A. 动作描写

B. 心理描写

C. 外貌描写

D. 语言描写

7.《吴玉章奋勇挂国旗》

（1）文章写了吴玉章先后哪两次遇到没有挂中国国旗的事情？（　）

A. 日本学校元旦时没挂中国国旗。

B. 日本轮船不载中国人。

C. 日本的大街上没有中国国旗。

D. 日本轮船元旦时没挂中国国旗。

（2）文章第6自然段中船长说：“这么多年了，我们一直是这样呀！”，其中的“这样”指的是什么？（　）

A. 不在日本的轮船上挂中国国旗

B. 日本轮船不载中国人

C. 不允许中国人来日本留学

D. 日本的轮船上不唱中国歌曲

8.《桂林山水歌（节选）》

（1）《桂林山水歌》的作者是谁？（　）

A. 臧克家

B. 叶圣陶

C. 贺敬之

D. 冰心

（2）开篇四句写出了桂林山水的什么美？（　）

A. 朦胧

B. 质朴

C. 秀气

D. 淡雅

9.《长城（二首）》

（1）判断正误：“你是一条万里宝带，束在中华大地的腰肢”这句话运用的修辞是拟人。（　）

（2）在诗人的心目中，长城是一个怎样的形象？（　）

A. 威严崇高

B. 伤痕累累

C. 高高在上

D. 冰冷无情

10.《我所钦佩的叶圣陶先生》

（1）叶圣陶老先生给作者留下了什么样的印象？（　）

A. 严肃认真、追求卓越

B. 谦和慈蔼、淳朴热情

C. 工作踏实、爱护年轻人

D. 一丝不苟、踏实肯干

（2）叶圣陶老先生在《人民日报》上发表的《我呼吁》，下列哪一项不是叶圣陶老先生呼吁的？（　）

A. 不要片面追求高考升学率。

B. 呼吁老师减轻学生作业负担。

C. 赶快解救在高考重压下的中学生。

D. 爱护后代就是爱护祖国的未来。

11.《梅兰芳同志千古》

（1）“在同车时，他总是把下铺让给我，他睡上铺。他知道我的腰腿有病。”这体现了梅兰芳的什么特点？（　）

A. 认真

B. 胆怯

C. 豪迈

D. 善良

（2）“我”在梅兰芳登台前为什么要躲开他？（　）

A. 不想看到他化装的样子。

B. 不想和他说话。

C. 不想耽误他认真准备的时间。

D. 演出前他的心情不好。

12.《方志敏最后的七个月（节选）》

（1）方志敏在狱中，只做两件事：一是争取（　）；二是（　），写文章。

A. 越狱

B. 快点死掉

C. 以笔代枪

D. 弃笔从戎

（2）下列对文章的理解和叙述，哪一项不正确？（　）

A. 文章写敌人押方志敏到上饶、南昌等地示众时，引用了一位美国记者的话，侧面烘托出方志敏毫无畏惧的形象。

B. 方志敏想越狱，但是没有外应，而战友一天天减少，他只好去做地方人员的工作。

C. 方志敏的手稿到他死后五年才送到重庆的党机关，叶剑英读后赋诗，将方志敏比作文天祥。

D. 方志敏在狱中的时候只能坐着写文章，甚是艰难，他是一位具有坚强意志的人。

13.《何所为而学习》

（1）作者认为“读书”应该具备什么态度？（　）

A. 将书中的好词好句积累下来。

B. 把书中的目录背得滚瓜烂熟。

C. 把书的结构分析透彻，牢记于心。

D. 把它看作人生活动，包括学习的一切过程。

（2）“人是终身在学习的途中的”，这句话和哪句话的意思相同？（　）

A. 敏而好学，不耻下问。

B. 学而不思则罔，思而不学则殆。

C. 读书破万卷，下笔如有神。

D. 活到老，学到老。

14.《书给了我快乐和益处》

（1）判断正误：文章第1自然段作者写自己看到“红领巾读书奖章”活动的消息后的心情是为了引出下文写自己小时候的读书生活。（　）

（2）作者在知道“红领巾读书奖章”活动之后，为什么觉得她的小读者们很幸福？（　）

A. 获奖者可以得到丰厚的奖品。

B. 获奖者可以去旅游。

C. 现在的小读者穿得很漂亮。

D. 作者小时候没有专为儿童写的书可读，也没有少先队的组织及活动。

15.《我的心是一面镜子（节选）》

（1）季羡林老先生在（　）国读书和教书，一读就是（　）年。

A. 俄国

B. 德国

C. 六年

D. 十年

（2）季羡林老先生在德国忍饥挨饿，做梦梦到了什么？（　）

A. 燕涎

B. 花生米

C. 鱼翅

D. 汉堡

16.《“神舟”五号飞船航天员出征记（节选）》

（1）中国哪一位航天员乘坐“神舟”五号飞船开始了令世界瞩目、令国人自豪的飞天之旅？（　）

A. 翟志刚

B. 杨利伟

C. 聂海胜

D. 费俊龙

（2）“‘快看！我们的航天员来了……’”这句话表达了送行群众什么样的心情？（　）

A. 着急、吃惊

B. 不舍、留恋

C. 迫切、激动

D. 好奇、焦急

17.《您好，延安！》

（1）“我怎么能忘记赋予我生命和力量的源泉呢！”这句话运用了什么修辞手法？（　）

A. 疑问

B. 设问

C. 反问

D. 追问

（2）延安的窑洞里陈设着毛泽东终年陪伴的油灯、周恩来的纺车，还有什么？（　）

A. 毛泽东爱看的书

B. 刘少奇磨秃了的毛笔

C. 贺龙的菜刀

D. 朱德的扁担

三 历史故事

1.《王华还金》

（1）“见一客来濯足”中的“濯”是什么意思？（　）

A. 停留

B. 洗

C. 换鞋

D. 照耀

（2）为什么王华要把金子投到水里？（　）

A. 想据为己有。

B. 给失主一个惊喜。

C. 故意为难失主。

D. 担心别人把金子拿走了。

2.《许仲平义不苟取》

（1）“尝暑中过河阳”中的“尝”是什么意思？（　）

A. 品尝

B. 辨别

C. 试探

D. 曾经

（2）为什么别人都去摘梨吃，而许衡

却“独危坐树下自若”？（ ）

A. 他认为自己不是梨的主人。

B. 他怕梨有毒。

C. 他不觉得口渴。

D. 他够不着树上的梨。

3.《西门豹罢官》

（1）西门豹初任邺地的县官的时候，把装神弄鬼的巫婆和谁的头子投入了漳河？（ ）

A. 县令

B. 贪官

C. 商贩

D. 官绅

（2）西门豹初任邺地县官的时候，对他的评价，不正确的是哪一项？（ ）

A. 油嘴滑舌

B. 刚正不阿

C. 清正廉洁

D. 深得民心

4.《林则徐求雨》

（1）判断正误：文章第 1~4 自然段主要写了大旱之年，林则徐向官员募钱买米赈灾，官员不肯捐钱。（ ）

（2）林则徐求雨依次用的策略是：（ ）（ ）（ ）。

A. 沐浴吃素

B. 饮茶呕吐

C. 烈日暴晒

D. 夜晚数星

5.《三顾茅庐》

（1）刘备先后三次到诸葛亮的茅草屋请他出山，第一次（ ），第二次（ ），第三次（ ）。

A. 诸葛亮故意躲开

B. 诸葛亮正在沐浴

C. 诸葛亮正在睡午觉

D. 诸葛亮外出闲游

（2）从这个故事中，可以看出刘备是什么样的性格特点？（ ）

A. 持之以恒

B. 办事拖沓

C. 求贤若渴

D. 坚持不懈

6.《张良拾履》

（1）文章写了黄石公先后（ ）次考验张良，后来给了张良一本（ ）。

A. 三

B. 二

C.《孙子兵法》

D.《太公兵法》

（2）《太公兵法》是什么书？（ ）

A. 农业

B. 艺术

C. 兵法

D. 医学

7.《关尹子教射》

（1）列子和关尹子是什么关系？（ ）

A. 师生

B. 父子

C. 兄弟

D. 朋友

（2）列子又刻苦练习了三年，可以看出列子什么样的性格特点？（ ）

A. 天生喜欢挑战

B. 迟钝笨拙

C. 胆小谨慎

D. 刻苦踏实

8.《凿壁偷光》

（1）匡衡在小的时候，是通过什么方式读书的？（ ）

A. 去富人家借书

B. 进学堂读书

C. 去邻居家看书

D. 去书铺买书

（2）判断正误：匡衡凿壁偷光的故事告诉我们读书的时候要节约资源，可以和邻居同用一盏油灯。（ ）

9.《沈括劝读有术》

（1）下列选项中哪一本书是沈括的代表著作？（ ）

A.《本草纲目》

B.《三国演义》

C.《梦溪笔谈》

D.《资治通鉴》

（2）“陛下下的旨只是统计一下车辆的数字，并没有马上就征调，这对他们有什么伤害呢？”对于这句话，下列哪一项说法是正确的？（ ）

A. 陛下的旨意对老百姓有伤害。

B. 陛下的旨意对老百姓没有伤害。

C. 陛下的旨意对辽军有伤害。

D. 陛下的旨意对辽军没有伤害。

10.《孙膑庞涓斗智》

（1）孙膑曾经和庞涓一起向鬼谷子学习什么？（ ）

A. 兵法

B. 针线活

C. 做饭

D. 盖房子

（2）为什么庞涓在魏惠王面前诬告孙膑私通齐国？（ ）

A. 庞涓想成为齐国的人。

B. 庞涓想气死魏惠王。

C. 庞涓不想让孙膑成为魏惠王的出气筒。

D. 庞涓担心孙膑会取代自己。

11.《止楚攻宋》

（1）墨子的主张是什么？（ ）

A. 无为而治

B. 反对战争

C. 三思后行

D. 物极必反

（2）文章第 10 自然段中“说着，墨子就解下身上系着的腰带……可是墨子还有很多守城的高招”运用了（ ）描写，写出了（ ）。

A. 语言

B. 动作

C. 墨子跟楚王套近乎，企图逃过一劫

D. 墨子给楚王讲解自己的守城方法

12.《曹冲智救库吏》

（1）“曹公有马鞍在库”中的“曹公”指的是谁？（ ）

A. 曹冲

B. 曹植

C. 曹丕

D. 曹操

（2）曹冲为了救库吏，为了不让父亲生气，做了哪件事情？（ ）

A. 在自己的衣服上放了老鼠药。

B.把自己的衣服做成被老鼠咬坏的样子。

C. 把衣服弄上老鼠屎。

D. 把衣服放进老鼠洞里。

13.《赵奢秉公执法》

（1)赵奢最初在赵国只是一个负责( )的小官，后来赵惠文王让他（ ）。

A. 征收田赋

B. 兴修水利

C. 管理全国卫生

D. 管理全国赋税

（2）判断正误：文章第 4 自然段中，“缴纳税款是国家法令……必将受到严惩！”这句话通过对赵奢的语言描写，表明赵奢是一个公正执法的人。（ ）

14.《甘罗十二拜上卿》

（1）周赧王答应楚王用周天子的名义去约会列国诸侯，只有（ ）和（ ）派了兵马，合纵告吹。

A. 燕国

B. 鲁国

C. 赵国

D. 楚国

（2）下列对原文有关内容的分析和概括，不正确的是哪一项？（ ）

A. 甘罗做吕不韦的门客时，虽然年纪很小，但是却帮吕不韦完成了游说张唐去赵国任相。

B. 甘罗游说张唐采用了作比较的游说技巧，将张唐和武安君比，吕不韦和应侯比，借武安君被赐死警示张唐，达到游说目的。

C. 张唐出行是甘罗游说的第一步，接着甘罗借张唐出行游说赵王，让赵王主动割了五座城给秦国。

D. 秦国把燕太子送回去后，赵国攻打燕国，得了三十座城，让秦国也得到了白得十一座城的好处。

15.《郑成功收复台湾岛（节选）》

（1)郑成功为什么要收复台湾？（ ）

A. 台湾离中国大陆最近。

B. 台湾大部分人民是说汉语的。

C. 台湾人民的亲戚都在中国。

D. 台湾自古以来就是中国的领土。

（2)本文是按照什么顺序记叙的？( )

A. 时间顺序

B. 空间顺序

C. 事情发展的顺序

D. 从前到后的顺序

四 中国精神

1.《崇高的理想（节选）》

（1）华罗庚提出了什么概念，从而节约时间，提高了工作效率？（　）

A. 简算方法

B. 统筹方法

C. 验算方法

D. 逻辑方法

（2）“世界上哪里会有平坦的、笔直的道路可走呢？”这句话与哪句话表达的意思相同？（　）

A. 世界上可走的道路都很平坦笔直。

B. 世界上都有平坦的、笔直的道路可走。

C. 世界上不会有平坦的、笔直的道路可走。

D. 世界上会有平坦的、笔直的道路可走。

2.《爱国的心》

（1）下列对闻一多的介绍不正确的一项是什么？（　）

A. 伟大的爱国主义者

B. 坚定的共产主义战士

C. 中国民主同盟早期领导者

D. 新月派代表诗人和学者

（2）“谁能偷去伊的版图？谁能偷得去我的心？”这两句是什么问句？（　）

A. 设问句

B. 疑问句

C. 反问句

D. 是非问句

3.《他的遗物——访北京鲁迅博物馆印象之一》

（1）“他的那把布伞不是他自己补了又补的吗？”这句话运用了什么修辞手法？（　）

A. 疑问

B. 反问

C. 设问

D. 追问

（2）从鲁迅的遗物中我们不难看出，他的生活是什么样的？（　）

A. 富有

B. 简朴

C. 质量高

D. 很幸福

4.《祖国山川颂（节选）》

（1）文章第 3 自然段运用什么修辞手法，写出了祖国山川的壮丽？（　）

A. 排比

B. 对比

C. 引用

D. 衬托

（2）判断正误：文章选取了伟大祖国的多个侧面，用饱蘸深情的笔触，张弛有度的景物描写，表现了祖国广袤大地

上壮阔的自然风光，表达了质朴而又崇高的爱国激情，激发了人们对祖国的无限热爱。（ ）

五 整本书阅读

《上下五千年》

（1）《上下五千年》讲述了从哪个时期至1949年新中国诞生的中华五千余年的历史故事？（ ）

A. 唐代

B. 宋代

C. 盘古开天地

D. 魏晋南北朝

（2）晋出公为什么想消灭四卿？（ ）

A. 四卿昏庸无为。

B. 四卿掌握晋国实权。

C. 四卿互相残杀。

D. 四卿年纪已高，不利于晋国发展。

参考答案

一、经典诵读

1.《题乌江亭》

（1）B

（2）C

2.《扬子江》

（1）A

（2）错　解析：作者以“磁针石”比喻忠于宋朝的一片丹心，表明自己一定要战胜重重困难，回到南方，再兴义师，重整山河的决心。

3.《塞上曲二首（其二）》

（1）B

（2）B

4.《就义诗》

（1）C

（2）C

5.《曹冲称象》

（1）B

（2）BADC　解析：置象于船上，刻其水痕所至。称物以载之，则校可知矣。复称他物，则象重可知也。

6.《孟子（节选）》

（1）B

（2）C　解析：这六位古代名人都出身贫贱，经历磨难后，才成就不平凡的事业。

二、民族之魂

1.《塞上听吹笛》

（1）AC

（2）C

2.《出塞二首（其二）》

（1）C　解析：《竹里馆》是王维写的。

（2）C

3.《大风歌》

（1）C

（2）C

4.《国耻恨难消》

（1）A

（2）D

5.《永远追随》

（1）B

（2）C　解析：钱学森心系祖国，他历经艰辛回到祖国，用自己的专长为国家建设服务。

6.《梅兰芳的一席谈（节选）》

（1）对

（2）D

7.《吴玉章奋勇挂国旗》

（1）AD

（2）A

8.《桂林山水歌（节选）》

（1）C

（2）A

9.《长城（二首）》

（1）错

（2）A

10.《我所钦佩的叶圣陶先生》

（1）B

（2）B

11.《梅兰芳同志千古》

（1）D

（2）C

12.《方志敏最后的七个月（节选）》

（1）AC

（2）D　解析：方志敏戴着脚镣手铐，又有十多年的痔疮，流血化脓，不能平坐。

13.《何所为而学习》

（1）D

（2）D

14.《书给了我快乐和益处》

（1）对

（2）D

15.《我的心是一面镜子（节选）》

（1）BD

（2）B

16.《“神舟”五号飞船航天员出征记（节选）》

（1）B

（2）C

17.《您好，延安！》

（1）C

（2）B

三、历史故事

1.《王华还金》

（1）B

（2）D

2.《许仲平义不苟取》

（1）D

（2）A

3.《西门豹罢官》

（1）D

（2）A

4.《林则徐求雨》

（1）对

（2）ACB

5.《三顾茅庐》

（1）ADC

（2）ACD

6.《张良拾履》

（1）AD

（2）C

7.《关尹子教射》

（1）A

（2）D

8.《凿壁偷光》

（1）A

（2）错　解析：匡衡凿壁偷光的故事是值得我们学习的。匡衡因为家里买不起油灯没法在晚上学习，所以才从墙壁

上借邻居家的光，充分说明了匡衡是个喜欢学习的人，我们应该学习他热爱读书的精神。

9.《沈括劝读有术》

（1）C

（2）B

10.《孙膑庞涓斗智》

（1）A

（2）D

11.《止楚攻宋》

（1）B

（2）BD

12.《曹冲智救库吏》

（1）D

（2）B

13.《赵奢秉公执法》

（1）AD

（2）对

14.《甘罗十二拜上卿》

（1）AD

（2）A　解析：张唐去的是燕国任相。

15.《郑成功收复台湾岛（节选）》

（1）D

（2）C

四、中国精神

1.《崇高的理想（节选）》

（1）B

（2）C　解析：反问句变为陈述句，表达的是世界上不会有平坦的、笔直的道路可走。

2.《爱国的心》

（1）B

（2）C

3.《他的遗物——访北京鲁迅博物馆印象之一》

（1）B

（2）B

4.《祖国山川颂（节选）》

（1）D

（2）对

五、整本书阅读

《上下五千年》

（1）C

（2）B

图书在版编目（CIP）数据

思维的火花 / 孟强主编. — 上海 : 上海教育出版社, 2021.12

ISBN 978-7-5720-0812-2

Ⅰ. ①思… Ⅱ. ①孟… Ⅲ. ①阅读课—小学—教学参考资料 Ⅳ. ①G624.233

中国版本图书馆CIP数据核字（2021）第260857号

责任编辑　高立群
封面设计　陈丽娟　王艺霖
著作权人　北京华樾教育科技有限公司

思维的火花

孟强　主编

出版发行　上海教育出版社有限公司
官　　网　www.seph.com.cn
地　　址　上海市闵行区号景路159弄C座
邮　　编　201101
印　　刷　肥城新华印刷有限公司
开　　本　720×1010　1/16　印张 63
字　　数　700千字
版　　次　2021年12月第1版
印　　次　2021年12月第1次印刷
书　　号　ISBN 978-7-5720-0812-2/G・0628
定　　价　268.00元（全七册）

如发现质量问题，请向本社调换　　021-64373213